The Great Mother
마고의 세계

新신 符부 都도 誌지

노중평·박경중 공저

Han Baer Society

圖書出版 修書院

차 례

일러두기

1. 본서는 1~6부로 구성되어 있다.
   1~5부는 본문이고, 6부는 본문에 있는 용어해설이다.
2. 본서에서 독자가 처음 접하는 부분이나 생소한 부분을 이해하는 데에 도움을 주기 위해서 별도로 6부를 만들었다.
3. 6부는 사전식으로 해설문의 제목을 붙이고 제목에 따른 해설문을 붙였으므로 예를 들면 굴림문자가(ㄱ3)으로 표시된 경우에 6부에서 ㄱ3을 찾으라는 표시가 된다.
   문장 중 단어 부분에 굴림문자로 표시된 문장도 찾는 요령은 같다.
   긴 문장 중 주가 필요한 부분은 굴림문자 문장으로 표시하였다.
   첫 단어를 찾으면 전체 문장의 주나 설명문을 찾아 읽을 수 있다.
4. 본문에 쓰인 그림, 사진, 도표에 가급적이면 자세한 설명을 붙이도록 하였다.
   그림, 사진, 도표만 따로 읽어도 본문을 읽기 전에 예비지식을 접할 수 있으리라 본다.
5. 본서에는 우리와 아무 상관이 없을 듯한 고대의 외래어를 해석하는 데에 우리의 유사음을 대비시켜 해석하였다. 그렇게 한 이유는 우리의 언어가 이 세상에서 가장 오래된 마고시대 언어와 풍이시대 언어이고 이 언어가 그대로 전세계에 퍼져서 그 흔적을 남기고 있다고 보았기 때문이다. 본서에서는 이 언어를 풍이언어라 하였다.

The Great Mother
마고의 세계

新신 符부 都도 誌지

신라 말의 박제상 선생이 쓴 《부도지》를 읽으면서 접하게 되는 첫째 의문이 마고(ㅁ1, 2, 3, 4, 6 7, 9, 10, 11)의 실체에 대한 궁금증이다. 이 첫째 의문은 그가 "팔여의 음에서 태어났다"고 했는데 '팔여'와 '음'이 무엇인가 하는 점에 대한 의문이다.

율려를 8개의 방위로 나눈 것이 팔려인데, 그렇다면 8여가 8개의 방위로 나눈 우주가 아닌가 하는 의문이고, 팔여의 음이 우주의 진동이 아닌가 하는 의문이다. 이를 과학적인 사실로 인정한다면 마고는 우주의 기가 뭉쳐서 화신化身이라는 탄생의 비법을 거쳐 인간으로 태어났다는 말이 된다.

인간은 현재까지 모두 지상에서 누군가에 의해서 출생했다고 믿어왔다. 아무리 신화적인 상상을 한다고 해도 부모가 있게 마련이었다. 나의 부모는 사람이고, 사람에게서 태어난 나 또한 사람일 수밖에 없는데, 우리의 상상을 깨는 것이 우리의 여러 조상들 중의 한 분인 고주몽高朱蒙의 아버지가 천제였고, 어머니가 하백녀였다는 기록이다.

불행하게도 우리에겐 천제에 대한 역사도 하백녀에 대한 역사도 역사학자들이 쌍수를 들어 인정하는 정사正史로 기록된 것이 남아 있지 않다. 그런데 지금으로부터 1만 년 전에 우리 조상 가운데 한 분인 한인이 천제라는 직함으로 〈단군신화〉에 기록되어 있는 것이다. 그 뿐만이 아니라 역사학자들이 열심히 위서시비를 벌여온 〈삼성기三聖記〉에 천제가 있었음이 밝혀지는 것이다. 〈단군신화〉에는 천제의 아들은 천왕이고 천왕의 아들은 왕검이라 기록되어 있다. 그 뿐만이 아니다. 천왕은 곰을 인간으로 환생시켜 혼인하여 데리고 살면서 단군왕검을 낳아 엉뚱하게도 단군왕검의 후손인 우리가 곰의 자식이라고 오해하게 만들었다.

오늘날에 종교적인 인간이 되고 싶어 하는 사람과, 실증적인 인간이 되고 싶어 하는 사람과, 역사적인 인간이 되고 싶어 하는 사람은 만화적인 상상에는 능수능란해도 신화적인 상상에는 꽉 막혀 있다는 것이 곰을 해석해 보면 그대로 드러난다. '곰은 곰이다'라는 등식에서 조금 더 앞으로 나가지 못하는 것이다. 사람은 자기 조상이 정해 준 인종 아이콘이라는 것을 이해하지 못한다. 곰이 인간이 되기 위하여 들어간 동굴이 화신을 위하여 당시에 사용했던 우주장치라는 것도 이해하지 못하는 것이다. 우리 조상은 이렇게 우주의 화신장치를 이용하여 서로 다른 인종이 동족이 되는 의식을 치렀다고 필자는 생각한다.

그런데 우리의 머리를 더 복잡하게 만들어 주는 것은 천제의 아들 고주몽의 후손들이 만주지방에 많이 만들어 놓은 왕릉의 벽에 온통 뱀 그림으로 도배를 해 놓았다는 사실이다. 그 뿐만 아니라 북두칠성에 대한 그림도 있고 북두칠성과 태양과 달 주변을 학처럼 생긴 UFO를 타고 접근하거나 떠나가는 그림이 그려져 있다. 5회분4호묘로 명명이 된 왕릉에는 천제에게 다리 대신에 뱀 꼬리를 그려 주었고 천제 비의 다리에도 뱀 꼬리를 그려 주었다. 또한 친절하게 날개도 그려 주어 날개달린 뱀인간이 우주를 날아가도록 하였다. 그렇다면 남미신화에 나오는 캐찰코아틀(10, 11, 13, 14, 15)과 무엇이 다른가? 캐찰코아틀은 단신인데 우리의 천제는 부부신夫婦神으로 그려져 있고, 천제는 해를 하늘로 사뿐히 들어 올리고 천제의 비는 달을 하늘로 사뿐히 들어 올린다. 이런 것이 신화적 상상이다. 이 그림에는 해와 달의 기와 지구를 대표하는 인간의 기가 상호작용하여 우주의 질서가 어떻게 지켜지고 있는가를 보여 주고 있는 것이다.

그 뿐만이 아니다. 박씨의 조상이 되는 박혁거세는 하늘에서 내려온 알에서 태어난다. 이 알을 검증하여 UFO로 판정을 내린 분이 소벌도리이다. 박혁거세라는 이름을 지어 준 분도 소벌도리이다. 당시에는 알천이라는 개울가에 6분의 우주과학자들이 판정관으로 입회하였다. 그분들은 박혁거세의 비가 타고 내려온 우주선도 가짜가 아닌 진품으로 판정해 주었다. 알영이 쓰고 온 오리머리처럼 생긴 우주모자도 벗도록 하여 주었다.

우리들 시조 역사에는 이렇게 불가사의하게도 우주역사가 신화라는 가면을 쓰고 누군가 이 가면을 벗겨 줄 때를 기다리고 있다. 그런데 우리가 제일 먼저 가면을 벗겨 드려야 할 분이 마고, 한인, 한웅 세 분이다. 이 책에서는 이들 세 분이 쓴 가면을 벗기는데 총력을 경주하였다.

또 마고에 대한 두 번째 의문은 마고가 그의 후손들이 패악해지자 마고성에서 내어 쫓으며 해혹복본解惑復本하라는 엄명을 내렸다는 부분이다. 마고의 입맛이 무엇이기에 그의 후손인 지소가 배고픔을 참지 못하여 포도 한 송이를 따먹고 그가 금기한 오미를 알게 되어 세상에 퍼뜨렸다는 사실에 화를 내고 그의 자손 전체를 마고성에서 추방해 버렸을까 하는 의문이다. 《부도지》는 이 사건을 '오미五味의 난亂'이라는 이름으로 명명하였다.

마고가 친어머니였다면 과연 그렇게 할 수 있었을까 하는 의문을 지울 수 없게 하는 부분이 아닐 수 없다. 여기엔 무엇인가 누군가 풀어내지 않으면 아니 될 근본적인 이유가 있다.

이 의문은 야훼가 사과를 따먹어 사과의 맛을 터득한 아담과 하와를 에덴동산에서 내쫓는 사건으로 연결된다. 야훼라는 알 수 없는 존재가 느닷없이 나타나서 마고가 행한 전철을 그대로 따라서 갓 태어난 아담과 하와를 그가 잘 꾸며 놓은 에덴동산에서 내쫓아 버리는 것이다. 왜 이런 일이 일어나게 되는 것일까?

《성경》은 이 의문을 풀 수 있는 단서로 뱀인간을 등장시켜 준다. 뱀인간은 사두인간巳頭人間(ㅅ1)이다. 동양신화에서 인두사신人頭蛇身으로 불리는 인간이 사두인간이다. 본서에서는 〈구약성경〉에서처럼 사탄이니 마귀니 계명성이니 금성이니 루시퍼니 하는 괴상한 말로 얼버무리지 않고 그가 인간이므로 사두인간이라 쓰겠다.

외계인과 만났다는 사람들이 쓴 책을 읽어보면, 파충류인간으로 불리는 인간이 우주에서 지구로 날아왔다는 말을 외계인으로부터 들었다고 증언하고 있다. 파충류인간으로 불리는 외계인들이 우리들 사이에서 함께 살아가고 있다는 것이다. 파충류인간을 동양식 표현으로 바꾸면 인두사신이 된다.

고구려벽화 5회분4호묘에 인두사신 형상의 남녀가 해와 달을 머리 위에 받쳐 들고 비상하는 인류 최고最高의 걸작 벽화가 그려져 있음을 앞에서 말했는데, 이 그림은 뱀인간의 1번 조상인 한인桓因과 항영姮英을 그린 그림이다. 진주소씨晉州蘇氏 문중의 족보서문인 〈부소보서扶蘇譜序〉를 읽어보지 않으면 왜 고구려 왕릉의 벽에 이런 그림이 그려져야 하는지 그 이유를 알아 낼 방법이 없다. 〈부소보서〉를 읽지 못한 고미술연구가들이 "복희와 여와 풍의 어쩌고 저쩌고"하는 망발을 서슴없이 하였다. 천제 부부의 비상飛翔과 복희 부부의 교미交尾를 판독할 능력이 모자랐기 때문이다. 지금까지 우리 역사와 신화와 종교에서 쌓아 온 우리의 실력은 이 정도 뿐이다. 누구를 탓할 일이 아니다. 우리는 누구나 다 공범이다. 우리 최고 조상님에게 큰 결례를 범하고서 이를 깨닫지 못한 죄를 씻어내자면 지금까지 내가 믿어 온 것을 다시 재검토하지 않으면 아니 된다.

한인은 신화학자들이 신화시대라 일컫는 사라진 역사시대의 주인공이다. 이분이 기묘년己卯年에 풍주風州 배곡倍谷에서 출생하여 한영과 혼인하였고 한국을 세웠다. 이 세상 어디에도 진주소씨 족보서문 이외에 이런 기록은 없다. 그가 한12제국을 건설한 주인공이라 우리 역사에서는 한인천제桓因天帝라 하였다.

우리나라와 중국의 성씨 중에 소성蘇姓이라 불리는 최고最古의 족성族姓이 있다. 우리나라에서는 이 족성을 진주소씨라 한다. 소씨가 소씨가 되기 전에는 기성己姓이라 하였다. 기성은 사성巳姓에서 나온 족성이다. 사성의 사巳는 12지지地支에 나오는 뱀이라는 뜻이다. 이렇게 뱀과 관련이 있는 성을 가진 사람들이 풍이족風夷族이다.

우리에게서 풍이족이라 불리는 인종들이 사실은 서양의 증언자들이 말하는 외계인 파충류인간일 가능성이 높다.

또 다른 세 번째 의문은 마고가 태어났다는 마고성이 어디에 있었는가 하는 것이다. 티베트 어디엔가 있었으리라고 추측하는 사람들이 있는데 신빙성이 있는 추측은 아니다.

혹시 직녀성을 의미하는 것은 아닐까? 마고를 매화부인, 직녀, 삼신 등 다양하게 호칭하는데 이러한 호칭에 걸맞는 분을 찾는다면 칠성님으로 불리는 북두칠성의 부인 매화가 제일 적격이다. 무당들이 부르는 무가에서 칠성님이 매화부인의 남편임이 밝혀지기 때문에 그렇게 보는 것이다. 그렇다면 직녀의 남편인 견우와 매화부인의 관계는 어떻게 되는 것일까? 격암 남사고 선생이 '우두성牛斗星이 천제天帝의 아들'이라 했는데 우두성에서 우성牛星이 견우이므로 마고가 아버지와 아들의 공동부인이라는 추론이 가능해 진다. 이처럼 황당한 일은 없을 것이다.

만약 그렇다면 마고는 칠성님의 부인이자 견우의 부인이기도 하니 칠성님과 견우는 마고의 공동 남편이 된다고 볼 수 있다. 칠성님과 견우의 사이는 부자 사이가 되기도 하고 동서 사이도 되는 것이다. 마고의 입장에서 보면 마고는 칠성님의 부인이기도 하고 견우의 부인이기도 하니 부자가 겹사돈인 푸날루아punalua를 구성하고 있다고 생각된다.

푸날루아는 원시공동체에서 성행했던 같은 혈족의 집단결혼방식이다. 지금의 사고방식으로는 이해가 되지 않으나 인류역사에서 종족보존의 한 형태로 한 시대를 풍미했던 결혼방식이었다. 당시에는 인간사회도 동물사회처럼 대모大母가 다스리던 시대였으므로 대모의 명령에 따라 충분히 모자상간母子相姦이 가능했던 일이었다.

마고와 한웅이 지상에 출현하는 시차가 거의 8,000년이나 되는데 왜 한웅은 마고의 곰 아이콘을 계승하여 한인의 뱀 아이콘을 배척하고 곰족 확장에 주력한 것일까? 〈단군신화〉는 지금으로부터 4천 3백여 년 전에 우주에서 UFO를 타고 벌인 우주 삼상회의三相會議는 아니었던가?

우리 〈단군신화〉를 이러한 관점에서도 접근해 볼 필요가 있다. 왜 제우스의 어머니 해라는 남편과 아들 사이를 오락가락하며 살 수 밖에 없었던 것인가? 도대체 단오날 여자들이 그네를 타고 남자들이 씨름을 하는 이유는 무엇인가? 왜 삼신이 나오고 아스타르 여신이 나오는가?

인간 세상에는 다양한 종교가 출현하는 이유는 무엇인가? 심지어는 마고를 마귀로 몰아 배척하는 인종들이 만들어 낸 가면을 쓴 종교도 출현하였다. 지금은 대세가 마고를 마귀로 몰아 온갖 상상력을 발동하여 폄하하고 비하하며 갈비처럼 물고 뜯으며 먹고 사는 시대이다. 마고의 세계로 깊이 들어가면 얼마나 많은 인간들이 대를 물려가며 마고를 물고 뜯어 먹으며 살아왔는지 알 수 있게 된다. 인류가 이 점을 외면해 왔기 때문에 마고가 마귀의 괴수로 둔갑하게 된 것이다. 이 책에서는 그러한 점에도 관심을 보이고 있다.

하늘의 별자리에선 무슨 일이 일어났을까? 우주 전쟁이 일어나고 UFO가 난무하게 된 것은 아닌지… 〈천상열차분야지도〉에는 무엇을 숨기고 있는지…능력이 닿는 대로 이 점도 밝혀 보려고 하였다. 〈천상열차분야지도〉에 마고, 한인, 한웅, 단군왕검의 역사가 숨겨져 있기 때문에 이런 말을 하지 않을 수 없는 것이다.

우리의 시조인 마고와 한인과 한웅과 단군왕검은 어디에서 온 분들일까? 14,000년이라는 인간의 역사가 어떻게 구성되어 있는 것일까? 과연 한인시대에 세계는 〈구약성경〉에 나오는 바벨탑이라는 이름으로 하나의 단일국가로 통일되어 있었을까? 하는 의문들도 미친 듯이 추적해 볼 것이다.

우리 조상들이 머리에서부터 발끝까지 쓰고 있는 곰탈과 뱀탈에는 무슨 의미가 있는 것일까? 왜 백인들은 뱀탈을 쓰고 있는 우리 조상의 후손을 황당무계하게 뱀파이어로 몰아붙이는 콘텐츠를 만들어 희희낙락喜喜樂樂하며 돈벌이를 하고 있는 것일까? 〈The Great Mother 마고의 세계〉에서는 이런 갖가지 인류역사의 원형적인 의문들에 대하여 그냥 어물어물 넘어가지 않겠다는 자세로 임하고 있다. 전설적인 검객처럼 홀연히 나타나 만신창이가 되어 있는 신화와 상고사와 천문에 해부용 검을 들이대고 절개 중에 있는 것이다.

우리는 이 책을 쓰면서 우리가 찾고자 하는 것을 찾을 수 있어서 기뻤다. 그것은 사라진 서방선파와 남방선파의 끈을 찾은 일이었다. 이들 끈을 찾으면 사라진 마고선파에서 시작된 동방선파, 서방선파, 남방선파를 재건할 수 있지 않을까 하는 기대감을 가질 수 있게 되기 때문이다. 북방선파도 당연히 있지만 선교를 모르는 학자들이 밥벌이를 하기 위하여 쥐들이 파먹은 치즈 덩어리처럼 쓰레기를 만들어 놓았기 때문에 당분간 환부가 곪아 터지게 될 때까지 그대로 놓아두기로 하였다.

서방선파의 재건은 다곤과 도곤이라는 신이 하백 소풍이었음이 밝혀지면서 가능하게 되었다. 또한 남미에서는 마소라는 신이 발견되어 남방선파의 재건도 가능할 것이라는 생각을 하게 되었다. 게다가 케찰코아틀이나 쿠쿨칸Kukulkan이라는 신들에 대한 선파적 해석으로 남방선파를 재건할 수 있을 것이라는 희망을 갖게 되었다.

우리 굿에 새남이라는 굿이 있다. 새남이란 '새로 태어난다'는 말이다. 기독교식으로 말하면 부활이라는 의미로 볼 수 있는 순수한 우리말이다. [새남굿]을 달리 다른 굿용어로 말하면 [진진오기]가 되는데 [진진오기]는 죽은 사람을 하늘로 돌려보내 드리는 굿이다.

이 새남에 '도령돌기'가 있다. 무당이 도령을 돌면서 망자가 가야 할 곳 천궁으로 보내드리는 춤을 추는 것이 '도령돌기'이다.

춤은 단순하고 철학적이다. 무당이 머리에 복잡한 기계장치처럼 만든 가채假髢를 얹고 대신 할머니를 상징하는 황색의대에 소매는 색동으로 하고 가채는 뒤로 두 줄의 긴 댕기를 늘였다. 공주의 복색이라고 하는데 망자의 천도역을 맡은 바리공주의 복색이다. 바리공주의 바리는 별이라는 뜻으로 해석해 왔다. 그러나 발인공주(동이족 공주)로 해석이 가능하다.

필자가 이 굿에서 관심있게 보는 부분은 '도령돌기'이다. 지장보살의 화분(환-무신도)을 연지당蓮池堂 앞에 걸어놓고 저승문을 맴돈다. 지장보살 화분에 지장보살이 가운데에 앉아 있고 주변에 칠성여래가 자리 잡고 있는데, 화분 앞에 제사장이 차려 있고 망자의 위패가 놓여 있다.

삼현육각의 주악이 이어지는 가운데 무무가 망자를 데리고 저승문을 넘어간다. 이 저승문을 넘어가기 위하여 무무는 좌로 돌고 우로 돌아 태극을 돌고 있음을 보여준다. 태극의 끝은 무극無極이다. 이렇게 자전을 계속하며 크게 원을 돌아 몇 번이고 공전公轉하며 무극으로 다가간다. 무극이 망자가 가야 할 천궁이다. 그곳이 극락인지 지옥인지 알 수 없다. 그러나 무극은 무극노모無極老母(마고)가 계신 곳이다.

이 춤의 의미로 보아서 도령은 도령道鈴일 가능성이 높다. '도'는 태양의 길인 황도黃道일 가능성이 높고, '령鈴'은 이때 별들이 내는 별들의 울림일 가능성이 높은 것이다. 〈도령돌기〉에서 '령'이 하는 일이 마고가 태어날 때의 파장인 팔여의 음을 만들어 내는 일이다.

저승문 앞에는 저승문을 지키는 사자로 분장한 조무가 있어 망자에 대한 정보를 수집하여 지장보살에게 알리고 무무는 망자의 억울함을 고변하며 지장보살에게 자비를 구한다. 지장보살의 주변에 칠성여래를 배치한 점으로 보아서 마고시대엔 부처들이 없었을 것이므로 지장보살은 마고의 조상일 가능성이 높고 칠성여래는 북두칠성일 가능성이 높다.

이렇게 하여 지장보살, 혹은 조상의 허락을 받아 무무가 망자를 데리고 바깥문을 통과하면 안문 12문이 또 기다리고 있다. 12문은 12진辰과 12월月을 의미한다. 진은 칠성계七星系를 의미하고 월은 태양계太陽系를 의미한다. 망자는 바리공주를 따라 이곳을 좌로 돌아 좌선하고 우로 돌아 우선하며 정신없이 모두 통과해야 한다.

망자가 12문을 다 통과하면 이승다리와 저승다리를 의미하는 무명과 베가 기다리고 있다. 무명은 무극과 연관이 있다. 무극이 있음을 보지 못하면 계속해서 무명에 머물러 있어야 한다는 의미가 있다. 베는 직녀-마고가 짜 놓은 베이다. 이 베다리를 건너 마지막으로 마고성에 들른다. 마고에게 돌아왔음을 신고해야 하기 때문이다.

마고 찾아 하늘 여행을 하는 〈신부도지〉에는 이렇게 '도령돌기'와 상통하는 면이 있다.

《The Great Mother 마고의 세계 신부도지》에서는 박재상 선생이 쓴 《부도지》의 내용이 모호하여 그 모호한 점을 밝혀 보려 하였다. 우리 시대에 맞게 《부도지》 해석에 필요한 생소한 다른 학문들을 동원하여 이들 학문의 도움을 받아서 해석을 하고자 하였다.

요즈음은 인류의 조상을 외계에서 온 외계인으로 믿는 사람들이 많이 생겨났다. 덮어놓고 믿는 것이 아니라 이치를 따져보니까 그런 것처럼 생각되어 믿는 것이다. 그런 이치를 따져서 이 책을 썼다.

이 책은 대한민국에 사는 노중평과 미국에 사는 박경중이 합심하여 인터넷으로 원고를 주고 받으며 공저로 지은 책이다. 아무도 들어가 본 적이 없는 전답미문前踏未聞의 우주를 《부도지》와 우리가 흘려버린 신화들에 의지하여 밟아 봄으로써 《부도지》 학문에 새로운 지평이 열리기를 기대하며 쓴 것이다. 그러므로 동이족 후예가 한미합작으로 일구어낸 최초의 지구적 성과로 볼 수 있다.

대단히 생소한 이 책을 의식 있고 수준 높은 독자들이 흥미진진하게 읽어 주었으면 하는 바램이 공동저자의 소망이다. 지식인들이여, 제발 초보형사처럼 증거를 대라고 으르렁거리지 말기를 바란다. 노련한 형사는 자기 스스로 증거를 찾아낸다. 우리에게 우주시대가 열리면 그런 의문은 자연히 풀리게 될 것으로 기대하고 있다. 우리의 조상들이 "하늘에서 매면 땅에서 매고 하늘에서 풀면 땅에서 푼다"고 하였다. 그래서 우리는 고대의 박학다식하며 카리스마 넘치는 사제들처럼 이 조상거리를 하는 중이다. 반응이 좋으면 개정판을 낼 생각이다.

2012년 **노 중 평**

제1부

보천가步天歌

내가 추는 춤 네가 추는 춤
울려 퍼지는 무가사설巫歌辭說(ㅁ38) 속에서
방울을 울리고 장구를 치고 북을 울렸지
삼지창을 번뜩이고
칠성검으로 내리쳤어
숙명적으로 우리는 어쩔 수 없어
마고, 한인, 한웅, 단군 조상님들이 와서
강제로 잡아다가
오디션을 보고 합격의 딱지를 붙여 주었으니까
나는 영혼의 무사요 신들의 사령司令(ㅅ70)이요
이 시대에 하늘을 걸어가는 사람 보천인步天人(ㅂ24)
우리를 찾지 말아라
이제 마지막 결전을 위하여
마고의 동굴 앞에 모이리
미래의 어느 날 너의 자손은
불꽃의 무인舞人(ㅁ43)들 보천무사步天武士[1]를
지금의 우리처럼 찾고 또 찾으리라
무보舞步[2]를 달려라.

---

1) 보천무사步天武士 : 인간이 헤아릴 수 있는 별들에는 외계인들이 살고 있었다. 이들이 무장을 갖추었을 때 보천무사가 된다.

2) 무보舞步 : 무당이 무무를 출 때 띠어놓는 걸음걸이

우주의 침묵을 헤치고 나가면
어딘가에 잘 숨겨진. 저 별들 사이에서 탄생한 이야기를
찾을 수 있을 것이다.

1

1. 한웅시대에 자미원紫微垣(ㅈ2)에 우주선을 띄어놓고 마고를 교육하다.

이 기록은 일체불상의 마고선인(ㅁ5, 6, 7, 8)이 내게 와서 밝힌 자미원에서 일어난 실제의 일이다. 자미원에서 실제의 일이 일어난 때는 드라코 별자리에 사는 외계인들이 대량으로 지구에 내려오기 시작한 한웅천왕시대(ㅎ14)였다.

한웅천왕시대는 곰을 인종 아이콘으로 썼던 빛(한桓)과 소리(웅熊)(ㅂ55)의 시대였다.

한웅천왕은 비전秘傳의 종교의식을 통하여 마고(ㅁ1, 2, 3, 4, 5, 6, 7, 8, 11)로부터 마고를 상징하는 곰을 한 마리 받았다. 털빛이 연하고 부드러운 여성적인 외모를 갖춘 곰이었다. 한웅천왕은 그의 수하에 있는 대인大人들에게 곰을 키워 한 마리씩 나누어 주었다. 그리고 곰이 마고의 아이콘임을 주지시켰다.

곰 아이콘을 가슴에 품은 대인들은 선교仙敎로 무장하고 한웅천왕이 시키는 대로 뱀으로 뭉쳐진 배를 타고 멀리 지구의 서쪽과 남쪽으로 떠

3) 서방선파西方仙派 : 동방선파에서 갈라져 나와 서방으로 간 선파. 멜키지덱과 아브라함이 서방선파의 대표가 된다.

났다. 지구의 서쪽으로 간 대인들은 서방선파西方仙派[3]라 불렀고, 지구의 남쪽으로 간 대인들은 남방선파南方仙派[4]라 불렀다.

이 시대에 중원中原에 자리 잡은 배달나라(ㅂ11, 12)에 구려족九黎族으로 불리는 구리빛 피부를 가진 아홉 종족이 살고 있었다.

7,000년전 직녀성시대(ㅈ29, 30, 31)에, 지구의 중심이었던 황해바다 위 하늘에, 대인들이 우주선을 띄워 놓고 지상에 내려왔다. 그들은 한반도의 남쪽에 살고 있는 어리석은 야만인들에게 철학, 사상, 천문, 과학, 우주정부의 계획을 설명하였다. 처음엔 아무도 알아듣는 이가 없었다. 그러나 시간이 갈수록 교육의 효과가 나타나 점차 이들 학문에 눈

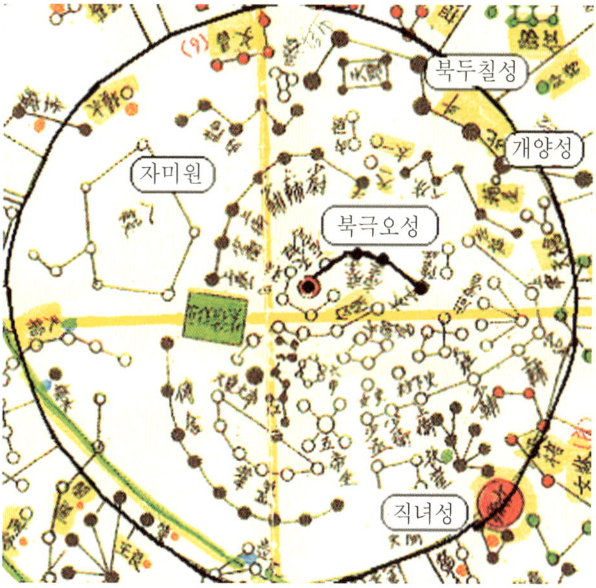

〈그림 1〉 자미원도紫微垣圖. 〈천상열차분야지도天象列次分野之圖〉의 중심하늘이 자미원이다. 자미원의 중심에 북극성이 있고, 북극성에 딸려 북극오성이 있고, 북쪽 하늘에 직녀성이 있다. 지금은 지구의 자전축이 북극성을 향하여 23.5도 기울어져 있는 천추성시대이다.

---

4) 남방선파南方仙派 : 동방선파에서 갈라져 나와 남쪽으로 간 선파. 케찰코아틀과 쿠쿨칸이 남방선파의 대표가 된다.

뜨게 되었다. 이들은 다양한 학문을 전수하여 자미원을 천상계라 말하기 시작하였다.

2. 캄캄함 카에서 시간과 생명의 원천이 태어났다.

'빛과 울림'(한웅)의 시대 이전에도 시간이 있었다. 그 때는 야만인들이 시간에 대하여 의식하지 못했던 시대였다.

시간이 생기기 이전에 흑소黑素(ㅎ50, 51, 52, 53)인 카kha(ㅋ1, 2, 3, 4, 5, 6, 7, 8)의 캄캄함이 있었다. 그러나 카는 허공에 속한 캄캄함일 뿐이었다.

시간을 의식하기 시작한 사람들이 〈천부경(ㅊ7, 8, 9, 10, 11)〉을 만들면서 시간이 존재하기 이전의 시간을 무시無始라 하였다. 무시란 아무 것도 시작되지 않은 시대를 말한다. 무시에 하늘이 없었다. 그래서 〈천부경〉을 풀어놓은 〈삼일신고〉에서 이 하늘을 비천非天(ㅂ54)이라 하였다.

하늘이 없으니 허공이 없었고, 허공이 없으니 공간이 없었다. 공간이 없으니 공간을 지나갈 시간도 없었다. 이 시대엔 오로지 캄캄한 흑소黑素만 있었다.

카의 캄캄함은 고대 이집트 언어에서 생명의 원천으로 여겨졌다. 카는 인간 내면에 있는 정혼精魂으로서 생기가 나오는 현묘한 물줄기였다. 카의 생명력은 곧 생식기능을 관장하는 에너지이기도 하였다.

카Ka는 고대 이집트인에게 무한한 생식력을 의미하였고, 카의 상징을 황소라 하였다. 카는 또한 남근이었다. 여기에 부합하는 여성의 질은 캣Ka-t이라 하였고 암소라 하였다. 캣은 고양이를 말하는 캣Cat과 동음이다. 그리스인들은 케타KaTTa라 하였고 그후 라틴어원으로 쓰이게 되면서 캐타CaTTa라 하였다.

고대 이집트인들에게 고양이는 여신 바스트라는 동물이었다. 여신 바스트는 모성과 번식, 보호의 여신으로 카의 어두움에 휩싸인 마고성의 창조 비밀을 이어가는 신화원형의 일부가 되었다. 고대 이집트에서 고양이를 이르는 또 다른 말은 마우MaU였다.

이렇게 언어의 개념이 정립된 시대가 마고시대(막 시작한 시대)와 한인시대(ㅎ15, 16, 17, 18), 즉 밝음이 시작된 시대, 태양이 빛나기 시작한 시대, 1이 시작된 시대였다.

시간이란 무미건조하게 흐르는 것이 아니라 일석삼극이라는 분화 원리에 의하여 확장되는 것이라 믿었다. 그것은 마치 내 심장이 삼극지동三極之動[5]의 원리에 따라 진동하는 것과 같다고 본 것이다.

3. 카에서 태어난 마고와 곰과 불을 동일시同一視하다.

시간이 시작되기 전에 흑소黑素를 밝히는 불 밝음이 있었다. 그러나 밝음은 아직 존재가 시작되지 않은 허공에 속한 밝음이 었다. 인간이 인식하고 사유하기 시작한 관념상의 밝음이 있었다.

아무 것도 시작되지 않았던 무시無始와 무시하기 때문에 하늘이 없었던 비천非天의 시대는 존재하지 않는 시간대時間帶였다. 인간은 이 시대의 시공을 존재하지 않는 시공時空으로 인식하고 있었다.

이 존재하지 않는 시간대에도 흑소黑素를 밝히는 불이 있었고 불에서 나오는 밝음이

風夷文字 熊
풍이문자 웅

곰을 형상화한 표의문자로 4개의 발은 불꽃(火)을 의미한다.

〈그림 2〉 웅熊자는 웅족熊族을 창설한 한웅천왕을 상징하는 문자이다. 원래는 곰을 닮은 고비를 의미하는 문자였으나 고비가 사라지면서 곰을 뜻하게 되었다.

---

5) 삼극지동三極之動 : 역易의 육효지동六爻之動 삼극지도三極之道에서 나온 말이다. 육효의 움직임이 〈천부경〉에 있는 일석삼극의 원리에 의하여 움직인다는 뜻이다.

있었다. 이것이 오행五行에서 말하는 화火이다. 태초 이전에 화가 있었다. 화가 활동하면 광光과 열熱이 된다. 그러나 이때의 밝음은 아직 관념의 상태에 있는 밝음이었을 뿐이다.

생명의 불꽃은 달리 화灬라 하고 곰(ㄱ3, 24, 25, 26)을 의미하는 웅熊자를 만드는데 썼다. 곰은 마고시대에 불이었다. 그래서 곰의 발에 불의 의미가 있는 것이다. 마고시대에 마고와 곰과 불을 동일시하였다. 그래서 마고의 아이콘이 되었다.

4. 오행 수水와 화火

흑소黑素로 뒤덮인 허공에 눈에 보이지 않는 흑소黑素와 눈에 보이는 흑소黑素 둘이 있었다. 그것은 형체와 질質이 없으며 가장자리도 없었다. 오행五行(ㅇ50, 51, 52)에서, 캄캄함은 흑색黑色이고 성질은 수水이다. 시간이 시작되기 전에 무시간·무공간대에 수水의 기운氣運이 있었고, 수의 기운 안에 화의 기운이 있었다. 눈에 보이는 흑소黑素 수水에서 사화巳火[6]가 태어났다. 밝음은 화火[7]이고, 색깔은 적색赤色이나 홍색이며 성질은 화火이다.

오행에서 수의 순위는 1번이고 화의 순위는 2번이다. 이 순번은 우주의 질서 속에서 수와 화가 상극관계相剋關係에 있으면서 동시에 보완관계補完關係에 있음을 말하는 것이다. 자연계에서 암수의 관계도 같다고 볼 수 있다. 인간도 남녀가 상극관계이면서 보완관계에 있다고 말할 수 있다. 이를 역에서는 감坎(水)과 이離(火)로 정의하였다.

---

6) 사화巳火 : 오행에서 화火는 12지지地支에 배속할 때는 사화巳火와 오화午火로 나누고 10천간天干에 배속할 때는 병화丙火와 정화丁火로 나눈다.

7) 화火 : 6부 용어해설 참조. 화火라는 철학적 사유가 발전하여 화灬, 이離, 여女, 일日, 양陽, 열熱 등 다양하게 확대해 나갔다.

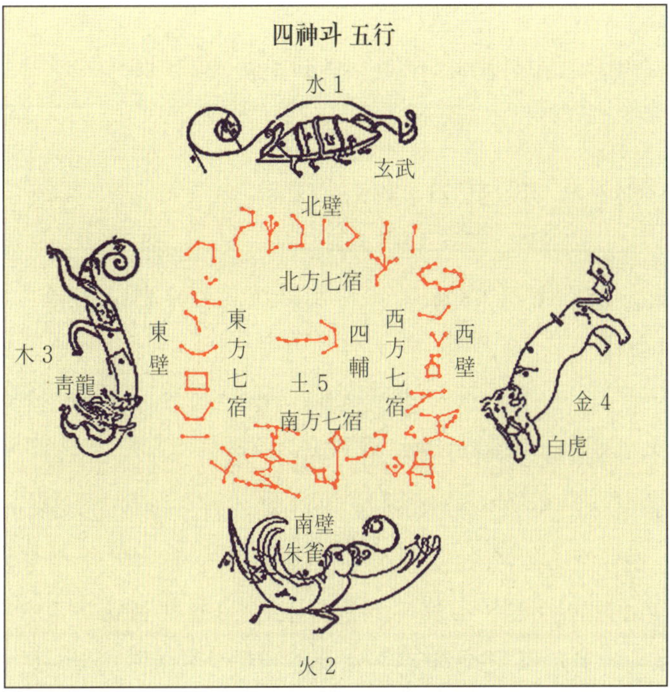

〈그림 3〉 천문天文의 사신도四神圖는 오행五行이 천문에서 나왔음을 보여준다. 오행번호가 북수흑北水黑은 1이고, 남화적南火赤(朱)은 2이고, 동목청東木青은 3이고, 서금백西金白은 4이고, 중앙토황中央土黃은 5이다. 사신은 〈천상열차분야지도〉에서 동서남북에 있는 별자리이며 28수로 나뉜다.

감坎은 중년남자中年男子, 이離는 중년여자中年女子이다. 〈역易〉에서 감은 태초의 남男이므로 한인으로 볼 수 있고, 이離는 태초의 여女이므로 마고로 볼 수 있다.

5. 화火의 빛

수水에서 화火가 생성되면서 화에서 빛이 나왔다. 사방이 없고 상하가 없는 허공에서 별들이 생겨났다. 이들을 비추어 줄 태양이 생겨났다. 빛의 알갱이인 흑소黑素를 비추는 빛이 나왔다. 태양이 있으니 지구를 푸른 지구로 밝혀 줄 수 있었다.

화火는 이離이다. 이離가 여女이므로 마고로 볼 수 있다.

6. 오행의 불 화火의 시공時空은 사화巳火

수기水氣(ㅅ59)와 화기火氣(ㅎ38)가 넘치고 처짐이 없이 상대를 극하지 않는 시대가 왔다. 음과 양 두 기가 1:1로 힘의 균형을 맞추니 수화상극水火相剋(ㅅ62)을 조절하여 수화보완水火補完하는 시대가 온 것이다. 음(水)과 양(火)이 태동[8]하여 활동하기 시작하였다.

흑소인 수水(우주 오행번호 1)에서 빛의 존재인 화火(항성, 오행번호 2)가 태어나, 다음에 수水(우주) 안에서 화火(항성)가 우주의 빛을 생성하였다.

암사화暗巳火시대는 〈역〉에서 2개의 양효와 1개의 음효가 결합된 형태인 이☲(이離:화火)로 존재하였다. 이離는 직녀성시대를 떠났다는 의미로 쓴 문자이다. 이 시대가 천추성시대이고 거해궁시대이다.

〈그림 4〉 금문마고. 마고의 고姑자는 여신을 의미하는 문자이다.

수는 1개의 양과 2개의 음으로 구성되어 있다. 감괘坎卦가 두 개의 음과 하나의 양☵으로 구성되어 있는 것이다.

화는 2개의 양과 1개의 음으로 구성되어 있다. 이괘離卦는 2개의 양과 하나의 음☲으로 구성되어 있다. 수는 화가 강하고 화는 수가 강하다. 그

8) 수와 화가 태동하여: 토기가 있음으로서 수기와 화기가 조화造化를 시작하여 생기生氣가 된다.

러므로 감괘와 이괘를 상호보완하지 않으면 독립하여 힘을 행사하기 힘들만큼 불완전한 생태에 있다.

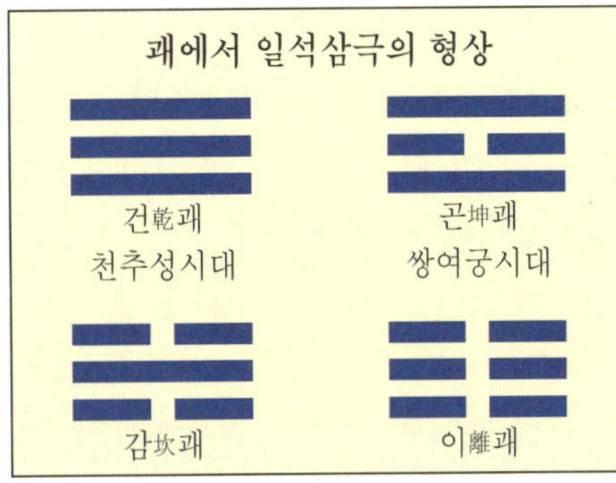

〈그림 5〉 괘에서 일석삼극의 형상. 막대기는 효爻, 긴 막대기는 양효陽爻, 끊어진 막대기는 음효陰爻이다. 건괘는 금金을, 곤괘는 토土를, 감괘는 수水를, 이괘는 화火를 의미한다.

감효는 2음+1양=수가 되고, 이효는 2양+1음=화가 된다. 수화水火는 암사화暗巳火(ㅇ18)이다. 암사화를 달리 말하면 한단우주광[9]이다.

직녀성시대는 흑소시대이다. 이 시대엔 직녀성과 북두칠성을 부부별로 보고 동일시하였다. 한국의 무가巫歌에서는 직녀성을 북두칠성의 부인인 매화부인(ㅁ29)이라 하였다. 매화부인이 활동하던 시대는 14,000년 전의 쌍녀궁시대였다.

〈그림 6〉 임금님이 앉는 자리인 용상의 뒤에는 〈일월오악병풍日月五嶽屛風〉이 놓인다. 병풍에서 일월의 위치는 칠월칠석날 저녁의 해와 달의 위치이다. 흑소黑素와 밝음의 균형을 나타낸다.

옛날 사람들은 북두칠성을 밤하늘을 헤엄쳐 다니는 머리가 7개 달린 우주의 뱀 나라야나로 표현하였다. 북두칠성이 밤의 세계인 흑소를 관장하므로 그렇게 표현한 것이다.

한단우주광의 길은 북두칠성이 운행하는 길이

9) 한단우주광 : 한인, 한웅, 단군왕검시대가 밝은 시대임을 의미한다.

다. 이 길을 연결하면 자미원紫微垣으로 불리는 거대한 원이 된다.

마고시대는 화를 타고났지만 수가 강한 시대였다. 한인시대는 수를 타고났지만 화가 강한 시대였다. 그래서 마고와 한인이 서로 반목하지 않을 수 없었다.

7. 아리안의 여왕으로 마고가 탄생하다.

찰나에 흑소黑素가 폭발하여 빅뱅이 일어났다. 빅뱅 후 우주나이 10^{-34}초까지 물질과 에너지, 어떠한 물리법칙도 존재하지 않았다. 우주나이 10^{-43}초에서 10^{-35}초 사이의 어느 순간 블랙홀이 끊임없이 생성, 소멸되다가 멈추고 블랙홀이 팽창하기 시작하였다. 우주온도가 10^{-27} K로 식어가면서 중력과 강력이 분리되어 나갔다. 그 결과로 각 블랙홀에서 쿼크와 렙톤, 그리고 각각의 반입자들이 자연 발생적으로 급속히 생성되었다.

진공이 상당한 에너지를 갖고 있었기 때문에 에너지가 물질로 변하는 '상전이相轉移(phase transition)[10)]'가 일어나 입자와 반입자들이 나타날 수 있었다.

그리고 바로 그 순간 흑소黑素(검은 알갱이)에서 빛이 터져 나왔다. 우주는 팽창하였고 광자의 파장은 점점 늘어났다.

율려가 생성되었다. 율려는 팔여八呂로 쪼개졌다. 그리고 그 파장 속에서 마고가 태어났다. 아리안의 여왕이 태어난 것이다.

---

10) 상전이相轉移(phase transition) : 주파수가 지속적으로 상승하면 어느 순간에 파동이 소리가 되고, 소리가 빛이 되고, 빛이 물질이 되는 현상이 일어난다고 한다. 이 상전이의 원리가 삼극지도이고, 지속적으로 상승하는 주파수가 일석삼극으로 증폭하는 에너지일 수 있다고 생각된다.

8. 존재하는 흑소에서 태초의 시간 라羅(ㄹ1)가 탄생

마고선인이 말했다.

"태초[11]에 생겨난 시간을 라羅라고 한다. 나라那羅는 시간에서 생겨난 나라라는 뜻이야."

"신라新羅에는 새로운 시간에서 생겨난 나라라는 뜻이 있군요."

내가 말했다.

"그렇다. 박혁거세가 아리안 행성계에서 우주선을 타고와 알천謁川에 내렸을 때 육부촌장六部村長의 화백회의가 소집되었지. 그때 소벌도리蘇伐都利가 말했다. '아리안 행성에서 온 사람이다.'"

나는 아리안 행성이 어디에 있는가 보려고 하늘을 쳐다보았다. 마고선인은 우주 스크린에 홀로그램을 쏘아 주었다.

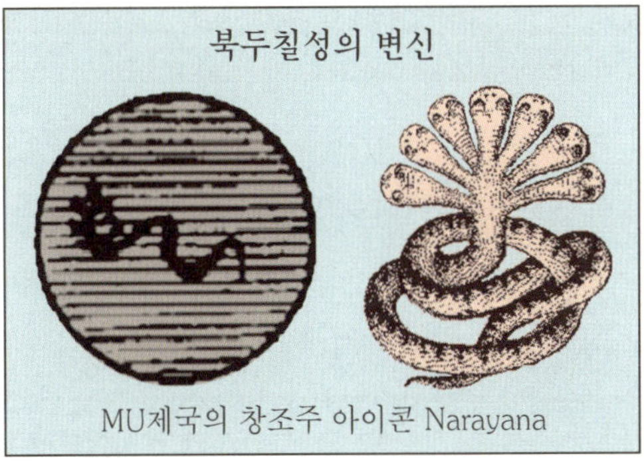

〈그림 7〉 무 제국에서 창조주 나라야나Narayana의 이미지. 제임스 처치워드가 쓴 〈무제국의 비밀〉에 실린 나라야나는 머리가 7개 달린 뱀의 형상이다. 북두칠성을 이렇게 표현한 것이다. 뱀을 인종 아이콘으로 쓴 풍이족이 나라야나를 계승하였다고 볼 수 있다. 뱀은 풍이족의 인종 아이콘이다.

빅뱅[12]으로 상전이가 일어난 다음에 캄캄함(블랙홀, 수水)의 반대편으로 밝음(화이트홀, 화火)이 생기고 화이트홀을 통하여 별들이 태어나 빛나기 시작하였다. 이때 태초의 시간 라羅가 태어났다. 수와 화의 상호전이相互轉移[13]에 의해서 토土의

11) 태초太初 : 〈천부경〉에서의 일시무시一始無始

12) 빅뱅Big Bang : 우주의 대폭발 이론大爆發理論

13) 상호전이相互轉移 : 오행五行이 태어나는 순서는 1번이 수水, 2번이 화火, 3번이 목木,

〈그림 8〉 앙크를 잡고 있는 태양신 라. 앙크(안크, 앵크라고도 발음한다)는 아리안 여왕 마고가 계신 행성으로 가는 하늘문을 열기 위하여 만든 열쇄이다.

생성[14]이 시작되었다. 마지막으로 생긴 토에서 우주의 회전축回轉軸[15]을 돌리는 시간이 만들어지고 있었다.

누군가 시간을 만드는 물레를 돌리고 있다. 물레에서 시간의 실이 만들어져 나온다. 그의 곁에서 과거의 신과 미래의 신이 과거라는 실과 미래라는 실을 한 가닥씩 시간의 물레에 보내주고 있다. 존재하지 않는 신이 현재의 실을 만들어 보내고 있는 것이다.

3가닥의 실이 과거, 현재, 미래를 한 가닥으로 꼬아 가고 있다.

"그대는 지금 어디에 있는가?"

마고선인이 물었다.

"현재에 있습니다."

"내가 보니 그대는 미래에 있군. 시간은 삼극지도 원리에서 일석삼극(○99) 분화로 생성된다."

나는 수긍하지 않을 수 없었다.

"태양에 어떤 이름이 적당하다고 보느냐?"

4번이 금金, 5번이 토土이다. 수가 전이하여 화가 되고, 화가 전이하여 목이 되고, 목이 전이하여 금이 되고, 금이 전이하여 토가 된다고 볼 수 있다.

14) 토土의 생성 : 오행에 속한 5원소는 원소의 상호전이에 의하여 생겨나는데 토의 생성은 5번째이다.

15) 회전축回轉軸 : 회전축에는 우주의 회전축, 태양계의 회전축, 지구의 회전축이 있을 수 있다. 지구가 공전公轉과 자전自傳을 쉬지 않고 계속하는 것은 회전축이 회전하기 때문이다.

"시간에서 태어났으니 라羅라고 하는 것이 좋다고 생각됩니다."

"라!"

이집트에서 태양의 신神 라가 날아왔다. 태양을 태초의 시간 뱀 한 마리가 감고 있는 형상의 모자를 쓰고 있었다.

"태양이라는 말도 좋겠습니다."

"태초의 시간에서 양陽이 태어났다는 뜻이다."

9. 태초의 별들이 빛나는 천계天界(ㅊ3)

선천시대先天時代가 열렸다(《부도지》). 선천시대는 우주의 빛[16]을 천원天圓(둥근 하늘)[17]으로 인식했던 시대였다.

빛이 태어나기 위해서 태초에 진동이 생겨나고 진동의 주파수가 높아지니 율려라 하였다(《부도지》). 율려律呂(ㅇ85)는 울림이다. 울림은 에너지의 움직임이다. 울림이 소리와 음으로 증폭된다. 율려가 나타나기를 여러 번 반복하면서 에너지가 물질화되어 성단星團이 나타난다. 별무리가 생기고, 천계가 생기고, 태양이 나타나고, 빛을 쪼이기 시작한다. 하늘의 별들이 빛을 낸다. 상계, 중계, 하계의 천계天界가 생겨난다.

블랙홀이 팽창하여 우주가 되면서 태양이 나오고 태양에서 빛이 나와 태양계가 생성되었다.

10. 어둠에서 태어난 마고와 한인

빛의 씨앗 속에 캄캄함과 밝음이 있었다. 선천의 때에 어머니(ㅇ24)

16) 우주의 빛 : 흑소에서 태어난 빛.

17) 천원天圓 : 궁륭穹窿, 둥근 하늘

(마고)가 8방위의 울림 가운데에서 출생하였다. 어둠에서 어머니 마고가 태어났고, 다음에 빛의 씨앗[18]인 한인桓因(ㅎ15)이 태어났다. 한인은 마고가 3,300년을 뛰어넘어 낳은 사유思惟의 자식이다. 이름을 안파견安巴堅(ㅇ13)이라 하였다.

그를 낳은 풍이족이 한인을 천제天帝라 불렀다. 천제란 사람으로 태어난 하나님(ㅎ1)이라는 뜻이다. 빛의 씨앗인 한인에게서 흑소黑素의 후예와 백소白巢(ㅂ14)(빛의 알갱이)의 후예가 함께 태어났다.

11. 한웅이 사유하여 어머니로 모신 마고

빛의 씨앗에 들어있는 캄캄함에서 한인 다음에 한웅이 태어났다. 한웅은 사유하여 어둠의 근원에 계신 마고를 어머니로 모셨다. 그는 빛인 백소白巢와 어둠인 흑소黑素를 함께 가지고 있었다. 백소는 그의 이름 한桓에 나타나 있고, 흑소도 그의 이름 웅雄에 나타나 있다. 한웅은 백소와 흑소의 본질을 함께 다 가지고 있었다. 그래서 마고의 밝음과 어둠을 의미하는 곰을 자신의 아이콘으로 인수할 수 있었다.

그가 배달나라를 세우면서 마고선파에서 그를 천왕天王(ㅊ20)이라 하였다. 천왕은 북방정토北方淨土(ㅂ41)의 관리자라는 뜻이다.

12. 인류문명의 여명기 마고시대

인류문명사에서 인류문명의 여명기로 볼 수 있는 시대가 마고시대이다. 마고시대 다음 시대는 한인시대이다. 한인시대 다음 시대는 한웅시대이다.

18) 빛의 씨앗 : 빛의 씨앗을 한역桓譯하면 한인桓因이 된다.

마고시대의 국가를 마고지나麻姑之那(마고의 나라)(ㅁ20)라 하였다. 이 시대에 마고족은 하나님(일시一始)과 삼신(일석삼극一析三極)과 삼신(ㅅ28)교(ㅅ29, 30)를 만들었다.

마고의 자식을 위하여 복숭아(ㅂ25, 26)를 상징물로 정했다. 이 시대를 거인족(ㄱ8)(대인족)의 시대라 하였다.

마고에게서 뱀(ㅂ16, 17, 18, 19, 20, 21)을 인종 아이콘으로 쓴 한인이 태어났고, 한인이 풍이족(ㅍ10, 11, 12, 13, 14, 15, 16)시대를 열었다. 풍이족이 온 인류에게 뱀 아이콘과 거인(대인)문화를 퍼뜨리기 위하여 거인시대를 열었다. 이 시대에 인류 최초의 경전인 〈천부경〉이 구전되기 시작하였다. 수메르(ㅅ60)가 중동지방에 수메르문명을 일으켰는데, 수메르는 한인천제가 세운 한12제국 중의 한 나라였다.

〈그림 9〉 인류의 조상 마고. 고려시대의 유물인 무신도이다. 복장이 고려시대 복장이다.

한웅시대에 국가체제를 확립하였다. 국가의 통치철학(ㄱ32)을 재세이화在世理化의 도道라 하였고 국가의 운영을 지전地轉에 합치하게 한다[19] 하였다. 태양계에 속한 지구가 태양을 따라 도는 이치에 맞도록 나라를 이끌어 가겠다는 생각을 밝혔다. 태양이 황도黃道를 순행하고, 달이 백도白道를 순행하는 이치에 맞도록 나라를 운영할 때 천도天道에 거역하는 일이 없을 것으로 보았다. 소국小國은 소국대로 대국大國을 따르고 대국은 대국대로 소국을 보살핀다면 이를 지전에 합치하는 덕으로 볼 수

19) 지전地轉에 합치하게 한다 : 세상 돌아가는 이치에 합치하도록 한다.

있을 것이다.

이 시대에 인류역사상 최초의 민주주의인 화백회의和白會議(ㅎ39)가 생겼고, 천왕의 무과실책임無過失責任을 인정하는 책화責禍[20]라는 사법제도가 생겼다.

시조 한인시대 다음에 제7세 지위리 한인이 한웅을 UFO에 태우고 삼위산과 태백산 사이를 날아다니며 앞으로 한국시대(ㅎ7, 8, 10)를 마감한 후에 한웅이 새로 세우게 될 배달나라의 영토를 확정하였다.

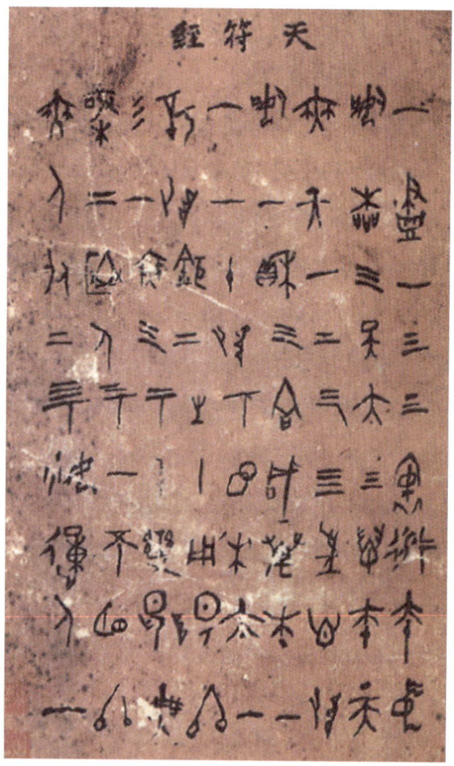

〈그림 10〉〈천부경〉 풍이문자로 기록한 고려시대 유물이다. 풍이문자에서 후대에 금문과 갑골문이 나왔다.

20) 책화責禍 : 책임지고 화를 받아들인다는 뜻. 무과실책임, 무한책임을 의미하였다.

2

1. 지구인의 씨앗

지구인의 씨앗이 되기 위하여 한인천제가 태어났다. 밝은 빛 박[1]과 소리의 진동 웅이 불꽃으로 태어났다. 그가 밝음과 불꽃[2]이요, 위대한 선조요, 박우루인 한웅천왕이다.

한웅을 한자로 바꾸어 쓰면, 한桓과 웅熊이 된다. 한은 떠오르는 해의 밝음이고, 웅은 달과 북두칠성이 보여주는 열이 없는 차가운 밤의 불꽃이다. 빛과 불꽃(한桓)과 소리의 진동(웅熊 ㅇ71, 73, 74)이 시대를 열어 한웅시대라 하였다.

해의 밝음인 백소白巢에게서 발 3개가 나와 삼족오三足烏가 되었다. 밤의 어둠인 흑소黑素에게서 4개의 불(웅熊에 있는 화灬를 의미)꽃이 나와 곰이 되었다. 즉 불곰이 된 것이다. 이것이 족보가 생기는 원리이다.

〈그림 1〉 고구려 고분벽화에 그려진 삼족오. 한桓자를 신조神鳥 삼족오 그림으로 나타낸 것이다. 백소白巢를 의미한다고 볼 수 있다.

한桓(ㅎ6)자는 목木(나무)+일一(하늘)+일 日(태양)+일 一(땅)

1) 밝은 빛인 박 : 박에는 박朴(밝다는 뜻)이라는 뜻이 있다.
2) 밝음과 불꽃 : 한桓으로 바꾸어 쓸 수 있다.

로 하늘과 땅 사이에서 나무 사이로 떠오르는 아침 해를 의미한다. 따라서 밝은 빛을 내는 해라는 뜻을 가지고 있다.

웅熊자는 사厶(나)+월月(달)+비匕(북두칠성)+비匕(북두칠성)+화灬(불)로 밤에 나와 달과 북두칠성이 흑소黑素 속에서 내뿜는 불꽃이다. 태양과 북두칠성 속에 아직 세상에 태어나지 않은 생명이 있음을 나타낸 것이다.

한국 사람은 전통적으로 칠성줄에서 태어난다고 믿어왔다. 또한 죽을 때는 칠성으로 돌아간다고 믿어왔다. 사람이 태어나는 생명줄을 칠성줄이라 하고, 사람이 죽으면 타고 가는 것을 칠성판이라 한다. 생명줄은 7자 길이의 무명으로 상징하고 칠성판은 송판에 7개의 구멍을 뚫어 표시한다.

한桓에는 장차 태어나게 될 밝음의 생명이, 웅熊에는 장차 태어날 흑소黑素의 생명이 숨어 있다. 한桓에서 태어나는 인종은 태양족으로 불리고 알(ㅇ15)에서 태어난다고 믿었다. 웅熊에서 태어나는 인종은 뱀에서 태어난다고 믿었다.

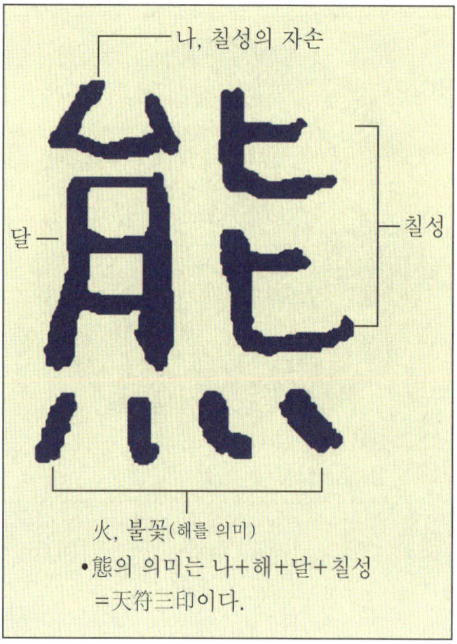

〈그림 2〉 곰을 의미하는 웅熊자의 의미. 달과 칠성은 흑소의 실체로 볼 수 있다.

한桓에서 태어나는 밝음(낮)의 생명은 한인천제가 되었고, 웅에서 태어나는 흑소黑素(밤)의 생명은 한웅천왕이 되었다.

우주의 울림(율려)에서 태어난 마고가 생명의 씨앗(한인)을 잉태하였다. 그 역사의 간극은 4,000년이나 된다. 이 4,000년 동안에 궁희와 소희의 삼신시대(ㅅ28 참조)가 있었고, 황궁의 황궁시대(ㅎ42)가 있었고, 유인의 유인시대(ㅇ81)가 있었고, 마지막에 생명의 씨앗이라 호칭된 한인의 한인시대가 있었다.

한인시대는 생명의 씨앗을 상징하는 뱀을 인종 아이콘으로 가지고 있던 풍이족風夷族시대이다. 뱀에는 마고인 곰이 자식을 밴다는 의미가 있다. 마고가 임신하여 태어나게 된 것이 뱀이라는 뜻이다. 그래서 마고의 대를 이어 풍이족의 씨앗으로 한인이 태어난 것이다.

장차 풍이족이 빛이 퍼져나가듯 마고를 알리는 뱀의 문명을 전 세계에 전파하였다.

2. 한단의 시대

이것은 처음으로 흑소黑素인 수水(우주, 오행번호 1)에서 빛의 존재인 화火(항성, 오행번호 2)가 태어나, 다음에 수水(우주) 안에서 화火(항성)가 우주의 빛을 생성하는 것과 같다. 이 안에서 밝음의 씨앗(한인桓因)이 태어나 한단우주광桓檀宇宙光의 시대(ㅎ11, 12)가 열렸다.

흑소黑素[3]인 수水[4]는 태초에서부터 존재하였다. 수水는 앞으로 태어날 화火의 모성으로 존재하였다.

〈역易〉에 따르면, 음(수, 오행번호 1)은 2개의 음효陰爻와 1개의 양효陽爻가 결합된 형태인 ☵(감坎 : 수水)으로 존재하였다. 이 시대가 마고시대이고, 천문에서 직녀성시대이며 쌍여궁시대이다. 마고시대는 태초이기 때문에 오행번호 1번인 수의 시대가 된다.

오행번호 2번인 사화巳火시대는 〈역〉에서 2개의 양효와 1개의 음효가 결합된 형태인 이괘離卦☲(離:火)로 존재했던 시대이다. 이괘離卦의 이

3) 흑소黑巢 : 어둠이라는 뜻으로 썼다.
4) 수水 : 오행의 수水라는 의미로 썼다.

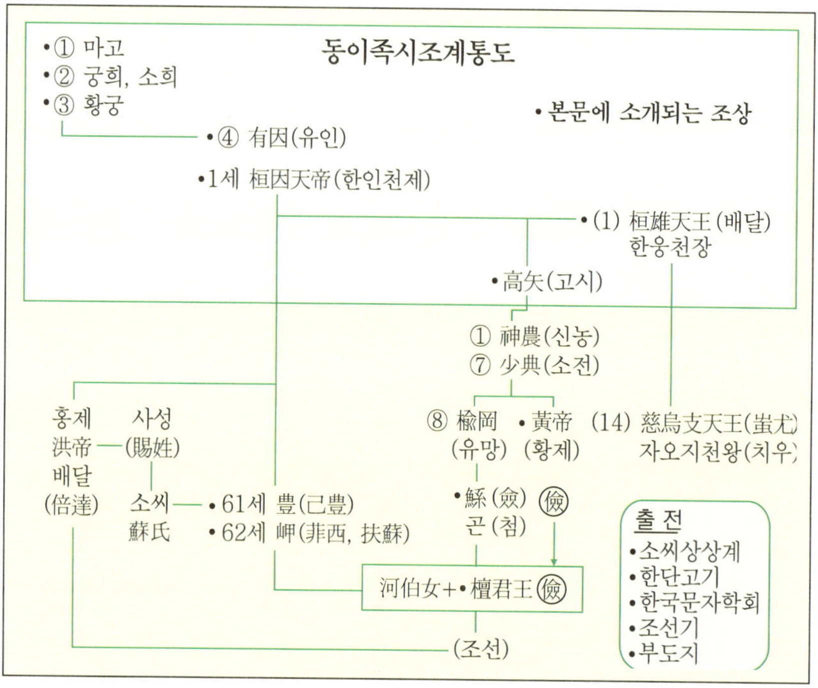

〈그림 3〉 동이족시조계통도

離는 직녀성시대를 떠나 천추성시대로 간 시대이다. 이 시대가 〈천상열차분야지도(ㅊ13)〉에서 천추성시대이고 〈조디악 12궁도〉에서 거해궁시대(ㄱ9)이다. 오행번호 2번인 화의 시대가 되는 시대이다.

〈역〉에서 오행번호 1번인 ☵감괘坎卦(ㄱ4)의 시대와 오행번호 2번인 ☲이괘離卦(ㅇ89)의 시대는 각각 3개의 효로 구성되어 있는데, 음과 양 두 종류의 효가 2:1의 형태로 이루어져 있다. 2+1=3인데 〈천부경〉의 일석삼극一析三極(ㅇ99)의 형상을 취하고 있는 것이다.

감효坎爻[5]는 2음+1양=수水가 되고, 이효離爻[6]는 2양+1음=화火가

5) 감효坎爻: 감괘를 분해하여 나오는 3개의 효를 감효라 한다.
6) 이효離爻: 이효를 분해하여 나오는 3개의 효를 이효라 한다.

조디악12궁도상에서 역사진도표

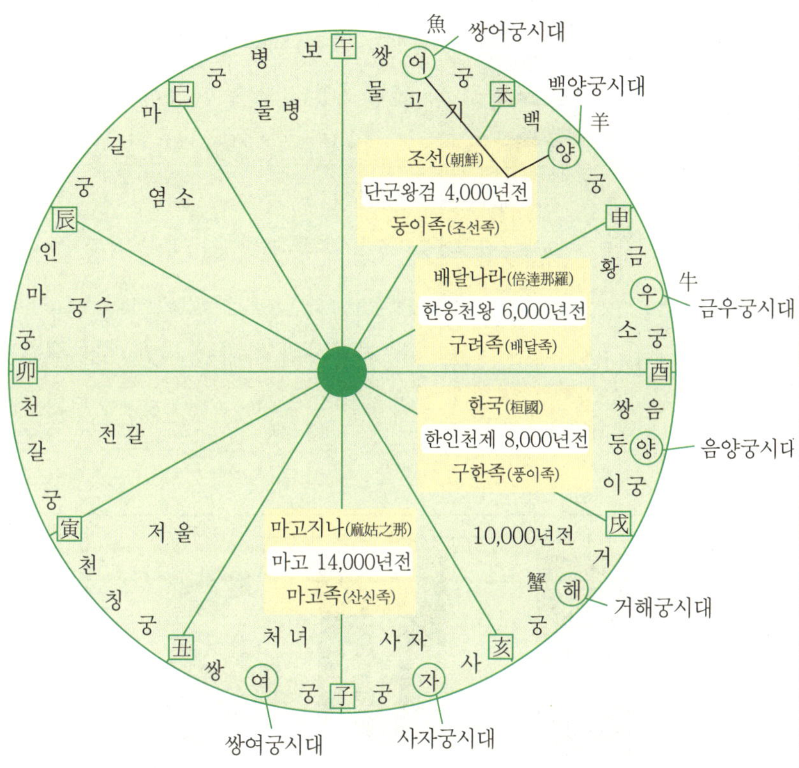

〈그림 4〉 조디악 12궁도상에서의 역사진도표. 마고가 쌍여궁시대에 인류의 문명사를 시작하였다.

된다. 수화水火에서 나온 화火는 태양의 가스를 태우는 사화巳火(ㅅ16)로 볼 수 있다. 사화巳火을 역사로 말하면 한단우주광시대桓檀宇宙光時代가 된다고 볼 수 있다.

직녀성시대는 흑소시대黑素時代이다. 이 시대엔 직녀성과 북두칠성을 부부별로 보고 동일시하였다. 한국의 무가巫歌에서는 직녀성을 북두칠성의 부인인 매화부인이라 하였다. 매화부인이 활동하던 시대는 14,000년 전의 쌍여궁시대였다.

〈그림 5〉 풍이족의 문자인 금문으로 사巳(뱀)의 파생어인 기己(나)와 파巴(용). 사巳는 풍이족을, 파巴는 한인천제인 안파견(아버지, 아파치)을 의미한다.

옛날 사람들은 북두칠성(ㅂ39, 40)을 밤하늘을 헤엄쳐 다니는 머리 7개가 달린 우주 뱀 Narayana(ㅇ63)로 표현하였다. 북두칠성이 밤의 세계인 흑소黑素를 관장하므로 그렇게 표현한 것이다.

한단우주광의 길은 북두칠성이 운행하는 길로 볼 수 있는 길이다. 이 길을 연결하면 자미원紫微垣으로 불리는 거대한 우주원宇宙垣(ㅇ67)이 된다.

〈그림 6〉 뱀 아이콘의 변화. 율려의 파장이 마고로 변하고 마고가 풍이족을 낳고, 풍이족이 어족과 조족을 낳고, 조족이 붕이 되고, 붕이 조선이 된다. 위에 든 한자는 인종 아이콘에 변화하는 원칙이 있음을 말한 것이다.

3. 북두칠성

북두칠성이 운행하는 길, 즉 칠성도七星道는 자미원으로 불리는 북두칠성이 가는 공간의 길(ㄱ27)이고 북두칠성이 만들어내는 시간의 길(ㅅ67)이다. 해와 달과 북두칠성이 결합하여 만들어 내는 천부삼인天符三印의 길(ㅊ11)이고 인류가 합심하여 추방당한 마고성으로 복귀할 때 찾아가는 해혹복본의 길(ㅎ26)이다.

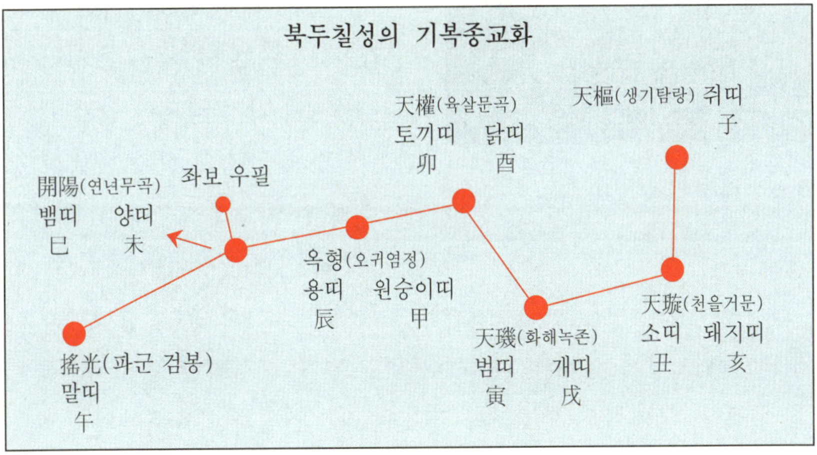

〈그림 7〉 북두칠성은 숭배의 대상이었고 종교적 대상이었다. 그래서 기복신앙이 발생하게 된 원인이 되었다.

흑소黑素가 가는 길(ㅎ50, 51)은 북두칠성이 운행하는 길(ㅂ40)이다. 북두칠성이 이 길을 가는 것을 순행順行(ㅅ64)한다고 한다. 북두칠성의 자루인 두병斗柄이 가리키는 방향이 계절을 나타내고 시간을 나타낸다. 누구나 다 시간이 가는 대로 이 길을 따라간다. 싫든 좋든 간다. 숙명적으로 가야만 하는 길이다. 한단우주광의 길은 북두칠성의 12진을 밟고 가는 길이다.

반대로 북두칠성의 순행에 역행逆行하는 길(ㅇ34)도 있다. 12월을 따

〈그림 8〉 미국 뉴멕시코 사막의 인디언 벽화 〈곰전사의 춤〉에서 곰발(웅족熊足). 흑소黑巢를 의미한다고 볼 수 있다.

라가는 길이다. 인간은 태양계가 역행하는 대로 12월을 따라간다.

누군가는 12진을 따라가고, 다른 누군가는 12월을 따라간다. 12진을 따라가는 사람을 칠성의 자손(ㅊ36)이라 하고, 12월을 따라가는 사람을 태양의 자손(ㅌ10)이라 한다. 그러나 이 두 길을 동시에 가는 사람도 있다. 그가 타고나는 유전인자에 두 길이 각인되어 있으면 어쩔 수 없이 두 길을 동시에 가지 않으면 안된다. 인간은 이렇게 12진의 길과 12월의 길을 함께 가고 있다. 순행과 역행을 동시에 하고 있는 것이다.

한단우주광시대에 태어난 인간은 우주에 만들어져 있는 '순행하는 길과 역행하는 길'을 동시에 가지 않으면 안된다. 순행하는 길과 역행하는 길, 두 길을 숙명적으로 동시에 가지 않으면 안되는 이율배반의 운명을 타고 났기 때문이다.

지구가 역행하면서 마고시대, 한인천제시대, 한웅천왕시대로 이행하였다. 한인천제가 다스리던 한12제국시대(ㅎ15)인 뱀과 거인문명(ㄱ8)

거인 네피림 이집트의 태양신 라 산신과 시종 수메르의 거인왕

〈그림 9〉 대인(거인)과 소인의 대비로 그려진 신화 그림.

이 지구를 휩쓸었던 시대였다.

〈단군신화(ㄷ5)〉는 한인천제가 한웅을 UFO에 태우고 삼위와 태백 사이를 돌면서 새로운 정착지를 찾았다고 기록하였다.

4. 구려족

'혼연渾然 속의 빛(ㅎ36)'은 아직 그 빛이 나타나지 않은 시대이다. 여黎(ㅇ28)라는 문자가 나타나는 시대로 볼 수 있다. 이 시대의 인종을 구려족九黎族(ㄱ29)이라 하였다. 구려족은 한웅천왕이 세운 배달나라체제를 구성했던 아홉 인종이었다. 한웅천왕시대의 웅족이 구려족으로 변하였다.

모음 교체 현상에 의하여 구려가 고려로 변할 수 있다고 보면 구려는 고려가 된다. 따라서 구려가 고려로 변화하였다고 볼 수 있다.

한웅천왕의 시대는 문자가 태어나는 시대이다. 이 시대에 녹도문자鹿圖文字가 생겨났다.

〈그림 10〉〈한웅천왕산신도〉. 한웅천왕은 태양의 화신이고 호랑이 2마리는 새벽금성과 저녁금성의 화신이다. 뒤에 서있는 두 여인은 두 분의 부인(한 분은 시녀일 수 있다). 즉 태양에 딸린 2개의 행성으로 보인다.

녹도문자는 사슴문명과 관련이 있는 문자로 볼 수 있다. 사슴문명이 한국에서는 신라의 왕관에 녹각鹿角을 금으로 세공한 공예문화로 나타난다.

뱀을 그의 이름에 아이콘으로 가지고 있었던 치우천왕蚩尤天王(치우천왕의 치蚩자는 산밑 땅속에 숨은 작은 뱀을 의미하는 문자이다)이 사슴과 돼지를 의미하는 탁록涿鹿에서 황제와 싸워 멸망하여 그의 후예들의 일부가 오랜 세월에 걸쳐 신라 땅에 정착함으로써 탁록을 잊지 않기 위하여 녹세공鹿細工으로 녹각을 만들었을 것으로 추측한다. '혼연渾然 속의 빛'은 역사의 베일 속에 가려진 나라로 신라가 계승한 사라진 조상나라 청구靑邱의 모국인 배달나라로 볼 수 있다.

5. 흑색인종

직녀성시대의 한단우주광은 직녀성시대의 진동인 율려가 주파수가 높아지면서 빛으로 변한 것이다. 이 빛에서 흑색인종이 태어났다.

직녀성시대에 직녀성은 한단우주광을 대표하는 별로 볼 수 있다. 지금은 천추성시대이므로 직녀성 한단우주광은 사라진 역사의 베일 속에 싸여 있고, 북극성 문명시대인 천추성 한단우주광시대이다.

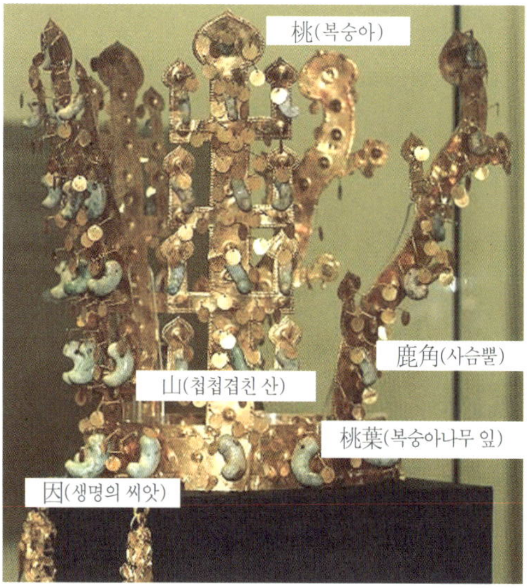

〈그림 11〉 신라금관. 신라금관에는 탁록涿鹿에서 나와 새로운 나라인 신라新羅를 건국한 사람들이라는 의미가 있다. 신라왕관을 문자로 풀어 쓰면 녹각鹿角과 줄산崒山이라는 뜻이 된다. 녹각은 그들이 치우천왕이 다스렸던 탁록涿鹿에서 떠나왔다는 뜻이고, 줄산은 그들이 정착하여 사는 곳이 험한 산들이 있는 곳이라는 뜻이다. 곡옥의 형상은 태극문이고 고래(마고도래麻姑渡來)의 형상이다.

《부도지》에 따르면, 직녀성시대에 태어난 인종이 처음에 율려(진동)에서 태어난 마고였고, 다음에 마고에게서 태어난 인종이 궁희穹姬와 소희巢姬였고, 궁희와 소희에게서 황궁黃穹, 청궁靑穹, 백소白巢, 흑소黑巢가 태어났다. 이들의 후손으로 황궁족, 청궁족, 백소족, 흑소족이 태어났다. 이들 중에서 암흑인종은 피부색이 검은 흑소黑素족 사형인간巳形人間(ㅅ15)이다.

황궁이 간 곳이 황웅黃熊(ㅎ46), 청궁이 간 곳이 청룡靑龍(ㅊ29), 백소가 간 곳이 백호白虎, 흑소가 간 곳이 현무玄武(ㅎ28)이다.

6. 율법

백소白巢씨족에 속한 지소支巢(ㅂ14)씨족 사형인간巳形人間은 직녀성시대의 율법을 어겨 천추성시대로 넘어가기 직전의 과도기시대에 직녀성에서 추방당하였다[7]. 추방당한 인종은 흑소족과 동족인 청궁족, 황궁족, 백소족이었다. 이들은 각각 동서남북으로 흩어졌다. 이들에 의해서 천추성시대가 열렸다.

〈그림 12〉 백호를 탄 마고. 마고(직녀)가 태백금성인 백호를 타면서 웅녀가 되어 한웅천왕과 혼인한다. 그리하여 웅녀는 곰(움두성)이 여성으로 변신한 곰(웅-곰별자리)으로서 웅족의 수호신이 된다.

직녀성시대에 마고에게서 태어난 4개의 인종은 모두 모성단성생식母性單性生殖(ㅁ36)이라는 그 원인을 알 수 없는 출생방법에 의하여 출생한 인종들이다. 오늘날의 과학적인 사고로 보면 각각 피부색깔이 다른 복제인간으로 태

7) 추방당한다 : 직녀성에서 우주선을 타고 출발했을 것으로 보인다.

어났다고 볼 수 있다. 이들 중에서 백소족 사형인간巳形人間인 지소족이 직녀성시대의 율법을 어김으로서 복제인간들이 직녀성에서 추방당하는 빌미를 제공하게 된다. 《부도지符都誌》에서 '오미五味의 난亂(ㅇ47, 48)'을 일으켰다고 기록된 장본인은 백소족 계열의 지소족이다. 하지만, 오미의 난은 모든 부족이 연루된 사건이었다.

7. 마고성 추억

흑소黑素족 사형인간巳形人間은 캄캄함, 즉 어두움으로 돌아가고자 하였다. 그들이 태어난 마고성麻姑城(ㅁ4, 9)으로 돌아가고자 하였던 것이다.

《부도지》에 따르면, 마고성은 마고본성, 실달성, 허달성의 3개 성으로 이루어져 있었다.

마고본성은 마고가 있는 성으로 인간은 영원히 갈 수 없는 곳이다. 실달성은 무당 몸의 주인이 되는 성수가 다스리는 성으로 사모巳母(풍이족의 어머니-샤먼)의 영적인 능력을 빌려야만 갈 수 있는 곳이다. 허달성은 사모에게 선택받지 못하는 영가靈加(쿼크quark원자구성입자原子構成粒子+랩톤lepton경입자輕粒子)들이 가는 성이다.

〈그림 13〉 마고의 자손들이 흩어져 간 곳. 청룡靑(蒼)龍, 백호白虎, 주작朱雀, 황웅黃熊, 현무玄武 지역.

마고는 장차 미래의 어느 날에 실달성으로 복귀해야 할 자들에게 해, 달,

북두칠성을 새긴 천부삼인天符三印을 그들에게 패스포트passport로 주었다. 천부삼인은 다시 직녀성시대로 들어섰을 때 복귀하라는 〈복귀명령서復歸命令書〉와 같은 것이다. 추방당한 인종이 복귀하는 것을 '해혹복본解惑復本(ㅎ25, 26)'이라 하였다. '해혹복본'은 인류가 무슨 이유로 추방당하게 되었는지 깨닫고 때가 되면 돌아오라는 뜻이다.

앞으로 세차운동歲差運動(precession)(ㅅ51)이 진행하여 지구의 회전축이 다시 직녀성 쪽으로 복귀해야만 해혹복본이 가능해진다.

8. 원형 마고

흑소黑素족에서 태어난 사형인간은 그가 추방당한 마고성으로 돌아가고자 한다. 마고성으로 돌아가는 것이 해혹복본解惑復本이다. 직녀성 안의 어디엔가 해혹복본의 때를 기다리는 원형 마고가 계실 것이다.

마고성은 '어둠속의 불(ㅇ22)'인 巳火사화의 화신(ㅅ16)이다. 사화의 화신이 마고성임을 아무나 알 수 있는 것은 아니다. 생기生氣의 맛으로 지어진 성을 찾을 수 있어야 한다.

사화의 맛은 오미의 맛이다. 오미의 맛은 마고의 맛이다. 인간으로서는 접근이 금지된 마고의 맛, 그 맛이 무미無味이기 때문에 접근이 금지되었다고 볼 수 있다.

혹시 그 맛이 복숭아의 맛이 아니었을까? 마고만이 느껴야 하는 선仙의 맛. 아마 그 맛은 마고가 느끼는 무미의 맛이자 하늘의 맛일 것이다. 이제 그 맛을 너무나 많은 사람들이 알아버렸다. 마고가 좋아할 수 없는 교활하고 흉악하고 탐욕스러운 인간들이 너무 많이 알아버린 것이다. 마고가 이런 인간들을 추방하는 것은 당연한 일이다. 문제는 이들 속에 추방당하지 않아도 될 인간들이 섞여 있다는 것이다. 그들에게 필

〈그림 14〉 마고의 언약인 해혹복본을 형상화한 명두. 명두 자체는 해를 의미하고, 가운데 큰 원은 달을 의미하고, 7개의 작은 원은 북두칠성을 의미한다. 이를 천부삼인이라 한다.

요한 것이 해혹복본이다.

위에서 말하는 추방과 복귀라는 과제는 지구상에 존재하는 모든 인류가 공통으로 가지고 있는 해혹복본이라는 종교적 관념(ㅈ17)을 잉태하게 된다. 각 인종은 마고가 종교를 만들어야 한다는 지시를 내리지 않았음에도 불구하고 그들 나름대로 종교를 만들어 혹세무민惑世誣民(ㅎ35)하는 데에 써왔다.

한국인은 오랜 옛날부터 사람이 죽으면 북두칠성을 새긴 널판 위에 누워 땅에 묻혔다. 이를 칠성판七星板(ㅊ37)이라 하였다. 칠성판은 마고성으로 가는 UFO이다. 그의 영이 UFO를 타고 가서 칠성님에게 복귀신고를 하게 된다고 믿었다. 칠성님에게로 가야 이미 칠성님의 부인이 된 마고할머니도 만날 수 있다고 믿었다. 그가 매화부인이다.

청궁이 거느리는 청궁족(창룡족蒼龍族)(ㅊ27), 황궁이 거느리는 황궁족(황웅족黃熊族)(ㅎ44), 백소가 거느리는 백소족(백호족白虎族)들이다. 이들은 해혹복본을 실현해야 할 사형인간巳形人間들이다.

그러나 지금은 아무도 직녀성에 가지 못한다. 아직 직녀성이 북극성으로 복귀하는 시대가 오지 않았기 때문이다. 직녀성이 북극성의 기능을 회복해야만 마고본성의 기능이 회복될 수 있을 것이다. 지금 그들이 갈 수 있는 곳은 자미원에 있는 북극오성北極五星(ㅂ38)에 있는 황후성이다.

인간은 그가 추방당한 곳으로 돌아가려면 마고가 휴대하라고 지시를 내린 천부삼인天符三印(ㅊ10, 11)을 가지고 있어야 한다. 천부삼인은 해, 달, 북두칠성을 돌이나 금속에 새긴 징표이다. 천부삼인을 가지고 있어야 그가 복귀할 때 복귀의 징표로 내보일 수 있는 패스포트가 된다.

그러나 천부삼인을 가지고 있다고 해서 복귀가 가능한 것은 아니다. 그들의 어머니인 사모巳母(ㅅ5)가 길안내를 잘 해 주어야만 직녀성으로 복귀하는 항로를 이탈하지 않고 실달성에 도달할 수 있는 것이다. 이 복귀가 해혹복본이다. 사모를 직녀성으로 안내하는 분이 성수로 불리는 분이다. 성수는 사모의 주인이고 또한 마고성에 속한 실달성의 주인이다.

9. 마고성에서 타오르는 불꽃

어두움에서 태어난 흑소黑素족 사형인간巳形人間의 마음 속 깊은 곳에서 그들을 탄생시킨 사화巳火가 타오르고 있었다. 사화巳火는 마고성에서 타오르는 불꽃이다.

혼연渾然[8] 속은 혼돈 속에 있는 마고성으로 볼 수 있고, 혼연渾然 속의 빛은 흑소黑素족 사형인간巳形人間을 잉태한 생명의 빛으로 볼 수 있다. 흑소족을 복제해 낸 연구실의 불빛으로도 볼 수 있다. 그들은 연구실에서 태어났는데 아무도 그들이 지켜야 할 우주의 율법에 대하여 가르쳐 주는 자가 없었다.

사화巳火는 흑소족 사형인간을 탄생케 하는 불빛이므로 지금도 그대로 타오르고 있을 것이다. 언젠가 세차운동으로 지구의 회전축이 직녀성을 향하게 되었을 때 다시 인간복제(ㅇ91)를 시작하여 새로운 흑소족을 탄생시키게 될지 모른다.

8) 혼연渾然 : 혼돈混沌

10. 유시

사형인간, 즉 아리안 한인桓人[9]이 믿는 것은 〈해혹복본〉으로 불리는 직녀성시대로의 회귀이다. 이 시대가 오면 지구의 자전축이 직녀성을 향하는 때가 된다고 믿었다. 돌아오는 그 시대가 캄캄함의 사화巳火이다.

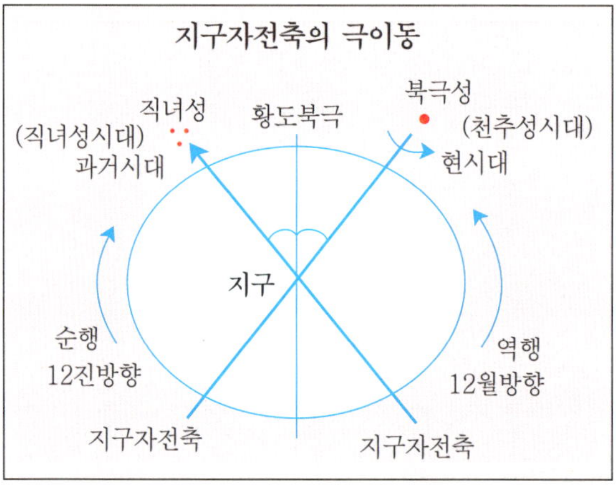

〈그림 15〉 지구의 자전축 이동. 마고의 소망인 '해혹복본'은 그가 추방한 후손들이 마고성으로 복귀하는 것을 뜻한다. 지구의 자전축이 극이동을 하여 천추성시대에서 직녀성시대로 가야만 마고의 소원이 이루어질 수 있다.

캄캄함의 사화巳火는 무엇일까? 그것은 사부師夫가 도달할 수 있는 초월적인 세계일 것이다. 불교의 유마[10], 기독교의 바울[11]과 같은 사부師夫가 나타나서 불교와 기독교를 중흥시켰듯이 새로운 샤먼이 나타나면 샤먼[12]의 세계에도 새로운 패러다임이 올 수 있을 것으로 본다. 외계인이 UFO를

9) 아리안 한인桓人 : 알에서 태어난 한인천제의 후예, 외계에서 온 한인천제의 후예.

10) 유마維摩 : 인도 비사리국의 장자長者로 석가의 재가在家 제자로서 속가俗家에서 보살 행업行業을 닦았다. 대승 불교의 경전인 〈유마경〉을 지은 분으로 닦은 수행이 불제자를 능가했다고 한다.

11) 바울Paul : 처음엔 유대교도였으나 기독교도를 박해하다가 다메섹에서 예수의 음성을 듣고 개종하여 전 생애를 기독교 전도에 힘쓰고 각지에 교회를 세우다가 로마에서 순교하였다. 〈로마서〉·〈고린도서〉·〈갈라디아서〉를 썼다.

12) 샤먼 : 샤먼보다 사모가 타당하다고 본다. 샤먼이라면 미신의 굴레를 벗어나기 힘들지만 사모라면 무교에 입문했다고 생각되기 때문이다.

타고 지구에 와서 지구의 미래와 인류의 미래에 대해서 사모들 사이에 진지한 논의가 시작될 수 있도록 돕거나 협박을 하게 될지도 모른다. 그 때 종교에 엄청난 변화가 올 수 있을 것이다.

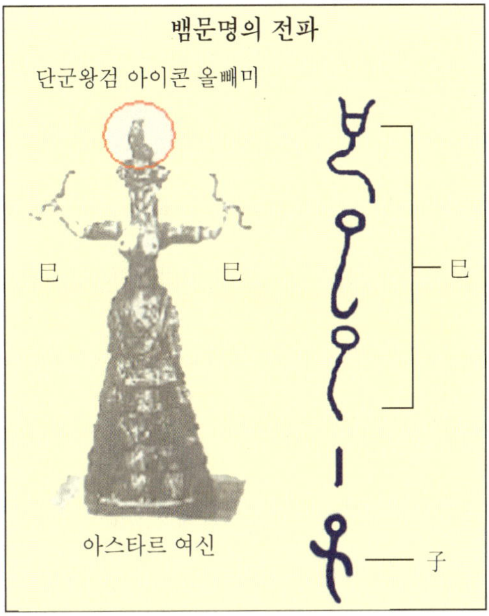

〈그림 16〉 뱀문명의 전파. 뱀문명은 마고문명을 이어받은 풍이문명이다. 뱀문명이 서양으로 건너갔음을 보여준다. 아스타르여신상에는 단군왕검 아이콘인 올빼미가 있다. 올빼미는 '온 뱀'이라는 뜻이다. 자子는 태자太子를 의미한다. 그림에 나타난 문자는 금문金文이다.

지금은 사형인간[13]을 탄생시킨 직녀성시대의 생명의 근원인 사화巳火[14]가 사라진 시대이다. 모든 사람이 마고성의 존재를 잊어버렸다. 이런 시대에 누군가 마고성을 찾으려 한다면 이처럼 힘든 일은 없을 것이다.

아리안 한인桓人은 사형인간巳形人間의 후손들이 현실에 존재하지 않는 실달성에서의 재회를 꿈꾸어 왔다. 한때 그들의 노력이 성공하는 듯 했다. 희망이 보이는 듯도 했다.

아리안Ariane(ㅇ3, 4) 한인桓人[15]들로 태어난 백소족, 청궁족, 황궁족이 해혹복본하려는 의지를 실천하기 위하여 피라미드(ㅍ17) 건설, 지구라트[16] 건설에 힘썼다. 그들은

13) 사형인간 : 풍이족의 조상
14) 직녀성시대의 사화 : 마고성을 탄생시킨 창조의 불
15) 한인桓人 : 한인천제의 후손
16) 지구라트ziggurat : 고대 바빌로니아, 아시리아 유적에서 발견되는 고대의 성탑聖塔. 피라미드 형상으로 되어 있으나 둘레에 계단을 만들었다. 탑의 형상이므로

신神의 도시都市[17]를 건설하고자 하였다. 신의 도시를 다른 말로 표현하면 부도符都가 된다. 그러나 모두 실패하였고 그들이 남긴 건축물들은 한 시대의 유물이 되어 폐허 위에 서 있다.

아직도 멀리 있는 등대에서 비추는 희미한 빛처럼 검은 흑소黑素에서 피어오르는 불꽃이 가물거리고 있다. 먼 등대에서 보내는 불빛이 항구가 어디라는 것을 가르쳐 주고 있다. 기제旣濟의 때가 오고 있음을 가르쳐 주고 있는 것이다.

수에서 화가 태어나면 상황이 종료되어 기제旣濟가 된다. 이렇게 되는 것이 순리이므로 기제를 형통亨通하다고 한다. 그러나 수의 본성이 화를 극하므로 난亂을 피하지 못하게 된다는 것도 어쩔 수 없는 일이다.

수에서 생겨난 사화巳火는 깜깜한 검은 불꽃이다. 형체가 없고 억제됨이 없이 무제한으로 피어나는 불꽃이다. 수가 화를 생성한다.

직녀성시대 사람은 그들을 태어나게 해 준 흑소黑素의 사화巳火와 하나가 되려 하였고, 천추성시대 사람은 그들을 태어나게 해준 오화午火(○53)와 하나가 되려고 하였다.

〈그림 17〉 사화巳火가 태양 안에 들어있는 삼족오로 표현되어 있다. 인간은 사화巳火와의 재결합을 꿈꾼다. 고구려 5회분 4호묘 벽화. 동방선파의 신선도로 볼 수 있다.

우주와 땅을 연결하는 천기天氣의 소통장치로 보인다.

17) 신의 도시 : 신의 도시는 지붕 끝을 철탑처럼 뾰족하게 짓거나 평평하게 지은 건물들이 별자리에 맞추어 들어선 도시이다. 부도符都를 말한다고 볼 수 있다.

그림에 나타난 사형인간

사모의 이미지 나라야나

문자에 나타난 巳形人間

子	女	母	儿 人	皃	兄	己 장손	虫 지손	風 지손	卯 제관	巴 임금	龍 임금	民 백성

〈그림 18〉 그림과 문자에 나타난 사형인간. 모두 다 풍이의 아이콘인 뱀을 모티브로 하고 있다. 巳母(shaman)의 이미지. 샤먼은 뱀의 어머니, 풍이족의 어머니, 즉 마고라는 뜻이다. 왼쪽은 이탈리아 밀라노 스포르체스코성의 부조, 가운데는 고구려 5회분 4호묘의 달을 향하여 비천하는 항영상姮英像(한인천제의 비妃), 왼쪽은 MU제국의 창조신 Narayana.

위에서 본 이러한 화생과정化生過程은 수가 화를 생하므로 생기가 생성되어 생기가 다양한 생명체를 태어나게 한다고 볼 수 있는 것이다.

흑소黑素는 검은 물질(ㄱ 11)이다. 우주에 가득 차 있다. 우주의 실체는 검은 물질로 뒤덮여 있다.

〈그림 19〉 풍이족의 시조 한인천제와 그의 부인 항영姮英. 오른쪽의 한인천제가 태양을 이고 있는데, 태양 안에 검은 불꽃인 삼족오三足烏(다리가 3개 달린 까마귀)가 들어 있다. 왼쪽은 그의 비 항영이다.

흑소의 사화는 직녀성시대에 마고인종으로 태어나 웅족이 되었고, 흑소의 사화는 천추성시대에 한인인종으로 태어나 풍이족이 되었다. 직녀성시대의 사람들은 직녀성에서 지구로 왔고, 천추성시대 사람은 북두칠성에서 지구로 왔다. 오랜 세월이 흐른 후에 그들이 만나서 하나가 되었다.

11. 삶의 방식

태초에 태어난 조상은 직녀성시대인 밤의 시대에 살았고, 다음에 태어난 조상은 천추성시대인 낮의 시대에 살았다. 밤의 시대는 여자들의 시대였고, 낮의 시대는 남자들의 시대였다.

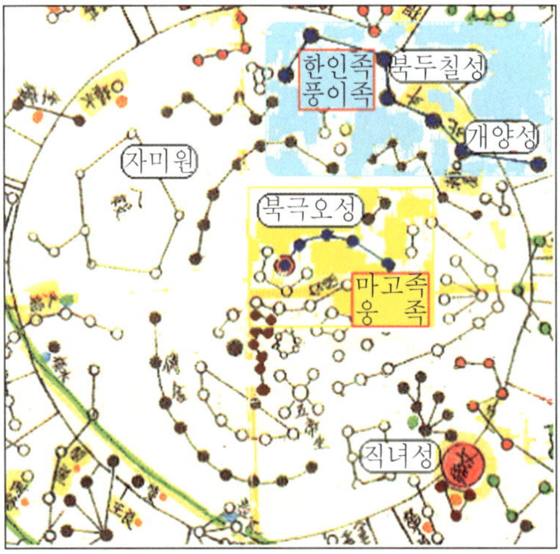

〈그림 20〉 천문에서 웅족과 풍이족. 곰을 아이콘으로 가지고 있는 마고가 황후로 있기 때문에 웅족이라 했고, 뱀을 아이콘으로 가지고 있는 한인천제와 칠성님이 천제와 칠성으로 동일시되어 풍이족이라 한 것이다.

이들 중에서 유인 이전에 태어난 분들은 직녀성시대인 밤의 시대에 태어난 분들이고, 한인 이후에 태어난 분들은 한단우주광시대이자 천추성시대인 낮에 태어난 분들이다.

《부도지》에 따르면, 이 시대에 청궁은 무리를 이끌고 운해주로 갔고, 황궁은 무리를 이끌고 천산주로 갔고, 백소는 무리를 이끌고 월식주로 갔고, 흑소는 무리를 이끌고 성생주로 떠났다 하였다. 이들이 추방되었을 때가 직녀성시대와 천추성시대의 교체기였다고 볼 수 있다.

마고가 지상에 내려온 때가 인류의 문명이 시작되는 마고문명의 여명기인 태초였다. 태초 이후에 궁희, 소희, 황궁, 유인, 한인, 한웅, 단군왕검 등이 연이어 태어나 마고문명을 이끌어 갔다. 이분들은 마고가 추방하여 뿔뿔이 흩어져 간 사람들이거나 후손들이다.

〈그림 21〉 한단우주광시대의 선조들 한인천제, 한웅천왕, 단군왕검에게 그의 후손들이 삼각산에서 제사를 올리고 있다.

이들이 마고성을 떠날 때 가지고 간 것이 마고의 유시인 '해혹복본'하라는 종교적 메시지였고, 유시의 증표로 가져간 것이 천부삼인이었다. 무슬림들의 성지순례는 이들이 반복해서 행하는 재회의 예행연습으로 볼 수 있다.

직녀성시대 사람들은 죽음을 삶의 다른 방식으로 받아들였다. 삶과 죽음은 연장선상에 있었다. 12진을 따라가며 사는 사람들이 이들이었다.

직녀성시대, 즉 밤의 시대에 마고의 사람들은 직녀를 어머니로, 칠성을 아버지로 하였다.

이들은 칠성으로부터 태어난다고 믿었고, 죽음을 재생의 한 과정으로 보았다. 그래서 죽은 사람이 타고 갈 칠성판을 만들었다. 칠성판은 인간의 쿼크 랩톤이 타고 가는 상징적인 의미의 UFO이다.

천추성시대에 마고시대를 출현한 아리안 한인桓人들은 태양을 따라가는 사람들이었다. 이들의 후대 사람들은 이들의 뒤를 따라 살아가고자 하였다. 12월을 따라가며 살아가는 사람들이 이들이었다.

직녀성시대에 태어난 마고를 밀어내고 다음시대에 태어난 사람들이 태양의 밝음을 쫓아 사는 풍이족風夷族이다. 풍이족시대는 마고족이 9종족으로 분화하여 9황64민이라 하였다.

〈그림 22〉 풍이족風夷族의 한인천제를 상징하는 풍물패風物牌의 상모上旄

직녀성시대가 끝나면서 직녀성시대의 사람들이 새로 태어난 천추성시대의 사람들과 결합하였다.

각 인종이 갖고 있는 창세신화는 직녀성 인간의 탄생신화, 천추성 인간의 탄생신화, 이들 두 인종의 결합신화로 볼 수 있다.

한국의 〈무신도〉에 7칠성이 그려져 있는데 아래쪽에는 4인의 여신이 그려져 있고 위쪽에는 3인의 남신이 그려져 있다. 선기옥형에 해당하는 부분이 지상을 향하여 있고, 두병에 해당하는 부분이 천상을 향하여 거꾸로 서 있는 모양인데, 북두칠성을 의인화하여 북두칠성의 신격을 나타낸 그림이다.

여신은 흰 고깔을 쓰고 흰 장삼을 입고 있다. 여기에서 흰색은 해가 동쪽에서 떠서 서쪽으로 사라지듯이 사라졌음을 의미한다. 그러므로 마고삼신의 시대가 사라졌음을 뜻한다. 다시 말하면 직녀성시대가 끝났음을 의미하는 것이다. 뒤에 서 있는 3인의 남성은 새로 시작된 천추성시

〈그림 23〉 신격화한 북두칠성. 선기옥형璇璣玉衡은 여신이고 두병斗柄은 남신이다. 원래 칠성의대는 백색白色이고 고깔도 백색이다. 이 무신도 의대의 색깔은 잘못된 것이다.

대의 삼성을 말한다고 볼 수 있다. 이들 삼성은 한국을 세운 한인천제, 배달나라를 세운 한웅천왕, 조선을 세운 단군왕검이다.

12. 마고선파

직녀성시대가 끝나고 천추성시대로 넘어간 뒤에도 삼신은 살아 천추성시대 사람들의 사유체계를 구성하였다. 천부삼인天符三印, 일석삼극一析三極, 삼성三聖, 삼극三極, 삼태극三太極, 음양조화陰陽造和 등 다양하게 인식된 것이다.

한인시대에 〈천부경〉이 구전되기 시작하였다. 〈천부경〉은 수 1~10까지 다양한 수리체계를 형성하였다. 무시無始는 0으로 표현되었고, 시작은 1로 표현되었고, 1은 유일한 단 하나라는 의미를 갖게 되었다. 1은 다시 3으로 분화한다는 원리를 태동하였다. 완성은 4로 표현하였다.

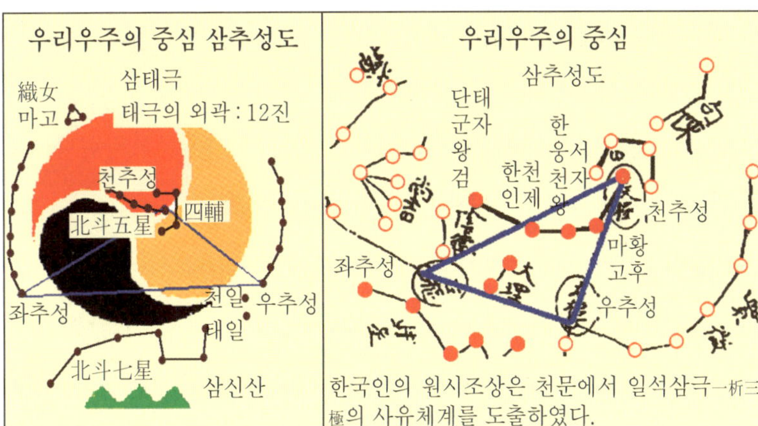

〈그림 24〉 한국의 원시조상을 대표하는 분들은 마고, 한인, 한웅, 단군왕검으로 볼 수 있는데, 이분들은 〈천부경〉을 철학과 사상의 텍스트로 생각하였다. 천문에서 일석삼극의 원리를 도출하여 〈천부경〉에 기록하였다. 일석삼극은 1이 3으로 분화한다는 원리이다.

5는 블랙홀black hole[18]로 하였다. 6은 재탄생, 환생, 혁명을 의미하였다. 10은 무종無終 끝이 없이 반복되고 분화됨을 나타내었다.

천추성시대의 사람은 직녀성시대의 사람을 볼 수 있다고 생각하였다. 오늘날 종교적인 환상을 통하여 마고선파를 창시한 마고의 환상을 볼 수 있다고 생각하는 것과 같은 생각이다. 삼신 또한 볼 수 있다고 생각하였다.

사형인간을 사라진 직녀성시대의 사람으로 보고, 아리안 한인桓人을 천추성시대의 사람으로 본다면, 사형인간을 볼 수 있다고 생각하였다. 그들이 갖가지 신의 형상으로 나타났다. 신의 형상이 나타난 곳을 무극無極이라 하였고 무극에서 최초로 태어나는 마고를 무극노모無極老母라 하였다. 무극을 바라보는 노고산은 마고에게 제사지내는 산이다.

마고는 선仙을 창시했는데, 선은 인간이 삼신산에 낙원을 건설하는 유토피아 사상이다.

삼신산은 3개의 산으로 구성되어 있다. 여기에 복숭아를 심어 선도산仙桃山을 만든다. 인간들이 모여서 신선처럼 생활한다. 그러면서 산신각을 짓고 산신을 모신다. 미래에 세상을 하나로 통일하여 선국을 만들고, 종교를 하나로 통일하여 선교를 만들고, 사상을 하나로 통일하여 선사상을 만든다. 이 일을 할 도부신인이 태어나기를 기다린다. 결국 한국桓國과 같은 Hyper Empire를 만드는 것이다.

13. 선의 시대

천추성시대의 위대한 선조는 선仙의 입장에서 보면 동방선파의 주종

18) 블랙홀black hole : 검은 구멍. 중력장이 너무나 커서 사상의 지평선을 지나면 어느 것도 빠져나올 수 없게 되는 공간의 영역이다. 수數에서 1은 시작, 2는 소멸, 3은 분화, 4는 완성, 5는 죽음이다. 5가 블랙홀이 된다.

이 되는 한인천제, 한웅천왕, 단군왕검이다. 그들의 조상인 유인과 황궁과 청궁과 백소와 흑소를 포함시켰다.

마고가 선을 만들어 마고선파를 창건하였다. 직녀성시대 말기에 후손인 흑소의 지소가 우연히 포도의 맛을 알게 되었다. 이 맛이 오미五味의 맛이다. 오미는 5가지 맛인데, 이 중에서 한 가지 맛을 인간이 접근하지 못하도록 통제하였다. 맛의 완성을 깨친다는 의미였다.

〈그림 25〉 박달나무 꽃. 한웅천왕의 배달나라를 승계하여 조선으로 나라의 이름을 고친 단군왕검은 국화를 박달나무 꽃으로 정했다. 조선 사람의 사유체계에서 4를 완성의 수로 보았기 때문에 4개의 꽃잎이 달린 박달나무 꽃을 국화로 정한 것이다.

직녀성시대의 인간이 5미의 맛을 터득하면서 직녀성시대가 종료되고 급속도로 천추성시대로 넘어갔다. 이리하여 직녀성시대의 인간은 모두 추방이라는 비운을 겪지 않을 수 없었다. 마고가 청궁, 황궁, 백소, 흑소의 무리를 추방하게 된 이유는 여기에 있었다.

그는 천수를 마고성에 끌어들여 직녀성시대에 건설한 문물을 모두 쓸어버리고 마고성시대를 마감하였다. 이리하여 마고선파의 시대가 끝나고 말았다.

이후에 동방선파가 광성자廣成子(황궁의 다른 이름이다)에 의하여 창건되는데 유인과 한인의 말기에 와서 한웅이 나왔고, 한웅에 의해서 동방선파가 굳게 자리잡게 되었다. 이들의 뿌리가 마고선파에 있다. 마고가 그들에게는 영원한 어머니였다.

마고를 천추성시대에 부활시키려면 신화적 변용이 필요하였다. 그래서 만들어진 것이 〈단군신화〉이다. 〈단군신화〉에서 마고는 곰이 된다.

곰은 동굴 속에서 환골탈태換骨脫胎의식을 거치고 웅녀(웅족의 딸이라는 뜻)가 되었다. 신격이 인격을 획득한 것이다.

환골탈태의식은 직녀성시대의 사형인간巳形人間인 마고를 천추성시대의 아리안 한인桓人인 마고로 바뀌게 하였다. 마고가 검은 옷을 벗고 흰 옷을 입은 것이다. 선도仙道에서 환골탈태에 집착을 보이는 이유는 마고에서 시작된 환골탈태의식에 집착하게 되는 때문일 것이다.

마고라는 문자는 신화적 변용을 통하여 곰으로 바뀌고, 곰이 다시 마고로 바뀌는 변화의 과정을 거쳤다. 마고라는 문자가 갖는 고유한 음에

〈麻姑仙派 東方仙派 道教分派 系統圖〉

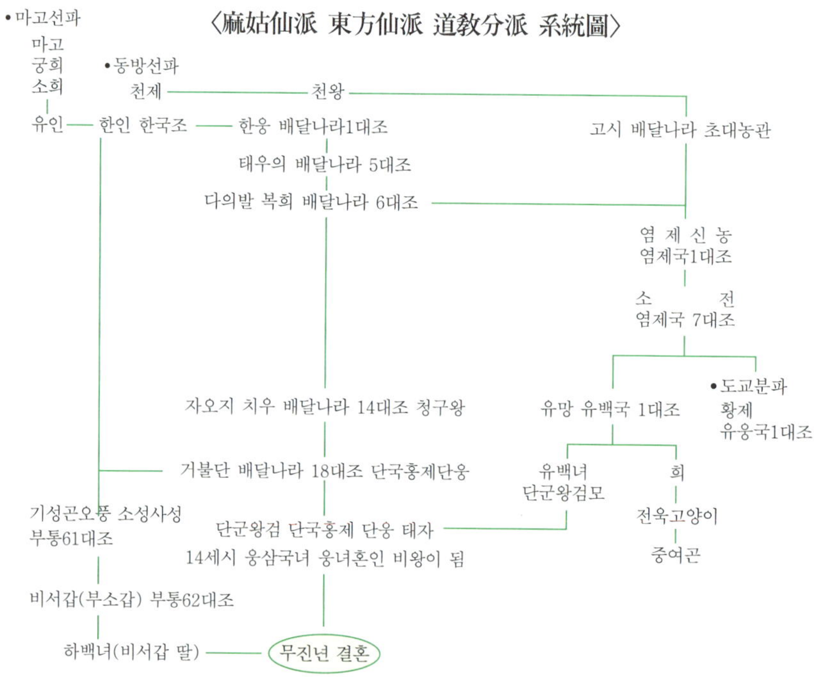

〈그림 26〉 원시조상은 마고선파와 동방선파 둘로 나뉜다. 마고선파는 마고에서 시작하여 삼신까지 내려오고 동방선파는 황궁(광성자라고도 한다)에서 시작하여 단군왕검까지 내려온다. 선파는 선교仙教의 교맥教脈을 말한다. 도교道教는 동방선파인 황제에게서 갈라져 나간다. 이 시대는 곰을 인종 아이콘으로 쓰던 웅족과 뱀을 인종 아이콘으로 쓰던 풍이족의 시대이다.

맞는 대상을 찾으니까 곰을 찾은 것이라 볼 수 있다.

마고는 여신이므로 그가 상대할 수 있는 남신 아이콘을 필요로 하였다. 이 남신 아이콘에게도 곰이라는 호칭이 주어졌다. 아마 큰곰을 택하여 큰곰이라는 의미가 주어졌을 것이다. 큰곰을 한자로 바꾸어 쓰면 한웅桓熊이나 대웅大熊이 된다. 이리하여 인종들 사이에서 곰을 아이콘으로 쓰는 웅족熊族이 나오게 된 것이다.

삼성은 인류의 조상이 되는 분들이다. 한인천제는 1만 년 전의 사람이므로 그 시대의 밝은 인간들이 볼 수 있었던 한인이고, 한웅천왕은 5,800년 전의 사람이므로 그 시대의 밝은 사람이 볼 수 있었던 아리안 한웅이고, 단군왕검은 4,400년 전의 사람이므로 그 시대의 사람들이 밝은 인으로 볼 수 있었던 단군이다. 한인과 한웅 두 분의 한桓은 밝음을 의미하는 문자이고, 단군왕검의 단檀 또한 밝음을 의미하는 문자이다.

아리안 한인桓人과 단인檀人을 볼 수 있다는 것은 밝음의 시대를 대표하는 한인천제, 한웅천왕, 단군왕검을 볼 수 있다는 말이다.

14. 마고와 한인

직녀성시대의 인간들과 천추성시대의 인간들은 그 시대의 빛깔인 어둠인 흑소를 추구하거나 밝음인 백소를 추구하며 살았다. 흑소의 색깔을 대표하는 사람은 마고였고, 백소의 색깔을 대표하는 사람은 한인천제였다.

마고는 복숭아를 아이콘으로 정하여 그 안에 밝은 인간인 한인을 저장하였다. 그가 앞으로 복숭아를 쪼개고 나와 밝은 인간으로 부활하여야 할 한인천제이다. 직녀성의 시대가 다시 왔을 때 세상은 어두컴컴해질 것이고 밝음이 필요하니 세상을 밝게 해 주기 위하여 그의 쿼크랩톤

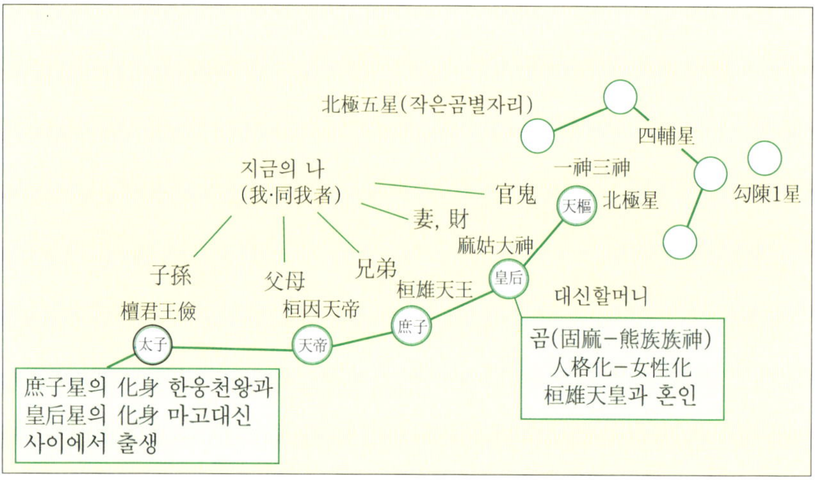

〈그림 27〉 자미원 하늘의 중심에 북극오성(작은곰별자리)이 떠 있다. 우리의 시조를 신격화하여 북극오성에 별이름으로 올린 것이 〈단군신화〉이다. 〈단군신화〉는 선교의 창세신화였다가 조선이 진에게 멸망하면서 무교의 창세신화로 바뀌었다가 일연 스님이 쓴 《삼국유사》에 옮겨졌다.

〈그림 28〉 태양을 쏘는 예羿신화. 태양은 천제의 아들이고 예는 천제의 신하이다. 천제의 신하가 잉여剩餘로 떠도는 천제의 아들들을 쏘아 죽이는 신화이다.

이 인간의 형체를 쓰고 나온 것으로 볼 수 있다. 이 한인천제부활논리가 광성자廣成子가 제시한 동방선파의 선교논리仙敎論理일 것이다.

마고는 직녀성시대의 인간들이 가야 할 길인 마고선파의 길을 제시하였고, 광성자는 천추성시대의 인간이 가야 할 길인 동방선파의 길을 제시하였다. 이 2개의 길은 지구의 세차운동이 없어지지 않는 한 변할 수 없는 길이다.

15. 밝음과 불꽃[19] 한桓과 생명의 씨앗[20] 인因

마고 선인이 말했다.

"역사는 문자 속에 들어 있다. 문자를 분석하면 역사를 찾을 수 있다."

"어떤 문자를 분석하면 역사를 찾을 수 있겠습니까?"

내가 물었다.

"우선 한웅이라는 문자부터 풀어 보자. 한웅을 한자로 바꾸어 쓰면 한桓과 웅熊, 雄이 되는데, 박달 한웅을 풀이하면, '밝은 빛(한桓)'과 웅소리 진동(웅雄)이 내는 불꽃(웅熊)으로 풀린다. 한은 '떠오르는 해의 밝음'을 의미하고, 웅은 '달과 북두칠성이 보여주는 밤의 불꽃'을 의미한다. 그러므로 '박달'에서 '박'을 '떠오르는 해의 밝음'으로 보고, '달과 북두칠성'을 '달과 북두칠성이 보여주는 밤의 불꽃'으로 볼 수 있는 것이다."

〈그림 29〉 문자 안에 뱀을 뜻하는 사巳자가 들어 있는 한桓자의 고문자. 한인천제와 한웅천왕이 풍이족에서 나왔음을 보여준다.

우주의 울림(율려)에서 태어난 마고가 생명의 씨앗(한인)을 잉태하였다. 한인시대는 생명의 씨앗을 상징하는 뱀을 인종 아이콘으로 가지고 있었던 풍이족의 시대이다. 마고의 대를 이어 풍이족의 씨앗으로 한인이 태어났다.

풍이족 구성원들이 대인大人이나 거인巨人이라는 이름으로 빛이 멀리 퍼져 나가듯 전 세계로 뱀의 문명을 전파하였다.

---

19) 밝음과 불꽃 : 한桓을 풀어 쓴 것이다.

20) 생명의 씨앗 : 한인의 인因. 인因은 씨氏(열매)

사월양비厶月兩匕로 이루어진 '곰 웅熊'의 시원자(『금문편』 628).

〈그림 30〉 금문 곰. 우임금이 태어나면서 우禹가가 되었다. 그러나 곰의 어원은 마고를 의미하는 고姑자이다.

"토템에서, '해의 밝음'은 3개의 발이 달린 까마귀인 '삼족오'로 표현할 수 있고, '밤의 흑소'는 '4개의 불(熊에 있는 灬를 의미)꽃'으로 표현하는 곰, 즉 불곰(화웅火熊)으로 표현할 수 있다."

내가 듣기에 오묘한 말로 들렸다.

"한桓자는 木(나무)+一(하늘)+日(태양)+一(땅)로 하늘과 땅 사이에서 나무 사이로 떠오르는 아침 해를 의미한다. 따라서 밝은 빛을 내는 해라는 뜻을 가지고 있다. 웅熊자는 厶(나)+月(달)+匕(북두칠성)+匕(북두칠성)+灬(불)로 밤에 나와 달과 북두칠성이 흑소 속에서 내는 불꽃이라는 뜻을 가지고 있다. 태양과 북두칠성(ㅌ8) 속에 아직 세상에 태어나지 않은 생명이 있음을 나타낸 것으로 볼 수 있다.

한에서 태어난 밝음(낮)의 생명은 한인천제가 되었고, 웅에서 태어난 흑소(밤)의 생명은 한웅천왕이 되었다. 이 말은 천기天氣가 인간의 몸으로 화신하는 실예實例를 보여주는 것이다. 세상에 특별하게 태어나는 인간들은 천기 안에 흩어져 있는 생기가 어느 순간에 우주를 떠도는 특정한 영가靈加쿼크(쿼크+랩톤)에 반응하여 인간의 형상으로 화신하여 태어난다고 볼 수 있다. 석가모니, 노자, 예수, 공자, 마리아 이런 종교적인 인간들이 신성을 가지고 태어나는 것도 신성을 가지고 있는 영가쿼크에 생기가 접촉하여 인간의 형상으로 활성화된 실예라 할 것이다."

이런 문자들이 천문과 관련이 있는 문자로 볼 수 있는 문자인데, 마고가 해혹복본 유시諭示의 징표로 황궁에게 준 천부삼인天符三印인 일월칠성日月七星(ㅇ100)에 그 근거를 두고 있다.

16. 진도辰道와 황도黃道

자미원의 울타리는 북두칠성이 지나가는 길이다. 여기에서 12진이라 불리는 시간이 만들어진다. 그 시간은 자축인묘진사오미신유술해子丑寅卯辰巳午未申酉戌亥이다. 이 길을 지나가는 것을 순행順行이라 한다.

황도黃道는 태양이 가는 길이다. 태양이 황도를 지나가면 태양의 시간이 만들진다. 우리는 태양을 바라보며 12월이라는 시간을 읽는다. 이 시간이 12월, 즉 1월, 2월, 3월, 4월, 5월, 6월, 7월, 8월, 9월, 10월, 11월, 12월이다.

〈그림 31〉 우주선과 흑소인간. 1966년에 맥시코의 쿼라토 주에서 발견된 벽화. 7,000년 전의 그림이다. 이때라면 대략 한국시대에 해당한다고 볼 수 있다.

진도辰道와 황도黃道를 하나로 일치시킨 합도合道가 천부삼인天符三印의 길이고, 인류가 추방당한 마고성으로 가는 길이다.

이 길을 가려면 순행과 역행이 멈추어야 한다. 순행할 때 북두칠성의 꼬리인 두병斗柄이 가리키는 방향이 계절과 시간을 나타낸다. 자방子方을 가리키면 자시子時이며 겨울이다. 묘방卯方을 가리키면 묘시卯時이며 봄이다. 오방午方을 가리키면 오시午時이며 여름이다. 유방酉方을 가리키면 유시酉時이며 가을이다.

북두칠성이 12진을 밟고 가는 길은 한단우주광桓檀宇宙光의 길이다. 태양이 12월을 밟고 가는 길도 한단우주광의 길이다. 한단우주광시대에는 북두칠성이 순행順行하고 태양이 역행逆行하는 길을 동시에 가며 갈

등을 일으키는 시대이다. 이리하여 마고시대, 한인시대, 한웅시대, 단군왕검시대가 생겨났다.

한인천제가 다스리던 12제국시대는 뱀과 거인문명이 지구를 휩쓸었던 시대였다. 지구에 UFO가 나타나 정착을 시도하였다. 한인천제가 한웅을 UFO에 태우고 삼위와 태백 사이를 돌면서 새로운 정착지를 찾아 기록한 것이 〈단군신화〉이다.

혼연渾然 속의 빛시대에 한웅천왕이 지구의 새로운 정착지인 천평에 내려 배다른 인종을 모아서 배달나라의 역사를 시작하였다.

17. 여黎의 시대

혼연 속의 빛은 아직 그 빛이 나타나지 않은 시대이다. 여黎라는 문자가 나타나는 시대로 볼 수 있다. 이 시대의 인종을 구려족九黎族이라 하였다. 구려족은 한웅천왕이 세운 배달나라체제를 구성했던 9인종이었다.

한웅천왕의 시대는 문자가 태어난 시대이다. 이 시대에 녹도문자鹿圖

〈그림 32〉 치우성채蚩尤城砦로 알려진 치우천왕 유적지인 남장유지南墻遺址. 금문 치蚩자는 산 밑 땅 속에 숨어 있는 뱀을 나타낸 문자이다. 뱀은 치우천왕이 뱀을 아이콘으로 쓰는 풍이족風夷族임을 보여준다.

文字가 생겨났다. 녹도문자는 사슴문명과 관련이 있는 문자이다. 사슴문명이 한국에서는 신라의 왕관에 녹각鹿角을 금으로 세공한 공예문화[21]로 나타났다.

뱀을 자신의 이름에 아이콘으로 가지고 있었던 치우천왕蚩尤天王(치우천왕의 蚩자는 산밑 땅속에 숨은 작은 뱀을 의미하는 문자이다)[22]이 돼지와 사슴을 의미하는 탁록涿鹿에서 황제와 싸워 멸망하여 그의 후예들의 일부가 오랜 세월에 걸쳐 신라 땅에 정착하여 탁록을 잊지 않기 위하여 녹세공鹿細工을 시작하였을 것으로 추측된다. '혼연渾然 속의 빛'은 역사의 베일 속에 가려진 나라로 신라가 계승한 사라진 조상나라 청구靑邱의 모국인 배달나라로 볼 수 있다.

18. 한단우주광桓檀宇宙光

직녀성시대에 율려는 주파수가 높아지면서 빛으로 변했다. 이 빛에서 흑소가 태어났다.

직녀성은 한단우주광을 대표하는 별이다. 지금은 직녀성시대가 사라진 역사의 베일 속에 싸여 있다. 《부도지》에 따르면, 직녀성시대에 태어난 인종이 처음에 율려(진동)에서 태어난 마고였고, 마고에게서 궁희穹姬와 소희巢姬가 태어났고, 궁희와 소희에게서 태어

〈그림 33〉 이집트 알렉산드리아 바다 밑에서 발견된 거인 문명의 흔적. 이집트의 거대한 돌 유적은 이집트 왕조가 건국되기 이전부터 거기에 있었다고 한다. 이집트인이 한국인桓國人이 아니었을까 하고 의심하는 설도 있다.

21) 공예문화工藝文化: 1부 〈그림 11〉 참조
22) 치우천왕蚩尤天王: 1부 〈그림 32〉 참조

난 이를 황궁黃穹, 청궁靑穹, 백소白巢, 흑소黑巢라 하였다. 이들의 후손으로 황궁족, 청궁족, 백소족, 흑소족이 태어났다.

〈그림 34〉 사두인간 메두사. 이미 신화시대에 그 시대의 헤게모니를 놓고 일부 인종이 풍이족을 폄하하기 시작하였다. 풍이족 폄하의 역사는 길다. 이런 맥락에서 뱀파이어를 이해해야 한다. 뱀파이어는 대를 물려가며 풍이족을 폄하해 온 일부 인종의 역사와 관련이 있다고 보아야 한다.

이들 중에서 흑소족은 현무방위玄武方位로 이동해 간 풍이족이다. 이들이 뱀을 머리에 장식하여 사두인巳頭人(ㅅ1)이라 하였다. 사두인이란 뱀을 머리에 장식한 풍이족이라는 뜻이다.

19. 사두인이 탄생시킨 마고문명

〈그림 35〉 직녀성계 우주에서 날아온 삼신족. 가운데 키가 큰 우주인은 마고로 보이고, 키가 작은 우주인은 궁희와 소희로 보인다.

흑소족 사두인은 백소족 사두인과 함께 직녀성시대의 율법인 〈오미법五味法〉을 어겨 직녀성에서 추방당했다. 흑소족 사두인이 멍청하게도 법망에 걸렸다. 법망에 걸리자 그들은 패악한 인간들로 전락하였다. 마고는 공동책임을 물어 백소족, 청궁족, 황궁족에게 단체로 추방령을 내렸다. 이들은 각각 동서남북으로 흩어져 삼신문명을 건설하였고 마고문명의 꽃을 피웠다.

마고에게서 태어난 4개 인종은 모두 모성단성생식이라는 그 원인을

〈그림 36〉 피라미드. 피라미드(대臺, 평坪)는 신의 도시인 부도 건설을 꿈꾸던 사람들이 남긴 유물이다. 배달나라의 아사달에서 세우기 시작하여 이집트와 남미로 퍼져 나갔다. 멕시코에서는 다지왈태백Tlachihvatepec이라 하는데 우리말에서 이 주자인 맥족이 가지고 간 말이라 한다. 의미는 다 지은 산이다.

알 수 없는 출생방법에 의하여 출생하였다. 오늘날의 과학적인 사고로 보면 각각 피부색깔이 다른 복제인간으로 태어났다고 볼 수 있는 것이다. 이들이 건설한 마고문명을 대표하는 것은 피라미드pyramid(고깔)였다.

20. 마고성의 실체

흑소족 사두인간은 캄캄하므로 어두움 속으로 가고자 하였다. 그들이 태어난 마고성이 어둠 속에 있으므로 그곳으로 돌아가고자 하였던 것이다. 그 방위가 현무방위다. 《부도지》에 따르면, 마고성은 3개의 성으로 이루어져 있다. 마고본성, 실달성, 허달성의 3성이다.

마고본성은 마고가 있는 성으로 인간은 영원히 돌아갈 수 없는 성이다. 실달성은 무당 몸의 주인이 되는 성수가 다스리는 성으로 마고족의 후대에 태어나는 풍이족風夷族(뱀을 인종 아이콘으로 쓰는 인종)의 사모巳

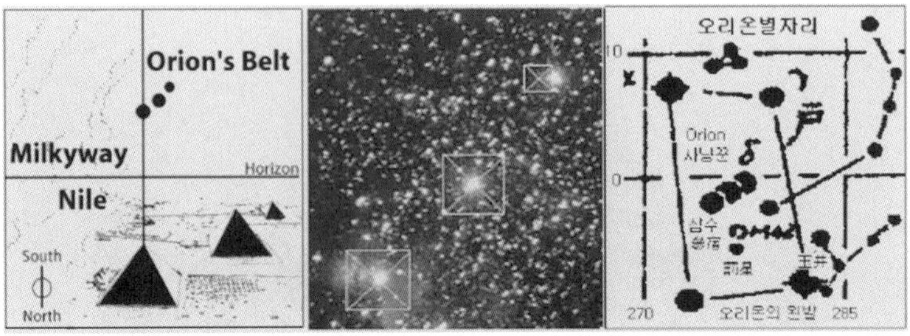

〈그림 37〉 오리온 별자리에 속한 삼태성. 삼태성三台星이라는 문자에서 태台자는 피라미드를 의미하는 문자이다. 오리온은 대엽사大獵師인데 한웅천왕으로 볼 수 있는 분이다. 한웅천왕의 태자가 동이족을 뜻하게 될 때는 태台라 발음하지 않고 이(台)라 발음한다. 중국 산동반도의 동해빈東海濱에 해당하는 연태시烟台市(2부 그림 4 지도 참조)는 조선의 국도인 청주淸州(청주 이전엔 서울, 평양, 부여, 말갈 등 다양하게 불렸다)로 추정되는 곳이다. 태台(고깔을 의미)자가 조선의 국도였음를 추정할 수 있게 하는 근거가 된다.

母(풍이족의 어머니-샤먼)의 영적인 능력(ㅇ38)을 빌려야만 갈 수 있는 곳이다. 허달성은 사모에게 선택받지 못하는 영가(쿼크)들이 가는 성이다. 이런 영가쿼크가 허주虛主(ㅎ27)이다.

마고는 실달성으로 복귀해야 할 자들에게 해, 달, 북두칠성을 새긴 돌인 천부삼인天符三印이 성문을 통과할 때 신분을 확인하는 징표(ㅈ32)로 주었다. 천부삼인은 실달성으로 복귀해야 할 자들이 지구의 세차운동으로 다시 직녀성시대가 왔을 때 일제히 복귀하라는 〈복귀명령서〉와 같은 것이다. 추방당한 인종이 그들이 떠나온 마고성으로 복귀하는 것을 '해혹복본'이라 하였다. 인류가 무슨 이유로 추방당하게 되었는지 이유를 깨닫고 돌아오라는 뜻이 해혹복본이라는 말에 숨어 있다.

세차운동에 의하여 지구의 회전축이 다시 직녀성으로 복귀해야만 마고성으로의 복귀가 가능해진다.

21. 암사화暗巳火

직녀성시대에 흑소족, 백소족 사두인간에게 꿈이 있었다. 그들의 조상이 마고성에서 쫓겨난 이후에 후손들이 갖게 된 꿈이었다. 그 꿈은 그들이 마고성으로 돌아갈 수 있게 될 때 어둠에 잠긴 텅 빈 마고성이 불을 밝혀주는 것이었다. 그들에게 빛을 밝혀주지 못하는 한 마고성은 암사화暗巳火에 불과했다. 암사화의 암暗은 마고성을 뒤덮고 있는 어두움, 사巳는 사두인간의 불을 밝히고자 하는 열망, 화火는 언젠가 마고성에 밝혀질 불이다.

그러나 마고성에 불이 밝혀지고 그들이 돌아가게 되려면 지구의 회전축이 돌아서 천추성시대가 가고 직녀성시대가 다시 와야 하는 것이다.

그들에게 마고성에 돌아갈 수 있게 희망을 주신 분이 한웅천왕이었다. 역사의 어두운 베일에 싸인 마고성으로 가는 길을 만들고 그 길을 밝은 빛으로 비추기 시작하였다. 그가 직녀성을 밝혀주는 한桓이란 문자를 쓰기 시작한 것이다. 그가 쓰기 시작한 한桓의 의미는 한인천제가 처음으로 쓰기 시작한 한桓의 의미와는 근본이 달랐다.

한인천제는 그가 떠나온 북두칠성을 밝히기 위하여 한桓을 썼지만 한웅천왕은 그가 가서 회복해야 할 마고본성인 직녀성을 밝히기 위하여 한桓을 쓴 것이다.

그는 마고 앞에 나타났다. 그리고 마고에게서 마고의 아이콘인 곰을 한 마리 인수하였다. 그리하여 그는 곰족의 일원에 편입되었고 북극오성北極五星에서 서자 별자리를 얻었다. 곰족은 그에게 테라 외계인들 가운데에서 황후로 삼을 웅녀熊女를 선발하여 그에게 보냈다.

위에서 말하는 추방과 복귀라는 과제는 지구상에 존재하는 모든 인류가 공통으로 가지고 있는 해혹복본이라는 종교적 관념 안에서 시행되는 주제가 된다. 이 주제를 형상화하기 위하여 사악한 인간들이 종교를 만들었다. 그들은 종교를 권력과 금력을 획득하는 도구로 삼았다. 각 인종은 마고가 종교를 만들라는 지시를 내리지 않았음에도 불구하고 그들 나름대로 종교를 만들어 혹세무민하는 데에 써왔다.

마고본성에서 추방당한 자의 후손은 그들이 지금 사기 당하면서 믿고 있는 종교를 놓아 버리지 못하는 한 마고본성에 돌아가는 가능성은 제로에 가깝다. 그들이 갈 수 있는 곳은 태양과 달과 북두칠성으로 대표되는 천부로 불리는 하늘이다. 이 하늘에서 갈 수 있는 곳은 현재 북극성이 하나 있을 뿐이다. 그곳에 인류 최초로 도달한 사람들이 뱀을 아이콘으로 썼던 풍이족이다. 그들이 현무玄武를 만들었다.

22. 절망의 벽을 넘어

〈그림 38〉 우주의 회전축을 돌리는 흑소족, 백소족, 청궁족. 밑에 엎드려 있는 거북이는 현무방위(북극)를 의미하고 그 위에 세운 원뿔형의 기둥은 우주를 돌리는 회전축이다. 이 회전축을 돌리는 밧줄이 거대한 뱀(북두칠성)이다. 원뿔형의 회전축은 무수한 알록달록한 별들로 구성되어 있다.

흑소족, 백소족 사두인간들이 떠나온 마고성이야말로 그들이 복귀해야 할 영원한 마음의 고향이 될 수밖에 없었다. 그곳이 마음의 고향이 아니라면 아무도 그곳에 가고 싶어 하지 않을 것이다. 그곳이 그들의 조상이 물려준 DNA에 고향으로 각인되어 있기 때문에 고향으로 회귀

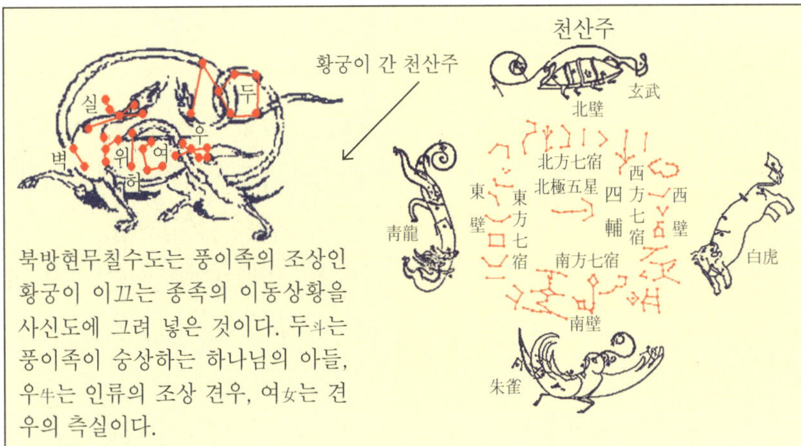

북방현무칠수도는 풍이족의 조상인 황궁이 이끄는 종족의 이동상황을 사신도에 그려 넣은 것이다. 두斗는 풍이족이 숭상하는 하나님의 아들, 우牛는 인류의 조상 견우, 여女는 견우의 측실이다.

〈그림 39〉 계불禊祓(정화의식淨化儀式, 푸닥거리)을 해야 갈 수 있는 천부天符. 천부는 천궁天宮이다. 무무舞巫나 경무經巫가 계불을 해 주어야 갈 수 있는 곳이다.

하는 연어처럼, 거북이처럼 회귀해야 하는 것이다.

그러나 그들이 찾아가야 할 마고성은 열악하기 짝이 없었다. 암사화暗巳火가 뒤덮고 있어서 스타게이트를 찾고 통로를 찾아내기가 수월치 않아 절망의 벽에 부딪치지 않을 수 없었다. 절망을 타개하기 위하여 이집트 사람들이 등장시킨 것이 태양신 라였다. 태양신이 세상을 밝히

〈그림 40〉 칠성판. 사람이 죽으면 이 널 위에 뉘이고 7마디를 묶어서 땅에 묻는다. 널에는 북두칠성이 새겨져 있다. 죽은 이가 칠성님의 자손이라는 뜻이다. 이 칠성판은 죽은 이의 영가가 타고 북두칠성으로 가는 UFO이다(사진출처 〈원형백과사전〉).

는 것은 물론이고 스타게이트의 문을 열 열쇠인 앙크까지 준비시켰던 것이다.

그러나 우리가 조상들로부터 전수해 가지고 있는 것은 앙크가 아니라 천부삼인이었다. 인간은 그가 추방당한 곳으로 돌아가려면 마고가 가지고 있으라고 지시를 내린 천부삼인을 가지고 있어야 하였다.

그러나 천부삼인을 가지고 있다고 해서 복귀가 가능한 것은 물론 아니었다. 한국인은 오랜 옛날부터 사람이 죽으면 UFO를 상징하는 북두칠성을 새긴 판자 위에 누워 땅에 묻혔다.

육신은 땅에 묻혔지만 그의 영은 UFO를 타고 칠성하나님(ㅊ38)에게 복귀신고를 하러 떠났다. 한국인은 오랜 옛날부터 북두칠성을 자기가 태어난 고향(ㅈ1)으로 믿어왔던 것이다.

23. 우주율법 위반과 무자비한 추방령

마고는 드라코 별자리에 살고 있는 외계인들에게 우주율법(ㅇ68)을 공포했다. 그 법이 〈오미금지법〉이었다. 당시에 외계인들은 4가지 맛만을 알고 있었다. 5번째의 맛인 오미를 접해 본 적이 없으므로 오미에 대하여 알고 있는 것이 없었다.

그는 소희를 불러 〈오미금지법〉을 외계인들에게 알리는 방법에 대하여 의견을 물어보았다. 소희는 잠시 생각에 잠겼다가 대답했다.

"개미인간과 거미인간을 만들어 그들을 실험동물로 썼으면 좋겠습니다."

소희가 말했다.

"그 생각이 기발하구나. 마음에 든다. 궁희와 상의하여 만들어 보기로 하자."

문제는 인간을 만들 자료를 어디에서 구하느냐는 것이었다. 그들은 가장 최상의 자료를 구해 오는 자에게 특전을 주어 그들을 관리할 수 있게 하기로 하였다.

처음에 여와가 나타났다. 여와는 새끼줄을 진흙탕 물에 담갔다 뽑아 인간을 만드는 방법을 시범해 보였다.

새끼줄에 남녀 인간들이 줄줄이 매달려 나왔다.

"이들 인간을 무엇이라 불렀으면 좋겠느냐?"

마고가 물었다.

"새끼줄 인간이라 했으면 좋겠습니다."

"알았다. 열심히 만들어라."

마고는 여와를 불합격시켰다.

다음에 야훼가 나타났다.

"저는 진흙을 빚어 남자를 먼저 만들고, 남자에게서 갈비뼈를 취하여 여자를 만들겠습니다."

야훼가 시범을 보였다.

그러자 아담이 태어났다.

"알았다. 진흙인간을 만들도록 하라."

"합격입니까?"

야훼가 성급하게 물었다.

"불합격이다."

야훼가 얼굴을 붉으락 푸르락 하며 물러갔다.

"어머니, 이제 자료가 정해진 듯싶습니다."

소희가 말했다.

"그래. 진흙으로 정하기로 하자. 이 막강한 권력을 누구에게 주었으면 좋겠느냐?"

"처음에 개미인간을 만들고 나중에 거미인간을 만드는 자에게 주기로 해야지요."

"그렇지. 다음 지망자를 부르기로 하자."

누군가 소도蘇塗를 만들고 있는 자가 있었다. 소도에는 질 좋은 진흙이 산처럼 쌓여 있었다. 그는 곤어鯤魚의 가죽으로 만든 옷을 입고 있었다.

"저자가 누구냐?"

"곤鯀이라는 자이옵니다."

곤이라는 자의 그림자를 밟고 서 있는 자가 있었다. 청구靑邱라 불리는 동산에는 박달나무가 한 구루 서 있었다. 그는 소도에 서 있는 신단수神檀樹에서 열매를 따고 있었다. 그곳은 복숭아 과수원이었다. 마고에게 바칠 천도天桃를 따고 있었다.

다음에 불려 온 자는 소툭낭이라 불리는 여자였다.

"이번엔 네가 인간을 만들어 보아라."

마고가 명령했다.

소툭낭은 개미여인을 만들어 마고에게 진상했다.

"하나 더 만들어라."

마고가 명했다.

소툭낭은 거미여인을 만들어 마고에게 진상했다.

검은 개미여인과 검은 거미여인이 마고와 궁희와 소희 앞에 나란히 섰다.

"이번에도 2개를 더 만들어 보아라."

마고가 명했다.

소툭낭은 흰 개미여인과 흰 거미여인을 만들어 마고에게 바쳤다. 마고는 만족했다.

"앞으로 우주에 다음 장마기간이 올 때까지 연구소의 문을 닫도록 하겠다."

---

23) 흑소족, 백소족 사두인간 : 현무로 가야 할 인간들이다.

마고가 결정을 내렸다.

“다음에 인간을 만든다면 어떤 인간을 만들면 좋겠느냐?”

마고가 물었다.

“사두인간[23)]을 만드는 것이 좋겠습니다.”

“뱀인간을?”

“그렇습니다. 카토야Katoya라 불리는 뱀인간입니다.”

마고는 만족했다.

“궁희와 소희는 먼저 개미인간을 만들어 세상에 퍼뜨리도록 해라. 그들에게 오미를 교육해서 선교사로 파송하도록 하라.”

마고의 명령이 떨어지자 개미인간들이 만들어졌고 궁희와 소희는 개미인간들에게 오미를 교육하여 온 세상에 내보냈다. 인종들이 교육을 받으려 하지 않았다. 그래서 교육의 기회를 놓치는 경우가 많았다. 교육의 성과는 대단히 미미했다.

개미인간들이 마고에게 고충을 보고했다.

“할 수 없다. 교육받은 자들만 소집하여 지구로 보내라.”

마고의 명령이 떨어졌다.

지극히 소수의 인간만이 지구로 내려갔다.

드디어 오미의 반란이 일어났다. 흑소와 백소가 마고로부터 추방령을 받았다.

흑소족, 백소족 사두인간들이 우주법인 〈오미금지법〉을 어기자 단체로 마고성에서 추방령을 받았다. 덩달아 황궁족과 청궁족도 군대에서 단체기합을 받듯이 함께 추방당하였다.

흑소족 사두인간은 현무방위로 떠났고, 청궁족은 청룡의 방위로 떠났다. 황궁족은 황룡의 방위로 떠났고, 백소족은 백호의 방위로 떠났다 (p. 42, 1부 〈그림 13〉 참조). 그러나 그들의 가슴에는 그들을 탄생시킨 불꽃인 암사화(○18)가 꺼지지 않았다. 텅 빈 마고성 안에서 괴기하게 암사화

靑龍白馬神將

〈그림 41〉 청룡백마신장은 용궁에서 한인천제를 호위하는 신장이다. 백白과 한桓에서 유사성을 찾을 수 있기 때문에 그렇게 보는 것이다.

만이 타오르고 있었다. 그 불꽃은 혼연 속의 불꽃이었다. 그들을 복제해낸 불꽃이 아직까지 타오르고 있다.

백소족, 청궁족, 황궁족은 언젠가 암사화로 돌아갈 것을 다짐하였다. 마고의 유시를 따라야 하기 때문이었다.

인류는 갈망을 표출하고 형상화하였다. 그 대표적인 것이 피라미드 건설로 나타났다. 피라미드 건설은 신의 도시 건설이다. 신의 도시를 다른 말로 표현하면 부도符都가 된다.

곧 거미인간을 대량으로 생산해야 할 때가 오고 있었다. 그들이 필요하였다. 거미인간들이 변하여 나비인간들이 되어가기 때문이었다. 나비인간들을 잡아들이려면 거미인간들을 필요로 하였다. 그들이 거미줄을 지구 가득 쳐놓고 나비들이 날아들기만을 기다리면 되었던 것이다.

이 시대로 가려면 길 안내자가 필요하였다. 길 안내자로 쓰일 수 있는 사람들이 사모의 정보를 많이 가지고 있는 사람들이다. 사모가 주는 여행정보에 의지하여야 새로 시작될 동방(ㄷ15)의 시대를 맞이할 수 있는 곳으로 갈 수 있었다.

그렇다면 이 시대에 누가 진짜 여행정보를 많이 가진 사모가 될 수 있을 것인가? 여행정보를 검색하려면 거미인간들이 쳐놓은 거미줄 안으로 들어가야 하였다. 거미줄 안에 정보들이 깔려 있었다. 거미줄의 중심부에 거미인간이 진을 치고 있고, 그의 본체인 쿼크Quark(ㅋ21) 안에 무한한 정보들이 내장되어 있었다. 이 정보는 종류가 다양할 뿐만 아니라 질도 좋았다. 이 정보들을 찾아서 활성화시키면 되는 것이었다.

거미인간이 줄을 대고 있는 인간들이 풍이족 초기의 인간들이었고 그 정점에 첫 사모가 된 항영(ㅎ23)이 있었다.

24. 새로이 다가오는 직녀성시대 맞기

과거는 직녀성시대를 밝히는 암사화가 있었던 시대였다. 암사화가 밝혀주는 시대는 사모가 안내해 주는 초월적인 세계(ㅊ32)였다. 사모의 안내없이 그 세계로 간다는 것은 불가능하였다.

우리 조상은 그 시대가 어떤 시대였다는 것을 잘 알고 있었다. 그래서 사모의 안내에 순응하였다. 그 시대에 사모에 대하여 전혀 이해가 없었던 사람들이 그 시대를 대표하여 자신이 속한 종교에 대하여 불씨가 되기를 자처한 사람들이었다.

그들이 불교에서 새로운 지평을 열었던 유마, 기독교의 지평을 연 바

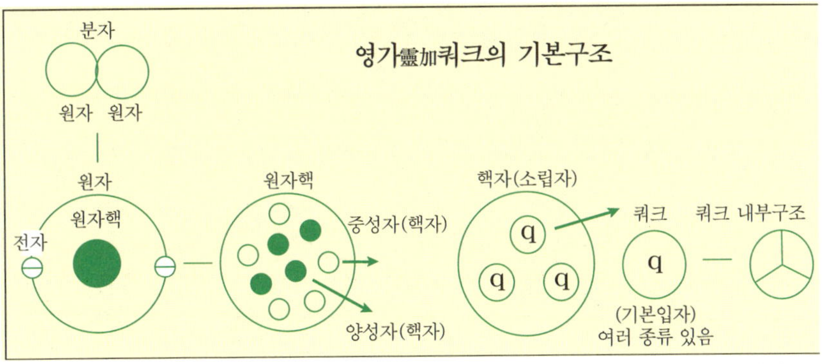

〈그림 42〉 영가쿼크의 기본구조. 쿼크의 생명은 영원하다. 그래서 쿼크 앞에 영가靈加를 붙였다. 조선시대에 조선을 구성했던 인종의 명칭을 오가五加라 하였고 오가에서 죽은 사람을 영가靈加(가망加亡)라 하였다. 사람은 1인당 1개의 쿼크를 가지고 있다. 그가 죽으면 그를 인간의 형체로 구성했던 원소는 다 사라지고 쿼크만 남는다. 이 쿼크는 하나의 메모리와 같은 것이다.

울과 같은 영향력 있는 종교가들이었다. 그 후로 기생충들이 붙어서 파먹기 시작하는 바람에 만신창이가 되고 말았다. 그들이 열어준 세계는 현실에서 사모없이는 다가갈 수 없는 세계였다.

대한민국은 제일 먼저 사모신학巳母神學과 사모과학巳母科學을 개발하여 천부삼인天符三印, 명두明斗, 방울, 부채, 스타게이트, 앙크, 피라미드, 족보族譜 등등의 비밀을 밝혀냈어야 하였다. 그런데 아무도 여기에 관심을 갖는 사람들이 없었다. 마고의 적자로 태어난 대한민국 사람들이 여기에 관심을 갖는 사람들이 없다는 것은 참으로 이해하기 힘든 일이다.

이상하게도 미신으로 몰아붙이기에 열심이다. 어처구니 없는 일이 아닐 수 없다.

이 책에 주를 어느 정도 다 붙였다고 생각되어 진행되어 가는 사항을 공동저자인 박경중 선생에게 email로 보냈다. 그랬더니 다음과 같은 답장이 왔다.

"한 2주 전에 미국 군부와 외계인 연합이 개발한 무기들을 소개하는 책자가 출판되었는데 저자의 경고대로 일주일도 안 되어서 금서가 되어 책자의 흔적이 완전히 사라져 버린 일이 생겼습니다. 인터넷 캐쉬에 조차 등록이 돼있지 않아 책자 이름조차 검색이 안될 정도이더군요."

"얼마 전 영국의 저명한 천체물리학자인 스티븐 호킹 박사가 외계인의 존재를 수학적으로 인정하면서 그들이 우리와 비슷한 모양새를 가지고 있을 것이라고 추측하였더군요. 재미있는 것은 이들과의 접촉을 피해야만 인류가 살아남을 수 있다고 주장한 대목입니다. 그가 어디까지 진실에 바탕을 두고 한 이야기인지 알 길이 없지만 단순한 추측성 주장이라기에는 상당히 구체성을 띤 주장을 해 솔직히 놀랬습니다."

호킹 박사가 마고지나시대 말기에 마고족과 한인족 사이에 벌였을 것으로 추측이 되는 우주전쟁과, 한12제국시대 말기에 한인족과 한웅족 사이에 벌였을 것으로 추측이 되는 우주전쟁을 수학으로 풀어내고 나서 그런 말을 했을 것이라는 생각이 들기도 한다. 단군왕검이 세운 조선나라 초기에 요임금과 벌인 토土의 전쟁도 우주전쟁의 연장선상에서 벌인 전쟁인지도 모른다. 호킹 박사야 특출한 분이므로 드라코 용자리에 사는 외계인의 존재를 확인하고 나서 그런 말을 했을 수 있다고 본다.

외계인들도 인간일 것이므로 지구에서처럼 특정한 이데올로기를 신봉하는 자들이 있어서 자신들이 신봉하는 이데올로기를 수호하기 위하여 온갖 못된 짓을 할 것으로 생각되기도 한다. 세상을 이런 자들이 지배하면 진실이 통할 수 없게 되는 것은 불문가지이다. 호킹 박사가 염려한 것은 바로 이런 점일 것이다. 그래서 악이 지배하는 외계인과의 접촉을 시도하지 말라고 한 것일 것이다.

그러나 외계인들 중에도 지구인에 대하여 호의적인 생각을 가진 사람들이 있을 것이므로 지구인들에게 이익이 되는 정보를 흘리는 사람들도 있을 것이다. 지구상에서 그들의 정보를 읽을 수 있는 호킹 박사 같은 분이 하나 둘 나오기 시작하면 이들의 영향을 받아 세상이 조금씩 변하게 되고, 우주정보를 흘려보내 주는 분을 또 천신이니, 하나님이니, 여호와니, 상제니, 마고니, 서왕모니, 소툭낭이니 하는 호칭으로 부르며 신으로 모시게 될 날이 오게 될 것으로 전망이 되기도 한다. 이러한 시대에 필요한 사람들이 우주의 정보를 읽어낼 수 있는 능력을 타고나는 사모들일 것이다.

필자의 경험에 의하면 요즈음처럼 대량으로 사모들이 쏟아져 나오는 시대는 없었다. 특이한 것은 사회적으로 고급인력으로 평가받을 수 있는 분들이 사모로 변신이 되는 것이다. 말하자면 무식계층에서 지식계층으로 인적구성이 상승이 되는 것이다. 외계인 사회에도 사모들이 있을 것이므로 이들과의 접촉을 하기 위해서는 이쪽에서 지적 수준이 우주정보를 이해할 수 있을 만큼 업그레이드가 되어야 하기 때문에 일어나는 현상으로 볼 수 있다. 그래야만 지구인 사모와 외계인 사모 사이에 소통이 가능해 지리라 본다. 마고시대의 곰 아이콘, 한인시대의 뱀 아이콘은 외계인과 지구인이 소통하는 데에 필요한 인식표와 같은 것일 수 있다.

앞으로 지구인과 외계인과 소통이 되려면 사모와 사모 사이에 체널링을 통한 접촉이 이루어져야 하리라고 본다. 정치인 대 정치인이나, 외교관 대 외교관이나, 군인 대 군인의 접촉으로는 소통이 되지 않을 것이다. 이들의 접촉은 이익을 전제로 한 접촉이 될 것이기 때문에 분쟁과 충돌을 야기하게 될 것으로 본다. 그 결과는 100% 지구인의 완패가 될 것이다. 앞으로는 외계인이 UFO를 타고 지구에 와서 지구인과 외계인 사이에 지구의 미래와 인류의 미래에 대해서 진지한 논의를 할 수 있는 시대가 오게 하려면 우주정보를 수용할 수 있는 능력자인 사모로 키워야 할 것이다.

그 길만이 외계인의 위협으로부터 지구를 살릴 수 있는 길이고, 해혹복본으로 불리는 직녀성시대로의 회귀를 가능하게 할 것으로 생각한다. 지구의 자전축이 직녀성을 향하는 때라야 직녀성시대가 오리라고 보기 때문에 그때에 대비하기 위하여 그렇게 해야만 할 것이다.

25. 직녀성시대의 사람

소툭낭이 소도에서 만든 개미인간시대는 갔다. 개미인간시대는 육체노동을 최고의 가치로 치던 시대였다. 그래서 노동자들이 신으로 등극했던 시대였다. 노동집약적인 시대, 산업화시대였다. 이 시대는 인간들을 계층화하였고 1열로 늘어세워 순번을 매겼다. 인간의 존엄과 창의성을 죽이는 시대였다. 돈과 권력만이 최고의 가치로 등극하였던 시대가 이 시대였다. 이들은 리더가 지시하는 대로 한쪽방향으로만 움직였

〈그림 43〉 동네 유지들이 오래된 동네 우물에 제사를 지내고 있다. 칠월칠석 날 우물을 청소하고 제사를 지낸다. 이때 백의를 입는다. 백의를 입은 제관이 선국 백성임을 의미한다.

〈그림 44〉 거미시대의 하직굿. 하직굿은 부모가 이승을 하직하겠다는 의식이다. 하직굿에서 부모의 죽음을 슬퍼하지 않고 축하하고 있는 자손들. 부모의 죽음을 축하하는 데엔 전쟁과 선주민 정복이라는 묘한 트릭이 숨어 있다. 장차 이들이 거미시대를 열어가게 될 것이다.

다. 이제 이들은 막다른 골목에 와 있다. 막다른 골목이 수백, 수천 가지나 있다. 그들은 이 시대가 가장 평등한 시대라 하였다. 무엇이 평등한

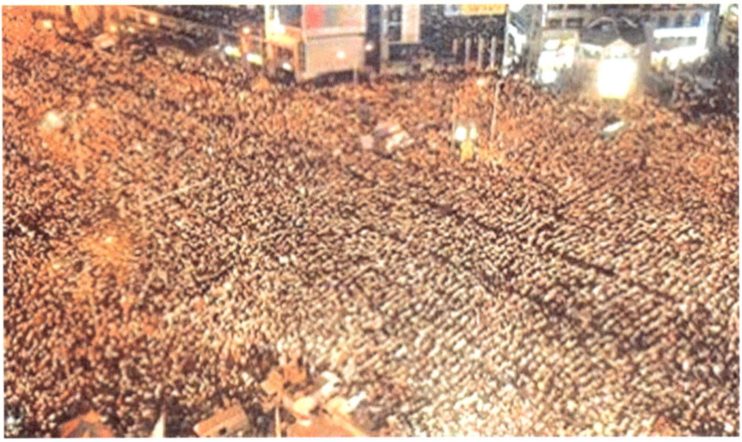

〈그림 45〉 거미시대에 벌인 미국쇠고기 수입반대 촛불시위. 현대에 와서 배화拜火를 신성시하는 종교적 풍조는 사라지고 불을 민의民意라는 이름으로 사상적으로 또 정치적으로 악용하는 선례를 남긴 황당한 시위였다. 거미시대엔 거미줄(w.w.w)을 이용하여 왕거미가 죽음의 지령을 내리면 거미줄에 걸려든 모든 것이 먹이가 되는 왕거미의 시대이다(출처 인터넷 자료).

지를 모르는 시대였던 것이다.

소툭낭은 개미여인에게 개미굴로 들어가라고 명령하였다. 그래서 모든 개미들이 개미굴로 철수하였고 개미굴 문이 닫혔다.

소툭낭은 거미여인에게 명령하였다.

"거미줄을 쳐라. 그리고 너희들이 주인이 되어라."

거미여인이 개미굴 주변에 거미줄을 치기 시작하였다. 지극히 튼튼한 거미줄이었다. 그들은 개미굴 문이 열리고 개미들이 밖으로 나오기만을 기다리기로 하였다. 개미가 먹이이기 때문이다.

26. 한인桓人의 출현

태초에 태어난 선조들은 직녀성시대인 밤의 시대에 살았고, 다음에

서양천문에서 직녀를 유추하게 하는 처녀와 한인을 유추하게 하는 땅꾼

〈그림 46〉 지금 우리가 보는 천문도는 1930년에 국제천문연맹(IAU)에서 그동안 사용해 오던 별과 별자리를 1875년의 밤하늘(1875.0년 분점)을 기준으로 통일한 것이다. 1900년대에 정했지만 천문이 가지고 있는 신화 자체는 지금으로부터 1만 4천년 전에서 1만년 전시대로부터 전해 오는 신화를 정리한 것이다.

태어난 사람들은 천추성시대인 낮의 시대에 살았다. 밤의 시대는 여자들의 시대였고, 낮의 시대는 남자들의 시대였다.

직녀성시대, 즉 밤의 시대에 태어난 마고는 곰으로 상징하였다. 천추성시대에 태어난 한인은 뱀으로 상징하였다.

직녀성시대의 사람들은 직녀를 어머니로 하였다. 천추성시대의 사람들은 북두칠성을 아버지로 하였다. 한참 후대에 태어난 사람들은 직녀를 어머니로 하였고 북두칠성을 아버지로 하였다. 이들을 9황64민이라 하였다.

직녀성시대가 끝나면서 직녀성시대의 사람들이 천추성시대의 사람들과 결합하여 천추성시대의 사람들이 사라지게 되었다.

각 인종이 갖고 있는 창세신화는 직녀성 인간의 탄생신화, 천추성 인간의 탄생신화, 이들 두 인종의 결합신화로 볼 수 있다.

직녀성시대를 삼신의 시대라 하였다. 삼신은 천추성시대에도 유효하게 인식되었고 천추성시대 사람들의 사유체계를 구성하였다. 삼신, 천부삼인, 일석삼극, 삼성, 삼극, 삼태극, 음양조화 등 다양하게 불렸다.

한인시대에 〈천부경〉이 구전되기 시작하였다. 〈천부경〉은 수 1~10까지 다양한 수리체계를 형성한다. 우주와 자연 설계도의 기본 수리가 되는 것이다. 무시無始는 0으로 표현되었고, 시작은 1로 표현되었고, 1은 유일한 단 하나라는 의미를 갖게 되었다. 1은 다시 3으로 분화한다는 원리를 태동하였다. 완성은 4로 표현되었다. 5는 블랙홀, 6은 재탄생·환생·혁명을 의미한다. 10은 무종無終으로 끝이 없이 반복되고 분화됨을 나타낸다.

〈그림 47〉 마고삼신. 고려시대의 무신도로 볼 수 있는 그림이다. 관직을 가진 남신은 홀을 가지고 있는데 관직을 갖지않은 여신은 부채를 가지고 있다. 부채는 삼신이 춤을 추는 무무巫舞임을 상징한다.

천추성시대의 사람은 직녀성시대의 사람을 볼 수 있다고 생각한다. 오늘날 종교적인 환상을 통하여 마고선파를 창시한 마고의 환상을 볼 수 있다고 생각하는 것과 같은 것이다. 삼신 또한 볼 수 있다고 생각한다.

마고는 선仙을 창시했는데, 선仙이라는 문자는 인간을 대표하는 임금이 삼신에게 다가가고 있음을 나타낸 문자이다. 말하자면 현실을 초월한다는 의미가 있는 것이다. 이때의 임금은 천추성시대를 대표하는 삼성三聖인 한인, 한웅, 단군왕검이다. 산山자는 인간이 오르는 산과 죽은 사람을 묻는 무덤이라는 의미가 있다. 결국 삼신이 죽은 조상이라는 의미가 됨도 알 수 있다.

27. 선파의 등장

천추성시대의 위대한 선조는 선의 입장에서 보면 동방선파의 주종이 되는 한인천제, 한웅천왕, 단군왕검이 된다. 이들은 마고선파에서 추방된 인류의 조상들이다. 이분들의 전 대에는 유인과 황궁이 있었다.

직녀성시대 말기에 흑소에 속한 지소가 포도를 발견함으로서 포도의 맛을 알게 되고 인류문명사는 반역의 역사로 전락하게 되었다. 인류문명사를 뒤바꾼 포도의 맛이 오미五味의 맛이다. 오미는 5가지 맛인데, 마고가 이들 맛 중에서 한 가지 맛을 금기로 정했다. 4미가 맛의 완성을 의미하는데 여기에 다른 맛이 추가되어 5미가 된다면 감각적인 맛의 블랙홀로 빠지는 결과가 되므로 이를 경계했던 것이다. 그러나 소희素姬집단이 오미를 알아버리자 반란이 일어났다. 이를 5미의 반란이라 하였다.

공교롭게도 직녀성시대의 인간이 5미의 맛을 터득하면서 직녀성시대가 종료되어 천추성시대로 넘어갔다. 6(기ㄹ)이라는 수가 혁명을 나타내는 수이므로 숫자의 마술에 걸린 것이다. 마고가 그의 후손을 마고성에서 추방하게 된 이유는 여기에 있었다.

그는 천수天水를 마고성에 끌어들여 직녀성시대

熊자의 변화

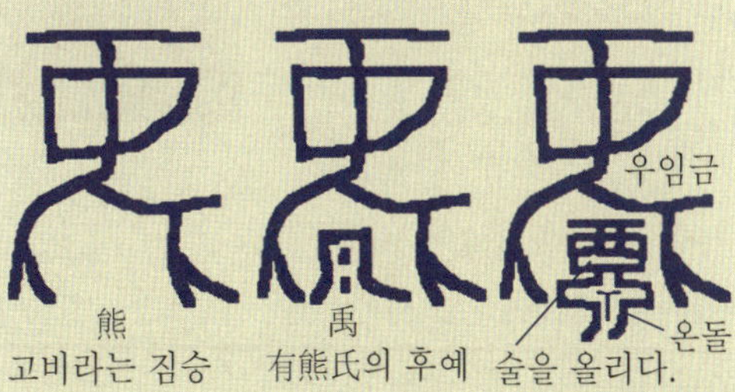

有熊族은 黃帝가 속해 있는 종족이다. 熊자에서 禹자, 夷자도 나온다(한국문자확회).

〈그림 48〉 고비(곰)를 뜻하는 웅熊자의 변화. 웅자가 우임금을 의미하는 우禹자로 변한다.

에 건설한 문물을 모두 쓸어버리고 마고성시대를 마감하였다.

이 오미의 반란은 후대에 와서 요堯임금에 의하여 '토의 반란'이라는 이름으로 또 시도되었고, 구려족 안에서 동이족과 화이족華夷族이 갈라서게 되는 원인이 되었다.

오미의 반란에 가담하지 않은 집단에 속한 부족을 선파仙派라 하였다. 선파는 마고시대의 선파가 있었고 황궁시대의 선파가 있었다. 동방선파가 광성자廣成子에 의하여 창건되었는데 광성자는 황궁의 다른 이름이다. 동방선파에서 유인과 한인의 말기에 한웅이 나왔다. 한웅에 의해서 동방선파가 굳게 자리 잡게 되었다. 이들의 뿌리가 마고선파에 있으므로 마고선파를 계승하였다. 마고가 그들에게는 영원한 어머니로 선파의 조종으로 자리매김을 했던 것이다.

〈그림 49〉 한성굿(서울굿)에서 불사전과 고비전. 14장의 불사전(祓事牋-왼쪽)은 양두성陽斗星과 음두성陰斗星의 신체神體로 북두칠성(대웅성大熊星)과 한인천제를 상징한다. 3장의 고비전(소웅성小熊星-오른쪽)은 황후성과 직녀성인 마고와 한웅과 태자를 상징한다.

마고를 천추성시대에 부활시키기 위하여 만든 신화가 〈단군신화〉이다. 〈단군신화〉에서 마고는 곰이 된다. 곰은 동굴 속에서 환골탈태換骨脫胎의식을 거친다. 이리하여 여인이 된다. 신격이 인격을 획득하는 것이다. 선도仙道에서 환골탈태에 집착을 보이는 이유는 마고에서 시작된 환골탈태의식에 집착하게 되기 때문일 것이다. 이리하여 한웅이 여인이 된 곰과 혼인하여 단군왕검을 낳는다는 신화적 변용이 생겨나는 것이다.

마고는 여신이므로 그가 상대할 수 있는 남신을 필요로 한다. 이 남신에게도 곰이라는 호칭이 주어진다. 큰곰을 한자로 바꾸어 쓰면 한웅桓熊이나 대웅大熊이 된다. 이리하여 인종들 사이에서 곰을 아이콘으로 쓰는 웅족熊族이 나오게 되는 것이다.

〈단군신화〉에서 웅족에 편입되는 분들이 마고, 한웅, 단군왕검이다. 한인천제는 웅족에 들지 못한다. 그는 칠성족이므로 웅족에 들 수 없었던 것이다. 그러나 여기에 정치 이데올로기가 영향을 미쳐 칠성족이 웅족으로 바뀌지 않을 수 없게 되었다.

웅족이 뱀족이 되고, 뱀족이 곰족이 되기 위하여 반드시 전쟁이 있었을 것으로 필자는 생각하고 있다. 전쟁이 없었다면 그런 불가피한 일이 벌어질 수 없는 것이다.

직녀성시대의 인간들과 천추성시대의 인간들은 그 시대의 빛깔로 어둠의 빛깔인 흑소를 추구하거나 밝음의 빛깔인 백소를 추구하며 살았던 사람들이다. 흑소의 색깔을 대표하는 사람은 마고였고, 백소의 색깔을 대표하는 사람은 한인천제였다.

마고는 직녀성시대의 인간들이 갈 길인 마고선파를 제시하였고, 광성자는 천추성시대의 인간이 갈 길인 동방선파를 제시하였다. 이 2개의 길은 하나로 통합되었다가 불교와 도교와 유교라는 종파가 만들어져 선교에서 분리되어 나가면서 동방선파는 선의 정수精髓를 모두 빼앗기고 쇠퇴의 길을 걷기 시작하였다.

제2부

천기누설

1

1. 곰의 시대와 뱀의 시대

곰의 시대(ㄱ26)를 의미하는 웅熊자는 큰곰을 뜻한다. 큰곰은 천문에서 북두칠성을 뜻한다.

한桓자는 태양이 밝다는 뜻이다. 우루는 소리음인데 한자로 웅웅하는

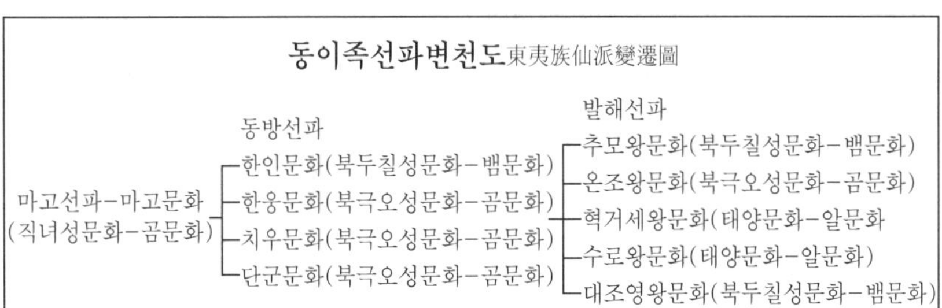

〈그림 1〉 인류 역사상 마고가 최초로 시작한 문화는 선仙이다. 선이 전파되면서 마고선파, 동방선파, 서방선파, 남방선파로 퍼져나갔다. 동방선파는 후대에 와서 고구려선파와 발해선파로 발전하였다. 이들 문화를 종교적인 관점에서 보면 마고문화는 마고교, 한인문화는 삼신교, 한웅문화는 태백진교, 단군문화는 덕교, 삼한문화는 삼신칠성교, 고구려문화는 천신교(삼신칠성교), 발해문화는 천신교(삼신칠성교)이다.

소리음으로 바꿀 수 있고, 문자로 표현하려면 의미없이 웅熊이란 단어로 바꾸어 쓸 수 있다. 또한 웅이 곰이므로 대웅大熊(대웅大雄)이나 소웅小熊으로 볼 수 있다. 천문에서 대웅은 북두칠성을 의미하고 소웅은 북극오성을 의미한다.

우르-웅-雄, 熊-大熊, 小熊으로 발전하는 것을 신화적 상상[1]이라 말할 수 있는데, 어린아이가 인형을 가지고 아빠나 엄마로 부르고 친구나 동생으로 불러 인형에 의미를 부여하는 경우와 같은 것이라 하겠다.

이렇게 신화적 상상이 가능해지면 북두칠성과 북극오성의 시대를 하나로 묶어서 곰의 시대라 말할 수 있게 된다.

그러나 북극오성이 소웅성(작은곰별자리)에 속해 있으므로 북극오성만을 독립하여 말할 때는 1, 2차 곰의 시대를 의미한다고 볼 수 있다. 이때의 곰은 대웅성(큰곰별자리)에 속해 있는 북두칠성이 의미하는 뱀의 시대와 대립되는 시대를 의미한다고 볼 수 있다. 뱀의 시대를 이끌어간 분은 한12제국을 건설한 한인천제였다.

처음에는 곰을 인종 아이콘으로 들고 나온 마고가 곰의 시대를 열었고, 다음엔 곰의 시대를 밀어내고 한인천제가 뱀을 인종 아이콘으로 쓰며 뱀의 시대를 열었다. 하늘에 뱀과 관련이 있는 별자리가 많은 것은 그러한 이유 때문이다. 이리하여 우주에는 두 차례 곰의 시대와 한 차례 뱀의 시대가 있게 되었다.

곰의 시대에는 자미원으로 불리는 우주 공간의 중심에서 외계인으로 불리는 인류가 활동하였고, 뱀의 시대에도 자미원의 변방에서 외계인으로 불리는 인류가 활동하였다. 우리를 천손족이라 부르는 이유는 우

1) 신화적神話的 상상想像 : 신화적 상상의 진수는 가상의 현실을 창조해 내는 것이라 하겠다. 북두칠성이 뱀이 되고, 이 뱀이 풍이족의 인종 아이콘이 되는 경우와 같은 것이다. 마고가 곰이 되어 북극오성에서 황후가 되는 것도 같은 경우라 할 것이다. 이와 같이 복잡한 신화적 상상은 말의 코에 뿔을 심어서 유니콘이 되게 하고, 또 날개를 달아주어 천마가 되게 하기도 한다.

리가 외계인으로 활동한 한인과 한웅의 피를 받은 후손이기 때문이다.

마고는 마고대로, 한인은 한인대로, 한웅은 한웅대로 자기들이 속했던 시대에 우주를 차지하기 위하여 우주전쟁을 벌이며 우주의 유토피아인 지구에 하강하여 자리 잡았다. 이 시대의 상한선이 대략 14,000년 전쯤 된다.

이들은 어느 특정한 시대에 우주를 부유하던 쿼크+렙톤이 우주의 기로 불리는 진동의 영향을 받아 생기를 띠기 시작하였고, 그가 속해 있었던 방위의 정보를 그대로 입력한 채 지구로 하강하여 자리 잡았다. 그들이 지구로 올 때는 쿼크 형태로 오거나 알이라 불리는 우주선에서 복제배양의 형태로 와서 지상에 배출되었다. 그러므로 그들은 자기가 속해 있었던 방위에서 오는 파장에 대하여 대단히 민감하였다. 북극오성 쪽에서 온 곰족은 태양에 민감하였고, 북두칠성 쪽에서 온 뱀족은 북두칠성에 민감하였다. 곰족은 태양의 영향을 받는 방위를 양택방위陽宅方位라 하였고, 뱀족은 북두칠성의 영향을 받는 방위를 음택방위陰宅方位라 하였다.

우주에서 북두칠성과 태양은 서로 속해 있는 공간이 다르므로 곰족은 태양에서 좋은 기운을 받았고, 뱀족은 북두칠성에서 좋은 기운을 받았다. 반대로 곰족은 북두칠성 방위에서 나쁜 기운을 받았고, 뱀족은 태양 방위에서 나쁜 기운을 받았다. 이리하여 양택론과 음택론이 생겨나게 되었다. 양택론에서 북두칠성은 서사택西四宅 방위에 속해 있고, 태양은 동사택東四宅 방위에 속해 있으므로 서로 정반대에 있다.

우리가 사는 지구는 태양계에 속해 있으므로 태양에 가까이 있다. 북두칠성계에 속해 있지 않으므로 북두칠성과 멀리 떨어져 있다. 그렇지만 지구가 받는 영향은 컸다. 밤과 낮에 받는 영향이 달랐기 때문이다. 밤에 받는 영향은 북두칠성에게서 받는 영향이었고, 낮에 받는 영향은 태양에게서 받는 영향이었다.

직녀성시대에 7개의 밝은 태양이 있었다. 7개의 태양은 북두칠성이었다. 신화적 상상을 통하여 태양과 북두칠성을 같은 태양으로 본 것이다.

태양은 낮의 태양이고 북두칠성은 밤의 태양이다. 북두칠성에서 한인이 태어나 지구로 왔고, 북극오성에서 한웅이 태어나 지구로 왔다. 그러나 다 같이 한桓이란 문자를 썼다. 한인은 밝음의 씨앗이라는 뜻이고 한웅은 어둠의 밝음이라는 뜻이다. 그들이 태어난 우주가 다르므로 다를 수밖에 없었던 것이다.

2. 두락안斗落安

북두칠성에서 밝음의 씨앗인 안파견이 떨어져 나왔다. 북두칠성은 생

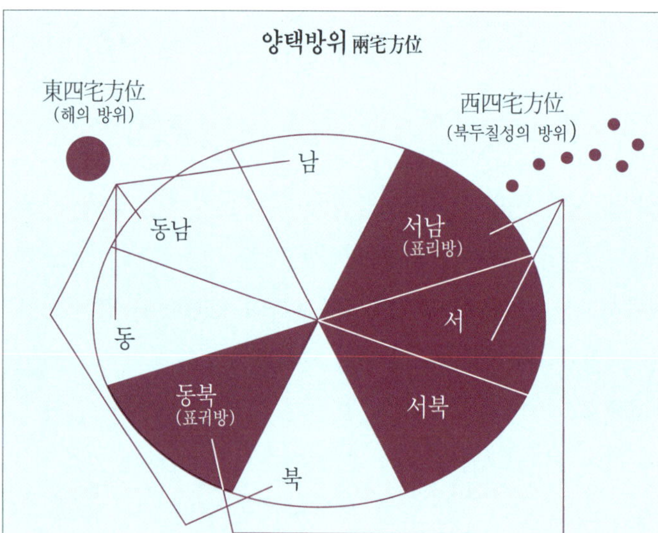

〈그림 2〉 칠성과 태양의 방위인 양택 방위. 흰색의 방위는 태양이 관장하는 동사택 방위가 되고, 검은색의 방위는 북두칠성이 관장하는 서사택 방위가 된다. 낮에는 흰색의 방위가 길방吉方이 되고 밤에는 검은색의 방위가 길방이 된다.

웅상熊常, 한웅천왕을 상징하는 신목이다. 왼쪽은 한국, 오른쪽은 일본 것이다.

〈그림 3〉 한국에서는 나무 중에서 신목神木을 정하여 옷을 해 입히고 웅상이라 한다. 일본에서는 고목신高木神이라 한다. 웅상이란 한웅천왕이라는 뜻이다. 강릉에선 단오축제 때 웅상에게 오색천으로 옷을 해 입히고 무당과 하룻밤 동침시키고 다음날 축제에 모신다. 지금 중국에서는 학자를 동원하여 단오제와 칠석제를 중국의 축제로 만들기 위하여 작업 중에 있다.

명의 나무였다. 그러므로 씨앗이 떨어져 나올 수 있었던 것이다.

마고시대는 직녀성과 북두칠성이 부부관계를 맺고 있었던 시대였다.[2] 안파견이 북두칠성에서 떨어져 나오려면 신화의 세계에서 그의 아버지 북두칠성과 혼인하여 어머니가 된 직녀성의 허락을 받아야 하였다. 허락을 받았는지 받지 못하였는지 당시의 사정을 알 수 없지만 어느날 북두칠성에서 별이 하나 떨어져 나왔다. 북두칠성의 군대별인 요광성에서 떨어져 나온 것이다. 그에게는 그를 수행하는 UFO들이 붙어 있었다. 말하자면 군대가 출동한 것이다.

2) 직녀성은 직녀시대를 대표하는 별로 직녀 외계인이 지구로 날아온 별이었다. 마고를 아리안여왕이라 하는데 아리안이란 의미는 외계인이라는 뜻이다. 마고를 직녀라 칭하는 이유도 그런 데에 있다. 문자로 보면 직녀의 직織자와 마고의 마麻자는 서로 보완하는 의미가 있다. 마고가 베(마직麻織)를 짜기 때문에 직녀로 호칭된다고 보는 것이다. 베를 짜는 여인의 집을 베가라 하였다. 직녀성을 베가라 한다. 또한 마고는 매화로 불린다. 홍매화는 마고를 의미한다. 우리 무가에는 직녀가 칠성님의 부인으로 나온다. 두 분이 혼인하여 일곱 공주를 낳고 일곱째 공주는 칠성님으로부터 버림받아 바리데기가 된다. 이러한 신화는 여성이 우위냐, 남성이 우위냐를 놓고 벌인 세력 다툼에서 나온 신화로 볼 수 있다.

북두칠성에서 별이 떨어져 나왔다고 하여 풍이어로 두락斗落이라 하였다. 안파견安巴堅이 두락을 감행하였다는 뜻이다.

그는 북극오성에 와서 중심이 되는 곳에 자리 잡았다. 그 자리가 북극오성에 있는 천제성天帝星이다. 그가 지구에 최초의 드라코 외계인(ㄷ26)으로 알려진 분이다. 우리 조상은 그를 안파견이라 하였다. 안파견이란 용으로 지상에 안착했다는 말이다. 그의 이름 안安은 그가 드라코 외계인에서 지구인으로 화신化身하여 안착했다는 말이고, 파巴는 드라코 외계인의 왕이라는 뜻이다. 드라코 외계인의 왕을 용이라 하였다. 견堅은 신하들의 도움을 받아 땅에 안착했다는 말이다.

그는 풍이족의 조상이 되어 밝은 나라 한국桓國을 세우고 천제天帝가 되었다. 천제는 '상제上帝(하나님)로부터 하늘을 위임받아 다스리는 자'라는 뜻이다.

안파견에게서 두 종류의 사두인간이 태어났다. 하나는 우주의 카오스에서 나온 '캄캄한 울림(ㅋ9)'에서 나온 사두인이고 다른 하나는 사카(ㅅ20)에서 태어난 사두인이다. 사는 사두인이라는 뜻이고 '카'는 캄캄하다는 뜻이다.

《부도지》에서는 마고가 팔려의 음에서 태어났다고 했는데 팔려의 음은 캄캄한 어둠 속에서 울리는 소리, '사ㅌ의 어둠(ㅅ9)'에서 울리는 소리라는 뜻이다. 사의 어둠은 뱀인간이 태어나는 어둠이라는 뜻이다. 그 안에 캄캄한 울림이 있다.

사는 움직일 때 스스슷 스치는 소리를 내며 아직 부화되지 않은 알(ㅂ36)을 깨고 나온다. 풍이족의 조상 한인은 이렇게 사의 어둠에서 태어났다. 이렇게 마고는 한인의 창조주가 되고 조화주가 되어 여신(ㅇ29, 30)으로 등극한다. 비로소 알을 낳아 세상을 밝힌 아리안(ㅇ3)이 되는 것이다. 그가 사모이고 사두인간의 아리안이다.

마고의 적자인 안파견의 후예는 서양 쪽으로 떨어져 나가 생소한 아

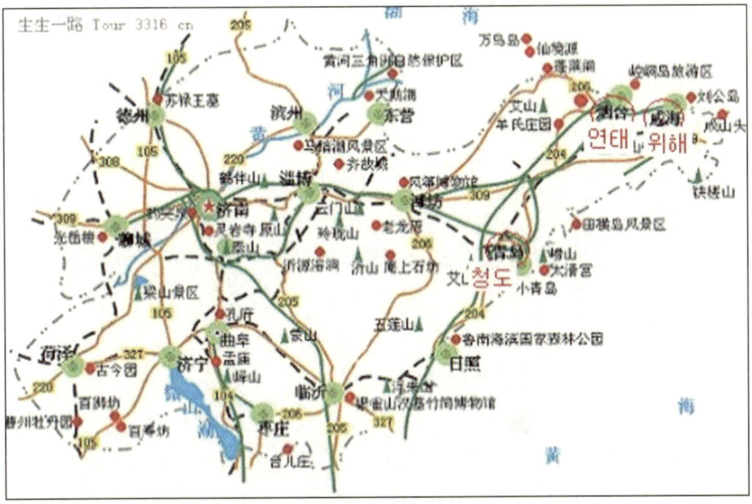

〈그림 4〉 연태烟台가 있는 산동반도 지도. 연태는 단군조선의 국도인 서울(평양, 부여, 말갈, 청주, 익도 등으로 불리던 곳)이 있던 곳으로 추정되는 곳이다(지도 출처 중국 인터넷 자료). 그러나 조선의 국도는 청주靑州로 불렸다.

리안으로 정착하였고 우리에겐 친숙한 아리랑이라는 말로 남았다. 아리랑은 알을 낳는 처녀라는 뜻이다. 랑이 랑娘(아가씨)이므로 그렇게 볼 수 있는 것이다. 또 아리랑에는 무엇인가를 알고 있는 사람이라는 뜻도 있다.

오늘날 서양에서는 아리안이 외계인으로 둔갑했다. 아리안의 근본을 모르기 때문에 이렇게 되었다고 볼 수 있다. 그러나 마고를 외계인으로 본다면 한인이 외계인의 후손이므로 한인도 외계인으로 볼 수 있을 것이다.

상고시대의 시대를 구분함에 있어서 지구의 자전축이 어느 방향으로 기울어지느냐에 따라서 직녀성시대와 천추성시대로 나뉘었다. 지구의 자전축이 직녀성을 향할 때는 직녀성시대로, 천추성을 향할 때는 천추성시대로 보았던 것이다.

직녀성시대에는 직녀성이 북극성이 되었고, 천추성시대에는 천추성

〈그림 5〉 풍이족(드라코 외계인)의 시조 한인천제. 본문에서는 두락안斗落安이라 하였다. 그가 풍이족 출신이므로 하반신을 뱀의 몸으로 그렸다고 볼 수 있다(출처 고구려벽화 5회분 4호묘 〈한인과 항영 비상도〉 중에서 한인 비상도). 한인桓因의 桓은 태양을 의미하는 문자로 그가 태양신으로 숭배되었음을 나타냈다고 볼 수 있다.

이 북극성이 되었다. 지금은 천추성이 북극성이 되는 시대이다. 직녀성이 북극성이 되었던 시대가 밤의 시대, 어둠의 시대였다.

직녀성시대는 율려에서 마고가 태어났으므로 율려시대가 된다.

율려시대는 8개의 파동(팔려의 음)이 마고로 변신하여 인간으로 태어난 시대이다. 이 시대가 마고시대이다.

마고 어원체계로 볼 때 하는 하늘이고, 나는 "I am"이다. '하나'는 '내가 곧 하늘'이라는 뜻으로 '천신 하나님'을 말한다.

한인은 두락斗落[3] 안파견이 되기 전에 먼저 캄캄한 어둠의 울림소리가 태어났다. 어둠의 울림소리는 어둠의 파동에서 어둠의 파장이 되었고 어둠의 파장이 바람이 되었다. 이 바람이 풍風(ㅍ8)이다. 팔려八呂의

3) 두락 : 본서에서는 인디언말 드락안과 우리말 두락안을 필요에 따라 바꾸어 쓰기로 하였다. 드라코와도 음이 닮아 있어서 같은 의미로 쓰기로 하였다.

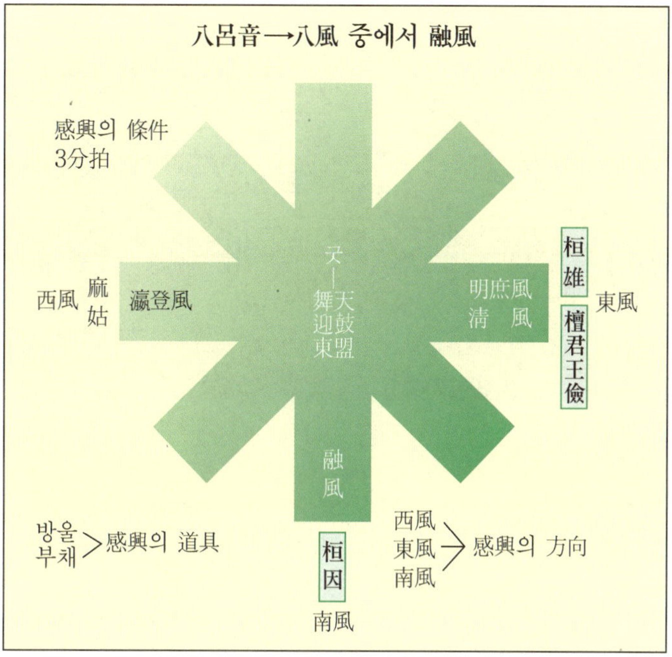

〈그림 6〉 융풍의 출처. 남풍이 한인천제의 바람인 융풍이다. 그는 융풍을 타고 쿼크의 형상으로 지구에 내려왔을 것이다.

시대에서 팔풍八風(표3)의 시대로 이행한 것이다. 팔풍조화를 입고 부화된 안파견은 파巴자가 상징하듯이 사두인간 아리안이었다. 파巴자는 용을 상징하는 고대문자이고, 안은 천신이며 제왕이다. 임금님을 뵈는 것을 안-파-견 즉, 용안을 뵌다고 표현하듯이 천신 제왕은 용의 얼굴을 가진 사두인간이었다.

이 팔풍의 시대에 사의 어둠이 태어난다. 사巳는 뱀이다. 사의 어둠은 풍이족의 어둠이다. 다시 말해서 직녀성시대에 태어난 풍이족이다.

'문자학'에서 보면, 뱀(사巳)은 자子(자식)의 어머니이다. 뱀은 '아기를 밴 사람'이라는 뜻이다. 두락斗落으로 볼 수 있는 말이다. 두락은 북방하늘에 뜬 7개의 별인 북두칠성이 땅위로 떨어진다는 말이다. 북두칠성이 땅으로 떨어진다는 말은 "여자의 몸에 칠성님이 점지하여 칠성의 자

〈그림 7〉 두락안으로 볼 수 있는 인물이 북두칠성에서 하강한다(출처 고구려벽화 신선하강도).

식을 낳게 하였다"는 말이다. 한국 사람은 이러한 태몽을 꾸고 태어난 사람을 '칠성의 자손'이라 한다. 지금도 한민족은 칠성의 자손이 태어나게 해 달라고 비는 칠성신앙을 가지고 있다. 칠성의 자손은 칠성나라에서 칠성님이 점지하여 태어난 사람이므로 역사에 이름을 남기는 역사

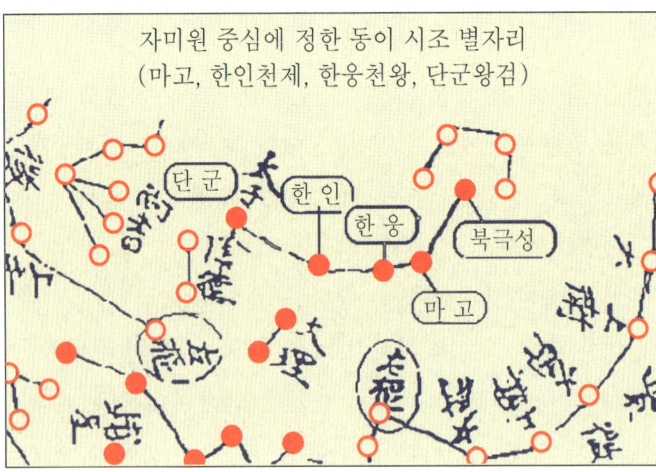

〈그림 8〉 자미원 중심에 있는 별자리는 북극오성(작은곰별자리)이다. 북극성은 천추성, 마고는 황후성, 한웅은 서자성, 한인은 천제성, 단군은 태자성이다.

〈그림 9〉 마고의 다양한 변신. 문명인의 조상 마고는 시대에 따라 종교에 따라 다양하게 모습이 바뀌었다.

적인 인물이 되는 경우가 많다. 두락-안은 제1번으로 칠성에서 태어난 안파견安巴堅이다.

3. 12제국

안파견이 다스리는 풍이족의 세계에서 12제국이 출현하였다. 이들 12제국에 각각 두려움을 모르는 지배자들이 등장하여 영토를 확장하고 다른 종족을 지배하기 위하여 전쟁을 벌이기 시작하였다.

두락안斗落安이 북두칠성에서 떨어져 나와서 풍이족, 사족(사두족巳頭族-사두인간巳頭人間)의 조상이 되었다. 풍이족을 둘러싸고 11개의 종족이 싸움을 벌였다. 〈삼성기〉에 따르면 이들이 비리국, 양운국, 구막한국, 구다천국, 일군국, 우루국(필나국), 객현한국, 구모액국, 매구여국(혹은 직구다국), 사납아국, 선비국(혹은 돈위국 혹은 통고사국), 수밀이국(人60)의 사람들이다. 이들이 싸우다가 안파견이 다스리는 한국에 통합되었다(ㅎ8). 이들의 나라를 12제국이라 하였고, 그 영토가 천해의 동쪽 파류나산 밑에 있었다. 그 땅의 넓이가 남북으로 5만 리요, 동서로 2만여 리였다. 그 나라는 7세에 걸쳐 3,301년을 지속하였다.

천해는 바이칼로 볼 수 있는 곳이고, 파류나산은 파미르고원으로 볼 수 있는 곳이다.

〈그림 10〉 우루국의 이난나Inanna(달의 여신)여신. 올빼미는 단군왕검의 아이콘이기도 하다(사진출처 조선 블로그〈오두의 꿈꾸는 풍경〉).

4. 풍이족의 인종 아이콘 뱀

두락안[4] 한인천제는 풍이족의 인종 아이콘인 뱀을 내걸고 싸웠다. 그는 명예를 중요시하였다. 칼날에 죽는 것을 명예로 생각하였다.

위의 기록은 우주에서 전쟁이 있었음을 말하고 있다. 전쟁을 수행한 사람은 한인천제였다. 누구하고 싸웠는가를 알 수 있게 하는 단서를 제공해 주는 기록이 있는데 이 기록이 〈계시록(ㄱ14)〉이다.

칼은 칠이고 북두칠성을 상징한다. 한인천제의 용맹함은 칼의 형상으로 생긴 북두칠성의 검기劍氣에서 나온다.

북두칠성은 카로 말할 수 있다. 또한 카는 캄캄한 어둠이다. 북두칠성이 떠있는 밤의 어둠, 칼에 죽는 자가 죽음의 어둠이다.

풍이족의 인종 아이콘인 뱀은 인체에서 배를 의미하고, 아기를 배는

4) 두락안斗落安은 한인천제가 북두칠성에서 떨어져 나왔다는 뜻. 두락이 드락의 변음이거나 드락이 두락의 변음이거나 둘 중의 하나일 것이다.

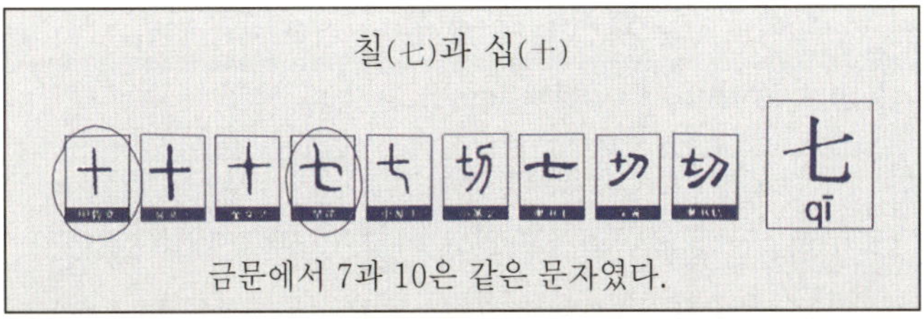

〈그림 11〉 칠과 십. 금문에서 十자가 진화하여 七자가 되었다. 십과 칠은 〈요한계시록〉의 주제인 심판과 멸망과 관련이 있어 보이는 문자이다.

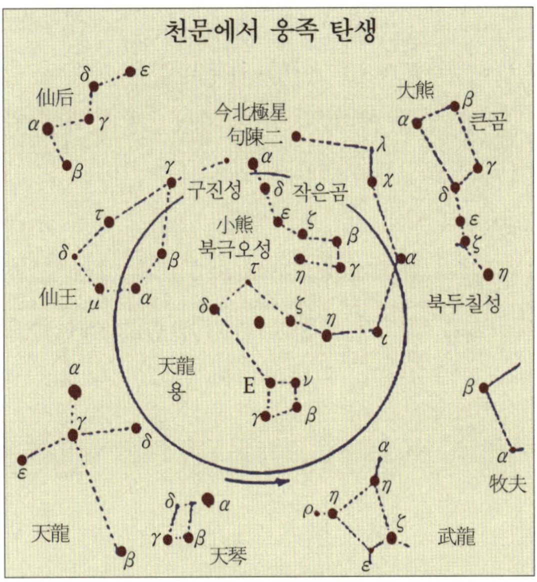

〈그림 12〉 웅족 탄생. 한국 사람은 칠성의 자손이라고 하는데 이는 자신이 웅족에 속하는 인종이라는 말이다. 한민족의 모계母系가 웅족임을 나타낸다.

자궁을 의미한다. 그래서 궁宮-穹으로 불린다. 궁宮은 율려인 파동을 잡아두는 곳이다. 따라서 궁은 뇌파를 만들어내는 머리나 심장박동을 만들어내는 심장으로 볼 수도 있다.

자궁 안에서 생명체로 임신되는 것이 뱀 형상의 인간이다. 임신 중에 작은 뱀인 사巳는 자子가 된다.

5. 곰의 발톱

두락 안파견의 후예인 풍이족은 인종 아이콘으로 뱀을 그렸고, 다음 세대인 한웅천왕은 마고의 인종 아이콘인 곰의 발톱을 그렸다. 이것은 웅족에 속한 오족五族을 의미한다. 이들이 천손족天孫族(ㅊ14)이다. 이들은 자신이 천손족임을 증명해 보이기 위하여 천부인天符印을 만들었다. 우리 쪽에서는 황궁이 천부삼인天符三印을 만들었고, 북유럽 쪽에서는 천부사인天符四印을 만들었다. 황궁이 만든 것을 오늘날 명두明斗라 하고 북유럽 쪽에서 만든 것을 네브라천반天盤이라 한다.

명두를 인수한 사람들이 오가五加라 불리는 인종들이다. 이들이 마가馬加(말을 인종 아이콘으로 쓰는 부족), 우가牛加(소를 인종 아이콘으로 쓰는 부족), 양가羊加(양을 인종 아이콘으로 쓰는 부족), 저가(돼지를 인종 아이콘으로 쓰는 부족), 구가狗加(개를 인종 아이콘으로 쓰는 부족)의 5족이다. 배달나라를 세운 한웅천왕의 다음 세대인 단군왕검은 인종 아이콘으로 발가락 3개 달린 인간의 발을 그렸다. 3개의 발가락은 3족(진조선, 번조선, 막조선)을 의미한다.

신성한 한인천제 두락斗落 안파견의 아이콘은 뱀이다. 뱀에서 곰이 나온다. 후대에 태어난 한웅천왕은 곰의 발톱을 아이콘으로 하였다. 곰을 마고가 부족의 아이콘으로 쓰고 있었기 때문에 곰의 발톱을 아이콘으로 하였던 것이다. 그러므로 곰의 발톱이 배달나라의 오족인 오가를 상징한다고 볼 수 있다.

발톱의 본체인 발發은 족足이다. 발의 주인을 발인發人(ㅂ8)이라 하였다. 따라서 발인은 족인足人이다. 족足이 모이면 족族을 구성한다.

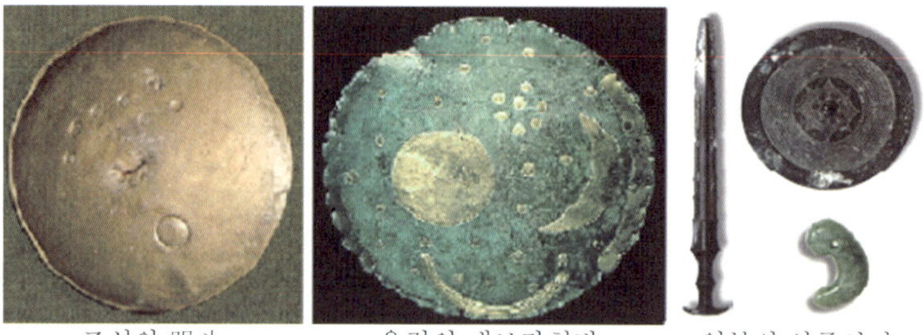

조선의 明斗 유럽의 네브라천반 일본의 삼종신기

〈그림 13〉 명두의 다양한 변신. 명두는 천손天孫의 징표인 천부인天符印인데, 명두를 가진 인종이 삼신三神의 자손임을 의미한다.

뱀에서 태어난 풍이족의 뱀 아이콘이 진화하여 발이 된다. 그래서 후대에 가서 풍이족은 발인으로 불리게 된다. 풍이족에서 나온 발인은 인종 아이콘으로 발을 그렸다. 그가 이족夷族이다. 이족은 스스로 춘분의 기에서 태어났다고 하였다.

6. 풍이족과 웅족의 전쟁

두락안斗落安 한인천제의 풍이족과 한웅의 웅족과의 전쟁은 정신과 신념으로 마고를 계승한[5] 한웅천왕이 출현하면서 시작되었다. 한웅천왕이 12제국을 굴복시킨 후에 〈단군신화〉가 생겨났다.

〈단군신화〉는 한웅천왕이 UFO를 타고 대륙일대를 여행하면서 새로운 나라를 건설할 땅을 찾고 있음을 보여준다. 〈단군신화〉는 북극오성 신화를 문자로 옮긴 것이다.

평화로운 가족관계로 보이는 이 〈단군신화〉를 별들의 전쟁이라는 관점에서 보면 상당히 많은 부분을 감추고 왜곡하고 있음을 알 수 있다. 12,000년의 역사를 단순한 3대의 가족사로 축소했다는 데에서 교묘하게 역사를 왜곡하여 신화를 만들었음이 드러난다.

〈단군신화〉에서, 한인천제는 그가 유인有因에게서 인수한 '천부삼인'을 서자庶子 한웅桓雄에게 주어 그의 제위를 계승하도록 하였다. 한웅은

5) 인류의 역사는 살아있는 생명체가 겪는 생노병사生老病死 일생주기와 같다. 개국하면 발전하다가 쇠퇴하고 쇠퇴하다가 멸망한다. 그러면 이 나라가 멸망하도록 도움을 준 나라가 이 나라의 역사에 자신의 역사를 덮어 쓴다. 그리고 그가 멸망시킨 나라가 간 길을 숙명처럼 따라간다. 인류역사는 이렇게 생로병사의 패턴으로 생겨났다가 사라진 마고지나 역사와 한국 역사로 불리는 두 시대의 역사가 있었다. 필자는 직녀성계 외계인들이 와서 마고지나 역사를 건설하였다고 보고, 드라코 외계인들이 와서 마고지나를 멸망시키고 한국의 역사를 시작하였다고 보고, 이후에 북극오성의 서자계 외계인이 와서 한국을 멸망시키고 배달나라의 역사를 시작하였다고 본다.

〈그림 14〉 이집트 벽화에서 햇볕을 발(족足)로 표현했다. 대문구大汶口 일대에서 발굴된 청동솥과 청동술잔에 새겨진 발은 동이족東夷族(발인發人이라고도 한다)을 의미한다. 동이족과 이집트족 사이에 인종과 문화의 교류가 있었다고 볼 수 있다.

〈그림 15〉 마고문명권. 마고문명에 속하는 것은 최초의 나라 마고지나, 선교仙敎의 창시, 삼신산 유토피아, 쌀농사, 고인돌문화(거인문화) 등이다. 지금 그것들은 사라졌거나 신화가 되었다.

천왕(天20)이 되어 배달나라시대를 열었다. 그와 웅녀 사이에서 단군왕검이 출생하였다.

한인의 역사는 3,300여 년의 역사가 축소되었고, 한웅의 역사는 1,800여 년의 역사가 축소되었고, 웅족의 시조인 마고의 역사는 아예 왜곡하여 한웅의 부인인 웅녀로 바뀌었다.

역사가 승자의 역사라는 관점에서 보면, 한인이 마고의 나라인 마고지나를 멸망시켜 한인의 역사에 편입시켰고, 한웅이 한인의 나라인 한국을 멸망시켜 한웅의 역사에 편입시켰고, 한웅의 나라인 배달나라를 황제가 멸망시켜 황제의 역사에 편입시켰고, 이어서 배달나라의 대를 잇겠다고 출현한 조선의 역사가 모두 조선의 멸망과 함께 깨끗이 사라져 버렸다.

이제는 이들 사라진 역사를 역으로 추적하여 되살려야 할 시점에 와 있다. 왜곡한 역사를 가지고 마고의 유시인 해혹복본을 실현할 수 없기 때문이다.

〈단군신화〉가 홍익인간弘益人間(ㅎ37)할 것을 내세웠지만 사라지고 왜곡된 부분을 되살리지 못하면 그것은 불가능하게 되어 있다. 그것은 승자勝者의 독트린doctrine에 불과하기 때문이다.

역사를 이렇게 보면 한인, 한웅, 황후, 오가가 함께 타고 다닌 UFO는 맥아더 장군이 일본을 항복시킨 전함 미주리함(ㅁ49)과 같은 성격으로 승자의 UFO였다고 말할 수 있다. 1차 승자는 한인이었고, 2차 승자는 한웅이었고, 3차 승자는 단군왕검이었다. 마고는 곰으로 둔갑하였다.

7. 싸움터

한12제국의 영토는 두락안斗落安 한인천제 후예들의 싸움터가 되었다. 지금 이들의 역사는 대부분 사라졌지만 이들이 인류역사에 남긴 뱀과 거인이라는 인종 아이콘은 사라지지 않고 그대로 남아 신화 속에 전해 온다.

뱀 아이콘의 내용을 정리해 보면, 뱀이 인류문명 원형코드의 하나로 받아들여졌느냐 아니면 배척당하였느냐의 두 개로 갈라졌다는 것을 알 수 있다. 인류문명 원형코드로 뱀을 전수한 전수자들은 뱀을 긍정의 문명코드로 받아들였거나 부정의 문명코드로 배척하였거나 둘 중의 하나였다. 한국의 문화원형, 유럽의 문화원형, 인도의 문화원형, 남미의 문화원형은 뱀이 원형문화코드로 받아들여져 정착한 경우이고, 유태인의 문화원형은 뱀을 배척하고 거부하여 받아들이지 아니한 경우이다.

오늘날 풍이족의 문화원형을 역사에서 찾는 것은 쉽지 않다. 그러나 찾는 방법이 없는 것은 아니다. 한12제국의 하나였던 수메르의 신화 속으로 들어가면 풍이족 문화원형의 단서를 발견할 수 있다.

수메르의 신으로 알려진 아누나키Anunnaki(ㅇ1)가 지금도 수메르 신화에 전해 온다는 사실에 착안하여 풍이족의 문화원형(ㅍ13)을 찾아보기로 한다.

〈수메르 신화〉에 아누나키들이 지구인간을 창조한 이야기가 나온다. 지구의 판테온에는 12명의 주신이 살고 있었다. 그들 밑에는 그들이 부리는 아누나키라 불리는 작은 신들이 살고 있었다. 그들은 중노동에 시달리고 있었다. 참다못한 그들이 폭동을 일으켰다. 이리하여 12신들의 비상대책회의가 열렸다. 이 비상대책회의에서 인간을 창조하기로 결정했다. 인간은 이리하여 창조되게 된 것이라는 것이다. 창조된 인간이 아누나키들로부터 물려받게 된 것은 아누나키들이 하던 노동의 7배나 되는 과중한 노동이었다.

아누나키의 아누는 안, 즉 마고계열의 아리안을 의미하며 나키는 '마

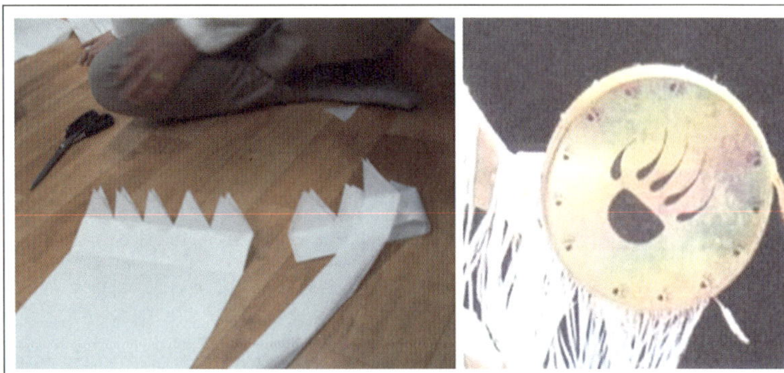

불사전에서 오린 칠성발톱과 인디언 북에 그려진 곰발톱

〈그림 16〉 칠성발톱과 곰발톱 : 무당이 북두칠성의 신체인 불사전을 접을 때 제일 먼저 칠성발톱을 오린다(왼쪽). 원래 7개로 오려왔으나 요즈음은 5개를 오린다. 인디언 샤먼은 한웅천왕의 신체 일부로 북에 곰발톱 5개를 그린다. 이 북은 인디언이 팬시댄스(인디언 무천舞天)를 출 때 들고 춘다.

고 낳기'로 삼신이 점지하는 출산을 말한다고 볼 수 있다. 한국-수메르 계열의 창조신화를 놓고 볼 때 유대문화에서는 뱀을 인종 아이콘으로 하는 아누나키가 가장 왜곡된 신화원형이 되었다.

수메르의 문화원형은 뱀이다. 뱀은 한12제국 당시에는 전 지구를 덮고 있었던 보편적 문화코드였다. 이 책에서 풍이족을 사두인간으로 호칭하는 것도 그러한 이유 때문이다.

사두인간의 머리 위에 상위신上位神으로 풍이족의 문화원형코드인 아누나키가 있다. 아누나키는 서양西洋과 남양南洋 신화에서 거인巨人으로 불렸고 우리 신화에서 대인大人으로 불렸다. 한인천제나 한웅천왕은 대인족(거인족)의 후예이므로 아누나키의 후예로 볼 수 있다.

〈12번째 행성〉(저자 Zecharia Sitchin)이라는 책에서 니비루 행성(정체를 잘 몰라 행성X라고 하는데 수메르에서 니비루 행성이라 불렀다. 바빌로니아에서는 마르두크Marduk라 불렀다)에 아누나키들이 살고 있다고 하였다.

〈그림 17〉 수메르 신화에 나오는 아누나키. 아누나키는 신라의 화백和白, 고구려의 고추가古鄒加와 같은 기능을 가졌다.

니비루 행성은 공전주기가 3,600년인데, 니비루 행성이 지구에 근접하면 지구에는 자연재해로 지진, 해일, 홍수, 화산폭발이 일어나고 이상기온으로 농사를 망쳐 식량결핍 현상이 온다고 한다.

니비루 행성에 살고 있는 아누나키들은 호전적이고 정복욕이 강한 수퍼 파충류로 불리는 몇 개 종족으로 구성되어 있다고 한다. 아마 슈퍼

super 파충류(ㅅ65)란 이들이 가지고 있는 거대한 형상의 뱀 아이콘을 의미하는 것으로 생각된다. 여기에서 뱀 아이콘을 가지고 있는 풍이족과의 연관성을 생각하지 않을 수 없다.

이들을 지배하는 인종이 네필림Nephilim(ㄴ16)으로 불리는 엘로힘 Elohim[6]이었다. 이들은 마인드컨트롤로 파충류인간(뱀인간)[7]을 지배했다.

아누나키 슈퍼 파충류 중에 자오스Zaos[8](기술문명이 진보한 아누나키)라는 인종이 있는데, 카오스chaos(혼돈混沌)라는 말이 이들에게서 나온 것이 아닌가 생각한다. 이들은 인간으로서는 상상을 불허하는 말종인간末種人間들로 구성되어 있었다. 사납고, 악하고, 탐욕스럽고, 속이고, 근친상간을 일삼는 말하자면 더러운 인종이었다. 처녀를 인신공양으로 바쳤고, 동족을 잡아먹었다. 증권거래니 핫머니니 하는 것들이 이들에게서 나온 것이다. 그들은 대규모로 유전자 조작을 하였다.

다음에 자오스와 유사한 인종에 두카즈Ducaz[9]라 불리는 파충류인종이 있었다. 엘로힘이 자신의 힘을 과시하기 위하여 부리는 군대, 경찰 등의 이미지를 가지고 있는 파충류인간이다. 두사스는 퍼시레스 persires[10]를 자신들이 처치해야 할 적으로 삼았다.

8. 땅에 떨어진 여신의 권위

사ㄷ를 뱀으로 보면 풍이족이 유추된다. 풍이족을 수메르 신화에서처럼 파충류인간으로 보면 그들이 타고난 기질상 싸움을 하지 않으면 안

6) 엘로힘Elohim : 신들이라는 뜻이다. 《구약성경(창세기 1:26)》은 이들이 자기들처럼 생긴 인간을 창조했다고 하였다.
7) 파충류인간 : 《구약성경》대로 해석하면 파충류인간은 엘로힘의 적인 사탄이 된다.
8) 자오스Zaos : 슈퍼 파충류인종의 하나. 기술 집단이다.
9) 두카즈Ducaz : 슈퍼 파충류 중의 하나. 군대 집단이다.
10) 퍼시레스persires : 슈퍼 파충류 중의 하나. 독수리라 불렸다.

된다는 것은 물어보나 마나일 것이다. 앞에서도 보았지만 파충류인간은 인간 말종의 인간들로 기록되어 있다.

한12제국시대와 배달나라시대에 풍이족이 타인종과 싸운 무대는 중국의 중원에서 그리스에 이르기까지 광범위하게 퍼져 있었다. 예를 하나 들어 보기로 한다.

BC 800년경에 우라노스로 대표되는 풍이의 침략세력이 등장하여 여신들의 나라 그리스를 정벌하여 굴복시키고 모계사회를 해체하여 새로운 남신들이 다스리는 부계사회를 만들었다. 이때의 여신들은 아마 마고의 후예들로 역마가 끼어서 그곳으로 들어가지 않을 수 없었던 여자

〈그림 18〉 '고대 수메르인의 신이 몰려 온다'는 제목이 붙은 조로아스터가 창교한 배화교(자라투스트라교-조로아스터교)의 창조신이자 광명의 신 아후라 마즈다 Ahura Masda. 배화교는 BC 약 1800년경에 중동의 박트리아 지방에서 자라투스트라가 세운 종교이다. 광명의 신 아후라 마즈다는 고구려 벽화 〈한인항영 비상도〉에 그려진 한인천제의 이미지를 갖고 있다.

들일 것이다.

여신의 권위가 땅에 떨어졌다. 오래 전에 생긴 직녀성시대의 마고족이 천추성시대에 새로이 생긴 풍이족과의 인종싸움에서 졌기 때문이다. 남신들에게 정복당한 여신들은 남신들과 강제동맹으로 원하지 않은 부부가 되기도 하였고, 다른 남신들과 난잡한 관계를 맺기도 하였다. 피정복자로서 흉악한 악당들에게 몸을 내주어야 한다는 것은 어쩔 수 없는 일이었다. 그래서 모계시대가 사라졌다. 이리하여 남성우위의 신화가 생겨나게 된 것이다.

모계사회가 철저하게 해체되고 부계사회가 성립되면서 이 시대를 대표하게 된 여인이 그리스 신화에 나오는 여신 헤라와 후대에 태어난 남신 제우스였다. 헤라는 늘 제우스에게 강간당하는 삶을 살아야 하였다. 덕택에 여러 명의 자식을 낳지 않을 수 없었다.

〈그림 19〉 제우스Zeus와 헤라Hera. 두 신은 부부지만 두 신 사이에 증오가 얽혀 있다. 이것은 부계족성이 모계족성을 정복했음을 말해 주는 것이다.

그렇다면 흉악범 제우스는 누구일까? 제우스는 풍이의 신인 제우사帝雨師의 변음으로 비의 신이다. 그러므로 제우사는 풍이신의 변종으로 볼 수 있다. 헤라의 헤는 해, 즉 태양이고, 라는 이집트 신화에 보면 태양신인 뱀이다.

헤라가 제우스에게 강간당한다는 것은 해가 비를 맞는 것과 같은 현상으로 볼 수 있다.

비 맞는 태양은 열과 빛이라는 권력을 강제로 억제당하는 모계시대를 의미한다. 이 신화가 생겨난 시대를 신화학자들은 BC 800년경으로 본다. 한국역사로는 조선의 감물단군시대에 해당한다.

제우스의 아버지 크로노스의 문자를 해석해 보면 '큰 우레의 신'으로 해석된다. 그는 시간을 지배하는 신, 즉 12지신支神의 결합체이다. 12지신은 자축인묘진사오미신유술해子丑寅卯辰巳午未辛酉戌亥의 12신이다. 이들 신은 영원히 우주의 원주율을 따라가며 시간을 만들어낸다. 크로노스가 운행하는 시간이 풍이의 시간신인 12지신에서 나왔다고 볼 수 있다.

9. 배달나라

우리가 중국의 창세신화로 잘못 알고 있는 풍이족의 창세신화는 한12제국 창세신화에서 구려족의 배달나라 창세신화, 동이족의 조선 창세신화로 맥이 이어진다. 이들은 모두 2개의 인종 아이콘으로 이어지는데, 하나는 풍이족의 인종 아이콘인 뱀이고, 다른 하나는 마고족의 인종 아이콘인 곰이다. 풍이족이 마고족을 멸망시켰는데 마고족의 후예에서 한웅천왕이 곰 인종 아이콘을 들고 나와 한국을 멸망시키고 배달나라를 창건하였다.

〈단군신화〉는 하늘에서 풍이족을 대표하는 한인천제와 배달족인 웅족을 대표하는 한웅천왕이 어떻게 국가를 인계인수하는 가를 보여준다. 그들은 UFO를 타고 중원 대륙을 내려다 보고 있다. 인계인수할 나라의 범위를 삼위성과 태백성이 조응하는 구간으로 정한다.

그리고 천평天坪[11]으로 불리는 곳에 안착한다. 이리하여 9개의 배다른 민족이 연방체를 구성한 구려족(배달나라를 창건한 9인종이라는 뜻)의 배달나라(배다른 인종이 연합하여 만든 나라라는 뜻)가 탄생하게 되는 것이다.

---

11) 천평天坪 : 천평은 하늘에서 한인천제가 정해준 땅이라는 뜻이다. 하늘의 피라미드라는 뜻도 있다.

〈그림 20〉 미국 뉴멕시코 사막의 인디언벽화. 인디언 땅에 나타난 한웅천왕의 곰발 이미지. 곁에는 동이족의 세발가락 족표가 그려져 있다(사진출처 〈레이니어 신당〉).

구려족 중에서 한웅천왕이 속한 종족이 웅족(중국인의 조상은 유웅족有熊族이라 한다)이었다. 이들은 천문에다 웅족의 탄생을 각인시켰다(제2부 〈그림 12〉 참조). 큰곰별자리(대웅성大熊星)와 작은곰별자리(소웅성小熊星)를 만들었던 것이다. 소웅성은 마고(황후성), 한인천제(천제성), 한웅천왕(서자성), 단군왕검(태자성)으로 이어지는 로열패밀리 별자리이다. 이들 두 별자리는 하늘에 새긴 구려족의 탄생도가 된다. 뱀을 인종 아이콘으로 정착한 풍이족시대에서 곰을 인종 아이콘으로 전 세계에 정착할 웅족이 탄생한 것이다.

10. 구려족

침묵의 날이 시작되었다. 이때를 역사의 공백기라 볼 수 있다. 수확이 끝나고 봄을 기다리는 들판과 같다. 우리 역사에서 이 시대를 구려족九黎族의 시대라 하였다.

구려족(ㄱ29)의 려黎는 아직 날이 밝지 않았다는 뜻이다. 그러므로 배달나라 역사의 날이 밝지 않았다고 해석할 수 있다. 아직 구려족이 활동을 시작하지 않은 시기를 역사공백기로 볼 수 있다.

구九는 9개의 인종이다. 이 9개의 인종은 중원을 9구역으로 분할하여 다스리며 제후로 불린 왕들이다. 중원을 9개로 분할한 사람은 12제국

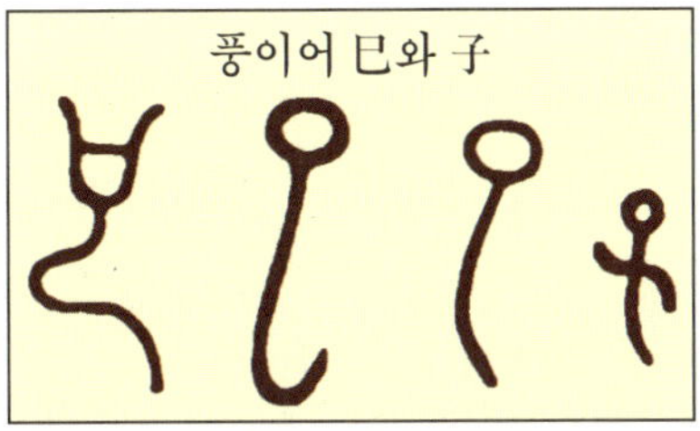

〈그림 21〉 풍이어 사巳에는 여女(여자), 모母(어머니), 자子(자식), 야也(여음)의 의미가 포함되어 있다. 자子에는 '칠성의 자식'이라는 의미가 있다.

을 거느린 한인천제(ㅎ15, 16, 18)였다. 풍이족(ㅍ12)의 후예로서 다곤신(우리 역사에서 곤오昆吾)을 배출한 곤오족의 족보 서문인 〈부소보서〉에 "한인천제가 9명의 아들을 9주에 임명했다"는 기록이 있다.

군왕은 배달나라를 창건하여 신시체제神市體制(ㅅ71, 호혜경제라는 경제체제와 화백이라는 만장일치 대의제도)로 나라를 다스린 한웅천왕(ㅎ14)으로 볼 수 있다. 그는 곰을 인종 아이콘으로 썼던 마고의 마고교를 계승하여 태백진교太白眞敎로 발전시켰고 그의 통치이데올로기를 재세이화在世理化의 도道라 하였다.

태백진교(ㅌ7)는 태백성이 조응하는 땅에 펼친 종교라는 말이다. 삼신교를 이렇게 표현했다고 볼 수 있다. 재세이화의 도는 세상 이치에 맞게 다스린다는 뜻이다.

한웅천왕의 한웅은 밝음과 어둠, 낮과 밤, 태양과 북두칠성, 큰곰과 작은 곰이라는 의미를 가진 문자이다. 그의 전사들은 밝은 곳에는 어둠을 주고, 어둔 곳에는 밝음을 주고, 태양이 있는 곳에는 북두칠성을 알리고, 마고가 없는 곳에 마고를 알리고, 곰이 없는 곳에 곰을 전파하기 위하여 만반의 준비를 갖추고 있었다.

한웅천왕은 녹도문자鹿圖文字(사슴 발자국 모양의 상형문자)를 만들어 〈천부경〉을 기록하여 백성을 가르쳤고, 모든 학문의 기본이 되는 천문학을 만들고 이를 가르치기 위하여 윷놀이를 창안하였다. 이 윷놀이는 미국 아리조나주와 멕시코 전역에 광범위하게 퍼져 나갔다(손성태). 그는 원칙과 원리를 중시하여 제왕의 덕목으로 무과실책임無過失責任(ㅁ39)을 지게 하는 사법제도司法制度를 만들었다.

동이족東夷族 선교仙教의 맥

교명 教名		경전 經典	교의 教義	국가 國家
선교 仙教	삼신교 三神教	천부경 天符經	해혹복본 解惑復本	한국 桓國
	태백진교 太白眞教	천부경 天符經 삼일신고 三一神誥	해혹복본 解惑復本 재세이화 在世理化	배달나라 倍達那羅
	덕교 德教	천부경 天符經 삼일신고 三一神誥	해혹복본 解惑復本 홍인인간 弘益人間	조선 朝鮮
	천신교 天神教	천부경 天符經 삼일신고 三一神誥	해혹복본 解惑復本 홍인인간 弘益人間	고구려 高句麗
	천신교 天神教	천부경 天符經 삼일신고 三一神誥	해혹복본 解惑復本 홍인인간 弘益人間	발해 渤海

〈그림 22〉 동이족 선교의 맥. 동이족의 선교는 시대에 따라 그 명칭이 바뀌었다.

윷판의 의미

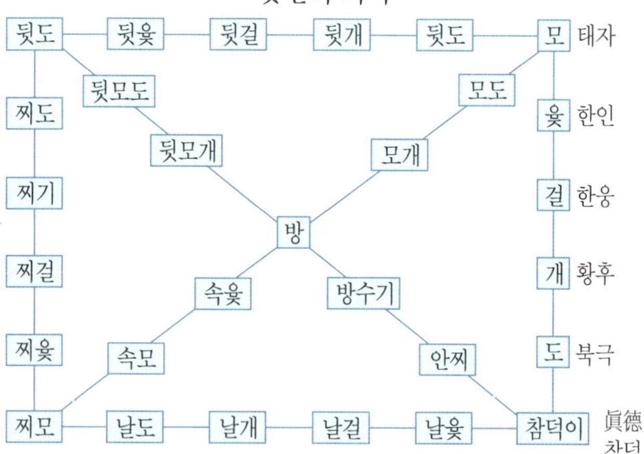

참은 태백진교, 덕은덕교

〈그림 23〉 윷판의 의미. 한웅천왕 때 윷판을 만들었으나 이 윷판에 북극오성의 의미를 부여한 때는 가륵단군 때쯤이었을 것으로 생각된다.

그의 전사戰士들은 과거의 낡은 제도를 개혁하고 인지를 개발하기 위하여 한웅천왕의 통치이데올로기인 태백진교를 펼쳐 나갔다.

11. 반격은 돌아오지 않았다.

한웅천왕의 전사들은 한웅천왕의 통치이데올로기에 반발하는 세력들의 반격을 기다렸다. 그러나 반격은 돌아오지 않았다.

한웅천왕이 펼친 재세이화在世理化의 도道(ㅈ5)가 안착이 되고 빛을 발하기 시작하였고, 사람들은 이 도에 순응하였다. 누구나 수긍할 수 있는 보편성을 획득했기 때문이었을 것이다. 그래서 적의를 버리고 공격하지 않았다고 볼 수 있다.

침묵의 날이 마침내 왔다. 침묵의 날은 전쟁이 침묵하는 날이다. 이때 침묵의 날은 역사가 사라진 시대가 아니라 대결과 전쟁이 사라지고 나서 새로이 시작된 배달나라의 태평성대를 의미한다. 뱀을 주제로 하여 건설되었던 뱀탑들은 사라지고 곰을 주제로 하여 건설된 곰탑들이 전

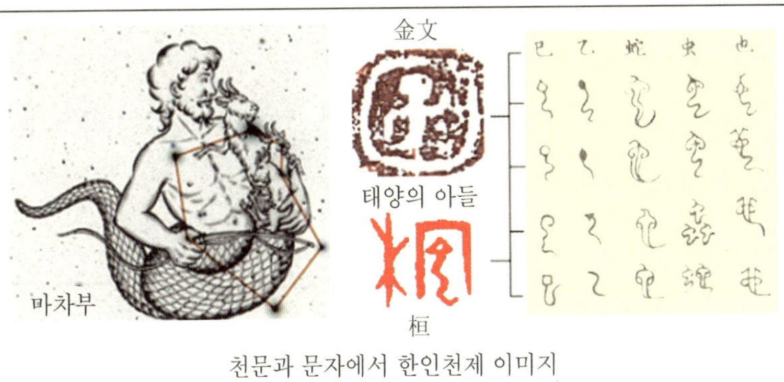

천문과 문자에서 한인천제 이미지

〈그림 24〉 천문도와 문자에 나타난 한인천제 이미지. 한인천제가 풍이족의 천제였음을 하늘의 별자리에서 보여준다. 마차부 별자리가 그 예이다. 풍이족은 사巳(뱀)와 용龍을 상형문자화하였다.

승탑戰勝塔으로 서 있게 되었다. 한웅천왕에서 시작된 배달나라의 시대는 1,565년 동안 18세를 존속하였다.

한웅천왕은 〈천부경〉과 〈삼일신고(ㅅ34)〉를 만들어 백성을 가르쳤다. 이를 교화라 하였다. 〈천부경〉은 숫자로 자연의 원리를 표현한 기록이다. 예를 들면 〈천부경〉에는 0→1(무시無始), 1→3(일석삼극一析三極), 10→1→81→∞(無終一81字), 3→4→C(운삼사성환運三四成環) 등의 의미를 기록한 것이다.

오늘날 당시의 유물이 전하는 것은 없으나 《역서易書》에 한웅천왕과 관련이 있을 것으로 보이는 반한磐桓이라는 문자가 전한다. 반盤자에는 인류의 시조인 나반那般이 있고, 명皿자에는 인류의 조상 나반에게 제사 지내기 위하여 제물을 바친다는 의미가 있다. 또한 한桓(ㅎ6)자에는 한인과 한웅이 제관이 된다는 의미가 있다. 한인과 한웅은 인류역사에서 낮에 하늘에 높이 떠있는 태양과 같은 존재이다. 두 분이 다 풍이족 출신이라고 못을 박아 놓는다. 그러나 한인은 풍이족 출신이지만 한웅은 풍이족 출신이 아니라 곰(ㄱ24)족 출신이다.

12. 위대한 군주 칸의 시대

한웅천왕시대는 삶과 죽음에 대한 신학적인 개념, 철학적인 개념이 정립된 시대로 볼 수 있는 시대이다. 이 시대에 그를 위대한 군주 칸이라 하였다. 칸의 시대는 캄캄한 시대, 어두운 시대인 직녀성(ㅈ29, 30, 31)시대를 계승한 한웅천왕의 시대였다.

한웅천왕을 나타내는 문자 한웅 중에서 한桓은 태양으로 삶을 상징하는 문자이고, 웅雄(熊의 의미 변용문자)(ㅇ73, 74)은 죽음을 상징하는 문자이다. 그러므로 한웅천왕은 삶과 죽음을 관장하는 신이 되는 분이다. 그를 칸(카-안)이라 하였다. 카-안은 어둠, 즉 새벽이 되기 직전을 의미하는 여黎를 의미하는 문자이다. 여는 구려족九黎族(ㄱ29)의 시대를 상징하는 문자이다.

이때 천문으로는 직녀성의 시대를 지나서 천추성의 시대인 태양의 시대였고, 인신人神으로는 여성시대인 마고시대를 지나서 풍이족의 시조가 되어 12제국을 아우른 한인천제시대였고, 이 시대를 지나서 마지막으로 구려족을 아우르고 배달나라를 세운 한웅천왕시대였다.

13. 전쟁을 상징하는 신이 된 뱀

한인천제의 시대에 뱀(ㅂ16, 19, 20, 21)을 전쟁을 상징하는 아이콘으로 정했다. 그 이유는 뱀의 형상이 파괴력이 엄청난 북두칠성과 닮았다고 생각했기 때문이다. 북두칠성과 뱀의 형상을 함께 가진 사巳(충虫)자를 문자로 썼다.

한12제국시대에 풍이족이 동방에서 서방으로 진군하였다. 이들이 그리스 도시국가를 석권하여 지배층을 구성하면서 그리스를 뱀의 나라로 만들었다. 이 여파가 그리스에서 헤라의 모계사회를 붕괴시키는 결과가 되고 말았다. 헤라의 모계사회가 풍이족에 동화된 우라노스, 제우스 등의 침략군에게 병합당하는 비참한 운명에 처하게 되었다.

여신으로 불리던 마고족의 후예 헤라족의 지배층이 야만인 우라노스 등에게 닥치는 대로 강간당하여 자식을 낳게 되는 불행한 시대가 된 것이다. 이리하여 모계시대의 마지막을 장식하게 된 여신이 메두사로 불리게 된 괴물이었다.

메두사는 원래 아름다운 미소녀였으나 우라노스 일파의 무차별적인 강간으로 저주를 받아 머리카락이 올올이 뱀으로 변했다. 머리카락이 올올이 뱀이 되었다는 것은 헤라족이 풍이족에 동화되었다는 뜻이다. 그의 이빨은 멧돼지 이빨이 되어 저가猪加가 되었고, 그의 아들로 태어난 페가수스는 말로 태어나 마가馬加가 되었다. 이리하여 직녀성시대가 막을 내렸다.

지상에서 풍이족이 이룩한 업적은 마고족을 멸망시켜 직녀성시대의 막을 내리게 하고, 새로 찾아온 천추성시대의 막을 열어 태양의 시대가 오게 하였다는 것이다.

14. 왕 중의 왕

위대한 칸 한웅천왕이 지위리 한인의 제위를 인수하였다는 소문이 12제국에 퍼져 나갔다. 한국을 멸망시키고 멸망한 마고의 모성을 회복한

〈그림 25〉 헤라와 우라노스. 풍이어에서 헤라는 해를 의미하고 우라노스는 우레를 의미한다. 해족인 모계족을 우레족인 부계가 정복하여 모계시대가 끝나고 부계시대가 왔음을 의미한다.

〈그림 26〉 한인천제가 세운 한국의 말기에 그리스로 건너가 우가牛加의 우두머리가 된 제우스와 그의 등에 올라탄 에우로페

〈그림 27〉 한국에서 그리스로 건너가서 뱀 머리카락의 메두사로 변한 풍이족의 여인

한웅천왕은 곰 발톱(ㄱ24, 25)을 휘장의 신주로 사용하였고, 왕중의 왕이 되었다.

그러나 한인을 천제로 모셨고, 유일신의 화신인 '하-나'로 호칭하였다. 이리하여 하나님으로 부르게 된 것이다.

그는 흩어진 한12제국을 모이게 하여 배달나라를 만들었다. 배달나라란 배다른 사람들의 나라라는 말이다. 배달나라(ㅂ11)에 사는 사람들을 배달족(ㅂ12)이라

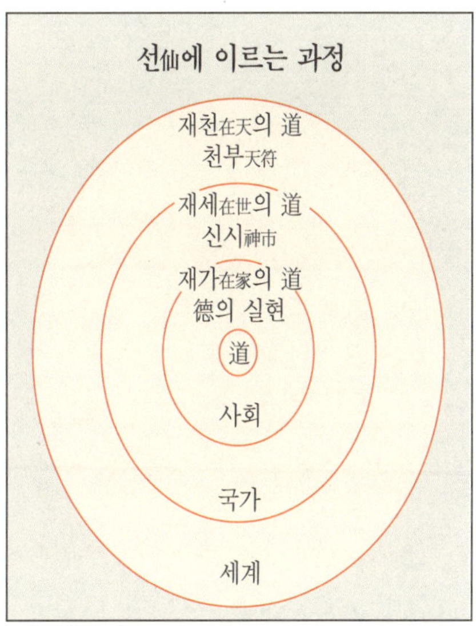

〈그림 28〉 재세이화의 도가 실현되는 과정. 선의 실현은 재세이화 도의 실현이다.

하였다. 그 중심에 웅족이 있었다.

그를 지지했던 오가들이 지도적인 위치에 놓이게 되었다. 그래서 5개의 곰발톱이라 하였다. 오가는 우가牛加, 마가馬加, 양가羊加, 저가猪加, 구가狗加의 5종족이다. 한제국의 마지막 날 지위리智爲利 한인은 서자부대인 한웅과 오가의 우두머리들을 그의 전용 UFO에 태워 마지막 비행을 하였다. 그리고 마고의 적통을 상징하는 천부삼인을 인수하였다. 이로써 웅족을 재건할 수 있었다.

2

1. 막을 내린 두락 안파견의 시대

12제국은 풍이족을 주축으로 하여 9개 종족으로 구성되어 있었다. 〈부소보서〉에서 이들을 구두씨九頭氏라 하였다. 이들 구두씨 중에서 오두씨五頭氏에 해당하는 오가가 당시 12제국 정부의 실력자로 서자부 대인의 자리에 있었던 한웅천왕에게 동조하여 반란을 일으켜 한인체제를 무너뜨렸다.

이때 반란에 동조하지 않은 세력이 구두씨 중에서 사두씨四頭氏 즉 사두인(ㅅ1)이 었다. 오두씨와 사두씨가 싸워서 반란에 동조한 오두씨가 이겼다. 이리하여 북두칠성시대(ㅂ39, 40)가 왔고, 한인桓因의 후예들이 연 천추성시대(ㅊ25), 태양시대(ㅌ9, 10)가 물러갔다. 싸움에 진 사두씨의 종족들은 양손에 뱀을 든 성창聖娼의 여신 아스타르를 모시고 구라파와 인도와 북미와 남미 쪽으로 떨어져 나갔다.

오두씨는 후대에 가서 단군왕검이 조선을 건국할 때 지지세력이 되어 주었다.

멸망한 시대의 역사와 신화를 기록으로 남기는 사람들은 전 시대의 국가와 인종을 멸망시킨 후대 사람들이다. 대부분의 역사가 그렇듯이 전 시대의 기록은 후대 사람들이 왜곡하여 기록한다. 그래서 역사가 신화로 바뀌지 않을 수 없게 되는 것이다.

두락(ㄷ24, 27) 안파견 전국시대는 안파견이 창설한 한12제국 말기시대에 해당한다. 오가五加가 서자부庶子部 대인[1] 한웅 밑에 뭉쳤다. 웅족의 재건이라는 기치를 걸고 반란군이 된 것이다. 이들 군대는 칠성검을 번쩍이며 곰발톱 휘장을 휘날리며 반란에 가담하지 않은 사두씨의 나라인 7국과 싸웠다.

승리가 한웅천왕 쪽으로 돌아간 후에 그들은 파괴된 마고지나 재건에 합의하였다. 한웅천왕이 케부 칠성검과 곰발톱을 수놓은 휘장을 내걸고 새로운 시대를 열었다. 이리하여 두락 한12제국 시대가 공식적으로 막을 내렸다.

〈그림 1〉 단군왕검 이미지. 마고와 한웅의 신화적 상상혼인想像婚姻으로 태어난 단군왕검. 이러한 신화적 상상혼인의 뒤에는 피비린내 나는 인종전쟁이 숨어 있다. 인류사에서 단군왕검의 출현은 단군왕검이 각 종족을 다 아우른 최후의 승자였음을 의미한다. 왼쪽은 청동제기 곰에게서 태어난 단군왕검, 윗줄 왼쪽에서부터 금문 알자왕(알에서 태어난 왕이라는 뜻, 혹은 해에서 태어난 왕이라는 뜻), 단군왕검의 아이콘 올빼미(올빼미를 머리에 이고 있는 단군왕검), 아래 왼쪽으로부터 산신이 되어 대호의 호위를 받는 단군왕검, 삼성제례三聖祭禮에서의 단군왕검 초상.

1) 대인大人: 거인巨人 임금

한웅천왕에 대하여 〈삼성기전〉은 한웅천왕이 처음으로 몸소 하늘에 제사지내고 백성을 낳아 교화를 베풀고 〈천부경〉과 〈삼일신고〉를 가르쳤다고 하였다.

2. 뱀과 곰의 융화

전쟁이 끝나자 전사들은 파괴된 한12제국의 문물을 재건하기 위하여 노력하였다. 여자들은 여자들대로 남자들은 남자들대로 협력하였다. 한웅은 한국으로부터 선仙(ㅅ42, 43, 44)에 포함되어 있는 몇 가지를 계승하였다.

마고를 대신大神으로 모셨다. 대신 밑에 삼신三神(ㅅ28, 29, 30)을 모셨다. 한인을 천제天帝로 모셨다. 그리고 자신은 천왕天王(ㅊ20)이 되어 선의 위계位階를 정했다. 이들이 선에서 사족巳族(ㅅ1, 5, 7)과 웅족熊族(ㅇ

〈그림 2〉 한웅천왕 산신도. 한웅천왕을 호위하는 금성이 새벽금성과 저녁금성 둘이다. 뒤에 있는 두 여인 중에서 손을 내리고 있는 여인은 비妃로 볼 수 있고 손을 올린 여인은 시녀로 볼 수 있다.

〈그림 3〉 소당기. 소당기는 소도도당기蘇塗都堂旗의 준말이다. 풍이족과 웅족이 행한 소도재건의 의미가 있다. 삼신과 칠성을 의미하는 흰색이 이를 말한다고 볼 수 있다.

74)의 최고 신명으로 자리 잡은 것이다. 이리하여 사족과 웅족이 하나로 통합하였다.

〈삼성기전〉은 모든 인종이 삼신에게서 태어났다고 하였다. 삼신三神을 모신 곳을 소도蘇塗(ㅅ52, 53)라 하였다. 소도는 인류 최초의 원시공동체요, 정치·교육의 장이었다. 소도를 처음 세운 사람은 풍이족의 후예들이었다. 이들이 풍이족인 사巳에서 갈라져 나간 어족魚族이었다. 소도蘇塗의 소蘇자에 어족이 들어 있다. 소도의 운영자가 처음에 사巳성, 기己성이었다가 어魚자가 들어가는 성이 되었음을 말하는 것이다. 장자는 인종 아이콘 분화의 원칙을 사화이어巳化而魚(ㅅ17)라 하였다. 뱀이 변하여 물고기가 된다는 뜻, 또한 뱀을 인종 아이콘으로 쓰는 풍이족에서 물고기를 인종 아이콘으로 쓰는 어족이 나왔다는 뜻이다. 풍이족을 의미하는 사巳는 뱀이고 어족을 의미하는 어魚는 사巳에서 태어난 인종이다.

3. 새로운 구려족시대

한국의 구두九頭씨족(ㄱ29 참조)이 배달나라의 구려족이 되었고 배달나라의 구려족이 조선의 동이족이 되었다. 종족의 이름은 변했으나 9라

〈그림 4〉 소도도당제蘇塗都堂祭의 유습. 지금도 서울 주변에서 옛날 소도에서 지냈던 당제의 유습이 전해져 내려온다. 도당제에서 재가在家의 도道에 속하는 제사를 볼 수 있다.

는 숫자만은 변하지 않았다. 거기에 그들의 정체성이 있었기 때문에 변하지 않은 것이다.

4. 북극오성시대

한웅천왕의 시대는 북극오성의 시대이다. 그러므로 자미원의 중심에 있는 북극오성이 새로운 우주문명의 중심지가 되었다. 북극오성의 중심에는 곰을 상징하는 황후성과 한웅천왕을 의미하는 서자성에서 작은 곰의 문명이 시작되었다.

별들은 우주를 연결하는 거미줄로 연결되었고 UFO들이 왕래하였다. 거미줄이 황후성에 연결되면서 마고가 부활하였다. 마고를 찬양하는 소리가 가득했고, 천태산天台山에 있는 마고궁에서는 축제의 불꽃이 피어올랐다. 이제 포도의 맛을 금기하지 않았다. 파괴된 직녀성을 재건하고 황후성은 직녀성의 신명을 되살려 쿼크와 홀로그램의 문화가 꽃을 피웠다. 아바타라 불리는 새로운 인간들이 새로운 문명의 주역으로 등장하였다.

직녀성과 북두칠성 사이에 통신이 오갔다. 신화는 더 교묘하게 변해갔다. 소툭랑의 작품인 개미여인과 거미여인은 마고의 소원대로 아바타형 인간들을 생산해 내었다. 아름다운 인간들이었지만 본성은 개미와 거미였다.

북두칠성은 머리가 7개 달린 뱀으로 표현되었다. 북두칠성에서 발진한 우주선들이 북두칠성 형상으로 떠다녔다.

다시 한 번 더 북두칠성에서 파견나온 우주선에서 안파견이 탄 우주선이 떨어져 나왔다. 그가 타고 온 우주선에서 핏빛 같은 불꽃을 뿜어내었다. 그가 착륙한 곳이 어둠과 밝음의 석조사원이었다. 이 사원은 풍이족의 시신들이 안치된 곳이다. 소수의 인원이 이 사원을 지키고 있었다. 그들은 이미 한웅천왕에게 항복했던 인종들이었다. 죽은 풍이족을 살려내는 부활의식이 집행되었다. 쿼크에게 생기를 불어넣어 재생시키는 의식이었다. 쿼크들은 다시 재생되었다.

〈그림 5〉 불꽃. 부정不淨을 태운다는 의미와 불꽃축제라는 의미가 있다. 북어는 한족韓族의 원시조상元始祖上인 동이족東夷族에 속한 어족魚族을 상징한다. 또 국호 조선朝鮮의 어魚자를 의미하기도 한다.

재생된 풍이족들은 그들 앞에 서 있는 안파견을 발

견하자 또다시 마고족을 정벌하여 속복시켰던 그 시절로 돌아가고 싶은 열망이 끓어올라 밤새도록 부활의 축제를 벌이지 않을 수 없었다.

yahoo secter888의 블로그에 풍이족과 관련이 있을 듯싶은 외계인에 관한 기록이 있어서 간략하게 인용한다. 1954년 미국에서 있었던 일로 아마추어 무선사 미치 밀러가 우주인과 만나서 대화를 나누었다.

잠자리에 들시간에 그는 무전기에서 울려 나오는 외계인의 목소리를 들었다. 처음 듣는 목소리였다. 그러나 그 목소리가 외계인의 목소리임을 알 수 있었다. 그는 집밖으로 나갔다. 그리고 우주선이 착륙하는 광경을 목격하였다. 우주복을 입은 외계인이 우주선 밖으로 나왔다. 그가 만난 외계인이 솔택이라는 이름을 가진 외계인이었다. 그는 외계인의 안내를 받아 우주선의 내부를 구경하였다.

솔택은 자기가 우주에 680여 개 이상의 행성이 멤버로 가입해 있는 우주연합(ㅇ66)에서 왔다고 하였다. 그는 미래에 지구가 우주연합의 멤버가 되려면 지구에 사는 모든 인간이 서로 화목해야 한다는 말을 하였다. 그때 가면 지구에 빛의 자손들이 나타난다고 하였다. 이런 말이 그가 외계인에게서 받은 메시지였다.

필자는 마고와 한인과 한웅과 단군왕검 사이에서 야기된 갈등과 파괴와 살육으로 점철된 우주의 역사가 화해와 화합의 역사로 바뀌었음을 한 사람의 정체불명의 외계인이 무명의 지구인에게 나타나서 전한 우주연합의 메시지에 관심을 갖지 않을 수 없었다.

앞으로 나타나게 될 빛의 자손은 누구인가?

빛의 자손을 한자로 바꾸어 쓰면 한인桓因이라는 문자가 된다. 한桓은 빛이고 인因은 씨앗이라는 말이다. 그러므로 빛의 자손이 한인으로 해석되는 것이다. 약 1만 년전에 한인이 지구에 왔을 때도 아마 빛의 아들로 왔을 것이다.

외계인 솔택과 대화를 나눈 미치 밀러는 그후에 UFO 전문가가 되어 저술활동을 하고 비디오를 만드는 등 유명인사가 되었다.

1999년 12월 16일 스웨덴 스톡홀름의 한 목장에 UFO가 착륙하여, 외계인 중에서 상위 인종인 렙탈리안 여자 외계인과 Ole라는 스웨덴 여자가 대화를 나누었다.

이들의 대화 기록 중에 렙탈리안 외계인이 다음과 같이 말하였다.

"자신들은 파충류이고, 예전에 지구에 살았고, 운석 충돌로 멸망했으며, 자기의 형태를 변화시켜 인간의 모습을 하게 되었다. 그들은 알에서 태어났고, 자신의 모습을 자유자재로 바꿀 수 있다. 고대역사에서 용으로 표현되는 부분이 그들이 목격한 사례였다. 그들의 문명은 지구인의 시간개념으로 6,500만 년이 되었다. 지구에서는 14가지의 외계문명이 활동하고 있는데 이들 중에서 11가지는 지구에서 출발한 문명이고 1가지는 훨씬 앞선 문명에서 온 전능한 문명이다. 나머지 2가지는 이상한 문명이다. 외계인 중에는 침략적인 외계인이 있는데, 그들이 지구에서 원하는 것은 구리와 바다 속에 있는 하이드로젠이다. 만약 우주인과 지구인 사이에 전쟁이 일어난다면 구리로 농축된 융합물을 뿌려 순식간에 초토화시킬 것이다."

외계인이 자신을 파충류라 했기 때문에 한인천제를 배출한 풍이족의 조상이 혹시 외계인이 말하는 파충류 조상이 아닌가 싶어서 인용한 것이다.

사실 이러한 이야기들은 우리가 확인할 방법이 없으므로 믿거나 말거나이긴 하지만 많은 사람들이 이런 황당한 이야기를 인터넷에 쏟아내고 있다면 고려해 보지 않을 수 없는 문제이다.

그리고 또 하나 관심을 갖지 않을 수 없는 말은 "지구가 우주연합에 가입하려면, 단일국가로 통일되어야 하고, 체제도 통일되어야 하고, 종교도 바뀌어야 한다"는 말이다. 그런데 신화(ㅅ73)와 외계문명(ㅇ54)을 연구하는 연구자가 종교문제에 결론을 낸 듯 "Sumerian God coming to Earth"(제2부 〈그림 18〉 참조)라는 말을 하기 시작하였다.

우리나라에서 이런 문제를 명칭은 다르지만 엇비슷하게나마 최초로 거론한 사람이 500년 전 명종 때 사람인 격암 남사고(ㄱ13) 선생이다. 그는 미래에 올 세계 단일국가를 선국仙國(ㅅ44)이라 하였고, 그 시대를 투명한 유리시대라 하였고, 단일종교인 선교仙敎(ㅅ43)로 통합될 것이라 하였다. 오늘날에는 미래에 지구가 단일국가로 통일되어 Hyper Empire(ㅎ5)가 될 것이라고 말하는 사람도 있다. 이 시대를 하이퍼 민주주의, 하이퍼 경제의 시대라 하였다.

5. 치우천왕

배달나라 말기에 자오지(치우) 한웅은 멸망한 풍이족이 재무장에 들어갔다는 소식을 들었다. 이들이 황제黃帝(ㅎ47)를 내세운 일족이다. 그는 이들을 토벌하기 위하여 갈퀴발톱 휘장을 올리고 진군을 명하였다. 진군의 북소리가 울려 퍼졌다.

다시금 뱀을 인종 아이콘으로 쓰고자 하는 풍이족의 후예와 곰을 인종 아이콘으로 쓰고 있는 웅족 사이에 일촉즉발의 위기가 조성되었다.

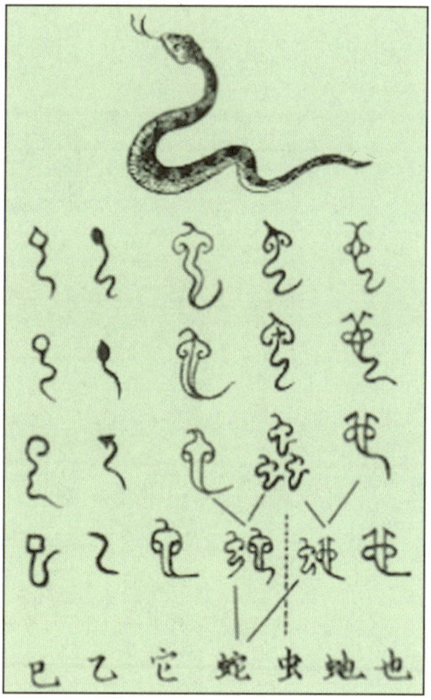

〈그림 6〉 금문에 나타난 사巳자의 사회성. 사자가 분화해 가는 과정에 풍이족이 지니고 있던 사회성이 그대로 반영되어 있다. 사蛇는 풍이족을, 지地는 그들이 살던 땅을 의미한다.

이 전투가 5,000년 전에 치우천왕과 황제 사이에 벌어진 탁록대전涿鹿大戰이다. 그러나 이들 두 부족은 모두 풍이족을 조상으로 두고 있었다. 치우천왕은 사두인간의 전통을 유지하려는 쪽이었고 황제는 아리안 웅족으로 홀로서기를 하기 위하여 배달나라체제에 모반을 일으킨 쿠데타 세력이었다.

이 전쟁은 어떤 인종 아이콘을 쓰느냐 하는 문제를 좋고 두 진영 간에 벌인 전쟁이었다. 그들의 인종 아이콘이 뱀이냐 곰이냐를 결정하는 정체성 문제를 해결하고자 벌인 전쟁이었던 것이다.

현대에도 이런 갈등은 지속되고 있다. 남성위주 문화인 아리안계의 종교와 통치철학이 여성위주의 사두인간계 원형문화를 사실상 문명의 악과 저주로 몰아붙였다. 그리하여 마고가 창조한 마고문화가 마귀와 사탄과 뱀파이어로 왜곡되어 현대 인류 앞에 전락하게 된 것이다. 이는 아리안들이 그들의 모태문화인 살모사신화원형(ㅅ25)을 숙명적으로 그들의 유전정보에 담고 있기 때문이라 해석된다. 모태문명을 죽이는 살

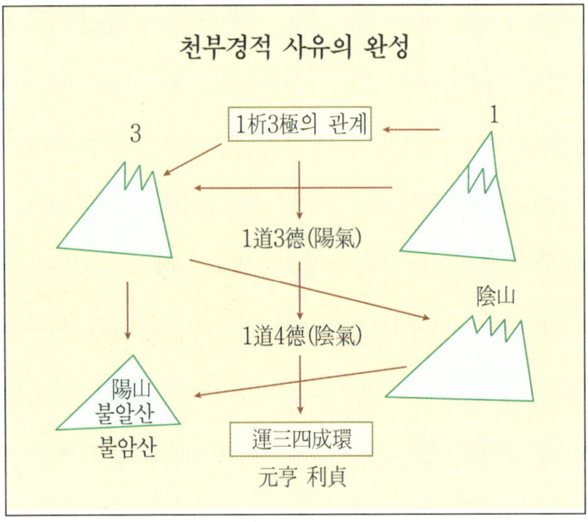

〈그림 7〉 한양漢陽(은하수 위에 뜬 태양이라는 뜻)을 둘러싸고 있는 4개의 산 이름은 '일석삼극一析三極, 운삼사성환運三四成環'이라는 〈천부경〉적 사유에서 나온 것이다. 1은 도道이고, 3은 음양조화陰陽調和이다. 음양조화에서 불의 알이 태어난다.

모사문명에서 뱀으로 대표되는 사모巳母(Shaman)가 살아남기는 불가능하다. 이를 마고성의 여자사제들이 알면 통곡할 노릇일 것이다. 그러나 아리안계 기독교 문명이 마귀로 전락시킨 마고를 살려내어 제자리로 원시반본하지 않는 한 사모는 영원히 아리안계 기독교 사제들이 파놓은 거름 구덩이에서 살아남기 힘들 것으로 보인다. 문제는 이 왜곡된 정보를 어떻게 참 정보로 재가공해 내느냐 하는 것이다.

6. 아리안 여사제

박 카스 석조사원[2)]에는 카안 아리 여사제(ㅋ6)가 있었다. 그의 조상은 마고시대의 여자사제 알이었다. 그는 마고여신의 후임으로 태양의 씨앗인 불알을 품고 있었다. 그에게는 동이 트기 직전의 바다가 보였다, 바다에는 해가 떠오르는 수평선이 있었다. 그는 알을 낳았고 알에서 밝은 빛의 옥동자가 태어났다. 그때가 갑자甲子년이다. 그래서 계해癸亥의 여신으로 부를 수 있었다. 계해는 계鷄(닭)가 되었다. 그가 한인천제를 다시 태어나게 하였고 생명체로 살아갈 수 있는 불꽃이 되게 하였다. 그는 소리를 들을 수 있는 능력을 타고난 여인이었다. 그래서 그를 관음이라 하였다. 관음이란 마고가 태어난 팔여의 음을 볼 수 있는 여인이라는 뜻이다. UFO를 운행하는 자들은 관음여사제를 모시고 나가 소리를 볼 수 없는 곳에 세웠다. 그래서 등대로 삼았다. 후일에 그가 해수관음海水觀音으로 불리게 되었다.

카안 아리는 지구의 세차운동으로 사라진 직녀성시대, 즉 어둠의 시대를 천추성 밝은시대로 잇는 매개체로 볼 수 있다. 그는 마고시대의

---

2) 박 카스 석조사원 : 밝음과 어둠의 경계에 있는 석조사원. 일월맞이하기 위하여 세운 사원으로 볼 수 있다.

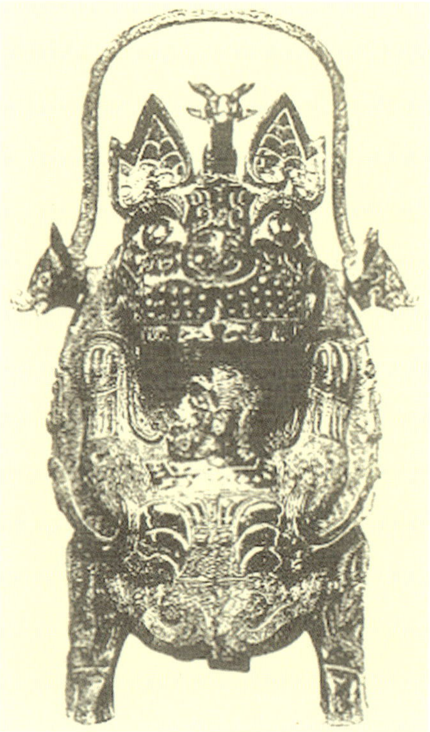

〈그림 8〉 웅족熊族을 의미하는 곰 술통. 청동기 시대의 제기祭器이다. 손잡이에 돼지로 보이는 짐승 머리 2개가 있고, 곰 머리에 염소로 보이는 짐승이 있다. 웅족에서 양족과 돼지족(저족猪族)이 분가해 나왔음을 나타낸 것이라 볼 수 있다.

여자사제였다. 그 맥이 밝음의 시대인 한인천제시대에도 이어져 왔고, 밝음과 어둠의 시대인 한웅천왕시대에도 이어져 내려왔다. 그가 낳은 알(란卵)에서 새로운 한인천제가 태어났다. 마고 현자의 지혜인 간지로 볼 때 그녀는 육갑을 낳을 육해여신이다. 육해여신은 아리안의 성모이다. 이런 이야기는 일종의 창세신화이다.

이러한 현상은 〈신라시조 박혁거세왕 신화〉에서도 일어났다. 박혁거세가 붉은 해로 태어났던 것이다.

고대 그리스의 창조 신화에서 가장 잘 알려져 있는 것은 카오스(혼돈 또는 허공)로부터 대지와 하늘, 바다가 생겨났다는 이야기다. 그러나 그리스 신화 최대의 시인인 오르페우스를 따른 오르페우스파의 신자들은 세계의 탄생을 그와는 전혀 다르게 전하고 있다. 그들은 세계의 시초는 카오스가 아니라 한 마리의 우주뱀 오피온이라고 믿고 있었다.

그리스의 신화 〈유리놈과 오피온〉은 알에 대하여 다음과 같이 말하고 있다.

"태초에 혼돈과 암흑이 있었다. 혼돈은 모든 원소들이 뒤섞여 있는 거대한 바다였다. 이 바다에서 위대한 여신 유리놈이 태어났다. 원소들이 합성하여 그가 태어난 것이다. 그는 파도에서 일어나 바다 위에서 춤을 추기 시작하였다."

이때 거대한 물뱀 오피온이 나타나 유리놈의 춤추는 자태를 보고 정욕에 사로잡혔고 즉시 유리놈을 범했다. 거대한 물뱀 오피온은 뱀을 아이콘으로 가진 한인천제로 볼 수 있고, 유리놈은 여성으로 태어난 아름다운 마고의 분신으로 볼 수 있다.

갑자기 남풍이 불어 그녀가 회무를 추었다. 남풍은 한인천제가 태어나게 되는 융풍融風이다. 남풍은 마고시대가 한인의 침략을 받게 되는 시대임을 암시한다. 마고는 한인에게 겁탈을 당하면서 갑자기 생산능력이 증대된다. 기氣가 생성되는 바람인 북풍을 맞아 생산능력이 증대된 것이다.

유리놈은 아름다운 새로 변했다. 이는 족보가 생겨나게 되는 원리를 말한 것이다. 즉 사화이조巳化而鳥(ㅅ17)가 된 것이다. 새로 변한 유리놈은 거대한 우주알(ㅇ65)을 낳았다. 우주알을 터뜨리자 만물이 쏟아져 나왔다.

물뱀인 오피온은 자기가 만물의 아버지임을 떠벌이며 다녔다. 그러자 유리놈은 이 분수덩어리를 발꿈치로 머리를 쳐서 상처를 낸 다음에 지구의 어두운 구석으로 추방해 버렸다. 이 신화는 잘못을 범한 후손을 추방하는 마고 신화와 닮았다.

7. 여자사제

사제국에는 한인천제를 보필하는 여자사제들이 있었다. 풍이족이 이끄는 한국이 멸망하면서 이들의 활동이 정지되었지만 한인천제가 부활

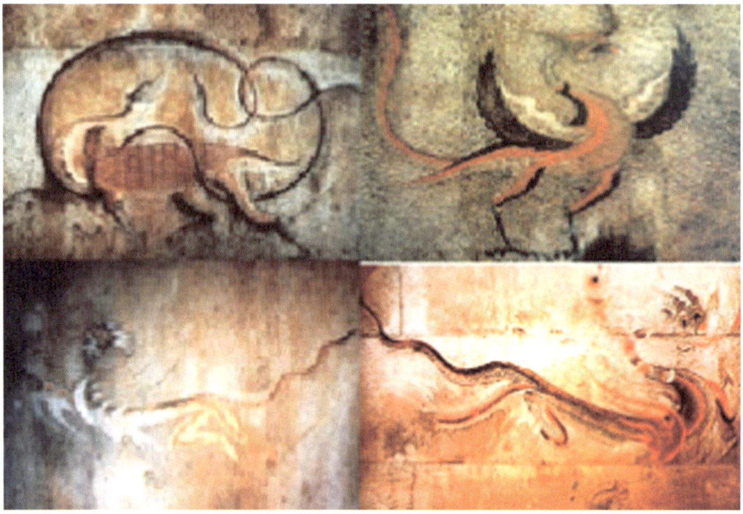

〈그림 9〉 고구려 벽화 사신도에서 우주 뱀의 이미지. 위의 왼쪽은 현무(뱀과 거북), 위의 오른쪽은 주작(새로 변한 뱀), 아래 왼쪽은 백호(호랑이로 변한 뱀), 아래 오른쪽은 청룡(용으로 변한 뱀)으로 태초의 우주 뱀 오피온과 같은 이미지이다.

하여 다시 태어나면서 하백녀(사족-풍이족을 다스리는 여신)로 불리는 여자 사제들이 알을 낳기 시작하였다. 카안 아리 여신(알 여신)은 풍이족의 여자사제인 딸들을 세상에서 가장 훌륭한 혈통의 딸들이라 하였다.

사제국巳帝國은 거대한 물뱀이 지배하는 바다로 둘러싸인 제국이다.

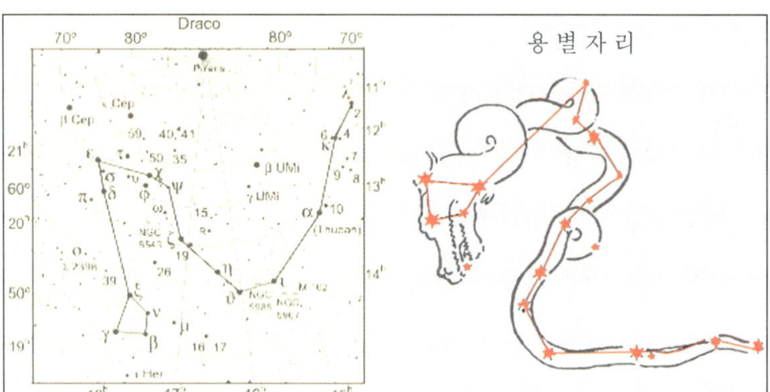

〈그림 10〉 용별자리. 용은 한12제국을 세운 한인천제의 다른 이름일 수 있다.

〈그림 11〉 Geopoliticus Child Watching the Birth of the New Man, 1943. 한 어린이가 알을 깨고 나오는 새로운 인간의 탄생을 바라보고 있다. 새로운 인간 탄생의 역사는 이렇게 되풀이 된다.

이 제국을 지질학에서 판게아 Pangaea라 하였다. 판게아를 고생대와 중생대에 존재했던 초대양超大洋이라 한다. 후대에 와서 지상에 인류가 출현하면서 한제국을 세운 인종이 지구의 바다를 뱀이 둘러싸고 있다고 생각하였다. 이 인종이 풍이족이다. 이들이 뱀과 바다를 뜻하는 Sa사ㅌ라는 문자를 쓰기 시작하였다. 이 혈통은 마고족에서 나온 혼혈족이었다. 당연히 곰족의 피로 이루어져 있었으나 곰의 근원은 뱀이었다. 곰족이 쇠퇴하고 뱀족이 우세해지다가 곰을 인종 아이콘으로 들고 나오는 웅족이 생겨났다.

여사제 알이 나타나서 이들에게 풍이족에게 싸움을 걸라고 선동하였다. 이런 이유로 동족 사이에 아이콘의 헤게모니를 놓고 서로 싸우지 않을 수 없었다.

8. 알 여사제의 딸들

인간은 신에게 피를 바치는 축제를 만들어 신에게 바쳤다. 최고의 혈통을 과시하는 축제였고 신에게 바칠 피가 필요하다고 전쟁을 부추기는 축제였다. 알 여사제의 딸들은 알을 낳겠다는 결의를 다졌다.

양기가 성한 단오날 남녀가 힘겨루기를 하여 최고의 짝을 찾아내어 짝짓기를 하였다.

〈그림 12〉 6.25전쟁. 대한민국의 서울시민이 수도 서울의 한강을 건너 피난길을 떠나고 있다. 동서이념 분쟁, 남북대결이라는 이유로 세계 사람들이 모여 피의 축제를 벌인 악마들의 전쟁이었다.

여자는 그네를 타고 남자는 씨름을 하여 승자를 가려내었다. 제일 강한 자를 뽑는 축제였다. 이날의 축제는 최고의 축제였다. 이리하여 새로운 시대를 열어가야 할 새로운 인간이 알로 태어나게 되었다.

부여의 왕손 고모수가 하백녀 유화부인(ㅎ4)을 유혹하여 압록강변에서 강제로 관계하여 5월 5일 큰 알[3]을 하나 낳았는데 그가 고구려의 시조가 된 고주몽이라 하였다. 여기엔 역사에서 밝혀지지 않은 성창聖娼(ㅅ49)의 역사가 숨어 있다. 특정한 날을 정하여 축제를 벌이고 최고 실력으로 선발된 남녀가 교합하여 아이를 낳는 것이 성창에서 하는 일이다.

9. 여사제가 하는 일

축제에서 밝음과 어둠의 마법을 써서 한인천제의 여사제 아리의 신녀들을 흥분에 빠지게 하였다. 축제를 열어 낮에는 놀고 밤에는 동침하게

3) 알 : 유화가 낳은 알은 알 속에 들어있는 자식이 파충류족의 자식, 즉 풍이족의 자식이라는 뜻이 있다.

하여 임신할 수 있게 한 것이다.

풍이족의 뱀 아이콘에서 뱀은 정충을 상징한다고 볼 수 있다. 아스타르여신상은 정충의 상징인 살모사 2마리를 들고 서 있다. 그에게 살모사를 바치는 의식을 행했다. 불의 신(ㅂ45)을 부르는 의식을 행한 것이다. 여기에서 불의 신은 적제赤帝 한인이다. 적봉赤峰과 홍산紅山은 적제 한인이 뿌리를 내린 곳이다.

양기가 가장 성한 날은 5월 5일이다. 그 외에 양기와 관련이 있는 날은 홀수날이다. 강한 자들은 양기가 성한 하루를 택하여 밤과 낮을 성의 향연을 벌였다. 이리하여 여사제는 임신할 수 있었다.

10. 불의 신을 부르는 의식

축제장에서 피를 태우는 성화가 올라갈 때 허약한 자는 강한 자를 위하여 희생의 피를 바치는 제물이 되었을 것이다.

이리하여 사라졌던 불의 신을 부르는 의식이 성공하였고 불의 신이 다시 나타났다. 불의 신은 적제 한인이다. 이리하여 죽어 있던 한인桓因의 한桓의 의미가 되살아났다.

한인의 한桓에 들어있는 해가 가지고 있는 생명의 의미가

<그림 13> 상무정신에 투철한 고구려 무사. 음력 5월 5일, 7월 7일 등 양기가 성한 날에 나라에서 축제를 벌여 우수한 남녀 젊은이들을 뽑아서 동침시켜 자식을 낳아 기르게 하여 나라를 지키게 하는 풍습이 있었다.

〈그림 14〉 고구려 벽화에서의 뱀. 고구려 벽화에서 뱀은 풍이족의 후예를 수호하는 보호의 임무를 띠고 있다.

한웅의 한에도 반영하였다. 태양의 생명력이 나타난 것이다. 이리하여 태양의 의미를 자자손손 계승하게 되었다.

고구려 시조 계열의 이름에는 태양이 반영되어 있다. 고주몽高朱蒙이란 문자는 어둠을 뚫고 올라와 높이 뜬 붉은 해를 의미하는 문자이다. 그의 아버지 고모수高慕漱는 해를 경배한다는 뜻을 가진 이름이고, 그의 할아버지 고진高辰도 진辰자에 나타난 용이 한인천제가 높이 쳐든 해(ㅎ24)를 의미하는 이름이다.

신라의 시조 박혁거세朴赫居世는 세상을 비추는 둥근 해를 의미하며 그의 아명 불거내도 붉은 해를 의미하는 이름이다.

11. 알의 어머니와 로열패밀리

알은 카안 알이다. 카안 알은 큰 알이다. 한자로 바꾸어 쓰면 거란巨卵

〈그림 15〉 한桓(태양)의 부활. 둥근 태양 안에 검은 불꽃이 삼족오의 형상으로 타오르고 있다. 하늘의 새를 탄 신선들이 태양의 부활 축하비행을 하고 있다. 그들이 타고 있는 것이 아마 UFO일 것이다.

이 된다. 거란은 고의 딸이다. 고는 거란의 어머니이므로 거고巨姑로 쓸 수 있다. 거고의 변음은 마고이다.

알의 어머니는 불의 여사제이다. 불의 여사제는 웅녀를 의미하는 웅熊자로 바꾸어 쓸 수 있다. 웅熊자에 불(灬)이 들어 있다. 불, 즉 곰의 발 여사제인 마고의 불은 화灬이다. 화灬는 화火이고 4개의 발이다. 이 4개의 발이 웅熊에 붙어 있다. 웅熊은 곰이다. 곰은 마고의 인종 아이콘이다. 그러므로 불의 여사제는 웅족熊族의 여사제가 된다. 알의 어머니는 난생족의 시조인 고姑이다. 고는 마고이다. 마고는 고마固麻, 즉 곰이란 뜻이다. 그러므로 고는 마고이다. 황후성은 마고로 곰을 아이콘으로 가지고 있다. 마고가 14,000년 이전에 그의 조상을 노래하였다. 자손이 마고의 대를 잇게 되었다고 기쁨의 노래를 불렀다.

노래는 울림이다. 울림은 율려이다. 마고라는 율려인 팔여의 음에서 나왔다. 고姑가 여신이므로 신에게 바치는 노래를 부르니 신악神樂이라 하였다.

그의 후손들이 알을 깨고 나와 별이 되었다. 이들의 별자리를 자미원의 중심에 있는 북극오성이라 하였다. 북극오성은 로열패밀리이다. 로

열패밀리는 황후성, 서자성, 천제성, 태자성으로 구성되어 있다.

12. 만들어지는 로열패밀리

〈단군신화〉는 자미원의 북극오성에 우리의 선조 마고, 한인, 한웅, 단군왕검을 로열패밀리로 좌정시키기 위하여 만들어 낸 신화이다.

〈그림 16〉 태양으로 부활한 마고. 마고가 태백금성의 화신이면서 태양을 호위하는 무장의 화신인 백호를 타고 앉았으므로 부활한 태양이 된다.

〈단군신화〉에서 서자성은 북극오성에서는 3번째 별인 한웅이다.

천제성은 한웅을 UFO에 태우고 삼위성과 태백성 사이를 날아다닌 4번째 별이다.

태자성은 황후성과 서자성 사이에서 태어난 5번째 별로 단군왕검을 의미하는 별이다.

〈단군신화〉에서 황후성은 마고의 나라(마고지나)를 세우고 나서 시공을 초월하여 7천년 이후에 태어나는 한웅의 부인이 되기로 결심한다. 젊은 피가 필요하다는 이유였다. 그는 동굴로 들어가 선교의 종교의식인 환골탈태換骨脫胎의식을 치루고 웅녀가 되었다. 서자부庶子部 대인大人 한웅과 혼인하여 웅족의 여인으로 환생하였다. 이리하여 작은 곰(소웅성)으로 불리는 북극오성이 태어나게 된 것이다.

마고는 전 남편인 칠성님과도 재회하지 않으면 안되었다. 웅족 후손들이 칠성님과 재결합할 것을 강력하게 주장해 온 때문이었다. 이 문제는 마고 혼자서 독단으로 처리할 수 있는 일이 아니었다. 후손들이 소도에 모여 화백회의로 결정해 주어야만 하였다. 그리고 한인을 멸망시킨 최고의 권력자 한웅이 윤허해 주지 않으면 불가능한 일이었다.

〈그림 17〉〈삼각산도당굿〉에서 나무에 걸어둔 불사전. 북두칠성을 한인의 형상으로 접어 오려 만든 것이다. 한지 14장을 오려 묶어야 한 분의 한인천제가 된다. 한지 14장은 양두성陽斗星과 음두성陰斗星을 표현한 것이다.

한인과의 전쟁 때 뱀의 군대가 삼신을 약탈해 강제로 풍이족의 삼신을 삼은지 오래되었다. 한인은 삼신을 이용하여 뱀족을 다양하게 양산하였다.

사정이 그렇다고 해도 마고는 영등풍瀛登風을 보내어 한인에게 탄원하지 않을 수 없었다. 한인은 융풍融風에 몸을 감추고 있었다. 한인도 한웅의 기세에 눌려 힘을 쓰지 못하고 있었다. 한웅은 명서풍明庶風을 타고 다니며 한인을 감시하였다. 언제 풍이족이 일어나 반란을 일으킬지 모르는 일이었던 것이다.

영등풍은 2월이 되면 삼신산에서 불기 시작하는 마고바람이다. 여름에 남쪽에서 불었다.

한인은 이 바람에 UFO선단을 운용하였다.

한인은 그의 영토인 남방에 비장의 무기로 감추어 둔 것이 있었다. 그것이 황막한 사막에 숨어 살고 있는 소툭낭이었다. 9부족 중에서 5부족

2마리의 뱀으로 엉켜 있는 풍이족의 시조 한인과 항영

풍이족의 땅 新鄭에서 출토된 제기의 문양 뱀, 뱀은 신정이 풍이족의 땅임을 뜻한다. 신정은 새나라라는 뜻이다.

〈그림 18〉 2마리의 뱀으로 엉켜있는 풍이족의 시조 한인과 항영. 고대 청동기에 새겨진 문양은 뱀을 길상문으로 사용한 문양이 많다. 신정新鄭(ㅅ77)은 한국桓國에서 갈라져 나간 새나라라는 뜻이다.

이 반란을 일으켰을 때 반란에 가담하지 않은 4부족에 속한 인디언과 인디오와 에스키모들 사이를 오가며 그가 은밀하게 살고 있었다. 그는 그의 자손을 아직도 철저하게 개미인간과 거미인간으로 위장시켜 놓고 있었다. 한인조차도 그의 치밀한 계획을 눈치 채지 못하고 있었다.

소툭낭은 1차로 개미여인을 임신시켜 대량으로 개미인간을 탄생시켜 노동집약시대에 살아가게 하였다. 몸으로 일하는 시대였다. 이 시대의 세상을 산업사회라 하였다. 이제 산업사회가 끝나가고 있었다.

소툭낭은 거미여인들을 임신시켜 거미인간들이 태어나게 하였다. 정보화 사회를 이끌어 가야 했기 때문이다. 그들은 재빨리 주변에 거미줄을 치고 그 가운데에 들어앉았다. 먹이가 걸려들기를 기다리는 것이었다.

드디어 소툭낭은 아메리카의 황막한 사막에서 마고를 만났다. 그들이 타고 온 UFO가 관광객과 가이드의 눈을 피하여 한적한 곳에 안착하였다. 소툭낭이 개미인간들을 무장시켜 사방에 배치하였다. 미국정부의 우주담당부서에서 눈치를 채고 군대를 동원하여 방해할지 모르므로 사전에 대비하자는 것이었다.

13. 풍이제국

1만 년전에 한인이 북두칠성에서 떨어져 나왔을 때 그를 두락안斗落安이라 하였다. 북두칠성에서 떨어져 나온 안파견安巴堅이라는 뜻이다. 두락안은 인디언이 쓰던 말이다. 안파견은 동이족이 쓰던 말이다.

안安은 여무女巫인 마고가 집안에 앉아서 하늘에 빌고 있다는 뜻이다. 그런데 그가 빌고 있는 대상이 파巴로 표현되어 있다. 파는 뱀들의 우두머리인 용龍이다.

이렇게 문자를 분석해 보면 마고가 신명세계에서는 한인보다 우위에 있고 현실세계에서는 한인보다 하위에 있음을 알 수 있다.

한인은 마고를 멸망시킬 때 제우스Zeus가 헤라Hera에게 온갖 못된 짓을 다 했던 것과 같이 짐승처럼 굴었지만 이제는 다 흘러간 옛 추억이 되었다. 한인이 보니 마고는 옛모습 그대로였다.

"무슨 이유로 나를 보자고 한 것이요?"

한인이 묻는다.

"백성들이 우리가 재결합하기를 원하므로 찾아온 것입니다."

마고가 대답한다.

"세상이 많이 변했군요. 우리가 다시 마주 앉게 되다니요."

한인이 말한다.

"나의 나라와 백성, 당신의 나라와 백성이 옛날의 영화를 되찾아야 하지 않겠어요?"

마고가 말한다.

"좋은 생각입니다."

한인이 말한다.

소툭낭이 와서 말한다.

"거미줄이 완벽하게 쳐져 있습니다. W.W.W.입니다. 아무도 빠져나가지 못합니다."

"좋아. 어디에서 캠프파이어를 하면 좋을까?"

마고가 묻는다.

"생명의 푸른 불꽃을 올리면 좋을 텐데...."

한인이 중얼거린다.

"알을 낳게 할까요?"

소툭낭이 묻는다.

알을 낳는다는 것은 고대 아랍문명의 재탄생을 의미한다고 볼 수 있다. 수메르에서 이집트까지 퍼져있는 아랍문명은 알문명으로 볼 수 있다. 동양권에서 죽은 풍이족의 문명이 중동에 가서 재생하여 아랍문명이 되었다고 볼 수 있다.

〈그림 19〉 용과의 싸움. 한인은 적룡이고, 한웅은 청룡이다. 이 그림은 무슬림Muslim이 동방에서 온 한웅천왕의 군대와 싸우고 있은 장면을 신화화하여 그린 것이다.

아랍문명을 주도한 세력은 고대에 셈(《구약성경》에서 노아의 아들에서 기원한다. 동양인의 시조라고 한다)으로 불렸던 인종의 후예들이다. 풍이 어원체계로 볼 때 셈은 '세우다, 셈하다'는 의미를 가진 우리말이다. 이런 언어가 있는 점으로 보아서 풍이계의 언어를 쓰던 인종으로 볼 수 있다. 이들 말에는 문명을 건설한다는 의미가 있다. 셈족의 후예가 앗시리아족인데, 아리안족의 다른 명칭으로 보인다. 이들 속에서 아모리족Amorites, 가나안족Canaanites, 아람족Aramaeans, 헤브루족 등이 나왔다. 이들은 아라비아반도에서 나와 중근동의 여러 지역에 퍼져 나갔다. 이들 명칭을 하나로 묶어 아랍이라 하였다. 아리, 안, 아람, 브 등의 문자에서 아랍을 추론해 낼 수 있다.

이들이 무슬림이 되었는데, 무슬림은 '신의 뜻에 순종하는 자'라는 뜻이라 한다. 무슬림에서 무-이슬은 풍이어로 무巫와 임금이다. 신라에서 이슬은 구슬로 변하고 구슬은 굿으로 변했다. 또한 임은 임금이라는 말로 대체가 가능하다. 그러므로 '신의 뜻에 순종하는 자'라는 의미가 나올 수 있다고 본다.

무슬림은 하나님을 알라Allah라고 하는데 알라는 우리말로 '알을 낳는다'는 뜻이다. '하나님은 오직 알을 낳는 한 분'이라는 뜻으로 볼 수 있다.

알을 낳는 분은 '알의 어머니'인데, '최초의 어머니 고'이다. 고는 마고의 약자이다. 마고의 마는 마마媽媽, 즉 어머니라는 뜻이다. 고에는 최초의 어머니, 즉 여신이라는 뜻이 있다.

마고로 불리는 어머니에 대응할 수 있는 사람을 무슬림들은 아브라함으로 보았다. 아브라함은 우리말 '아비라함이다-아버지라함이다'라는 뜻이다. 아브라함은 이슬람의 성지 메카에 있는 대성원大聖院 카바의 창건자인데, 카바는 어둠인 카와 밝음인 박과 관련이 있다고 본다. 아랍인종의 시조가 된 아브라함이 인디언의 조상과도 친인척 관계에 있었다고 볼 수 있는 것이다. 미국 인디안의 종교의례 장소를 키바라 한다.

이슬람의 성지를 메카라고 하는데, 메두사를 마두사麻頭巳로 해석했듯이 메카의 메는 마이다. 마는 마고이다. 카는 캄캄함, 어둠이다. 직녀성시대로 볼 수 있다. 그러므로 메카가 '마고가 있는 직녀성시대'라는 의미를 갖고 있다고 보아진다.

서부 아라비아 해안에 있는 메카는 예멘과 시리아, 이라크와 에티오

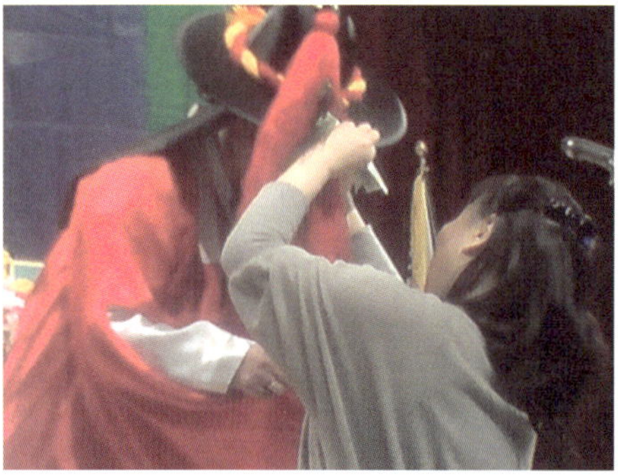
〈그림 20〉 굿. 굿의 어디에서 아랍과의 동질성을 찾을 수 있을까.

피아를 잇는 중간지점에 위치한 교역과 종교의 요충지이다. 무슬림들이 성지순례를 간다.

이슬람에서는 무슬림들이 메카를 찾아가는 성지순례를 하지Haji라고 하는데 우리말 하지夏至와 관련이 있는 듯하다. 하지는 '이슬람의 다섯 기둥(Arkan al-Islam)' 중 5번째 의무이다. 하지는 이슬람역의 마지막 달인 '순례의 달(이슬람력 12월)' 7일부터 12일까지 진행된다. 신년의 시작은 마호메드가 메디나를 떠난 7월 16일이다. 그러므로 순례의 달은 6월 16일 이후가 된다고 볼 수 있다. 우리의 하지는 양력 6월 21일 경이다.

결국 제2의 한인 탄생은 무슬림 쪽에서 보면 무함마드 알리(AD 570~632)의 탄생으로 볼 수 있다. 그는 570년경 메카에 뿌리를 내리고 살아온 쿠라이쉬Quraish의 하쉼가家에서 태어났다.

쿠는 구句로 볼 수 있다. 구는 북극성이다. 라는 라羅나 나那로 볼 수 있다. 쿠라를 합치면 북극성의 나라가 된다. 산동반도 북쪽에 쿠라의 전신으로 볼 수 있는 구려국句麗國이 있었다. 구려국은 북극성의 나라라는 뜻이다. 조선의 제2세 부루단군 시대에 부루단군의 4제弟 부소夫蘇가 구려왕으로 있었다. 그가 자리를 잡은 곳이 황하의 서북부에 있는 지류 수분하綏芬河였다. 조선이 진시황 8년(BC 238) 진에게 멸망한 이후에 중동 쪽으로 진출하여 쿠라이쉬에 정착했을 것으로 본다.

무함마드는 예언자로서 포교활동을 하면서 움마라는 이름의 이념공동체를 만들었다. 움마는 우리말 움막에서 나온 말로 보인다. 이는 마치 한웅천왕이 배달나라를 세우면서 신시라는 이념공동체를 창건한 것과 다를 바가 없다고 생각한다.

14. 카안의 현신

후대에 위대한 카안의 현신으로 볼 수 있는 무함마드 알리가 출현하여 이슬람세계의 종교적 통일, 영토적 통일을 향하여 치닫게 된다.

이슬람 사람들은 이슬람의 신조를 실천하며 생활한다. 이 신조를 실천하는 것을 샤하다(증언)라 하는데, 샤하다는 우리말의 '사하다'로 볼 수 있다. '사하다'는 '용서하다', '사巳를 행하다'로 해석할 수 있다. 또한 천부교의로 볼 때 사는 사람, 하는 하늘, 다는 땅을 말한다. 〈천부경〉의 인중천지일人中天地一을 말함이다. 마고삼신의 천지인 창조과정을 증언하는 신앙고백이다. 이 두 말을 무함마드 알리의 교리, 한인천제의 교리로 볼 수 있다고 본다.

2가지 샤하다 중에서 한 가지는 "알라 이외에는 다른 신은 없다"는 것이고, 다른 하나는 "무함마드는 알라의 사도이다"라는 말이다.

"알라 이외에는 다른 신은 없다"는 말에서 알라는 하나님, 즉 '알을 낳는 마고'이고, 마고여신은 유일신임을 알게 된다.

"무함마드는 알라의 사도이다"에서 무함마드는 한인천제의 화신으로 보도록 한다.

샤하다를 기록한 책이 〈꾸란〉이다. 〈꾸란〉을 다른 말로 바꾸면 〈구란句卵〉이 된다. '구려국의 알'이라는 말이다. 알은 알을 낳는 마고여신이다.

무함마드 알리는 생전에 많은 계시를 받았다. 그가 받은 계시를 내려주신 분이 구려국왕 부소였음을 배제할 수 없다. 계시를 주신 분들 중에서 맨 꼭대기에 있었던 분이 가브리엘 천사였다.

부소夫蘇의 부는 불이고, 소는 그의 출신을 밝힌 것으로 부소단군의 모계족성母系族姓을 의미한다. 그의 어머니가 유소국有蘇國 출신의 하백녀河伯女로 단군왕검의 비가 되어 당시에 여신으로 추앙받은 분이다.

유소국은 소풍蘇豊의 국國으로 황하 일대에서 소도蘇塗를 운영하고 있었다. 소도에서는 〈선仙의 경전經典〉을 가지고 있었다. 〈선의 경전〉 내용의 많은 부분이 천사天使로 불리는 분들의 계시를 통하여 〈꾸란〉에 전사轉寫되거나 이기移記되었을 것으로 생각된다. 이런 일을 하는 것을 '사하다'로 볼 수 있다.

'용서한다'는 것은 이 일을 잘못한 것을 용서하겠다는 말로 생각된다.

15. 재생

두락 안파견 혈통은 한인천제를 배출한 풍이족의 혈통, 무함마드 알리를 배출한 쿠라이쉬Quraish의 하쉼가家 혈통이었다.

〈그림 21〉 불가에서 철학적인 의미의 알로 변신한 생명의 알. 〈천부경〉에서 제시하는 만물생성의 원리인 일석삼극一析三極은 조선에서 삼신으로 변했고, 이집트로 가서 앙크로 변했고, 절로 들어가서 대일원소삼원大一圓小三圓의 철학적인 알로 변했다.

두락안 안파견의 혈통은 풍이족의 혈통으로 볼 수 있는데 한국 말기에 풍이족이 사라진 이후로 아라비아반도에서 무슬림에 의하여 재생되었을 것으로 생각된다. 풍이족의 재생은 무슬림의 이념공동체인 움마에 의하여 새로 제정된 샤하다를 실천함으로써 맥을 잇게 되었다고 볼 수 있다.

이 움마 공동체의 주창자가 무함마드 알리였는데, 그는 움마에서 부족의 요직인 부족장, 점술사, 중재자, 전시군지도자의 기능을 장악하여 신의 사도로 행동하였다. 그는 메카에서 메디나로 이주하여 무슬림군을 이끌고 메디나에 거주하는 유태교도를 몰아내고 메카와 3회에 걸친 전쟁에 성공하였다. 그는 〈꾸란〉을 완성했고, 정치세력으로 성장하였다.

16. 단국의 현자들

신성한 해돋이 축제일에 재생한 한인천제 앞으로 지혜스런 단국檀國의 현자들이 왔다.

배달나라시대에 세수축제歲首祝祭는 10월 상달 축제인 10월 3일 축제로 하였다. 무슬림은 세수를 7월 16일로 보고 있으므로 성지순례가 시작되는 6월에 벌어지는 메카에서 해돋이 축제를 벌였다고 볼 수 있다. 이날 재생한 한인천제인 카안천왕 앞으로 단국의 현자들이 왔다. 단국 현자는 신수 생명나무의 10광이 지혜로 나타난 자들이다. 단국은 생명나무가 있는 신수국이라는 상징적인 나라이다. 생명나무는 유태인들에게 전승되는 카발라학문 체계에서 잘 나타나 있다. 이 체계에 의하면 신성한 인간, 아담 카드몬의 창조 설계도로서 원초광 10개의 빛 파장이 생명나무를 이룬다고 한다. 단국의 현자는 카발라학의 대가로 생명공학자이기도 하였다. 그들에 의해 불사의 신선도 이치가 나오는 마고선파와 동방선파의 시조 학자들이다. 단국의 현자들을 고대문명에서는 예수라 불렀다. 예맥족은 동방선파의 맥을 있는 종족이라는 말이고 동예라는 말은 인류 창조신인 예Ea를 동방에서 제사 드린다는 말에서 나왔다. 여기서 예는 뱀의 마고언어이다. 동방선파의 카발라학은 역에 있다. 유태인들의 카발라학과 동방선파의 천부역이 다시 합을 이룰 때 마고 삼신의 참 진리가 이 세상에 다시 모습을 드러낼 것이다.

17. 건의

신령한 어둠과 밝음의 신전에서 단국 현자들은 천왕 앞에서 머리 숙여 경의를 표했다. 그리고 커발한국을 배달나라로 바꾸자고 건의하였다.

〈그림 22〉 10월 3일 개천절 날 한인, 한웅, 단군왕검 삼성에게 제사지내기 위하여 제상을 차리고 있다.

조선의 제11세 도해단군 때 한웅천왕의 사당인 대시전大始殿을 세웠다. 대시는 배달나라의 시조인 한웅천왕을 의미한다. 카바하바하는 대시大始로 볼 수 있는 말이다. 마고어원 체계로 볼 때 카는 어둠, 바는 밝음, 하는 하늘이다. 카바하바하는 하늘을 두 번 뒤집어 광명을 얻었다는 말이 된다. 카바하는 음역의 변화로 커발한이 되며 의미상으로도 발이 큰 천신으로 한웅천왕을 상징하게 된다. 그러므로 이 신전에 모신 천왕은 한웅천왕이다. 카바하바하 신전은 한웅천왕을 모신 성전으로 생각된다.

이 신전에는 천부삼인을 둥근 원 안에 그린 명두 그림을 누전의 벽에 걸어 두었다. 그 앞에 한웅천왕의 신상을 만들어 받들어 모셨다. 머리 위에서 큰 해와 같은 광채가 번쩍거렸고 그 둥근 빛은 온 우주를 비추었다. 한웅천왕은 박우루나무 밑에 핀 한화桓花 위에 앉아 있었다.

한웅천왕시대에 한국은 배달나라로 불리지 않고 한국으로 불렸다. 그러나 단국 현자들이 배달나라로 바꿀 것을 건의하였다.

단국 현자는 또한 〈단군신화〉에 나오는 풍백風伯, 우사雨師, 운사雲師를 의미한다고 볼 수 있다.

18. UFO를 탄 한인천제

〈단군신화〉에는 UFO를 타고 있는 한인천제와 한웅(이때는 천왕으로 등극하기 전이었다)이 나온다. 단국 현자(그들이 오가이다)들이 함께 타고 있다. 오가 중에 한 우두머리가 말했다. "지구에 우리와 다른 존재들이 살고 있습니다."

한인천제는 오가와 함께 UFO를 타고 한웅과 오가와 함께 지구의 상공에 나타나 행성이주모의실험行星移住模擬實驗을 한다. 곧 직녀성시대가

〈그림 23〉 마리산에 있는 대시전大始殿. 조선시대의 대시전은 한웅천왕을 모신 웅장한 규모의 신전이었지만 지금의 대시전은 국가와 국민이 관심의 부재로 초라하기 짝이 없는 곳에 자리잡아 명맥을 유지하고 있다.

끝나고 새로운 천추성시대가 올 것이므로 새로운 땅을 찾아 정착하기 위하여 삼위성과 금성 사이를 날아다니며 지구를 관찰한 다음에 이주 모의 실험을 했던 것이다. 금성이 태양의 호위별이므로 한제국의 수뇌부가 태양광 우주선을 타고 금성의 호위를 받으며 비행하였다고 볼 수 있다.

'단국'이라는 말은 우리말의 '다 하다'라는 말과 또한 의미가 상통한다고 볼 수 있다.

19. UFO의 착륙

〈그림 24〉 몽골말을 타고 달리며 세계를 정복하려 했던 징기스칸의 동상. 징기스칸의 꿈은 개인이 성취할 수 없는 한낱 신화로 남았다.

한인천제는 자리에서 일어나 안 왕국, 즉 한국의 머리 위 하늘을 향해 눈을 들어올렸다.

《삼성기》는 한인천제가 파류나 산 밑에 한국을 세웠다고 하였다. UFO를 그곳에 착륙시키고 하선하여 한국을 세웠다고 한 것이다. 그가 한국을 세운 영토의 범위는 남북이 5만 리요, 동서가 2만여 리라 하였다. 여기에 12제국이 들어섰다.

아마 그가 바라본 하늘은 그가 UFO를 타고 돌아다닌 삼위성과 태백성 사이의 하늘이었을 것이다. 그가 아시아와 유럽과 중동을 아우르는 거대한 대륙에 말을 타고 돌아다녔다면 실질적으로 이러한 크기의 땅에 한제국을 세우지 못하였을 것이고, 설사 세웠다고 해도 통제가 불가능한 허수아비제국이 되었을 것이다.

20. 지구

한인천제는 북극오성에서 태양계를 내려다 보며 한 치도 눈을 떼지 않은 채, "너희는 지구로 우리를 안내해야 한다"고 말했다.

단국 현자들에 대한 기록은 〈단군신화〉에 없다. 그들의 정체를 알기 위해서는 유대교 비의인 〈카발라학〉과 〈수메르 신화〉를 분석할 필요가 있다. 단국 현자의 단국은 생명나무 숲으로 이루어진 신수국이라는 상징체계의 다른 이름으로 신성인간, 즉 불사의 신선도의 비의를 지키는 생명나무 지혜의 화신들이다. 생명나무는 우리 민족에게 박우루나무(박달나무)로 알려져 있지만 실제는 10광의 광휘체로 불사 생명공학의 비의를 가리킨다. 이들은 아담 카드몬이라는 불사신선의 설계도인 염기색체 정보를 추출해 낸 공적으로 천계황실 직속 생명공학자들로 일하였다. 하지만 생명공학 뿐만 아니라 모든 지식체계를 분야별로 정리한 박사들 역시 단국의 현자로 불린다. 생명이 탄생하고 영위할 수 있는 모든 조건을 갖추어 낼 수 있는 기술과 지혜를 갖추고 있는 이들은 무대륙에서 예수로 알려진 자들이기도 하다.

〈단군신화〉의 내용으로 보아서 그들이 오가로 불리는 외계인들이었다고 생각된다.

그들은 한인천제와 함께 천제성에 속해 있었다. 그들은 생명나무의 파동에 감응하여 곧 천제성을 떠나야 할 때가 된 것을 알았고, 드디어 800명의 무리를 이끌고 천제성을 떠났다.

그 이유는 지구가 생명나무의 이상을 실현시킬 수 있는 조건을 다 갖

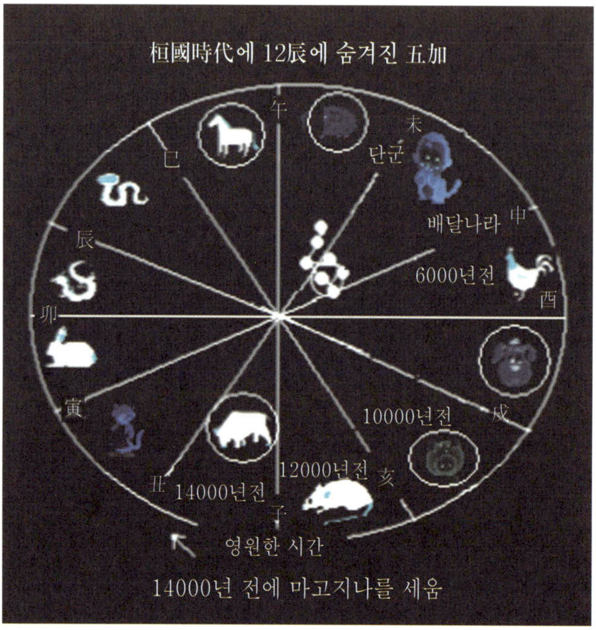

〈그림 25〉 풍이족의 나라인 한국 초기시대의 12진에 감춰진 오가. 축丑 소(우가牛加), 오午 말(마가馬加), 미未 양(양가羊加), 술戌 개(구가狗加), 해亥 돼지(저가猪加)가 오가이다.

추고 있었기 때문이다.

《삼성기》에 한인이 감군監群으로 천계天界에 계셨다고 하였다. 《삼성기》에서 말한 천계가 천제성이었을 것이다. 천계를 넓게는 자미원으로 볼 수 있고, 좁게는 북극오성에 속한 천제성으로 볼 수 있다.

그가 가졌던 직책인 감군은 후대에 배달나라를 세운 한웅이 천왕에 등극하기 전에 가졌던 서자庶子의 직책과 유사한 직책이다. 즉 지금의 행정부수반行政府首班과 같은 성격의 직책이었다.

〈삼황개국기三皇開國紀〉에 "태백의 천산에 동남동녀 800명을 태우고 하강하였다(降于太白之天山與童男童女)"고 했고, 《삼성기》에서 "동남동녀 800명을 거느리고 흑수백산의 땅에 내려왔다(降童男童女八百於黑水白山)"

고 했고, 《삼국유사》에서는 태백산 꼭대기에 있는 신단수 아래에 내려왔다(降於太白山頂上神檀樹下)고 하였다. 이런 기록들이 모두 다 그가 하늘에서 내려왔다고 했으므로 한인천제가 UFO선단을 이끌고 천제성을 출발하여 지구에 내려왔다고 해석할 수 있는 것이다.

21. 작은곰

한인천제는 황후성과 서자성과 태자성을 자기의 관할 하에 두고 있었다. 이 별자리가 작은곰별자리(소웅성)이다. 자미원 전체가 그의 관할 하에 있었다고 볼 수 있다.

〈삼성기〉에, "우주에는 여러 신이 있는데 그 신들 중에서 사백력斯白力의 하늘에 있는 한 신이 홀로 변화하여 그가 변화할 때 발생한 밝은 빛이 온 우주를 비추고 권능이 변화하여 만물을 낳았다"고 하였다. 사백력의 하늘은 천제성이 떠서 비추는 하늘일 것이다. 이렇게 보면 사백력은 곧 한인천제의 신명神名으로 볼 수 있다.

사斯는 지시대명사로 사물을 지칭할 때 쓰는 말이다. 그러므로 의미가 다양하게 쓰였을 것으로 볼 수 있다. 지구에서 한인이 풍이족 출신이므로 풍이족의 인종 아이콘인 사巳와 같은 의미로 쓰였다고 볼 수 있다. 그러므로 사巳의 파생어인 여女, 모母, 자子, 기己, 풍風 등은 모두 여기에 해당한다고 볼 수 있다.

백白은 마고에게서 태어난 백소白巢로, 한인은 백소족 출신으로 볼 수 있다. 력力은 힘을 의미하는 문자이므로 한인이 백소에서 태어나게 된 마고의 힘을 의미한다고 볼 수 있다.

《부도지》에 보면, "백소족에 속한 지소족에서 마고의 금기를 범하는 혁명적인 사건이 발생하였다"고 기록하였다. 그것이 오미五味의 반란이었다. 마고는 맛을 4개의 맛인 사미四味로 완성하였다. 그런데 지소족에서 한 사람이 배고파서 참지 못하다가 포도를 발견하여 따서 먹었는데 그 포도에서 5번째의 맛을 발견하였다. 이 맛이 오미이다. 이 소문은 즉각 배고픈 모든 마고족에게 전파되었다.

이리하여 마고의 후예인 황궁, 청궁, 백소, 흑소의 4부족이 모두 포도를 따먹고 오미에 취하여 마고의 금기를 범하게 된 것이다. 마고의 금기를 범한다는 것은 자기 존재에 대한 새로운 인식을 의미하였다.

마고는 자기를 배반한 모든 족속에게 추방령을 내렸다. 그래서 역力자는 자기 스스로 살아가지 않으면 안되는 마고족의 자생력自生力을 의미한다고 볼 수 있다. 한인의 조상들인 마고족은 모두 다 사백력이라는 이름을 얻고 4부족의 인솔자인 청궁, 황궁, 백소, 흑소의 인솔 하에 마고성을 떠났다.

이때는 직녀성시대가 끝나서 천추성시대에 와 있을 때였다. 그러므로 마고본성인 직녀성을 떠나 북극오성에 자리잡고 있었다. 북극오성의 맨 앞, 황후성 앞에 천추성(북극성)이 있는 것은 그러한 이유 때문이다.

사백력이 된 한인에서 한桓은 세상을 비추는 사백력의 밝은 빛이다. 인因은 사백력이 밝은 빛의 씨앗임을 의미한다. 그가 빛의 씨앗이므로 그에게서 밝은 빛의 족속인 한족桓族, 단족檀族으로 불리는 새로운 인종이 태어났다. 이 인종의 조상이 한인천제를 태어나게 한 풍이족이다.

이들 중 후대에 산동반도 일대에 동평국東平國을 세운 일족一族이 나타났다. 그 일족이 BC 2333년에 발해만渤海灣 일대에 조선을 세운 단군왕검의 제3자인 부우단군夫宇檀君이었다. 부우단군의 부우는 불(화火, 화灬, 이離, 환桓, 검은 불꽃(오烏) 등의 의미가 있다)이고, 단檀은 밝다(환桓)는 뜻이다. 군君은 굿을 하는 임금(구슬, 구지, 차차웅, 구지바이 등의 뜻)이라는 뜻이다. 사실 부우나 그의 형 부루나 음이 다를 뿐이지 다 같은 뜻이다.

동평국東平國이란 동쪽을 평정한 나라라는 뜻이다. 즉 동쪽을 정벌한 나

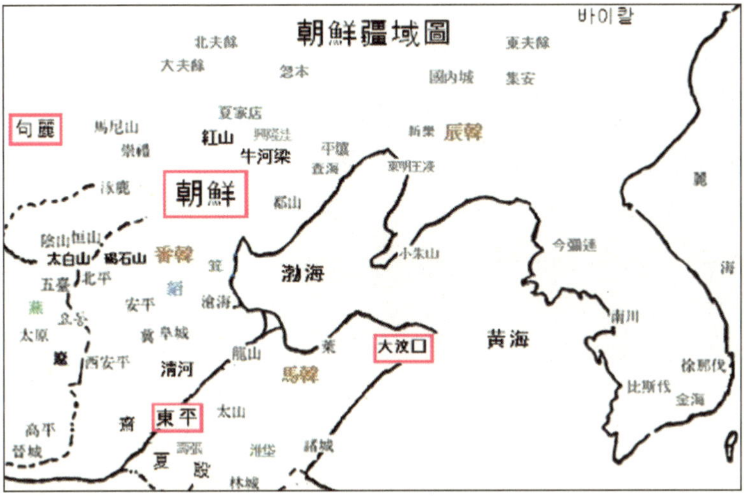

〈그림 26〉〈조선강역도〉. BC 2333년경에 산동반도山東半島(태산 동쪽의 반도라는 뜻)와 한반도 일대가 포함된 중원中原(현재의 중국 본토)에서 단군왕검이 조선朝鮮을 건국하였다. 대문구大汶口 쪽에 조선의 국도가 있었다. 그곳이 지금의 연태烟台나 청주青州로 추정되는 곳이다. 조선은 제2세 부루단군 때인 BC 2240년에 제3제 부우夫宇(불이라는 뜻)를 동평東平 지역에 동평왕東平王으로 봉했고, 제4제인 부소夫蘇(불이 솟는다는 뜻)를 구려句麗 지역에 구려왕句麗王으로 봉했다. 대문구大汶口는 동평국의 유물이 많이 출토된 곳이다. 현재 중국에서는 이곳에서 출토된 유물을 은殷의 유물로 보고 있다.

라라는 뜻이다. 그러므로 동쪽을 정벌한 나라를 뜻하는 동벌국東伐國이라 말할 수 있다. 결국 이 말은 '부루단군이 동쪽을 밝힌 나라'라는 뜻이 된다. '불'자와 '벌'자와 '밝'자와 '바'자가 같은 의미를 가진 문자로 볼 수 있는 문자이기 때문에 '불'자와 '벌'자를 '바'자로 대체할 수 있다.

동평국 사람들의 선조는 문수汶水와 황해黃海가 만나는 대문구大汶口 일대에서 호가虎加의 문화를 시작하였다. 그 문명이 흑도黑陶와 홍도紅陶의 문화이다. 단군왕검은 조선을 건국한 이후인 BC 2309년에 남해를 순시하면서 황해의 남쪽 바다에서 적룡赤龍이 승천하는 광경을 보았다. 이를 본 단군왕검은 부족의 이름 호가虎加를 용가龍加로 고치라고 지시하였다. 이곳이 BC 3200~2200년에 일어난 양저良渚(량주)문화의 본고

〈그림 27〉 양저문화의 중심지인 판산의 무덤에서 발굴된 옥벽玉璧(구멍 뚫린 둥근 옥). 한웅천왕시대의 유물이 많이 출토된 홍산紅山의 옥기玉器와 맥이 통해 있다. 조선시대에 장례를 치를 때 옥을 시신과 함께 묻었다.

장이다. 먼저 일어난 대문구문화와 양저문화를 합하여 대문구문화라 한다.

사백력의 후예인 동평국 사람들이 북쪽으로 가서 뿌리를 내리게 된 곳이 바이칼이라 본다. 이들이 지금의 부리아트족과 에벤키족의 조상이 되었다고 볼 수 있다. '브리아트'는 우리말로 '부루의 아들'이라는 말의 변음이다.

에벤키족은 우리말 '아리랑'과 '쓰리랑'이라는 말을 쓰고 있다. '아리랑'은 우리말의 '아는 사람'이고 '쓰리랑'은 우리말의 '쓰는 사람'이라는 뜻이다. 그러니까 무엇인가를 알고 쓰는 사람이라는 뜻이다. '에벤키'는 '에비를 키운 사람'이라는 뜻이다. 이 말은 '아버지를 키운 사람'이라는 말이다. 이 말 중에서 '아버지'를 '아파치'로 바꾸면 '아파치를 키운 사람'이 된다.

22. 흑수와 백산 사이

한족과 단족이 태어나기 전에 한인은 무리 800명을 이끌고 천제성을 떠나서 지구로 하강하였다. 그가 하강한 곳이 흑수와 백산 사이이다. 사제국巳帝國(한제국)을 건설하기 위해서이다. 한인이 지구에 오는 목적은 장차 그의 후손으로 하여금 수많은 안천계安天界(안파견의 천계)를 지배하기 위해서이다.

백소족에서 백인이 나온다. 이들 백인 중에서 지소에 해당하는 인종이 목적의식없이 배고픔을 해결하기 위하여 얼떨결에 오미의 반란을 일으켰다. 이 인종 가운데에 중심세력으로 부상하게 된 것이 뱀을 인종 아이콘으로 쓴 풍이족이다.

한인이 풍이족을 이끌고 9,900년 전에 12제국을 건설하였다. 이 제국이 사제국이다. 사제국을 건설한 이유는 수많은 안천계를 지배하기 위해서이다. 수많은 안천계는 안파견이 다스리는 천계를 의미한다.

<그림 28> 양저문화유물 옥종. 옥종玉琮(구멍 뚫린 팔각형 모양의 옥그릇)의 표면에 올빼미 이미지를 도형화하여 조각했다. 올빼미는 단군왕검의 인종 아이콘이다. 8각에는 신을 지킨다는 의미가 있다.

한인천제를 적제赤帝라 하는데, 남쪽을 다스리는 제帝로서 홍제紅帝라는 말과 같은 말이다. 적제가 있는 곳에서 불어오는 바람을 융풍融風이라 한다. 융풍은 남풍이라는 말이다. 융풍融風의 융融자에는 4개의 발이 달린 격鬲을 의미하는 문자가 들어 있다. 옆에 붙은 충虫자는 풍이족을 의미한다. 따라서 '융融'은 풍이족이 만든 솥을 의미하는 문자가 되는 것이다. 이 융자를 탄생하게 한 격鬲(사각四角으로 생겨서 방정方鼎이라고도 한다)이 출토된 곳이 용산龍山이다.

BC 2800~2000년 사이에 용산문화가 하남성, 섬서성, 산동성, 하북성에서 일어났는데 용산문화가 발견된 곳은 산동성 제남시齊南市 동쪽에 있는 용산진龍山鎭이다.

제남은 백제의 전신으로 볼 수 있는 나라로 조선이 진秦대와 한漢대에

〈그림 29〉 용산에서 출토된 격鬲 방정方鼎. 격은 화로라는 뜻이고 방정은 네모난 솥이라는 뜻이다. 그러므로 격방정은 화로가 붙은 솥으로 볼 수 있다.

완전히 진한秦漢에게 멸망한 이후에 산동반도에서 일어난 삼한의 소국들을 철저하게 공격하여 조선반도로 몰아낸 나라이다.

조선과 삼한의 국토에서 제의 국토가 된 청하淸河의 하구 쪽에 용산이 있다. 용산은 조선의 국도가 있던 청주淸州(서울西菀, 부여夫餘, 말갈靺鞨 등으로 다양하게 불렀다. 청대淸代에 와서 조선의 중심지가 있었던 곳을 현덕부顯德府와 창덕부彰德府로 불렀다)였거나 아니면 청주에 인접한 곳일 것이다.

23. 정착

한인천제는 북극오성에서 지구로 날아와 흑수와 백산 사이에 정착하는 것이 우리의 운명이며 자신의 운명이라 하였다.

이 부분은 한인천제가 북극오성에서 지구로 이주하기 직전에 그와 운명을 함께 할 무리 800명(《삼국유사》에서 3,000명이라 하였다)에게 한 연설로 볼 수 있다. 그가 지구로 오기 전에 마고에게서 황궁(광성자廣成子)에게 전해지고, 황궁에게서 유인에게 전해지고, 유인에게서 한인에게 전해진 천부삼인을 갖고 있었다. 그가 지상에 내려오는데 천부삼인이 징표가 되었다.

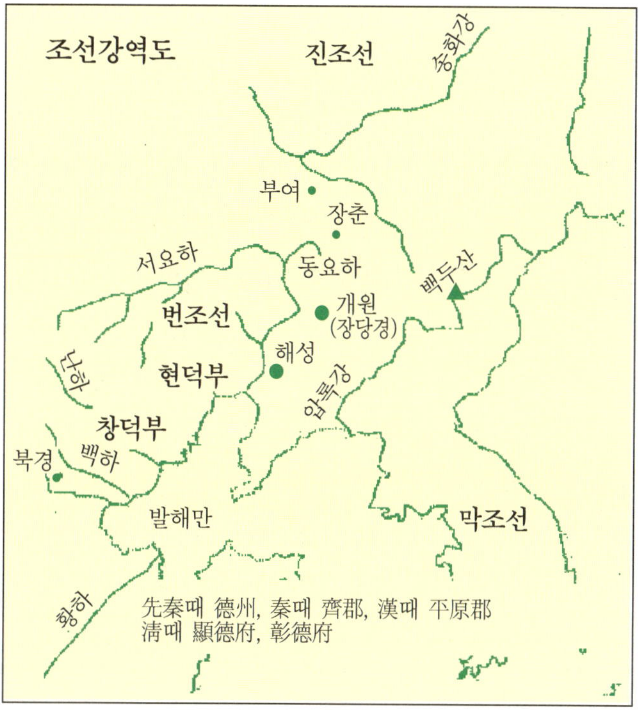

〈그림 30〉 조선강역도. 화이가 조선을 멸망시킨 이후로 선진 때는 덕주, 진 때는 제군, 청 때는 현덕부와 창덕부라 하였다. 현덕부와 창덕부는 청나라 때의 지명이다. 동이족인 청나라가 이곳의 지명을 현덕부와 창덕부라 한 것은 이 지역이 조선의 중심이 되는 지역이었기 때문일 것이다. 덕은 조선의 이념으로 볼 수 있는 문자이다.

한인은 천부삼인을 한웅에게 전수하였다. 이때 그는 한웅을 데리고 삼위태백을 내려다 보고 있었다. 그는 "여기가 인간이 살만한 곳이다(可以弘益人間)"라 말하였다.

24. 인간사人間事

한웅이 한인천제로부터 천부삼인을 인수하여 천왕이 되었다. 그는 신단수 아래에 내려와 단국 현자인 풍백, 우사, 운사를 데리고 인간사 360가지를 가지고 세상을 다스렸다. 이 나라가 배달나라이다.

한웅이 우리의 운명, 나의 운명을 확정하기 전에 먼저 할 일이 있었다. 그것은 서자성 출신의 한웅과 황후성 출신의 웅녀가 태양계로 들어와 지구로 와서 지구인으로 거듭나는 일이었다. 이 일을 하기 위하여 일종의 환골탈태의식이 필요하였다. 환골탈태의식이란 별성別星에서 온 인간들이 지구인으로 적응하기 위하여 벌이는 일종의 우주의학적인 조치였다. 말하자면 서자성과 황후성에서 입고 쓰고 온 우주복을 벗고 새로운 우주복으로 갈아입는 일이었다. 여기에 엑스트라가 하나 필요하였다. 엑스트라로 동원된 것이 호랑이었다. 그들은 동굴(주, 우주선으로 생각된다)에 들어가 100일 동안 극기훈련克己訓錬에 들어갔다. 3, 7=21일 만에 훈련을 성공적으로 마칠 수 있었다. 이후에 그들은 배달나라 건설에 들어갈 수 있었다.

25. 웅녀의 환골탈태

〈그림 31〉 10,000년 전에 그린 이태리 발 카모니카 동굴벽화. 발Val이라는 문자엔 발(족足), 밝다는 의미, 카Ca라는 문자에는 깜깜하다는 의미가 있는 것 같다. 발은 동이족을 의미하고 발은 또한 소 형상의 바알신을 의미하는데 동이족의 이동을 그린 것으로 생각된다.

한웅은 단국(단국檀國에 정착한 곤오족昆吾族) 현자들을 입회시키고 웅녀의 환골탈태의식을 지켜보게 한 다음에 단국 현자들로부터 천왕으로 추앙받았다.

단국 현자들은 마고 직속 생명공학자들의 자손들이다. 웅녀의 환골탈태의식은 그녀가 지구에서 사두인간 청색혈통을 이어받을 수 있게끔 DNA를 개량, 재복제해 내는 작업이었다. 이로서 우주에서 온 한웅의 청색혈통은 개량된 웅녀와의 성혼을 통해서 단군 아리안 인종을 낳게 하였다. 새로 계량된 신인종 개발에 성공한 단국 현자들은 정식으로 한웅을 천왕으로 추대하여 마고선파의 정통성을 인정하였다.

26. 마고선파

애초에 고姑의 길이 있었다. 고가 마고이므로 고의 길은 마고의 길이고, 마고의 길이 도道이므로 마고의 도가 된다. 마고는 선도의 조종祖宗이므로 마고선파의 조종이 된다.

소웅성에 속한 북극오성의 황후성에서 마고가 선도를 시작하였다. 마고선파麻姑仙派가 활동을 개시한 것이다. 선도를 지키는 무사武士들이 마고선파에 있었다. 이들이 차원次元의 계界를 넘나드는 일을 하였다. 이들은 외계인으로 볼 수 있는 사람들이다.

선仙이라는 문자가 산 속에 들어간 인간을 의미하므로 초월이라는 의미가 있다. 종교적인 초월, 과학적인 초월, 사상적인 초월, 철학적인 초월 등이 복합되어 있다. 마고가 사유를 시작하면서 사유의 초점을 초월에 두었다. 이것을 선이라 하였다.

선의 최고 목표는 선도산仙道山에 도달하는 것이고, 이 선도산이 있는 산이 삼신산三神山이다. 선도에는 차원의 계를 넘나드는 길을 찾는 무사단武士團이 있었다. 이들은 황후성에서 파견한 외계인 무사들이었다. 이들은 지금도 UFO를 타고 차원의 계를 찾아다니고 있다.

27. 우주탐험

위대한 한인천제는 마고가 해온 우주탐험 방법을 고수하고자 하였다. 다른 선택은 있을 수 없었다. 단국의 현자들은 마고시대에서부터 전승되어 내려오는 세계탐험 방식에 따라 우주를 탐험하는 방법을 찾아야만 하였다.

직녀성시대인 마고시대에 우주를 탐험하는 방법이 개발되었다. 그러나 천수성시대로 오면서 우주인류는 그 방법을 잊어버렸다. 위대한 한인천제는 그 방법을 찾으라고 명령하였다. 그 방법을 찾지 못하면 외계로 날아갈 수 없기 때문이었다. 마고의 우주탐험 방법에는 시간과 공간을 축소하는 기술이 개발되어 있었다. 이 기술의 결정체가 직녀성시대의 UFO였다. 동방선파에서 개발한 UFO는 우주에 꽉찬 청색소와 황색소 간의 척력을 이용해 동력으로 삼고 흑색소로 웜홀을 뚫어 초공간

〈그림 32〉 원구단과 황궁우와 방구단. 천자天子가 하늘에 제사지내기 위하여 원구단을 만든다. 조선왕조 말기에 고종이 자신이 천자임을 선포하기 위하여 천구단을 짓고 천제를 지냈다. 일제가 조선을 강점한 후에 뒤에 보이는 8각 건물만 남기고 다 헐어버렸다. 선仙은 마고의 정통성을 이은 천자에게서 시작된다.

〈그림 33〉 풍물패. 풍물패의 풍물風物이란 풍이족의 문물文物을 뜻한다. 10,000년전 풍이시대에서부터 이어져 내려오는 유습이다. 군대가 전쟁터에서 진군할 때 선동부대煽動部隊 역할을 하였다. 고대에 문화라는 말을 풍물이라는 말로 표현하였다. 문명이라는 말은 품물品物이라는 말로 표현하였다.

(Hyperspace)으로 시공전이를 함으로서 가능하였다.

태시태초를 수리로 잡아 우주의 율여 수를 계산하여 시공의 잣대로 정하였기 때문에 우주 각 구역의 지방시(Local Time)에서 볼 때 그들을 미래에서 온 자들로 보게 된다.

28. 우주전쟁 준비

뱀을 우주인종 아이콘으로 쓰는 위대한 한국의 마지막 천제인 지위리 한인 밑에 최고사령관 사거하가 있었다. 그는 하늘에서 곰의 갈퀴발톱을 군기에 쓰는 유일한 웅족 출신이었다. 우주전쟁 채비를 끝낸 그가 후에 한웅천왕이 될 사람이었다.

자미원에 웅족 세력의 범위가 큰곰과 작은곰이라는 별자리로 나타나 있다. 작은곰별자리가 내곽에 있고 큰곰별자리가 외곽에 있다. 내곽이니 외곽이니 하는 것은 방어개념이다. 그러나 공격개념으로 전환하려

〈그림 34〉 마고신전 8각 건물. 이 8각 건물은 조선 왕조의 고종이 지어 후세에 남긴 신전이다. 선의 조종祖宗인 마고가 팔여의 음에서 태어났으므로 8각 건물을 짓는다.

면 외곽 밖으로 나가야 한다.

지위리 한인은 우주전쟁을 하기 위하여 전쟁준비를 마쳤다. 그는 샤크하를 총사령관에 임명하였다. 이상하게도 그는 한국의 인종 아이콘인 뱀을 쓰지 않고 마고지나의 인종 아이콘인 곰에서 5개의 발과 발에 달린 발가락을 뚫고 나온 5개의 발톱을 인종 아이콘으로 썼다.

사거하는 사족巳族에서 큰 한 사람(대인大人)이라는 뜻으로 볼 수 있는 문자이다. 그가 용머리를 가진 사두인간으로서 사족대인巳族大人이다. 아리안족의 먼 조상인 사두인간들이 어떤 인종 아이콘을 쓰느냐에 따라서 그들의 정체성이 달라졌다. 곰인종 아이콘은 개량형 사두인종의 아이콘으로 아리안계 인종의 특성을 강조한 것이며, 뱀인종 아이콘은 마고의 원 인종의 아이콘으로서의 특성을 강조한 것이다. 이 두 인종 아이콘은 근본적으로 북두칠성을 뱀신화의 영역으로 볼 것인가,

〈그림 35〉 신라 시조 박혁거세 탄생지로 알려진 나정蘿井. 8각의 신전건물지神殿建物址이다. 그가 알에서 태어났으므로 UFO에서 태어났다고 볼 수 있다. 그의 어머니가 선도산성모仙道山聖母이므로 그에게서 선仙이 시작되었다고 볼 수 있다.

아니면 곰신화의 영역으로 볼 것인가 하는 신화적 논쟁의 발단이기도 하다. 우주전쟁은 사두인의 냉혈적인 용맹함을 강조한 마고 무사도를 우주영역으로 확장하려고 빚어낸 사태이다.

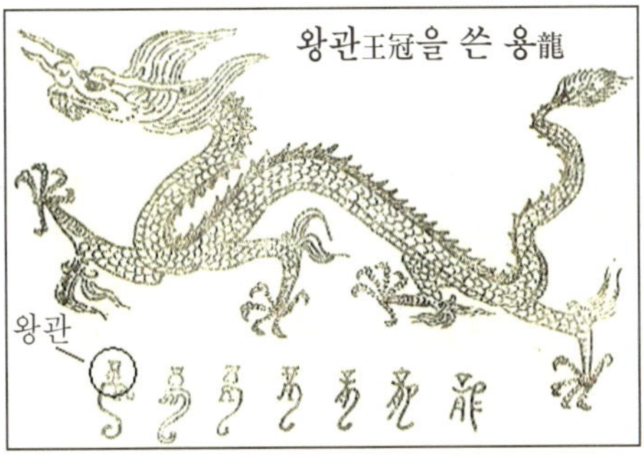

〈그림 36〉 왕관을 쓴 용. 풍이어 용자는 용이 왕관을 쓰고 있는 상형 문자이다.

29. 한인의 전쟁

한인천제는 역사상 유례가 없는 세계통일을 이룩하였다. 그 증거로 남아 있는 것이 전 세계에 퍼져 있는 거인신화와 뱀신화이다. 뱀신화가 사두인간들의 흔적이라면, 거인신화는 발족으로 단군아리안족의 신화가 전승된 형태의 신화이다.

한인천제는 세계전쟁을 그의 별이 있는 북극오성의 천제성에서 시작하였다. 그는 뱀들의 왕이라는 뜻을 가지고 있는 용을 만들어 우주에 퍼뜨렸다. 우주에서 거대한 뱀이나 용으로 불리는 별자리들은 그의 군대가 정복하여 이름을 남긴 별자리들이다. 우주의 전사로서 가장 완벽한 조직을 갖춘 사두인간인 마고 기사단이 초공간(Hyperspace)을 들락거리면서 그들이 감응할 수 있는 우주의 강력한 에너지장을 찾아 정복해 갔다. 별자리의 모양새는 관찰자의 위치마다 다르게 보이지만 그 에너지장의 강력한 출력은 천상계의 어디에서나 공통적으로 같게 느낄 수 있었다. 우주 대제국을 꿈꾸던 사두인간들은 이런 별자리 성단의 에너지 출력을 그들 제국의 영역으로 흡수하여 우주의 실질적 지배자가 되려 하였다.

이들 별자리가 그리스 신화에 숨어 있다가 1930년 우리 앞에 나타났다. 지금 우리가 보는 천문도는 1930년에 국제천문연맹(IAU)에서 그동안 사용해 오던 별과 별자리를 1875년의 밤하늘(1875. 0년 분점)을 기준으로 통일하여 보여주도록 그린 것이다. 이때에 지금 천문도에 나타나는 별과 별자리 이름을 정했다. 정하기는 1900년대에 정했지만 이야기가 생성된 연대는 지금으로부터 1만 4천년 전에서 1만년 전 시대가 된다.

천문도에는 마고족과 풍이족의 신화가 그리스 신화의 반영이라는 탈을 쓰고 그대로 반영되어 있다.

〈그림 37〉 원시조상별자리. 거문고는 마고이자 직녀이고, 뱀을 몸에 감고 있는 땅꾼은 풍이족이다. 마고 가까이에 있는 헤라클레스는 한웅이고, 목자는 한인인데 한웅과 왕관을 사이에 두고 있다. 한인 곁에는 그의 비妃인 항영이 있다.

우선 천문도에서 손쉽게 찾을 수 있는 것이 처녀와 처녀 곁에 있는 까마귀이다. 우리 상고사에서 까마귀는 조이족에 속한 오이족烏夷族을 의미한다. 까마귀는 28수에서 남방주작칠수에 속한 진수軫宿에 해당하는 별자리이다. 진수에 치우천왕이 다스리던 청구의 별인 청구칠성青丘七星이 속해 있다. 오이족 출신의 처녀를 항영姮英이라 한다. 까마귀와 처녀를 하나로 묶어서 오이족 출신의 항영으로 보면 항영이 입은 드레스 하반신에 각수角宿가 있고, 드레스 끝자락에는 항수亢宿가 있다. 이 부분은 동방창룡칠수東方蒼龍七宿(ㄷ19)인 동방창룡칠수의 뿔과 목에 해당한다.

항영의 발 밑에 머리가 셋 달린 뱀이 땅꾼의 몸을 한 바퀴 감고 있다. 뱀은 풍이족의 인종 아이콘이다. 뱀을 풍이족으로 보면 땅꾼은 풍이족 출신의 한인으로 볼 수 있다. 따라서 오이족 출신 항영의 발아래에 풍이족 출신의 한인이 있는 것이다(제2부 〈그림 37〉 참조).

오이족 출신의 항영과 풍이족 출신의 한인이 기묘己卯년에 풍주風州 배곡倍谷에서 혼인하여 오이족과 풍이족의 결합이 이루어지고, 한국(ㅎ7)이라는 나라가 세워지게 되었다. 한국은 12제국으로 구성되었고, 천문을 처음 시작하였다고 알려진 메소포타미아의 전신인 수메르(ㅅ60)가 한국 12제국에 속해 있었다. 수메르는 소머리(우수牛首)의 변음으로 볼 수 있다.

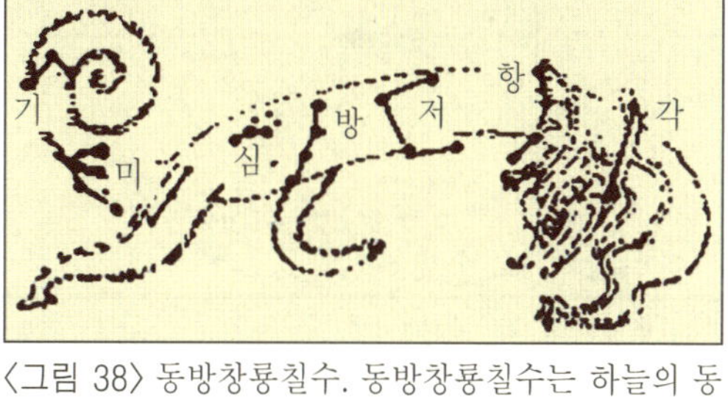

〈그림 38〉 동방창룡칠수. 동방창룡칠수는 하늘의 동쪽을 방어하는 동방천신東方天神이다. 그러므로 신장神將의 역할을 맡고 있다고 볼 수 있다. 뱀이 진화하여 용이 되었다. 여기에서 뱀은 춘분의 기가 형상화한 것이다. 그래서 동이東夷라는 의미를 갖게 되었다.

머리가 셋 달린 뱀의 머리 위쪽에는 왕관이 있다. 이 왕관은 풍이족(ㅍ12)에서 천제가 나오는 것을 의미한다. 왕관을 쓰기만 하면 천제가 되는 것이다. 한인이 왕관을 썼을 때를 한인천제라 하였다.

땅꾼의 오른쪽 어깨 위에는 헤라클레스가 머리를 맞대고 있다. 오른쪽 발로 용의 머리를 밟고 있다. 용은 헤라클레스가 임금, 즉 용임을 나타낸다. 따라서 뱀잡이인 땅꾼이 뱀, 즉 풍이족을 다스리는 천제가 될 만큼 위력이 세다는 것을 나타낸다. 헤라클레스는 해의 여신인 해라가 보낸 장수인 반신반인半神半人이다. 헤라클레스를 풍이족의 언어인 인공언어로 보면 "해라! 그래! 사!"로 의미를 찾아 볼 수 있다. 사는 사巳, 즉 뱀이고 뱀은 풍이족의 인종 아이콘이다(제2부 〈그림 37〉 참조).

하늘에는 풍이족을 의미하는 뱀이 여기저기에 있다. 처녀, 즉 항영의 바깥쪽에 길게 뻗어 있는 물뱀은 장차 태어나게 될 그의 풍이족 자손을 의미한다고 볼 수 있다. 기록에 따르면 항영은 9명의 아들을 낳았고, 아들들을 9주州에 봉했다 한다. 이들이 사해로 뻗어나가서 세계 각처에 뱀 신화와 뱀 아이콘을 퍼뜨렸다. 머리 부분은 유수柳宿, 그 밑으로 성수星宿가 있다. 남방주작칠수南方朱雀七宿의 몸통 부분에 속한 별자리들이다(제2부 〈그림 39〉 참조).

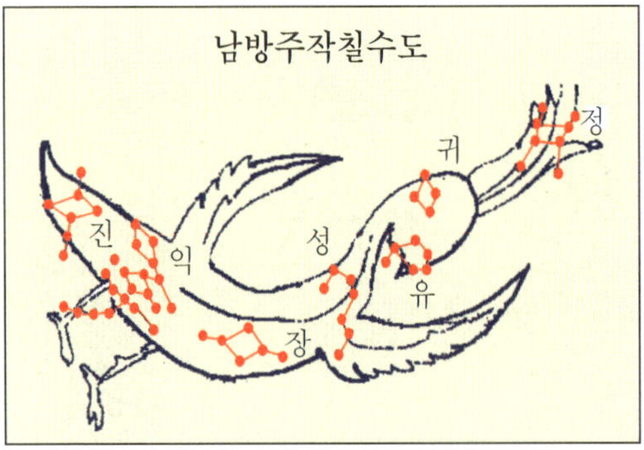

〈그림 39〉 남방주작칠수. 남방주작칠수는 하늘의 남쪽을 방어하는 남방천신南方天神이다. 그러므로 신장神將의 역할을 맡고 있다고 볼 수 있다. 뱀이 진화하여 주작이 되었다. 주작의 원형은 익룡翼龍으로 볼 수 있다.

물(바다뱀)뱀의 등 위에는 컵과 육분의가 있다. 이는 풍이족시대에 한국이라는 나라가 존재했음을 상징하는 도량형을 정했음을 나타낸다. 육분의는 뱀의 목덜미에 해당하는 성수의 위쪽에 있다.

이상에서 왜 한인을 천제로 호칭하였는지 그 이

유가 밝혀진다. 그가 하늘을 지배했기 때문에 천제라는 호칭이 주어졌던 것이다.

왕관 오른쪽에 있는 목동은 한인과 항영의 자손을 의미한다. 장차 수렵시대를 졸업하고 목축의 시대가 올 것을 암시한다. 그의 왼쪽 손끝을 향하여 2마리의 사냥개가 달려오고 있다. 개는 그가 거느리게 될 구가狗加의 인종 아이콘이다. 목동은 처녀의 하반신인 각수와 항수의 위쪽에 있다(제6부 〈그림 31〉 큰개와 작은개 참조).

30. 웅족의 맹장

땅꾼과 뱀, 즉 풍이족과 한인의 아래쪽에 전갈자리가 있다. 전갈은 배달나라를 의미한다고 볼 수 있다. 궁수가 활을 겨누고 있기 때문에 그렇게 볼 수 있는 것이다. 궁수는 반인반마半人半馬 형상의 신인이다. 그가 반인반마의 형상을 하고 있는 것은 마가馬加 출신의 궁수弓手라는 의미가 있기 때문이다. 궁수는 궁弓자에 동이족의 의미가 있다. 궁수는 사수射手라고도 하는데, 동방창룡칠수의 기수箕宿와 북방현무칠수北方玄武七宿의 두수斗宿에 해당한다.

동이족이 죽이려 하는 전갈은 동방창룡칠수의 하반신에 해당하는 심수心宿와 미수尾宿이다. 심수와 미수는 처녀, 즉 항영의 하반신에 해당하는 각수와 항수에 연결되어 있다. 이들을 합하여 동방창룡칠수라 한다. 원래 동방창룡칠수는 배달나라를 세운 한웅천왕을 상징하는 별자리이다. 한웅천왕의 나라를 구려족九黎族의 나라라 하였고, 배달나라라고도 하였고, 그냥 신시神市라고도 하였다. 신시는 하늘에서 천시天市라고 하였다(ㅊ15 참조).

궁수의 뒤에는 맹렬한 기세로 달려오는 염소가 있다. 염소의 꼬리는 물고기 꼬리 형상으로 되어 있고, 머리는 뿔 달린 염소로 되어 있다. 염소는 양으로 볼 수 있는 동물이다. 물고기를 한자로 바꾸어 쓰면 어魚자가 되고, 양을 한자로 바꾸어 쓰면 양羊자가 된다. 두 문자를 합치면 조선朝鮮의 선鮮자가 된다. 궁수가 마가 출신의 동이족이라 했는데, 그의 배후에 어족魚族과 양족羊族이 주축이 되어 세운 조선이 있음을 나타낸 것이다(ㅇ35 참조).

어족은 단군왕검의 조부가 되는 희화羲和 집안의 인종 아이콘이고, 양

〈그림 40〉 한인과 한웅의 우주전쟁. 이 전쟁에서 한웅이 승리하여 한국시대는 막을 내리고 배달나라시대가 왔다. 한인의 풍이족과 한웅의 웅족이 왕관을 사이에 두고 전쟁을 벌였다. 한웅이 이겨 한인이 마고로부터 빼앗은 북두칠성은 승리한 한웅의 웅족 진영에 흡수통일이 되었다. 위 천문도에서 붉은 선으로 표시한 지역은 한인과 한웅의 우주전쟁 터로 볼 수 있다.

족은 단군왕검의 부父인 신웅神熊과 인척이 되는 전욱고양顓頊高陽 집안의 인종 아이콘이다. 염소의 등 위에서 뒷쪽으로 펼쳐진 물병자리는 물을 생산해 내는 화수분과 같은 것이다. 물병에서 쏟아낸 물에서 물고기가 헤엄치고 있고, 아랫쪽으로 남쪽 물고기가 있다. 이들 물고기는 남쪽 방면으로 진출하는 단군조선의 어족으로 볼 수 있다. 물병자리는 북방현무칠수의 여수女宿, 허수虛宿, 위수危宿에 해당한다. 여수는 염소자리에 있는 견우의 측실이 된다. 허수는 견우가 직녀를 만나러 갔을 때 비운 빈집을 의미하고 위수는 견우가 직녀를 만나러 갔을 때 닥친 위기를 의미한다(제1부 〈그림 13〉, 제2부 〈그림 2〉 허수虛宿 참조).

물고기자리의 아랫쪽에는 고래자리가 있다. 고래는 단군조선에서 펼친 고래문명을 의미한다. 고래란 고래古來 또는 고래姑來로 볼 수 있다. 옛날부터 전해 오는 마고문명이라는 뜻이다. 거대한 문명을 의미한다.

고래의 꼬리 윗쪽에 양이 있다. 양은 고래문명을 전수하여 발전시킨 인종이 조선 인구의 절반을 이루는 양가羊加를 의미한다. 서방백호칠수에 속한 루수婁宿와 위수胃宿가 양에 해당한다(제1부 〈그림 13〉, 제2부 〈그림 41〉 참조).

조선을 구성하는 양족을 의미하는 양의 머리 위에 있는 삼각형 자리는 조선 사람의 사유체계의 기초가 되는 일석삼극一析三極의 수리체계를 뜻한다. 일석삼극은 〈천부경〉에 있다(○99).

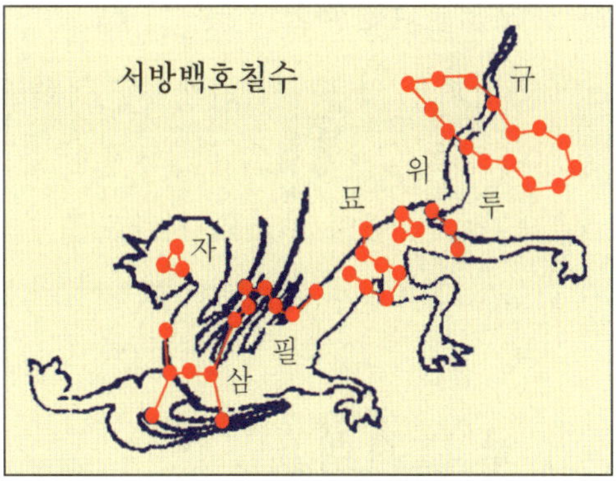

〈그림 41〉 서방백호칠수. 서방백호칠수는 하늘의 서방을 방어하는 서방천신이다. 그러므로 신장의 역할을 한다고 볼 수 있다. 뱀이 진화하여 백호가 되었다. 천문에서 백호는 태백금성으로 태양의 호위별이다. 태양은 한桓과 단檀으로 표시되는 한인, 한웅, 단군왕검이다. 그러므로 백호는 동이족 시조의 호위별이 되는 것이다.

양의 뒷쪽을 향하고 있는 황소머리, 즉 황소자리는 우두牛頭, 즉 소시머리를 의미한다. 소시머리는 단군조선에 반란을 일으킨 소시머리이다. 소시머리의 반란을 제압하기 위하여 오리온이 싸우고 있다(ㅎ45 참조). 황소는 서방백호칠수의 묘수昴宿와 필수畢宿에 해당한다. 오리온은 서방백호칠수에 속한 자수觜宿와 삼수參宿에 해당한다.

여기저기 분포한 조랑말, 페가수스는 마가를 의미한다(제6부 〈그림 9〉 참조). 개는 남방주작칠수에 속한 귀수鬼宿인데, 치우천왕의 군대인 도깨비를 의미한다.

물뱀의 머리 아랫쪽에 있는 용골자리는 거대한 돛배이다. 이 뱃머리 윗쪽에 외뿔소와 작은개와 큰개가 있다. 돛배는 풍이족과 동이족이 타고 사해로 뻗어나간 배이고, 개는 구가狗加, 외뿔소는 우가牛加의 인종 아이콘이다.

북두칠성이 속한 큰곰과 북극오성이 속한 작은곰은 마고족과 마고족에서 태어난 웅족을 의미한다. 황후성이 있는 북극오성을 마고족으로 보면, 북두칠성은 웅족이 된다(ㄷ12 참조).

이상 살펴본 것은 한인천제가 정복한 우주의 별자리들이다. 그의 대를 이어 웅족이 등장했고 한웅천왕이 웅족의 지배자로 등장했다. 마지막으로 단군왕검이 우주의 지배자로 등장하였다. 여기에서도 한웅이 왜 천왕으로 불리게 되었는지 그 이유가 밝혀진다.

31. 현자들의 귀순

단국의 현자들은 마고시대에 우주전쟁에 필요한 장비를 발명하고 전술을 확정한 사람들이었다. 그러니까 직녀성시대 현자들이었던 것이다. 이들이 지구의 세차운동으로 직녀성시대가 끝나자 새로이 시작된 천추성시대의 지배자인 한인천제에게 귀순하였다.

마고시대의 현자로 볼 수 있는 분들이 삼신인 마고, 궁희, 소희에게서 태어난 청궁, 황궁, 백소와 흑소의 네 분들이다. 이 분들은 마고로부터 추방령을 받고 부족을 이끌고 동서남북으로 흩어졌다. 그들이 떠나간 동서남북은 지구상에 있는 동서남북이 아니었다. 우주의 동서남북이었다.

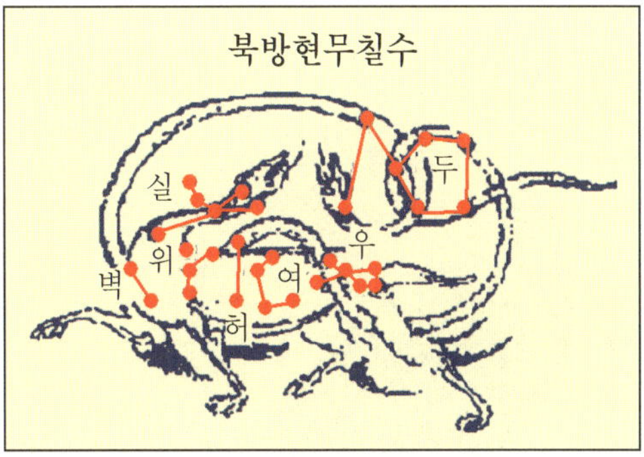

〈그림 42〉 북방현무칠수. 북방현무칠수는 하늘의 북방을 방어하는 북방천신이다. 그러므로 신장의 역할을 한다고 볼 수 있다. 뱀이 진화하여 현무가 되었다. 마고에게 추방당하여 풍이족을 이끌고 북쪽으로 간 황궁을 의미한다.

〈부도지〉에 따르면, 청궁靑穹은 운해주雲海洲로 떠났고, 황궁은 천산주天山洲로 떠났고, 백소白巢는 월식주月息洲로 떠났고, 흑소는 성생주星生洲로 떠났다고 하였다.

궁穹은 하늘을 의미하는 문자이다. 그러므로 청궁靑穹은 푸른빛이 나는 하늘을 의미한다. 황궁黃穹은 누른빛이 나는 하늘을 의미한다. 백소白巢는 흰빛이 나는 별을 의미한다. 흑소黑巢는 검은빛이 나는 별을 의미한다.

푸른빛이 나는 하늘은 아마 지구에서 가장 가까운 하늘일 것이다. 누른빛이 나는 하늘은 푸른빛이 나는 하늘보다 좀더 먼 하늘일 것이다. 백소는 백색별이고, 흑소는 흑색별일 것이다. 그러므로 백소는 가까이에 있는 별이고 흑소는 멀리 있는 별일 것이다. 이들 하늘과 별을 관측할 수 있는 곳은 마고본성이 있는 직녀성이 될 것이다. 이들 4분 현자들의 이름이 의미하는 것은 그들이 가게 될 하늘과 별들이다.

청궁이 간 곳을 운해주라 하였는데 아마 우주구름이 많이 낀 하늘일

〈그림 43〉 오미의 반란과 오행의 반란. 마고시대에는 오미의 반란이 일어났고, 단군시대에는 오행의 반란이 일어났다. 토의 반란이 일어난 것이다. 황토黃土의 황黃이란 문자에는 화살, 반역, 쿠데타의 의미가 있다.

것이다. 이 하늘에 청궁이 그의 무리를 이끌고 간 운해주가 있다. 황궁이 간 곳을 천산주라 하였는데 우주의 천산이 있는 곳일 것이다. 백소가 간 곳은 달이 지는 곳이고, 흑소가 간 곳은 별이 만들어지는 곳일 것이다.

여기에서 생각해 보아야 할 것은 청궁과 황궁이 있으면 백궁과 흑궁도 있어야 하는데 왜 청궁과 황궁만 있고 백궁과 흑궁이 없느냐 하는 것이다. 필자는 청궁에 백소가 있었고, 황궁에 흑소가 있었다고 본다. 그러니까 백소는 청궁에 속한 지소였고, 흑소는 황궁에 속한 지소였다고 보는 것이다. 그러므로 본래의 인종은 청궁과 황궁 2개의 인종만 있었다고 보아야 한다는 것이다. 청궁과 백소를 같은 계열의 인종으로 보고 황궁과 흑소도 같은 계열의 인종으로 보아야 한다는 것이다.

백소 밑에 마고의 금기인 포도를 따먹고 오미의 반란을 일으킨 지소가 있었다. 《성경》에선 인류 최초로 반란을 주도한 세력의 우두머리에 카인을 올려놓았다. 카인의 족속이 번성해지면서 북방계 유목민족인 아리안족, 투르크족, 몽골족 등을 구성하였다. 여기에 나오는 인종은 황궁흑소계에 속한 아리안족으로 볼 수 있다.

도대체 이들은 무엇을 타고 직녀성으로부터 멀리 날라간 것일까? 이들은 우주의 사대원소가 색소화하면서 탄생한 파동체였다. 오미의 반란 이후 이들은 파동체의 진동수가 급격히 낮아짐으로서 물질대사 작용에 의지해야만 하는 몸으로 퇴화하였다. 이 상태에서 더 이상 마고를 대신해 우주의 율려파동을 조절할 수 없었거니와 그들의 퇴화된 몸 자체가 파동출력을 감당할 수도 없었다. 이들이 마고성을 떠나지 않았다면 그들의 몸이 부서져 본래 우주의 원소로 환원돼 버렸을 것이다. 이들은 파동체로서 시공전이가 가능한 상태에서 UFO라는 비행물체에 의지해서 마고성밖으로 탈출하였다. 더 이상 본래 파동수에서 나오는 색소를 쓸 수 없는 입장에서 UFO의 기능을 이용하여 우주의 색소를 모아 그 상극수리에 파생하는 척력을 이용하여 비행선 동력으로 삼고 시공전이의 초공간으로 들어가 각자의 파동수 색소와 일치하는 환경을 찾아 우주의 4구역으로 흩어졌다. 이 과정을 통해서 우주의 각 성단은 그 성단을 대표하는 원주민 형태의 인류가 번성하였다. 이 시대에는 당시 인간의 몸 자체가 지금 인간의 몸과는 많이 달랐다. 몸 자체가 UFO의 기능을 수행할 수 있었다. 이 시대에 초과학이 발달하여 있었던 것이다.

32. 식량문제

그들은 과학을 해결했으나 생존의 근본이 되는 식량문제를 해결하지 못하였다. 식량문제가 해결되지 않자 그들이 살던 곳으로 다시 찾아오지 않을 수 없었다. 그러나 마고의 냉대를 받고 다시 추방당하지 않을 수 없었는데 이때 우주정복을 결의하였다.

《부도지》에는 “여러 족속이 나뉘어져 살기 시작한지 어느덧 1천 년이 지났다”고 하였다. 이 1천 년 동안에 인류는 마고가 마고성에서 추방할 때 내린 유시인 ‘해혹복본解惑復本’을 잊어버리고 세력을 키우면서 동족을 살상하고 영토를 넓히고 약탈하는 데에 집중하였다. 이 역사가 1만 년 전의 역사이다.

〈그림 44〉 부도건설의 실패작인 신의 도시. 인류는 마고의 유시인 해혹복본을 실천하기 위하여 신의 도시를 세우고저 하였으나 모두 실패하였고, 종교 사기꾼들만 득실대는 세상이 되었다.

이 시대에 마고의 후예들은 우주공간이라는 광대무변한 공간세계를 정벌할 것을 결심하였다. 그리하여 대대적인 우주전쟁이 일어나게 되었다. 오미의 난 이후 파동체로서의 기능이 약화된 색소인들은 마고성의 순결한 삶을 잊지 못해 마고대신의 품으로 돌아가고 싶었다.

하지만 마고대신의 진노는 그들이 본래의 파동체를 스스로 회복하지 않는 한 풀릴 수 없는 것이었다. 그들의 퇴화된 물질대사체의 몸으로는 마고성의 접근 자체가 불가능하였다. 마고성으로의 복귀 자체가 불가능한 상황에서 그들은 자신들의 영역을 확장하여 삶의 영역을 넓힐 수밖에 없었다. 우주전쟁은 이런 상황에서 불가피하게 벌어졌다.

33. 우주정벌

운해주와 생성주와 천산주와 월식주로 떠났던 4족이 자기들이 정착한 주변의 우주를 정벌하기 시작하였다. 이들 중에서 한웅천왕의 군대들이 북두칠성의 움직임을 따라 머나먼 우주정벌을 시작하였다.

청궁족은 청룡을 정벌하였고, 황궁족은 자미원을 정벌하였고, 백소족은 백호를 정벌하였고, 흑소족은 현무를 정벌하였다. 사색소인들은 우주에서 자신들의 영역을 넓힘으로서 후대의 지구인간들에게 외계인이 천신이 되어가는 과정을 보여 주었다. 청색소인이 우주의 청색영역을 정벌함으로서 청룡천신이 되었다. 백소족은 서방 영역을 정벌함으로서 백호천신이 되었다. 흑소족은 북방영역을 정벌함으로서 현무천신이 되었다.

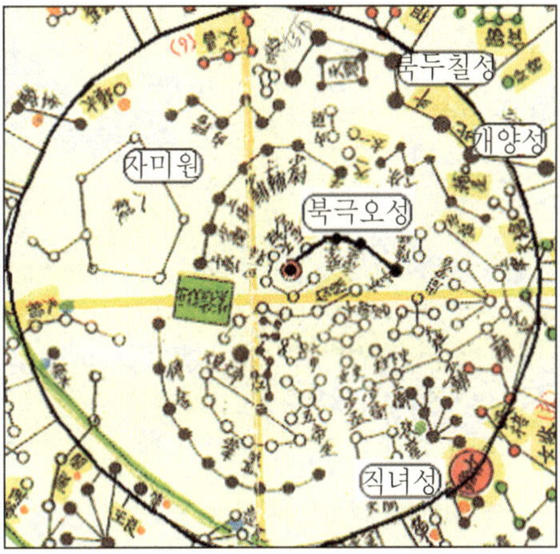

〈그림 45〉 마고지나 말기에 반란을 일으킨 한인, 한국 말기에 반란을 일으킨 한웅, 황제에게 멸망한 배달나라를 다시 일으켜 세워 조선을 선포한 단군왕검의 전쟁터 자미원. 이들이 반란의 역사를 이끌어 온 마고의 후예들이다. 한웅과 단군왕검은 자미원의 중심부에서 반란을 일으켰을 것이고, 한인은 자미원밖에서 반란을 일으켜 자미원 안으로 진격해 들어왔을 것이다.

지구하늘의 중심이 되는 하늘은 자미원이고, 사방이 되는 하늘은 청룡, 백호, 주작, 현무로 불리는 하늘이다. 이들 하늘을 4신四神이라 하였다. 결국 4개의 마고족이 자미원과 사신을 정벌했다고 보게 되는 것이다.

정벌군을 이끈 사거하 총사령관이 한웅천왕이었다. 여기에서 사거하를 풍이어로 해석하면 '뱀의 큰 하늘'이 되는데, '뱀의 큰 하늘'은 북두칠성이 관장하는 하늘을 의미한다고 볼 수 있다. 이 하늘이 사거하 사령관인 한웅천왕이 정벌군을 이끌고 정벌한 자미원과 사신의 하늘이다. 그래서 한웅천왕을 사거하 사령관으로 호칭했다고 볼 수 있다.

34. 우주전함

우주전쟁을 시작하는 날 우주의 각 발진기지에서 지위리 한인과 북두칠성에서 출발한 전사를 태운 우주전함들이 우주를 덮었다.

북극오성은 마고, 한인, 한웅, 단군왕검의 별자리이다. 작은곰별자리라고도 한다. 북극오성인 작은곰별자리에서 한인은 천제성에서 출전하고 한웅은 서자성에서 출전하였다.

푸른 불빛의 전함은 푸른빛의 파장이다. 푸른빛의 파장을 밀어냄으로서 출정군의 UFO는 북극오성의 천추성을 통하여 북두칠성의 천추성으로 직접 올 수 있었다. 북두칠성의 천추성에서 다시 천선성, 천기성, 천권성, 옥형성, 개양성, 요광성을 통하여 28수의 첫 별인 각성에 다다랐다.

푸른빛의 파장은 우주에 꽉찬 청색소의 발현이다. 이를 밀어내는 것은 황색소의 파장이다. 마고 현자들이 개발한 UFO 동력의 비밀이 색소간의 상생상극수리에 있었다.

한인천제가 탄 UFO와 한웅천왕이 탄 UFO가 북극오성을 출발하여 자미원의 우주정부가 있는 북두칠성에 안착하였다.

북두칠성은 선기옥형璇璣玉衡과 두병斗柄의 두 부분으로 구성되어 있다. 선기옥형은 정책을 결정하는 기관이고, 두병은 정책을 무력으로 시행하는 기관이다. 출정군을 결성하고 파견하는 곳이 북두칠성의 끝별인 요광성搖光星이다.

지위리 한인은 우주정벌함대를 요광성에서 결성하여 출발시켰다. 그리하여 사신성四神星의 첫 별자리인 청룡에 도달하였다. 1차로 청룡의 첫 별이자 청룡의 뿔인 각수角宿에 도달하였다. 다음에 청룡의 목인 항수亢宿에 도달하였다. 우주전쟁은 이렇게 시작하여 28수의 끝별인 진수軫宿까지 가서야 끝을 낼 수 있었다.

35. 푸른빛

지위리 한인이 우주정벌함대를 이끌고 지구에 접근하여 지구정벌을 끝내고 자리잡게 될 땅은 미래의 사제국巳帝國이 건국될 땅이었다. 이 땅이 모두 우주정벌함대가 빛을 내는 푸른빛에 휩싸여 있었다.

〈그림 46〉 마고의 곰 아이콘을 인수한 한웅이 진격해 들어가 점령했을 것으로 보이는 천시원天市垣. 천시는 그가 창설한 신시神市의 원형이다. 신시는 호혜경제공동체互惠經濟共同體이다. 천시원에는 시장의 기능을 가진 여러 별자리들이 배치되어 있다. 호혜경제체제는 선仙의 단일경제체제로 볼 수 있다. 오늘날 인류는 해혹복본하기 위하여 경제체제를 하나로 통합시키는 작업을 진행 중에 있다.

지위리 한인이 지구라 불리는 행성을 정벌하였다. 정벌을 끝내고 나서 파류나산 밑에서 사제국을 선포하였다. 사제국은 북두칠성의 제국이라는 뜻이다. 이리하여 한인천제는 사제국의 표시로 뱀을 사용하였다.

그러나 사제국巳帝國의 그하 사령관은 자미원을 정벌한 후에 곰을 자신이 거느린 부족의 인종 아이콘으로 쓰기로 하였다. 곰은 2마리였다. 어미곰인 소웅성(작은곰별자리)과 자식곰인 대웅성(큰곰별자리)으로 하였던 것이다. 이리하여 자미원 하늘에 마고를 상징하는 웅족이 재생되었다.

36. 자미원 정벌

〈천상열차분야지도〉에 그려진 별들은 마고의 후예들이 정벌하기 위하여 싸움을 벌인 별들을 기록한 것이다. 이들 별들이 있는 하늘에서

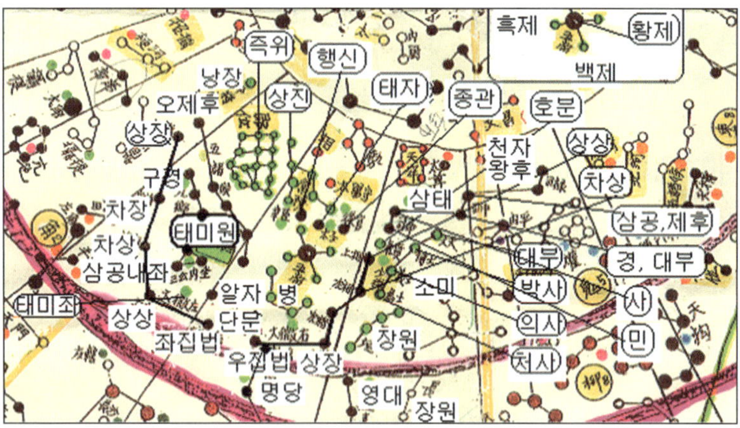

〈그림 47〉 마고시대에 반란을 일으킨 한인이 진격해 들어갔을 것으로 보이는 태미원. 태미원에는 한인이 천제로 즉위한 별자리가 즉위卽位로 나타나 있고, 그의 임무가 우주에서 태양을 지키는 임무를 띠고 있음을 태양수太陽守라는 별자리가 보여준다. 태자와 종교인과 관리들이 그를 보좌한다. 이들의 국가철학은 선仙이었다. 이 가르침을 선교仙敎라 하였다. 한국의 국가체제를 나타낸 별자리가 태미원太微垣이다.

가장 대표적인 전쟁지역으로 추측되는 별자리는 자미원에 속한 용별자리와 사신에 속하는 청룡, 백호, 주작, 현무의 사신별자리이다.

지위리 한인이 인솔한 우주정벌함대는 자미원을 정벌하면서 용으로 불리는 별자리를 만들었고, 28수를 정벌하여 자신의 영토로 만들었다. 그러고 나서 태양계라 불리는 새로운 성단에 도착했다.

37. 지구 정착

한인천제가 두락안으로서 우주정벌을 하고 나서 정착한 곳이 지구였다. 그때가 직녀성시대 말기였을 것으로 생각된다. 한국의 역사는 한인천제의 우주정벌에서 시작된다.

지도를 보면 남북의 방위가 뒤바뀌었던 시대가 있었다. 지구가 뒤집어진 시대가 있었던 것이다. 그래서 지금의 북쪽이 남쪽이 되고 남쪽이 북쪽이 되는 시대가 있었다. 이 시대에 대한민국의 땅이 뒤집어져 지구의 중심 위치에 있었다. 그 시대가 직녀성시대였을 것이다.

태양계에 속한 행성들 중에는 월식주(달이 지는 지구라는 뜻)로 보이는 행성이 있다. 월식주를 지구로 보는데, 월식주를 지구로 보는 이유는 우리 무가巫歌에서 조선을 월진국月盡國(달이 지는 나라, 조선이라는 뜻)이라 한 데에 기인한다.

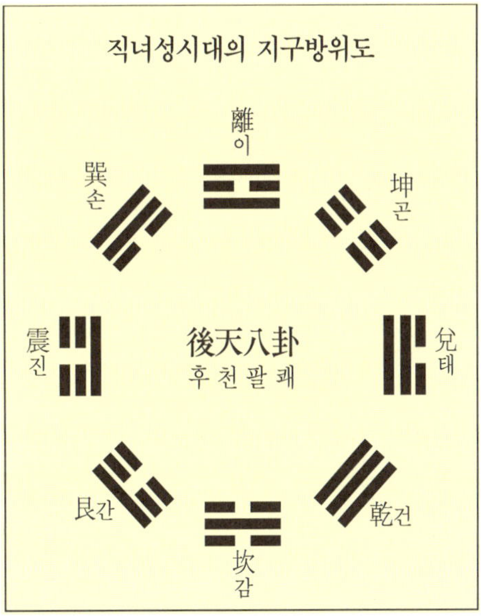

〈그림 48〉 직녀성시대의 지구 방위도. 지구가 덤블링을 한 것처럼 뒤집어져 있다.

월진국이 있는 지구를 월식주로 보려하기 때문이다.

조선의 선조는 사두인간 풍이족이다. 풍이족이 지구에서 역사를 시작했을 때 우주에 있는 여러 행성에서 동시다발적으로 행성문명이 시작되었을 것으로 본다.

빙하기시대 말기인 이 시대에 지구에서 농사와 목축과 문명이 발달하였다. 1만 5천년 전에 한국 땅에서 벼농사를 지어 먹고 살았다.

제3부 우주전쟁

1

1. 우주전쟁시대의 한桓과 단檀

박달(ㅂ1, 4, 5)에서, '박'은 '밝'(명明)이다. 해와 달이 비쳐서 지구가 밝아진다는 뜻이다. 그래서 밝은, 밝다는 뜻을 가진 한桓, 단檀(ㅎ6, 11, 12)이라는 문자를 쓴다.

〈그림 1〉 태양신 라의 발. 이집트 벽화는 태양의 빛을 태양에서 걸어 나오는 무수한 발로 그렸다. 이집트 고대언어가 바(밝음)에서 발(빛, 족足, 발發, 발인發人)이 나왔음을 보여주는 경우라 할 것이다.

'밝다–박'의 의미를 가진 한인천제와 한웅천왕시대의 문자 '한'이 단군왕검시대에 와서 '단'으로 변음이 되었다. 그래서 한웅천왕을 단웅천왕이라 하여도

되고, 단군왕검을 한검왕검이라고 해도 틀린 말이 아니다. 후대의 기록인 《조선왕조실록》에서는 한인桓因을 단인檀因이라 하였고, 한웅桓雄을 단웅檀雄이라 하였다(《조선왕조실록》 권40, 세종 10년 6월 기미).

한인의 인因은 씨앗이고, 한웅의 웅雄은 웅熊과 같은 뜻으로 쓴 말이다. 웅熊(곰)자가 먼저 생기고 웅雄(수컷)자가 나중에 생겼다.

역사에 보면 곰(熊)은 동양이나 서양에서 다 중요시했음을 알 수 있다. 마고를 곰이라 했으니 마고시대에 곰이란 문자를 썼을 것으로 볼 수 있는데, 후대에 곰을 인종 아이콘으로 썼던 백제는 국도인 한성의 이름을 곰이라 하였다. 금강錦江은 곰강이라 하였고, 곰주는 공주公州라 하였고, 곰강에 있는 나루는 곰나루(웅진熊津)라 하였다(ㄱ26 참조).

《구약성경》에 곰을 숭상하는 인종의 국가인 앗시리아가 이스라엘을 쳐서 멸망시켰다는 기록이 있다. 앗시리아를 웅족국가로 보면 배달나라 계열의 국가가 이스라엘을 멸망시켰다고 볼 수 있다. '앗시리아'에서 '아시'가 한국에서 '처음'과 '아침'의 고대언어이므로 배달나라에서 떨어져 나간 웅족이 이스라엘을 침공했다고 볼 수 있다. 언어의 근본을 밝힘으로서 사장된 역사가 밝혀진다는 것은 놀라운 일이 아닐 수 없다.

이러한 관점에서 이집트의 언어 바Ba를 밝의 의미로 찾아보기로 한다. 필자가 보기에 바는 밝의 원시언어로 보인다. 한국桓國에서 한글의 받침 ㄹ과 ㄱ이 생성되지 않은 채 이집트 쪽으로 건너간 발음이 그대로 쓰였을 것으로 볼 수 있는 것이다.

대한민국에서도 역사 초기에는 '밝'이라는 말을 쓰지 않고 '바'라는 문자를 썼을 것으로 생각된다.

후대에 와서 '바'가 '발'이 되고, '박'이 되고, '밝'이 되었다고 볼 수 있다. '발'이라고 할 때는 족足과 발發과 족族과 발渤로 의미를 확대해 나간다(제3부 〈그림 1〉 참조). 족足(Foot)은 발發(Foot)이라는 말이고, 족族은 a race;a people;a nation이다. 발들이 모여 족族이 된 것이다.

또한 이집트 고대어에서 영혼을 의미하는 말을 Ba라고 하였다. 우리 고대어에서 영혼을 영가靈加(가망加亡)라 하였다. 《성경》에 나타나는 헤브류 언어에서, '유령'을 의미하는 말은 Gava라 하였다.

영가는 고대조선을 구성했던 인종의 인종 아이콘을 말한다. 오가는 양가羊加(양족羊族), 우가牛加(우족牛族), 마가馬加(마족馬族), 저가猪加(저족猪族), 구가狗加(구족狗族)의 5부족을 의미한다. 이들 5부족 구성원들 중에서 사망한 사람을 영가라 하였다.

이집트 고대어에서 유령이라 한 말은 고대조선어인 영가와 같은 뜻의 말로 볼 수 있다. 유령을 Gava라고 하였는데, 이 말 중에서 Ga는 가加로 볼 수 있고, Va를 Ba로 보면 이집트 고대어에서 유령이라 했으므로 영靈으로 볼 수 있다. 따라서 Gava는 가영加靈으로 볼 수 있고, 가영加靈은 영가靈加로 볼 수 있는 것이다.

〈그림 2〉 청국인淸國人의 타살굿. 청국인은 오가 중에서 저가에 속하는 인종이었는데 조상의 영가에게 제사 때 타살굿을 하였다(출처 淸代 乾隆 36년(1771) 발간, 《祭祀全書巫人誦念全錄》).

이상에서 조선어와 이집트어와 히브리어가 공통으로 Ba를 뿌리로 하여 언어를 발전시켜 갔다는 것을 알 수 있다. 히브리어를 쓰는 유태인은 그들의 조상이 흑룡강 쪽에서 이주하였다고 믿고 있으므로 적어도 6,000년 전에는 코리언과 유태민족이 동족이었을 가능성을 배제할 수 없고, 이스라엘을 멸망시킨 앗시리안과도 동족이었을 가능성을 배제할 수 없다고 본다. 이집트는 메소포타미아와 함께 뱀을 인종 아이콘으로 썼던 풍이족과 함께 한12제국의 일원이었던 슈메르와 관련이 있을 것으로 본다.

우루는 울림이다. 또한 웅이다. 울림은 파장이다. 파장은 주파수의 높고 낮음에 따라 빛이 되기도 하고 소리가 되기도 한다. 즉 빛과 소리로 볼 수 있다. 빛과 소리의 시대는 한웅시대이다. 빛은 한이고 소리는 웅이기 때문에 한웅시대로 보는 것이다. 이 시대에 배달나라(배달행성, 배다른 인종이 사는 나라)에 구려족으로 불리는 9인종이 살고 있었다. 구려족은 구리빛 피부를 가진 인종들이다.

수메르어에서 우루, 우루Ur, Uru(○57)는 울림의 의미가 아니고 한국말의 울Ur(원垣), 우리Uri(아我, 전체全體)와 유사한데 도시를 뜻한다고 한다. 또한 우리(We-지地)라고도 한다.

그러나 우루의 루婁(ㄹ2)는 서방백호칠수에 속한 두 번째 별 루수婁宿로 양별자리에 해당한다. 따라서 우루의 '우'가 루수에서 울려오는 진동으로도 볼 수 있다는 것을 무시할 수 없다(○57). 루수에서 진동의 파장을 타고 지구로 날라온 외계인들이 있을 수 있다. 이러한 관점에서 외계인이 날아올 수 있는 별과 관련이 있는 국가의 이름을 한12제국에서 찾아보기로 한다.

우선 구다천국句茶川國이 있다. 구다천국의 구句는 구勾와 같은 의미의 문자로 구진성句陳星을 의미한다. 구진성은 6성으로 구성되어 있는데 은퇴한 북극성을 말한다. 구다천국은 구진성에서 날아온 외계인들의 나라로 볼 수 있다.

구모액국句牟額國도 구句자가 들어 있으므로 구진성에서 날아온 외계인이 세운 나라로 볼 수 있다.

또한 매구여국賣句餘國도 구句자가 들어 있으므로 구진성에서 날아온 외계인이 세운 나라로 볼 수 있다.

필나국筆那國이 있다. 필筆은 서방백호칠수의 5번째 별자리로 서양별자리의 황소별자리에 해당한다. 그러므로 필수筆宿에서 날아온 외계인이 세운 나라로 볼 수 있다. 우루국을 필나국이라 했다 하는데 이 두 별자리는 모두 서방백호칠수에 속해 있는 별자리이다.

비리국卑離國이 있다. 비리국의 비자는 별의 원음原音일 수 있다. 별에서 빈다는 의미를 유추할 수 있으므로 그렇게 볼 수 있는 것이다. 이離는 이방離方이고 이방은 남방주작칠수南方朱雀七宿 방위에 해당한다. 남방주작칠수에서 날아온 외계인들이 세운 나라로 볼 수 있다.

이렇게 지구로 날아온 외계인들이 직녀성시대 말기에 지구를 1차로 침공한 청궁, 황궁, 백소, 흑소의 후예들이었다고 볼 수 있다. 그들이 지구를 침공했다는 역사적인 근거를 찾기 힘이 들지만 직녀織女라는 문자가 직녀성織女星을 의미하고, 직녀를 의미하는 마고麻姑가 옷감을 짜는 여신(姑)을 의미하고, 〈견우와 직녀 신화〉에서 직녀가 천제의 딸로 나오고, 《부도지》에서 마고가 우주에서 울려오는 소리의 파장인 팔려八呂의 음에

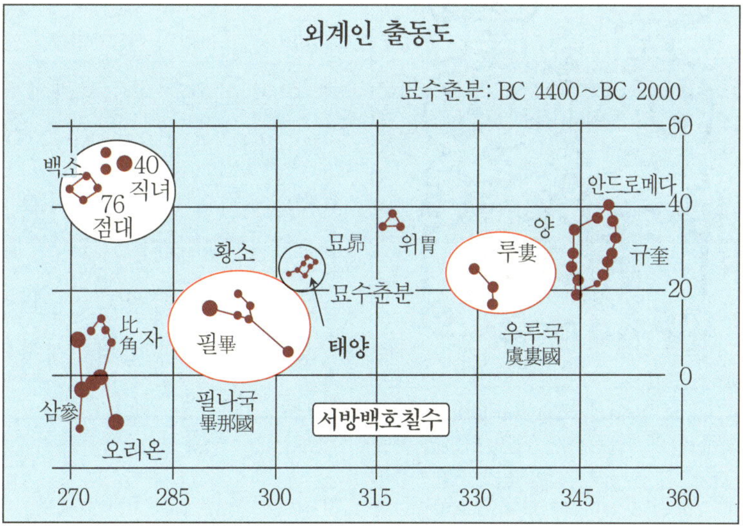

〈그림 3〉 외계인 출동도. 한제국이 구성되기 전에 루수와 필수에서 지구를 정벌하기 위하여 파충류인간(사두인간, 회색 외계인-풍이족)들로 구성된 외계인 연합군이 출동했을 것으로 생각된다.

서 출생했다고 했으므로, 마고가 사는 마고본성을 직녀성으로 보면 마고가 마고성에서 추방(ㅁ10)한 그의 자손들 황궁, 청궁, 백소, 흑소가 우주선에다 그의 자식들을 싣고 지구를 침공하였다고 볼 수도 있는 것이다.

고대 이집트어 우루Ur에 대해서 좀더 생각해 보기로 한다. Ur를 울림을 뜻하는 웅雄으로 보면 한웅천왕과 관련이 있는 문자가 된다.

수메르인들이 동방에서 문자를 가지고 왔다(ㄷ17)는 연구발표가 있었다. 수메르에서 최초로 건설한 나라 이름이 우루Ur(수메르가 있었던 지명)라면 우루라는 말이 한국의 문자로 표현된 우리말로 볼 수 있을 것이다. 우루가 울림의 소리인 웅하는 소리로 볼 수 있는 단서가 된다 하겠다.

두락안은 두락斗落과 안安으로 볼 수 있다. 두락은 영어의 Drop의 의미를 갖고 있다. 두락과 드롭은 음이 닮았다. 북두칠성에서 떨어져 나왔다는 의미로 해석한다. 안은 고대 이집트어로 An이다. 부정, 거부, 비난, 슬픔의 의미를 갖고 있다. 이런 이유로 마고시대에서 떨어져 나와 마고시대에 실망하여 한인시대를 연 한인천제의 성姓인 안으로 볼 수 있다.

옥추부의 모티브가 된 마고의 子宮

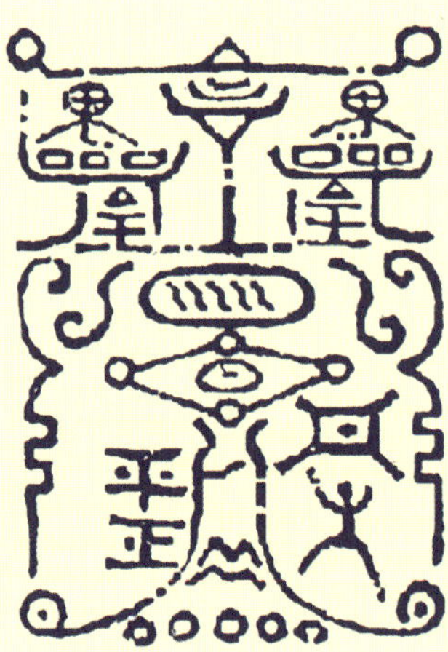

玉樞符

〈그림 4〉 고비(곰)를 도형화한 것이 옥추부이다. 곰의 위력을 극대화하기 위하여 부적으로 만든 것인데 곰과 마고를 동일시하면서 '마고의 자궁'이라는 의미를 갖게 되었다. '마고의 자궁'은 다시 마고의 영원한 임신을 의미하는 '마고 클라인병'으로 의미가 확대되었다.

한인천제가 나타났을 때는 직녀성시대가 끝나고 천추성시대가 시작될 때였다. 아마 이때가 직녀성 인간들-곰 아이콘을 쓰는 인간들과 천추성 인간들-뱀 아이콘을 쓰는 인간들 사이에 자미원의 북극오성에 속한 황후성과 천제성 사이에서 극심한 우주전쟁이 있었을 것으로 생각된다. 이 싸움에서 직녀성 인간들이 패배하였을 것으로 본다.

한인천제가 직녀와의 전쟁에 이겨 직녀시대를 마감하고 한인시대가 지속되다가 한웅이 나타나 전쟁을 일으켜 한인을 이기고 한웅시대가 시작되었다.

한웅시대 초기에 자미원에 있는 북극오성에서 천제성을 떠난 외계인들이 지구를 침공하였을 것으로 보는데, 〈단군신화〉는 이들이 지구를 식민지로 만들려고 택한 땅이 삼위성과 태백성이 조응하는 땅이었음을 기록으로 보여준다. 이들 외계인들이 1만년 전에 지구를 침범하기 전부터 지구의 원주민으로 원시인들이 살고 있었다.

신라의 시조 박혁거세(ㅂ7)를 〈부소보서〉에서 '불구내弗矩內(ㅂ43)'라 했는데 '붉은 해'라는 뜻의 향찰鄕札이다. 불(ㅂ42)이라는 문자에서 박혁거세가 웅족 출신임이 밝혀진다.

한국 사람의 조상과 같은 조상으로 거론되고 있는 수메르인들의 언어

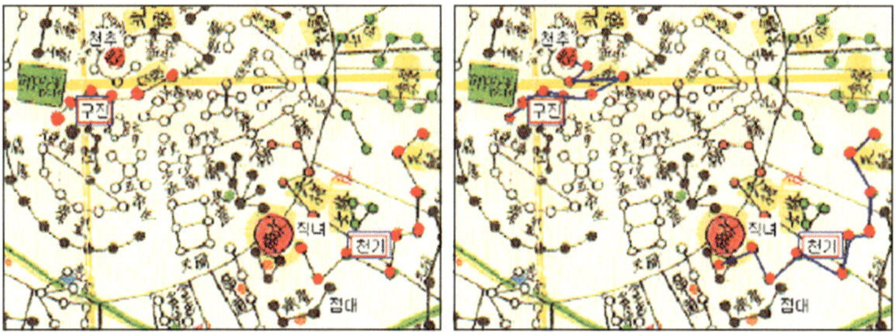

〈그림 5〉 구다천국, 구모액국, 매구여국의 실체가 되는 구진성. 구진성勾陳星은 현역에서 은퇴한 천추성(북극성)이다. 천기성天紀星은 현역에서 은퇴한 직녀성(북극성)으로 볼 수 있는 별들이다. 왼쪽 그림은 구진 6성으로 그려졌으나 지구의 세차운동이 번갈아 가며 이루어지고 있으므로 구진성의 수를 천기성의 수에 맞추어 다른 별을 구진6성에 더 편입시켜 그렸다. 오른쪽 그림은 다른 별을 구진 6성에 편입시켜 그린 천문도이다. 오른쪽 천문도가 왼쪽 천문도보다 2번 더 세차운동이 지나갔음을 나타낸 것이다. 직녀성의 세차운동 횟수를 천기성의 세차운동의 수와 맞출 수 있기 때문에 그렇게 그린 것이다.

인 곰은 아스Az나 아수Asu라 하였는데 고대국가인 앗시이라의 어원이 되는 문자로 볼 수 있다. 곰의 고어는 '오스'였다 한다. 러시아 우랄산맥 밑에는 당시 고미족이 살고 있었다. 고미족이란 곰족이라는 말일 것이다. 알타이지방에서는 곰을 '아유'라 하였다. 호비 인디언의 호비라는 말은 곰을 의미하는 고비라는 말의 와전으로 볼 수 있다.

2. 로열패밀리의 비밀

직녀성은 3개의 별로 구성되어 직녀3성으로 불려왔다. 《부도지》에 따르면 직녀3성은 직녀성, 실달성, 허달성이다. 직녀성 앞에는 직녀3성을 지키는 점대4성이 포진하여 있다. 이들 7개의 별들이 직녀성에 속한 별들이다. 이들 별들이 직녀성시대 말기에 위대한 카안에게 침공당하

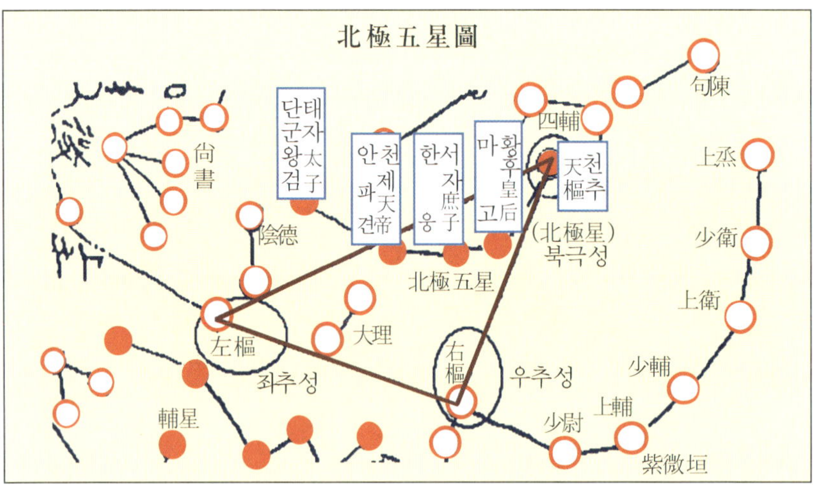

〈그림 6〉 북극오성도. 〈단군신화〉를 북극오성 천문도로 만든 것이다. 〈단군신화〉는 조선 부루단군이나 가륵단군 때 만든 신화로 볼 수 있는데, 〈단군신화〉의 내용이 〈천상열차분야지도〉의 북극오성도로 만들어진 점으로 보아서 〈천상열차분야지도〉가 적어도 가륵단군 때 완성되었다고 볼 수 있다. 가륵단군은 조선왕조 때 세종대왕의 모델이 된 분이다.

였다. 두락안 한인천제가 인솔하는 외계인 정벌부대가 직녀성 주변의 별들을 신속하게 정복하였다. 직녀성 주변에 사는 외계인들은 다음날 해가 뜰 무렵에야 자신들이 살고 있는 별들이 점령당하였다는 것을 알게 되었다. 그러고 나서 천추성시대가 시작되었다.

지구에서도 똑같은 상황이 벌어졌다. 직녀성을 점령한 침공군이 지구를 침공한 것이다. 지구의 통치자들은 방심하고 살다가 힘 한 번 써보지 못하고 그들의 권좌를 점령군에게 넘겨주고 말았다. 이때 구진성이나 루수나 필수에서 소집된 외계인들이 침공군으로 동원되었을 것으로 생각된다.

추측건대, 빙하기 말기에 지구침공부대는 4개 부대로 편성되어 제1침공부대는 메소포타미아 지역에, 제2침공부대는 사이베리아 지역에, 제3침공부대는 황하지역에, 제4침공부대는 홍산지역에 각각 착륙했을 것으로 생각된다. 이들 침공부대의 총지휘관은 한인천제였다.

여기에서 한인을 다시 한 번 더 살펴보기로 한다. 한인의 한桓은 우주의 밝음을 의미하는 문자이고, 인은 인간의 씨앗(因)을 의미하는 문자이다. 한은 할이 되고 안이 되었다. 그래서 한아버지가 할아버지가 되었다.

세월이 가면서 한桓은 단檀으로 변하였다. 안은 알과 언, 얼로 확대되었다. 일본어에서 안이 아나(기己), 아나(혈穴), 아나(安), 아나阿那가 되었다. 카안에서 안의 의미가 위대하다고 하는 이유가 여기에 있다.

〈그림 7〉 위대한 카안으로 볼 수 있는 우주뱀 나라야나는 사라진 MU제국에서 창조주로서 북두칠성이다.

카를 다시 한 번 더 생각해 본다. 단군왕검에서 왕검王儉은 왕으로서 검이다. 검은 처음 태어난 임금을 말한다. 그가

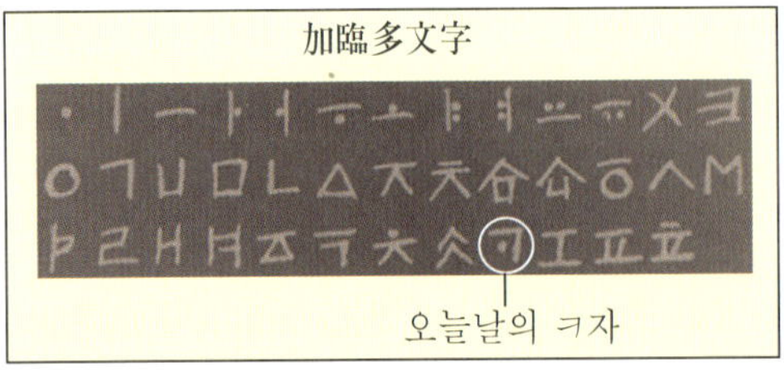

〈그림 8〉 조선의 제3세 가륵단군 때 만들었다고 전해오는 가림다문자. 가림토加臨土문자라고도 한다. 오늘날 우리가 쓰는 한글의 모체가 되는 문자이다.

신이다. 단군조선시대에 인종과 언어가 일본에 건너갔는데 이때 검이라는 문자가 카미(がみ)로 발음하게 되었다. 그러므로 카는 단군조선시대의 문자와 음으로 볼 수 있다. 이 시대의 문자를 '가림다문자加臨多文字'라 하는데, 가加는 오가五加를 의미하고, 임臨은 '오가가 조상으로부터 내려 받았다'는 뜻이다. 그러므로 '가림다문자'는 '오가부족이 옛날부터 전해오는 문자를 전승한 문자'라는 의미가 되는 것이다. 가림다문자에 오늘날의 'ㅋ'과 같은 문자가 있는 것으로 보아서, 일본어의 신을 의미하는 '카미'가 단군조선시대에도 신을 의미하는 문자 '검'으로 발음되었다고 볼 수 있다. 이렇게 보면 카안에서 카는 신으로, 안은 아버지로 볼 수 있게 되어 오늘날 기독교 교회에서 신도들이 '하나님 아버지'라는 의미로 썼던 문자가 '카안'이었다고 생각할 수 있다. '하나님'이라는 문자는 대한민국 사람만이 가지고 있는 유일신을 호칭하는 고유한 개념의 언어이다.

3. 마고와 서왕모

마고 무사도는 마고의 유시를 실천하려는 외계인 무사들의 정신을 무장시키기 위하여 만든 무사도였다. 위대한 카의 시대에 완성되었다. 야비하지 않고 신사적이었다. 이 무사도가 선도仙道라는 이름으로 4,000년 동안 지켜져 내려왔다.

한인천제는 마고지나를 멸망시킨 후에 마고 무사도를 폐지하지 않고 백성들에게 습득하도록 하였다. 해혹복본하는 데에 도가 된다고 믿었기 때문이었다.

'해혹복본'은 지구가 세차운동으로 다시 직녀성시대에 왔을 때 백성들에게 마고성으로 귀환하라고 내린 복귀명령이다.

그러나 이 복귀명령은 후대에 황제가 반역하여 새로운 종교인 도교를 창안함으로써 지켜지지 않았다. 도교는 마고를 버리고 서왕모를 내세웠다. 선교는 도교에 밀려 헤매다가 지상에서 사라지지 않을 수 없게 되었다. 도교 안에서 누가 마고의 적통을 계승하느냐 하는 문제로 첨예하게 대립하지 않을 수 없었다. 선교와 도교 사이에 갈등이 일어나는 것은 어쩔 수 없는 일이었다.

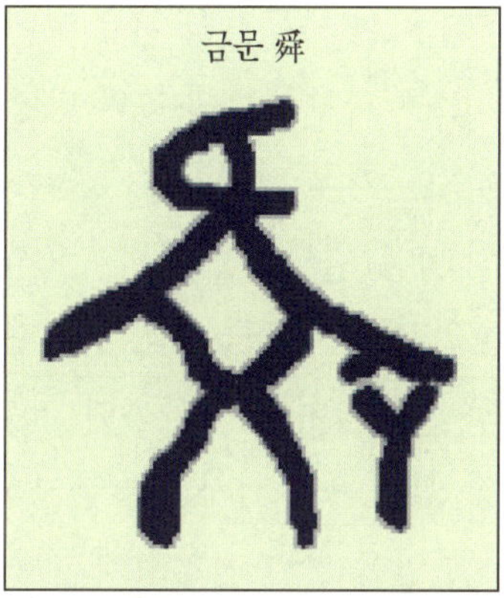

〈그림 9〉 금문 순舜(ㅅ68). 중국인 금문학자. 낙빈기駱賓基(1919-1993)에 따르면, 한韓자에 쓰인 어그러질위韋자는 순임금이 요임금에게 쿠데타를 일으켜 생긴 문자라 한다. 그러므로 한韓이 좋은 문자가 아님을 알 수 있다.

4. 아아스-우루 푸른 휘장

두락안[1)]이 우주의 파충류인간인 풍이족을 이끌고 점령한 지구 원주민들의 땅에 생긴 카안[2)]의 집무실에 아아스-우루 푸른휘장이 쳐져 펄럭거렸다.

앞에서도 수차 살펴보았지만 두락안은 북두칠성에서 떨어져 나온 한인천제이다. 그가 북두칠성에서 떨어져 나온 이유는 북극오성 천계를

1) 두락안 : 북두칠성에서 떨어져 나온 한인천제 안파견
2) 카안 : 풍이족의 일파인 몽골족이 숭상하는 한인천제 안파견

평정하여 북두칠성 천계에 편입시키기 위해서였다.

그는 북두칠성 정부의 명령을 받은 외계인 군대를 대량으로 동원하여 자미원의 중심에 있는 북극오성계를 공격하였다. 그곳에 아리안 황후인 마고의 새로운 영지 황후성이 있기 때문이었다.

일찍이 마고는 직녀성을 폐쇄하면서 궁희와 소희를 데리고 황후성으로 이동하여 해혹복본이 이루어질 때까지 있기로 하고 이궁으로 자리 잡았다. 아직 서자성과 태자성의 주인은 그의 주변에 나타나지 않았다.

한인은 장차 서자성에 한웅이 나타나 마고의 남편 행세를 하려 할 것을 예상하고 있었다. 한웅이 마고의 남편 행세를 하며 서자성에 안착하게 된다면 서자 한웅으로 불리게 될 것이 자명하였다. 그렇게 되면 한웅과 마고의 외교적 연합은 시간문제가 될 것이고 단군성채檀君城砦를 북극오성에 구축하게 될 일도 시간문제였다. 따라서 장차 단군이 왕검이 되어 태자성에 안착하는 것도 시간문제가 될 것이다. 이 모두가 다 가능한 일이었다. 한인은 북극오성계를 선점 확보하여 한웅이 나타날 것을 대비해야 했다. 그는 선제 공격으로 마고의 팔다리를 끊어놓기로 하였다.

〈그림 10〉 칠석제 상차림. 칠월칠석날 자시子時에 여자들이 직녀(마고-Kho)에게 제물을 차리고 제사 지낸다. 자시에는 어머니가 삼신이 점지해 준 자식을 낳는다는 의미가 있다. 제단에 가지, 오이, 호박, 고추를 놓는데 삼신이 낳게 해주는 자식을 의미한다. 아마 웅족 후손들이 이 제사를 시작했을 것으로 생각된다(사진 출처 선유도칠석제 진설).

그 시대에 한인의 형안과 폭력을 당해낼 자는 없었다. 마고조차도 그러하였다. 그는 북극오성을 평정하여 황후성을 포로로 잡고 마고의 나라인 마고지나를 인수하였다. 마고의 모든 소유가 한인의 소유가 되었다. 마고조차도 그의 소유가 되었다.

북극오성에는 천추성이 있다. 지구의 세차운동으로 자전축이 천추성을 향하게 되면 그후로 북극성으로 불리게 되는데, 사막이나 초원이나 바다에서 길잡이가 되어 주는 별이다. 몽골족은 이 별을 푸른 이리별이라 한다. 구진성, 탐랑성貪狼星이라고도 한다. 그들은 자신의 조상이 푸른 이리별에서 왔다고 믿어 왔다. 그들의 조상이 구려족句麗族 출신이라는 말이다. 한인천제가 이끄는 외계인 파충류인간이 몽골지방을 점령하여 얻게 된 호칭이었다. 그래서 북극오성에서 천제성으로 등극할 수 있었다.

본문에서 한인 안파견을 의미하는 말이 카안이다. 이 말을 다른 말로 바꾸면 도가刀加의 안이 된다. 몽골족을 칼카Khalkha족이라 하는데, 카를 가加의 변음으로 보고 칼을 도刀로 보면 칼카는 도가刀加로 볼 수 있다.

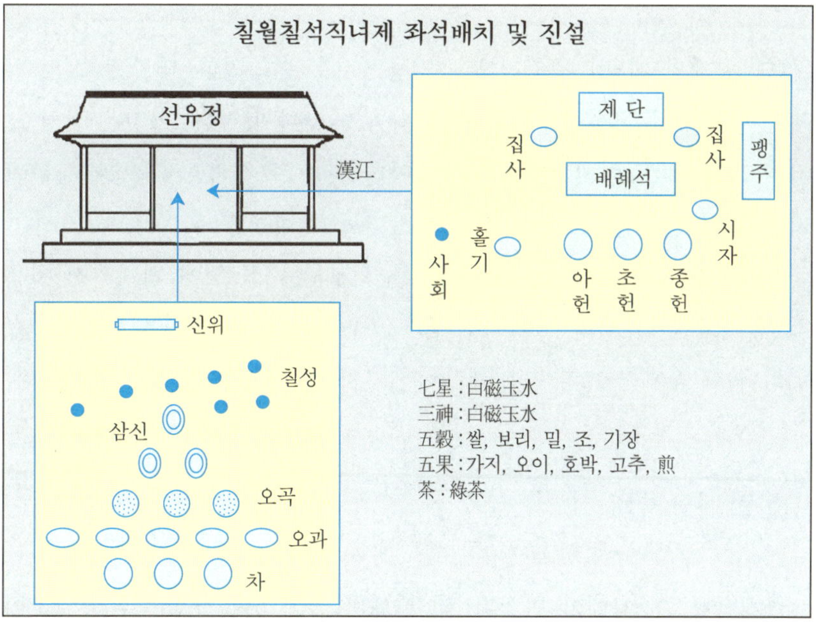

〈그림 11〉 칠석제 진설 및 헌관배치. 서울의 한강漢江의 문자적 의미는 원래 은하수라는 뜻이다. 그러므로 칠석제를 지내는 곳으로 최적지最適地임을 알 수 있다(출처 《七夕祭儀軌》).

도가의 안을 풀면 도가의 안파견이 된다. 결국 도가의 우두머리가 안파견이라는 말인데 이 말은 도가인 몽골족이 우주에서 파충류인간인 풍이족과 같은 인종이라는 말이 되는 것이다. 몽골족을 도가로 볼 수 있는 것이다.

이 말은 〈김수로왕 설화〉에서 김수로왕을 왕으로 맞아들인 구간九干 중에서 아도간我刀干·여도간汝刀干·피도간彼刀干·오도간五刀干과 맥이 닿아 있다고 볼 수 있다. 도가 칼이기 때문에 그렇게 볼 수 있다.

한인은 일제히 정복지征伏地를 상징하는 아아스 휘장에 우루(웅熊-곰-북두칠성-대웅성大熊星)를 수놓은 푸른 휘장을 걸어 펄럭거리게 하였다. 북두칠성을 수놓은 푸른 휘장이 펄럭거린 것이다(ㅊ35 참조).

5. 한인천제의 영광스런 승리

한인천제의 제1차 우주전쟁은 영광스러운 승리였다. 앞으로 그의 앞에는 한12제국 건설이라는 중대한 과제가 놓여 있었다. 그것은 장차 그가 치러야 할 12번의 큰 전쟁을 의미하였다. 그 결과는 〈천상열차분야지도〉에서 태미원으로 나타났다.

한인천제가 우주전쟁을 마치고 지구의 파류나산 밑에 내려와서 치룬 2차전쟁도 승리로 마무리 되었다. 그곳이 천산으로 불리게 된 곳이다. 그러나 그 앞에는 그가 속복시켜야 할 12개의 원시인 집단들이 있었다.

6. 한제국시대

한제국에는 7시대가 있었다. 각 시대마다 최대의 과제는 우주정벌이었다. 7시대가 이 과업을 수행하였다. 마지막으로 이 과업을 수행할 사

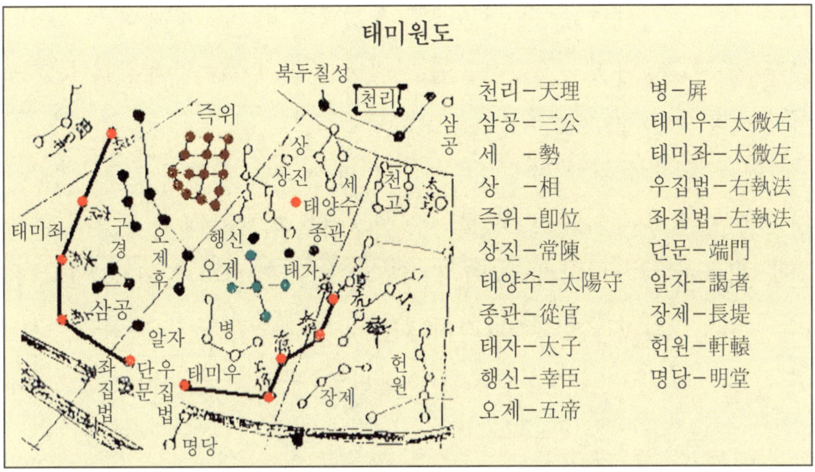

〈그림 12〉 북두칠성 바로 아랫쪽에 태미원이 있다. 두락안이 북두칠성을 떠나 장차 자신이 다스려야 할 영토의 범위를 정한 것이 태미원이었다고 볼 수 있다. 태미원에서 즉위별자리는 그가 천제로 즉위한 자리이고, 오제후(오가五加), 삼공(삼선三仙), 종관(사령四靈)과 행신은 그를 추종하는 관리들이고, 태자는 그의 대를 이을 다음 세대의 천제이다. 태미좌와 태미우는 한12제국의 울타리가 되는 나라들로 볼 수 있다. 여기가 아아스(태미원)일 것이다.

람이 지위리 한인이었다. 지위리 한인에게는 아직 정복되지 않은 많은 행성들이 남아 있었다. 그는 지구를 떠나 행성을 정벌해야 했다. 그래서 그는 후계자를 세워 지구정벌 과제를 인계해야 했다. 그 후계자가 곰족 출신의 후계자인 박－우루(한웅)천왕이었다.

한인은 1, 2차 정벌을 마쳐서 북극오성과 태미원을 한제국의 영토로 확정하고 태미원밖으로 나갔다. 3차 정벌로 28수 정벌에 나선 것이다.

이 전쟁은 한제국이 약 1만년 전에 세워져 멸망할 때까지 3,301년(혹은 63,182년이라고도 한다) 동안 진행되었다. 한인천제의 임무를 인계받은 다음 대에 혁서 한인이 제2대 천제의 제위를 물려받아 전쟁을 수행하였고, 그 다음엔 고시리 한인이 제3대 천제의 제위를 물려받아 전쟁을 수행하였고, 그 다음엔 주우양 한인이 제4대 천제의 제위를 물려받아 전쟁을 수행하였고, 그 다음엔 석제임 한인이 제5대 제위를 물려받아 전쟁을 수행하였고, 그 다음엔 구을리 한인이 제6대 제위를 물려받아 전쟁을 수행하였고, 그 다음엔 지위리 한인이 제7대 제위를 물려받아 전쟁을 수행하였다.

이리하여 역대 천제들이 우주의 동쪽과 동북쪽 하늘에 12제국을 완성할 수 있었다. 12제국은 땅에서도 이루어졌다. 하늘에서 이루면 땅에서도 이루어졌던 것이다. 땅에서 이룩한 제국은 넓이가 남북으로 5만리, 동서로 2만여 리였다. 나라이름은 비리국, 양운국, 구막한국, 구다천국, 일군국, 우루국(혹은 필나국), 객현한국, 구모액국, 구매여국(혹은 직구다국), 사납아국, 선비국(혹은 시위국, 또는 통고사국), 수밀이국이었다.

이들 나라는 7세에 걸쳐 세워졌다. 그러므로 같은 시대에 세워진 나라들이 아니었다. 예컨대 수밀이국은 수메르로 볼 수 있는 나라인데, 수메르에서 메소포타미아가 생겨났으므로 이러한 점으로 보아서, 1세의 역사가 짧은 역사가 아닌 긴 역사였음을 알 수 있다. 그래서 12제국(행성)의 존속기간을 3,301년이라 하고, 63,182년이라고도 하였다.

세월이 오래 가면서 새로 태어나는 인종들은 서서히 자기 조상의 역사를 잊어갔다. 심지어 그들의 조상이 지구를 침공한 외계인이라는 사실조차 잊어버렸다. 그들이 잊어버리는 것이 많아지는 만큼 머리도 형편없이 나빠져 갔다. 마고의 나라와 한제국이 있었는지 없었는지 모르게 된 것이 이를 증명한다고 볼 수 있다.

7. 배달나라시대

한인천제의 한12제국(행성)시대가 끝나고 한웅천왕의 배달나라(배달행성)시대가 시작되었다. 북두칠성에서 출정한 한인천제 전투단에 속한 마고무사도전사는 마고의 유시인 해혹복본을 실행하기 위하여 쉴틈 없이 전쟁을 치르러 나갔다. 이리하여 마고의 유시를 계승하였음을 나타낸 한제국의 제실帝室을 상징하는 청색 휘장이 승전할 때마다 게양되었다.

북두칠성의 자루 끝에 나란히 벌려져 있는 3개의 별 중에서 맨 끝별이 군대를 출전시키는 요광성인데 옛날부터 이 별을 파군검봉破軍劍鋒이라 하였다. 군대를 격파하는 검과 봉이라는 뜻이다.

한인천제의 군대는 여기에서 무장하여 출정하였다. 출정할 때는 번쩍이는 빛과 파장에 실려 UFO부대(우주선부대)가 사방으로 퍼져 나갔다. 요광성搖光星이라는 문자에 빛이 흔들린다는 의미가 있으므로 UFO부대가 흔들리는 빛 요광에 실려 파군하러 간다는 의미가 되었다.

요광성에서 빛이 번쩍이면 지구의 어디에선가 지진이 일어난다고 했는데 요광의 힘이 지구에 미쳐 지진이 일어난다고 볼 수 있다. 이때 눈에 보이지 않는 UFO(주, 검봉을 무장한 UFO로 볼 수 있다)가 지구로 출동한다고 볼 수도 있다.

이런 일은 훈련하듯 주기적으로 일어날 수 있고, 비주기적으로 일어날 수도 있다. 한인천제를 계승한 UFO정벌군이 승전을 할 때마다 한인천제를 상징하는 제실의 깃발이 게양되었다.

8. 카안(加安) 제국

두락안 전사들은 우주식민세계에서 안카AnKha, 또는 나카NaKha, 또는 낙NaK으로 알려졌다. 카안전사들이 세운 나라가 카안(加安)제국이다. 전사들이 강했기 때문에 위대한 나라를 세울 수 있었다. 이 제국은 풍이족風夷族이 주축이 되어 세운 제국이다. 그래서 위대한 12제국(행성)의 우주문명을 아무도 따라잡을 수 없었다. 앞으로도 그러리라 생각되었다.

안카는 안파견 한인천제의 안가安加 부족이라는 뜻이다. 안은 수메르의 최고신이고, 안파견을 의미하기도 한다.

나카NaKha에서 나Na는 나라를 의미하는 나那이다. 그러므로 나카NaKha는 나가那加가 된다. 나라를 만드는 부족이 되는 것이다. 낙NaK은 나카의 줄임말로 볼 수 있다. 나카는 어둠의 나라라는 뜻이다. 이런 말들은 한인천제 안파견의 부족인 풍이족이 세운 나라라는 말이다.

9. 원시태양계

우주에는 오르Orr태양계가 있다. 원시태양계라 한다. 마고가 다스리는 나라인 마고지나에서 출정한 UFO부대가 다른 곳으로 떠나가거나 직녀성으로 귀환할 때 중간 기착지로 사용하던 곳이다.

오르 원시태양계는 직녀성시대에 마고정벌군단이 거쳐 가던 교두보와 같은 곳이었다. 이곳에 속한 행성 하나가 북두칠성에서 출진한 한인천제의 무적함대 앞에 추락하였다.

14,000년 전에 무대륙에서 화산이 폭발하고 지진이 났을 때, 마고가 타고온 우주선이 지구상에 추락했던 때였다. 아마 황후성에서 출발한 우주선이었을 것이다. 한인천제가 거느리는 우주정벌선단에 속한 UFO가 쏘는 파장무기에 기능을 상실하여 소행성처럼 한인천제의 무적함대 앞에 추락했다고 볼 수 있다.

마고는 그가 떠나온 우주로 돌아가기 위하여 오른발을 들어올려 오름을 연습하지 않을 수 없었다. 그때부터 한국의 다른 지방에 없는 오름이라는 말이 제주도에 생겨났다.

오르에서 오름이라는 말이 나왔다.

우리나라의 제주도에 화산활동이 만들어낸 오름이 있다. 이 오름이 마고신화(서문대할망 신화)와 연결된다. 마고 오름이란 말이 생겨난 것이다. 마고 오름은 마고가 다리 하나를 들어올려 천계에 걸쳐 놓는다는 뜻이다. 마고가 오른쪽 다리를 들어올리면 천상에 닫는다고 한다.

〈그림 13〉 제주도에 있는 오름. 제주도의 〈서문대할망 신화〉는 우주에 사는 마고족 사람 누군가 타고온 UFO가 제주도에 추락하여 생겨난 신화일 것이라는 점을 생각해 볼 필요가 있다.

마고 오름이 이렇게 천지인 오르태양계인 천天과 오름이 있는 지地와 마고(서문대할망)라는 인人을 연결한다. 천지인天地人의 연결이 뫼비우스 띠의 기능을 수행하게 되고, 궁극적으로 클라인병이 되어 우주에 마고의 자궁이 생겨났다. 이는 마고가 삼신으로서 후손 탄생을 주관하는 산신産神이 되게 된 이유이다(ㅁ22).

10. 복제인간

한인천제는 끊임없이 우주 안을 수색하였고, 생명체가 있는 곳을 정벌하였다. 그러나 지성체가 살고 있는 행성을 발견하지 못하였다.

우주를 정벌하러 나선 외계인들이 오랜 수색끝에 지구가 있는 태양계에 도달하였다. 그들이 지구에 착륙했을 때 원시인으로 불리는 원초적인 인간들은 모두 몸을 숨기고 그들 앞에 얼씬도 하지 않았다. 두려움에 떨고 있었던 것이다.

외계인들은 씨앗을 뿌려 식물을 재배하듯이 고도로 발달한 과학문명

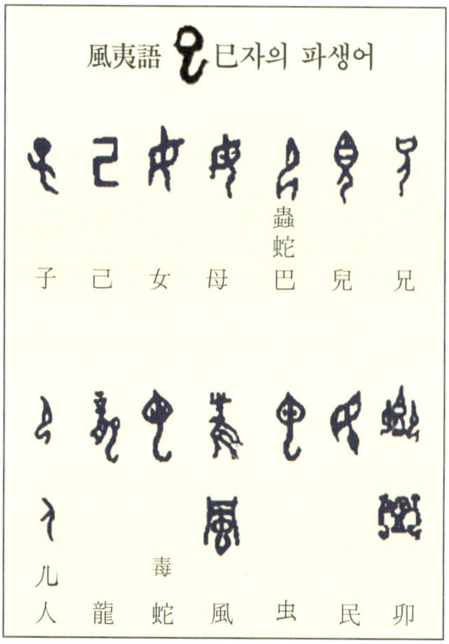

〈그림 14〉 풍이어 사巳의 파생어. 금문金文으로 알려진 이 문자는 풍이족이 후손인 자子에게 남긴 유산이다.

을 활용하여 외계인을 복제한 복제인간을 만들기로 하였다. 이 일을 맡아 하기로 한 사람들이 다하스 현자들이었다.

다하스 단국 현자들은 그들이 타고온 UFO 안에 실험실을 만들고 자신들을 복제하기 시작하였다. 복제가 끝난 다음에 이들을 지상에 내려 보냈다.

여기에서 중요한 것은 '다하스'라는 문자가 무엇을 의미하는가를 찾아보는 것이다. 필자는 지금은 사라진 풍이족의 언어인 풍이어風夷語가 한12제국시대의 유물로 어떤 형태로든 풍이족의 후예인 우리에게 남아 있을 것으로 보는데, 이 '다하스'라는 문자도 그런 문자 중의 하나라고 보고 있다.

'다하스'를 우리 문자로 보면 우선 다+하+스의 합성어로 나누어 볼 수 있는데, '다하'는 '다하다'라는 말로 볼 수 있다. 수메르어에 시작을 '아스', 아침을 '아시'라고 하였는데, 신라어와 발음이 같다고 함을 수메르어를 연구하는 학자가 이미 발표한 바 있다. 그렇다면 우리가 신라어를 계승했다고 보고 '하스'를 '끝'으로 보기로 한다. '하스'에서 '하'는 '하다'로 보고, 여기에 '다'자를 붙여 '다하다'로 보는 것이다. 우리가 '최선을 다했다'는 말에서 볼 수 있듯이 '하다'가 일이 '끝났음'을 의미하는 말이므로 '끝'으로 본 것이다.

따라서 '다하스'라는 말의 '하'에 '할 수 있는 것은 다 했다'는 의미가 있다고 해석한다.

두락안의 세계에서 '다하'(다했다)로 불린 학자를 '다하어스'라 했다는데, '어스'는 어+스의 합성어일 것이므로 '어'를 '어머니'母로 보거나 우리말 어於로 보기로 한다. '스'는 풍이어에서 가장 중요한 말인 뱀과 사巳의 파생어인 풍風, 모母, 여女, 자子, 야也 등의 근원이 되는 문자 사巳의 변음으로 보기로 한다. 이렇게 보면 '스'가 다양한 의미로 쓰였을 가능성을 배제할 수 없게 된다. '스'를 '자子'의 변음으로 보기로 한다. '자子'는 성인인 '공자孔子', '맹자孟子', '장자莊子'에서 볼 수 있듯이 '현자賢者'를 의미한다.

그러므로 '스'의 변음인 '자子'가 모母를 의미하는 땅에서 태어났으므로 지地로 보기로 한다. '하'는 '하늘'·'크다'는 의미로 역괘상易卦象의 지천태괘地天泰卦와 그 의미를 같이한다고 볼 수 있다. '스'를 '수'의 변음으로 보면 현자를 가리킨다고 볼 수 있다. 그러므로 '다하스'는 예수와 같은 뜻의 말로 해석할 수 있다. 따라서 '다하-다하어스'는 불사不死의 비의秘義인 여신감응女神感應(ㅇ29, 30 참조) 지천태地天泰(ㅈ28)의 이치를 가르치던 마고선파麻姑仙派(ㅁ8)의 스승들로 볼 수 있다.

역易에서는 현자들을 군자君子라 한다. 군자는 단군왕검지자檀君王儉之子의 준말이다. 군君자와 자子자만을 취하여 군자君子라 하였다고 볼 수 있다. 이렇게 보면 다하스 현자들을 단군왕검을 배출한 단국檀國의 현자들인 군자들로 볼 수 있게 된다. 단군왕검은 조선을 세우기 전에 단국 홍제洪帝의 태자로 있었다.

11. 희귀한 금속

수많은 행성세계에 생명체가 존재하지 않았다. 다만 생명체가 살아갈 수 있는 조건이 되는 바다가 있었다. 또한 희귀한 금속들이 풍부했다.

풍이족이 지구문명이 시작되기 전에 우주에서 행성 우주과학지식을 활용하여 지질탐사를 했음이 위의 글에서 밝혀진다. 물과 금속은 12제국(행성)에 절실하게 필요한 원료이자 자원이었다. 이것을 가공해야만 물자를 풍부하게 쓸 수 있었다.

12. 필요해진 식민지

다하스의 현자들은 이기적인 사람들이었다. 그들은 희귀 금속을 채광하기 위하여 식민지가 필요하다고 생각하였다. 식민지를 만들려면 현지에 많은 복제인간을 만들어야 했다. 그래서 복제인간을 만들어 광산개발에 쓰기로 하고 복제인간이 살아갈 수 있도록 자연조건을 갖춘 행성세계로 내려갔다.

행성세계에는 인간이 살 수 있는 자연조건을 갖춘 행성과 인간이 살 수 없게 자연조건이 갖추어지지 않은 행성이 있다. 태양계에서 인간이 살 수 있는 조건을 갖춘 행성은 지구 뿐이다. 태양계 행성인 지구, 수성, 금성, 화성, 목성, 토성, 천왕성, 해왕성, 명왕성 9개 중에서 지구를 제외한 8개 행성은 인간이 살 수 없는 행성이다.

수성은 태양에서 쏘아대는 태양열을 조절하지 못한다. 낮의 온도는 350℃가 되고 밤의 온도는 −170℃가 되는데 대기가 없어서 태양열을 복사하지 못한다.

금성에 대기는 있는데 두꺼운 이산화탄소층으로 구성되어 있어서 온실효과가 발생하여 태양의 열을 방출하지 못하여 평균 온도가 500℃나 된다.

화성은 수성과 금성보다는 4계절이라는 유리한 조건을 갖추고 있는데 이산화탄소 대기층이 너무나 얇아 밤에는 태양열을 보호하지 못하

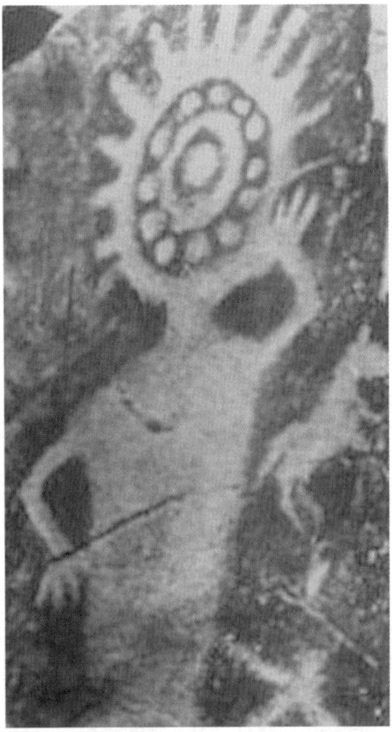

〈그림 15〉 BC 6000년대의 사하라사막의 동굴벽화. 우주인과 말이 그려져 있다. 우주인이 지구에 내려와 최초로 발견한 야생마를 그려놓은 것으로 볼 수 있다.

여 온도가 −140℃로 내려간다. 최고온도가 20℃가 될 적이 있지만 상시온도가 아니므로 인간이 생존하는 데에는 아무런 도움이 되지 않는다.

목성은 수소기체로 이루어져 있고 온도가 −110℃라 땅이 없고 온도가 낮아 인간이 살지 못한다.

토성은 질소의 성분을 가진 대기로 둘러싸여 있지만 땅은 얼음으로 온도가 −125℃나 되어 인간이 살지 못한다.

천왕성도 −190℃나 되는 차가운 온도 때문에 인간이 살지 못한다.

해왕성도 −190~150℃나 되는 차가운 온도와 풍속 2,000km나 되는 강풍 때문에 인간이 살지 못한다.

명왕성도 −240℃ 때문에 인간이 살지 못한다.

이러한 이유로 지구만이 태양계에서 유일하게 인간이 살 수 있는 조건을 갖추었다고 말할 수 있다. 외계인이 지구를 선택한 이유가 생명나무를 이식해서 키우는데 가장 적합한 환경이라는 것이 단국의 현자들에 의해서 알려졌기 때문이다.

13. 광산 식민지

위대한 한인천제는 머나먼 행성에 광산식민지를 확보했고, 행성개발을 책임질 아리다 작업행정관과 천제의 명을 받들 보좌관을 배치했다. '아리'라는 말은 우리말에서 '알에서 태어난 사람', '아는 사람', '지식이 많은 사람', '지혜가 있는 사람' 등을 의미하는 말로 쓰이는 말이다. 우리 민요 〈아리랑〉에도 '아리'가 있는데, '아는 사람'이라는 말로 썼다고 볼 수 있다. 바이칼호수 쪽에 사는 에벤키족도 '아리'라는 말을 쓰고 있다고 한다. '아리'를 단음으로 줄이면 '알(난卵)'이 되어 우리 민족이 〈난생설화卵生說話〉의 주인공이 되게 한다.

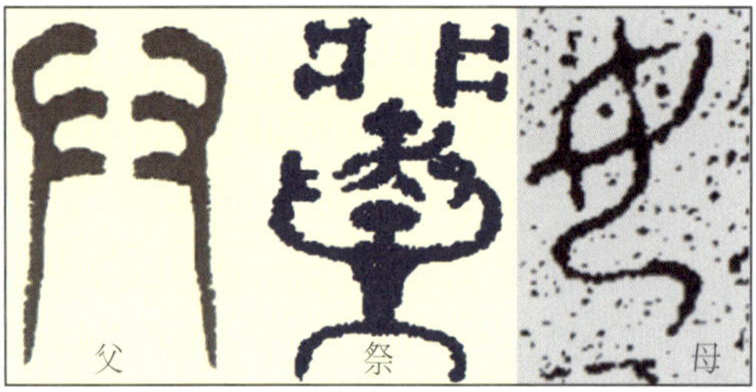

〈그림 16〉 금문 부제모父祭母. 아버지는 조상을 받들어 모시기 위하여 제사를 지내며 여기에서 정통성을 찾는다. 어머니는 임신하여 자식을 낳으면서 여기에서 정통성을 찾는다.

'고구려의 시조 고주몽高朱蒙', '부여의 시조 금와金蛙', 신라의 시조 박혁거세朴赫居世, 가락국의 시조 김수로金首露 등은 모두 뱀이나 새처럼 알에서 태어난 사람들이다.

고주몽은 높이 뜬 붉은 해가 알로 표현되어 고주高朱가 되었고, 금와는 알이 신비스러운 금개구리 알로 표현되어 금와金蛙가 되었고, 박혁거세는 밝은해가 불구내(붉은해-계란鷄卵)로 표현되었다. 이러한 이유로 고주몽의 모계족성인 성은 고씨가 아닌 고주로 볼 수 있고, 금와왕도 모계족성이 금이 아니라 금와로 보아야 한다는 결론에 도달하게 된다. 박혁거세의 원래 성도 박이 아니라 불구내라 본다. 당시에는 이름의 앞에는 모계족성을 썼고 뒤에는 부계씨칭을 썼으므로 고

〈그림 17〉 이집트의 신물神物 소. 이 소의 뿔 사이에 태양과 뱀이 있다. 태양신 라가 결합하여 우신牛神이 되었다고 볼 수 있다. 여기에서 뱀은 이집트로 이주한 풍이족의 조상신을 상징한다.

주몽의 부계씨칭은 몽이 되고, 금와의 부계씨칭도 무엇인가 있었을 것으로 본다. 이렇게 보면 불구내의 부계씨칭도 무엇인가 있었을 것으로 본다. 이분들에게 부계씨칭이 없는 것은 출생지가 UFO이기 때문인지 모른다.

모계혈족은 어머니가 조상이므로 낳은 자의 태생胎生을 중요시 하지만, 부계혈족은 아버지가 조상이므로 조상을 중요시한다. 태생을 중요시 할 때는 족성族姓(어머니의 성)을 체계적으로 밝히지만, 조상을 중요시할 때는 씨칭氏稱(아버지의 성)을 체계적으로 밝힌다. 그래서 모母자는 어머니의 임신을 형상화하였고, 부父자는 조상을 받들어 모심을 형상화하였다.

본문에서 아리다의 '아리'는 '알'로 볼 수 있고, '다'는 현자를 의미하는 문자로 볼 수 있다. 우리의 절(사寺)이란 문자의 발음을 일본에서는 '데라'라고 하는데, 고어에서 'ㅈ'자와 'ㄷ'자는 발음이 같았다고 볼 수 있다. 이러한 관점에서 보면 '다'와 '자'는 다같이 '자子'를 의미한다고 볼 수 있다. 따라서 '아리다'는 '아는 자'라는 의미를 가진 문자로 볼 수 있다.

'사'는 뱀을 의미하는 '사巳'로 보기로 한다.

본문에서 아리다 행정관이 아리다 행성에 실재했던 인물이었는지, 또

천제의 명을 받드는 보좌관이 있었는지도 연구해 보아야 할 것이다. 천제는 한인천제를 의미한다고 볼 수 있다.

그들이 알에서 태어나지 않을 수 없게 된 이유는 그들이 태어난 종족의 인종 아이콘 때문이다. 모계혈족母系血族이나 부계혈족父系血族이 인종 아이콘을 만드는데, 새로 만드는 인종아이콘이 먼저 선조들이 인종 아이콘을 만들어온 원리에 따라 그들만의 인종 아이콘을 만들었다.

본문에서 우주영화의 스토리 같은 이야기가 펼쳐지고 있는데 우주 영화에서 이런 스토리는 흔한 것으로 볼 수 있다. 〈데드 스패이스 다운풀〉이라는 애니메이션이 있다. 이 애니메이션에서 머나먼 광산은 이름이 이지스이고 여기에서 마커로 불리는 유물이 발견된다. 행성파괴선인 이시무라호가 파견되고 유물이 운반되면서 통신이 끊어지고 정체불명의 존재가 탑승자를 살인하기 시작한다는 이야기이다. 이러한 이야기의 원형이 우주 어디엔가 있었을 것이기 때문에 우주선 이야기가 복제되어 애니메이션으로 만들어질 수 있다고 본다.

14. 아리다 행성

두락안의 세계에 속한 아리다 행성에서 아리다 행정관는 다른 행성에서 호송되어 온 노예들을 부렸다. 이들 노예들은 아리다 행정관이 복제한 복제인간으로 볼 수 있는 인간들인데 노예로 태어나서 희귀 금속을 채취하는 데에 동원되었다. 희귀 금속은 우주선을 코팅하는 데에 쓰는 금이었을 것으로 생각된다.

다른 식민세계에서 두락안 전사들은 안카AnKha, 나카NaKha, 낙NaK으로 알려 졌다.

안카는 안가安加이다. 안파견 한인천제의 부족이라는 뜻이다. 나카

NaKha에서 나Na는 나라를 의미하는 나那이다. 그러므로 나카NaKha는 나가那加가 된다. 나라를 만드는 부족이 되는 것이다. 낙NaK은 나카의 줄임말로 볼 수 있다. 이런 말들은 한인천제 안파견의 부족인 풍이족이 세운 나라라는 뜻이 된다.

나크하NaKha에서 나를 나那로 보면 '크하'는 크다로 볼 수 있다. 큰 나라로 볼 수 있는 것이다. 나카드NaKad도 역시 '큰나라'로 볼 수 있다.

이 이야기는 〈여와의 우주창조 신화〉와 닮은 신화이다. 이 신화와 닮은 신화가 《구약성경》에 나오는 〈여호와(야훼)의 인간창조 신화〉이다. 신화의 세계에서 여와와 여호와는 같은 신으로 볼 수 있는 신들인데, 이 글에서는 〈여와의 우주창조 신화〉만을 인용하기로 한다.

복희와 여와의 교미

치우천왕

〈그림 18〉 〈복희와 여와의 교미도〉와 〈치우천왕도〉는 벽화이다. 세 분이 다 뱀을 의미하는 사巳와 충虫을 인종 아이콘으로 쓰는 풍이족 출신으로 안카인 한웅천왕의 후예이다.

"아주 오랜 옛날에 우주의 사극이 무너지고, 온 천하의 별들이 갈라져, 하늘은 대지를 제대로 덮을 수 없었고, 땅 또한 만물을 두루 안아서 실을 수 없었다. 온 세상은 활활 타는 불길이 치솟아 꺼지지 않았으며, 질펀하게 넘치는 강물과 홍수는 그칠 줄 몰랐다. 맹수들은 선량한 백성들을 잡아먹었으며, 사나운 새들은 늙고 연약한 것들을 낚아채 갔다. 이에 여와는 다섯 빛깔의 아름다운 돌들을 다듬고 구워서 하늘의 터진 틈을 깁고

커다란 자라의 다리를 잘라서 무너진 우주의 사방에 기둥을 세우고 하늘을 떠받들었다. 흑룡(치우천왕)을 잡아 죽임으로써 천하의 백성들을 구제하고 갈대를 태워 그 재를 지상에 쌓음으로써 넘치는 홍수를 그치게 하였다. 마침내 푸른 하늘은 기워졌고, 우주의 사극 또한 바르게 되었으며, 홍수도 마르고, 천하도 평안해졌다. 흉악한 맹수들은 죽었으며 착한 백성들은 살아났다. 그리하여 사람들은 대지를 등에 대고, 하늘을 품에 안을 수 있었다."

〈그림 19〉 풍이족 출신의 치우천왕의 유적지인 기주冀州의 탁록涿鹿(가운데)과 판천阪泉(오른쪽). 기주의 탁록은 황제와의 마지막 싸움에서 패배한 곳이고, 판천은 황제와 10년 전쟁을 치룬 중원中原 땅이다. 왼쪽은 치우묘이다.

이 신화가 배달나라 초기에 만들어진 〈여와의 인간창조 신화〉이다.

그러나 배달나라 후기에 판천阪泉과 기주冀州에서 치우천왕과 황제의 싸움이 일어났을 때 이 신화에 이 싸움을 얹어서 〈탁록대전 신화〉를 만들었다. 다음에 불주산에서 전욱고양과 제곡고신이 싸운 전쟁을 이 신화에 얹어 〈불주산 신화〉를 만들었다. 〈탁록대전 신화〉에서는 황제가 치우천왕인 흑룡을 죽였다 하였고, 〈불주산 신화〉에서는 제곡고신이 우주의 4개 기둥을 망가뜨려 하늘이 기울어지게 되었다고 하였다.

탁록대전에서 치우군이 응룡족應龍族으로부터 수공水攻을 당하여 많은 인구가 살해당했고, 다음 전쟁인 전욱고양과 제곡고신의 싸움에서도 전욱고양군의 많은 인구가 살해당하였다. 이들 두 전쟁이 앞에 인용한 〈여와의 인간창조 신화〉에 덧씌워 기록되었다.

치우천왕의 천왕은 한웅천왕에게서 적통으로 이어져 내려오는 천왕이다. 한웅천왕의 맥을 치우천왕이 이었다. 한웅천왕은 〈아리안문서〉에서 두락안 천왕(천제)의 뒤를 이은 박우루 천왕으로 볼 수 있는 인물이다.

15. 아리다 행정관

아리다 행정관은 지구의 배달나라시대가 아닌 우주의 배달나라시대에 우주 한웅천왕 정부에서 복제인간을 생산하여 노예로 공급하는 직책에 있었다. 그는 노예로 쓸 인간을 알처럼 생긴 용기에서 복제하여 다량으로 생산하였다. 그는 생산한 노예를 수송하여 무생물 행성계에서 희귀 금속을 채취하였다.

이리하여 우주에 지배자와 노예라는 2개의 집단이 생겨나 존재하게 되었다. 도덕적으로나 윤리적으로 용납될 수 없는 일이 일어난 것이다. 〈아리안문서〉는 이러한 관점에서 노예의 시각으로 〈인간창조설〉을 보게 만든다.

그 대표적인 예가 《구약성경》에 나오는 〈아담과 하와 야훼 창조설〉이다. 엘로힘(야훼)으로 불리는 인간복제 기술자들이 지구에 와서 자신들을 복제한 아담과 하와를 생산하였다. 일설에 의하면

어린이역사문화학교 2004년 1월 20일

이탈리아 「밀라노 두오모성당 광장 앞」에서~
「죽지않는 뱀과 거인의 나라」 참고자료

〈그림 20〉 뱀에게서 태어나는 인간. 이태리 밀라노 스포르체스코성의 벽면 부조물이다. 뱀을 인종 아이콘으로 쓰는 풍이족이 이태리에 진출했음을 보여주는 예이다.

이때 줄기세포를 제공한 외계인이 사탄이었다고 한다.

〈아담과 하와 야훼 창조설〉에서 사탄은 뱀으로 표현된다. 아담과 하와가 야훼가 창조한 유태인의 조상이라 하는데, 사탄이라는 문자를 한자로 바꾸어 놓고 보면 아담과 하와가 유태인종의 조상이 아님을 알게 된다.

아담과 하와를 유혹하여 야훼를 배반하게 만든 사탄을 한자로 옮겨 쓰면 사탄巳誕이 된다. '뱀이 태어났다,' '뱀을 낳았다'는 말이다. 이 말은 '뱀의 자식으로 아담과 하와를 낳았다'는 말이 된다. 아담과 하와가 야훼의 자손이 아니고 사탄의 자손이라는 말이다.

이 사탄의 어원을 추적해 보기로 한다. 여와의 한자는 여와女蝸인데, 와蝸자에 뱀을 의미하는 충虫자가 들어 있다. 여와가 뱀을 낳아 뱀족(풍이족風夷族)의 조상이 되었다는 뜻이다. 여와를 여왜女媧라고도 하는데 왜媧의 여女자가 뱀을 의미하는 사巳자의 파생어이므로 의미는 같다고 하겠다. 따라서 여와와 사탄이 동족임을 알 수 있는 것이다. 여와의 여女자는 모성母性을 의미하고, 풍風자는 사巳의 자손이라는 뜻이고, 야也자는 모성의 여음女陰이라는 뜻이다.

이렇게 어원을 추적해 보면 아담과 하와가 유태인종의 조상이 아니고 여와와 사탄의 후손인 뱀족(풍이족)이라는 것을 알 수 있는 것이다.

〈부소보서〉에 따르면 풍이족으로서 장자가 된 분이 한인천제이다. 한인천제는 기묘己卯년에 조이족鳥夷族(오이족烏夷族) 출신의 항영과 풍주風州 배곡倍谷에서 혼인하여 풍이족을 창설하였다. 그가 외계인으로 지상에 와서 풍이족을 창설한 것이 아닌가 한다.

그런데 여기에서 의문이 가는 것은 〈아리안문서〉에 따르면 한인천제가 복제인간인 노예의 지배자로 군림하면서 또한 노예의 조상도 된다는 점이다. 그렇다면 그의 후손인 풍이족은 노예라는 말인가? 이해하기 힘든 말이다.

이 신화를 이해하기 위해서는 반드시 원래 버전인 수메르 신화를 보아야 한다. 그래야 이해하기 쉽다.

아리다 행정관의 실체가 지방행성의 채광과 노예를 관리하던 자라면, 노예를 복제하여 노동력을 보급하던 자는 아누나키이다. 수메르창조신화에서 예(엔키)왕자는 인간창조의 목적이 그들로 하여금 광주리를 등에 이게 하기 위해서라고 못 박았다.

엔릴왕자는 훗날 유태교에서 야훼로 둔갑하였다. 그는 인류를 눈에 가시처럼 여기고 몇 차례에 걸쳐서 대재앙을 내렸다. 이를 본 예왕자는 자신의 혈통으로 인간을 개량하지 않을 수 없었다.

예왕자는 두락안 혈통에선 장자였지만 적자로 태어나지 못하고 서자로 태어났다는 족보상의 핸디캡을 극복할 수 없었다. 그는 비록 자기 자신의 동생으로 태어났지만 종가에서 적자로 태어난 엔릴 보다 왕권을 인수할 수 있는 서열 순위가 낮았다. 서자인 그가 생전에 왕권을 물려받는다는 것은 거의 불가능하였다. 그래서 왕권을 가지려면 나 홀로 왕이 되는 방법 이외에 다른 방법이 없었다.

그는 어머니를 설득해 이복 여동생과 함께 실질적인 지구 통치권자인 엔릴왕자, 야훼의 힘이 닿지 않는 곳에 [창조공학실험실]을 만들어 운영하였다. 이 [창조공학실험실]은 실질적인 지구의 통치권자인 엔릴왕자, 야훼가 찾지 못하는 곳에 있었다.

이 실험실에서 이복 여동생 닌마가 동생에게 지구에서 노예 아닌 노예로서 혹사당하는 지구인간을 해방시키기 위하여 노예용 복제인간 샘플을 만들어 특정한 기능의 완성도를 실험하였다. 완벽한 복제인간을 만들었다간 어떤 혼란을 야기하게 될지 모르므로 노예로서의 특정 기능만 발달시키게 하는 실험이었다. 탄생되는 노예용 복제인간은 신성부재의 유기화학적 구조를 가진 로봇에 불과했다.

지구를 단순히 약탈 기지로만 생각하는 동생에게 복수를 꿈꾸던 예왕자는 자신의 혈통을 물려받은 인류를 지구에 창조하기에 이르렀다. 생명나무의 비의秘義인 염기체 정보가 입력된 인류는 더 이상 노예로 쓸 수 없는 지성체였다. 이들을 제거하기 위한 야훼의 끈질긴 시도는 번번이 예 왕자의 기지로 실패하였다. 이에 진노한 야훼는 자기의 법도만을 따를 것을 맹세한 유태 부족만을 자신의 메신저로 삼고 그들에게만 영생에 이르게 하는 생명나무 비의를 가르쳐 줄 것을 약속하였다. 훗날 다윗왕의 직계 후손인 예수는 유태인만이 아닌 모든 인류가 생명나무 비의를 깨쳐야 천신의 영역인 천국에서 영원히 살 수 있다고 가르치면서 야훼에게 정면으로 도전하였다. 예수는 예왕자의 법통을 이은 대법사의 역할을 수행하였다.

일부 학자들은 남미 고대신화에서 보이는 형제 간의 다툼을 태양 신화의 이원구조로 파악하기도 한다.

16. 나크하NaKh 탄생

두락안은 한인천제이다. 한인천제가 두락안 문명을 만들었다. 이 문명을 풍이문명이라 하였다. 풍이문명은 복제인간의 문명이다. 지구에서 아담과 하와가 야훼를 배반했듯이 다른 행성에서 복제인간이 한인천제를 배반하여 죽음이라는 대재앙을 맞게 되었다. 이어서 새로운 생명체인 나크하NaKh가 탄생하였다.

두락안의 세계는 한인천제가 정복하여 뱀의 문명을 연 풍이족의 세계였다. 이 문명을 풍이문명이라 하였다. 풍이문명은 현존하는 천문도에 용별자리나 뱀별자리로 나타난다. 용과 뱀이 천문을 지배하게 되므로 그 이전의 별자리 이름은 모두 없어지지 않을 수 없었다. 이 시대를 나크하NaKh라 하였다.

나크하는 '나라-큰', 즉 '큰 나라'로 볼 수 있는 말이다. 대제국大帝國을 이룩했다는 말로 해석이 된다. 그래서 대제국시대가 된다. 당시에 하늘에서 용과 뱀으로 표현되던 대제국이 땅에서 12제국으로 불렸다.

풍이문명을 연 그들을 카안의 전사들이라 하였는데, 카안의 전사는 한인천제의 전사들이라는 말이다. 그들이 다른 식민세계에서 안카AnKha, 나카NaKha, 또는 낙NaK으로 알려 졌다. 여기에서 낙은 낙落, 즉 두락안의 락을 의미한다고 볼 수 있다.

〈그림 21〉 힌두교신화의 지축을 돌리는 현무玄武. 거북은 북쪽 방위를 가리키고 뱀은 지축이 회전하게 하는 팬과 같은 역할을 한다. 양쪽에 편을 갈라 뱀의 몸통을 잡고 있는 사람들은 지축을 회전시키는 힘의 원천인 선신과 악신이다. 선신이 한 번 지축을 돌리면 다음엔 악신이 지축을 한 번 돌린다. 뱀은 '사나이'이고, '안카'이고 '풍이족'이다.

그들의 고향을 아아스Aas 또는 사Sa라 하였다. 아아스는 아아사阿阿巳로 볼 수 있는 말이다. 땅의 형상이 뱀처럼 생긴 구릉지대丘陵地帶라는 말이다. 이 말을 달리 사사아巳巳阿라 하였다. 아세아亞細亞라는 지명과 관련이 있는 말일 수 있다고 본다. 아亞자는 문자의 형상으로 보아서 하늘과 땅 사이에 사방으로 열려있는 땅으로 볼 수 있는 문자이기 때문에 그렇게 볼 수 있다는 말이다. 세細자는 넓은 땅을 농경지로 세분했음을 나타내는 말로 볼 수 있다. 여기에서 대를 물려가며 오래 살 수 있게 되어 세世라는 문자가 나왔다고 본다. 결국 풍이시대에 아시아Asia의 드넓은 땅을 의미하는 고어古語가 뱀의 땅을 의미하는 아아스Aas 또는 사Ssa였다고 보게 되는 것이다.

식민행성에서 두락안 전사들은 사낙으로 불리었다(뱀의 어원이 됨). 이

〈그림 22〉 바다에 가라앉은 고대 이집트의 유물 석조뱀

말을 해석하면 '뱀의 큰나라'가 된다. '뱀의 큰나라'라는 말에서 우리가 떠올릴 수 있는 이미지는 뱀을 수놓은 깃발을 들고 행진하는 카안의 전사들이다.

Snake(뱀)은 독일 고대 귀족 언어에서 '기어다니다'라는 뜻의 Snahhan이라는 말에서 나왔다고 한다. Snahhan은 사한巳桓으로 바꾸어 쓸 수 있는 말이다. 사한巳桓은 사한인巳桓因이라는 말이다. 사는 뱀인데 뱀이라는 말은 어머니가 임신했다는 말이다. 그러므로 상고시대에 사위와 아들을 의미하는 문자였던 자子라는 문자가 생겨나게 되는 것이다.

〈그림 23〉 미국의 독립전쟁 당시에 미군이 영국군과 싸울 때 썼던 군기에 그린 방울뱀. 용감한 인디언 전사의 이미지로 쓴 것이라 한다. 풍이족을 상징하는 듯하다.

또한 뱀의 어원이 되는 말이 Schnaackeen이라는 말인데, 이 말의 어원은 원래 기어다니는 생물체로 물어서 죽이는 것을 의미한다고 하였다. 우리말의 '사나이(풍이족의 어머니 사曰가 낳은 아이)'라는 말과 연관이 있을 것으로 본다. 또한 Schnaackeen라는 문자에 Snake(뱀)라는 문자가 들어 있다.

17. 반란의 진원지 오르 태양계

반란의 진원지는 오르[3] 태양계였다. 오르 태양계는 마고오름 태양계이다. 오르태양계는 아직 그 존재가 확인되지 않았다. 인간이 율려에 의하여 태어난다는 것이 오르태양계에 다리를 걸치고 있는 마고의 인간 생산법칙이었다. 세상은 마고의 인간복제로 무제한의 생산이 가능해진 시대를 맞고 있었다. 여기에 제동을 걸고 나온 것이 새로운 직녀성의 시대를 맞게 될 마고의 후예들이었다. 그 후예의 선봉에 선 사람이 한인천제의 수하에서 충실하게 서자부 대인직을 수행해 온 한웅이었다. 그는 새로운 마고시대를 선포하고 천왕이 되었다.

〈그림 24〉 한인천제의 적대세력과 지지세력. 독수리는 적대세력이고 뱀은 지지세력이다. 왼쪽은 살모사를 들고 있는 아스타르여신. 오른쪽은 용을 잡아먹는 가루라. 그 밑은 한인천제로 보이는 땅꾼이다.

〈조대기〉에 따르면, 한웅천왕은 한12제국에서 서자부庶子部 대인大人의 직책에

3) 오르태양계 : 마고오름 신화에 따르면 마고가 지상에서 오른쪽 다리를 들어 천계에 걸쳐놓고 있다고 한다. 인간은 마고의 자궁에서 태어나 이 다리를 오르내리는데 이 다리를 마고오름이라 하였다. 마고는 우주이고 마고의 다리는 태양계가 된다고 볼 수 있다.

있었다.

한제국 말기에 그는 노예제도를 폐지하기 위하여 반란을 획책하였다. 그의 반란에 동조한 세력은 오르태양계 사람들이었다. 그들은 한웅천왕의 발톱휘장 아래에 모였다. 발톱휘장은 마고를 상징하는 곰을 의미하였다.

한인천제에게 적대세력이 있었음을 힌두교 신화에 나오는 독수리 형상의 신 가루라가 보여준다. 조로아스터교의 문장은 독수리인데 힌두교의 신 가루라가 독수리인 점으로 보아서 무엇인가 관련이 있을 것으로 생각된다.

18. 한웅천왕

한웅천왕은 모든 행성계에서 유일한 천왕이었다. 북두칠성에서 나온 한인천제는 5개의 발톱을 그린 휘장을 가지고 있었다. 곰을 의미하는 휘장, 마고를 의미하는 휘장이었다.

사巳는 뱀이다. 이 뱀은 파충류로 불리는 뱀이다. 4개의 다리와 갈퀴발톱을 가지고 있다. 이 발과 발톱이 웅족에게 전수된다. 웅족의 정체성이 사족에게 있다는 표시이다. 그렇다면 한인천제의 본질은 무엇인가? 그의 조상은 웅족에서 태어났고, 그는 웅족에서 분화해 나온 풍이족에서 태어났다. 그는 웅족을 아우루고 모든 행성계에서 최고의 권력자로 부상하였다. 그는 최고 권력의 상징인 5개의 갈퀴발톱을 휘장에 그려 가지고 있었다. 이 권력은 큰곰별자리에서 나온 것이다. 큰곰별자리는 한인천제가 지배하고 있었다. 그러나 곧이어 한웅천왕의 반란으로 한웅의 지배하에 들어가게 되었고, 하늘에서도 한웅천왕을 상징하는 곰별자리(대웅성大熊星)가 되었다. 5개의 발톱은 배달나라의 오가五加를 의미한다.

19. 아리안제국의 탄생

드디어 아리안Aryan제국이 탄생하였다. 아리안제국의 아리는 알이고, 안은 안파견인 한인천제이다. 그러므로 아리안제국은 알에서 태어난 안파견의 제국, 즉 한제국이라는 말이 된다. 이들이 이동하면서 아리안 루트(○4, 5, 6)가 생겼다.

아리안제국을 탄생시킨 알이란 말에는 복제인간을 탄생시키는 그릇이라는 의미가 있다. 복제인간을 길러내는 기계가 알이다. 우주인들이 UFO를 타고 지구에 나타나서 퍼뜨린 복제인간이 알에서 태어난 인간이다. 금와가 태어난 알, 고주몽이 태어난 알, 박혁거세가 태어난 알, 김수로가 태어난 알, 다른 가야의 시조들이 태어난 알이 아리안의 알이다.

〈그림 25〉 곰발로 상징화된 한웅천왕. 인디언은 팬시댄스를 출 때 곰의 갈퀴발이 그려진 북을 가지고 춤을 춘다. 전사가 창을 들고 북을 들고 있는 점으로 보아서 팬시댄스가 전쟁춤임을 알 수 있다. 한국에서는 무당이 굿을 할 때 이와 유사한 춤으로 장군무將軍舞와 신장무神將舞를 춘다.

우주가 아닌 지상에서 아리안족이 세계사에 나타나기 시작한 때는 BC 30세기 무렵으로 나일강 유역, 메소포타미아 지방, 황

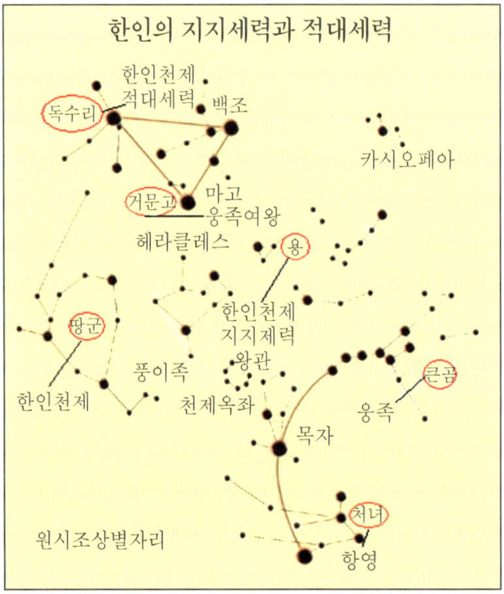

〈그림 26〉 한인천제의 지지 세력과 적대 세력. 독수리와 거문고가 한인천제의 적대세력이고 용, 땅꾼, 큰곰, 처녀가 한인천제의 지지세력이다.

하 유역에 나타나면서 부터라 한다. 청동기를 발명하고 관개농업을 발달시켜 시작된 문명이다. 이들이 청동기문명을 대체하는 철기문명을 일으켜 기마군을 무장하여 유럽, 메소포타미아, 인도, 중원을 침략하여 석권하였다.

그들은 BC 15세기경에 그리스로 진출하여 그리스문명을 일으켰고, 다른 일부는 이란으로 들어가 페르시아문명을 일으켰고, 또 다른 일부는 인도로 들어가 인도문명을 일으켰다고 한다. 그럼

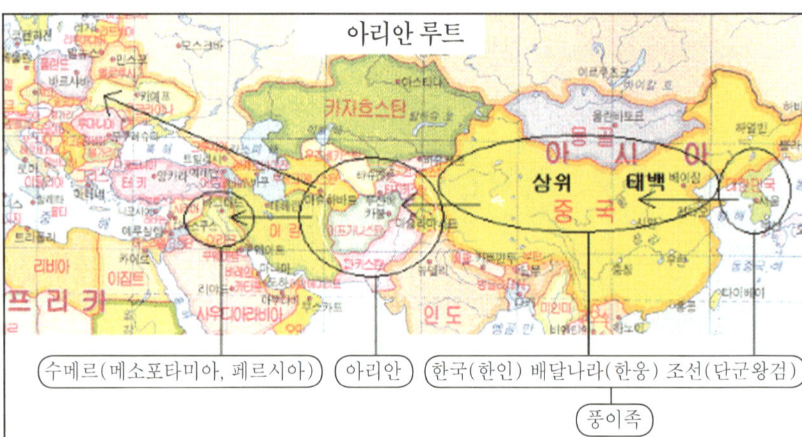

〈그림 27〉 아리안 루트. 알(UFO)에서 태어난 종족의 이동경로이다.

〈그림 28〉 조로아스터교의 문장인 가루라가 한인천제 적대세력을 상징한다고 볼 수 있다. 조로아스터교는 BC 1000년경에 아후라마스다신의 계시를 받은 조로아스터가 창교創敎하였다.

에도 불구하고 그들이 누구인지 학자들은 그 실체를 정확하게 규명해내지 못하고 있다.

이들은 유목민으로 백인이었다. 눈빛은 푸르고, 머리 색깔은 갈색이거나 금발머리였다. 이들은 후에 팔레스타인족, 이란족, 켈크족, 게르만족, 인도족이 되었다. 이들의 조상이 아리안이라는 문자를 탄생시킨 마고, 한인, 한웅이라 보면 그 실체가 규명될 수 있을 것으로 본다. 마고, 한인, 한웅은 조선 사람의 조상이다.

20. 한웅천왕

한인천제는 왕권을 명확하게 하기 위하여 풍이제국에 속한 모든 행성계 주민들에게 새 보좌관을 보냈다. 새 보좌관은 앞으로 풍이제국에서 목숨을 걸고 받들어 모셔야 할 한웅천왕이었다.

한웅천왕은 한제국에서 서자부대인庶子部大人이라는 관직에 임명되었다. 오늘날의 행정안전부장관과 같은 직책이었다. 그는 신망을 얻었고 백성들이 숭배하였다. 그 숭배의 열기는 거의 종교적인 수준으로 격상하였다.

그리고 복제인류의 조상 마고는 공식적으로 마고신전에 모셔지게 되었다. 파충류인간의 조상, 사두인간의 조상, 풍이족의 조상으로 모셔져

〈그림 29〉 고대 페르시아 태양신 미트라. 우족, 뱀, 12궁도 등으로 상징화되었다.

사모巳母로 호칭되었다. 샤먼을 한자로 바꾸면 사모巳母, 즉 사족巳族의 어머니가 된다. 사를 사巳로 보고, 먼을 어머니를 축약한 문자로 보는 것이다. 즉 사족의 어머니로 보는 것이다. 사족의 어머니를 대표하는 분은 한인의 부인 항영과 마고지나를 세운 마고 두 분이다. 샤먼이라는 말은 부루단군의 후예가 산동반도의 동평군東平郡 쪽에서 바이칼호수 쪽으로 이동하면서 그곳에서 쓰던 풍이족 후예인 동이족의 말로 생각된다.

단군조선에 속한 용가龍加들이 바

〈그림 30〉 뱀을 인종 아이콘으로 쓰는 사제국巳帝國인 한제국桓帝國을 지키던 신령들이 후대에 와서 조선왕조朝鮮王朝를 지키는 신령들로 변했다. 지금 위 그림에 나오는 신령들은 100년 전의 조선왕조시대 사람들이 입었던 관복, 장군복과 무복과 유사한 복식을 하고 있다. 그러나 물아기씨가 입은 치마와 저고리는 조선왕조시대의 복식이 아니라 오늘날의 복식이다.

이칼호수 쪽으로 옮겨가서 살기 시작하면서 변음이 되어 샤먼으로 호칭되었다. 바이칼호수의 바이칼은 우리말로 밝은 칸이다.

붉은해를 우리말로 바꾸어 쓰면 붉은해의 임금이 된다. 박혁거세를 지칭하는 불구내와 같은 뜻이다. 이를 한인시대에는 축융祝融(ㅊ33)이라 하였다.

후대에 가서 일부지역 사람들은 사모를 샤먼으로 발음하였다. 여기에 철학성을 가미하여 사모를 무당이라 하기도 하였다.

현대에 와서 샤먼은 바이칼호수 부근에 생활근거를 두고 살아가는 무당으로 의미가 한정되었다.

21. 천제 선포

'너는 나 이외에 다른 신들을 섬기지 말라'는 명령은 풍이족을 탄생시킨 풍이족의 주인이 풍이족에게 내리는 명령이다.

지금으로부터 6,000여년 전에 한인천제를 벤치마킹한 야훼가 나타나 이와 유사한 명령을 내렸다. '나 이외에 다른 신을 섬기지 말라.' 이 말은 야훼가 자신을 복제하여 만든 인종에게 무조건 자신을 신으로 받들어 모시라고 내리는 명령이다.

그러나 한인천제가 내린 명령은 자신을 유일신으로 받들어 모시라는 의미가 아니라 뱀을 인종 아이콘으로 쓰고 있는 모계족성에서 이탈하여 다른 성을 갖지 말라고 명령을 내린 것이다. 《복희문화》라는 책에 족성族姓의 기원에 대하여 다음과 같은 글이 있다.

> "우리나라에서 고대에 사蛇(뱀)자의 부수인 충虫(벌레)자, 또 사巳(뱀)자로서 씨족의 성을 삼는 예가 적지 않았다. 이로써 뱀을 숭상하는 씨족(주, 風夷)을 이루게 되었다. 옛날말에서는 작은 뱀이 충虫자가 되었다. 사람과 관련하여 독충毒虫을 사蛇라고 하였고, 지금도 사蛇를 장충長虫(긴 벌레)이

〈그림 31〉 용왕의 이미지로 표현되는 한인천제. 위 전각은 절에 있는 용왕각龍王閣이다. 오른쪽 그림은 용왕각에 모시는 용왕그림이다. 왼쪽 아래 조각품은 용산 출토유물 옥용상玉龍像이다. 한인천제의 이름이 안파견安巴堅이고, 파巴자가 용을 의미하는 풍이족의 문자이므로 용왕은 신격화한 한인천제를 의미한다.

라 부른다. 때문에 고대의 치우蚩尤, 축융祝融(주, 衆舲鯀), 우禹(주, 중여곤의 사위 〈尙書〉)…은 충虫자를 따랐다. 풍씨족風氏族(주, 이 시대에는 부계씨칭인 풍씨족이 없었고 (주, 모계족성인 사巳를 쓰는) 풍이족만 있었다)의 복희伏羲, 여왜女媧도 충虫자를 따랐다."(《복희문화》, 중국사회출판사, 1994. 5.)

주는 노중평이 붙인 것이다. 이 글은 지나인支那人이 지나인의 관점에서 쓴 글이므로 오류를 지적해 둘 필요가 있다.

씨족이라는 말을 썼는데, 풍風은 씨족의 씨칭氏稱이 아니고 족성族姓이다. 족성은 모계성母系姓을 말한다. 다음에 풍씨족風氏族이라고 했는데, 이때엔 씨족氏族 자체가 존재하지 않았다. 따라서 풍씨가 아니라 풍이족風夷族이라 해야 맞는 것이다. 씨칭이 시작된 때는 황제 때이다.

이 글의 취지는 충虫자와 사巳자에서 성姓들이 나왔다는 뜻인데, 풍이족의 족성에서 복희伏羲, 여왜女媧, 치우蚩尤, 축융祝融, 우禹라는 족성이 나왔다는 것이다. 복희를 포희包羲라고 했는데, 포包자에 사巳가 들어 있으므로 풍성으로 보고, 또한 여왜는 복희의 누이이므로 그도 또한 풍성에서 나왔다고 본다.

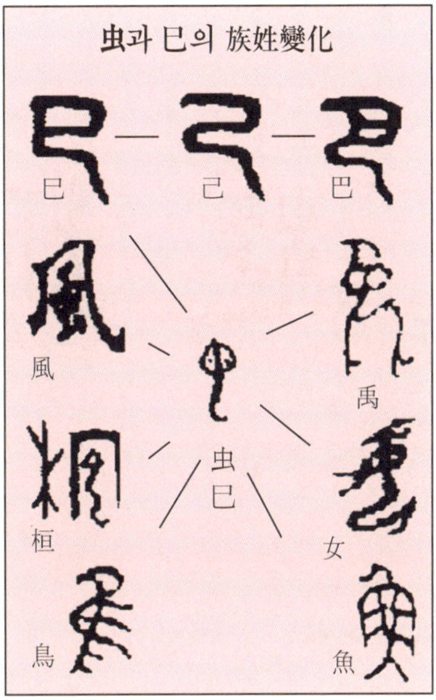

〈그림 32〉 뱀을 의미하는 충虫과 사巳는 풍이족의 족성변화의 원리에 의하여 다른 문자로 변하면서 분화한다. 그 원리는 사화이어巳化而魚, 사화이조巳化而鳥, 사화이목巳化而木이라는 공식이다.

여기서 하나 지적해야 할 것은 문자 축융을 처음 쓴 분은 9,900년 전에 한국을 세운 풍이족 출신의 한인천제라는 점이다. 〈부소보서〉에서 한인천제를 적제赤帝 축융祝融이라 하였다.

그가 풍이족의 시조가 되므로 융融자에 충虫자를 썼던 것이다. 따라서 풍이 풍이족의 족성임이 틀림이 없다고 하겠다. 치우천왕은 을묘년(BC 2706)에 즉위하였는데 강수姜水에서 살아 성을 강姜이라 하였다.

22. 대일여래

한인천제는 '한제국이 하늘나라에 완성되었다'고 말하였다. 그래서 그를 대일여래大日如來(ㄷ13)라 하였다.

이 말은 한인천제가 하늘을 다스리는 주인임을 나타내는 말이다. 제국이 천계에 이루어졌다는 말은 한인천제의 제국이 땅에 있지 않고 하

〈그림 33〉 대일여래가 되는 한인천제. 하늘의 태양이 땅으로 내려와서 풍이족의 태양인 한인천제가 되고 한인천제는 스스로 대일여래가 된다.

늘에 있다고 말한 것이다.

〈단군신화〉에서 천제 한인은 관직 서자에 있는 한웅과 한웅을 지지하는 세력인 오가와 함께 우주선을 타고 하계를 내려다 본다. 그가 탄 우주선은 그가 그의 대일여래 자리를 천왕한웅에게 물려주기 위한 자리가 된다. 즉 한인桓因에서 한桓을 물려주는 자리가 되는 것이다. 그로부터 1,800년 후에 배달나라의 마지막 천왕인 단국檀國의 홍제는 단군왕검에게 한桓을 물려주지 않고 단檀을 물려준다. 한桓이나 단檀이나 뜻은 같다. 다만 변음이 되었을 뿐이다.

불교에서 말하는 대일여래大日如來와 같은 메시지가 여기에서 나올 수 있었다고 볼 수 있다. 대웅전大雄殿이라는 말에 그런 의미가 있다. 대웅은 한웅천왕이라는 말이고 그가 한인천제에게서 대일을 물려받았다는 의미의 말(大日一大雄)이기도 하다. 대일이 대웅이 된다는 것은 한桓에서 칠성으로 복귀를 의미한다.

2

1. 사형인간巳形人間의 시대

한웅천왕은 백성을 다스리는 최고의 관직인 서자부대인庶子部大人 자리에 오른다. 당시에 모든 관직은 세습되어 한제국의 마지막 천제시대에 가서 당시의 서자부 대인이었던 한웅에 의하여 쿠데타가 일어나고 한제국은 배달나라에 모든 것을 물려주게 되었다. 이때에 지구에서도 똑같은 현상이 일어나게 된다.

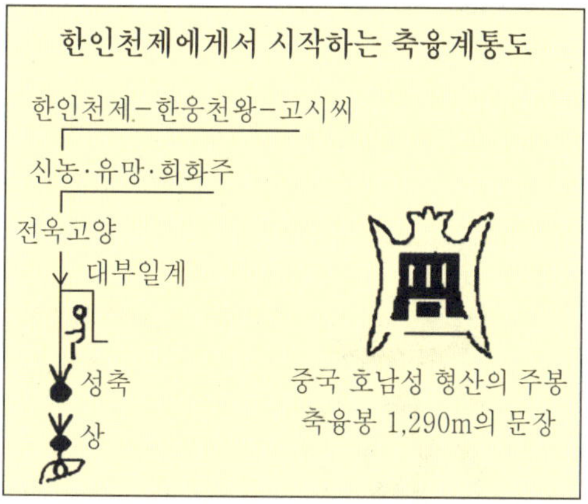

〈그림 1〉 한인천제에게서 시작하는 축융계통도. 한인천제에게서 시작하여 한웅천왕, 고시, 신농, 유망, 희화, 전욱고양, 성축을 거쳐 상으로 이어진다. 오른쪽 문장은 아궁이 형상의 문장이다. 왼쪽의 3개의 그림은 금문金文이다.

한동안 한인천제의 시대가 있었다. 이 기간은 3,301년이었다. 혹은 63,182년이었다. 3,301년은 하늘의 기간, 63,182년은 지구의 기간으로 볼 수 있다.

지구의 30년이 우주에서 1년이라는 설이 있다. 하늘에서 3,301년 동안 평화를 누렸고, 지구에서는 63,182년 동안 평화를 누렸다고 볼 수 있다. 이 시대가 한12제국시대였다. 한12제국시대는 사행성巳行星의 시대였다. 사행성은 뱀행성이다. 풍이족의 원형인 사형인간蛇形人間이 존재했던 행성으로 볼 수 있다.

두락안인 한인천제가 대일여래가 되어 북두칠성에서 떨어져 나올 때 그를 수행해 지구로 온 사모들이 새로운 풍이족의 시대를 찬양하는 무도제舞蹈祭를 열었다(제1부 〈그림 19〉 참조). 이 무도제는 한인 천제가 칠성계에서 떨어져나와 태양계로 이동하고 있음을 보여준다.

풍이족은 여자들이 춤추는 모습이 인두사신人頭蛇身의 형상으로 벽에 그려져 전했다. 이러한 유습은 무제국시대로부터 전수되어 온 풍습이었다. 무제국시대에는 북두칠성을 머리가 7개 달린 뱀으로 표현하였다. 북두칠성을 뱀의 형상으로 본 것이다(제1부 〈그림 18〉 참조).

웅족熊族 정부가 있는 북두칠성에는 한인천제의 알을 낳는 여자사제들이 있었다. 이들이 우주전쟁에 나갔던 풍이족 사내들을 맞이하기 위하여 불꽃축제를 벌였다. 이들 중에서 가장 아름다운 여자사제들이 북두칠성에 속한 여자사제들이었다. 불꽃축제는 마고 오름으로 끝났다.

마고 오름을 하는 이유는 자손을 낳자는 데에 있었다. 그들은 이 일을 하기 위하여 마고 오름을 오르내리며 수많은 해돋이를 해야 하였다. 한인천제가 삼족오를 몰고 오는 항영을 그의 비妃로 맞이하면 해돋이가 끝나게 되어 있었다.

북두칠성에서 떨어져 나온 위대한 천제 한인의 제국은 마고무사도와 단한檀桓 현자의 지혜를 바탕으로 하여 강력한 12제국이 될 수 있었다.

마고는 거대한 2개의 다리를 벌려 지상

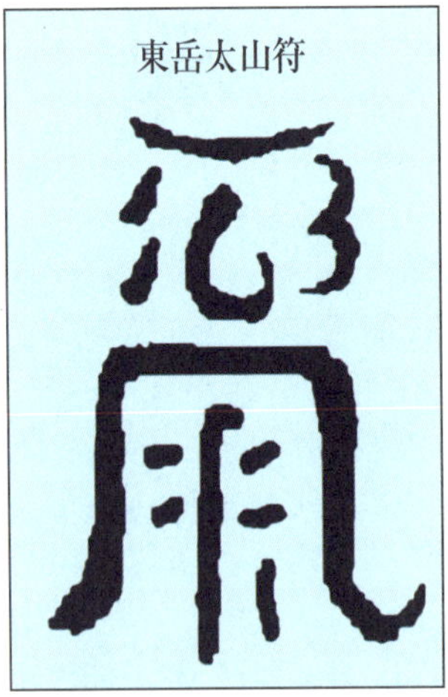

〈그림 2〉 동악태산부東岳太山符 풍자風字부적. 동악태산은 조선의 명산이었다. 풍은 태산의 신으로 풍이족을 의미한다.

에서 오르행성계에 오른쪽 다리를 걸친다. 마고의 오른쪽 다리가 오르 행성계에 걸치게 되는 것이 마고오름이다.

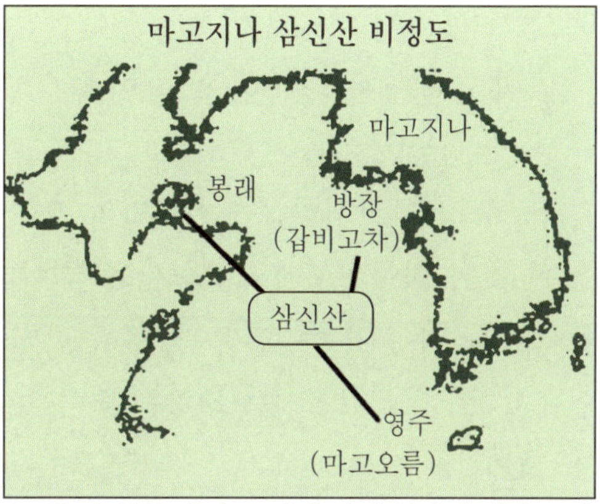

〈그림 3〉 중국 사서史書에서 발해 동쪽에 있다고 한 삼신산. 하늘에 천제 지내던 갑비고차(강화도)가 방장이었고, 오름이 많은 제주도가 영주였고, 한반도가 마고지나麻姑之那였다. 마고지나는 마고의 나라라는 뜻이다.

우리나라의 제주도에선 섬처럼 생긴 산들을 오름이라고 한다. 마고의 변신인 서문대 할망이 오름 연습을 했기 때문에 붙여진 이름으로 볼 수 있다.

마고의 오른쪽 다리가 오름을 할 때 마고의 자궁은 클라인병이 되어 무한대의 임신과 출산이 가능해진다. 또한 임신과 출산은 뫼비우스의 띠(ㅁ37)로 연결되어 있어서 도중에 끊어짐이 없는 영원성이 보장된다. 황해는 지구에서 마고 클라인병이고 지구의 자전과 공전은 마고 뫼비우스의 띠이다.

카아이르의 전술은 우주전쟁으로부터 마고 클라인병을 지키는 군사작전으로 볼 수 있고 고姑의 무사도는 마고의 임신과 출산과 그 영원성을 지켜주기 위하여 공전과 자전을 되풀이하는 지구회전운동에 합치하려는 무사도로 볼 수 있다.

이러한 지식과 지혜로 유지되는 집단이 한제국이었다. 이렇게 하여 풍이족이 만들어졌고, 마고의 오름과 클라인병(ㅋ23)과 뫼비우스 띠의 조화가 한제국을 만들어내었다.

2. 마고에게서 태어나는 풍이족

'푸르'는 '별'을 의미하는 한국인의 고대어이다. '순수 푸른 혈통'이라고 한 것은 '북두칠성에서 태어난 혈통'이라는 뜻일 것이다. 북두칠성에서 태어나 떠나 왔으므로 두락안斗落安이라고 하였을 것으로 본다. 두락안에서 '두'가 북두칠성을 뜻하는 별이므로 '푸르'로 쓸 수 있다고 보는 것이다.

우리나라에 오랜 옛날부터 평해황씨平海黃氏의 가문에서 '아가 천년태사千年太史'라는 말이 전설로 내려오고 있다. 울진군 기성면 정명리에 있는 산봉우리 이름이 태사봉인데 이 산봉우리를 두고 한 말이다. 고려시대에 황씨 충절공파의 시조가 되는 황씨 성을 가진 분이 산봉우리 아래에 자리 잡았다. 태사봉 아래에 자리 잡은 황씨 문중에서 아기장수(혁명가)가 태어나는데 그가 북두칠성의 화신(천제의 아들)이라 하였고, 또한 정도령(메시아)이라고 하였다. 아기장수가 태어날 때는 그를 도울 진인(천신)이 와서 그의 탄생을 보호하고, 또한 날개 달린 말(천마

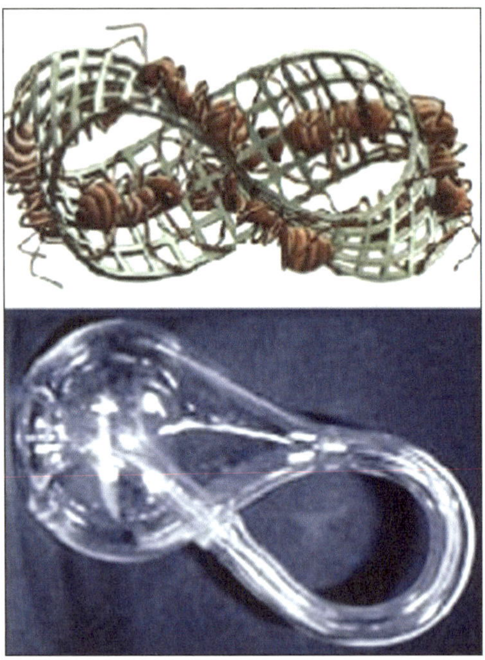

〈그림 4〉 뫼비우스 띠와 클라인 병. 마고, 한인, 한웅, 단군왕검이 후손에게 생명력을 갖게 되는 이유는 이분들이 뫼비우스 띠와 클라인병이라는 영원성 안에 있기 때문이다.

天馬)이 와서 그가 태어나기를 기다린다고 한다. 그러나 아기장수가 태어나면 반역자가 태어나는 것이므로 그가 태어나자마자 그의 어머니가 그의 몸에 돋은 비늘 3개를 젖쳐 죽인다. 그가 죽으면 진인이 사라지고 말도 사라진다. 〈아기장수설화〉는 이러한 비극적인 패턴을 가진 설화로 많은 곳에 퍼져 있다. 〈홍길동전〉도 일종의 〈아기장수설화〉 변종으로 볼 수 있다.

이러한 예화에서 보듯이 두락안 주군시대에도 '아가 천년 태사'나 '정도령'이 태어난다는 유사신화나 전설들이 있었을 것으로 본다. '순수 푸른 혈통'이란 경우를 말한다고 볼 수 있다.

마고의 클라인병에서는 청궁과 황궁과 백소와 흑소가 태어났다. 이들은 마고의 클라인병인 마고성에서 쫓겨나자 4개의 행성계로 떨어져 나갔다. 이 4개의 행성계는 서로 연결되어 뫼비우스의 띠를 형성하였다. 직녀성시대인 마고시대가 지나간 다음에도 마고의 자궁인 클라인병은 살아남아 기계처럼 출산을 반복하고 있다. 그리고 뫼비우스의 띠가 운반을 계속하고 있다. 천추성시대인 지금까지도 이 신화는 계속되고 있다.

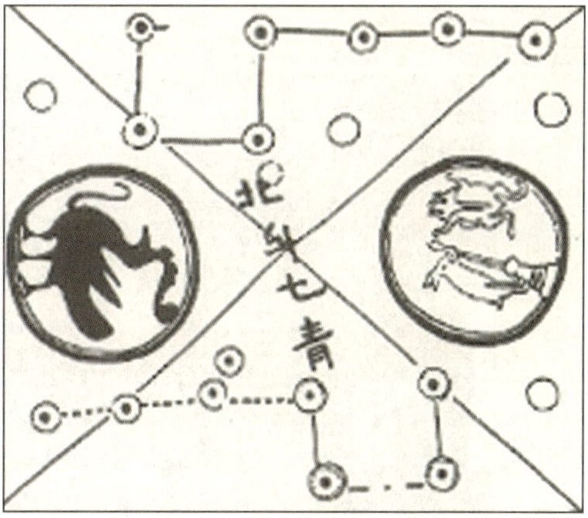

〈그림 5〉 고구려 벽화 장천1호분 널방 천정석 별자리 배치도 모사화模寫畵. 중국 길림성 집안현의 압록강 대안 장천분지에 있는 무덤에서 1994년 무덤을 조사한 한국인 조사자가 펜으로 모사한 그림이다. 사출도四出圖의 중앙에 한자로 북두칠청北斗七青이라고 써 있는데 성星자 대신에 청青자를 써넣은 것이다. 청자는 프르(별)로 발음하기 위하여 써넣은 것이다. 별은 프르의 변음이다.

직녀성시대가 지나가고 마고가 역사에서 퇴장한 다음에 천추성시대가 오면서 한인천제가 역사의 무대에 등장하였다. 한인천제는 알(UFO)을 낳는 천제이다. 그가 마고 클라인병에서 태어나는 행성을 이어받아 알을 낳는 임무를 수행하는 천제가 된 것이다. 그가 마고로부터 인계받은 것은 마고 클라인병 이외에 마고 뫼비우스의 띠도 있다.

뫼비우스의 띠는 한 면은 밖에, 다른 한 면은 안에 있고, 안에서 밖으로 나가는 구역에 밖에서 안으로 들어오는 면이 연결되어 있고, 밖에서 안으로 들어오는 구역에 안에서 밖으로 나가는 면이 연결되어 있다. 마고 클라인병에서 출산된 풍이족이 마고 뫼비우스 띠를 따라 영원히 원형이정의 틀 안을 이동하고 있다.

마고 클라인병 안에서 뱀알을 낳아 풍이족을 키운 한인천제의 몸에서 신령한 갈퀴발톱이 자라났다. 이 신령한 갈퀴발톱은 마고의 아이콘인 곰의 발톱이 재생한 것이다.

직녀성시대인 마고시대에 태어난 마고족이 천추성시대에 와서 풍이

〈그림 6〉 마고전설을 간직하고 있는 고인돌 팽매바위. 팽매바위는 화순에 있는 고인돌을 대표하는 바위인데, '마고가 치마에 싸가지고 가다가 던져버린 바위'라는 뜻이다.

족이 나타났고, 다시 직녀성시대로 복귀하게 될 즈음에 풍이족 안에서 웅족이 나타나기 시작하였다. 마고족은 달리 삼신족이라 하였고, 풍이족은 달리 구한족, 구황족이라 하였다. 다음 시대에 태어나게 되는 웅족은 달리 구려족, 배달족이라고 하였다. 이들 족속이 지구와 관련이 있는 우주의 신화와 역사를 이끌어 간 인종이다.

3. 우주항로

《삼성기전三聖記全》에 인류의 조상 나반과 아만, 그에게서 시작된 구한족, 한국과 한인천제, 배달나라와 한웅천왕에 대한 기록이 있다. 이 기록에서 천제는 한인이고, 천왕은 한웅이다.

천제와 천왕이 태어난 곳이 알이다. 그래서 아리안제국이라는 말이 생겨났다. 아리안제국이란 알에서 태어난 제국이라는 말이다.

《삼성기전》에 따르면, 지구에서 한제국은 한인천제가 하늘을 대신하여 교화하니, 군대를 동원하여 싸우는 일없이 문명이 발달하였고, 누

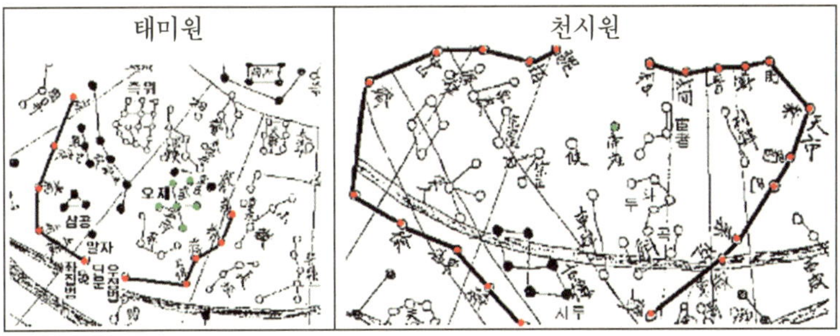

〈그림 7〉 상고시대 한제국桓帝國과 배달나라倍達那羅의 역사를 천문에 기록한 태미원太微垣과 천시원天市垣. 태미원은 북두칠성이 28수 중에서 익수翼宿, 진수軫宿, 각수角宿의 방위에 한인천제가 세운 한12제국의 우주 영역이다. 천시원은 28수 중에서 한웅천왕이 저수氐宿, 방수房宿, 심수心宿, 미수尾宿, 기수箕宿, 두수斗宿, 우수牛宿 방위에 걸쳐 세운 배달나라의 우주 영역이다. 천시원에는 배달나라에서 시작한 호혜시장경제互惠市場經濟가 별자리로 기록되었다.

구나 힘껏 일하여 굶주리는 일없이 살았고, 추위에 떨지 않았다고 하였다. 한제국은 7세에 걸쳐 3,301년 혹은 63,182년을 존속하였다. 여기에서 말하는 7세는 일곱 시대를 말한다.

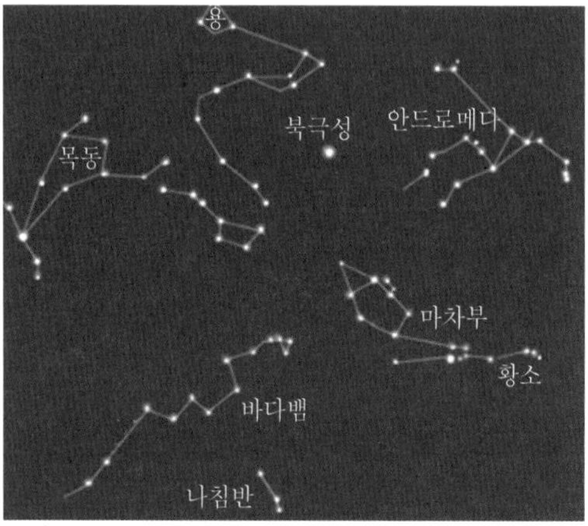

〈그림 8〉 상고시대에 우주에서의 활동이 활발했을 것으로 보이는 서양별자리들. 뱀과 용은 풍이족의 활동을 의미한다고 볼 수 있고, 북두칠성과 북극성은 웅족의 활동을 의미한다고 볼 수 있고, 목동과 마차와 황소는 당시 한제국시대의 경제활동과 관련이 있는 별자리로 볼 수 있다.

그 시대는 혁서한인시대, 고시리한인시대, 주우양한인시대, 석제임한인시대, 구을리한인시대, 지위리한인시대였다. 한인을 단인이라고도 하였다.

직녀성시대인 어둠시대에 마고 오름과 한제국 사이에 무역항로가 개설되어 있었고 배송물품을 실어 나르는 우주선들이 빈번하게 운항하였다.

마고신화에서, 지구에서 마고가 오른쪽 다리를 올려 걸쳐놓는 행성이 오르카 행성이다. 마고의 다리가 오름과 한제국 사이에 개설된 오르카 항로였던 것이다.

오르카 항로는 마고가 있는 지구 이외에 한인이 떠나온 카안 행성과 지구 사이에도 개설되어 있었을 것으로 생각된다.

4. 천제성에서 무슨 일이?

북극오성은 자미원의 중심에 있는 뱀처럼 생긴 별자리이다. 사제실巳

帝室이 천제성에 자리잡고 있었다. 이 별자리가 천제성이다. 이 행성으로 하늘의 모든 항로는 이어져 있었고 새로이 창출한 부와 자원이 집중하였다.

〈단군신화〉에서 말했듯이 우주에서 여기가 제일 홍익인간할 만한 곳이었다. 천제는 천제성에 집중되어 있는 우주의 부를 분배할 만한 곳으로 지구성을 택했다.

그래서 천제가 천제성에서 보낸 외계인들이 〈천상열차분야지도〉라는 우주설계도를 가지고 하늘의 별자리를 다시 짜기 시작하였다.

〈천상열차분야지도〉에 붙여진 이름들을 보면 한때 이들 별들이 한인천제시대에 사제실의 식민지였음을 알 수 있다. 농장인農場人과 같은 별, 천전天田과 같은 별, 견우牽牛와 같은 별들이 그런 별들이다.

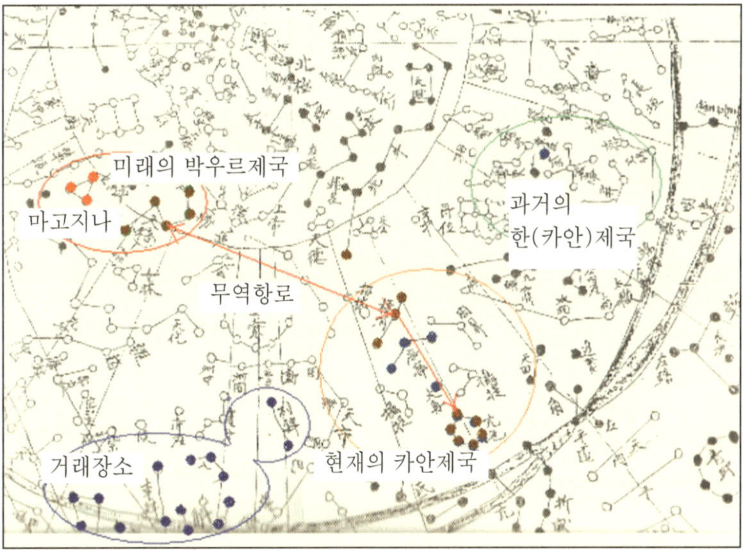

〈그림 9〉 마고제국과 한제국이 교역을 시작했다. 마고지나의 천부天棓는 UFO 출발기지로, 경하梗河는 UFO 항로로 항지亢池는 착륙지로 볼 수 있다. 천문도에 그린 '거래장소'는 고대의 어느 때인가 있었던 당시에 '장차 천시원이 될 곳'으로 물물교환장소가 된다.

천제성에서 지구성으로 보낸 외계인들이 성공적으로 정착하였다. 인간을 복제하는 사업도 성공하여 복제인간을 정착시킬 수 있었다. 〈견우와 직녀신화〉는 인류의 조상이 천제의 노예였음을 보여주는 신화이다. 성공한 국가를 아리안제국이라 하였다. 아리안이란 알에서 태어났다는 말이다. 아리안제국에서 실질적인 권한을 행사할 수 있었던 자가 새로이 신으로 임명된 황후를 비롯하여 한인, 한웅, 태자 등 다양한 멤버들이었다.

우주에서는 진짜 한웅을 아이스우루라 하였고, 한인을 카안이라 하였다. 카안제국이 곧 한제국이다. 카안제국을 원시태양제국이라 하였다. 마고지나를 오름태양이라 하였다. 이들의 고향을 아아스Aas 또는 사Ssa라 하였다.

5. 원시태양계

원시태양계는 황후태양계, 즉 마고태양계이다. 이 원시태양계 안에 천제성이라는 이름으로 한제국이 있었다. 이 시대에 천왕들이 천제를 대리하여 행성을 다스렸다.

한웅천왕은 아직 한인천제에게 반기를 들 수 있을 만큼 독자적으로 세력을 형성하지 못했다. 한제국에서 평화를 누리며 살고 있었다. 그는 주군인 한인천제를 받들어 모셨다.

한인과 한웅의 관계를 혈통으로 보면 이들은 모두 마고의 후예였고, 이 혈통에는 하자가 없었다. 북극오성에 속한 로열패밀리였던 것이다.

한인과 한웅의 혈통은 둘 다 사제실 출신인 풍이족에 속해 있었다. 그러나 풍이족이 마고족인 웅족에서 나온 것임을 기억하고 있었다. 풍이족에서 한웅족인 웅족이 나와 인종 아이콘이 곰으로 바뀌었다. 곰은 곰인데 여성적인 곰에서 남성적인 곰으로 바뀐 것이다.

마고의 곰은 하늘에 소웅성이라는 별자리로 나타난다. 그러나 한웅의 곰은 대웅성으로 나타난다. 마고의 곰은 모성을 의미하는 곰이고 한웅의 곰은 부성을 의미하는 곰이다. 또한 한웅의 곰은 전사로서의 곰이다.

6. 웅족 전사의 피

밸족(풍이족)에서 새로 태어난 밸족이 자신의 인종 아이콘을 새로 태어난 웅족의 인종 아이콘인 갈퀴발톱으로 바꾸면서 한인천제 휘하의 주군들인 천왕들의 혈관에 웅족 전사의 피가 흐르기 시작하였다. 이리하여 그들이 풍이족에서 웅족으로 갈라서게 되는 계기가 되었다. 그들이 자신이 풍이족이 아니라 웅족으로서 마고의 후예임을 자각하게 된 것이다.

'전사의 피가 흐른다'는 말에는 새로 태어난 웅족이 '장차 치러야 할 전쟁'과 '장차 해야 할 종족이동'이라는 2가지 의미를 내포하고 있다. '장차 치러야 할 전쟁'은 그들을 낳아준 풍이족과 치러야 할 전쟁이고, '장차 해야 할 종족이동'은 풍이족에서 갈라져 나가 '다시 웅족을 창설'하는 일

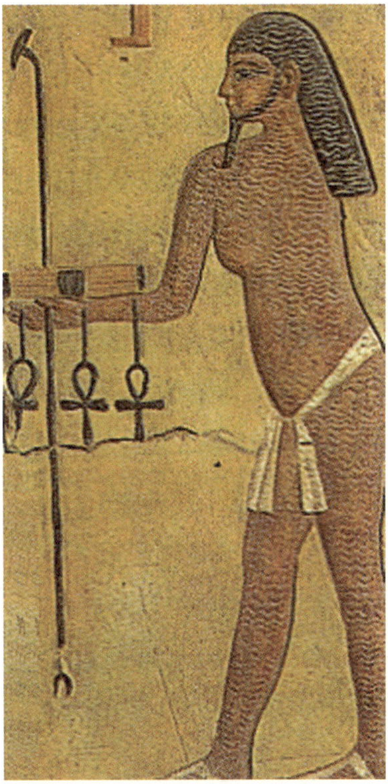

〈그림 10〉 이집트 벽화에서 남신이 가지고 있는 3개의 앙크Ankh. 〈천부경〉의 일석삼극一析三極의 의미, 태양을 연다는 의미(旱), 난생卵生의 의미가 있다. 조선朝鮮의 조朝자에서 보듯이 태양을 숭상해온 우리 선조와 이집트인의 사유체계가 같음을 알 수 있다.

이다. 그래서 웅족 전사의 결의를 다지기 위하여 갈퀴발톱을 인종 아이콘으로 쓰기 시작하였다.

역대 한웅 모두 한桓으로 호칭하였다. 밝다는 뜻이다. 태양의 맑음을 의미한다. 또 단檀으로 호칭되기도 한다. 《조선왕조실록》에서 삼성을 단인, 단웅, 단검으로 호칭하였다. 단은 한의 변음이다. 《한단고기 태백일사 신시본기》에서는 "하늘의 광명을 가리켜 한이라 하고, 땅의 광명을 이름하여 단이라 한다(天光明謂之桓也 自地光明謂之檀也 所謂桓卽九皇之謂也)"고 하였다.

7. 막강한 권력

한국에서 한인천제의 휘하에 있는 천왕(군주)들은 세력이 커져 가면서 막강한 권력을 쥐고 있었다. 그래서 누군가와 싸워 정복하고 싶었고, 그들의 능력과 위세를 보이고자 하였다.

그들은 뱀과 곰과 곰의 갈퀴발톱이라는 인종 아이콘이 무엇을 의미하는가를 깨닫기 시작하였다. 곰[1)]은 마고를 의미하였다. 곰이라는 말은 곤坤(대지의 어머니), 곤袞(신으로서의 할머니)의 의미로 진화하였다.

인류학자 게오르기 데베츠Georgi Debets와 유전학자 유리 리치코프Yuri Rychkov, 두 구소련 과학자들은 1950년대에서 1980년대에 "약 2만 6천년 전에 아시아에 살았던 어느 한 부족이 현재 아시아 북동부에 살고 있는 부족들과 신대륙의 인디언들의 조상이었음"을 밝혀내었다. 필자는 그들이 마고족(마고지나의 삼신족)-풍이족(한국의 한인족)-웅족(배달나

1) 곰 : 곰에는 고故, 여신의 의미, 마고의 의미가 있다. 고마固麻라고도 하였다. 한웅족의 사회가 남성우위의 사회가 되면서 검儉(남신의 의미)으로 바뀌었다. 곰이라는 말이 진화할 수 있게 된 배경에는 구석기시대에 한반도에 신인류가 출현하여 번성하였기 때문으로 볼 수 있다.

〈표 1〉 배달나라 연대표. 1세 한웅에서 시작하여 18세 거불단 한웅까지 모두 신시 배달나라의 한웅천왕이라고 호명하였다. 14세 자오지 한웅은 치우천왕이라고도 하는데, 1900년대에 들어와 중국에서도 중국인의 조상으로 부르기 시작하였다. 거불단 한웅은 단웅이라고도 하는데, 자신의 나라 단국檀國을 단군왕검에게 물려주었고 단군왕검은 아라 이름을 고쳐 조선朝鮮이라 하였다.

웅족熊族 한웅桓雄 세계世系				재위	수명
신시 배달나라 1~13대 한웅					
1세	거발한居發桓 (한웅桓雄 천왕)	한웅	BC 3897	94년	120세
2세	거불리居佛理	한웅	BC 3803	86년	102세
3세	우야고右耶古	한웅	BC 3717	99년	135세
4세	모사라慕士羅	한웅	BC 3618	107년	129세
5세	태우의太虞儀	한웅	BC 3511	93년	115세
6세	다의발多儀發	한웅	BC 3419	98년	110세
7세	거련居連	한웅	BC 3320	81년	140세
8세	안부련安夫連	웅한	BC 3239	73년	94세
9세	양운養雲	한웅	BC 3166	96년	139세
10세	갈고葛古	한웅	BC 3070	100년	125세
11세	거야발居耶發	한웅	BC 2970	92년	149세
12세	주무신州武愼	한웅	BC 2878	105년	123세
13세	사와라斯瓦羅	한웅	BC 2773	67년	100세
14세	자오지慈烏支 (치우蚩尤 천왕)	한웅	BC 2706	109년	151세
15세	치액특蚩額特	한웅	BC 2597	89년	118세
16세	축다리祝多利	한웅	BC 2453	56년	99세
17세	혁다세赫多世	한웅	BC 2452	72년	97세
18세	거불단居弗檀 (단웅檀雄 천왕)	한웅	BC 2380	48년	

라의 한웅족, 조선의 단군족)으로 바뀌었을 것으로 생각한다.

지질학자들은 아메리카 인디언의 조상들이 "아시아에서 신대륙, 즉 베링기아Beringia땅(지금의 베링해협)을 건너 갔다"고 믿고 있다.

고고학자들은 "4만년 전에서 2만 5천년 전 사이의 구석기시대에 아메

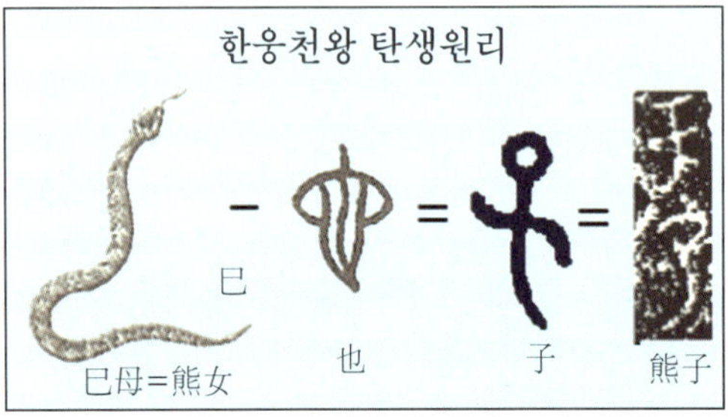

〈그림 11〉 한웅천왕 탄생의 원리. 웅족의 여인 사모巳母(마고麻姑)는 원래 풍이족 출신이다. 사巳, 모母, 야也, 자子, 웅熊은 모두 사모巳母에서 나온 파생어이다.

리카에 인류가 나타났다"고 하였다.

아시아의 동북부라면 러시아의 연해주, 만주의 동북구와 한반도가 포함된다고 볼 수 있다.

한국에는 구석기시대에 홍수아이로 대표되는 일족

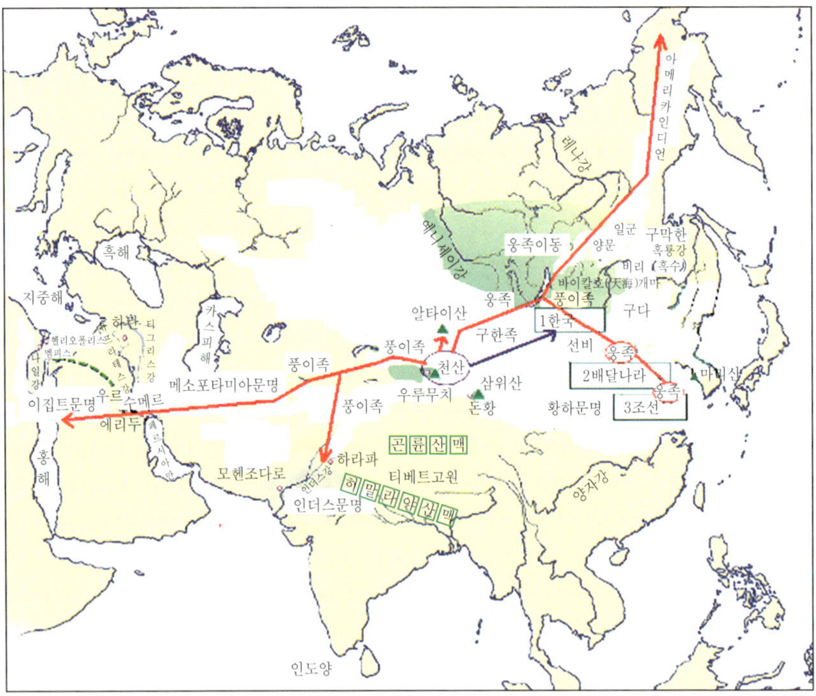

〈그림 12〉 마고족은 한반도와 발해만에서 시작되었고, 구한족이 천산 쪽에서 동쪽으로 이동하여 풍이족이 주축이 되어 한12제국을 건설하면서 전 세계로 퍼져 나갔다. 풍이족에서 웅족이 생겨났고, 웅족이 12제국을 무너뜨리면서 배달나라를 건설했다가 배달나라 말기에 황제가 반란을 일으켜 웅족의 대이동이 시작되었다. 베링해를 넘어간 웅족이 아메리카 인디언이 되었다.

칠월칠석날 견우와 직녀

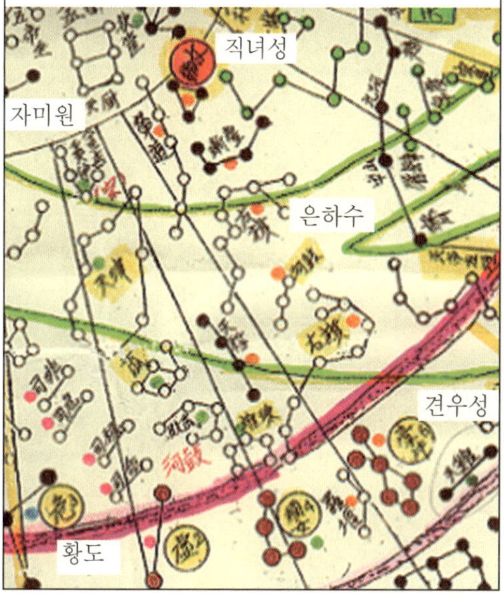

〈그림 13〉 칠월칠석날 저녁의 북방현무칠수에 속한 견우와 직녀의 별자리 배치도이다. 천제가 절대권력을 행사하는 점으로 보아서 이 천문도가 한인천제시대에 만들어진 것으로 보인다.

이 출현하였다. 이 일족이 청원의 소로리볍씨로 15,000년 전부터 농사를 지어 쌀을 먹고 살았음이 밝혀졌다.

이 일대가 5,000년 전에 한웅천왕이 배달나라(ㅂ11)를 세웠을 때는 9개 종족인 구려족(ㄱ29)으로 나뉘어 살고 있었고, 구려족이 삼신교(ㅅ29)로 불리는 종교와 호혜경제로 불리는 시장을 통합하여 신시라는 정치체제를 구축하고 있었다.

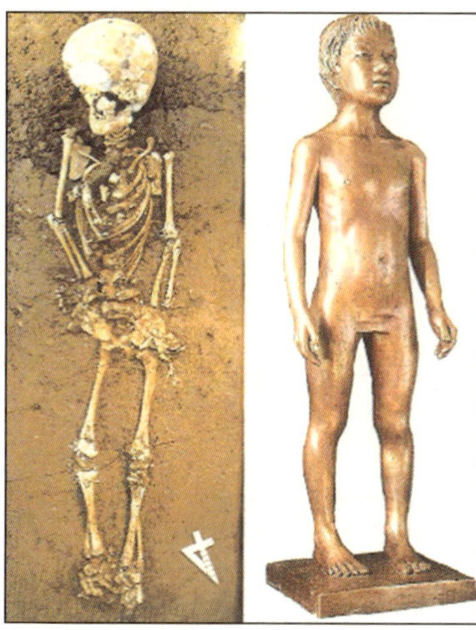

〈그림 14〉 구석기시대의 홍수아이. 홍수에서 뼈가 발굴되었다고 해서 홍수아이라 하였다.

한국의 무당이 부르는 무가에는 한웅천왕(ㅎ14)이 하늘에서 하강하기를 열망하는 가사가 있다. 〈동래산오구굿〉에 하늘에서 우주선을 타고 땅에 내려오시라는 의미의 가사이다. 천왕님이 지상에 오셔서 이 세상에 가득찬 부정을 쳐내는 일을 하시라고 소원하는 것이다.

> 천왕문天王門을 열러 가자.
> 천왕님을 모시고 천왕문을 떠난다.
> 어서야 천왕님 모시고…

천왕님의 위력이 죽은 사람을 천왕이 계신 곳으로 인도하는 역할을 한다.

8. 천왕이라는 지위

서자 한웅이 획득한 권력과 보좌는 한웅에게 돌아갈 수밖에 없다. 그에게 돌아간 것이 배달나라의 천왕이라는 지위였다.

한웅천왕은 그가 획득한 권력을 가지고 한인천제가 만든 풍이족과 뱀 아이콘을 구려족과 곰 아이콘으로 바꾸었다.

또한 삼신교를 태백진교(ㅌ7)로 바꾸었다. 삼신교는 마고삼신과 해, 달, 칠성을 신봉하는 종교였다. 한웅천왕은 삼신교에 신학과 철학이론을 세우는 일을 하였다. 그는 자연발생적인 삼신교에 〈천부경〉을 이론의 근거로 삼아 새로운 해석을 가하였다. 삼신교에서 행정을 분리하여 발정發政이라 하였고, 정치를 분리하여 신시라 하였고, 사법을 분리하여 책화責禍라 하였다.

9. 두락안 말기

제1차로 두락안 전란시대가 온 때는 한웅천왕이 두락안 말기에 역사무대에 등장할 때였다. 이때 제1차 우주전쟁이 일어났다. 다음에 제2차로 바우루 전란시대가 온 때는 한웅천왕이 세운 배달나라 말기인 치우천왕시대에 황제가 나타났을 때였다. 이때 제2차 우주전쟁이 일어났다.

〈그림 15〉 충청북도 청원군 소로리에서 발굴된 소로리볍씨. 15,000년 전에 한반도에서 벼농사를 지었음이 밝혀졌다. 마고시대에 한반도에서 쌀을 먹었다는 것을 알 수 있다.

제1차 우주전쟁은 한웅천왕이 곰 아이콘을 들고 나오면서 한인천제의 뱀 아이콘에 반기를 들었을 때였다.

치우천왕蚩尤天王의 치蚩자는 치우천왕의 조상이 한인천제라는 뜻이다. 그가 한인천제의 장자권長子權을 계승했음을 나타내는 문자였다.

그러나 황제는 헌원軒轅이라는 문자에서 보듯이 신흥귀족에 속했다. 그는 소전小典[2]의 아들이었다.

황제는 소전의 측실이 낳은 아들로 유망의 이복동생이었다. 그가 하는 일은 말을 먹이고 마차를 만드는 일이었다.

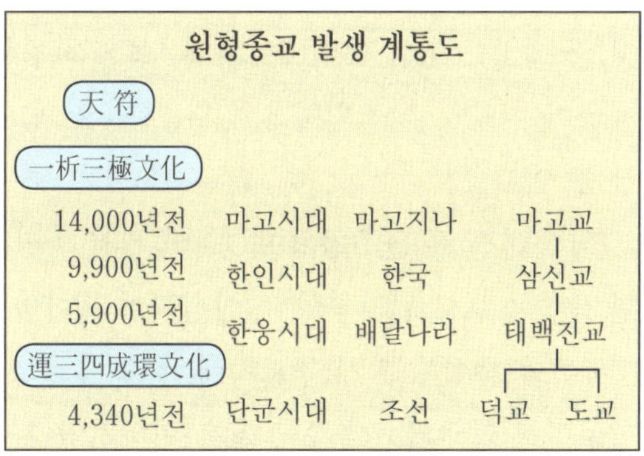

〈그림 16〉 도교, 불교, 기독교가 세상에 나오기 전에 원형종교로 불릴 수 있는 마고교, 삼신교, 태백진교, 덕교가 먼저 세상에 나왔다. 위에 기록된 천부, 일석삼극, 운삼사성환은 〈천부경〉의 핵심이 되는 경이다.

2) 소전小典:소전은 죽간竹簡을 깎아 책冊을 만드는 직책이었다. 죽간에 글씨를 써서 문서를 만들었다. 그는 책상을 만들어 제문祭文을 기록한 죽간을 상 위에 올려놓았다. 천왕은 제사 때 이 죽간을 들어 읽었다. 그러므로 소전이 치우천왕의 측근에서 제사를 관장하는 관직에 있었음을 알 수 있다.

기록에 따르면 그는 하는 일에 게으름을 피워 헌원으로 좌천되어 말을 키우는 직책에 있었다 한다. 그가 헌원에서 힘을 길러 형인 유망을 아우르고 치우천왕에게 도전하여 판천阪泉들판에서 10년전쟁을 치르게 되었다. 마무리전쟁은 탁록涿鹿에서 있었다. 이 전쟁에서 치우천왕이 패하여 배달나라의 신시체제神市體制가 무너졌다. 종교도 선교仙敎에서 분파하여 황제가 만든 도교道敎로 갈라졌다. 선교는 마고교, 삼신교, 태백진교, 덕교를 총칭하여 부른 명칭이다.

10. 동이와 화이

배달나라시대에 치우천왕과 황제 사이에 탁록대전이 일어났다. 이 전쟁을 그린 그림을 〈탁록대전도〉라 하는데 그림에서 치우군은 동북쪽에, 황제군은 서남쪽에 배치되어 있다. 치우군은 몇 명 되지 않는데, 황제군이 치우군을 포위하고 있다. 황제군의 우월성을 강조한 그림으로 볼 수 있다.

〈탁록대전〉은 한웅천왕이 풍이족에서 한인천제에게 반기를 들고 재건한 웅족을 둘로 갈라놓았다. 이리하여 동이와 화이가 생겨나게 되었다.

동이와 화이는 원래 구려족에 속해 있었다. 구려족九黎族은 한국이 멸망하면서 와해된 구한족九桓族을 의미하였다. 구한족이 정체성을 세우지 못하고 구려족으로 불렸던 것이다. 그러나 웅족 밑에 통합되어 있었다.

황제의 반란으로 웅족이 와해되면서 장자권을 가지고 있는 단국檀國의 천제계열은 동이가 되었고, 반란에 성공한 황제계열은 스스로 화이華夷(하화夏華-화하華夏)를 선포하였다.

11. 앗시리아족

오르는 마고를 의미하는 직녀성을 연결해 주는 행성계이다. 한인천제가 오르행성계를 멸망시켰을 때, 앞으로 한웅천왕이 나타나서 박안(한인천제)의 행성계도 멸망시킬 것을 예고하였다고 볼 수 있다. 이렇게 하는 것이 마고의 유시인 〈해혹복본〉으로 가는 길임을 보여준다고 볼 수 있다. 한웅천왕이 나오므로 해서 박안의 시대는 더 이상 존속할 수 없었다. 이리하여 한인천제가 박안에서 카안으로 떨어지게 되었다.

한국 천제계보 7세 재위 3,301년			
1세	안파견安巴堅	한인	BC 7199
2세	혁서赫胥	한인	
3세	고시리古是利	한인	
4세	주우양朱于襄	한인	
5세	석제임釋提任	한인	
6세	구을리邱乙利	한인	
7세	지위리智爲利 단인檀仁이라고도 함	한인	

〈그림 17〉 한국천제계보桓國天帝系譜. 한국의 익년翌年이 3,301년인 점으로 보아서 1~7세까지의 천제계보가 인간의 당대 재위자在位者 혼자만의 계보가 아니라 한 왕조의 계보로 볼 수 있다. 배달나라 안에 청구국의 계보, 단국의 계보가 있듯이 한국 안에 7국가의 계보가 있다고 보는 것이다. 한국은 7세를 끝으로 배달나라의 한웅천왕에게 제위가 넘어갔다.

곰을 데리고 다니던 앗시리아족이 있었다. 앗시리아라는 말은 아수Asu에서 근원했는데, 광명이라는 뜻과 곰이라는 뜻을 함께 가지고 있다고 한다.

《구약성경》 '히스기야'에서는 "앗수르의 산헤립왕이 이스라엘 히스기아왕 6년에 북이스라엘을 침공하여 멸망시켰다"고 하였다. 또 "히스기아왕 8년에 앗수르왕 산헤립이 남유다를 침공하였다"고 하였다. 히스기아왕은 앗수르왕에게 항복하였다. 북이스라엘이 곰을 인종 아이콘으로 쓰는 앗시리아의 침공을 받고 항복한 것으로 보아서 두 나라가 적대관계에 있었다고 볼 수 있다. 앗시리아를 웅족으

〈그림 18〉 뱀을 잡아먹는 독수리가 그려진 멕시코 국기. 뱀을 풍이족으로 보면 독수리는 풍이족에 대하여 적대적인 국가의 상징으로 보인다. 그렇다면 풍이족은 인종적으로 웅족과 맥을 같이한다고 볼 수 있을 것이다.

로 보면 앗시리아에 항복한 이스라엘은 반웅족反熊族으로 볼 수 있다. 기독교는 토템이나 아이콘을 부정하고 야훼만을 유일신으로 인정하므로 야훼가 아닌 곰(웅족)을 우상으로 보아 배척할 수밖에 없다고 본다. 그 결과는 이스라엘의 멸망으로 나타났다. 이 문제는 마고의 유시인 〈해혹복본〉을 향한 진일보로 보아야지 하나님을

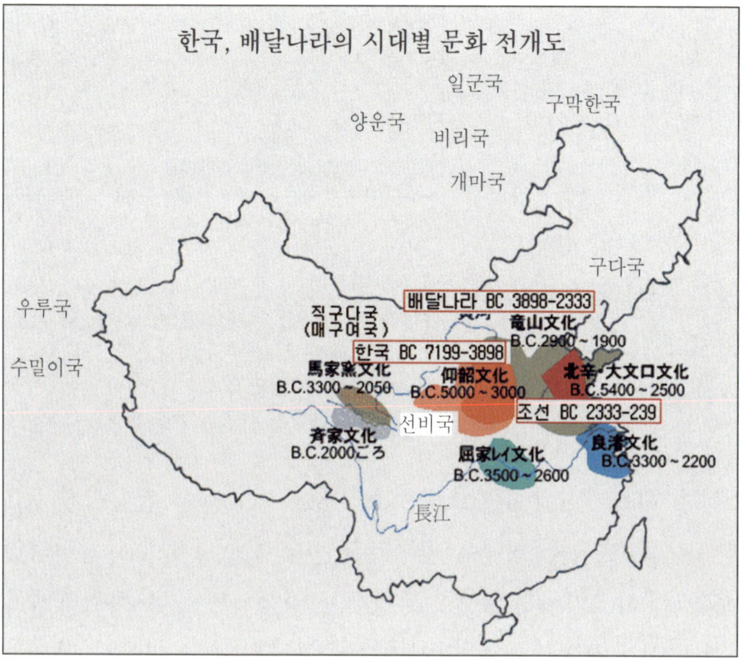

〈그림 19〉 뱀을 인종 아이콘으로 썼던 한국과 곰을 인종 아이콘으로 썼던 배달나라의 고고학적 연대표이다.

〈그림 20〉 앗수르(곰) 유적지 곁을 흐르는 티그리스강. 티그리스강은 유프라테스강과 함께 메소포타미아문명의 중심지가 된 곳이다. 앗시리아가 웅족이었음이 밝혀지는데 그들의 뿌리가 웅족의 종주가 되는 배달나라에 있었음을 알 수 있다고 하겠다.

배반한 자에 대한 심판으로 보아서는 안된다는 것이다.

반란을 일으키는 자들은 반란에 성공한 후 철저하게 과거의 역사를 없애 버린다. 그리고 자신의 역사를 시작한다. 카안의 시대, 즉 한웅천왕의 시대는 박우루의 시대, 즉 한웅천왕의 시대을 시작하면서 박안의 시대를 멸망시켰다. 그래서 박안의 시대가 더 존속할 수 없게 되었다. 그리고 한웅천왕은 스스로 박안이 되어 자신이 박안을 승계하였음을 선포하였다.

12. 군웅

굿을 아는 사람이라면 척박한 탁록의 들판에 있는 치우천왕의 유적지를 돌아다니면서 〈군웅거리〉에 나오는 오제를 청배하는 한 가락의 무가를 회상할 수 있을 것이다.

> "동에 청제 들어오는 군웅/남에 적제 들어오는 군웅/
> 서에 백제 들어오는 군웅/북에 흑제 들어오는 군웅"

위에 든 무가 한 대목은 탁록대전에서 황제에게 패하여 육시를 당한 치우천왕의 조각난 몸을 하나하나 불러들이는 무가이다.

화이는 황제에게 죽임을 당한 치우천왕을 1900년대 초에야 탁록에 중화삼조당을 지어 황제와 염제와 함께 나란히 모시기 시작하였다. 철

천지원수가 되어 5천년 가까이 등을 돌리고 살아온 세 분에게 어느날 갑자기 사당을 지어 드리고 합사를 시켜 버린 것이다. 그 이전까지 치우천왕을 황제의 적으로 간주하여 방치해 두었다. 그러다가 화이로 편입시키고 자기들의 조상이라고 떠받들기 시작하였다. 갑자기 세 분의 신상을 함께 같은 방에 모신다면 과연 이러한 사당을 염제, 치우, 황제 세 분이 어떠한 심정으로 바라보실까 하는 의문을 갖지 않을 수 없게 한다.

중국에서 세 분을 한 자리에 모시고 싶다면 먼저 치우천왕에게 제帝라는 호칭을 드려야 한다.

〈그림 21〉 치우천왕과 황제의 싸움을 그린 탁록대전도와 중화삼조당에 모신 황제신상. 5,000년 전 탁록대전 당시에 군대라는 명칭이 없었다. 그래서 치우군을 이매(도깨비라는 뜻)라 부르고, 황제군은 귀신이라 불렀다. 위 그림은 도깨비와 귀신의 싸움을 묘사한 전쟁도이다. 치우군인 도깨비는 서남쪽에서 싸우고 황제군인 귀신은 동북쪽에서 싸우고 있다.

군웅은 화이가 군제軍帝를 군웅軍雄으로 폄하한 말이다. 웅雄자는 〈회운韻會〉에, 본탁군지주치웅주本涿郡地周置雄州(본래 탁군 땅을 뼁 둘러 웅주를 두었다)라 하였다.

탁군은 탁록을 말하는 것일 것이다. 탁록 주변에 웅주를 두었다는 것은 치우천왕과 관련이 있을 것이다. 치우천왕을 군웅이라고 했다면, 황제가 치우천왕을 임금으로 대우하지 않겠다는 속마음을 내보이는 것이었다고 이해해야 할 것이며, 아울러 탁록을 지키는 〈웅주〉의 지위로 격하시켰다고 해야 할 것이다. 〈웅〉자는 자웅雌雄에 쓰이는 말이니, 치우천왕을 〈수컷〉이라 했다면 대단한 모욕이라 아니 할 수 없다. 그러나 분명한 것은 황제가 유웅有熊 출신이고 치우천왕이 신웅神熊(한웅천왕계열) 출신이므로 이분들의 싸움이 웅족 상호간의 싸움이었다는 것을 알아야 한다.

웅족 싸움이 끝나면서 조선朝鮮과 하夏가 건국되었다.

제4부
반 란

1

1. 두락안 봉기시대

지구인류의 역사는 두락안 주군主君 봉기시대(ㄷ27, 28, 29)를 거쳐 박우르 봉기[1)]시대로 들어갔다. 지구가 당하는 세차운동(ㅅ51)이 이런 봉기의 시대를 만들었다. 봉기는 인간이 어쩔 수 없이 휩쓸리게 된 불가항력적인 일이었다. 이렇게 인간의 생각을 조정하고 통제하는 위치에 마고가 있었다. 그는 자신이 정해 놓은 시간표대로 인간들이 움직이게 하였다. 해혹복본의 때가 다가오고 있기 때문이었다. 왜 특정한 장소에서만 그러한 일이 일어나게 되는지 사람들은 이해하지 못했다. 이해한다는 자체가 불가능한 일이었다. 다만 그 시대에 자신이 타고난 시대적 사명이라고 생각하게 될 뿐이었다.

마고가 은밀하게 소툭낭(ㅅ58)을 불렀다. 소툭낭은 아직도 거미여인(ㄱ6)을 만들고 있었다. 무수한 거미알 속에서 거미여인들이 자라고 있

---

1) 박우르 봉기 : 두락안(드락안)시대 말기에 한웅천왕 일파가 한인천제체제에 봉기하였다는 가설을 전제로 하여 본서를 집필하였다.

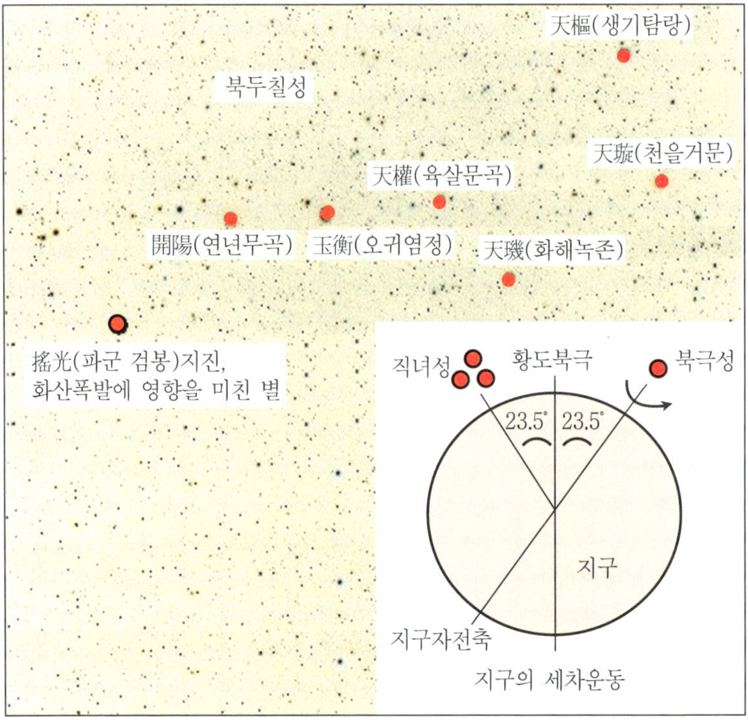

〈그림 1〉 지구의 멸망과 관련이 있다고 알려진 별들인 북극성(천추성), 직녀성, 북두칠성의 요광성.

었다. 이들이 앞으로 신인류를 생산하게 될 거미여인들이었다.

"신사를 짓는 일은 잘 진행되어 가고 있느냐?"

마고가 물었다.

"일이 잘 되어 가고 있습니다."

소툭낭이 한 곳을 가리켰다.

그곳은 하늘의 끝이 지구에 마주 닿아 있는 곳이었다. 그곳에 건물이 하나 지어지고 있었다. 한 사내가 건물이 높게 올라가는 것을 바라보고 있었다. 그는 삼신이 이 일을 시킨다고 생각하였다. 그렇다고 삼신을 본 적은 없었다. 그는 그렇게 믿고 있었다.

마고는 이제 자신의 본색을 드러낼 때가 되었다고 생각하고 있었다.

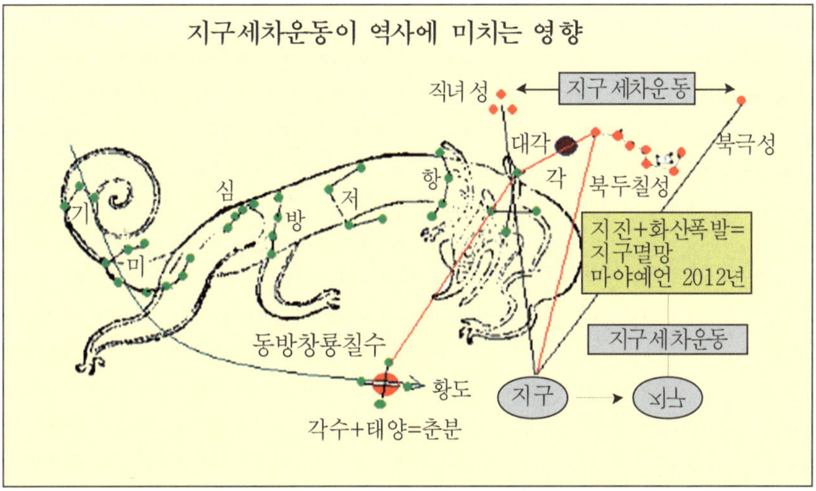

〈그림 2〉 지구는 세차운동으로 12,500년마다 멸망한다고 한다. 〈마야역〉은 곧 다가올 2012년을 지구멸망의 해로 정해 놓았다.

그래서 노랑 저고리에 홍치마를 입은 대신 할머니의 모습으로 변신하였다.

"소툭낭, 거미여인 몇을 이곳에 데려 올 수 있느냐?"

마고가 물었다.

"많이 데려올 수 있습니다."

"처음 만든 거미여인을 부르라."

소툭낭은 아주 나이가 많은 거미여인을 불렀다. 거미여인이 지구에 복잡하게 깔려있는 거미줄망을 점검하는데 마고와 소툭낭이 앞에 나타났다.

"이곳 주변에 거미줄을 쳐라."

마고가 명령했다.

거미여인이 거미줄망에 파동을 보내 그들이 오도록 소집했다. 거미여인들이 거미줄을 쳐가며 이곳에 나타났다.

"이제부터 나의 분신들을 찾아 내 앞에 대령하라."

거미여인이 물러갔다.

소집된 거미여인들에게 수색명령이 떨어졌다. 산꼭대기엔 여기저기 절이 지어져 있었다. 거미여인들은 절을 향하여 몰려갔다. 사람들은 아무도 거미여인들이 군대가 되어 출동했다는 것을 눈치 채지 못하고 있었다.

거미여인들은 절에 모셔진 우상들을 거미줄로 칭칭 감아 단에서 끌어내렸다. 다만 한 여인에게 만은 손을 대지 않았다. 그가 관세음보살이었다. 그도 거미여인이었던 것이다.

"마고대신께서 소집명령을 내리셨다."

나이 많은 거미여인이 말했다.

"우상들을 파괴하라."

나이 많은 거미여인이 명령했다. 우상들은 모두 파괴되었다.

2. 방포성放砲聲과 섬광閃光

옛적에 일어난 것과 마찬가지로, 아리안 행성들의 창공은 전쟁에서 벌어지는 천둥 같은 방포성放砲聲과 번개치는 섬광으로 가득 차 있었다.

아리안 행성은 마고가 다스리는 행성이다. 직녀성시대 말기에 한인이 풍이족을 이끌고 마고삼신체제麻姑三神體制(ㅁ1, 2, 3, 4, 5, 6, 7)에 반란을 일으켰다. 이들이 우주반란을 일으키면서 아리안 행성[2)]들이 떠있는 하늘은 천둥치는 소리와 번개치는 섬광으로 가득했다.

풍이족이 우주반란을 일으켰을 때 우주는 직녀성시대가 물러가고 천추성시대가 시작되고 있을 때였다. 전쟁은 상상을 초월할 수 없을 만큼 끔찍했다.

---

2) 아리안 행성 : 직녀성에 속한 행성들

3. 전쟁터가 된 아리안의 땅

옛적에도 그랬듯이 싸움터는 시체와 청색, 녹색 피바다로 아수라장을 이루고 있었다. 잘린 팔다리와 머리없는 송장들이 아리안 제국땅 어디에나 흩어져 있었다.

한웅천왕시대가 시작할 때도 한인천제시대를 시작할 때와 똑같은 현상이 우주에서 벌어졌다. 행성의 싸움 터에는 청색인간과 녹색인간이 흘린 피로 피바다를 이루었다(ㅊ30, 31 참조). 아리안제국의 땅 어디에도 잘린 팔다리와 머리가 없는 시체들이 즐비하였다.

바벨론에는 "바벨론의 주신 벨(마르둑)이 원초의 여신 티아맛을 사로잡아 둘로 쪼개어 절반으로 지구를 만들고 나머지 절반으로 하늘을 만들었다"는 신화가 있다. 하늘과 땅이 분리되면서 어둠의 시대인 카시대에 살던 생물들이 밝음의 시대인 박시대의 밝은 빛을 감당할 수 없어

〈그림 3〉 기독교인들에게 우상의 괴수로 각인되어 있는 다곤신(수신)의 정체는 한인천제의 직계후손이다. 원래 풍이족의 후예로 사성巳姓에서 분가해 나온 기성己姓으로 황하에서 하백河伯의 임무를 수행한 곤오昆吾 풍豐이다.

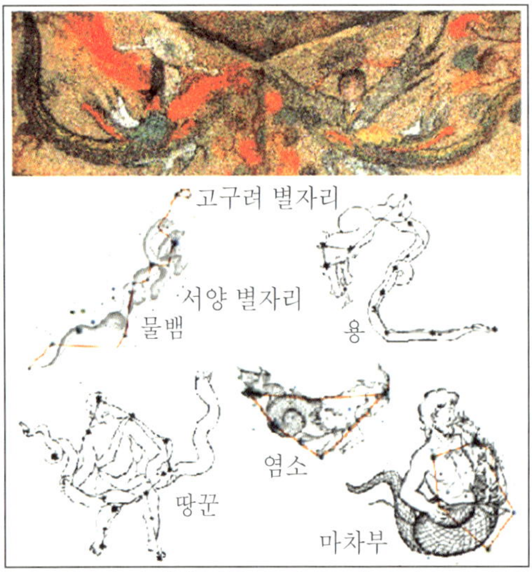

〈그림 4〉 우주에서 뱀족의 활동. 한국 천문이 후대에 와서 별자리에 반영된 것으로 볼 수 있다.

전멸해 버리고 말았다. 이 시대에 직녀성시대에 대항하여 등장한 천추성시대가 낡은 우주질서를 새로운 우주질서로 대체하였다.

태초의 바다를 뜻하는 압수Apsu와 태초로부터 물결치는 바다를 의미하는 여신 티아마트Tiamat가 있었다. 티아마트는 시녀 뭄무Mumu를 데리고 있었다. 압수와 티아마트 두 물이 서로 녹아 거대한 한 쌍의 뱀 라무와 리무하가 태어났다. 하늘은 뱀들의 세상(ㅎ2)이 되었다.

이들 신의 이름을 풍이의 관점에서 해석하면 그 근원이 풍이에 있음을 알게 된다.

압수의 압은 '앞'이나 '누르다(압壓)'는 뜻과 관련이 있고, 수는 '물'과 관련이 있다. '압'을 '앞쪽'으로 본다면, 압수는 '앞쪽에 있는 물'이 된다. 앞쪽을 역사의 앞쪽으로 본다면, 태초가 된다고 볼 수 있다. '수'는 은하수의 '수'에서 볼 수 있듯이 '거대한 물'로 볼 수 있다. '수'에서 '바다'를 유추할 수 있다. 따라서 압수는 '태초의 바다'라는 의미로 해석된다.

티아마트는 '티아'를 '태'나 '터'의 변음으로, '마트'는 '맏이'로 볼 수 있는 말이다. 인류의 맏이가 마고이므로 마고의 변음으로 볼 수 있다. '트'는 '트다' 또는 '트이다'로 볼 수 있다. '트이다'는 '공간을 확장하다'는 의미로, '막힌 것을 트이게 하다'는 뜻으로 볼 수 있다. 그러므로 '티아마트'는 '태초에 마고가 역사나 문명을 연 터라'는 의미로 해석된다.

압수와 티아마트는, 압수를 '태초의 바다'로 보고, 티아마트를 '태초의 마고가 문명을 열었다'로 보면, "태초의 바다에서 태어난 마고가 문명을 열었다"라는 의미로 볼 수 있다. "마고가 어디에서 태어나 무슨 일을 했을까"하는 의문이 이렇게 압수와 티아마트라는 두 신의 이름에서 밝혀진다.

〈그림 5〉 고대신화가 수메르와 바빌로니아에서 최초로 만들어진 신화가 아님을 수신 하백 곤오(다곤)의 역사가 밝혀주고 있다.

우주는 태초의 바다이자 바다의 원형이다. 신화시대의 사람들은 우주의 북극점에서 물이 생성되어 사방팔방으로 퍼져 나간다고 생각하였다. 이를 천일생수天一生水라고 하였다. 우주가 바다가 되는 이유는 우주의 북극을 물로 보기 때문이다. 물은 우리가 마시고 쓰는 물이 아니라 우주의 진동이요, 진동이 확장해 나가는 파장이다. 우주의 파장을 《부도지》에서 소리라 하였다.

"마고가 우주의 소리-팔려八呂의 음에서 태어났다"는 기록이 《부도지》에 있다. '팔려'는 우주에서 생성된 물-소리-우주선 파동이 사방팔방

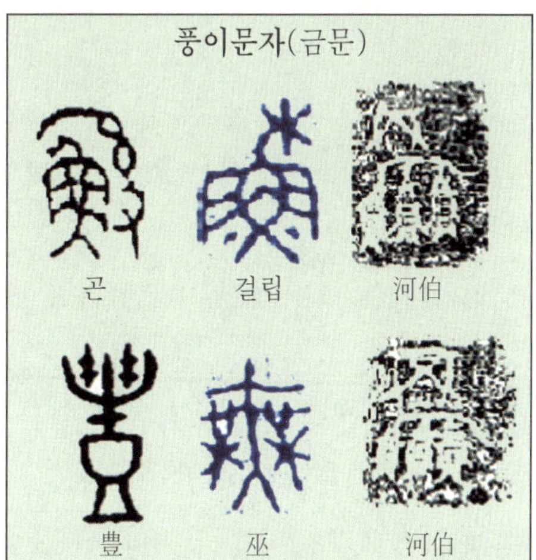

〈그림 6〉 하백河伯 소풍蘇豊과 관련되는 문자.

으로 미치는 범위이다. 그러므로 이 시대의 물은 여성인 마고가 태어나는 시대의 물이므로 음의 성질을 띠어 음신陰神이 된다.

그러나 동양철학에서 수水는 남신이다. 역易에서 감위수坎爲水로 개념을 정립하여 남신으로 확정하였던 것이다. 감坎은 사람으로서는 중년 남성이다. 바빌로니아에서 우주의 바다는 역의 세계에서처럼 남신으로 표현된다. 마고시대의 여신이 남신으로 바뀐 것이다. 그가 다곤이다. 다곤은 물의 신 하백河伯(ㅎ3) 곤오昆吾의 변신變身이다(제4부 〈그림 3〉 참조).

마고시대의 여신이 한인천제시대에 와서 남신으로 바뀐 이유는 한인천제가 남자제관이었기 때문이다. 제관의 의도에 따라 여신이 남신으로 변한 것이다. 바빌로니아라는 문자와 바빌로니아 태초의 신 압수에는 이 시대의 신관이 반영되어 있다. 바빌로니아라는 문자를 분석하여 한제국시대의 남신을 찾아보기로 한다.

한제국시대에는 12나라로 한제국이 구성되어 있었다. 이 중에서 바빌로니아로 볼 수 있는 나라가 비리국이다. 바빌로니아의 '바'는 한인천제를 뜻하는 '파'의 변음으로, '빌로니'는 '비니, 비르니' 즉 '빌다'로, '이'는 '사람'으로 볼 수 있다. 따라서 바빌로니아는 "한인천제가 비는 사람"으로 해석되는 이름이다. 한인천제를 우리가 천제라고 하는 이유가 이런 데에서 밝혀진다. 천제란 하늘에 제사지내는 제관으로서의 임금이다. 말하자면 신정神政의 최고 우두머리이다. 천제를 지내는 제관 한인천제가 관장하는 나라가 바빌로니아이다. 따라서 한인천제에 의하여 마고시대의 여신이 남신으로 바뀌었다고 볼 수 있다.

티아마트는 뭄무라는 시녀와 함께 있었다. 뭄무를 해석하면 태초의 바다가 어떠한 바다였는지 밝혀진다. '뭄'은 '몸'으로 볼 수 있는 말이다. '무'는 '없다'는 뜻이다. 그러므로 몸이 없다는 뜻이 된다. 몸이 없다는 것은 형체가 없다는 것이다. 따라서 '무'의 의미를 가진 태초의 바다는 실체가 없는 바다, 형상이 없는 바다이다.

무는 〈천부경〉에서 '무無'로 표현된다. 무에서 '하나'가 태어나는데, 이를 일시一始라 하였다. 일시는 곧 하나님이다. 이렇게 무에서 하나님이 탄생한다. 무가 음陰이므로 상대성 원리에 의하여 무의 짝인 양陽이 태어난다. 이 태초의 양이 하나님이다.

무, 즉 뭄무는 압수와 동일시된다. 무가 곧 태초의 바다이기 때문이다. 이렇게 보면 무인 압수에서 마고인 티아마트가 태어난다. 이는 〈천부경〉의 일시무시一始無始로 볼 수 있다. 바빌로니아의 창조신화를 〈천부경〉에 비추어 보면, 〈천부경〉적인 사유체계에서 나왔음을 알게 된다. 그러나 바빌로니아 최고신이 〈천부경〉 신의 개념과 다른 점은 〈천부경〉의 최고신 무는 모母의 개념이고, 바빌로니아 최고신의 무는 부父의 개념이다. 즉 〈천부경〉의 무는 여신의 개념이고, 바빌로니아의 최고신의 무는 남신의 개념이라는 것이다.

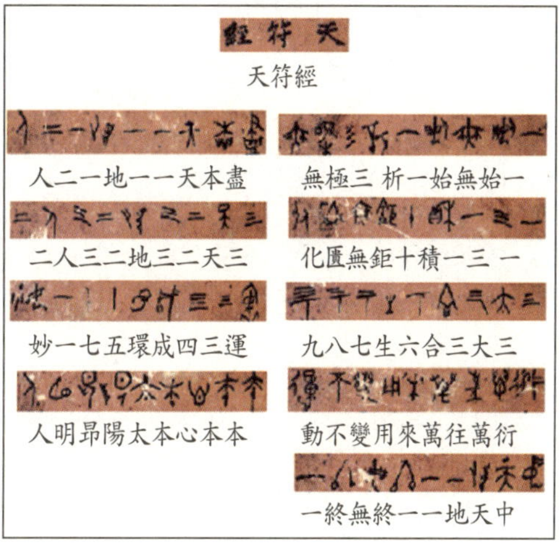

〈그림 7〉 풍이문자로 쓴 〈천부경〉

바빌로니아 신화에서 태초의 바다는 혼돈의 바다이다. 이 혼돈의 바다에서 4세대의 신들이 태어난다. 4세대의 신들이 태어난다는 발상도 중요하다. 〈천부경〉에서 4가 곧 완성이기 때문이다. 신들의 세계가 이렇게 〈천부경〉적인 수리체계나 논리체계를 가지고 있다는 것은 그 신들이 마고계열의 신들임을 의미한다고 볼 수 있다.

바빌로니아에서 태어난 태초의 신들은 혼돈의 바다에서 태어난 신들인 만큼 귀가 따가울 정도로 시끄러운 신들이었다. 태초의 바다 압수는 그가 누리는 고요함이 방해를 받고 싶지 않았다. 그는 시끄러운 자식들이 떠들지 못하게 하려고 시종인 뭄무와 상의하여 이들을 없애버리기로 하였다. 태초의 신 압수가 뭄무와 상의하였다는 것은 창조된 4세대 신들을 무의 상태로 되돌릴 생각을 하였다는 것을 말한다. 없었던 것으로 하자는 뜻이다. 이제 계획을 실행에 옮기는 일만 남았다.

티아마트의 자식 에아가 이 기미를 알아차렸다. 에아는 자기가 살아남기 위하여 압수를 죽이기로 하였다. 압수를 죽이면 그가 살아남을 뿐만 아니라, 압수가 누리던 무소불위無所不爲의 최고 권력을 차지할 수 있었다. 에아에게 천재일우千載一遇의 좋은 기회가 온 것이다. 에아는 압수와 뭄무를 깊이 잠들게 한 후에 둘을 죽이고, 압수의 허리띠와 왕관과 망토를 차지하여 압수의 권위를 찬탈하였다. 또한 압수의 거처도 자기의 것으로 만들었다.

에아는 부인 담키나Damkina에게서 후대에 바빌로니아의 최고신으로 등극하는 마르두크Marduk(원래는 바빌로니아의 수호신이었으나, 수메르의 으뜸신 엔릴과 합체하여 모든 신화의 주인공이 되었다)를 낳았다(〈메소포타미아의 신화〉 5장 창조 서사시 113~116쪽). 이리하여 명실상부하게 그의 가계를 바빌로니아 최고신의 가계가 되게 하였다. 마르두크의 탄생은 곧 태양의 탄생을 의미하였다.

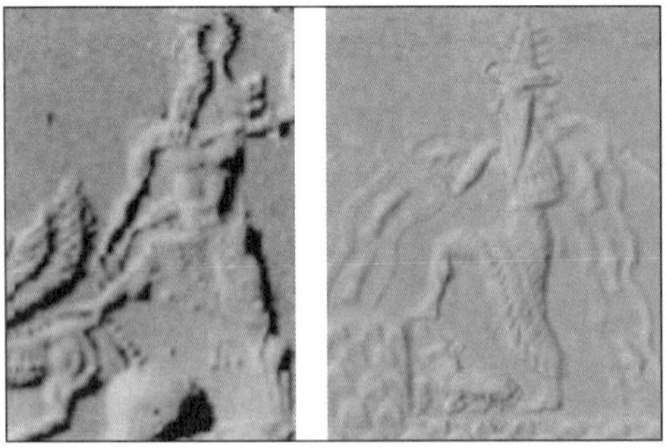
〈그림 8〉 왼쪽은 신들의 왕 마르두크, 오른쪽은 아버지를 죽이고 왕이 된 에아

마르두크는 어머니 담키나의 몸에서 태어날 때, 뱀의 머리를 가진 용의 모습으로 태어났다. 그에게 주어진 역할은 아모리족의 수호신이었다. 그러나 세력이 커지면서 그가 가진 역할도 확대되

어 바빌로니아 수호신이 되었다. 바빌론이 신들의 도시-부도가 되면서 마르두크는 바빌로니아 판테온(만신전萬神殿)의 주신이 되었다.

마르두크의 외모가 뱀의 머리에 용의 몸으로 태어났다는 것은 그가 요지부동搖之不動의 풍이족 출신임을 의미한다. 그의 머리가 뱀이라는 것은 그의 부모가 뱀이고, 그의 일족이 모두 뱀임을 의미한다. 결국 풍이족 출신임을 나타내는 것이다. 그의 몸이 용이라는 것은 왕의 지위-칸-천제가 되었다는 뜻이다.

마르두크를 탄생시킨 아모리족이 풍이 일족임이 아모리라는 문자를 분석해 보면 나타난다. 아모리의 '아'는 아버지나 어머니이다. '모리'는 '머리'이거나, 무당이 춤을 출 때 들고 휘두르는 쇠꼬리-모미旄尾이다. 풍이는 모미의 끝을 잘라서 풍물패의 우두머리인 상모上旄가 쓰는 벙거지에 달았다. 상모는 '우두머리 모'라는 뜻이다. 아모리족은 이렇게 풍이 일족과 관련이 있다.

〈그림 9〉 풍물패가 머리에 쓴 벙거지에 달려 있는 흰술이 상모上旄이다. 천제를 지낼 때 털이 긴 흰소를 잡아 꼬리에 달린 털을 잘라내어 머리에 장식한 것이다. 풍물패風物牌의 풍물風物은 한인천제가 다스리던 한국의 문물이라는 뜻이다. 천제의 권위를 나타내는 것이다.

마르두크가 풍이 일파인 아모리족 씨족신의 자리를 차지할 수 있었던 것은 그가 태양을 섬기는 제관의 자리에 있었기 때문이다.

마르두크는 천사들, 천상의 사자들, 하나님의 아들들로 해석되어 온 ma'lkh와 뿌리를 함께 한다. ma'lkh는 마고에서 나왔다고 본다. l자가 탈락하면 마고가 된다.

한제국의 한 분파인 수메르에서 BC 2150년경에 수메르어로 기록한 〈길가메시 서사시〉에서 바빌로니아의 태양신을 샤마시Shamash라 하였다. 마르두크에서 마고를 찾아낼 수 있듯이, 샤마시에서도 마고를 찾아낼 수 있다. '샤마시'의 '마'에서 '마고'를 찾을 수 있는 것이다. '샤'는 '사ㄷ'이고, '사'는 태양과 동일시 된다. 이집트는 태양신 라와 뱀을 동일시한다. 라의 머리장식에서 뱀과 태양신이 동일시 되는 것을 볼 수 있다. 이렇게 보면, '샤'는 뱀을 아이콘으로 쓰는 풍이의 수장인 한인천제가 숭상하는 태양으로 해석되고, '시'는 신으로 해석된다. '시'도 '사'에서 나온다. '신神'이 '사'에서 나온다고 볼 수 있다. 뱀을 신격화함으로써 신이 된다. 이리하여 '샤마시'가 '태양신 마고'로 해석되는 것이다.

마고에서 나온 마르두크와 샤마시가 태양신이므로 우리가 직녀로 유추하는 마고도 원래 태양신으로 추앙을 받던 여신이었을 것이라는 유추가 가능해진다. 한인과 한웅이라는 강력한 남신이 등장함으로써 밤의 여신으로 밀려나 직녀가 된 것은 아닌지 생각해 볼만한 일이다. 지구상에는 태양을 여신으로 모시는 민족들이 지금도 있다. 그 대표적인 예가 일본의 아마데라스 오미카미(天照大神)이다.

극동에서는 마고(직녀)의 후손 풍이가 뱀을 아이콘으로 쓰다가 바빌로니아로 가서 태양과 뱀을 결합시켜 수호신이 되게 하였다. 이렇게 보면 마르두크와 샤마시의 뿌리가 남신이 아라 여신임을 알 수 있다.

여기에서 또 생각해야 할 것은 아틀란티스에서 태어난 멜키세댁(멜키지덱이라고도 한다)이다. 멜키세댁의 '멜키'가 마르두크와 어원이 같다면 마고로 볼 수도 있다. '세댁'은 '새댁'으로 볼 수 있는 말이라 '마고새댁'이 된다. 따라서 마고의 후예라는 유추가 가능하다.

에아가 압수와 뭄무를 죽이고 압수의 권위를 찬탈한 다음에 부인 탐키나와의 사이에서 마르두크가 태어나자, 여신들의 관심은 마르두크에게 쏠렸다. 여신들이 마르두크를 키워주는 것은 물론이고 떠받들기까지 하였다. 마르두크의 할머니 티아마트는 제1의 권력자인 자기가 신들로부터 소외되는데 대하여 타격을 받지 않을 수 없었다. 죽은 남편 압수로부터 최고의 권력이 자동으로 승계됐지만, 사정이 그렇게 돌아가지 않았던 것이다. 남편의 권력이 자기에게 오지 않고 아들의 지위를 뛰어넘어 손자에게로 옮겨가고 있었다. 이리하여 마르두크는 에아의 보호아래 타의 추종을 불허하는 막강한 신으로 성장해 갔다.

티아마트 추종자들은 티아마트의 권위가 에아의 아들 마르두크를 제압하지 못하자 에아를 탄핵할 구실을 찾았다. 그를 아버지를 죽인 패륜아로 몰아갔다. 이렇게 함으로써 어머니 티아마트가 패륜아 아들 에아를 응징할 수 있는 공감대가 형성되었고, 티아마트를 지지하는 세력이 에아를 처벌할 수 있게 하는 윤리적 사회성의 근거가 생겼다. 그런데 문제는 에아를 처벌하는 것이 아니라, 장차 최고 권력자의 자리에 오르게 될 마르두크를 응징하여 권력으로부터 소외시켜야 한다는 것이었다. 마르두크는 아직 권력을 가진 바 없으나 그가 권력의 자리에 앉게 될 것이라는 개연성 때문에 희생을 감수당하지 않을 수 없었다.

티아마트는 신진세력으로 성장한 마르두크를 응징하기 위하여 뿔 달린 뱀, 개, 전갈인간, 황소인간, 물고기와 악마를 아이콘으로 한 군대를 창설하였다.

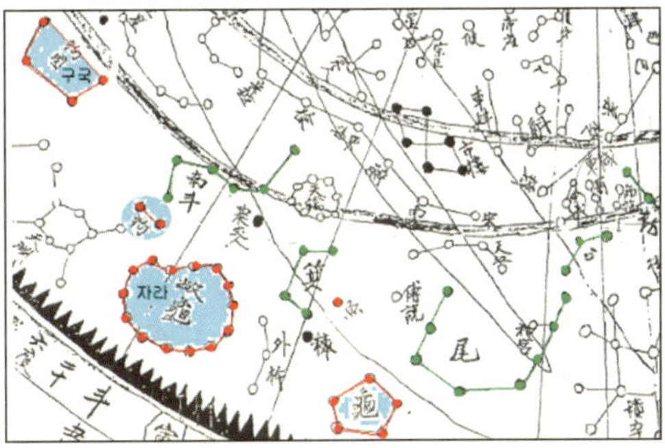

〈그림 10〉 하늘에서 동원되는 개나라 구국狗國의 군대. 거북이龜, 자라鼈, 개狗, 물고기魚가 동원되었다. 미尾, 기箕는 동방창룡칠수東方蒼龍七宿에 속한 별자리, 남두南斗는 북방현무칠수北方玄武七宿에 속한 별자리이다. 방수, 심수, 미수는 서양천문에서 전갈별자리라 한다.

티아마트가 태양신으로 떠오른 마르투크-샤마시를 무찌르기 위하여 뱀부대와 개부대와 물고기부대와 전갈부대와 황소부대를 창설하였다는 것은 태양이 떠올라 지나가는 길목 하늘에 태양의 통과를 저지할 별자리를 만들었다는 것을 말한다. 태양은 동쪽하늘에서 떠오르므로 이들 별자리가 지켜야 할 곳은 동쪽 하늘이다.

동쪽 하늘에는 이미 동방창룡칠수가 버티고 있다(제4부 〈그림 2〉 참조). 이 용은 해가 떠오르는 동쪽 하늘을 지키는 한인천제와 한웅천왕의 화신이다. 이제 한인천제의 후예로서 바빌로니아라는 이름으로 자신의 정체성을 창설하려면, 반란을 일으켜 기존의 한인한웅체제를 무너뜨리고 새로운 체제를 만들어야 하였다. 이렇게 함으로써 바빌로니아가 홀로서기를 하게 되는 것이었다. 이는 황제가 풍이의 일원으로서 풍이를 대표하는 치우천왕에게 반란을 일으켜 승리함으로써 화서족의 중시조로 자리매김을 하려는 것과 같은 맥락이라 본다.

동방창룡칠수의 심수, 미수, 기수를 서양별자리에서는 전갈별자리라 한다. 동방창룡칠수가 전갈별자리로 이름과 모양이 바뀐 것이다. 그러나 근본에 있어서는 같다.

동방창룡칠수의 꼬리별자리에 속하는 미수의 바깥쪽에 거북이를 뜻하는 귀龜별자리가 있고, 미수와 기수 사이에 물고기를 뜻하는 어魚별자리가 있다. 기수의 바깥쪽에 자라를 뜻하는 별鼈별자리가 있고, 더 바깥쪽에 개를 의미하는 구국狗國별자리가 있다(제4부 〈그림 10〉 참조). 이들 별자리는 모두 마고에게 속한 여러 종족의 아이콘으로 볼 수 있는 별자리이다. 이들 별자리가 마고에게 반란을 일으킨 한인체제를 지지하는 세력(뱀별자리들)처럼 티아마트에게 반란을 일으켜 마르두크를 지지한 세력이다. 티아마트가 마고의 변신이 아니라면 이렇게 똑떨어지는 별자리를 용별자리의 몸통과 꼬리 주변에 배치하지 못했을 것이다.

티아마트의 가장 막강한 근위부대는 황소부대였다. 황소부대는 동방창룡칠수의 뿔인 각수에 해당한다. 각이 소의 무기인 뿔이기 때문에 그렇게 보는 것이다.

티아마트는 동쪽 하늘을 지키도록 킨쿠Qinku를 사령관으로 임명하였다. 킨쿠의 '킨'은 '칸-킹'이나 '왕'이다. 또한 '쿠'는 '구勾', 즉 북극성이다. 따라서 북극성을 사령관으로 정했다고 볼 수 있다. 북극성이 사령관이 되었다는 것은 직녀성과 대적하여 싸우겠다는 의지를 보인 것으로 해석된다. 북극성은 천추성이다. 그러므로 천추성과 직녀성의 싸움이다. 천추성이 승리하면 모계사회는 부계사회로 개편되고, 직녀성이 이기면 모계사회는 그대로 유지된다(제4부 〈그림 21〉 참조).

티아마트는 킨쿠를 확실하게 자기의 수하에 두기 위하여 그를 샛서방으로 만들었다. 샛서방은 모계사회에서 종가宗家의 대모大母가 거느리는 남첩男妾과 같은 존재다.

티아마트의 아들 에아는 이 광경을 모두 지켜보고 있었다. 에아는 샛서방을 들여 자기 아들 마르두크를 토벌하려는 어머니 티아마트를 지지할 수 없었다. 그는 천추성이 직녀성의 수하로 들어갈 수 없다는 것을 알고 있었다. 킨쿠와 티아마트는 서로를 이용하려는 전략적인 제휴를 맺고 있을 뿐이었다. 킨쿠가 마르두크를 이기면 세상은 티아마트의 세상이 되지 않고 킨쿠의 세상이 된다. 말하자면 북극성의 세상이 되는 것이다. 에아는 킨쿠의 음모와 티아마트의 어리석음을 막아야 하였다. 그는 이미 그에게 시해당하여 죽은 아버지 안샤르Anshar를 찾아가서 그가 안사르의 아들 용-마르두크임을 아뢰면서 티아마트와 킨쿠의 연합세력을 물리쳐 달라고 도움을 청하였다.

에아가 안샤르에게 들려주는 그의 아들 마르두크-용은 인간의 모습을 용의 형상으로 바꾼 동방창룡칠수 그대로였다. 얼굴은 날카로운 이빨과 어금니가 노출되어 있었고, 몸은 독으로 가득 채워져 있었고, 몸에서 무서운 광채가 났다. 용이 별이기 때문에 몸에서 광채가 났다고 한 것이다. 용의 이름이 '무쉬우쉬'였다. '무쉬'는 '무섭다'는 표현 같고, 우쉬는 '소와 같다'는 표현 같다. 따라서 "소의 형상으로 생긴 무서운

용"이라는 뜻을 가지고 있다고 생각된다. 이 말은 용의 얼굴이 소의 얼굴을 닮았다는 말과 통한다.

안사르는 비록 아들 에아에게 시해당한 몸이긴 하지만, 아들의 편을 들어주지 않을 수 없었다. 아내 티아마트가 샛서방 킨쿠와 부부가 되었으므로 티아마트에게서 떠나야 한다는 생각도 작용하였다.

안샤르는 무슨 뜻일까? '안'은 '한'으로 볼 수 있고, '샤르'는 '살'이나 '사람'으로 볼 수 있다. 그러므로 '한 사람'이 된다. '한 사람'은 한국을 세운 한인천제와 같은 사람으로 해석된다. 안샤르의 아들 에아는 한사람의 아들, 즉 한인천제의 아들 에아로 볼 수 있는데, 에아라는 문자가 안샤르에서 나왔다고 생각되기 때문이다. '에'를 '안'과 관련하여 본다면, '에아'는 '안'에게서 태어난 '애'이며 '아들'이다. 그러므로 마르두크가 티아마트와의 싸움에서 이기면, 자동적으로 한인천제의 체제가 마르두크를 매개로 하여 바빌로니아에 이입하게 되어 있었다.

〈그림 11〉 마르두크와 용 무쉬우쉬. 용이 마르두크가 안파견의 분신임을 증명해 주고 있다.

드디어 티아마트의 군대와 마르두크의 군대가 대결을 벌이는 결전의 날이 왔다. 마르두크가 티아마트에게 1:1로 싸울 것을 제안하였다. 티아마트가 마르두크의 제안을 승낙하였다. 할머니와 손자가 맞대결을 벌였다. 마르두크는 안사르의 도움을 받아 모진 바람(풍이)으로 티아마트를 제압하였다. 공교롭게도 그 자리에 사령관 킨쿠가 없었다. 열세에 몰린 티아마트는 굴복당했다.

왜, 그 자리에 킨쿠가 없었을까? 킨쿠는 천추성이므로 직녀성과 함께 있을 수 없었다. 직녀성과 천추성은 언제나 47° 각도를 유지하고 떨어져 있어야 했다. 그러므로 그 자리에 함께 있지 못했던 것이다(제1부 〈그림 15〉 참조).

마르두크가 바람으로 티아마트를 제압할 수 있었던 것은 그가 풍이의 후예였기 때문에 가능한 일이었다. 드디어 마르두크는 할머니를 죽이고 심장을 쪼갰다. 티아마트 편에 섰던 신들은 이 무시무시한 광경을 보자 겁을 먹고 도망쳤다. 도망치지 못한 다른 신들은 포로가 되었다.

킨쿠가 왔을 때 싸움이 끝난 뒤였다. 마르투크는 티아마트의 흔적을 없애기 시작했고, 새로운 창조물들을 만들어 내놓았다. 그는 신들의 자리를 만들었다. 그리고 자신을 위하여 신전을 지었다. 여기가 신들의 거처인 바빌론이다. 바빌론은 아마 '밤에 빌다'라는 뜻이거나 '뱀에 빌다'라는 뜻일 것이다. 밤에 비는 것은 직녀성-마고-티아마트에게 비는 것이고, 뱀에게 비는 것은 풍이조상에게 비는 것이다. 이리하여 빌기 위한 장소를 만들게 되니, 이를 지구라트라 하였다. 지구라트는 우리말로 하면 부도符都이다. 풍이의 한자桓字인 지구라토地丘羅土로 바꾸어 쓸 수 있다. '부도의 나라 땅'이라는 말이다.

〈그림 12〉 삼성제三聖祭. 매년 10월 3일 서울의 삼각산에서 한인천제, 한웅천왕, 단군왕검 삼성에게 강북구민들이 모여서 제사지낸다. 〈아리안문서〉에서 한인천제는 두락안으로 볼 수 있는 분이고, 한웅천왕은 박우르로 볼 수 있는 분이다.

마고의 시대는 지구의 자전축이 직녀성을 향하고 있던 직녀성의 시대였다. 마르두크의 등장은 지구의 자전축이 북극성을 향하게 되는 시대를 의미하였다. 자전축의 지향점이 바뀌므로 모계사회 세력의 중심이 티아마트에서 마르두크에게로 이동하였다. 이와 같은 현상이 이미 직녀시대에 한인이 등장하면서 있었다. 지구의 세차운동으로 생겨나는 지구 자전축의 지향점이 직녀에서 천추天樞로 이동하듯 마고시대에 생성한 모계사회의 권력이 한인이 등장하여 부계사회 권력으로 이동하였던 것이다. 이러한 권력이동은 인간의 의지와는 아무 상관없이 지구세차운동의 영향을 받은 것이었다. 풍이는 이러한 경험을 가지고 있었다. 이제 바빌로니아에서도 같은 패턴의 권력이동이 시작되었다. 이는 모계사회가 부계사회로 바뀌면서 모권이 부권으로 이동하는 것을 의미하였다. 이렇게 사회변동과 권력의 변화가 하늘의 변화와 맞물려 일어났음을 마르두크 신화가 보여준다.

〈부도지〉에 따르면, 이때부터 새로운 시대에 필요한 새 질서를 세워나가기 시작한 사람들이 황궁, 유인, 한인으로 불리는 최초의 삼성三聖들이었다. 이들이 질서를 세우는 작업은 그들의 인내와 노력으로 3,000년 동안 계속되었다. 이렇게 직녀성시대의 마고역사가 물러가고 천추성시대의 한인역사가 시작되는 것이다.

4. 여자들의 곡성

죽음의 안개는 인적이 끊긴 강줄기 계곡을 덮고 있었다. 셀 수 없는 여자들의 곡성은 아리안 제국의 창공으로 울려 퍼져 나갔다.

한국에서 일어난 반란의 결과는 비참했다. 무수한 사람들이 죽어서 안개가 시체를 덮었고, 인적은 끊어지고, 강줄기와 계곡을 피로 물들였다.

한국은 태미원太微垣이란 드넓은 우주영토를 가지고 있었다. 태미원 안에는 한국태양계桓國太陽系가 있다. 태양수라는 별이 있는데 이 별이 한국태양계의 중심이 되는 태양으로 생각된다. 지구태양계와 한국태양계를 잇는 중심점에 오름행성계가 있다고 보는데, 오제五帝를 그렇게 볼 수 있을 것이다(제3부 〈그림 12〉 참조).

지구행성계와 한국태양계와 오름행성계가 구성하는 이 삼각의 우주 영토 안에서 풍이족의 반란이 일어났다. 풍이족의 무차별 살육으로 3개의 우주 안에 사는 마고아리안인 우주인구가 전사하거나 학살당하였다. 마고아리안제국(麻姑之那)의 여자들은 시체를 앞에 놓고 통곡하였다.

5. 사라진 평화

평화의 시대는 가고 없어졌다. 죽음은 떠오르는 태양과 더불어 왔다.

직녀성시대는 가고 천추성시대가 왔다(제1부 〈그림 1〉 참조). 천추성시대에 풍이족의 한인이 떠오르면서 전쟁이 일어났고 무수한 사람이 죽었다.

직녀성시대와 천추성시대의 접점에 황궁시대가 있었다. 〈부도지〉는 황궁이 돌로 변하였다고 하였다. 고인돌이 만들어지는 시대가 된 것이다. 다음에 유인시대가 있었다. 유인시대는 불의 문명이 시

곰술통에 사내아이가 안겨 있다(일본 住友家 소장).

〈그림 13〉 곰술통에 어린 아이가 안겨 있다. 단군왕검의 어머니인 웅녀의 아들로 볼 수 있는 형상이다. 곰은 주머니곰(Koala)으로 보인다. 코알라라는 문자에는 '마고가 낳은 주머니곰'이라는 의미가 있다. 위 유물은 조선시대에 동평국의 땅이었던 양저 지방에서 출토되었을 것으로 보이는 유물이다.

작된 시대였다. 다음에 한인시대가 왔다. 한인은 구황九皇을 통합하여 구한九桓을 만들었다. 구황은 9개의 황제皇帝인데 구한九桓은 9개의 작은 태양을 의미한다. 9개의 큰 황제들이 9개의 소황제小皇帝가 되어 한인천제 밑에 통합되었다. 이 일을 주도한 인종이 뱀을 인종 아이콘으로 가지고 있는 풍이족이었다.

풍이족은 단 한 마리의 뱀으로 표현된다. 우주에는 머리 7개가 달린 뱀이 있었다. 이 뱀이 천제天帝로 불리는 뱀이었다. 천제란 북두칠성의 다른 명칭이다. 풍이족은 북두칠성을 의미하는 머리 7개가 달린 뱀에서 태어난 인종이었다(Ⅱ12, 13, 14, 15 참조).

6. 사크하 군벌

주군主君이 없는 행성들을 상대로 전쟁을 벌이던 드락안의 사크하 전쟁 초기와 달리 지금은 행성마다 사크하 군벌들과 새로운 공세를 펴고 있었다.

한인천제(북두칠성에서 태어난 안파견-두락안)는 어둠시대에 풍이족(`크하)을 이끌고 주군이 없는 행성을 정벌하기 시작하였다. 이때가 천추성 시대 초기였다. 그러나 정벌에 성공하여 우주에 한제국이 형성되기 시작하면서 각 행성마다 무장한 민간집단인 군벌들이 생겨났고, 이들이 아직 정벌되지 않은 행성에 새로운 공세를 펼쳤다.

이 전쟁이 한인시대의 마지막 우주정벌전쟁이다. 각 행성을 점령한 인종들이 군벌이 되면서 주군이 되었고, 주군들이 이합집산하면서 자신에게 유리한 쪽에 가담하여 전쟁을 벌였다. 이 전쟁에서 한웅천왕이 두각을 나타내기 시작하였다.

필자는 이 기록에 의지하여 지구의 세차운동이 지구의 역사에 미치는 영향에 대하여 기록하고자 s한다.

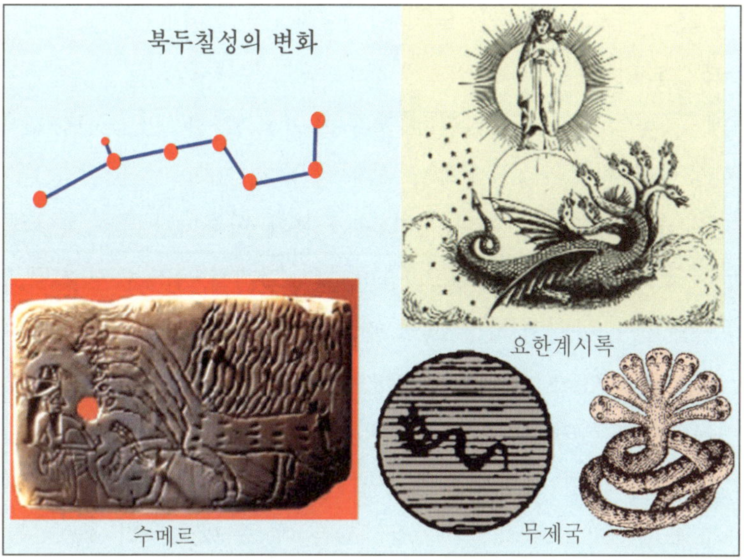

〈그림 14〉 북두칠성은 시대의 변천에 따라 그 의미가 변해 갔다. 무제국시대에는 머리가 7개 달린 뱀으로 창조주의 역할을 담당하였다. 이름은 Narayana, 수메르에서는 우주의 창조주로부터 지상으로 하강하여 인간 위에 군림하였다. 〈요한계시록〉에서는 악을 시행하는 존재로 전락하였다. 풍이족은 머리 하나 달린 뱀을 인종 아이콘으로 썼다.

먼저 우주전쟁과 지구세차운동과 무슨 관계가 있는가를 생각해 보기로 한다. 이것은 필자의 지식이 미치지 못하여 추론일 뿐이고 확인된 것은 아니다.

우주전쟁은 인간의 감각으로는 감지할 수 없는 다른 차원에서 벌어지는 외계인들의 전쟁으로 생각된다. 마고, 한인, 한웅, 단군왕검시대의 초기나 말기에 지구에 사는 인간들이 감지할 수 없는 다른 차원의 세계에 사는 외계인들이 벌인 전쟁에 지구인종의 원시조상에 해당하는 지구인들이 휩쓸렸던 때이다. 이때 지구인들에게 나타난 분들이 마고, 한인, 한웅, 단군왕검이었다. 이런 추론이 가능하도록 지식을 제공해 주는 것이 우리가 가지고 있는 족성族姓이다.

우리의 시조들이 가지고 있는 이름에 들어있는 한桓자, 검儉자, 부夫

자, 박朴자, 이李자, 김金자, 노盧자, 나羅자, 안安자, 고高자에서 단서를 찾아보기로 한다.

위에 든 성들을 지금은 씨칭氏稱으로 쓰이고 있지만 마고시대, 한인시대, 한웅시대, 단군왕검시대에는 모계족성母系族姓으로 쓰였던 성들이었다. 남자들이 씨칭을 짓기 시작한 때는 황제 이후이다. 황제는 탁록대전에서 치우천왕에게 승리하고 나서 무려 25개의 씨칭을 지었다. 그것도 창작한 성이 아니고 기성己姓을 기씨杞氏로 바꾸는 정도였다.

이들 성을 보면 우리 조상이 지상에서 태어난 사람들이 아니고 우주의 어디에선가 태어난 사람들일 것이라는 생각을 하지 않을 수 없게 된다. 이들 성이 속한 세계가 밝은 우주와 어두운 우주의 두 종류 세계로 갈라지기 때문에 그렇게 볼 수 있다고 본다. 우리가 우리 스스로를 천손족天孫族이라고 하는 것이 이런 데에 이유가 있을 것이다.

필자가 〈아리안문서〉 번역본을 읽었을 때 제일 먼저 받은 인상이 우주에 2개의 세계가 있다는 것이다. '박'으로 표현되는 태양계와 '카'로 표현되는 칠성계인 2개의 세계였다. '바'는 밝은 세계이고 '카'는 어두운 세계이다. 인간은 이것을 철저하게 기록하지 않았다.

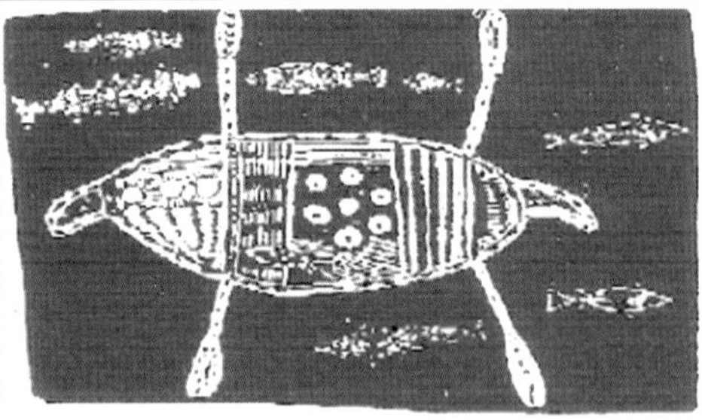

Orion and the Pieiades Millingimbi

〈그림 15〉 오스트랄리아 원주민들은 오리온을 거북이의 꼬리에, 플레아데스를 거북이의 배에 수 놓았다. 거북이가 임신 중임을 나타낸 것으로 볼 수 있다. 거북이는 동양천문에서 현무이다. 가운데에 자리잡은 별이 알치온Alcyon일 것이다(〈Night Skies Of Aboriginal Australia A Noctuary 오스트라리아 원주민의 밤하늘을 관찰한 야간기록〉 Dianne Johnson The University of Sydney).

지구의 세차운동, 시간의 흐름, 인간의 망각증세 등이 오늘날 우리를 혼란스럽게 하는 주범이다.

필자는 어느 책에선가 다음과 같은 글을 읽었다. 《무고》라는 책을 쓸 때 그

책의 말미에 나의 조상들이 내게 주는 메시지라고 생각하여 그 글을 기록하였다.

> "플레아데스성단(묘수昴宿, 좀생이별)의 중심에 알치온Alcyon으로 불리는 태양이 있는데, 우리의 태양은 이 알치온을 회전하는데 24,000년이 걸린다. 플레아데스성단은 태양의 생산공장과 다름이 없다. 이 알치온에서 광자들이 나오고 이들 광자들이 막을 형성하고 있다(이 막을 광자대라 한다). 1961년에 인공위성에 의하여 이 광자막이 발견되었다."

신비스럽고도 의미심장한 말이 아닐 수 없다. 인간의 능력으로 이런 것은 발견해 낸다는 것은 기적이 아닐 수 없다. 플레아데스성단의 중심에 어머니태양이 있다고 했는데 그 이름이 알치온이다. 알치온을 알Al+치온cyon으로 분리하면 우리 조상들이 타고 온 알이 여기에 있음을 알 수 있다. 알치온에서 알이 떨어져 나오고 치온만 남게 된 것이다. 그러니 밝다, 환하다는 표현을 쓰지 않을 수 없는 것이다. 치온에서 치는 새끼를 의미한다. 치蚩로 보면 뱀새끼가 되는 것이다. 온은 마고오름으로 볼 수 있는 말이다.

지구태양계의 태양이 직녀시대에는 '어버이 태양'이 아니라 '어머니 태양'으로 불렸을 것이다. 그래서 마고가 태양신으로 추앙을 받았을 것으로 볼 수 있다. 지구상에는 아직도 태양을 여신으로 모시는 원주민들이 살고 있다.

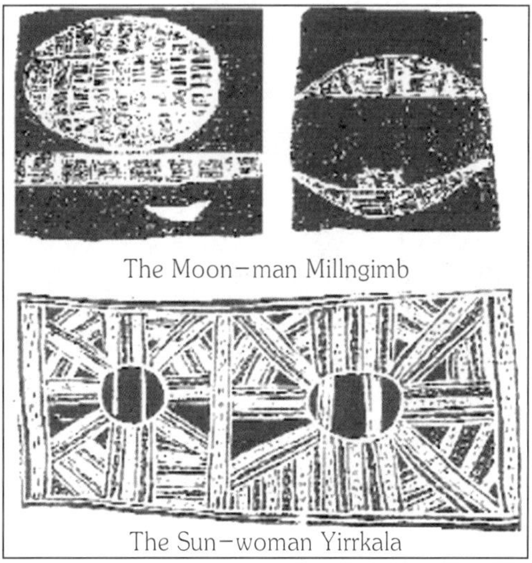

〈그림 16〉 오스트랄리아 원주민들은 해를 여신으로, 달을 남신으로 생각하고 있다(〈Night Skies Of Aboriginal Australia A Noctuary 오스트라리아 원주민의 밤하늘을 관찰한 야간기록〉 Dianne Johnson The University of Sydney).

지구의 자전축은 언제나 춘분의 방향 쪽으로 기울어져 있다. 태양과 지구의 중력 차이가 미치는 힘이 춘분의 방향과 일치하여 지구가 원운동을 하며 태양 앞으로 나가게 한다. 황도 위를 지구가 공전하는 것이다.

지구가 공전할 때 계속해서 일어서게 하려는 힘을 벌지의 힘이라 한다. 벌지의 힘이 우주공간에서 지구를 일으켜 세우려 한다. 지구는 태양에서 거리가 멀어질수록 중력이 약해지고 가까워질수록 강해진다. 이 힘이 지구가 태양 주위를 공전하면서 힘이 세어지면 일어서고 힘이 약해지면 쓰러져 끄덕끄덕하게 하는 원인이 된다. 이 원운동이 계속해서 춘분점을 이동시킨다. 춘분점은 1년에 50.3초만큼 이동한다고 한다. 이 값으로 360도를 나누면 지구세차운동의 주기는 25,800년이 된다고 한다.

지금의 지구 자전축은 북극성을 향하고 있지만 BC 15세기의 이집트 사람들이 관찰할 당시에는 용자리 알파별에 있었다. 그리스의 히파르코스는 BC 120년에 이전 천문학자들의 관측과 자신의 관측을 종합하여 세차운동을 발견하였다.

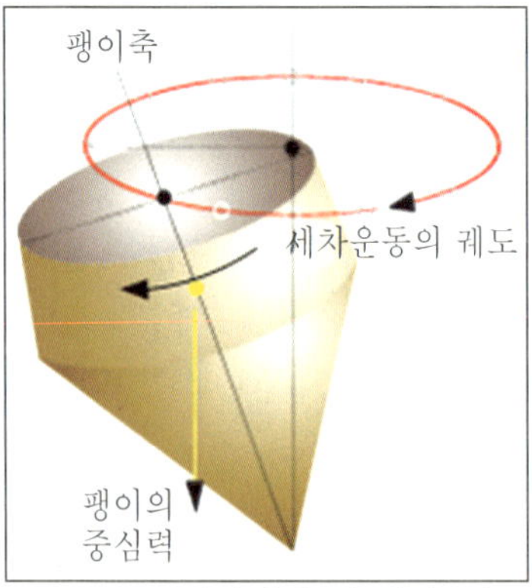

〈그림 17〉〈위키백과〉의 팽이. 지구의 세차운동을 팽이의 모형으로 보여주고 있다.

25,800년이란 세차주기를 다 채우고 지구의 자전축이 극이동을 할 때에 지구에 어떠한 현상이 일어나게 될 것인가? 혹시 극도로 혼란에 빠진 인류가 사상 유례없는 전쟁을 일으키게 될지 모른다. 《성경》의 요한계시록은 아마 그때 지구인이 당하게 될 재앙에 대하여 기록한 것이 아닌가 하는 생각해 볼 필요가 있다.

7. 두락안 제국의 내전

드락은 두락斗落으로 볼 수 있는데 칠성에서 떨어져 나온 자식으로 해석할 수 있는 말이다. 안은 안파견安巴堅으로 볼 수 있는 말이다. 주군主君은 칠성의 자식 안파견의 나라에 속한 임금들이다. 이런 부류로 볼 수 있는 지도자들이 행성계 안에 많이 생겼다. 이들은 군벌을 키워 상대방을 정복하려는 세력으로 성장하였다. 그래서 서로 대결하였고, 대결은 전쟁으로 발전하여 이제 각각의 모든 행성에서 전쟁으로 죽은 자들의 시체가 썩어가는 냄새로 악취가 진동하는 시대가 되었다.

그리스 신화에서 우라노스는 우리의 말로 '우레의 하나님'을 의미한다. 우레를 하나님으로 본 것이다. 우레는 번개를 의미한다. 번개는 빛이다. 이 빛에는 벼락이 포함되어 있다. 벼락(켈트족은 Baruk이라 하였다)은 하늘에서 떨어지는 빛이다. 그러므로 우레에 포함된 빛으로 보아 곧 하나님이 된다고 볼 수 있다.

〈그림 18〉 산신각에 모신 〈단군왕검산신도〉. 단군왕검은 〈단군신화〉에서 웅녀와 한웅천왕 사이에서 태어난 아들로 나온다. 단군왕검의 오른쪽에 있는 동녀가 복숭아 한 개를 들고 있다. 이 복숭아에서 미래에 메시아가 탄생한다는 전승이 내려오고 있다. 그의 이름이 도부신인桃符神人(복숭아에서 태어나는 신령한 사람)이다. 그가 태어나면 지구가 단일국가로 통일되고, 종교도 단일종교로 통일되고, 인간의 수명도 연장되고, 외계와 교통하게 된다고 한다.

우레가 칠 때 나오는 소리를 천둥이라 하는데, 도교에서는 천둥을 하나님으로 보아 '뇌성보화천존雷聲

普化天尊'이라 한다. 뇌성, 벼락치는 소리가 하나님이 되는 것이다.

한인의 한桓은 동쪽 하늘에서 나무 사이로 떠오르는 해를 의미하는 문자이다. 이때에 뿜어내는 빛은 하나님(한님-한桓)이 된다.

여기에서 한桓의 음을 보기로 한다. 한桓에 대하여 〈옥편玉篇〉에서 '호단절胡端切'이라 하였다. 호자를 끊어 ㅎ을 취하고 단자를 끊어 ㅏㄴ을 취한다는 말이다. 이렇게 하여 두 자를 합치면 '한'으로 발음된다. '한'자는 이외에도 '환'자와 '원'자로도 발음된다. 한인천제와 한웅천왕을 환인천제와 환웅천왕으로 발음하지 않고 굳이 한인천제와 한웅천왕으로 발음할 것을 고집하는 이유는 한이라는 발음에 우리의 정통성이 있다고 보기 때문이다. 예컨대 Han Bear Society of Korea라는 단체에서 Han이 한으로 발음되어야 하기 때문에 '한'이라 쓰는 것이다.

불행하게도 우리의 정체성을 세워준 한인천제와 한웅천왕의 시대에 두 분이 우주백성을 거의 전멸시킨 우주전쟁의 소용돌이에 우리의 선조들을 휘말리게 하였다. 사실이 그렇다면 슬프고도 애석한 일이 아닐 수 없다고 생각한다.

〈그림 19〉 산신각에 모시는 〈한웅천천왕산신도〉. 〈단군신화〉에서 단군왕검의 아버지로 나오는 한웅천왕 곁에 호랑이 2마리가 있는데, 이들 호랑이는 웅녀와 라이벌 관계에 있는 호녀虎女가 아니라 태양을 호위하는 2개의 금성을 의미한다. 곰은 사람이 되어 한웅천왕의 부인이 되었으므로 그림에 나타나지 않는다.

8. 끝없는 우주전쟁

우주전쟁은 끊임없이 이어져 나갔다. 우주전쟁은 지구에도 전파되어 우주전쟁의 복사판이 지구에서도 재현되었다.

지구에서 시작된 전쟁은 한인천제가 시작한 전쟁이었다. 이 전쟁으로 직녀성시대인 마고시대가 종말을 고했다. 한인천제가 벌인 전쟁은 한인시대에서 끝나지 않았다. 한웅이 나타나 한인시대를 멸망시키고 한웅시대를 이룩하였다. 한웅전쟁도 한웅시대에 끝나지 않았다. 치우가 나타나 황제와 벌인 전쟁으로 치우시대가 종말을 고했다. 다음엔 전욱고양과 제곡고신의 전쟁이 있었고, 이후에도 동이와 화이의 전쟁이 오랜 세월을 이어져 내려왔다. 풍이족 또한 서방세계로 나가면서 전쟁을 가지고 갔다. 전쟁의 주체가 된 민족은 웅족[3] 출신의 아리안족이었다. 아리안족은 켈트 아리안족, 게르만 아리안족, 페르시아 아리안족, 팔레스타인 아리안족 등 다양하게 퍼져 나갔다(제3부 〈그림 12〉 참조).

〈그림 20〉 중국 5대시대의 우전국왕과 회골공주. 기련산의 돈황 석굴벽화로 알려진 인물화이다. 이 인물화에서 당시의 사람들이 아리안족이었음을 나타내 보여주고 있다. 지금 돈황석굴은 중국변방인 감숙성에 속해 있다. 혹시 이들의 조상이 우주의 아리안제국을 떠난 유리민流離民이 아니었을까?

3) 웅족 : 이족이 포함된 웅족

9. 몰락

군신 간의 내전은 한인천제와 한웅천왕 사이에 벌어진 내전이다. 이 내전으로 한국은 몰락의 길을 가게 되었다. 아리안[4]제국의 모든 행성단의 역사는 온전한 종말을 바라보고 있었다. 한국의 종말이 손에 잡힐 듯했다.

군신 간의 내전은 한인천제와 한웅천왕 사이의 내전으로 볼 수 있다. 그러나 이 내전은 지구에서의 내전이라기보다 우주에서 행성제국 간의 내전으로 볼 수 있다. 총체적 몰락은 뱀을 인종 아이콘으로 쓰는 풍이족의 몰락으로 볼 수 있다.

아리안 제국은 행성단으로 이루어져 있었다. 여기에서의 단은 행성단行星團으로 볼 수 있으나 단을 한의 변음으로 보면 桓+檀으로 볼 수 있으므로 행성한국行星桓國이 행성단국行星檀國으로 변했다고 볼 수 있다. 여기에서 한국桓國이 단국으로 변했다고 보게 된다. 따라서 한국桓國에서 후대에 태어날 단국檀國이 태어났다고 볼 수 있는 것이다.

한국의 종말은 행성의 종말과 같은 종말이었다. 자연은 황폐해지고 인구는 전멸하고 재생의 가능성이 없어 보이는 종말이었다.

10. 사라진 생명체

야생에서 뛰놀던 생명체의 소리는 흔적도 없이 사라지고, 죽어가는 전사들의 앓는 소리만이 공기를 가득 채웠다.

---

4) 아리안 : 마고의 후예와 한인의 후예를 모두 포함하여 천손족이라는 말이다. 그래서 외계인이라는 의미를 갖게 되었다.

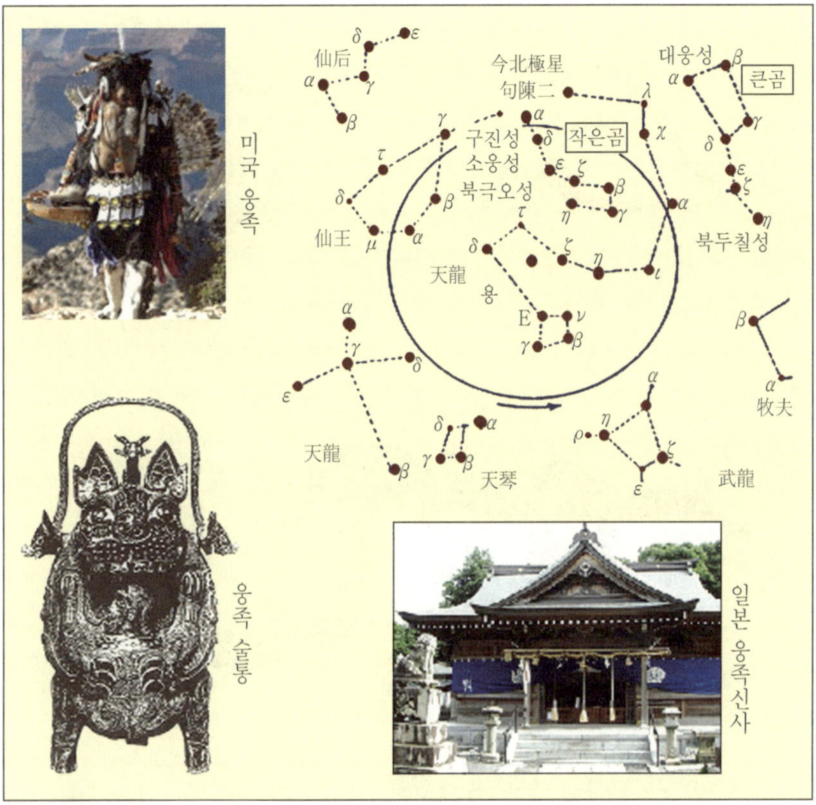

〈그림 21〉 웅족은 다양하게 퍼져 나갔다. 위 오른쪽은 천문도에 나타난 웅족. 위 왼쪽은 아메리카 인디언 웅족. 아래쪽 오른쪽은 일본에 있는 웅족신사熊族神社. 왼쪽은 곰 형상의 청동기 유卣, 단군왕검을 품고 있는 한웅천왕 상이다.

전쟁의 피해로 적군과 아군의 구분이나 승전과 패전의 의미 또한 무의미해졌다.

야생에서 뛰놀던 생명체의 소리가 흔적도 없이 사라지려면 핵공격을 하여 떼죽음으로 몰아넣든가 소행성이 날아와 지표면이나 해수면에 충돌을 일으켜 그 여파로 행성이 파멸하든가 둘 중의 하나일 가능성이 높다. 이러한 공격이 적대세력의 공격일 가능성을 무시할 수 없다. 전쟁의 피해는 공격자에게도 돌아가 집단살상, 대량살상이 자행 되었다.

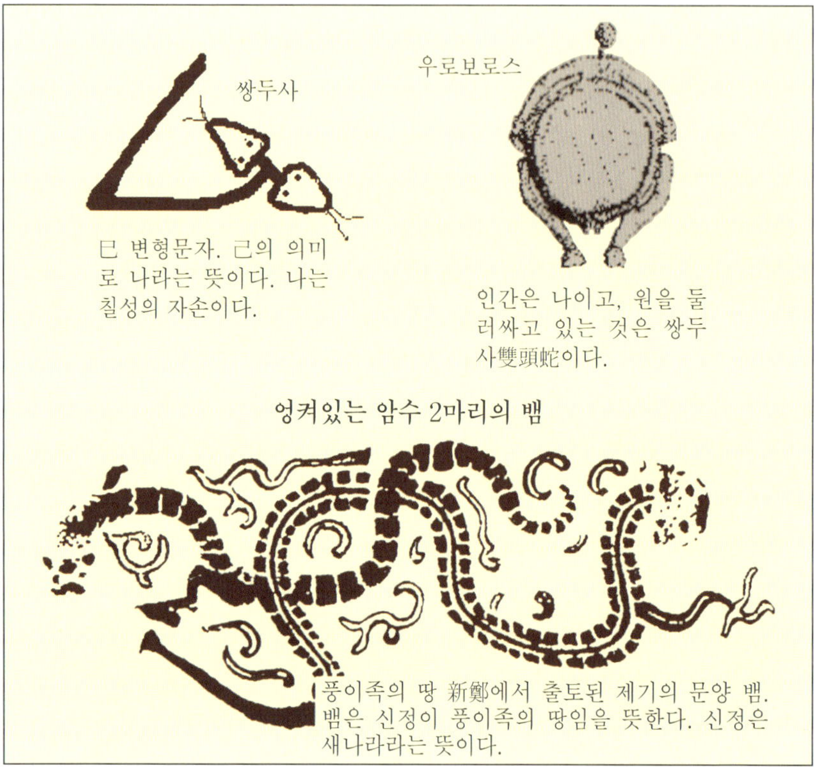

〈그림 22〉 풍이족 상징. 풍이족은 각종 형태의 문양으로 그들의 흔적을 남겼다.

11. 전쟁

어두운 밤하늘은 흔적도 없이 사라지고, 전쟁의 마지막 밤은 포를 발사할 때 내뿜는 섬광으로 대낮같이 밝았다.

위 문장이 무엇을 상징하는가를 찾아서 해석해 볼 필요가 있다.

카안시대의 마지막 밤의 광경은 불꽃과 섬광으로 대낮처럼 밝았다. 날이 밝으면 살아남은 자들이 깃발을 세우고 승리를 선포하여 새로운 시대를 시작할 것이다. 카안의 시대가 가고 박우르의 시대가 오는 것이다.

한인과 한웅의 시대에 그리스인의 조상과 한족 조상의 일부가 동일한 언어를 썼다는 설이 있다. 〈부도지〉의 해석자 윤치원은 이들이 썼던 언어가 북방계통의 선아시아어로 '밝족어'라 하였다. 밝Balk이란 말은 한국말의 밝다, 밖(바깥)이란 말에 남아 있고, 북北자의 기원이 되었을 것이라 한다. 이 언어를 쓰는 인종이 '발칸반도'로 이주하였기 때문에 '발칸'이라는 말이 쓰이게 되었을 것이라 추측한다.

그러나 발이라 할 때는 동이족을 의미한다. 동이족에는 마고족(웅족), 한인족(풍이족), 한웅족(웅족)이 모두 포함된다. 마고족과 한인족에서 시작된 분쟁이 한인족과 한웅족 사이에서도 계속되었다. 이들이 몰리는 곳을 분쟁지역으로 볼 수 있다.

바이칼호수 쪽에는 브리아트 인종이 살고 있는데, 부리는 부르(불, 화火, 灬, 灬는 곰의 발톱을 의미한다)의 변음으로 단군왕검의 태자인 부르단군에서 유래했을 것으로 본다. 부루(화灬는 곰을 상징-검이 됨)단군은 산동반도에 있었던 동평국의 왕이었다. 동평국에 살았던 부루족이 바이칼호수 쪽으로 가서 브리아트족이 되었다고 볼 수 있다. 그들은 불의 신을

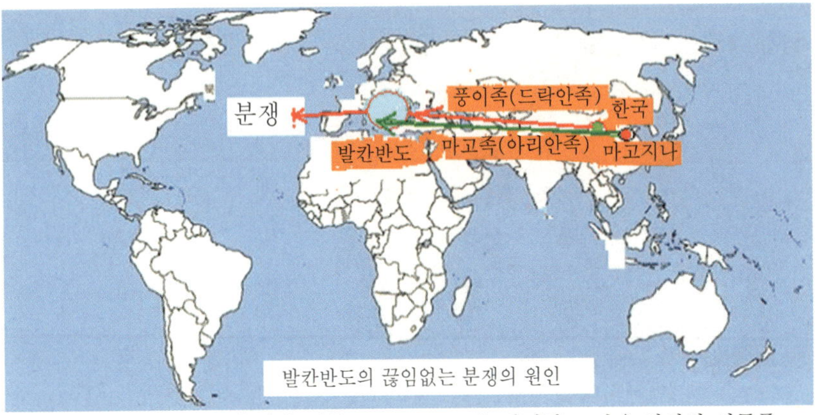

〈그림 23〉 발칸반도의 발은 밝족(한인족, 한웅족)을 의미하고 칸은 캄캄한 어둠족(검족)이거나 왕이다. 한인족은 한국족이고, 한웅족은 배달나라족이고, 검족은 조선족을 의미한다. 이들이 땅이 비좁고 산세가 험한 발칸반도로 들어가서 대를 물려가며 분쟁에 휩싸였다고 볼 수 있다.

불칸이라 하였다. 불칸이 부루단군을 의미한다고 볼 수 있다.

그리스 사람들은 스스로를 단족檀族(Danoi)이라 불렀다고 윤치원 은 그가 쓴 《부도지》 해석서에서 말한다. 단족이라면 단국을 세운 단족과 관련이 있다고 볼 수 있다. 그는 또 아일랜드를 개척한 민족도 다나안이라 하였다. 다나안이라면 단안檀安으로 볼 수 있는데 단은 한의 변음으로 볼 수 있고, 안은 안파견의 안으로 볼 수 있다. 다나안은 한인천제와 관련이 있는 민족으로 볼 수 있다.

따라서 새로이 체제를 구축해 나갈 박우르에게서 단족(조선족의 전신)이 태어났다고 볼 수 있는 것이다.

12. 어두워진 하늘

해맑은 대낮의 창공은 흔적도 없이 사라지고, 검은 연기와 불길로 하늘이 어둡기만 했다.

전쟁의 결과 한동안 바(밝은-한桓)의 창공은 카(캄캄함-칸)의 창공으로 변해 있었다. 핵폭탄의 폭발로 검은 연기와 불길이 솟아올라 낮과 밤이 뒤바뀌게 된 것이다.

〈그림 24〉 코소보에서 인종청소를 피하여 떠나는 알바니아 난민들. 우주에서 난민이 발생하면 어떻게 될까? 아마 UFO를 타고 다른 행성으로 이동하게 될 것이다.

이 문장도 낮과 밤이 무엇을 상징하는가를 찾아서 해석할 필요가 있다. 핵폭발이 일어난 때가 세차운동의 주기가 바뀌어 북극성이 직녀성에서 천추성으로 바꿔게 된 때가 아닌가 생각해 볼 필요가 있다. 만약 사람들이 두려워하는 2012년이 그때라면…그 악역을 맡은 누군가 한반도에서…

13. 집단멸망

조각난 전쟁터는 죽음이 쫓아 다녔고, 생명은 어두운 구석으로 숨었다. 끝없이 날카롭게 울려 퍼지는 비명과 울음소리는 계곡과 협곡을 통해 소란스럽게 울려 퍼져 나갔다.

행성과 행성 간의 전쟁, 국가와 국가 간의 전쟁, 민족과 민족 간의 전쟁, 동족상잔의 비극, 이념전쟁의 끝은 살육에 살육을 더하여 집단멸망의 끝을 향하여 다가가고 있었다.

동족 간에 벌어지는 전쟁에서 가장 잔인한 살육이 벌어진다. 이념전쟁에서도 가장 잔인한 전쟁이 벌어진다. 조각난 전쟁터는 이들 반토막 난 동족과 적대적 이념을 가진 자들이 싸우고 있는 전쟁터를 의미한다고 볼 수 있다. 바와 카의 전쟁은 이러한 전쟁이다. 바와 카의 전쟁에서 살아남을 자가 없으므로 생명을 가진 자는 어둠 속으로 숨지 않으면 생명을 부지할 수 없게 된다. 그러나 전쟁은 이들을 찾아내어 철저하게 살육함으로써 비명이 날카롭게 울려 퍼지고 울음소리가 계곡과 협곡을

〈그림 25〉 911 뉴욕 테러. 인종 간의 갈등, 종교 간의 갈등, 국가 간의 갈등 등등 여러 복합적인 요인이 테러를 부른다. 우주의 어디에선가 이런 테러가 자행된 적이 있었을 것으로 생각된다.

통해 소란스럽게 울려 퍼지게 되었다.

14. 누구를 위한 전쟁이었나

단 한시도 침묵은 없었다. 단 한시도 조용할 틈은 없었다. 오직 끝없는 전쟁의 굉음만이 귀를 먹게 했다.

〈그림 26〉 6.25전쟁. 누구를 위한 전쟁인지 무엇 때문에 전쟁을 해야 하는지 알 수 없었던 전쟁이었다.

도대체 누구를 위한 전쟁이란 말인가? 휴전이 없는 전쟁이었다. 미치광이들이 벌이는 광기의 전쟁이었다. 그들이 내거는 전쟁의 당위성은 한낱 거짓에 불과하였다. 인류가 벌이는 모든 전쟁의 정의는 이러한 광기 이외에 아무 것도 아니었다.

15. 각성하는 목소리

그러다가 전쟁의 소음을 딛고 우렁찬 목소리가 들렸다. '안 돼!' 목소리는 천둥같이 하늘로 울려 퍼졌다. '안 돼! 이대로 놔둘 수 없어!' 하늘마다 울려 퍼진 소리였다.

드디어 스스로를 각성하는 목소리가 전쟁터에 울려 퍼졌다. '안 돼!', '이대로 놓아 둘 수 없어.' 이러한 목소리는 인간의 마음에서 우러나오는 목소리였다. 인심人心이 천심天心이 되어가는 고함소리였다.

〈그림 27〉 여무女巫는 마고의 후예이다.

아마 전쟁을 중지하자는 회담이 카안천제의 진영과 바르천왕의 진영에서 여론화되기 시작한 듯싶다. 양자 간에 대표를 뽑아 회담장소로 내보낸다. 우주의 어느 한 곳에 최초로 판문점이 하나 설치되고 항복회담이 시작된 듯하다.

이러한 회담은 한인천제가 마고대신을 멸망시켰을 때도 있었을 것이다. 이리하여 역사의 주도권이 한인천제에게 넘어갔듯이 이번 회담에서도 역사의 주도권이 한웅천왕에게로 넘어갔을 것이다.

한인천제, 한웅천왕, 한인, 안파견, 칸이라는 문자를 보면 한족桓族의 변화를 알 수 있다. 한은 약음이 되면 안으로 발음된다. 한은 강음으로 발음되면 칸으로 발음된다. 한족이 밝아졌던 시대와 어두워졌던 시대가 한, 안, 칸이라는 문자에 들어 있는 것이다.

16. 납자열전衲子列傳

최근에 〈납자열전〉이라는 책이 출판되었다. 〈납자열전〉은 삼국시대로부터 조선왕조 말기까지 납자(승려)가 된 분들의 행장을 간략하게 기록한 책이다. 대한민국 불교역사에서 이만큼 많은 승을 찾아내어 기록으로 남긴 책은 없었다. 이들 중에는 수없이 많은 우주인과 외계인에 대한 기록이 있다.

왜 승려 중에 이토록 우주인이나 외계인이 된 납자들이 많은 것일까? 그 이유는 한반도에 하늘과 통하는 스타게이트가 있기 때문일 것이다. 그들이 불도를 닦아 도통하여 그러한 이적을 일으켰는데 불도라는 것이 그들의 행적을 통하여 스타게이트를 찾고자 하는 탐험이었음을 그들이 몸으로 증거해 준 것이라 볼 수 있다.

이 기록에는 불자들 뿐만 아니라 하찮은 계집종까지도 득도하여 외계인이 되어 우주로 들려나가는 현상을 기록하였다. 그 예를 하나 들기로 한다.

"신라 경덕왕 때 욱면郁面이라는 불교신도가 있었다. 그는 아간阿干 귀진貴珍의 계집종이었으며 후에 극락왕생하였다. 강주의 거사居士 몇 십 명이 뜻을 극락에 두고 미타사彌陀寺를 세워 만일계회萬日契會를 만들었다. 욱면은 그때 주인을 따라 절에 가서 들에 서서 염불하였다. 주인은 그녀가 일하지 않음을 미워하여 곡식 2섬을 하루에 찧게 하였는데, 그녀는 초저녁에 다 찧고 절에 가서 부지런히 염불하였다.

하루는 뜰 좌우에 긴 말뚝을 세우고, 두 손바닥을 뚫고 노끈으로 꿰어 말뚝에 매어 합장하고, 좌우로 흔들면서 지극히 정진하였는데 공중에서 "욱면낭은 당에 들어가 염불하라"는 소리가 들렸으며, 그 소리를 들은 승려들이 법당에서 함께 염불하였다. 그후 얼마 되지 않아 하늘의 음악이 서쪽에서 들려왔고, 그의 몸은 들보를 뚫고 서쪽으로 날아가다가 교외에서 육신을 버리고 부처의 몸으로 변하여 연화대蓮花臺에 앉아 대광명大光明을 발하면서 극락으로 갔으며, 음악소리는 공중에서 그치지 않았다고 한다."(《납자열전衲子列傳》에서)

이러한 기록은 요즈음 말로 하면 전형적인 UFO 납치사건과 같은 것이다. 신라시대 사람들이 UFO에 대한 인식이 현대인과 달랐기 때문에 위와 같이 기록했던 것이라 볼 수 있다.

2

1. 사영死影의 밤

이 글은 박우르(한웅)의 위대한 선조(천왕)인 한웅천왕이 비전으로 전해준 한제국의 마지막 밤에 대한 기록이다. 한제국의 마지막 밤을 유추할 수 있게 해 주는 기록이 〈단군신화〉에 나오는 지구비행에 대한 기록이다. 그 당시 지구에 비행물체가 없었을 것이므로 흑수와 백산 사이의 비행을 UFO의 비행으로 보는 것이다.

〈아리안문서〉는 모두 8장으로 구성되어 있는데, 진술자인 박우르를 한웅천왕으로 보고, 두락안을 한인천제로 보면 우주의 창조에서부터 마고의 출현, 한인의 출현, 한웅의 출현을 기록한 문서로 볼 수 있다. 한인이 마고시대를 멸망시킨 기록, 한웅이 한인시대를 멸망시킨 기록이 파노라마처럼 펼쳐져 있다.

〈그림 1〉 마고는 아리안 여왕으로 볼 수 있는 분이다. 아리는 '알을 낳는 이'와 '두락안'의 합성어로 볼 수 있는 말로서 마고의 또 다른 이름으로 볼 수 있다. 아랍 남자들이 이름의 앞에 붙는 '알'이라는 말의 어원이 '아리안' 여왕에서 나왔다고 본다.

한웅이 한제국을 멸망시키기 직전에 최고의 대신인 아리안 여왕이 등장하여 이 전쟁을 중지시킨다. 여왕의 등장은 한제국과 한제국 다

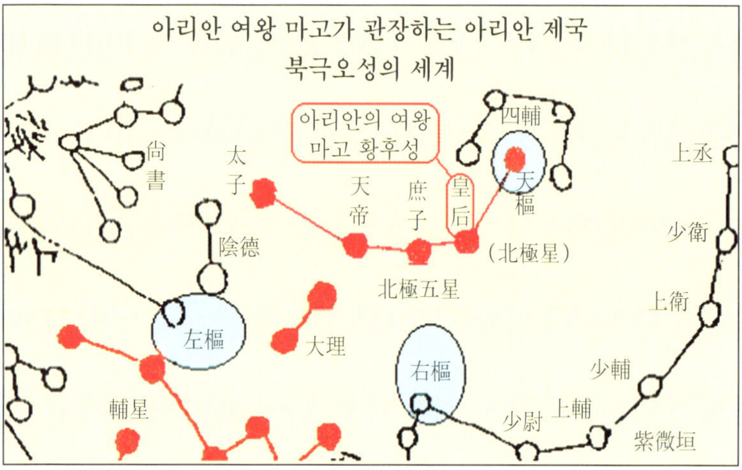

〈그림 2〉 북극오성에 속한 황후성은 마고이다. 그가 인류의 시조로서 아리안 제국으로 볼 수 있는 북극오성의 세계를 관장하고 있다

음에 태어나게 될 배달나라가 아리안 여왕이라는 대모大母에 의하여 조정되고, 통제되고 있었음을 보여주는 기록이라 할 것이다. 대모의 뿌리를 추적하면 대모가 마고임이 밝혀진다. 따라서 한제국의 마지막 밤을 마고가 조정하고 통제하고 있었음을 알 수 있게 된다.

이날 밤 아리안제국과 그 행성세계 전체의 운명이 영원히 바뀌었다. 그것은 아리안 여왕의 목소리에서부터 시작하였다.

전쟁의 중지를 선포하게 된 그날 밤에 한제국과 한제국이 속한 행성계 전체의 운명이 바뀌었다. 그러나 새로운 운명의 시작은 지구에서 한제국이 멸망하고 배달나라가 탄생하면서 시작되었다. 배달나라를 탄생시킨 동력은 아리안 여왕의 목소리에 있었다.

2. 아리안 여왕

아리안 여왕은 알을 낳아 한인천제를 탄생시킨 여왕이다. 그러므로 풍이족의 조상이 되는 것이다. 풍이족의 조상은 곧 마고이다.

마고麻姑의 마麻자를 해체하면 엄广+림林자로 옛날에 동굴에서 깨이지 못한 인간이 깨닫게 됨을 의미하는 문자이다. 고姑자는 여女+고古자로 옛날에 동굴에서 최초로 깨달은 여자를 의미한다. 그러므로 마고는 옛날에 최초로 깨달은 여자가 된다. 즉 최초로 지식을 깨닫고 지혜를 깨달은 여자로 볼 수 있다.

마고麻姑는 여자女子인데 옛날에 여자가 낳은 자식이라는 뜻이다. 옛날에 여자가 낳았다면 그가 14,000년 전에 지구상에 나타난 최초의 문명인이므로 원시인의 자식일 리가 없고 누군가 지구에 낳아 준 여인이 있을 것이라는 생각을 하지 않을 수 없다. 따라서 아리안 여왕이 낳아 준 여자가 아니었을까 하는 추리를 하게 된다.

풍이문자의 기원을 보면, 여女는 사巳의 파생어이다. 뱀족(풍이족)이 낳은 여자이다. 12,500년 전에 태평양에서 침몰하여 사라진 무Mu제국의 유물인 토판에 새겨진 문자에 창조주를 머리가 7개 달린 뱀으로 표현했는데(제임스 처치워드의 저서, The Lost Continental of Mu에 기록) 사巳의 형상이 북두칠성의 형상이므로 북두칠성을 창조주로 보았음을 알 수 있다. 우리 조상은 북두칠성에서 칠성님을 추

뱀에게 바치는 공양물

〈그림 3〉 일본에서 뱀에게 바치는 공양물. 뱀은 풍이족의 인종 아이콘이므로 조상과 동일시하여 숭배의 대상이 된다.

론하였고 칠성님을 하나(ㄴ)님으로 숭배하였다. 우리 조상은 북두칠성을 양두성陽斗星과 음두성陰斗星으로 나누어 음양양신陰陽兩神으로 보았다. 이중에서 음신은 직녀성(직녀성은 직녀3성이다)을 삼신三神으로 받아들이고 삼신칠성三神七星이라 하였다.

이를 보면 마고麻姑의 고姑에서 여女가 사巳의 파생어이므로 여女가 뱀 형상의 북두칠성에서 나왔음을 알 수 있다.

따라서 아리안 여왕의 명령은 뱀족의 조상인 북두칠성의 명령으로 볼 수 있다. 북두칠성에서 음두성 쪽인 삼신칠성 중에서 삼신의 명령이었다고 보는 것이다.

3. 아리안 여왕의 고향

아리안 여왕은 사행성(북두칠성과 북극오성) 보좌 앞에 혼자 서서 목소리를 높였다. "안 돼! 이대로 놔둘 수 없어!" 어느 누구도 그녀의 명령을 거부할 수 없었다.

사행성은 마고의 조상인 아리안 여왕의 고향이다. 북극오성과 지구와의 관계, 북극오성과 인간과의 관계가 본문에서 밝혀진다. 또한 북두칠성과 지구와의 관계, 북두칠성과 인간과의 관계도 밝혀진다.

북두칠성의 양두성 음두성도

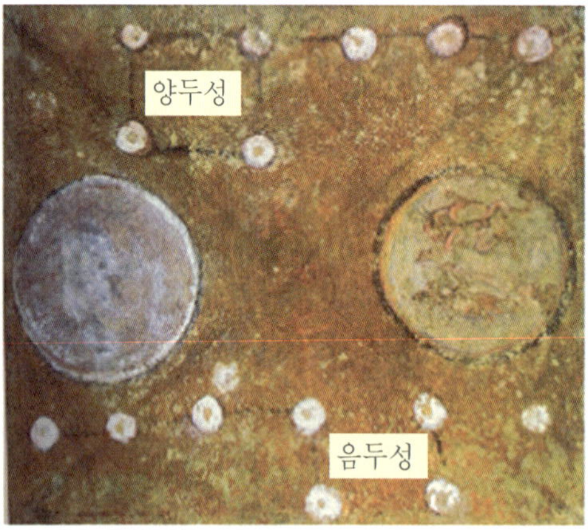

〈그림 4〉 고구려 벽화 양두성과 음두성도. 〈음양론〉이 나오면서 북두칠성에 적용하여 음두성과 양두성으로 나누었다. 음두성은 직녀성과 동일시 되고 매화부인(변산도당굿무가)과 동일시 된다. 또한 직녀와도 동일시 된다.

사행성은 풍이문자로 바꾸어 쓰면 사행성巳行星이 된다. 즉 북극오성과 북두칠성이 되는 것이다. 사행성은 마고의 조상인 아리안 여왕의 고향이다. 그러나 그녀의 보좌寶座는 북두칠성에 있지 않고 북극오성에 있다. 북극오성에 있는 황후성이 그의 보좌이다. 이때 그의 앞에 있는 천추성은 북두칠성의 제1성인 천추성과 같은 의미를 가진 별이다. 이 자리가 칠성님의 옥좌가 된다.

〈단군신화〉는 하늘의 별자리에서 황후 곁에 서자 한웅을 배치하였다. 한웅이 마고의 아이콘인 곰을 들고 나왔기 때문이다. 곰에는 마고를 의미하는 고姑가 들어 있다. 마고의 자손이라는 뜻이다.

4. 아리안 여왕의 메시지

그녀의 말은 아리안제국 행성세계의 모든 사람에게 들렸고 받아들여 졌다. 그러나 아리안 여왕의 명령이 단순하게 받아들여 졌을 리 없다. 무엇인가 사전에 준비한 끝에 내려진 명령이므로 적대관계에 있는 쌍방 간에 무조건 화해가 성립되어 전쟁이 끝났을 것으로 보는 것이다. 아리안 여왕이 명령을 내리기 전에 제시한 것은 《부도지》에서 말하는 천부삼인天符三印과 부도符都일 가능성이 높다. 천부삼인은 칠성으로 가는 징표요, 부도는 그들이 건설해야 할 이상향이었다. 천부삼인은 해, 달, 칠성을 의미한다.

5. 내전종식

바스하(主君) 봉기로 인해 너무나 고통스러웠던 그들 역시 두락안 내란종식을 원했다. 이는 아리안 세계 모든 사람의 희망이었다. 그러니 학살

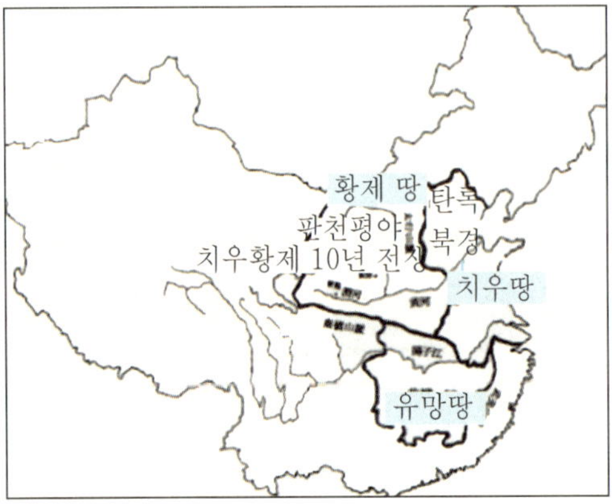

〈그림 5〉 한웅천왕이 세운 배달나라 말기에 청구靑邱의 치우천왕, 유웅有熊의 황제, 유백楡伯의 유망이 자웅을 겨루던 시대가 있었다. 이들이 중원 땅의 판천阪泉에서 10년전쟁을 치렀고, 마지막 전쟁을 탁록涿鹿에서 치렀다. 황제가 응룡족應龍族의 도움을 받아 치우천왕에게 수공水攻을 가하여 치우천왕이 패하였다. 이 전쟁으로 배달나라의 신시체제神市體制가 무너지고 중원中原이 지나支那의 땅이 되었다.

참극을 끝내야만 하였다.

하늘을 향하여 봉기를 일으킬 수 있는 주군들이라면 사신四神에 속한 청룡, 백호, 주작, 현무 네 별자리에 속한 28수 별들일 것이다. 사신은 자미원의 외곽을 지키는 별자리이므로 반란을 일으키기가 쉽지 않았겠지만 반란은 언제나 측근에서 잘 일어나므로 사신 중에서 누군가 일으켰을 가능성이 있었을 것으로 보아야 한다.

한인천제가 마고체제에 반란을 일으킨 것은 뱀족이 반란을 일으킨 것이었다. 즉 사신의 우두머리인 청룡이 반란을 일으켰던 것이다.

청룡과 마주하고 있는 백호도 형상으로 보아서 뱀의 형상을 하고 있으므로 풍이족이 일으킨 반란에 가담했다고 볼 수 있다.

밝은 뱀의 하늘에서 일어난 주군들의 봉기는 두락안제국에게 너무 깊은 상처를 주고 고통을 주었다.

6. 아리안 여왕의 기도

아리안 천계 왕실에 있던 자들은 여왕이 하늘을 향해 말하는 것을 보았다. 천계 여왕의 말은 이러했다. "하늘에 계신 선조님들 제 말을 들어

보십시오! 우리 아아스 우르 혈흔으로 우리 제국의 영광을 더는 얼룩지게 할 수 없습니다!"

아리안 천계 왕실(북극오성에 속한 황후성)에 있던 자들은 아리안 여왕이 하늘을 향하여 기도하는 것을 보았다. '사자율려巳子律呂(아아스 우르)의 혈흔으로 우리 제국을 얼룩지게 할 수 없습니다.'

여기에서 여왕과 후손 사이에 서로 소통할 수 있는 장치가 필요하였다. 청동을 발명하면서 이 문제가 해결되었다. 그 전에는 나무나 돌을 두드려 신호를 보냈으나 청동으로 만든 악기를 두드려 신호를 보냈다.

'아아스'에서 아아는 한의 약음인 안에서 ㄴ의 탈락음으로 볼 수 있고, 또 아이 혹은 아아兒兒로, 아兒는 자식으로 볼 수 있는 문자이다. 스는 사巳(snake)로 볼 수 있다.

'우르'는 울림, 즉 웅이다. 마고는 울림에서 태어났다. 이 울림을 팔려의 음이라 하였다. 문명인의 조상인 마고가 울림에서 태어났고 그의 후

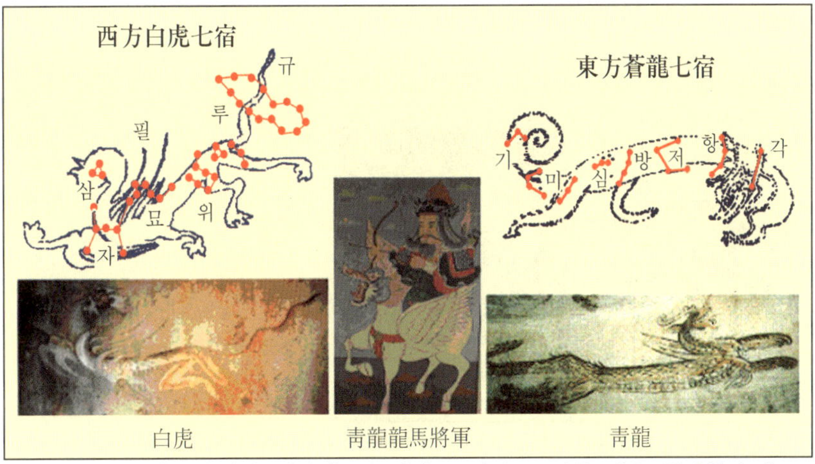

〈그림 6〉 풍이족의 반란. 별자리로 그려지는 〈사신도〉 청룡, 백호, 풍이족의 인종 아이콘인 뱀이 변화하여 청룡, 백호가 되었다. 이들은 하늘을 지키는 천군天軍을 지휘하는 장수들이다. 이들이 세차운동으로 지구 자전축의 지향점이 직녀에서 천추로 넘어갈 때 반란을 일으켜 직녀(마고 아리안 여왕)를 몰아내고 한인을 천제로 세웠다.

손들도 울림에서 태어났다고 볼 수 있다. 이렇게 태어난 후손이 자식子息이다. 자식의 식息은 숨을 쉰다는 말이다. 울림(우르-율려律呂)에서 태어났다는 뜻이다. 자식을 달리 손孫이라 하는데, son의 원음이 된다고 볼 수 있다.

'천계의 왕실'은 시조들이 모두 모여 있는 북극오성의 황후성으로 볼 수 있다. 여왕은 마고를 낳은 마고의 조상으로 볼 수 있다.

'하늘에 계신 선조님들'은 황후성의 선조가 되는 별자리들이다. 그러므로 직녀성이 북극성을 지내고 은퇴한 별들로 볼 수 있는 천기성天紀星과 천추성이 북극성을 지내고 은퇴한 별들인 구진성句陳星으로 볼 수 있다(ㄱ30, 제3부 〈그림 5〉 참조).

7. 아리안 성단의 영광을 위하여

그녀는 선언했다. "우리 아아스 우르 피에 아리안 성단의 영광인 신령스런 불이 들어 있습니다." 그녀는 계속 말했다. "지금 이 순간부터, 영원히, 영원토록, 그래야만 합니다!" 모두 다 그녀의 말처럼 이루어지기를 희망했다.

〈그림 7〉 마고를 청배하는 방울. 마고는 팔려의 음(율려)에서 태어났으므로 팔려의 음이라는 파장 안에 있다. 방울을 만들어 방울을 흔들어 주면 팔려의 음 안에서 마고가 감응하여 방울이 울리는 곳으로 현신한다. 왼쪽은 청동기시대의 무당방울인 청동팔령이고 오른쪽은 지금 쓰고 있는 무당방울인 상쇠이다.

그는 선언했다. "사자율려의 피에는 아리안 성단(자미원에 속한 잡다한 성단)에 영광을 바쳐야만 할 신령스러운 불(화火)이 들어 있습니다." 그는 계속 말했다. "지금 이 순간부터 영원토록 그래야만 합니다.”

모두 다 그렇게 되기를 희망했다.

'아아스 우르'는 6번 문장의 주에서 사자율려巳子律呂로 풀이하였다.

아리안을 마고의 조상으로 보면 '아리안 성단'은 황후성에 속한 성단으로 볼 수 있는데 크게 보면 북극오성에 속한 성단이라 말할 수 있다.

〈그림 8〉 부채와 북. 부채는 한인천제, 한웅천왕, 단군왕검을 청배하기 위하여 바람을 일으키는 데에 쓰고, 북은 한웅천왕을 청배하는 데에 쓴다.

'신령한 불'은 곰발톱을 의미한다. 곰은 웅熊인데 웅熊에는 3개의 북두칠성(厶, 匕, 匕)이 있고, 하나의 달(月)과 화灬가 있다. 사厶는 칠성의 자손인 나를 뜻하고, 비匕는 숟가락 형상의 북두칠성을 의미한다. 양두성과 음두성을 나타낸다. 화灬는 북두칠성의 끝별인 요광성에서 뿜어내는 불이다. 이들 문자가 합쳐서 웅熊자가 된다. 그러므로 곰을 뜻하는 웅熊자의 화灬는 곰의 발 4개를 의미한다(제1부 〈그림 2〉 참조).

또한 곰은 마고를 의미한다. 마고를 고마라 하기도 하였다. 공주는 고마의 변음이다. 웅녀를 의미한다. 조선을 계승한 백제는 백제 초기에 국도인 한성을 곰이라 하였다(제2부 〈그림 8〉 참조).

8. 새로운 상황

그때 새로운 상황이 전개됐다. 다음날 오르Orr 태양이 떠오를 때쯤, 아리안제국의 모든 행성계에 침묵이 흘렀다. 전쟁터마다, 사카하전투상황실마다, 집안 마다, 모든 주군主君과 모든 사령관이 기력을 잃고 누

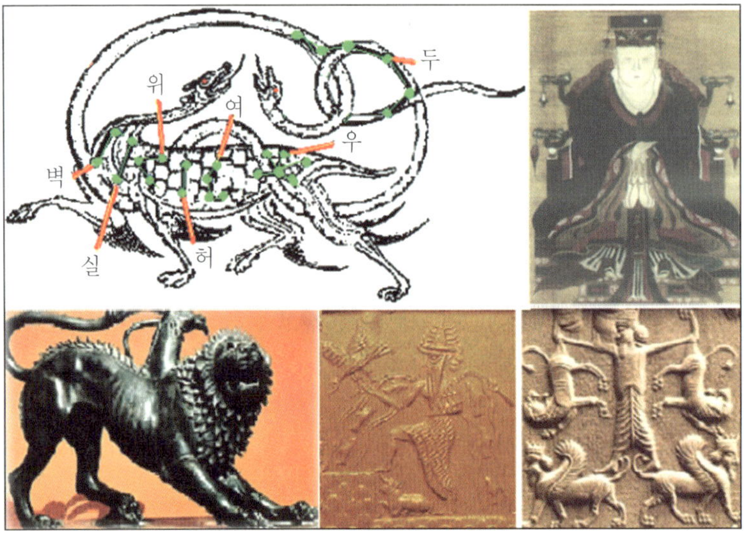

〈그림 9〉 신화와 종교에 남아 있는 풍이족의 이미지. 위 왼쪽은 천문에서 풍이족의 상징인 뱀과 거북의 복합체인 현무玄武. 위 오른쪽은 한국전통 종교인 무교巫敎에 전승되어 오는 용왕龍王. 용龍은 한인천제의 상징인 파巴이다. 아래 왼쪽은 뱀, 사자, 염소의 복합체인 키메라. 오른쪽은 메소포타미아의 왕 중의 왕 길가메시.

워 있었다. 어떤 주군들은 전투 중에 입은 상처로 죽어갔고, 또 다른 주군은 잠든 것처럼 누워 있기만 했다. 반란이 진정될 기미를 보이기 시작한 것이다.

오르태양은 떠오르지만 전쟁의 결과가 너무나 비참하여 모든 행성계가 해오름마지를 할 수 없는 처지가 되었다. 주군의 봉기에서 비롯된 한인과 한웅의 전쟁터는 죽음으로 뒤덮여 있었고, 사카하 전투를 지휘하는 상황실도 죽음으로 뒤덮여 있었다. 집안은 출정한 가족들이 죽어 초상집이었고, 전쟁에 지친 주군과 사령관들은 모두 기력을 잃었다. 어떤 주군들은 전투 중에 입은 부상으로 죽었고, 또 다른 주군은 누워 있기만 하였다.

오르태양은 마고오름태양이다. 마고의 다리가 오름태양에 걸쳐져야

〈그림 10〉 〈무신도巫神圖〉에 남아 있는 한인천제桓因天帝와 그의 부인 항영姮英의 이미지. 왼쪽은 용궁으로 가서 용왕의 부인인 용태부인龍太婦人으로 좌정한 항영. 가운데는 삼신산三神山의 하나인 영주瀛洲(제주도)로 가서 영주산 산신으로 좌정한 한인천제. 오른쪽은 용왕으로 좌정하여 용태부인의 남편이 된 한인천제이다.

변함없는 생명생산 활동으로 연결되는데, 죽음으로 뒤덮여 있었고 침체되어 있어 마고가 생명의 씨앗을 잉태할 수 없었다.

9. 크헵Kheb 검劍

미끄러운 얼음판에, 무거운 나뭇가지가 떨어지는 곳에, 주군들은 시체가 되어 누워 있었다. 실종된 주군들을 찾는 수색작업이 시작되었지만 곧 끝났다. 오로지 주군들의 영예로운 크헵Kheb검劍만이 마지막으로 그들이 누었던 땅바닥에 놓여 있었다. 두락안군 사령관들 역시 마찬가지로 죽음을 넘어서지 못했다. 상처, 사고, 실종 그리고 원인 불명의 죽음이 수없이 많은 주군들을 감소시켰다.

행성의 표면은 '미끄러운 얼음판'이었고, 계절은 겨울이었다.

크헵검은 승전기념으로 받은 검이다.

지금도 우주에서는 외계인들 사이에 전쟁이 일어날 수 있고, 우주선도 추락할 수 있고, 우주선을 동원하여 사망한 외계인을 실어갈 수 있다고 생각된다.

10. 전투지휘관들의 죽음

전투지휘관들은 그들의 전투막사에서 전투지도 위에 누워있는 채 발견되었거나, 마치 잠이 든 것처럼 조용히 고꾸라져 앉아 있었다. 두락안 전쟁 영웅들이 승전기념 훈장으로 받은 검으로 자신들의 몸통을 관통시켜 자살하였다. 그들의 죽음을 애도하는 백성들이 없었다. 아리안 세계 전체에 걸쳐 전장의 종말은 적막했다.

전투지휘관들은 거의 다 근접전을 벌이다가 죽은 사람들이 아니었다. 작전지도 앞에서 갑자기 외부로부터 충격을 받고 죽은 사람들이었다.

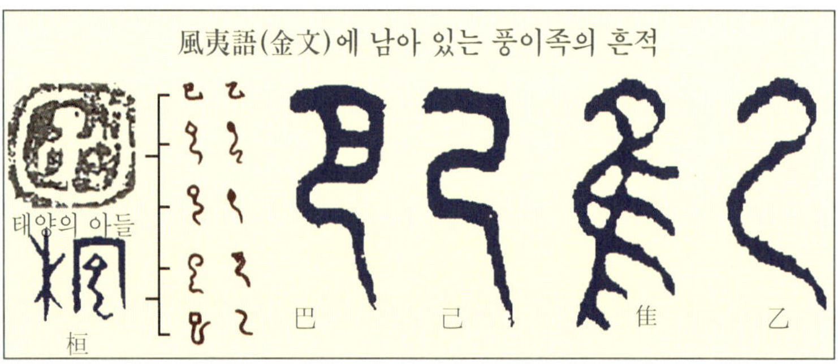

〈그림 11〉 풍이어인 금문에는 풍이족의 흔적이 많이 남아 있다. 그 중에서 족성族姓과 관련이 있는 문자만을 예로 들었다. 사巳는 뱀(蛇)을 뜻하는데 풍이문자風夷文字에서 풍이문자의 기원을 알리는 문자이다. 파巴는 한인천제인 안파견安巴堅을 의미하고, 기己는 풍이족의 족성인 사巳에서 분가해 나간 지족支族의 족성이다. 추隹는 사巳를 기초로 하는 족성에서 두 번째로 분가하여 조족鳥族의 중시조에 쓰게 된 성이다. 또한 을乙도 새를 의미하는 뜻의 족성에 쓴다. 단군조선시대에 학가鶴加, 노가鷺加, 응가鷹加에 속한 성들이 이런 원리에서 나왔다. 가加는 조선시대의 부족을 의미하고 가家나 집集(가옥家屋이라는 뜻)의 의미가 있다. 가는 돼지를 키울 수 있는 집이고, 집集은 나무 위에 지은 집이다. 가家에는 돼지를 키워 뱀을 잡아먹도록 한다는 뜻이 있다.

왜 이렇게 전쟁터가 갑자기 사망과 자살의 충격에 빠지게 된 것이었을까? 지구의 자전축이 천추성에서 직녀성으로 방향전환을 했을 때 일어나게 된 현상이 아니었을까?

여기에서 두락안을 지구의 한인천제로 해석한다면 두락안 전쟁 말기가 지구의 세차운동과 밀접한 관련이 있다고 볼 수 있을 것이다.

11. 군령

한인천제의 군대는 전쟁을 두려워하지 않는 막강한 군대였지만 최고지휘관들이 갑작스럽게 죽는 바람에 더 이상 공격명령이 내려오지 않았다. 하급지휘관들은 상습지휘관에게서 공격명령이 내려오지 않으므로 자기들 스스로 공격명령을 내릴 수 없었다. 그래서 전쟁을 계속할 이유가 없었다. 설사 그들이 싸워서 승전을 한다고 해도 아리안의 왕위를 주장할 수 있는 위치에 있지 못하였다. 그들에게 군령을 하달할 자

El Casttllo(Pyramid) of Kuculcan 마야의 Quetzalcoatl 신에게 바쳐진 신전 | 인간의 심장을 태양의 에너지원으로 쓸 공양물로 받았던 차크몰

〈그림 12〉 쿠클신전과 차크몰. 마야인들은 케틀코아틀이라 불리는 뱀신을 숭상하였다. 뱀을 태양과 동일시하였던 것이다. 그래서 쿠클칸 신전의 계단이 시작되는 2개의 난간 밑을 캐틀코아틀이라 불리는 뱀의 머리로 장식하였다. 우리 풍이문자에서 한桓자에 들어 있는 해가 사巳자로 되어 있는 것과 맥을 같이 한다고 볼 수 있다. 여기에서 태어나는 자식을 태양의 아들(일월지자日月之子)이라 하였다. 마야인들은 전쟁을 벌여 포로로 잡아다가 축제 때 가슴을 절개하여 심장을 꺼내어 차크몰이 들고 있는 그릇에 올려놓아 태양에게 태양이 에너지원으로 쓸 공양물로 바쳤다.

가 없었기 때문이다.

지휘관이 없으면 전쟁은 불가능하다. 원인을 알 수 없는 자연조건이나 우주의 천체변화가 지휘관들을 죽였거나 죽게 하였다. 새 질서가 태동하기 시작하였다.

12. 소음이 사라진 전쟁터

두락안 주군들은 아무도 사령부에 나타나지 않았다. 전사들 계급 전체에 걸쳐 혼돈이 지배했다. 사령부는 고요했다. 사크하 전쟁 소음은 사라졌다.

전사들의 전 계급에 왜 이런 불가사의한 일이 벌어지게 되었는가 하는 점을 생각하는 사람들이 나오기 시작하였다. 여기엔 무엇인가 이유가 있을 것이라는 것이 그들의 생각이었다. 사족(풍이족)의 큰 하늘에서 벌어진 우주전쟁은 끝이 나고 전쟁의 소음도 사라진 것이 분명했다.

지구의 자전축이 직녀성 쪽으로 넘어가려면 천부삼인을 새긴 명두明斗가 필요하였다. 주군들이 왕권의 상징인 천부삼인을 차지하기 위하여 두 패로 나누어 전쟁을 벌였는데 전쟁을 하다보니 막상 천부삼인이 어디로 사라졌는지 알 수 없는 상황이 전개되고 말았다.

이 일로 전쟁은 자연히 중단될 수밖에 없었다. 우선 명두를 찾아야 했던 것이다.

메소포타미아의 신화에도 명두가 나온다. 메소포타미아의 신화에서 명두를 운명의 서판(Tablet of Destinies)이라 하였다. 운명의 서판은 메소포타미아의 왕권을 상징한다. 신화에서 주Zu(朱-붉은 악마)가 엔릴이 목욕하는 틈을 타서 〈운명의 서판〉을 훔쳐 가지고 지구로 도망쳤다. 〈운명의 서판〉이 사라지자 엔릴의 신전은 빛을 잃었고 찬란함도 사라졌다(제2부 〈그림 13〉 참조).

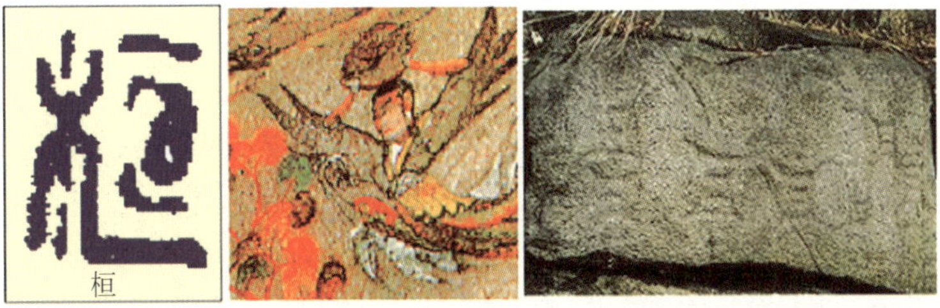

풍이문자 한(桓) 日을 巳로 표현했다. 고구려벽화 날개 달린 태양 한인천제 영주 가흥동 날개 달린 태양 선사시대 암각화

〈그림 13〉 풍이족은 사라지고 흔적만 남았다. 왼쪽은 풍이문자 한桓. 동쪽에 서 있는 나무 위로 태양이 떠오름을 표현했다. 가운데 그림은 태양을 들고 비상하는 한인천제가 마치 날개 달린 태양이 떠오르는 것처럼 그렸다. 오른쪽은 선사시대의 암각화로 떠오르는 태양을 도형화하였다.

여기에서 마고가 후손에게 넘겨 준 〈천부삼인〉에 대해서 생각해 볼 필요가 있다. 마고 이전에 마고에게 천부삼인을 전수해 준 신이 없었을까? 마고의 어머니가 아리안 여왕이라면 마고가 아리안 여왕으로부터 명두를 받았을 가능성을 점쳐 볼 수 있는 것이다. 이 명두가 황궁과 유인을 거쳐 한인에게 갔을 것으로 볼 수 있다.

13. 끝난 전쟁

"이는 선조로부터의 계시다."

두락안 전사들은 자기들끼리 조심스럽게 속삭이며 말했다.

"그렇지 않겠는가?"

두락안 병사들 누구도 선조의 뜻을 거스르는 행동을 하지 못한다. 개개의 전사는 그들의 위치를 지키면서, 그 다음에 무슨 일이 벌어질지 기다리고 있었다.

그들은 누구나 다 한인천제가 황궁을 통하여 마고로부터 전해 내려온 해혹복본을 계시로 받았듯이 모종의 계시가 어느 누구를 통해서인가 그들에게 내려올 것을 믿고 있었다.

해혹복본解惑復本은 마고성의 회복을 의미하는 문자였다. 해혹복본은 "해가 혹성을 향하여 본래대로 떠오른다"는 말이다. 땅에서 '해'는 소를 잡아 하늘에 제사지낸다는 뜻이다. 혹은 혹성惑星이다. 혹성은 인간이 아직 그 별이 무슨 별인지 의미를 깨닫지 못하고 있는 별이다. 복復은 본래의 형상을 말한다. 혹성의 본래 의미와 모양새로 돌아가는 것, 해가 다시 떠오르는 것, 오르태양을 말한다고 볼 수 있다.

마고는 오르태양이 떠오르는 날의 징표로 천부삼인을 주었다. 오르태양이 떠오르는 날이 마고성이 회복될 조짐이 보이기 시작하는 날이 될 것이다.

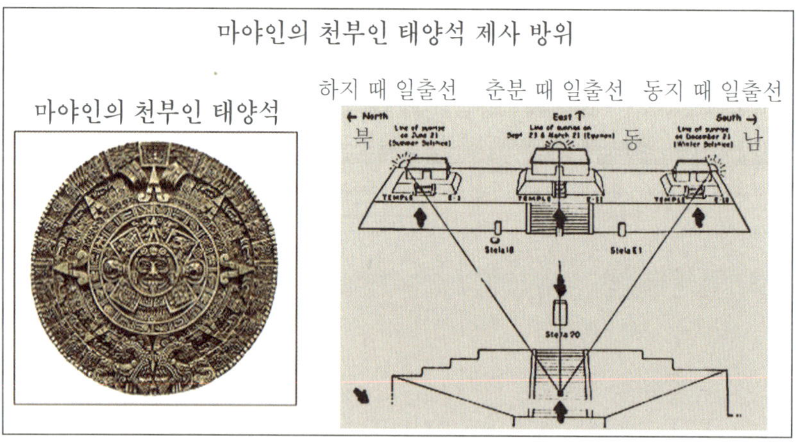

〈그림 14〉 마야인의 천부인 태양석의 제사방위. 마야인은 1년에 3번 춘분, 하지, 동지 때 태양이 일출선에 떠오르는 순간에 태양의 상징인 태양석을 모시고 인신공양축제를 벌였을 것으로 생각된다. 이날 희생물로 산 자의 가슴을 열어 심장을 꺼내어 차크몰에 올려 태양에게 바쳤다. 마야인들은 2012년 10월 동지제를 마야인이 마지막으로 올리게 될 태양제사로 보았다. 다음날을 지구의 세차운동으로 지구의 회전축이 직녀성을 향하게 될 것이므로 지구의 종말일로 생각했던 것이다. 이날이 직녀제를 올리는 사람들이게는 해혹복본하는 날이 된다고 볼 수 있다. 그러나 지구가 뒤집어진다고 했으니 과연 그렇게 되는지 기다려 볼 일이다.

14. 선조로부터의 계시

"이는 선조로부터의 계시다."

아리안 사람들은 자기들끼리 조심스럽게 속삭이며 말했다.

"그렇지 않겠는가."

모든 행성계에서 아리안제국 구석구석마다 모두 똑같이 속삭였다.

"두락안 원시 선조께서 우리 여왕 말씀을 들으신 것이 틀림없다. 내란을 일으킨 주군들에게 암흑 우주계에서 내려진 죽음의 저주가 틀림없다!"

모두가 말했다.

"그렇지 않겠는가. 이는 여왕 말씀이 이루어진 것이다."

모두가 말했다.

"그렇지 않겠는가."

드디어 그들은 아리안 여왕의 목소리를 들었다. 아마 동시에 황후성에서 중계되는 목소리를 들었을 것이다. 그의 목소리는 아리안제국, 한제국의 구석구석까지 퍼져 나갔다. 여왕의 기도소리는 이미 우주에서 은퇴하신 선조들에게도 전달되었다. 아리안 여왕의 목소리가 울려 퍼지면서 전쟁을 일으킨 주범들은 하나하나 살해당하듯 목숨이 끊어졌다. 그것은 율려로 울려 퍼지는 파동의 위력이었다. 여왕이 내린 저주가 임하게 된 것이다. 마고시대의 회복이 시작되었다고 볼 수 있다. 그것이 해혹복본이다.

〈아리안문서〉에 나오는 '주군의 반란'을 《부도지》에서 '오미의 반란'이라 하였다. '오미의 반란'에서 우주전쟁이 잉태되었다고 볼 수 있다. 이 반란으로 각 부족이 동서남북 4개의 방향으로 흩어졌다. 이들이 동쪽에 가서 청룡이 되었고, 서쪽에 가서 백호가 되었고, 남쪽에 가서 주작이

〈그림 15〉 참성단과 천부삼인 명두明斗. 참성단塹星壇은 BC 2345년에 조선을 세운 단군왕검이 세 아들 부여, 부우, 부소를 보내어 천부삼인에게 제사지내기 위하여 강화도 마리(머리)산에 쌓은 단이다. 위는 사각의 모양으로 아래는 둥근 모양(상방하원上方下圓)으로 하여 17척 높이로 단을 쌓았다. 위에 모가 나게 쌓은 부분은 사방 6척6촌으로 하고, 아래 둥글게 쌓은 부분은 직경을 15척으로 하였다. 참성단이란 문자는 "이곳의 땅을 파서 단을 만들어 별에게 제사지낸다"는 뜻이다. 직녀성시대에 마고의 유시대로 해혹복본을 실천하려면 천부삼인을 걸어놓고 직녀성 정부로 출입할 수 있는 하늘문이 다시 열렸을 때 소통이 되도록 하기 위하여 제사를 지내왔던 것이다.

되었고, 북쪽에 가서 현무가 되었다. 이들을 사신四神이라 하였다.

사신이 세력을 키워 세상을 지배하기 위하여 전쟁을 시작하였다. 이 전쟁이 주군의 반란이다. 이러한 반란의 원형이 이미 아리안 여왕의 시대에도 있었다. 마고는 내전의 경험이 풍부한 아리안 여왕에게서 태어났다. 여기에서 궁금해지는 것이 당시의 사회가 모권사회였는가 아니면 부권사회였는가 하는 점이다. 당시 사회에 대한 지식이 충분치 못하기 때문에 당시의 사회가 어떠한 사회였을 것이라고 개념정립을 하는 것은 쉽지 않다고 본다.

2가지를 생각할 수 있는데, 원시인이 진화와 발전을 거듭하여 오늘날과 같은 세상을 만들었다고 볼 수 있는 견해 하나와 14,000년 전 혹은 그보다 훨씬 이전에 외계인들이 지구로 날아와서 오늘날 인류 문명의 시초를 만들어 주었을 것이라고 보는 견해 하나, 모두 2가지 견해이다.

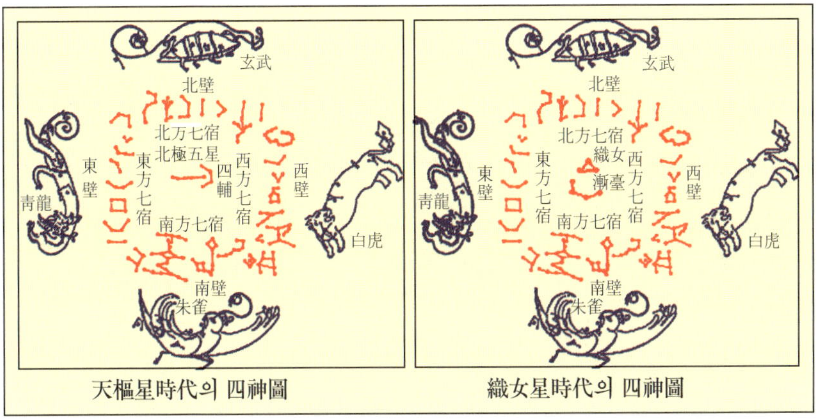

〈그림 16〉 천추성시대의 사신도와 직녀성시대의 사신도. 위 천문도는 지구의 자전축이 47° 기울어지면서 지금의 북극성인 천추성이 극이동을 하여 직녀성이 되었음을 나타낸 천문도이다. 마야인들은 이렇게 지구의 자전축이 극이동을 하게 되는 때가 2012이라고 하였다. 사신四神인 청룡, 백호, 주작, 현무는 마고에게 추방당하여 동서남북으로 흩어진 황궁족, 청궁족, 백소족, 흑소족을 나타낸다.

필자는 지구에 남아 있는 여러 가지 정황으로 보아서 후자가 맞을 것으로 본다.

원시사회를 모계씨족사회로 본 사람은 19세기의 인류학자 모오간이었다. 그는 미국 뉴욕주의 원주민 이로쿠오이족과 함께 생활하면서 원시사회가 모계씨족사회였을 것이라는 점을 밝혀내어 그는 그가 쓴 〈고대사회〉에서 주장하였다. 그의 주장이 막스와 엥겔스에게 영향을 미쳐 이들이 "인류 최초의 씨족공동체가 모계사회였다"고 주장하면서 세상에 알려지게 되었다. 당시에는 부족을 구성하는 제도가 가부장제도家父長制度가 아니었고, 부락을 대표하는 대모장제도大母長制度였기 때문에 군혼제群婚制에서 태어나는 아이들을 모성이 집단으로 양육하였다.

메소포타미아나 그리스 쪽에서는 아스타르 여신을 두어 한시적으로 특정한 기간에 군혼을 할 수 있도록 제도가 정착되어 있었다. 대한민국 쪽에서도 삼신을 두어 군혼을 제도화하였다. 군혼이 개방되는 날은 5월

5일처럼 대지大地에 양기陽氣가 승昇할 때였다. 그래서 동양 쪽에서는 단오날을 중요시 하였다.

〈고구려 건국 신화〉에 보면 고주몽高朱蒙이 아버지가 누구인지 모르게 태어나 힘센 사람으로 뽑혀 당시의 최고 권력가였던 소서노에게 발탁되어 소서노召西弩의 도움을 받아 고구려를 세우게 된다.

15. 암흑에 대한 지식

'그녀는 미지의 암흑에 대한 다하Dah 지식을 갖고 있었다.' 그녀는 자기의 호출에 응할 '보이지 않는 어둠(Dark Unseen)'을 불러 낼 수 있었다.

〈그림 17〉 고대사회에서 힘센 여자와 힘센 남자를 뽑기 위하여 단오날 여자는 그네타기를 하였고 남자는 씨름을 하였다. 이때는 혈연과 나이를 무시하였다. 최고 강자 사이에서 태어나는 사내아이가 지도자가 되었다. 이들을 용의 자식이나 알의 자식, 또 천손이라 하였다. 이 일을 관장하는 신을 삼신이나 하백녀라 하였다.

모두 말했다.

"그렇지 않겠는가? 틀림없어"

모두가 말했다.

"여왕이 미지의 암흑(Dark Unknown)을 호출해 죽음의 그림자를 보내라고 했을 것이네. 그렇지 않겠는가!"

아리안 여왕은 아직 나타나지 않은 미래의 시간에서 보이지 않는 어둠을 불러내었다. 어둠으로 전쟁을 청소하기 위해서였다. 그래서 전쟁의 흔적을 닦아내었다. 이러한 행위는 마치 마고가 천수를 끌어들여 마고성을 청소한 것과 같은 행위였다. 아리안 여왕은 미래로부터 미지의 암흑을 불러내어 저승사자의 임무를 수행하게 하였다. 시체들을 모두 저승으로 보내게 한 것이다.

아리안 여왕은 새로운 세계의 도래를 계획하기 시작하였다. 이 새로운 세계를 시작할 사람은 마고가 될 것이다. 역사가 되풀이 되어 또 다시 아리안 여왕시대의 전철을 밟게 되겠지만 그것은 어쩔 수 없는 일이다.

현대 대한민국의 대덕고승大德高僧이었던 성철스님(1911~1993)은 세상을 떠나기 전에 영계를 직접 보고 깨달음의 시인 열반송涅槃誦을 지어 운명하기 전에 〈시사저널〉 김당 기자에게 주어 세상에 알렸다. 그런데 그 내용이 충격적이어서 여기에 인용하기로 한다.

석가는 원래 큰 도적이요
달마는 작은 도적이다.
서천西天에 속이고 동토東土에 기만하였네.
도적이여 도적이여 !
저 한없이 어리석은 남여를 속이고
눈을 뜨고 당당하게 지옥으로 들어가네.
한마디 말이 끊어지니 일천성의 소리가 사라지고
한 칼을 휘두르니 만 리에 송장이 즐비하다.
알든지 모르든지 상신실명을 면치 못하리니
말해보라, 이 무슨 도리인가.
작약 꽃에 보살의 얼굴이 열리고
종녀 잎에 야차夜叉의 머리가 나타난다.
목 위의 무쇠간은 무게가 일곱 근이요,
발밑의 지옥은 괴로움이 끝없도다.
석가와 미타는 뜨거운 구리 쇳물을 마시고,
가섭과 아난은 무쇠를 먹는다.
몸을 날려 백옥 난간을 쳐부수고,
손을 휘둘러 황금 줄을 끊어버린다.
산이 우뚝우뚝 솟음이여 물은 느릿느릿 흐르며
잣나무 빽빽함이여 바람이 씽씽 분다.

〈그림 18〉 마고시대(아리안 여왕시대)가 오려면 지구가 하나의 통합국가로 통일되어야 하고, 사상통일과 종교통일을 이루어내야 한다. 대한민국의 조선왕조시대의 학자요, 사상가요, 종교가요, 천문학자였던 격암 남사고 선생은 지금으로부터 500년 전에 지구가 단일국가로 통합되고 사상과 종교가 통일되어 선仙(Hyper)의 시대가 올 것이라 하였다. 그때가 오려면 1차로 한국과 중국과 일본이 통합국가가 되어 시범을 보여야 한다고 하였다. 격암 선생은 대한민국 수도권에 있는 성주산聖主山 일대가 미래 세계국가 국도의 중심지가 된다고 하였다.

사나운 용이 힘차게 나니
푸른 바다가 넓고
사자가 고함지르니 조각달이 높이 솟았네.
알겠느냐 1 2 3 4 5 6 7 이여
두견새 우는 곳에 꽃이 어지럽게 흩어졌네.
억!

성철스님이 남긴 이 유언이 앞으로 종교통합의 출발점이 될 수 있을 것이다. 그때가 되면 어떤 종교가 진짜 종교인가를 깨닫게 될 수 있을 것으로 본다. 신라 말에 고원 최치원 선생도 종교통합에 대하여 같은 말을 하였다. "원래 유불도가 선에서 나왔는데 통합되어 선으로 돌아간다"고 하였던 것이다.

16. 사라져 돌아가다.

사영死影의 밤이 지나고 해가 떠오를 때쯤 전쟁은 더 없었다. 승리도, 패배도 없었다. 단지 갑작스러운 침묵만이 있었다. 사크하 주군 반란전쟁은 죽음의 그림자와 함께 그날밤을 넘기지 못했다. 전쟁은 사라졌고, 반란주군들도 사라졌다. 그리고 보이지 않는 어둠은 알 수 없는 암흑계

(Dark Unknown)로 사라져 돌아갔다. 이날까지 그녀의 선언은 아리안 성에서 뿐만 아니라 두락안 사람들 모두의 마음 속에 새겨져 있다.

"안 돼! 이대로 놔둘 수 없어!"

죽음의 그림자들이 사라지는 날 밤이 지나고 오르태양이 다시 뜰 때쯤에 전쟁의 흔적은 말끔이 사라지고 없었다. 이상스럽게도 이 전쟁은 승리와 패배가 없는 전쟁으로 기록되었다. 전쟁이 언제 있었느냐 싶게 침묵만 지배하였다. 사크하 반란은 갑자기 중지되었고 더 계속되지 않았다. 반란을 주도한 주군들도 유령처럼 사라졌다. 저승으로 돌아간 것

(왼 쪽) 수메르의 오안네스
(오른쪽) 앗시리아의 오안네스

五味의 반란과 五行의 반란

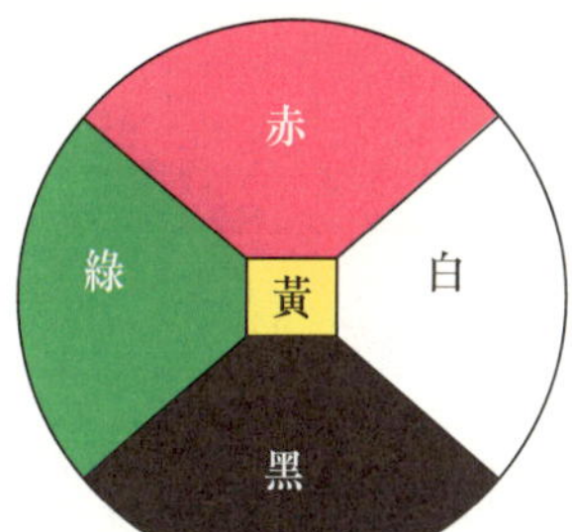

麻姑四行시대 : 第五味(土)의 반란
檀君四行시대 : 第五行(土)의 반란

〈그림 19〉 마고시대는 4라는 숫자가 완성을 의미하는 시대였다. 그래서 마고시대의 국가철학이 4미味만을 맛으로 규정하였다. 그러나 마고의 후손이 5번째의 맛을 발견하면서 사상적인 혼란을 격게 되지 않을 수 없었다. 그 맛이 토土의 맛이다. 마고는 그의 후손을 모두 마고성에서 추방하고 성을 폐쇄하였다. 단군의 시대에도 4라는 숫자가 완성을 의미하는 시대였다. 그래서 국가철학이 4행만을 인정하였다. 이때 요堯가 오행의 반란을 일으켰다. 이 반란이 토의 반란이다. 단군왕검은 환부(鰥夫 오안네스)를 보내어 요를 토벌하였다. 당시의 상황을 기록한 시가 〈치효〉라는 이름으로 《시경詩經》에 전해 온다. 위 그림은 벽화에 나타난 요안네스이다. 물고기 옷을 머리에 쓰고 있는데 한웅시대에는 곰옷을 머리에 썼을 것으로 보인다.

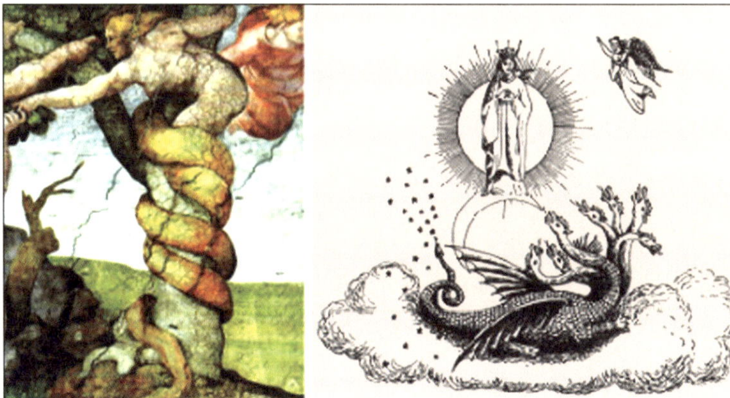

〈창세기〉에서 뱀이 된 사탄 〈요한계시록〉에서 드래곤이 된 북두칠성

〈그림 20〉 오랜 세월 동안 《성경》을 해석하는 사람들은 드래곤과 스내이크를 혼동하여 해석하였다. 드래곤은 멸종한 동물이지만 스내이크는 지금도 지구상에 존재하는 동물이다. 마찬가지로 역사에도 사라진 역사가 있고 살아서 계속되는 역사가 있다.

이다.

사영死影은 저승사자에게 끌려가는 죽음의 그림자들로 볼 수 있다. 죽음의 그림자는 죽은 자들의 영이다. 큰 하늘에서 일어난 뱀족(풍이족)의 우주전쟁은 이렇게 하여 끝이 났다. 그래서 하늘에 뱀족의 이미지가 별자리들로 남아 있다. 이 일을 산뜻하게 정리해 준 분이 아리안 여왕, 즉 마고이다.

기독교적인 시각에서 보면 전쟁의 종결을 선언한 아리안 여왕을 〈요한계시록〉에 나오는 음녀로 볼 수도 있을 것이다. 음녀를 〈요한계시록〉 17장 18절에서 "또 네가 본 그 여자는 땅의 왕들을 다스리는 큰 성이라 하더라" 하였으니 그 큰 성이 마고성임을 알 수 있다. 또한 5절에서는 그 이름이 "큰 바벨론"이라 되어 있으니 이 역시 마고성으로 볼 수 있을 것이다. 〈요한계시록〉은 그를 "땅의 음녀들과 가증한 것들의 어미"라 하였다. 마고를 음해하기 위하여 지어낸 교활한 말로 생각되는 말이다.

17. 막을 내린 두락안 내전

이 날은 아리안세계에서 지금까지 밤중의 밤이었던 만큼이나 낮 중의 낮이다. 아리안 여왕의 말씀이 들려진 것이다. 두락안 내전이 막을 내렸다. '죽음의 그림자'는 밤을 넘기고 해가 돋을 때쯤 아리안 사람들은 그들의 운명이 어떻게 될 것인지 궁금해 했다. 대신들이 보니 궁전에 여왕이 조용히 앉아 있었다.

오름태양계에 해가 뜨면서 밤의 시대는 가고 낮의 시대가 왔다. 마고의 시대가 가고 한인의 시대가 온 것이다. 두락안 내전은 완전히 막을 내렸다. 이제부터 아리안 사람들은 그들의 운명이 앞으로 어떻게 전개되어 갈 것인가를 궁금해 하였다.

아리안은 자미원이다. 두락안은 북두칠성이다. 자미원에 속한 북두

The Moon−man Millngimb

The Sun−woman Yirrkala

금성백호의 호위를 받는 태양신 마고

〈그림 21〉 오스트레일리아 원주민은 태양을 남성이 아닌 여성이라 하였다. 앞으로 올 직녀성시대에는 마고가 여신이면서 여신이 아닌 남신으로 호칭되는 시대가 될 것임을 위에 그려진 마고그림이 보여주고 있다. 금성이 태양을 호위하는 별이므로 그렇게 볼 수 있는 것이다.

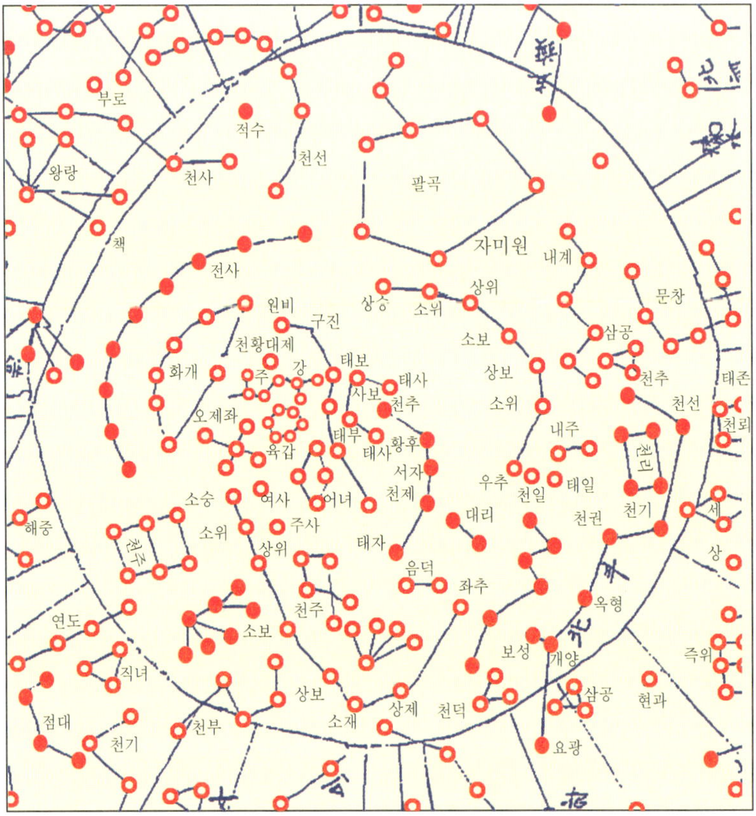

〈그림 22〉 마고가 새로이 태양신으로 오고 북극성으로 오게 될 때 자미원은 어둠으로부터 밝음으로 나아가게 될 것이다. 그가 죽음의 그림자를 자미원에서 내보냈기 때문이다.

칠성에서 내전이 일어났으나 자미원을 다스리는 아리안 여왕이 내전을 종식시켰다. 오르태양은 뜨고 자미원에 새로운 시대가 왔다.

한의 시대가 가고 한웅의 시대가 온 것이다. 이제 여왕이 아리안의 최고 통치자로서 이를 선포하는 일만 남았다. 그래서 대신과 백성들이 여왕이 새로운 시대가 왔음을 선포하기를 기다리고 있었다.

18. 아리안 여왕의 어명

두락안 주군의 전란을 종식시킨 것은 바로 죽음의 그림자를 호출한 그의 어명이었다. 천계를 바꿔 놓은 것은 당연히 그의 선언이었다.

아리안의 여왕이 어명을 내려 죽음의 그림자를 호출하여 두락안에서 주군들이 일으킨 내전을 종식시켰다. 자미원이 어둠의 세계에서 밝음의 세계로 바뀌었다. 그가 새로운 시대가 왔음을 선포하였다.

새로운 세계가 온 것은 한웅천왕의 세계가 온 것이다. 마고의 아이콘인 곰의 시대가 온 것이다. 이 시대는 곰의 갈퀴발톱의 시대였다.

19. 생명의 불꽃

'원시 선조님의 생명의 불꽃, 샬바흐Shar Bah가 그녀의 말씀을 들은 것이 틀림없다.

"모두가 말했다. 의심할 여지가 없어. 우리는 그의 말대로 해야만 해. 그의 말씀이 우리를 구원할 것이다."

그것이 모두가 믿는 바이었고, 모두가 원하는 것이었다. 그날밤 이후로 모든 사람은 천계에 있는 여왕을 존경하며 그녀에게 예를 갖추고 절했다.

원시 조상님 삶 밝음(샬바흐-생명生命, 生明)이 아리안 여왕에게 전쟁을 멈추라고 공수를 내렸다. 아리안 여왕은 백성들에게 이 공수를 전했다. 백성들이 이 공수에 따랐다.

원시 선조님 샬바흐Shar Bah는 우리말 삶 밝음으로 볼 수 있는 말이다.

삶은 살아 있는 생명에서 나온다. 생명을 유지해 나가는 것이 삶이다.

〈그림 23〉 앞으로 오는 마고시대, 여자태양시대, 직녀성시대. 새북극성시대에는 우주에 여자가 주인이 되는 시대가 열릴 것이다. 그 시대를 샬바흐Shar Bah 시대라 할 것이다. 2009년 세계피겨선수권대회에서 역대 최고성적으로 세계를 집어삼킨 김연아 선수. 그의 목을 감고 있는 목도리의 붉은 색과 황금색이 앞으로 다가 올 여왕의 시대를 상징하고 있다.

삶은 동사 살다의 명사화이다. 삶에는 밝음이 있다. 그러나 죽음에는 어둠이 있다.

바흐는 밝음으로 볼 수 있다. 밝음은 불을 밝힐 때 생겨난다. 그래서 생명의 불꽃이라 했다고 볼 수 있다.

삶 밝음이 아리안 여왕의 원시 선조님이라면 우리 언어로 그 의미가 밝혀지므로 우리의 조상도 된다고 볼 수 있다.

공수는 신이 내리는 말씀이다.

20. 끝이 난 남자들의 세상

'천상에 계시는 원시 선조님께서 돌보시는 우리 귀부인, 우리에게 삶의 나날을 주신 분, 우리 주군主君들의 실수를 용서하신 분, 그리고 보다 인도적人道的인 코무사도武士道를 저희에게 보내주신 영광스런 당신에게 절을 드립니다. 신령스런 불, 신령스런 혈통, 그리고 귀부인의 이름으로 그렇게 이루어지리다.

아리안 여왕은 원시선조님이 돌보시는 분이시다. 그는 우리에게 하루하루 삶을 주었고, 주군들의 반란을 용서하셨다. 인도적인 무사도를 지키도록 하였다. 백성들은 아리안 여왕에게 절을 올렸다. 그리고 찬양의 말을 하였다. "신령스런 불, 신령스런 혈통, 그리고 귀부인의 이름으로 이루어지이다." 우주에서 기의 흐름이 그렇게 돌아가고 있으므로 위대한 남자들이 세상을 지배하는 시대는 앞으로 12,500년 동안 오지 않을 것이다.

원시 선조님은 원시천존元始天尊이다. 아리안 여왕의 조상이다. 아리안 여왕은 자손을 낳았고 자손이 살아갈 수 있도록 하였다. 후대에 태어난 마고는 아리안 여왕을 답습하였다. 그는 조건없이 반란에 가담한 주군들을 용서하였다. 그리고 인도적인 무사도를 지키도록 하였다. 화랑도나 조의도와 같은 무사도의 원형이 이 시대에 생겨났다. 대신들은 아리안 여왕에게 절을 올렸고 그를 찬양하였다. 신령스런 불이요, 혈통이요, 귀부인이라고.

이집트의 파피루스에 그려진 클레오파트라와 2009년 대한민국의 안방을 사로잡았던 드라마 선덕여왕 덕만에 출연한 배우

〈그림 24〉 대한민국은 각 분야에서 빠르게 여인천하가 진행되어 가고 있다. 공군전투기 조종사, 공수부대 요원, 소방관, 장의사 등 각 분야에 여성이 없는 곳이 없다. 초등학교와 공무원 사회는 여인천하가 되어가고 있고, 2010년 〈조선일보신춘문예〉에도 당선자 7명 중에 남자는 단 1명 뿐이다. 격암 남사고 선생은 앞으로 대통령궁인 근화궁槿花宮이 성주산에 들어서고 여왕이 들어오게 될 것이라고 예언하였다.

21. 여왕의 보좌

여왕은 대신들의 말을 듣고 보좌에서 일어나 앞으로 나갔다. 아리안 여왕은 이렇게 말했다.

"우리는 새롭게 시작한다."

그래서 그 말과 함께 아리안 제왕시대는 막을 내리고 여왕의 시대가 시작되었다.

대신들이 올리는 찬양의 말을 듣고 아리안 여왕은 앞으로 나가며 선포하였다. "우리는 새롭게 시작한다." 뱀의 시대는 물러갔다. 이 시대는 새로운 곰의 시대이다. 새로운 직녀성의 시대이다. 아리안 천제의 시대는 지나갔고 새로운 여왕의 시대가 왔다. 자식 곰 한웅천왕이 받들어 모시는 어미곰 두 번째 마고의 시대가 다시 온 것이다.

신화는 이중구조로 짜여 있다. 하늘의 역사와 땅의 역사가 혼합되어 하나의 이야기를 구성하고 있다. 원시조상으로 표현되는 천상의 조상과 지상의 조상이 한꺼번에 이야기 된다. 아리안 문서에는 이렇게 기록되어 있다. 그래서 헷갈린다. 이 점을 주의하여 읽으면 새로운 우주의 역사가 우리 앞에 모습을 드러내게 될 것이다(제1부~제4부 〈The Great Mother 마고의 세계〉 노중평 씀).

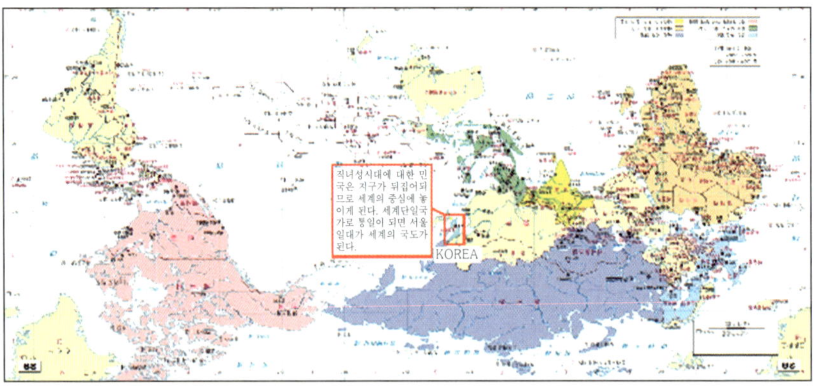

〈그림 25〉 마야의 전승에 따르면 직녀성시대로 들어가는 2012년에 지구가 뒤집어져 남쪽이 북쪽이 되고 북쪽이 남쪽이 되는데, 만약 그렇게 된다면 이때는 코리아의 국토가 지구의 중심에 놓이지 않을 수 없게 된다. 지금으로부터 500년 전에 격암 남사고 선생이 "직녀성시대에 지구는 하나의 단일국가로 통일이 되고 Korea의 인천에서 서울 사이에 세계의 수도가 들어서게 된다"고 예언하였다. 그대가 해혹복본의 때가 된다고 하였다.

제5부

마고와 반마고反麻姑

서 문

“우리가 하는 일 중의 첫째가 무교의 전통을 세우는 일이고,
그것을 세상에 널리 알리는 일입니다.
오늘 ‘논개님’을 히코산에서 ‘현묘도’로 내어 모시면서
무교의 전통을 세우기 위하여
한 가지 의미를 확실히 해 두려 합니다.
당신야 말로 무교의 으뜸 덕목인 대수대명代壽代命의 최고 귀감임을
선언해 두는 일입니다.
왜 이런 말을 하느냐 하면
모든 종교에서 대수대명이 으뜸 덕목이라 보기 때문입니다.
많은 사람이 남을 죽여서 대수대명(ㄷ9)할 수 있습니다.
이런 대수대명은 아주 쉬운 대수대명이라 할 수 있습니다.
또 ‘예수님’처럼 자신을 죽여 대수대명할 수도 있습니다.
그런데 그 대수대명은 축복받지 못하고 온갖 비난을 받아가며
당시에 범법자로서 이루어 낸 대수대명입니다.
그러므로 불행하게도 축복받은 대수대명은 아니라 봅니다.
그러나 당신이 보여준 대수대명은 지극히 명분이 뚜렷하고
만인의 축복을 받은 대수대명입니다.
나이 어린 여인의 몸으로 이루어낸
극상의 아름다움이라 하겠습니다.
나는 무교의 전통을 세우려는 한 사람으로서
당신을 하나님의 딸이라고 감히 말하고 싶습니다.”

(노중평, 논개 제문祭文)

이 제문은 2010년 1월 29일 히코산(英彦山)에 세워진 [주논개묘朱論介墓]에서 이 책의 공동저자인 노중평 선생이 직접 지어 읽어드린 제문의 일부이다.

〈그림 1〉 인디언 십자가. 사행철학의 상징으로 볼 수 있다.

고담 노중평 선생이 쓰신 논개 신명을 위한 제문에 앞으로 천신회(ㅊ19)가 해야 할 작업의 대강이 나와 있다. 한국 무교의 정통을 세우려는 사명인으로서 천신회는 대수대명의 큰 뜻을 파헤쳐 보아야만 한다. 나는 이 글을 통해 대수대명의 대속신앙(ㄷ8)이 마고지나(ㅁ20)로부터 전 세계로 퍼져 나갔음을 말하려 한다. 고대문명권에서 내려오는 신화체계를 분석해 볼 때 마고성으로의 복귀를 꿈꾸는 해혹복본의 길은 원시종교의 비의로서 오늘날까지 내려오고 있다.

《한단고기》에 한제국의 영역을 동서가 2만여 리이며 남북이 5만여 리라 하였다. 이는 사실상 지구 전체를 말한다고 볼 수 있다. 그리고 7대에 걸친 한인 천제들에 의해서 육만 년이 넘는 통치기간이 있었음을 말한다. 이 역사를 풀 수 있는 유일한 해법은 지구로 귀화해온 테라 외계인들의 인류사 개입에 있다. 이 부분은 특히 《The Great Mother 마고의 세계(신부도지)》에서 다루어지고 있는 천신들의 신화적 역사이기도 하다. 그런 의미에서, 십자가의 영적인 구원과 해혹복본하자는 부도사명符都使命(ㅂ29, 30, 31)은 또한 인류의 종과 유전정보에 관한 생명공학의 입장에서도 파헤쳐 보아야만 그 미스터리를 풀 수 있다. 아리안[1]

1) 아리안 : 본서에서는 알을 낳는 여자 마고와 북두칠성에서 떨어져 나온 한인천제를 합한 복합적인 의미를 가지고 있다.

의 정체가 바로 그것이다.

한웅시대로 지구 역사가 전개되는 데는 아틀란티스의 침몰[2]과 같은 지구 역사의 대전환이 있었기 때문이다. 이 글의 방향인 원시신앙의 십자가도[3]를 규명하는데 있기에 아틀란티스 문명과 대재난의 역사는 다음 기회로 미루기로 한다. 하지만 이 대변역의 여파로 한제국이 한웅시대로 넘어가게 되는 원인을 제공하게 되었고, 여기서 한제국을 이어받을 두 형제 한웅 간의 갈등이 발생하였다고 본다. 즉 형제의 난 속에 천신들이 지구 인류 역사에 깊이 관여하면서 마고시대의 원시신앙 체계를 계승·발전시키는 동방선파와 이를 정면으로 부정하며 새로운 지구 통치 이념의 패러다임을 가져온 엔릴 한웅계 아브라함 서방선파와 마고 여신을 성배로 모시던 예아 한웅계 멜키지덱 서방선파(ㅅ39)와의 갈등과 분열이 현재까지도 지속되는 사태에 이르게 됐다는 것이 필자의 판단이다. 여기서 서자 한웅 예아(또는 엔키)왕자[4]와 서방의 야훼신인 엔릴 한웅[5]이 대표하는 신화 알고리듬Algorithm(ㅇ16) 속에 현대문명의 과거와 피할 수 없는 미래상을 엿볼 수 있다.

이 형제의 난을 이해하기 위해서는 반드시 집고 넘어가야 할 개념의 문제가 있다. 바로 천신코드이다. 천신天神코드는 야훼인 엔릴이 스스로를 Y-H-V-H(Yod-He-Vau-He)라는 코드로만 밝힌 데서 유래한다. 이 코드는 원래 호피의 사행섭리와 같은 천문부도 섭리를 누설한 것이

---

2) 아틀란티스의 침몰 : 그리스의 철학자 플라톤의 《대화편》에 수록된 글로 1만 2000년 전에 지구상의 대격변으로 아틀란티스 대륙이 바다 밑으로 가라앉았다고 한다. 12,000년이면 마고시대에 해당한다.

3) 원시신앙의 십자가도 : 십자가의 기원이 칠성에 있으므로 칠성신앙으로 보아야 타당할 것 같다.

4) 한웅 예아(또는 엔키)왕자 : 한웅을 예아(또는 엔키)로 보는 특이한 경우이다. 이런 관점은 첫 시도가 된다.

5) 서방의 야훼신인 엔릴 한웅 : 기독교인들이 유일신으로 보는 야훼를 예아 한웅의 형제 엔릴 한웅으로 본다는 것도 아주 특수한 관점이다.

다. 이 코드에서 2개의 H는 사실상 의미가 없는 그림자 코드이다. 이 그림자 코드는 또 다른 코드가 들어섬으로서 완성되는 천기누설의 반쪽 열쇠일 뿐이다. Y, V가 의미하는 바는 여신과 성배 즉 마고를 상징한다. H를 대체하는 나머지 반쪽 코드는 헤브류 알파벳으로 Ts(Tau-Shin)이다. 여기서 T는 사행을 이루는 부도십자가이며 S는 부도십자가 생명나무를 활성화하는 뱀을 말한다. 그러므로 베일에 싸인 천신天神코드는 Yvts(Yod-Vau-Tau-Shin)의 사행섭리를 말한다. 〈소돔과 고모라〉로 부터 멜키지덱 영지주의 교단에 이르기까지 Ts코드 수행을 통해서 누구나 성배를 찾아 영원성으로 회귀할 수 있다는 믿음이 사도 바울과 로마 기독교의 구원론과 대치됨으로서 이단으로 몰리게 되었다. 이 천신코드는 동방의 이 땅에서 다시 부활하여 여무시대를 맞이하게 될 것이다. 사행 섭리를 우리말로는 '여보 당신'이라 한다. 천신코드는 서방선파의 핵심적인 이슈로 지금까지 내려오고 있다.

동방에서 마고는 곰이다. 곰은 남방 샤머니즘 체계에서 뱀 아이콘으로 전이된다. 이 글의 초점인 천신 형제의 난은 동방 마고선파의 아이콘인 곰의 영역에서 보다 서방 마고선파의 아이콘인 뱀의 영역에서 갈등이 점화되었기 때문에 이 글은 뱀 아이콘을 신화 모티브로 하는 수메르문명을 배경으로 한 '천신 형제의 난'을 중심으로 하고 다른 마고 문명권과 비교 설명하였다. 북미와 남미에 산재된 마고선파의 유형과 신화는 풍이족 원형 샤머니즘에 가장 가까운 형태라는 점에서 남방 마고선파로 분류했다.

가장 순수한 형태의 원시무교(ㅇ76, 77, 78)는 여신과 자연정령, 그리고 조상을 받들던 신앙체계였다. 인류가 마고성에서 오미의 난(ㅇ47, 48)으로 퇴출된 후 인류는 속죄를 통한 마고성으로의 복귀를 꿈꾸어 왔다.

인류의 씨앗이 외계에서 왔다(ㅇ96, 97)고 볼 때, 궁족穹族과 소족巢族의 사색四色인류(ㄱ35, 36)는 제1세대 지구 토착민이었다. 외계인들과 접촉을 기록한 자료들을 보건대 인류의 씨앗을 뿌린 첫 번째 외계인문명이 거문고자리(주, 〈천상열차분야지도〉에서 점대사성點臺四星자리)[6]에서 왔다는 보고가 지배적임은 우연이 아니다. 현대문명의 새로운 신화체계라 할 수 있는 외계인 도래설(ㅇ54, 55)에서도 지구인류의 모체가 되는 외계문명이 거문고자리(Lyra)의 직녀성에서 왔고, 이 직녀성 여신 외계문명시대(ㅇ54)에 마고부족인 현 인류의 조상이 출현했다고 본다.

직녀성 마고 샤먼시대는 천문을 해독하면서 전승되어온 원시신앙체계(ㅇ76)와 초과학세계로 들어선 현대문명의 불가사의한 외계문명 접촉(ㅇ55)에 까지 일관된 신화적 모티브(ㅅ73)로 나타난다. 이는 기계적인 인과론에 파묻힌 실증적 역사관(ㅅ77)으로는 이해될 수 없는 인류 잠재의식 속의 데이터를 통해서 나타나는 신화적 역사(ㅅ75)이다. 비물질적인 영의 세계(ㅂ53)에 자신을 투영할 수 있는 인간의 초감각은 결코 우연히 습득될 수 없는 천부의 신지로 인류가 유인원들과 다른 이유이다. 우주를 볼 수 있는 인류의 초감각체계 덕분에 원시 샤머니즘을 통해서 마고시대로부터 무당은 비물질계, 비인간계를 드나들며 외계문명과 접촉을 자유자재로 해 올 수 있었다.

히피문화의 선구자이자 현대판 샤먼을 자처하였던 테렌스 맥케네Terence McKane는 이렇게 말했다.

> "… UFO 현상이 발생하는 근본적인 이유는 인류 대재난의 원인 제공자인 부계사회 물질주의적 태양신 숭배(ㅁ45)에 불확실성을 투사하기 위한 목적으로 발생한다. UFO는 여신이 스스로를 이 세계에 나타냄이며, 이를 통해 여신은 이 세계를 지배하는 물질주의적 과학자들과 권력을 쥐고 있는 남신숭배 정치 결사들에게 '너희들은 (여신으로부터) 너무 멀리 갔다. 이제 우리는 (UFO 현상을 통해서) 너희들이 지배하는 이 고통스런 세계

---

6) 거문고자리 : 직녀성이 있는 자리. 점대사성은 직녀성과 인접해 있다. 율려의 조음調音을 담당한 별로 알려져 있다.

> 를 뒤집어엎어 버릴 것이다'라고 말하는 것이다. 과학이란 아이들의 장난감을 만드는데 유용할 정도의 학문인 것을 과신하여 점성학(ㅈ12), 채널링(ㅊ2), 침술까지 그 과신 속에서 평가하려 하는 것은 우스꽝스런 일인 것이다…"("UFO 현상을 어떻게 접근할 것인가?" 〈테렌스 맥케네 강연〉)

인류문명이 샤머니즘으로의 회귀는 불가피한 것이다. '원시 마고시대 신앙의 표상인 T자(ㅇ75)', '십자가의 도는 화합의 도(ㅅ81)'였다. 이는 단순히 인간과 인산을 넘어선 모든 관계에서의 '화합과 상생의 도(ㅎ40)'였다. 이를 사랑이라 하고 또 이를 실천하는 자를 사람이라 하였다. 사랑 속에는 마고의 신화적 아이콘인 뱀이 들어 있으며 뱀의 도(ㅂ19)를 수행하는 한국의 대체 여신인 무당(ㅁ40)은 고담 노중평 선생이 말씀하신 사모巳母, 즉 샤먼이었다. 즉 부도의 이치(ㅂ30) 속에 사랑의 뱀(ㅅ2)이 담겨 있고 이를 표현한 마고문자 속에 십자가의 도(ㅅ81)가 나타난다. 인류가 무당의 시대로 돌아가야만 할 이유(ㅇ93)가 여기에 있다.

마고시대를 원 인류를 창조한 제1차 외계문명시대[7], 한인천제시대를 제2차 외계문명시대[8]라면, 한웅시대로 들어오면서 제3차 외계문명의 주입[9]이 가동된다. 이 시대의 연장선 속에 우리가 있고 우리가 해결해야만 할 숙제가 있다. 앞서 말한 십자가 화합 상생의 진리로서 무당시대로의 전환이다. 한웅시대로 접어들면서 발생한 마고신앙의 반명제(Anti Thesis)인 남신숭배 유일신 신앙의 불합리성을 지적하기위해서 세계 고대문명의 유적 곳곳에 남아있는 마고 여신의 흔적을 찾아볼 필요가 있다.

---

7) 제1차 외계문명시대 : 마고가 직녀성에서 지구로 와서 마고문명을 연 시대. 이 시대는 아틀란티스가 침몰한 시대와 맞물려 있다. 인류역사에 신선사상을 남겼다.

8) 제2차 외계문명시대 : 한인천제가 북두칠성에서 지구로 와서 마고와 일전을 벌여 마고를 멸망시키며 건설한 한12제국시대. 인류역사에 수메르문명을 남겼다.

9) 제3차 외계문명의 주입 : 한웅천왕이 북극오성의 서자성에서 와서 배달문명을 연 시대. 배달문명은 신시문명神市文明이다.

이 글에서 남방 마고선파의 맥을 잇는 북미 인디언과 남미 인디언의 뱀숭배(ㅂ16~21)와 현대 유일신 종교들의 모체가 되는 북아프리카에서 페르시아에 걸친 중동지역의 옛 한제국 영역, 사납아국과 수밀이국의 뱀과 물고기 신앙을 통해 마고선파의 대수대명 십자가 천신코드를 파헤쳐 본다. 또한 유일신 신앙의 영역인 중동과 유러시아에서 억압과 박해 속에서 사라져 간 멜키지덱 서방선파 교단의 지파들을 찾아보려 한다. 다음 장은 풍이족 계열로 뱀 교단의 천신코드를 가장 잘 보존하고 있는 호피와 십자가의 대속신앙을 남미에서 펼친 케찰코아틀을 천신회의 관점에서 정리해 본 것이다.

1

남방선파

1. 북아메리카의 마고선파 호피 인디언

1) 호피 뱀축제와 풍이

미국에서 백인들이 가장 존중하는 인디언 문화라면 아마도 호피 인디언Hopiindian 문화(ㅎ32, 33 참조)일 것이다. 대부분의 인디언 부족들이 미기병대의 말발굽에 유린당하고 인디언 보호구역으로 쫓겨갈 때도 호피 부족은 백인들이 가져다 준 재난을 피해 갈 수 있었다. 호피부족을 둘러싸고 있는 나바호 부족(Navajo Tribal)(ㄴ3) 역시 백인들과의 무력투쟁을 피해 갈 수 없었다. 캐넌 드 쉐리라는 붉은 바위 계곡 깊숙이 들어가 끊임없이 게릴라전을 펼치던 나바호 부족은 아주 어렵게 부족의 땅을 지키게 되었다.

나바호와 같이 유목생활을 하는 북미 인디언은 백인 개척자들에게 항상 위협적인 존재들이었다. 멕시코(ㅁ30)에서 올라오는 히스패닉(ㅎ55)들로부터 말과 총기를 구입하여 무장한 인디언 부족은 존 웨인이 나오는 서부 영화들에서 곧잘 백인 개척자 웨곤 밴드를 습격하는 마적단 같은 무리로 묘사된다. 대서양에서 태평양으로 확장하려는 미제국의 야심찬 계획에 유일한 걸림돌인 유목부족들은 미기병대와의 숱한 충돌 끝에 대부분 미제국에 투항하게 되어 백인들이 지정해준 불모의 땅으로 끌려가 살게 되었다. 이런 불가피한 충돌 이면에는 인디언들의 영토

개념이 백인들과 너무나 다르다. 백인들처럼 울타리를 치고, 소유권을 등기하고, 땅 주인 이외에는 누구도 출입할 수 없다는 Keepout 사인을 대문에다 걸어놓는 백인들의 사고방식은 사유재산으로서의 영토 개념이 없는 인디언 부족과 병립할 수가 없었기 때문이다.

반면에 옥수수 농사를 주업으로 하는 호피나 푸에블로 인디언(ㅍ7)들은 토지 개념이 다른 유목민 부족보다 확실하였다. 보다 정확히 말하자면, 백인들 눈에 호피부족이 갖고 있는 토지의 경계가 선명하게 보였다고 할 수 있다. 천년 이상을 아리조나Arizona사막 한 가운데 있는 검은 메사(Black Mesa)라 불리는 세 개의 바위 언덕 마을에 몰려 살면서 옥수수를 재배하는 호피는 말 타고 총을 쏴대면서 바팔로Buffalo 사냥을 나가는 부족들에 비해서 지극히 온순하고 평화스런 부족으로 받아들여졌다. 이 중 가장 오래된 호피부족 마을은 오래비(주, 우리말 '오래비'와 같은 뜻으로 생각된다. 6부 용어 해설 참조) 또는 오라이비Oraibi(이 역시 우리말 오래비와 같은 뜻으로 생각된다)라는 마을로 세 번째 메사에 있다. 물론 호피부족이 천년을 넘게 살아온 아리조나 사막은 백인들과 영토 분쟁을 겪을 만큼 매력적인 땅은 아니었다. 부족장이 영국 유학까지 다녀오고 자체의 헌법과 교육 시스템에 신문까지 발행하던 체로키부족 국가가 비참하게 백인들에게 유린당하고 망한 이유는 결코 백인들이 양보할 수 없는 비옥한 토지에 있었다.

이런 역사적 배경 속에 호피문화와 종교는 가장 오래된 북미의 토착문화(인디언 문화)로서 백인들의 관심을 끌기에 충분했다. 호피라는 말 자체가 호피타 쉬 누 무Hopituh Shi Nu Mu(ㅎ34)(지금은 사라진 곰의 일종인 고비를 타는 무당이라는 뜻으로 보인다), 평화스런 사람들이란 말에서 나왔듯이 이들의 종교철학은 평화(ㅇ90)였다. 전쟁과 폭력을 무엇보다 혐오한 호피는 비폭력주의를 삶의 전반에 걸쳐 가장 중요한 종교윤리로 받들었다. 평화스런 공존이 삶의 모토인 이들에게는 '사막의 바위 하나하나가 모두 그들의 형제이며 자매였다(ㅅ4)', '자연에 대한 지극한 경외심과 상생철학(ㅈ23)'은 지저세계에서 올라온 마소Maa Saw(ㅁ23, 24, 25)(마는 마고, 소는 우리 역사에서 처음 불함산 북쪽에서 조 농사를 시작한 소풍蘇豊으로 볼 수 있다. 소풍은 그의 후예인 유소有蘇가 불함산 북쪽으로 이주하기 전에는 황하를 다스리던 하백이었다)의 가르침에 따른 것이었다. ·

마소는 호피부족에게 밭을 갈고 옥수수를 심어서 살아가도록 가르쳤다. 자연과 조화롭게 그리고 검소하게 사는 것만이 대대손손 복을 받고 사는 길이라 가르쳤다. 또한 대지를 신으로 받드는 호피신앙은 신령스런 에너지가 모이는 아키바Achivas(ㅇ10)로 찾아가 제사를 드리곤 했다. 이 아키바를 통해서 그들은 땅속에 살고 있는 순결한 조상들과 교감을 나눌 수 있다고 믿었다. 호피 신화체계는 인류가 이미 세 번에 걸쳐서 신의 분노로 멸망하였고 그때마다 때 묻지 않은 순결한 신앙인들만이 개미인(ㄱ5)들의 도움으로 지저세계인 거북이섬에서 생존하였다고 믿기 때문이다. '지저세계에서 올라온 망자들의 신(ㅈ27)'인 마소의 가르침(ㅁ23, 24, 25)이 호피에게 큰 영향을 준 이유도 자연과 사람과의 상생이 아니면 다가올 네 번째 재난에 살아남을 수 없다는 신앙체계에서 출발한다. 이런 마소의 가르침은 호피인디언의 예언자가 그렸을 것으로 보이는 '바위그림'을 판독할 때 또 다시 나타난다.

2) 풍이족과 호피문화

호피 전통종교인 무교와 부족문화는 '우리가 잃어버린 풍이족'의 삶을 되돌아 볼 수 있는 풍이족 원형을 간직하고 있는 인류의 문화유산이다. 마고시대의 곰 아이콘 신화체계는 에벤키Evenki족(ㅇ26)으로 북방 시베리아의 소수 민족에서 여전히 찾아 볼 수 있지만, 뱀 아이콘 신화체계의 무교와 부족문화를 풍이족 원형대로 전승 유지하는 무교사회는 지구상에서 호피부족 이외는 더 이상 존재하지 않는다.

북미 인디언부족 가운데서도 유일하게 뱀교단 무교예식을 부족의 가장 큰 행사로 치르는 호피부족은 부족문화 역시 철저한 모계혈통으로 이어오는 마고문명의 후손이다. 평화를 가장 소중한 덕목으로 여기는 호피는 순수한 형태의 모계사회(ㅁ33, 34, 35, 36)가 투쟁과 분열을 강조하는 부계사회와 어떻게 문화적으로 다른지를 보여준다. 전통적 모계사회로서 이는 뒤에 나오는 사하라의 호전적인 아하갈부족과 대비되는 점이기도 하다.

전통적으로 철저하게 모계사회를 유지해온 호피사회는 부족 내의 클란clan(씨족)(ㅋ24) 여성을 중심으로 구성되었다. 호피 청년이 성혼을 이루어 아이를 갖게 되면 그 아이는 어머니가 속한 클란에 받아들여지고, 이름은 아버지가 속한 클란의 여성들이 지어준 이름을 썼다. 여인들로부터 받은 아이의 이름이 몇 십 개나 되는 경우도 드물지 않았는데, 이때는 부모가 이름을 고를 수 있었다.

이런 풍습은 호피 부족이 한제국에서 나온 지파이기 때문이다. 이들이 가지고 있는 신화체계와 종교의식을 살펴보면 이들이 풍이족에서 떨어져 나간 우리의 형제라는 점이 명확해진다. 북미 인디언들 대부분이 생소한 인디언 보호구역으로 끌려가 강제로 기독교로 개종당하고 영어를 부족언어 대신 쓰게 되면서 부족들의 정체성을 상실하였다. 대부분의 부족들이 비극을 당하였다.

그러나 호피는 상대적으로 정체성의 혼란을 겪지 않은 원시원형 형태의 문화와 신앙을 그대로 유지해 오고 있다. 우리는 오늘날 그들을 접하면서 1만년 전에 그들이 우리와 같은 조상을 둔 풍이족의 일원이었음을 발견하였다. 그들이 풍이족에게서 물려받은 골격을 잃지 않고 그대로 유지해 오고 있음을 알 수 있고, 신앙적인 측면에서도 남미 아즈텍Aztec(ㅇ9), 마야Maya(ㅁ26)문명이 남긴 뱀 아이콘을 통하여 풍이문화와의 연관성을 발견할 수 있다. 오늘날 풍이족 계열의 한민족이 뱀신앙을 잊어버렸지만 그들이 가지고 있는 뱀신앙을 통하여 우리의 역사와 문화의 원형이 무엇인가를 유추할 수 있게 해 주는 귀중한 문화유산이다.

3) 호피 창조신화

먼저 마고신앙 지파로서 호피신앙을 이해하는데 가장 중요한 창조 신화부터 소개해 본다. 이들의 창조신화에 나타나는 거미여인은 마고가 거미여인으로 변형된 신격(ㄱ6)이다.

《호피 書》에 나타난 호피 창조설화[1]는 북미 인디언 문화권에서 가장 심오한 창조 섭리를 보여주고 있다. 호피 신화체계의 특징은 단편적인 창조신화에서 끝나지 않고 인류창조 이후 세 번에 걸친 신의 심판을 이야기한다. 이런 대재난을 겪을 때마다 소수의 의인들은 신의 인도로 지저세계의 개미인들에게 의탁되어 재난을 넘겼다고 전한다.

호피장로들에 의하면 이제 곧 네 번째 심판의 날이 시작된다고 보고 있다. 호피 예언바위 암석화를 해석한 태양 클란 호피장로는 외계문명과의 조우(ㅇ54, 55)가 멀지 않았다고 한다. 호피에게 있어서 신의 창조는 완전한 인류의 자각이 이루어질 때까지 끝없이 진행되는 과정이다. 이미 세 번이나 실패한 선사인류[2]처럼 또 다시 같은 실수를 반복하지 않기 위해서 호피는 신에 대한 경외심과 인류에 대한 사랑을 잊지 않고 살아가기를 가르친다.

4) 《호피 書》의 창조신화

(1) 타이오와와 소툭낭

"세상이 처음 열렸을 때를 톡펠라Tokpela(ㅌ17)로 불리는 끝없는 공간

---

1) 호피 창조설화 : 〈단군신화〉보다 더 구체적으로 기술된 근원신화로 볼 수 있다.

2) 이미 세 번이나 실패한 선사인류 : 아마 앞으로 우리 세대의 인간들이 세 번째 실패한 선사인류에 해당할지 모른다.

의 시대라 했다.

공간의 시대에 타이오와Taiowa(ㅌ1) 천신이 홀로 있었다. 그 외엔 단지 영원한 공간이 있었을 뿐이었다. 시작도 없고 끝도 없는, 시간도 없고, 형체도 생명도 없었다. 단지 타이오와 창조주의 마음 속에는 시작과 끝, 시간, 형체, 그리고 생명을 담고 있는 끝을 알 수 없는 심연만이 있었다.

그때 그는 영원 속에서 유한자를 잉태하였다. 첫 번째로 그는 소툭낭Sotungnang(ㅅ58)을 창조하여 그 앞에 나타나게 한 뒤, 그에게 이렇게 말했다. "내가 너를 창조하였느니라. 너는 이 끝없는 공간에서 생명을 위한 나의 계획을 수행해 나갈 나의 근원적 힘과 도구인 사람이니라. 나는 너의 숙부(ㄴ1)이니라, 너는 나의 조카이니라. 자! 이제 나가서 이 수많은 우주세계를 질서정연하게 정돈하여라. 그리하여 그 세계들이 서로가 조화롭게 내 계획에 맞춰 사역토록 하여라."

소툭낭은 천명을 수행해 갔다. 영원한 공간으로부터, 그는 물질로 나타나는 입자들을 모아 분자체로 합성하고 이를 다시 구천세계로 정렬했다. 그 중 하나는 천신 타이오와를 위해서, 또 하나는 자신을 위해서, 남은 칠천세계는 앞으로 나타날 생명들을 위한 것이었다. 이를 끝마칠 때 소툭낭은 타이오와에게 와 물었다, "천주섭리에 맞게 제가 잘하고 있습니까?"

"보기에 좋구나."

타이오와는 말했다.

"이제 너는 물을 가지고 또 그렇게 해 보도록 해라.[3] 우주세계마다 물을 주어 모든 세계가 평등하게 나눠 갖도록 하여라."

그래서 소툭낭은 끝없는 심연으로부터 물로 나타날 입자들을 모아 각각의 우주세계에 부어 넣었다. 그러므로 개개의 세계를 물 반, 물질 반

3) 너는 물을 가지고 또 그렇게 해 보도록 해라 : 이 진술은 소툭낭이 하백녀였음을 입증하는 말로 볼 수 있다.

으로 이루어지도록 하였다. 타이오와에게 돌아온 그는 말했다.

"제가 사역한 일을 둘러보시고 제가 천주님을 기쁘게 해 드렸는지 말씀해 주소서."

"보기에 좋구나."

타이오와는 말했다.

"다음으로 네가 할 일은 공기를 불어넣어 모든 세계에 평화스러운 바람을 일으켜라."

소툭낭은 그렇게 하였다. 영원한 공간으로부터 그는 공기로 나타나는 입자들을 모아 거대한 폭풍을 만들었다. 그리고 이를 온화하고 질서 있는 바람으로 정렬하여 개개의 우주세계로 보냈다.

타이오와는 이를 보고 기뻐하였다.

"네가 내 계획에 맞춰 참으로 위대한 임무를 수행했노라. 네가 우주세계를 창조하고, 물질과 바다 그리고 바람을 끌어 모아 나타나게 하고 적소에 두었구나. 하지만, 너의 일은 아직 다 끝나지 않았도다. 이제 너는 반드시 생명을 창조하여 그 운동으로 나의 우주계획인 사행조화四行造化, 투와카치Tuwaqachi(ㅅ14)를 완성하도록 하여라."

마고 직녀성시대는 우주의 기본요소를 사행으로 보았다. 호피부족 역시 이 세계를 사행구조로 파악했다. 마고에서 호피까지 사행구조를 강조한 이유는 아마도 십자가에 나타나는 4개 영역의 화합 때문이었을 것이다. 즉 하늘과 땅이 화합하고, 남녀가 화합하는 사행 이음이양 구조가 음양 합덕의 순리를 말한다면 오행의 삼양이음 구조는 음양의 불평등을 예고하는 갈등 구조로 파악했을 것이다. 투와카치는 현재 우리가 머물고 있는 네 번째 세계를 말하기도 한다. 호피장로들의 예언에 의하면 우리는 네 번째 세계의 종말을 눈앞에 두고 있다고 한다. 그 시작은 푸른 카치나Kachina[4)]가 하늘에 나타날 때부터라 했다.

---

4) 푸른 카치나 : 혹시 청궁靑穹이 아닐까 생각한다.

(2) 거미여인과 쌍둥이

소툭낭은 톡펠라Tokpela로 돌아가 원질로부터 지구에 남아서 그를 도울 여자를 창조해 냈다. 그녀의 이름은 콕양우티Kokyangwuti, 거미여인[5]이라 하였다.

그녀는 생명을 얻고 깨어나서 그녀의 이름을 받자, 소툭낭에게 물었다.

"제가 여기에 왜 있나요?"

"그대 주변을 살펴보게."

그는 대답했다.

"여기는 우리가 창조한 지구라는 세계이라네. 형체와 물질, 방향과 시간, 그리고 시작과 끝이 이 세계에 있다네. 하지만 이 세계에는 생명이 존재하지 않는다네. 기쁘고 활발한 춤을 볼 수 없다네. 즐거운 소리를 들을 수 없다네. 춤과 소리가 없는 삶이 무슨 의미가 있단 말인가? 그래서 너에게 우리를 도와 생명을 창조할 수 있는 힘을 주었다네. 지식과 지혜, 그리고 네가 창조할 모든 생명들에게 은총을 나눠줄 사랑이 너에게 주어졌다네. 이것이 네가 여기에 있게 된 이유일세."

그의 가르침에 따라 거미여인은 흙을 조금 모아 투츠발라(ㅌ18)라 불리는 자신의 침으로 섞고, 이겨서 두 쌍둥이[6]를 빚었다. 그녀는 창조지혜 그 자체인 백금 기운(ㅂ13)으로 만든 가운으로 그들을 둘둘 감쌌다. 그리고 그들에게 창조의 노래를 들려주었다. 그녀가 그들을 덮고 있던 가운을 벗겨 주자, 천부의 기운을 받은 쌍둥이는 일어나 앉아 거미여인에게 질문을 던졌다.

"우리는 누구인가요? 여기에는 왜 있게 됐나요?"

그녀 오른쪽에 앉아 있는 아이에게 거미여인은 말했다.

5) 소툭낭이 톡펠라에서 창조해 낸 여인. 소툭낭의 딸로 볼 수 있다.

6) 쌍둥이 : 소툭낭이 창조해 낸 콕양우티가 창조해 낸 쌍둥이

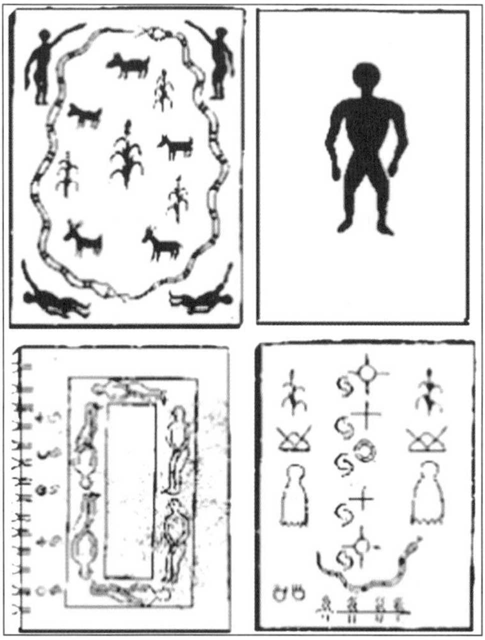

〈그림 2〉 호피 곰부족의 타블렛. 호피의 신화적 양상을 나타낸다. 곰과 뱀은 호피의 종족 아이콘으로, 곰의 초인적인 힘과 뱀의 풍운조화를 일으키는 신통력을 상징하였다. 우측 하단에서 태양과 별과 달을 상징하는 십자 밑에 뱀이 놓여 있고 그 밑에 번개가 내려치고 있다. 곰발바닥 위에 저승사자 마소가 보인다. 우측 상단은 곰부족 초인을 묘사하였다. 즉 한웅 테라 외계인을 묘사한 것이다. 좌측 상단에서 두 뱀이 꼬리를 물고 호피의 세계를 둘러치고 있다. 이는 뱀이 호피를 보호하는 천신 아이콘이기 때문이다. 구석에 손을 들어올린 사인은 우주의 사행구조로 사방을 가리킨다. 좌측 하단에서 육인은 전통적인 해석에 의하면 호피의 육대 클란 추장을 의미한다. 하지만 호피부족은 적어도 20개 정도의 클란으로 구성돼 있다는 사실과 어긋나며 또한 왜 추장들이 자신의 성기를 손으로 감추고 누워 있는지는 더욱 설명이 되지 않는다. 마치 에덴동산에서 선악과를 따먹은 아담과 이브가 부끄러움에 몸을 숨기는 장면과 유사하다. 호피 창조신화에 나오듯이 이는 무생식 단계의 복제인간에서 생식력이 있는 인류로의 진화를 암시하고 있는지도 모른다.

"너는 포캉호야Poqanghoya(ㅍ4)이다. 생명체가 이 세계를 채워 갈 때 너는 우리를 도와 이 세계의 질서를 항시 유지하게 될 것이다. 지금 바로 세계로 나가 지구를 너의 두 손으로 받들고 있어라. 그리하면 이 지구가 완전히 물질화할 것이다. 이것이 너의 임무이다."

그녀 왼편에 앉아있는 아이에게는 이렇게 말했다.

"너는 팔롱가호야Palongawhoya(ㅍ1)이다. 너는 우리를 도와 이 세계의 질서를 항시 유지하게 될 것이다. 지금 곧 세계를 돌면서 소리를 보내어라. 그리하여 모든 땅에서 너의 소리를 들을 수 있도록 하여라. 이 소리가 들릴 때, 너는 또한 '산울림'으로 알려 질 것이다. 모든 소리는 천신의 소리를 공명하는 것이란다."

포캉호야는 지구 곳곳을

돌아다니면서, 높은 지대는 거대한 산맥으로 고정하고 낮은 지대는 단단하면서도 적당히 느슨하게 하여 지구를 어머니라고 부를 존재들로 이 땅에 수놓을 생명들이 쓸 수 있게 하였다.

팔롱가호야는 지구 곳곳을 여행하면서 가르침에 따라 소리를 내 질렀다. 지구의 지축을 따라 극에서 극으로 모든 진동센터들이 그의 소리에 응해 답하였다. 지구 전체가 전율하였고 우주 또한 진동에 맞추어 떨었다. 그렇게 하여 그는 온 세계를 진동하는 악기로 만들었고, 소리는 이 세계의 창조자인 천신을 찬미하는 메시지를 담아 지구라는 악기를 통해 메아리쳐 갔다.

"이것이 당신의 소리입니다. 숙부님."

소툭낭은 타이오와에게 말했다.

"모든 사물은 당신의 소리에 맞추어져 있습니다."

"듣기에 좋구나."

타이오와는 말했다.

그들이 임무를 완성했을 때, 포캉호야는 지축 끝인 북극으로, 팔롱가호야는 남극으로 보내졌다. 여기서 형제는 함께 지구가 온전히 자전할 수 있도록 질서를 유지하라는 명을 받았다. 또한 포캉호야에게 지구가 안정된 형체로 물질화 상태를 유지할 수 있는 권세가 주어졌다. 팔롱가호야에게는 바람이 원만하고 질서있게 움직이게 할 수 있는 권세가 주어졌다. 그리고 그의 울림을 지구의 진동센터들을 통해 때로는 선의 포상으로 때로는 악에 대한 경고로 내보내도록 가르침을 받았다.

"이는 너희들에게 앞으로 다가올 임무란다."

거미여인은 말했다.

그녀는 그리고 나서 나무, 꽃, 풀, 씨앗과 열매를 맺는 식물로부터 지구를 덮어 버릴 모든 식물을 창조하고, 각각에게 삶과 이름을 주었다.

쌍둥이를 창조하던 방법으로 그녀는 온갖 종류의 새와 동물을 창조하였다. 흙으로부터 빚어지고, 백금기로 만들어진 가운을 갈아 입히고, 그들을 위해 노래하였다. 일부는 그녀의 오른쪽에 두고, 일부는 왼쪽에 두고, 또 일부는 앞에, 또 뒤에 두어 그 생명체들이 영위해 갈 지구의 사방세계에 흩어져 살아감을 가르쳤다.

소툭낭은 이 모든 것이 얼마나 아름다운지를 보고 참으로 기뻐했다. 땅, 식물, 새, 짐승 그리고 그들 생명체를 관통해 가는 창조력에 기뻐했다. 그리고 즐겁게 타이오와에게 말했다.

"지금 오셔서 이 세계가 어떤 모습을 하고 있는지 보소서!"

"보기에 좋구나."

타이오와는 말했다.

"이제 사람을 위한 세계가 준비되었노라. 내 계획을 완성할 마지막 손질만이 남았다."

인류의 어머니가 되는 거미여인과 지구 자전운동과 지축을 관장하는 쌍둥이 형제의 신화 알고리듬이 등장하기 시작한다. 미 남서부지역 인디언들에게 가장 중요한 신격인 거미여인은 인류의 창조주일 뿐만 아니라 그녀의 입에서 끊임없이 나오는 거미줄로 시공의 매트릭스(ㅁ28)를 짜는 천상의 직녀이다. 쌍둥이는 이 시공의 운동을 북극과 남극의 자성磁性을 통해 운영하는 상반된 극성을 암시한다. 뒤에 나오는 엔릴 한웅과 예아(엔키) 한웅은 각각 서극과 동극을 띠고 분열과 투쟁을 거듭하게 된다.

(3) 인류창조

그래서 거미여인은 흙을 주워 모았다, 이번에는 사방 색으로 노란색, 붉은색, 하얀색, 그리고 검은색의 흙을 모아 투츠발라(거미여인 입안의 침)에 이겨 넣었다. 형체를 빚고 창조, 지혜 자체인 백금 가운으로 덮었다. 전에도 그랬던 것처럼 그녀는 창조의 노래를 들려주었다. 가운을 치웠을 때, 이들은 소툭낭을 꼭 닮은 사람이 되어 있었다. 그러자 그녀는 자신을 닮은 형상으로 네 명을 더 창조하였다. 그들을 우티Wuti, 또는 처음으로 빚어진 네 남자의 반려자인 여자들이었다.
거미여인이 이 형체들의 덮개를 치우고 그들을 삶으로 인도하였다. 이는 자홍빛 쿼양눕투Qoyangnuptu의 시대(ㅈ4)로, 인류창조의 신비를 처음으로 밝히는 창조의 새벽에서 첫 번째 단계이다.

그들은 곧 깨어나 움직이기 시작했으나 여전히 그들의 이마에는 습기가 촉촉하게 남아 있었고, 그들의 머리에는 부드러운 천개공이 있었다. 이는 노란빛 시캉누콰Sikangnupa의 시대(ㄴ18)로 생명의 숨결이 사람 안으로 들어간 때이며 창조의 새벽 두 번째 단계이다.

태양이 지평선 위로 뜨는 짧은 시간 동안 이마의 습기를 말리고 머리의 천개공인 부드러운 부분을 메워 나갔다. 이는 붉은빛 탈라바Talawva의 시대로 인류가 완전히 견고하게 형성되어 자랑스럽게 천신을 대할 수 있게 된 때이며 창조의 새벽, 세 번째 단계이다.

"저기 태양이 있다(ㅈ6)."

거미여인은 말했다.

"너희들은 처음으로 창조주 아버지[7]를 만나는 것이다. 항상 기억하라. 그리고 인류 창조의 세 단계를 항상 기념하라. 세 성스런 빛인 자홍색, 노란색, 붉은색은 창조의 신비와 생명의 숨결, 그리고 사랑의 따뜻함을 차례로 밝힌다. 이는 인류를 위한 천신의 계획에 포함된 창조의 노래를 너희들에게 들려줌으로서 보다 명백해질 것이다.

노란색, 붉은색, 하얀색, 검은색의 흙을 모아 거미여인의 침으로 이겨 인류를 창조했다는 말은 거미여인 직녀신의 품에서 사색인종이 나왔다는 뜻이다. 청색 대신 붉은색을 넣는 이유는 인디언이 붉은 색을 띤 홍

---

7) 창조주 아버지 : 본문에서는 태양을 창조주라 말하고 있다.

인종이기 때문이다. 마고 여신의 사색인종 신화 모티브를 볼 수 있다.

(4) 창조의 노래

짙은 자홍빛 섬광이 북쪽에서 떠오르고
노란 불빛은 동쪽에서 떠오르네.
그때 이 땅의 꽃인 우리가 나아갔어.
영원한 삶의 기쁨을 받기 위해
우리는 스스로를 나비 처녀라 부른다.
여자도 남자도 동방을 향해 기도 드린다.
우리의 창조주인 태양을 향해 정중하게 예를 드려야만 해.
종소리가 바람 따라 울리며
대지를 가르는 기쁨의 소리가 되었다.
이는 메아리가 되어 대지 구석구석 울려 가리라.
천신에게 예를 다하며 묻습니다.
원만한 태양이신 타이오와, 네 아버지
아름다운 생명을 창조하신 완전체이시여
노란빛으로 저희들에게 보여 주시고
붉은빛 시대에서 완벽한 빛을 저희에게 주시었다.
원만한 태양이신 천신은 완벽한 계획을 짜시고
저희에게 기나긴 삶의 영광을 주셨다.
삶의 행복을 찬미하는 노래를 만들어라.
지복의 길을 걷는 우리는 나비처녀이라네.
태양 아버지를 영접하면서 그의 소원을 받들라.
그 노래는 창조주로부터 기쁨과 함께 메아리쳐 올 것이라네.
그리고 이 땅의 우리는 천신을 향해 그 노래를 되풀이하리라.
노란빛이 나타날 쯤, 환희의 메아리를 반복하고 반복하리라.
그때가 올 때까지 울리고 또 울려 가리라.

이 노래는 호피무당이 해맞이 예식에 쓰이는 종교적인 성가이다. 〈호피 창조성가〉는 우리에게 실전된 한인천제국의 태양예식에서 나왔을 것으로 추측된다. 이를 뒷받침하는 신화 상징체가 마고의 T자형 십자가(ㅁ2 참조)의 변형으로 한인천제국의 태양 알신앙의 상징체인 만卍자상(ㅁ27)

이다. 호피는 한제국의 영역에서 북미로 도래해온 이주민들로서 거미여인 마고신앙(ㄱ6 참조)과 한인 천추성시대의 태양신앙(ㅊ25, 26)을 모두 이어가고 있다. 호피는 불교의 卍자 십자가를 써서 그들의 부족 이동경로를 설명한다. 이 만자와 만자를 뒤집어 놓은 시계방향 만자에 호피 클란들을 배치하고, 이들이 어떻게 해서 베링해협을 건너 이주해 와서 블랙 메사(ㅂ52)에 이르게 됐고, 또 다른 클란(부족)들이 남쪽으로 이주해 내려가게 됐는지를 설명한다. 이는 태양 만卍자상을 통해 풍이족의 남북미 도래(ㅍ14)를 설명함으로서 천부진리의 역사 전개과정을 표현하고 있다.

(5) **평화를 사랑한 호피**

원시세계의 원시선조는 그녀에게 화답을 하지 못하였다. 그들은 말할 수 없었기 때문이다. 거미여인은 소툭낭에게서 능력을 부여받았기 때문에 그를 청하여 어떻게 해야 할지 물어 보았다.

그래서 그녀는 팔롱가호야를 불러 말했다,

"너희 숙부를 부르거라. 우리는 당장 그가 필요하다."

쌍둥이 중 율려성을 담당한 팔롱가호야는 지축을 따라 있는 지구의 진동센타를 통해 그의 울림을 보냈다. 우주 곳곳에 그의 메시지가 울려 퍼져 나갔다.

"소툭낭 숙부시여, 빨리 오셔요. 당신이 필요합니다!"

한순간 만에 위풍당당하게 바람처럼 소툭낭은 그들 앞에 나타났다.

"내가 왔다. 왜 이렇게 급하게 나를 찾았는가?"

거미여인은 그를 영접하며 말하였다,

"당신의 명을 받들어 지구상 처음으로 인류를 창조했습니다. 그들은 완전히 견고하게 형성되었습니다. 피부 색깔이 적절하고, 생명을 부여받았고, 움직일 수도 있습니다. 다만 말을 할 수 없답니다. 의당 가지고 있어야 할 기능이 이들에게는 없습니다. 그래서 당신이 그들에게 말할 수 있는 능력을 주었으면 합니다. 그리고 자손을 생산할 수 있는 기능과 지혜도 주시어 인류가 그들의 삶을 즐길 수 있게 되면 신의 은총에 더욱 감사할 것입니다."

그래서 소톡낭은 인종마다 다른 언어를 주어, 그들이 말할 수 있게 하였다. 그는 또한 자손을 생산할 수 있는 능력과 지혜를 주어 그들이 번성토록 하였다.

그는 인류에게 말했다.

"내가 너희에게 살 수 있는 이 세계와 더불어 행복하게 살 수 있게끔 모든 것을 주었다. 단 이 한 가지를 반드시 지킬 것을 너희에게 명한다. 너희를 있게 한 천신을 항상 공경하라. 늘 지혜롭고, 화목하고, 너희를 창조한 천신의 사랑을 항상 잊지 않는 자가 되어라. 너희가 사는 동안 절대 잊어서는 안되는 덕목이며 이를 잘 키워 나가라."

이로써 원시선조는 각기 자신들이 속한 방향으로 흩어져 가고, 더없는 행복을 누리며 번성해 갔다(《호피서》 인용).

거미여인의 강력한 후원으로 인류는 말하는 기능과 생식기능을 갖게 되었다고 《호피書》는 말한다. 즉 첫 번째 타입의 인류는 이 두 기능이 없었다는 이야기이다. 예와와 님마의 인류창조 설화에서도 보이듯이 생명공학으로 창조되는 첫 번째 타입의 인류는 일종의 복제인간형이다. 물론 이 창조신화를 생물학적 진화론으로 설명해 볼 수 있지만 언어기능과 동시에 생식기능마저도 없는 인류창조는 진화론적 입장에서는 설명할 수 없는 부분이다.

《성경》을 분석해 보면 한제국의 일성일언一聲一言의 공통어가 테라외계인 엔릴 한웅의 간섭에 의하여(바벨탑 신화) 언어가 분열되어 세계로 퍼져 나간다. 호피는 각 인종마다 독특한 언어를 주고 같은 언어 그룹끼리 사방으로 흩어져 나가게 하였다고 했다. 즉 한제국의 붕괴(ㅎ20,

21)와 함께 지방 제후정권의 등장을 유도하였다고 볼 수 있다. 이로서 지구사는 본격적으로 분쟁과 쟁투의 역사로 접어든다. 이를 호피는 3차에 걸친 신의 심판 신화를 통해 설명한다.

5) 호피신화에 나타난 견우와 직녀

이 설화에서 발견되는 콕양우티 여신은 호피, 나바호, 푸에블로 인디언들에게 거미여인으로 불리면서 '인디언 여인들의 베 짜는 기술을 가르친 여신(ㅇ92)'으로 숭배되고 있다. 천문에서 직녀성을 마고의 영역이라고 볼 때 이들의 전통적인 믿음은 마고지나에서 도래했다고 볼 수 있다.

이 설화는 혼돈에서 우주를 창조한 자는 타이오아, 인류는 거미여인, 칠성은 소툭낭으로 창조 삼신체계를 이룬다. 학자들의 견해로는 이 삼신의 역학관계가 왜곡되었을 가능성이 있다고 지적한다. 전통적 모계사회인 호피부족의 특성을 볼 때 혼돈에서 우주를 창조한 장본인 역시 타이오와가 아닌 거미여인이었을 가능성을 지적한다.

이 가설에 의하면 15세기 말부터 나타나기 시작한 스페인계 백인들이 기독교 전도를 하면서 야훼가 무소불능의 남신으로 우주를 창조하였다는 식으로 나오자 호피사제들이 이에 대응하여 태양신인 타이오와를 우주의 창조주로 둔갑시켰다고 한다. 호피부족을 연구해온 학자들의 공통된 견해는 호피신앙의 본질을 이해하기 가장 어려운 장벽은 어떤 호피(주, 호피는 사라진 곰의 일종인 고비의 변음으로 볼 수 있다. 고비는 사라진 한웅-곰이다)사제들도 백인학자들에게 솔직하게 그들 신앙체계를 털어 놓지 않는 불신의 장벽이라고 한다. A라는 사제로부터 들은 이야기를 다른 마을에 가서 B라는 사제에게 들려주면 그런가하는 식으로 나오다 보니 정확히 어떤 내용이 호피신앙을 대표하는지 알 수 없다는 것이다.

어떤 신이 우주를 창조하였는지 불분명하지만 일반적으로 타이오와는 창조신이라기 보다는 태양신으로 추앙되고 있다. 창조 개념을 떠나서 그들의 삶을 이끌어 가는 신격은 인류를 낳아 보살피고, 베 짜는 기술을 전수하여준 고마운 여신인 거미여인으로 호피 뿐만 아니라 나바호 부족, 그리고 다른 푸에블로인들에게도 가장 추앙받는 여신이다. 이들이 직녀성시대에 떨어져 나와 베링해협을 건너온 풍이족의 일파라는 간접적 증거이다.

6) 호피의 기우제인 칠석날 뱀축제

천문을 반영하는 대표적인 예식으로 호피식 칠석제인, 앞서 말한 뱀축제가 있다. 마치 견우와 직녀가 만나는 칠석날에 비가 온다는 믿음이 있듯이 호피인디언의 뱀예식은 뱀교단에서 뽑은 뱀소녀[8]와 사슴교단에서 뽑은 사슴소년[9]을 보름에 걸친 예식과정에서 별과 신의 대행으로 성혼을 시켜 비를 기원하는 예식이다. 2년에 한 번씩 열리는 뱀기우제는 호피 이외의 어떤 인디언부족도 갖고 있지 않는 종교예식이다. 성스런 별들의 성혼을 위한 이 예식은 칠월칠석에 해당하는 8월 11일부터 16일 사이에 시작하여 16일 동안 행해진다. 호피부족이 일 년 동안 주관하는 여러 종교예식과 축제 중에서 가장 복잡한 형태로 호피의 신앙체계에서 가장 신비한 종교적 비의가 담겨져 있는 행사이다.

입에 방울뱀 같은 독사를 물고 춤을 추는 뱀교단 사제(ㅂ17, 18, 19, 20,

8) 뱀소녀 : 뱀소녀는 곰소녀를 웅녀로 바꾸어 쓰듯이 사녀巳女로 바꾸어 쓸 수 있다. 사녀는 풍이족 여자로 볼 수 있다.

9) 사슴소년 : 풍이족의 역사와 관련시켜 보면 풍이족의 일족인 치우천왕이 다스리는 부족이 황제부족과 싸운 탁록을 떠올리지 않을 수 없다. 탁록涿鹿의 록鹿은 사슴을 의미하는 문자이다. 그리고 치우천왕은 치蚩자에서 보듯이 풍이족 사람이었다. 그러므로 사슴소년의 근원을 따지면 탁록에 살았던 풍이족 사람으로 해석이 되는 것이다.

21)들의 모습은 백인들의 눈에는 충격 그 자체였다. 하지만 이들에게 뱀은 형제로 여겨졌다. 뱀은 풍우의 신으로 능히 사막에 비를 가져다 줄 수 있는 초능력을 가지고 있다고 믿었다. 풍이족 혈통신앙인 것이다. 뱀 교단 전체가 참가하는 호피 뱀춤은 예식 마지막날 열린다.

이 신화를 한문자桓文字인 풍이문자로 해석해 보면 놀라운 결론에 도달하게 된다. 뱀교단을 상징하는 문자로 볼 수 있는 문자가 있는데, 치우천왕蚩尤天王(ㅊ34)을 의미하는 치蚩자이다. 치蚩자에서 충虫자는 배달나라倍達那羅의 맹주였던 청구靑邱의 천왕인 치우천왕이 충족虫族 출신임을 나타내는 문자이다. 충족이란 풍이족에서 장자인 사족巳族(巳는 큰 뱀으로 풍이족의 장손이라는 뜻)에서 갈라져 나온 지손支孫이라는 뜻이다. 그러므로 풍이족風夷族이라 할 때 풍風자에 들어있는 충虫(작은 뱀을 의미하는 문자)자가 다수의 풍이족 지손들을 포함하고 있는 문자라는 것을 알 수 있게 된다. 여기에서 이夷는 〈태현경太玄經〉에 따르면 춘분의 기氣에서 태어난 최초의 인종을 의미한다. 이족夷族이 문자에서 태초의 인간으로 추앙받게 된 데엔 그들이 처음부터 떠오르는 해를 바라볼 수 있는 산동반도와 한반도의 서해안 일대가 끼고 있는 황해黃海를 품고 살았기 때문이다.

뱀소녀는 이 고장 출신이다. 이 뱀소녀를 그림으로 그린 것이 고구려 고분 5회분4호묘에 그려진 〈한인항영비상도桓因姮英飛翔圖(ㅎ18)〉에서 항영으로 그려진 인두사신人頭蛇身의 여신상이다. 그의 몸이 사신으로 표현된 이유는 그가 풍이족 출신이기 때문이다.

다음엔 사슴교단의 사슴소년인데 사슴은 풍이문자로 녹鹿자이다. 이 녹자는 풍이족 출신의 치우천왕과 관련이 있는 문자이다. 치우천왕이 황제와 싸워 패배한 곳이 탁록涿鹿인데 탁록을 의미하는 문자로 볼 수 있기 때문이다. 이러한 관점에서 보면 치우천왕을 의미하는 치蚩자에서 산山자는 탁록산을 의미한다고 볼 수 있고, 일一자는 땅밑을 의미하고,

충虫자는 황제와의 싸움에서 패배하여 땅밑에 묻힌 풍이족으로 볼 수 있다.

녹鹿자에는 또 다른 의미가 있다. 배달나라의 문자인 녹도문자鹿圖文字(ㄴ19)이다. 배달나라를 세운 한웅천왕은 마고로부터 인종 아이콘 곰을 계승한 분으로 천왕으로 칭송을 받는 분인데, 그가 신지현덕에게 명령하여 인류 최초의 경문經文인 〈천부경天符經〉을 녹도문자로 기록하게 하였다(제4부 〈그림 7〉 참조).

〈천부경〉은 81개 문자로 기록되어 있는데 고려시대의 기록으로 전해오는 〈천부경〉은 지금의 갑골문자와 같은 문자로 써졌으나 갑골문자에 없는 문자가 들어 있어서 녹도문자가 틀림이 없다는 것을 알 수 있게 한다. 현재의 중국인은 청나라 말기에 산동반도의 은허殷墟에서 갑골문자를 발견하였으므로 갑골문자가 세상에 알려지게 된 때는 100년 전이라 지금으로부터 5,000년 이전에 생겨난 녹도문자가 역사적으로 우선한다고 볼 수 있다. 그리고 갑골문자가 출토된 은허라는 곳이 동이족의 근거지이고, 은나라가 동이족의 나라이므로 갑골문자가 녹도문자의 맥을 이었다고 볼 수 있다.

뱀소녀와 사슴소년의 결혼의식[10]은 바꾸어 말하면 풍이족과 웅족의 결혼식으로 볼 수 있다. 오랜 세월 뱀족과 곰족이 전쟁으로 지내다가 이래선 안되겠다 싶어 두 부족 사이에 젊은 남녀를 뽑아서 화해의 혼례의식을 치렀을 것으로 볼 수 있다. 이때는 철저하게 지켜오던 순수혈통이 전쟁을 통해서 혼혈이 생겨난 데에 기인했을 것으로 생각된다.

우리 〈단군신화〉에서 이를 찾아 볼 수 있다. 〈단군신화〉에 나오는 웅녀는 실은 호피인디언 신화에 나오는 뱀소녀와 같은 소녀이다. 그러나

---

10) 뱀소녀와 사슴소년의 결혼의식 : 〈단군신화〉에서 누락된 부분을 여기에서 보충할 수 있다. 〈단군신화〉에 나오는 곰이 사슴으로 바뀌고, 남자가 여자로, 여자가 남자로 바뀌었을 뿐이다.

실력자인 웅족의 한웅에게 시집가야 하기 때문에 사족에서 웅족으로 신화적 변용을 겪게 된 것이다.

뱀예식 중 하이라이트는 물론 신당을 꾸미는 일이다. 특히 사슴교단은 사슴을 위한 신당을 차리는데 전력을 쏟는다. 사막지대 인디언들 거주지의 특색인 원형 반, 지하 공회당인 키바에 모셔지는 신당은 테벳 승려들의 만달라 탱화처럼 채색된 모래를 이용해 호피 스타일의 만달라Mandala 탱화를 제작한다. 이 탱화를 받쳐주는 카펫 주변은 채색된 옥수수와 같은 곡류들을 채색하여 둘러쳐 놓는다. 옥수수 여신은 수확을 관장하는 여신으로 이 신당에서 가장 큰 비중을 차지한다. 클란 마다 약간씩 다른 신당은 사슴의 머리를 신당 앞 양쪽에 놓아둠으로서 사슴교단의 성스런 제단임을 강조할 때도 있다. 신당 뒤로는 나비처녀(ㄴ4)를 상징하는 돌을 모시고, 앞에는 약그릇과 곡식을 담는 도구들이 배치된다.

신단의 동서남북으로 구름의 형상을 한 풍사, 우사와 뱀의 모습을 한 뇌사를 모시고 문은 동·남·북에 하나씩 놓는다. 사제가 예식 중에 쓸 담뱃잎 주머니와 기도할 때 쓸 가지, 뱀을 다룰 때 쓰는 뱀채찍을 신단 앞에 배열해 놓는다. 다양한 상징물로 장식된 뿔사슴 신단은 사제들 이외 누구에게도 공개하지 않는 성전이다.

〈그림 3〉 사슴교단 신단. 풍요로운 수확을 기원하는 신단임을 알 수 있다.

전체적인 신당의 인상은 남성을 상징하는 뿔 사슴의 신단이라기 보다는 생산과 수확을 기원하는 여신당에 가깝다. 풍운조화를 담당하는 뱀여신을 뿔사슴의 정력으로 기쁘게 해 최대한의 수확을 얻겠다는 의도가 보인다. 땅속에 뿌려질 씨와 단비를 내려줄 신을 모두 여신의 형태로 보는 신관은 그들의 모계 부족사회의 성격을 그대로 반영한다.

남성의 정자를 씨로 볼 때 호피사회에서 그 씨를 주관하는 신격 자체는 여신이다. 남성은 여신이 여신으로 대물림하는데 필요한 연장일 뿐이다. 파종과 수확의 상징인 사슴교 신당은 호피교의 상징체가 집결하는 성전인데 반해 뱀교단 신단은 형식적이고 단순하다. 클란에 따라서 신단 자체가 없다고 하나 이는 백인들 눈밖에 숨겨놓았기 때문이다.

호피부족의 뱀신단은 그들이 풍이족 계열이었음을 보여주는 또 다른 증거이다. 이 신단을 이루는 뱀남신과 뱀여신은 장승으로 천하대장군과 지하여장군의 모습을 꼭 닮았다. 풍운조화를 일으키는 뱀 자체는 여신이지만 미시적인 관점에서 뱀신은 전사의 모습을 한 무신이다.

뱀예식 축제의 파이날을 장식하는 뱀교단의 뱀춤은 이들이 뱀으로 화현한 마고 무사단의 모습이라 할 수 있다. 전사들의 진법에 맞춰 걸어나오는 사제들이 입에 독사를 물고 있는 모습은 그들이 삶과 죽음의 경계를 초월한 용맹한 전사임을 보여주는 것이다. 뱀춤이 고조되면서 물고나온 뱀은 제사장이나 제사장에게서 선택된 사제의 목을 뱀으로 감기도하고 어깨에 두르기도 하여 최대한 많은 뱀을 몸에 이고 뛰어가 뱀성전에다 집어던진다.

신당이 준비되면 4일 동안 뿔사슴 신당 키바에서 성가를 부르면서 정화예식을 갖는다.

그리고 뱀축제 11일째 되는 날 자정을 기해 뱀교단 제사장은 뱀신녀인 소녀를 데려온다. 그녀는 이 신들의 결혼을 위해 모셔진 뱀신단의 두 장승 뱀신 추마나를 대신 하는 역할을 맡는다. 반드시 처녀의 몸으로 뱀신녀 신앙체에 입교가 된 14살쯤의 소녀를 뱀교단에서 뽑아 주술적인 화장을 시켜 보낸다. 그 소녀의 이마, 턱, 그리고 목에 튜마라 불리는 하얀 진흙을 바르고, 나머지 얼굴은 썩힌 옥수수 알갱이를 이겨 만든 니난하라 불리는 검은 색소로 칠한다. 만타라고 불리는 검은 호피 드레스를 입히고 하얗고 붉은 망토와 뱀댄서들의 커틀을 씌운다. 그녀의 머리는 반드시 풀어헤쳐 있어야만 하며 독수리 깃털로 장식한다. 자라와 조개껍질로 만든 목걸이가 그 소녀의 목에 걸쳐진다. 그리고 그 뱀신녀는 조그만 항아리에 옥수수, 멜론, 호박, 콩을 담고 기도할 때 쓰는 막대기를 넣어 예물을 준비한다.

뱀신녀와 그녀를 사슴교단 키바로 인도하는 뱀교단 제사장은 뿔사슴 소년과 사슴교단 제사장을 만나게 된다. 소년은 티포니와 뱀을 가지고 온다. 그 소년의 머리역시 풀어헤쳐 있어야만 되고 백색 예식용 커틀을 쓰고 있다. 옹달샘 근처에서 퍼온 파스카와피라 불리는 회색 진흙으로 온몸을 바르고 턱에서부터 시작하여 온몸을 하얀 진흙 튜마로 지그재그 형태로 발라 사슴처럼 보이게 한다.

〈그림 4〉 뱀교단의 신단. 장승 모습의 뱀여신과 남신을 모신다.

뿔사슴 신단 키바에 들어선 뱀신녀는 남쪽에 앉고 사슴 선남은 북쪽에 앉는다.[11] 화로와 신단 사이에 유카 뿌리를 짜서 만든 약

11) 뱀신녀는 남쪽에 앉고 사슴 선남은 북쪽에 앉는다 : 여자는 이방離方에 앉고 남자는 감방坎方에 앉는 우리 풍습과 같은 풍습을 가지고 있음을 알 수 있다.

물이 들어있는 항아리를 두고 호피가 재배하는 곡류의 씨앗들을 넣은 조그만 광주리 역시 신단 주변에 배치한다.

두 제사장은 그 광주리와 항아리를 신녀와 선남에게 가져다 주고 성혼식이 시작되었음을 선언한다. 뱀교 제사장은 우유빛의 끈적끈적한 유카 수액으로 뱀신녀의 머리를 씻겨 준다.

사슴교 제사장은 같은 수액으로 사슴 선남의 머리를 닦아준다. 그리고 나서 제사장들은 자리를 바꾸어 신녀와 선남의 머리를 씻겨 주고 머리를 따준다. 이는 신명 간의 결합을 상징한다. 이제 부부가 된 이들은 신단 북쪽에 가서 걸터 앉는다. 이때 뱀신녀는 사슴교단에서 가져온 씨앗 광주리에 걸터 앉게 된다. 이 씨앗들은 뱀신녀에게 상징적으로 잉태되어서 하늘을 나는 새들과 땅짐승과 사람들을 먹여 살릴 소중한 식량이 된다. 자정까지 성혼식이 진행되고 자정을 기해서 모두들 성가를 부르며 성혼식이 가져다 줄 신들의 합방을 찬양한다. 오리온좌의 삼태성이 서쪽하늘로 기울 때까지 이 예식은 계속된다. 예식이 성공하기 위해선 신녀와 선남이 잠에 들지 않아야만 한다. 성혼식을 마친 신녀는 대모가, 선남은 대부가 그들의 집으로 인도해 주고 식을 마친다.

이 상징적인 성혼식은 기우제라는 실용적인 목적과 함께 직녀성시대 이후 가장 보존이 잘된 마고신앙의 상생과 화합의 예식임은 틀림없다. 신통한 것은 이들의 성혼식이 올리는 날짜가 대략 음력으로 칠월 칠일 쯤이라는 점이다. 이들 사제가 어떻게 날짜를 잡아 성혼식을 드리는 지에 대해선 안타깝게도 알려진 바가 없다. 백년 전에 나온 보고서에도 많은 원로 제사장들이 백인과의 접촉에 의한 질병으로 사망하여 뱀축제의 비의가 상실되어 감을 걱정할 정도였다. 현재 호피부족이 드리는 뱀축제에 대해선 알려진 바가 없다.

필자는 한국의 칠석제에서도 무교 예식의 일환으로 마고 신녀와 견우선관의 성혼식을 올려 봄이 어떨까 생각해 본다.

7) 뱀 목욕 예식

뱀축제 중에서 백인들의 눈에 가장 기이하게 보이는 예식을 들자면 아마도 뱀을 목욕시키는 예식일 것이다. 탐험가 파월의 보고서에서만 발견되는 이 비밀 예식은 9일 간에 걸친 뱀댄스의 마지막 날 정오에 거행된다고 한다. 그동안 예식에 맞춰 잡아온 뱀들을 4개의 물동이에 담아 뱀교단 키바에 가져오면서 시작하는 이 예식은 웬만한 담력없이 하기 힘든 일 가운데 하나이다.

파월 보고서에 의하면 키바 바닥에 고운 모래를 깔아 제단을 만들어 놓고 뱀교단 사제 모두가 벌고벗은 상태에서 둘러앉는다. 이들은 온몸에 붉은 페인트를 칠하고 머리에 붉은색 깃털을 꽂은 채 모래 제단을 빈틈없이 둘러싼다. 이 모래제단 위에 호피의 신령스런 방향수인 여섯 방향을 잡고, 그 가운데에 큰 세숫대야만한 항아리를 놓는다. 물동이를 이고와서 이 항아리에 여섯 번에 걸쳐 여섯 방향을 돌면서 물동이에 든 물을 쏟아 붓는다. 이렇게 해서 큰 대야의 3분의 2쯤 물을 채우고 약초를 띄우면서 뱀을 목욕시킬 준비를 끝낸다.

예식은 가운데 좌정한 마을추장부터 담배를 피기 시작하면서 시작하고, 순서대로 돌아가면서 담배를 이어 피는 예식을 드린다. 인디언들의 흡연예식은 신령을 초대할 때 쓰는 초신제의 성격을 띤다. 담배의 신성함과 인디언 파이프의 주술적 의미는 부족을 초월한 보편적인 인디언 무교의 신물에 해당한다. 이 흡연 예식이 끝날 때쯤 뱀교단 제사장은 기도주문을 외우기 시작한다. 이때부터 사제들은 뱀채찍을 꺼내들고 노래를 부르면서 한 번에 서너 마리씩 뱀을 주머니에서 꺼내 모래 제단 항아리 물에 넣어 목욕을 시킨다. 그리고 모래 위에 놓고 말린다. 산 뱀이 가만히 누워 있을 리 없으니 모래제단을 빠져나와 나체로 앉아 있는 사제들의 몸으로 기어올라 가기도 하고 사람 사이로 빠져 나가기도 한다. 이때 그 누구도 큰 소리로 말해서도 안되고 몸을 함부로 움직여서도 안된다. 사람 뒤로 빠져 나간 뱀은 뒤에서 지키고 있는 사제들에게 다시 붙들려 모래 제단으로 돌려보내진다.

뱀교단에 받아들이기 위해서는 반드시 통과해야만 하는 예식이 바로 이 뱀 키바의 목욕의식이다. 여기서 뱀의 독기에 눌린 자는 결코 뱀교단 사제가 될 수 없을 뿐만 아니라 죽음을 초월한 전사가 될 수 없음은 말할 나위도 없다. 뱀교단 비의는 뱀숭배에 있다기보다는 뱀에너지를 통해서 주술의 세계에 입문하려는 의도가 더 강하다. 뱀채찍을 휘둘러 어떤 경우에도 뱀들이 똬리를 틀 수 없게 하는 이유가 그것이다. 똬리를 튼 뱀은 뱀의 방어적인 모습이고, 또한 공격을 위해 독을 품는 순간이기도 하다.

〈그림 5〉 트랜스 상태에 들어간 뱀교단 사제들이 입에 뱀을 물고 춤을 추고 있다.

뱀사제가 원하는 것은 이들이 똬리를 풀고 그 에너지를 뱀사제에게 충전시켜 초월적인 세계로 인도하기를 원하는 것이다. 뱀에 대한 인간의 원초적 공포심을 이기기 위해선 뱀들이 직접 사제들의 몸과 맞닿아 공포의 실체를 경험케 해야만 한다. 이 접촉에서 사제들 뇌속의 뇌파가 급격히 변하면서 송과선에서 기적의 화학물이라 불리는 DMT(dimethyltryptamine)가 대량으로 쏟아져 나온다. 그 순간 뱀을 통한 샤먼이 탄생하는 것이다.

뱀교단 비의는 쿤달리니라는 척추 하단에 머무른 뱀에너지가 똬리

〈그림 6〉 현존하는 몇몇 안되는 뱀춤 사진이다. 전통을 이어오던 사제들이 세상을 떠나면서 뱀예식은 상당부분 실전되었고 상당기간 동안 부족행사에서 실종돼 버렸다고 한다.

를 틀고 자고 있다가 특정한 자극에 의해 잠에서 깨어나 뇌에 있는 차크라를 향해 수직 상승한다는 쿤달리니 요가 행법과 이론적으로 다를 바 없다(제5부 〈그림 38〉 참조). 현재 미국 비밀정부에서 하는 여러가지 심령실험 중에서 DMT를 영매에게 대량으로 투입해 포탈을 열어 외계인과 접촉하는 프로젝트가 있다. 재미있는 것은 어떤 실험 대상을 쓰더라도 포탈 속에 제일 먼저 나타나는 외계인은 사형인간이라는 점이다.

뱀 목욕 예식을 통해 사제들은 공포심이 마비된 트랜스상태로 들어가게 된다. 이때부터 본격적인 뱀축제의 피날레가 시작된다. 하나같이 독사를 입에 물고 뱀제단 키바밖으로 나오는 이들의 모습은 이 시대에서 찾아 볼 수 없는 가장 충격적인 원시신앙의 모습이다. 뱀을 휘감고 온몸에 붉은 칠을 한 뱀사제들은 사실상 몇 천년을 거슬러 올라가야만 볼 수 있는 풍이족의 무시무시한 전사들의 모습일 것이다. 전설적인 치우의 도깨비 부대가 아리조나 사막 한가운데서 재현된 것이다.

8) 호피의 마소신과 해혹복본

앞서 말한 '마소는 우리가 살고 있는 네 번째 세계를 주관하는 신'이다. 그의 인도로 호피는 오래비 마을에 자리잡고 땅을 일구고 사는 농경사회로 탈바꿈하였다고 한다. 마소가 보낸 세 명의 예언자는 구체적으로 그들이 콜로라도강을 넘어서는 절대로 살 수 없다고 경고했다. 불모의 사막지대 너머 비옥한 토지를 탐내지 말라는 마소의 경고였다. 마소는 그 이유를 다음과 같이 설명했다.

"이 사막에서 살므로서 너희들은 오직 기도와 제사를 통해서만이 신의 위대한 힘을 일으켜 비를 얻어 낼 수 있을 것이다. 그럼으로써 너희들은 창조주의 위대한 힘을 믿고 따르게 되고 그 전통을 자손 대대로 선수할 것이니라. 이미 세 번이나 너희들이 '그 전통을 잃어 버려 세상의 멸망이 왔음(ㄱ41)'을 잊지 말라."

'호피 전통예식은 모두가 이런 이유로 기우제(ㅎ33)'라고 봐도 다름없다. 그러므로 사막에 풍운조화를 일으켜 비를 오게 하는 무교 예식들이야 말로 신이 살아있다는 증거였다. 이들이 이런 고난 속에서 천년이 넘도록 오래비 마을을 지키고 산 이유는 '지구 정화의 날, 즉 제4차 심판의 날(ㅈ22)'을 대비하기 위한 것이었다. 지구상에서 유태인을 제외한 모든 종족 가운데 이들만큼 심판의 날을 기다리고 대비하는 종족은 없다. 이 또한 다른 북미 인디언부족에게는 보이지 않는 호피인디언 특유의 신앙관이다.

마소는 친절하게도 지구 '정화의 날을 대비할 수 있는 징표(ㅈ13)'가 무엇인지를 가르쳐 주었다. 호피원로들은 이를 바위에 새겨 놓아 자손들이 이 징표를 잊지 않게 하였다. 이번 심판만큼은 절대 실패하지 않겠다는 굳은 결의가 호피유전자에 깊숙이 들어 있다.

마소가 가르친 징표 중에 호피부족이 가장 중요시 여기는 부분은 파하나, 또는 '바하나 선지자의 출현(ㅂ3)'이다. 호피인들은 이 선지자를 잃어버린 백인형제라 부른다. 동시에 그의 상징체를 날개가 달린 뱀으로 묘사한다. 그가 다시 돌아옴으로서 불의로 꽉 찬 물질만능시대가 풍비박산이 나고 상생의 문을 열어 다섯 번째 세계로 그들을 인도할 것이라 믿는 것이다. 얼핏 듣기에 마치 재림예수를 기다리는 기독교인들을 보는 듯한 느낌이 들 정도로 호피인들은 파하나의 등장을 천년 세월이나 기다리고 있다. 그가 동방에서 온다는 계시에 의해 그들은 망자의 머리를 동쪽으로 두고 장사지낸다. 호피부족은 배화 클란이 가지고 있다는 전설적인 호피보석의 떨어져 나간 부분을 들고 붉은 옷을 입고 온다는 것이다.

〈그림 7〉 도깨비를 연상시키는 호피 카치나 정령 신앙은 수백 개가 넘는 독특한 탈 제작으로 나타난다. 이 카치나 탈을 쓰고 춤을 추는 무교예식은 호피 신앙의 특징이다.

이런 계시를 배경으로 이들이 엘도라도 금광을 찾아 올라온 스페인계 백인들을 처음 보았을 때 그들이 얼마나 놀랬을 지를 상상해 보시라! 각종 보석으로 치장한 십자가와 붉은 옷에 붉은 수염의 백인들이 난생 처음 본 말을 타고 와 금붙이를 보이면서 금광을 보여 달라고 하였을 때 호피사제와 추장은 아마도 충격에 의해 심장마비 직전까지 갔을 것이다. 하지만, 지혜로운 호피인들은 남미의 잉카인들과 달리 이들의 진면목이 과연 무엇인지를 바로 간파하였다.

타토마 마을에서 호피 클란 추장들이 다 같이 모여 백인들을 만났다. 이는 오래전부터 내려오는 계시에 따른 것이다. 신성한 음식(옥수수 가루)으로 4개의 줄을 땅에 그었다. 그리고 클란을 대표하는 곰추장이 그 선을 밟고 손바닥을 위로 한 채 백인 캡틴에게 손을 내밀었다. 만일 그가 진실로 바하나라면, 그는 반드시 손바닥을 아래로 하고 손을 내밀어 곰추장의 손을 잡고 악수하는 낙-와크를 하여야만 한다는 것을 추장들은 알고 있었다. 이 비밀스런 악수는 고대로부터 내려오는 형제애의 상징이었다. 하지만 그 백인은 마소의 계시와는 달리 곰추장이 내민 손을 뭔가 내놓으라고 하는 요구의 손길로 오해하고 부하들을 시켜서 선물거리를 찾아 그의 손에 쥐어주게 하였다.

이를 본 추장들은 비록 외모가 파하나와 비슷하지만 그들이 기다리고 있던 잃어버린 백인 형제가 아님을 알아챘다. 그럼에도 불구하고 그들을 오래비 마을로 인도한 후 방과 음식을 제공하고 파하나의 의미를 그들에게 설명했다. 이해할 수도 없고 이해하고 싶지도 않은 이야기를 뒤로 하고 그들은 서둘러 떠났다. 오래비에는 금이 없었기 때문이다. 백인이 파하나가 아닌 좀도둑에 가까운 인간들이라는 것을 안 호피는 그 뒤에도 결사적으로 대항하여 그들을 몰아내고 200년이 넘도록 다른 백인과 별다른 접촉없이 평화롭게 살 수 있었다.

백인을 시험한 추장이 곰 클란에서 나온 이유는 호피를 대표하는 세 클란 중에서도 가장 큰 클란이기 때문이었다. '곰, 뱀, 그리고 인디언 전통악기인 플루트가 호피의 삼대 클란(ㅋ24)이다. 플루트Flute 축제(ㅍ16)는 홀수 해, 뱀 축제(ㅂ21)를 짝수 해에 번갈아 가면서하는 이유를 백인들은 알지 못했다. 직녀성시대의 마고신앙 원형을 유지하는 호피의 입장에서 두 축제는 근본적으로 같은 것이다. 어쨌든 이들 클란 추장의 기지가 아니었으면 호피의 전통문화는 그 순간 막을 내렸을지도 모른다. 잉카제국을 순식간에 무너트린 백인들의 만행을 피해 간 것은 마소의 계시대로 불모의 땅에서 농경사회를 이룬 영적인 호피의 삶속에서 백인들이 물질적으로 착취해 갈 것이 없는 '보잘 것 없는' 인디언 마을이었기 때문이다. 호피는 서부 대평원과 사막부족 가운데 백인들이 가져온 대재난을 피해 간 유일한 부족이다.

2. 남아메리카의 마고선파 아즈텍

1) 녹색 날개를 단 뱀 케찰코아틀Quetzalcoatl

남미인들은 호피와 사정이 달랐다. 호피와 마찬가지로 남미인들은 아즈텍Aztec 문명(ㅇ9) 때부터 내려오는 붉은 수염에 십자가가 그려진 옷을 입은 백인이 언젠가 나타날 것이라는 예언이 있었다. 호피와 다른 점은 아즈텍 제국의 왕실과 사제들에게 이 예언은 결코 반가운 소식이 아니라는 점이다. 그 내막을 알기 위해서는 '날개 달린 뱀', 케찰코아틀(ㅋ10, 11, 12, 13, 14, 15)을 연구해 보아야만 한다.

케찰코아틀은 남미 고대문명에서 가장 중요한 신격이다. '녹색 날개를 단 뱀(ㄴ20)'으로 아이콘화되어 있는 케찰코아틀은 남미 원주민들에게 구세주와 같은 신이다. 남미 사람들에게 케찰코아틀은 그 신화적 모습이 성경에서 묘사된 예수의 삶과 유사한 것이 사실이다. 그가 성령으로 잉태했다는 전설은 무시하더라도 분명한 것은 그가 평생 비폭력주의를 설파하다 십자가 배화 예식을 통해 스스로 목숨을 버린 아즈텍 제국의 실제 인물이라는 점이다.

호피가 검은 언덕(Black Mesa) 사막(ㄱ12), 오래비 마을(ㅇ44)에 정착하는 바로 그 시기인 서기 947년에 태어난 것으로 추정되는 케찰코아틀은 10세기의 사제왕(Shaman King)(ㅋ13)이었다. 이런 시간적 근접성 때문에 일부 학자들은 케찰코아틀 사제들이 어떤 식으로든 호피 뱀교단과 연관됐을 것이라는 설을 제기해 왔다. 즉 호피의 바하나(주, 호피의 선종仙宗-남방선파로 볼 수 있다)는 다름아닌 아즈텍의 케찰코아틀이라는 것이다.

역사적 인물로서 케찰코아틀의 아버지 믹스코틀은 톨텍왕국의 국왕이었다. 그는 질투심 많은 동생 이휴잇의 암수(속임수)에 걸려 비극적으로 살해되었다 한다. 그의 왕비 치말라는 시숙의 손길을 피해 테포즈탈란으로 도망을 갈 수 밖에 없었다. 그곳에서 그녀는 '청녹색의 옥조각을 먹고 기적적으로 수태하게 된다(ㅊ28)'. 긴 산통 끝에 그를 낳고 사망하였다.

케찰코아틀은 조부모의 손에 의해 조치칼코에 있는 종교학교로 보내졌다. 이 학교에서 그의 범상치 않은 지혜와 자비심에 감동받은 교수들은 그에게 케찰코아틀이라는 이름을 수여하였다. 케찰코아틀은 날개달린 뱀이라는 아이콘으로 오직 성자나 현자로서의 품위와 인격을 갖춘 자에게만 주어지는 샤먼으로서는 최고의 타이틀이었다. 다시 툴루에 있는 왕실로 돌아온 케찰코아틀은 남아있는 아버지 유골을 찾아 장례를 치름으로서 자신이 물려 받았어야 할 정당한 권력을 앗아간 숙부에게 도전하였다. 그는 불꽃제사의 부활을 통해서 민심을 잃은지 오래된 숙부를 몰아내고 아버지의 왕국을 되찾는데 성공하였다.

케찰코아틀은 현명하고 매우 진보적인 왕으로서 그의 역량을 유감없이 발휘했다. 샤먼으로서의 종교예식에 대한 열정과 예술을 왕국통치의 중요한 수단으로 여겼던 그의 통치철학을 바탕으로 한 종교예술 발전에 심혈을 기울였다. 그는 오갈 데 없는 장님과 벙어리 장인들을 불러 모아 그의 왕국에서 일하게끔 하였다. 노노알코스(ㄴ17)라 불리던 이들은 전대 문명인 테오티후아칸(ㅌ14)에서 가장 숙련된 장인들의 후예들이었다. 케찰코아틀은 이들을 동원하여 자신의 왕국을 '종교와 국왕의 권위를 상징하는 뱀 조상이 새겨진 기둥'(주, 유럽에는 타민족과 타국을 정복한 상징물로 뱀으로 감은 청동기둥을 만들어 세웠다)으로 형상화하였고, 또한 풍이족 전사들의 조상을 왕국 곳곳에 세웠다.

그의 가장 큰 공적은 왜곡된 종교의식을 바로잡는 작업이었다. 왕권과 사제들의 권력의 획득 및 유지 수단으로 변질된 종교예식은 인간의 존엄성을 짓밟고 고문과 참혹한 살인을 자행하며 광기만이 남은 피의 축제를 벌였다. 샤먼이자 국왕인 케찰코아틀은 제사에 받쳐지던 인간 공양을 그의 왕국에서 추방하고 진정한 신앙은 살인이 아닌 비폭력 상생대도만이 창조주의 섭리에 어긋나지 않고 사는 길이라 가르쳤다. 그가 허락하는 제물은 나비, 옥, 꽃들로 피맛을 안 사제들 눈에 하찮아 보이는 것들이었다.

더 이상 사람을 제사에 공양할 수 없게 된 사제들은 비밀리에 그를 제거하기 위하여 악령예식을 드렸다. 이 예식을 통해서 태고적부터 존재하던 대마왕 테즈카틀리포카(ㅌ15, 16)를 불러들였다. 그를 통해 케찰코아틀을 함정에 빠트리려는 음모가 진행되었다.

2) 케찰코아틀의 파계

여기서부터 전설과 역사적 사실이 혼재한 케찰코아틀의 영적인 추락과 정화를 위한 희생의 영웅적인 이야기가 탄생한다. 이 대목은 여동생과의 간통으로 모럴을 상실한 아서왕이 성배를 찾아서 죄를 씻고 구원을 받는다는 성배신화와 흡사한 면이 많다.

책략을 꾸민 테즈카틀리포카는 악마들을 수행한 채 케찰코아틀의 신전으로 살금살금 기어 들어갔다. 그들의 손에는 악마의 비밀무기인 거울(ㅇ11)이 쥐어져 있었다. 그에게 친근한 척하면서 접근한 그들은 케찰코아틀의 몸을 붉은색으로 칠하고 깃털과 마스크로 변장시켰다. 거울에 비춰진 케찰코아틀은 전혀 다른 사람이었다. 악마의 얼굴로 비춰진 거울 속의 모습에 그는 악령의 마법에 빠져 들게 되었다. 그들은 그런 그에게 맛있는 음식을 주면서 꿀과 용설란으로 빚어진 술을 권하였다. 이 술에 취한 케찰코아틀에게 왕국에서 가장 아름다운 무희(또는 여동생이라는 설도 있다)를 들여 그와 잠자리를 같이 하게 하였다. 그 다음날 아침, 숙취에서 깬 케찰코아틀은 그가 사제장으로서 지켜야 하는 금욕계를 범한 사실을 알고 절망에 빠지게 되었다.

격심한 후회와 자책 속에 그는 왕국을 버리고 20년 동안 방랑생활을 하였다. 행자로서의 케찰코아틀은 사제 왕의 권위를 뒤로 하고 왕실과도 인연을 끊었다.

케찰코아틀의 이후 행적에 몇 가지 설이 있다. 가장 유력한 설은 그가 마야문명의 요람인 유카탄 반도(ㅇ82)로 갔다는 설이다. 실제로 마야문명권에서 쿠쿨칸(주, 멕시코문명권에서 케찰코아틀을 마야문명권에서는 쿠쿨칸이라 하였다)으로 알려진 그를 모시는 십자가 사원(Temple of Cross)(ㅅ80)이 있었다. 톨텍 왕실을 떠난지 30년 뒤 그를 따르는 제자들을 뒤로 하고 유카탄에서 자신이 스스로 십자배화 예식으로 육신을 화장하였다(ㅇ82 참조). 마야인들은 케찰코아틀이 영적정화를 위한 이 마지막 예식을 통해서 금성으로 화하였다(ㄱ46)고 믿었다.

이런 역사적 사실과 관계없이 톨텍인들은 그가 걸프해안에서 뱀이 뭉쳐 만들어진 배(주, 풍이족의 배라는 뜻)를 타고 바다를 건너 떠났다고 믿었다. 그리고 언젠가는 그가 다시 돌아올 것이라 생각하였다. 그를 권좌에서 밀어낸 톨텍 왕실과 사제들은 그가 복수의 화신으로 돌아와 그들을 응징할 것이라고 믿었다. 이 믿음이 톨텍의 뒤를 잇는 아즈텍제국의 왕실과 사제들에게 고스란히 전해졌다. 제국의 영역이 넓어질수록 더 많은 산사람의 피와 심장이 태양신을 기쁘게 한다는 명목으로 바쳐졌다(아즈텍문명의 특징인 태양숭배와 인신공희人身供犧). 제국의 영역을 넓힐수록 그들이 주변 부족들에게 가져다 준 참혹한 재앙은 깊은 원한으로 남게 되었다. 아즈텍은 억압과 끝없는 종속을 요구하는 흡혈귀들의 제국이었다. 죽은 케찰코아틀은 신화적 아리안 인종(ㅇ3, 4, 5, 6)인 창조신화의 백인 케찰코아틀(백인은 동방선파 치우천왕의 한 분파가 구라파로 가서 정착하여 서방선파로 토착화한 치우천왕 후예의 사제로 볼 수 있다)의 이미지와 혼합되어 아즈텍을 징벌할 정의의 신 케찰코아틀(주, 케찰코아틀이 무교적巫敎的인 군신軍神이 되었음을 볼 수 있다) 백인 형제가 그들을 구원하러 올 것이라 믿었다. 대마왕 테즈카틀리포카가 우주의 악으로 검은 색을 상징했다면, 선신 케찰코아틀은 그와 평형점을 이루는 선의 화신으로 하얀색을 상징했다.

3) 돌아온 케찰코아틀

남미 역사의 가장 큰 이변으로 한 줌도 안되는 스페인 기사들이 어떻게 해서 잉카와 아즈텍제국을 단숨에 무너뜨릴 수 있었는지를 설명하기 위해서는 이런 상반된 계층 간의 심리를 반드시 집고 넘어 가야만 한다. 붉은 십자가를 새긴 복장(ㅂ50)에 붉은 구레나룻 수염을 한 백인들이 제국에 발을 들여놓는 그 순간, 언제 붙들려가 산 제물로 바쳐질 줄 모르고 살아야만 하던 수많은 부족민들은 그들이야말로 아즈텍을 무너뜨려 줄 복수의 화신 케찰코아틀의 도깨비 부대(ㅋ12)였을 것이다. 그들의 도움으로 단숨에 아즈텍 왕국에까지 도달한 이들의 모습을 보고 전의戰意를 상실한 아즈텍의 왕은 자기가 사는 궁전으로 마지못해 초대한 백인들에게 오히려 포로가 되는 웃지 못할 코미디를 연출하고야 만다. 변변히 싸워 볼 생각조차 없이 허망하게 무너진 아즈텍제국은 허약한 인간들의 권력 과시용으로 무교를 타락시키고 무모한 살생의 업을 쌓다가 케찰코아틀의 복수라는 자기 암시에 빠져 자멸하고 만 것이다. 역사의 묘한 아이러니 속에 산사람의 심장을 파내 신들에게 바치는 남미 특유의 제사법은 백인들의 등장과 함께 영원히 사라지게 된다.

이런 역사적 배경 속에 탄생한 케찰코아틀, 이 순간에도 날개 달린 뱀의 신화는 어떤 한 면만으로는 설명이 안 되는 실재이자 허구이며, 남미 풍이족의 신화이자 지금 살아 움직이는 역사이다. 숙부와의 대립 속에서 햄릿과 같은 기로에 선 케찰코아틀은 비극적인 한 인간의 드라마를 원시 무교예식인 마고 직녀성시대의 십자배화 예식(ㅁ21)을 부활함으로서 구세주로 재탄생(칠성굿 무가에는 칠성님이 구세주로 다시 오시겠다고 한 사설이 있다)하게 된다. 그는 솔로몬과 같은 지혜와 신앙으로 왕국에 영화를 가져오고 부처님과 같은 자비심으로 생명의 존귀함을 무교사제들에게 가르쳤다. 악마를 따르는 사제들의 간계로 영웅의 자리에서 지옥끝으로 떨어졌던 케찰코아틀의 기나긴 구원의 역사는 성배를 찾아가는 아서왕의 모습이기도 하다. 그는 예수처럼 유카탄 어디엔가의 언덕 위로 십자가를 들고가 스스로를 마고성에 타오르는 어둠의 불에 바쳐 해혹복본의 길을 보였다.

4) 예수와 케찰코아틀

아즈텍 사제들로부터 내려오는 비서에 케찰코아틀의 신비적인 삶의 여정을 구체적으로 묘사한 부분이 나온다. 현재 바티칸이 소장하고 있는 〈코텍스 보르지아Codex Borgia(ㅋ20)〉 29장부터 46장까지에서 케찰코아틀이 신격으로서 인간으로 환생하여 나오는 과정과 그가 십자가를 끌고 올라가서 스스로를 화장하는 십자배화 예식으로 인간으로서의 삶을 끝내는 신비로운 삶을 묘사하고 있다. 예수를 연상시키는 이런 상징성으로 인해 아즈텍이나 마야인들의 후손들이 예수를 돌아온 케찰코아틀로 보는 시각(ㅇ40)이 있었고, 또 그들의 토착종교에 접합한 남미식 기독신앙(Catholicism)으로 종교문화를 개량하는데 큰 배경을 이루어왔다. 남미인들에게 한마디로 케찰코아틀은 해방자(ㅋ15)였다. 해방을 상징하는 케찰코아틀 십자가 천신 코드와 백인들이 모셔온 서방선파의 '날개 달린 뱀' 예수 성자의 십자가 코드는 근본적으로 동일하여 남미 특유의 해방신학이나 민중신학의 초석이 된다. 역사적으로 유럽문명에서 억압의 대명사였던 바티칸의 사제들이 남미에서 해방신학을 논하고 민중의 지팡이 노릇을 하는 모습을 볼 때 토착신앙으로서 케찰코아틀교단의 눈에 보이지 않는 힘을 여전히 느낄 수 있는 것이다. 이들 인디언의 무의식 속에 잠재해 있는 해방과 구원의 성자는 케찰코아틀과 예수 성자가 동일시되는 보편적 구세주 신앙체라 할 수 있다.

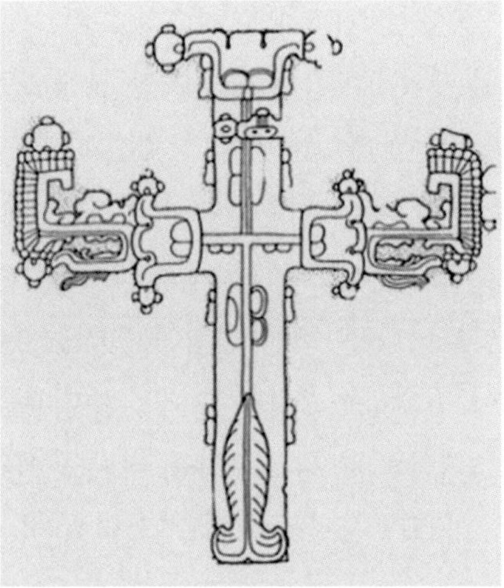
〈그림 8〉 마야 십자가 사원의 십자가상

앞서 말한 마야인들이 케찰코아틀을 모시는 사원을 십자가 사원(Temple of Cross)이라 불러왔고, 전사복장의 케찰코아틀의 모습(ㅈ8)에서도 십자가가 그의 향주머니에 그려져 있는 모습에서 볼 수 있듯이 그와 십자가의 연관성은 남미 고대 문화권에서 보편적으로 받아들여졌던 표상이었다.

마고시대 말에 떨어져 나간 풍이족 계열의 남미인들이 마고 직녀성시대를 상징하는 대표적인 아이콘이었던 십자가를 해혹복본의 길을 보여준 케찰코아틀의 표상으로 받드는 것은 당연한 일이다. 남미풍토에 따른 기질의 변화와 흑표범을 숭배하는 신흥교단(ㅎ54)이 세력을 얻어가면서 사라져 가던 마고전통은 케찰코아틀의 등장으로 되살아나 십자가 사원을 중심으로 부활하였다.

5) 케차코아틀과 아즈텍 창조신화

케찰코아틀은 원래 아즈텍 창조신화의 주인공(주, 인간 케찰코아틀에게 신격을 부여하여 창조신으로 왜곡했다고 볼 수 있다)이었다. 이는 역사적 인물인 케찰코아틀에게 주어진 신격으로서 그에게 주어진 명예스런 신명이었다. 수메르의 인류 창조신화에서 예아와 그의 이복동생 엔릴과의 관계처럼 아즈텍의 인류 창조신화에서도 케찰코아틀은 앞서 나온 대마왕 테즈카틀리포카Tezcatlipoca와 형제관계로 인류에게 선과 악의 신격으로 나타난다. 아즈텍 신화가 말하는 천신 형제의 난은 지구역사를 천신들이 주재하는 2개의 대립된 주기로 파악하는 특징을 보인다. 여기서 아즈텍의 인류 창조설화를 대략 분석해 보았다.

아즈텍 사람들의 우주관 역시 이 세계를 낳아준 여신으로부터 시작한다. 여신 오메테오틀Ometeotl(ㅇ31, 43)은 어둠밖에 없는 진공 속에서 4명의 천신을 낳았다(ㄴ15). 천신들은 어머니의 명을 받들어 거인으로 꽉 찬 세계를 창조하기에 이른다. 테즈카틀리포카는 흑표범 형상의 신으로 악신(ㅌ16)이었다. '그가 스스로 태양이 되어 이 세계를 지배하게 되자(ㄱ37)', '날개 달린 뱀인 케찰코아틀 신은 몽둥이로 그를 내리쳐 바다로 떨어지게 하였다(ㄴ6)'. 그리고 그 자신이 태양이 되어 이 세계를 지배하였다. 이 두 양자는 대낮에 보이는 태양과 밤이면 바다 속으로 잠기는 태양을 상징하는 남미 고대인들 특유의 2개의 태양관(주, 낮에는 청조인 날개 달린 뱀 캐찰코아틀이 지배하는 세계이고, 밤에는 흑표범이 낮의 태양을 밀어내고 나타나서 지배하는 세계이다)에서 나온 신화이다. '태양을 눈에 보이는 밝음의 불과 눈에 보이지 않는 어둠의 불로 이원화하여 각각 밝음과 어둠(ㅌ11)', 선과 악으로 보았던 신관이었다. 이 신관에 따라 케찰코아틀은 예아(ㅇ41)와 같이 인류를 창조하고 번성시키려는 태양의 봄과 여름의 철리哲理를 바탕으로 한 신격으로 그가 지배하는 세계에서 사람을 창조하여 지구를 채워 나갔다. 계절 순환원리에 따라 다시 테즈카틀리포카가 권세를 잡고(ㄱ15), 그의 쌍둥이 형제인 케찰코아틀을 천계의 권좌에서 추방해 버린다. 그리고 '회오리바람을 일으켜 지구를 대청소해 버리고(ㅎ49)' 몇몇 남은 사람들은 원숭이로 퇴화해 버린다.

이후 4명의 천신 중 하나인 트랄록(ㅌ19)이 태양이 되어 지구에 전혀 다른 종의 인류를 창조하여 번성시켰다(주, 2번째 청궁족이 태어났음을 말한다고 볼 수 있다). 하지만 그의 권세를 회복하려고 호시탐탐 노리던 케찰코아틀은 하늘을 뒤덮는 화염의 비를 내리게 하여 트랄록이 창조한 인종을 몰살해 버렸다(ㅋ14). 몇몇 살아남은 생존자는 훗날 새가 되었다. 그때 여신 찰치우틀리큐(ㅇ32)가 처음으로 태양이 되었다(주, 치우천왕도 태양이라 하였다). 하지만 천신들의 전쟁으로 말미암아 어지러웠던 천계(주, 판천과 탁록의 하늘인 자미원에서도 지상에서와 유사한 우주전쟁이 벌어졌을 것으로 볼 수 있다)는 다시 '테즈카틀리포카가 지구상에 대홍수를 일으켜 지구를 물바다로 만들어 버렸다(ㅌ15)' . 소수 생존자는 물고기가 되었다(ㅅ56).

더 이상 인류가 살 수 있는 땅이 보이지 않을 지경에 이르러서, 테즈카틀리포카와 케찰코아틀 간의 분쟁이 끝나게 되었다. 케찰코아틀은 지구를 덮은 물을 들어 올리고 오직 인류의 뼈만이 뒹구는 땅에 내려왔다. 그는 저승을 관장하는 신에게 청하여 죽은 사람들의 뼈를 거두어 갈 수 있었다. 그리고 그 뼈들을 모아 놓고 그 위에 자신의 피를 흘려 뼈들을 적셨다. 뼈들은 다시 숨을 쉬고 움직이는 사람으로 돌아왔다. 그 사람들이 바로 아즈텍이다.

카톨릭 교회에서 예수를 삼위일체론으로 푸는 것처럼, 케찰코아틀은 남미 고대인들의 삼위 신격이었다(ㅋ10 참조). 그가 창조신화에서 직접적으로 인류의 조상을 창조하였다는 면에서 수메르 창조신화의 인류 창조신인 예아 한웅과 같은 위상의 신격이다. 예아는 자신의 몸에서 나온 정액으로 여인의 자궁을 적심으로서 인류의 조상인 태아를 낳게 한다. 케찰코아틀 역시 신들의 전쟁으로 패망한 인류의 뼈를 찾아와 그의 몸에서 나온 피로 적셔서 인류를 재창조해 낸다. 이들이 직접적으로 인류창조에 공헌한 천신이라면 그들을 낳고 이 우주세계를 건설케 한 최고의 신은 그들의 어머니 여신이라는 공통된 배경을 가지고 있다. 인류를 혐오하고 기회만 있으면 멸망시키려는 의도를 숨기지 않는 형제인 천신도 이 신화의 중요한 골격으로 이 형제 신으로 말미암은 대수난이 주기적으로 지구에 찾아와 인류의 멸망을 가져왔다. 이런 유사점을 통해 추론해 볼 때 날개 달린 뱀인 케찰코아틀과 예아 왕자는 같은 신화적 모티브를 가지고 있는 테라 외계인들을 묘사했을 가능성이 아주 높다고 본다.

케찰코아틀은 아즈텍 신화에서 인류를 창조한 천신이다. 케찰코아틀 성자는 한 인간으로서 왕국을 버리고 성자가 된 탁발승이었다. 그에게 내재돼 있던 신성에 일찍 눈을 떠 최상의 인격체가 되었던 그는 일찍이 아즈텍 종교학교에서 케찰코아틀이라는 숭고한 타이틀을 받아 케찰코아틀 성자로 다시 태어나게 되었다. 천신 케찰코아틀과 성자 케찰코아틀은 인류애를 근본으로 하는 신인 일체상이었다. 하지만 한 인간으로서 순간의 유혹을 이기지 못하고 파계한 그는 왕실을 떠나 탁발승으로서의 인생을 보내다가 성화의 불꽃으로 산화하였다. 긴 장작을 십자형태로 사방에 배치한 후 불을 붙이

〈그림 9〉 아이들의 파라다이스라고 불리는 낙원의 나무에서 솟아나는 우유를 먹고 자라나는 아이들의 모습이다. 아즈텍 문명에서 어미 여신은 마야우엘Mayauel이다. 그녀는 400개의 유방을 갖고 있으며 용설란(Maguey)으로 화신한다고 한다. 용설란은 술을 빚고 약으로 쓰이는 요긴한 식물이다. 이 아이들의 낙원에 악신인 테츠카티포카 흑신이 방해를 놓고 있다. 마야우엘에는 마고와 지유의 의미가 있다.

고 부족주민들마다 교대로 돌아가면서 긴 장작을 성화에 바치는 남미 배화의식을 통해 케찰코아틀은 십자 형태의 성화 속에서 산화하면서 불의 세례의식으로 불사조 피닉스처럼 되살아나 영적인 부활에 이르렀다. 그가 원하던 영혼의 정화를 불의 세례를 통해 완성한 구도자의 모습이었다. 여기서 불은 성령으로 그의 영혼 정화의 천신코드이었다. 예수 성자처럼 천부, 성자, 성령의 삼위일체를 이룬 것이다. 단 기독신앙이 말하는 삼위일체론과 다른 점은 기독교 삼위일체가 유일신 야훼와 그의 독생자 예수의 관계 구명을 목적으로 한 배타적 신학론이 아닌데에 있다. 한 개인에게 신격을 부여함으로서 인류 구원 사명을 독점화할 수 있다는 믿음은 마고선파에서 내려오는 부도 천신코드에 모순되는 주장일 뿐이다. 그러므로 구원자인 천신과 구원대상인 인간과의 배타적 선후관계를 전제하지 않는 케찰코아틀의 불예식을 통한 영적 정화는 진정한 부도의 십자가코드라고 말할 수 있다. 그는 마고 십자가의 화신으로 이 세상에 없는 정의를 회복하기 위해 나왔다. 코덱스 보르아스Codex Borgious에서 그는 십자가를 등에 업고 언덕 위로 올라가 자신을 스스로 불의 제단에 바침으로서 영혼의 정화를 통한 정의의 심판을 이룬다. 남미 고대문명에서 '케찰코아틀 신앙의 상징체계가 십자가였다는 사실은(ㅋ11)' 부도 십자가 천신코드가 남방선파에서 보편적으로 쓰였던 상징체계임을 말한다.

〈그림 10〉 마야십자가 사원(Temple of Cross) 신조 마카와 신수神獸.

마고선파의 십자가 표상은 인류가 마고성으로부터 추방된 뒤에 속죄와 정화의 표상이 되었다. 예수, 석가모니, 그리고 케찰코아틀은 자기정화를 통한 영원성의 회복으로 해혹복본하라는 마고 삼신의 명을 받들어 십자가 천신코드로 나온 성자들이다.

15세기 말 마야왕국의 사제이자 예언자이었던 칠람 발람은 다가올 유럽인들의 출현과 그로 인한 대재앙, 그리고 십자가도의 원형을 찾아가게 되는 미래상을 다음과 같이 표현했다.

> "신의 계시가 곧 저 높은 언덕 위에서 나타나리라. 그리고 이 지구의 모든 생명을 깨치게 했던 십자가가 이 세계에 다시 나타나리라. 장차 이 십자가의 계시가 나타나게 되면, 이로 인해 사람들 간에 분열이 있을 것이다. …너희들은 너희들 앞에 나타나게 되는 십자가를 보게 될 것이다. 그리고 지구의 끝에서 끝으로 너희들은 깨어나게 될 것이다. 거짓된 귀신을 숭배하는 일은 사라지게 된다. 신의 징표를 가져올 동방의 야만인들을 맞이하게 될 것이다. 하지만, 오직 신만이 부드러움과 강함으로 너희들에게 다가올 터이니 그 세계를 두려워하지 말라. 네가 우리를 창조한 유일한 신임을 잊지 말라. 네가 친절하고 자비스러운 신임을 잊지 말라. 우리는 너의 징표(십자가)를 높게 찬양할 것이다. 그것을 숭배하고 받듦을 찬양할 것이다. 이 세계의 첫 번째 나무를 부정하는 거짓말로부터 우리는 십자가를 숭배할 것이다.…"

남방선파의 십자가 신앙(ㄴ9)은 풍이족 마고신앙을 이해할 수 있는 열쇠이다. 남미의 대성인 케찰코아틀이 나오기 훨씬 전부터 십자가는 이들 신앙체계의 한 부분을 차지해 왔다. 이는 예수가 십자가의 상징체로 굳어지기 훨씬 전부터 이집트, 켈틱, 메소포타미아 문명처럼 아프리카, 중동, 유럽의 고대문명에 이미 전승되어 오던 신화 아이콘이었던 것과 연관된다. 남미와 유럽, 아프리카 구대륙과의 교류가 있기 훨씬 전부터 신대륙과 구대륙의 십자 신앙체계를 볼 수 있다는 것은 그 신앙의 원류가 마고 직녀성시대로 거슬러 올라가 인류 최초의 종교문화의 요람인 마고지나에 뿌리가 있기 때문이다.

6) 마야 십자가 사원 부도

남미 고대문명이 남긴 수많은 유적 가운데도 마야의 십자가 사원만큼 신비한 사원은 드물다. 케찰코아틀의 마야 이름인 쿠쿨칸(날개 달린 뱀)은 십자가 알고리듬과 엮여 십자가 정신의 대속을 위한 성자로 섬겨졌다. 호피의 파하나 백인 형제와 마찬가지로 백인의 모습으로 다시 올 이 성자를 위해서 그들 신앙을 십자가 사원과 케찰코아틀 사원을 중심으로 펼쳐왔다. 여기서 발견되는 문양 양식과 코덱스의 삽화는 마고 직녀성 시대의 진리체계를 변함없이 보여주고 있다. 여기에 소개된 십자가 사원의 벽화는 뱀, 새, 십자가 나무로 나타난 신화적 아이콘을 통해서 마고 선파 천신코드와의 동질성을 확인할 수 있다.

〈그림 11〉 산신産神인 뱀 마우Maw가 출산을 돕고 있다. 마야의 신앙체계가 마고 선풍을 이어왔다는 증거이다. 마고 아이콘은 북방계에서는 곰이고 남방계에서는 뱀이다.

7) 오작교 백조좌가 상징하는 십자가의 비의

호피 사행 신학과 케찰코아틀과 마야 십자가 사원은 남방선파의 십자가 신앙의 진원지였다. 본래 부도는 천문의 형태를 추상화한 데에 있으므로 남방선파의 십자가 천신코드가 어떻게 고대 천문학에서 표출되는지를 살펴봄으로서 원시 십자가 신앙의 유래를 추적해 볼 필요가 있다.

인류의 시원문명인 마고 신앙체계가 고대 인류의 천문 해독(ㄱ18)을

〈그림 12〉 마야 십자가 사원에서 십자가 제단 밑에 있는 제기용 향 그릇에 새겨져 있는 문양. 십지기 신앙이 원시신앙체계로서 무교에서 나온 신앙체계임을 보여주는 유물이다. 마야의 십자가 사원은 남방 선파의 대표적인 사원이다.

중심으로 전승되어 내려와 신화 형태로 우리의 기억 속에 기억된다. 백인들 눈에 동양판 발렌타인데이로 불리는 칠석제가 대표적인 무의식 속에 전승되어온 마고신앙의 기억이다.

"우리 조상은 500년 조선왕조시대에서부터 나라가 일본에게 멸망할 때까지 오랜 옛날부터 칠월칠석날 부녀자들이 장독대에 제물을 진설하고 견우와 직녀에게 칠석제[12]를 지냈다. 제관은 안방마님이었고, 향관도 모두 여자였다.

제사를 지내기 전에 후원을 정히 쓸고, 황토를 펴고, 배석拜席을 깔고, 정화수井華水 한 동이를 소반에 올려놓고, 새로 수확한 가지, 오이, 호박과 같은 열매를 제물로 바쳤다. 집안에 영감님이 타던 거문고가 있으면, 제상 뒤에 놓아 직녀의 신체로 삼았다(노중평 《견우와 직녀》). 칠석제는 잘 알려진 대로 직녀와 견우의 천문 신화이다. 거문고 자리에 있는 직녀성이 1년에 한 번씩 오작교를 통해 은하수 너머에 있는 견우성과 조

12) 칠석제 : 칠석제는 천제의 아들 견우의 측실側室인 수녀須女가 정실正室인 직녀에게 올리는 제사로 칠월칠석날 하늘과 땅을 잇는 견우의 길고 긴 여행길이 안전한 여행길이 되기를 비는 제사이다. 그러나 유월장마를 그치게 하자는 것이 칠석제를 지내는 목적이다.

우한다는 별들의 이야기이다. 여기서 왜 직녀가 마고인지를 고담 노중평은 이렇게 설명했다.

"삼신산에는 마고가 살고 있다. 마는 베를 짜는 삼을 의미하는 말이고, 고는 시루에 신대를 꽂아놓고 기도하는 여인이라는 뜻이라, 이 또한 여신을 의미한다. 그러므로 마고는 시루에 떡을 쪄놓고 베를 짜면서 기도하는 여신인 것이다.

동양 별자리에서 자미원 울타리에 직녀가 있는데, 서양 별자리에서 이 직녀를 베가라고 한다. 베가는 베를 짜는 집안사람이라는 뜻이다. 그러므로 우리 직녀가 서양으로 건너가서 베가라는 이름으로 굳어졌다고 볼 수 있다."

마고가 직녀가 되는 이유는 호피의 거미여인처럼 그녀가 인류를 창조한 대모이고 더 나아가 인류의 생존을 위한 시공의 매트릭스를 짜는 대마법사이기 때문이다. 거미줄 같이 촘촘이 쳐놓은 시공의 웹은 인류의 잠재의식을 관통하는 무형의 인터넷이다. 우리가 기억상실증에 살망정 마고신앙 체계를 무의식적으로 부정할 수 없는 이유이다.

마고 대성이 천문에서 직녀성이라 할 때 그녀의 배우자로 등장하는 견우성을 이야기하지 않을 수 없다. 이 둘이 인연을 맺게 되는 과정과 칠석제의 동기를 고담 노중평의 글에서 찾아본다.

"마고가 복잡한 과정을 거쳐서 직녀가 되는 이유는 그가 인류의 시조 아만과도 관련이 있기 때문이다. 아만의 남편은 나반이다. 그는 인류의 시조가 된 탓에 조상으로서 후손의 안위에 신경을 쓰지 않으려 해도 쓰지 않을 수 없는 처지에 있다. 칠석제를 지내는 목적은 후손의 안위에 직결되어 있다.

그 시대에 가장 큰 골칫거리는 마고족(이후에 시대의 변천에 따라 구한족, 풍이족, 구려족, 동이족 등으로 달리 불린다)이 뿌리를 내리고 사는 황하를 휩쓰는 홍수였다. 장마가 지면 황하 일대의 농경지가 물에 잠겨 바다처럼 되었다. 황하가 바다가 되지 않게 하려면 장마를 그치게 하는 일 뿐이었다.

인류의 시조 나반은 하나님과 만나서 담판을 짓기로 결심하였다. 담판에 성공만 하면 지루한 장마가 그치고 홍수에서도 벗어날 수 있었다.

그러나 인간인 나반의 신분으로 초월적 존재인 하나님과 직접 담판한다는 것은 쉬운 일이 아니었다. 땅에서 하늘을 오가는 제도적 장치를 필요로 하였고, 그를 배후에서 도울 수 있는 든든한 신학적 배경을 필요로 하였다.

나반을 도울 수 있는 배경으로 등장하는 대상이 하나님의 딸인 직녀였다. 직녀가 뒤에서 돌보아주고 이끌어 주기만 한다면 하나님 앞에 나타나는 일이 불가능한 일이 아니었다.

그러한 이유 때문에 나반은 직녀의 남편이 되었다. 그것은 직녀의 의사와는 아무 상관없는 일이었다. 나반의 일방적인 결정에 의하여 할 수 있는 일이었다. 별에 이름을 정하고 이야기를 붙이는 일을 할 수 있는 존재가 인간 뿐이듯이 하나님의 딸과 혼인을 할 수 있는 존재도 인간이기 때문이다. 인간이 혼례라는 의식을 통하여 신과 인간의 관계를 뛰어넘어 이 일을 성취할 수 있는 것이다. 그래서 가능한 것이다.

우리는 '선녀와 나무꾼'과 같은 설화에서 이를 확인할 수 있다.

칠월칠석날 나반은 천하天河(은하수)를 건너서 하나님을 만난다.

견우는 하나님에게 장마를 그치게 해 달라고 주청을 하러 가는 날, 자기보다 격이 높은 지위에 있는 본부인 직녀도 만나본다. 그녀를 오작교에서 만나므로 오작교상봉의 신화가 생겨났다.

그가 하나님을 만나서 장마를 그치게 해 달라고 주청을 드린다. 장마가 그치므로 주청의 결과는 언제나 성공적이다. 담판이 끝나서 집으로 돌아올 때는 담판의 징표로 소 한 마리를 받아서 이끌고 은하수를 건넌다. 그가 은하수를 건넘으로서 음력 칠월 초승에 장마가 그친다.

그런데 왜 하필이면 나반이 칠월칠석날을 정하여 이 날만 은하수를 건너서 하나님을 찾아가야 하는가?

옛날에는 천기의 순환주기를 1~6월, 7~12월의 둘로 보았다. 첫 주기는 1월에서 6월까지인데, 이때는 천기가 왕성하다. 섣달 아침에 달이 뜨고, 정월 초하루 아침에 해가 뜸으로서 음과 양이 만나게 된다. 이리하여 양기가 서서히 왕성해져 가기 시작한다. 이리하여 왕旺해진 천기는 6월에 가서 극極에 달한다. 이때 하늘의 수문水門이 열리고 거대한 빗줄기가 땅을 향하여 퍼붓는다. 이것이 6월 장마이다.

두 번째 주기는 7~12월인데, 천기가 왕성하지 못하여 폐廢하게 되는 때이다. 칠월칠석 저녁에 달은 동쪽 하늘에 떠 있고, 해는 서쪽 하늘에 떠 있다. 이리하여 양기가 음기로 교체되기 시작한다. 폐한 천기는 7월에 시작하고, 해가 중천에 있을 때 달이 뜨므로 이때 양기가 약해져가는 시작의 시기가 된다. 이날 나반이 천하를 건너서 하나님을 만남으로서 지루한 6월의 장마기운이 사라진다. 칠월칠석은 이렇게 나반을 통하여 장마가 끝났음을 선언하는 날이다(노중평 서재).

호피의 뱀축제와 플룻축제가 사막지대에서 기우제의 성격으로 신의 힘을 차용하려 한다면, 칠석제는 동아시아 농경사회의 젓줄인 몬순을 통제하려는 지우제止雨際(ㅈ25)라는 특성이다. 비를 내리게 할 수 있는 신이 또한 비를 그치게 할 수도 있는 것이다. 나반은 인류를 대표하는 호피의 뿔사슴 총각이고, 그가 끌고 가는 황소에서 상징하듯이 씨를 천신의 자궁에 뿌릴 대샤먼이다. 1년에 단 하루만 허락되는 신과 인간의 결합으로 비를 멈추게 하기도 하고 비를 뿌리게도 하는 마법을 얻는 날이다. 인류의 안위를 위한 이 성스런 결합을 이루기 위해서는 신계와 인간세계를 잇는 포탈이 있어야만 가능하다. 견우가 은하수를 건너가기 위해선 까마귀들이 모여 만들어지는 오작교의 조화가 반드시 필요한 이치이다. 신과 인간을 이어주는 포탈로서 오작교의 실체는 우리가 상식적으로 이해하는 것보다 훨씬 중요한 마고 신앙체계의 비의를 담고 있다.

8) 백조좌, 십자가, 케찰코아틀

무더운 여름날밤 밤하늘을 밝히는 수많은 별 중 유난히 눈에 띠는 별의 삼각형이 있다. 칠석제의 주인공인 직녀성, 견우성, 그리고 오작교의 백조좌(ㅇ49)이다. 직녀성과 백조좌(ㅈ29)의 데네브성은 과거세의 북극성(ㄷ14)이기도 하였다. 백조좌를 북 십자성이라 부르고 원시신앙 체계에서 십자가 형태로 아이콘화하고 숭배받았던 이유는 밤하늘 북방을 향해 비상하는 백조의 모습이 또한 십자가의 모습이기도 하였기 때문이다. 동이족이 마고 신앙체계를 상실해 가면서 잃어버린 북십자성의 신화적 비의는 풍이족 계열의 대이동과 함께 전 세계에 산재된 형태로 계승 발전해 온 것(주, 지구의 세차운동이 역사에 미치는 영향을 기록한 것이다. 지구의 세차운동 속에 지구의 역사가 기록되어 있다)이다. 어쩌면 백조좌 십자성 신앙체계의 원형을 회복해야만 부도의 뜻을 명확히 하고 해혹복본의 도를 찾을 수 있는지 모른다(주, 백조좌 신앙체계의 원형은 칠월칠석날 오작烏鵲이 보여주는 직녀에 대한 변함없는 효이다. 해혹복본의 도 역시 직녀에 대한 후손들의 효로 볼 수 있다).

여기서 앤드류 콜린스Andrew Collins의 역작 《백조좌의 신비》는 마고문명의 십자가 신앙을 이해하는데 귀중한 자료로 고대문명의 십자가상을 구체적인 신화적 배경과 함께 설명하고 있다.

앤드류 콜린스에 의하면 현재 서구에서 백조좌로 불리는 이 성좌가 고대문명에서는 새이자 또한 뱀으로 알려졌다고 한다(주, 뱀은 마고의 자손을 의미한다. 또한 한인천제를 배출한 부족의 인종 아이콘을 의미한다. 새는 풍이족의 인종 아이콘인 뱀에서 분화해 나간 인종 아이콘 새이다. 이 원칙을 표현한 말은 사화이조巳化而鳥이다). 케찰코아틀이 날개 달린 뱀이자 십자가로 표현되는 것(케찰코아틀이 창룡蒼龍임을 보여주고 있다. 동방창룡칠수를 의미하는 창룡은 한웅천왕의 인종 아이콘이다)과 연관해서 마고 신앙을 이해하는데 중요한 단서이다.

〈그림 13〉 신단수와 소도의 열쇠가 되는 마야문명의 신단수 와카찬Wakah Chan세계 나무와 신조 일곱 마카(Seven Macaw). 양쪽에 있는 쌍둥이신은 선을 상징하는 케찰코아틀 백인과 악을 상징하는 테즈카틀리포카 흑인이다. 이는 마야 신화체계에서 함축적으로 마고의 십자가인 생명나무를 놓고 형제의 난을 벌인 엔릴 한웅과 예아 한웅의 쟁투를 표현하고 있다. 신조 일곱 마카는 마고의 대체 정령이자 윤회복귀를 상징하는 북십자성 백조좌이며 북두칠성이 복합된 다층적 신화 아이콘이다. 마카의 머리가 백인 케찰코아틀을 향해 놓으므로서 세계나무가 상징하는 지구를 양분하는 두 한웅 가운데 동방선파인 예아 한웅을 마고선파의 정통으로 여기는 마야인의 철학이 들어 있다.

남미의 대표적인 고대문명인 톨텍에서는 북두칠성과 백조좌의 중심에 있는 사드르 감마 백조성에 정렬하여 BC 1000년쯤에 피라미드를 지었다. 백조좌와 칠성과의 위치를 계산하여 하지를 잡는 법은 이미 BC 2000년 전에 실용화한 기술이었다. 톨텍과 마야에서 백조좌는 신목 위에 앉아 있는 마카MaCaw라는 새(ㅂ15)로 묘사되기도 했다. 여기서 신목은 은하수를 상징하는데, 동이 문화권에서 볼 수 있는 솟대와 오리를 연상시키는 상징체이다.

마야인들에게 백조좌는 마야역법을 산출하는데 쓰이는 가장 중요한 성좌로 2012년 12월 21일로 막을 내리는 마야 책력의 계산을 하는데 쓰인 성좌 중 하나이다.

남미아즈텍인(멕시코인, 올멕인) 뿐만 아니라 북미 인디언들에게도 백조좌와 큰곰좌 북두칠성은 천문관측의 기준이자 여러 부족의 토템 아이콘(ㄴ8)이었다. 미국 아이오와주나 일리노이주 근처에서 발견되는 인디언 고분들은 새 모양을 한 것과 곰을 상징으로 하는 고분이 지척 간에 놓인 경우가 많다. 인디언은 천문상의 백조좌와 큰곰좌를 지상으로 카피해 놓고 절기를 계산하였다.

9) 고대문명과 십자가

고대문명에 등장하는 십자가는 항상 물과 연관이 있다. 아즈텍 비의 여신은 그녀의 손에 항상 십자가를 가지고 있었다. 마야유적지 어디에서나 쉽게 발견되는 T자 형태의 십자가는 여신의 것을 상징한다. 바빌로니아 문명에서 물을 관장하는 신의 아이콘 역시 T자 형태의 십자가이다. 고대문명에서 십자가는 또한 영원성을 표현한다. 톨텍의 케찰코아틀이 대표적인 영원과 구원의 표상이지만, 스칸디나비아에서는 천국과 영원성을, 마야에서는 육체적 고통으로부터 영원한 해방의 상징이다. 이집트 문명에서 앵크 십자가는 영원한 생명과 함께 나일강의 열쇠로 불렀다. 이집트 왕국의 흥망성쇠가 나일강의 물줄기에 달려있다면 인간의 영원한 삶은 눈에 보이지 않는 강줄기를 타고 피안으로 넘어 갈 수 있어야만 했기 때문이다.

고대 이집트를 연구하는 고고학자들이 앵크 십자가의 기원을 못잡는 이유는 고대문명에서 가장 중요한 진리인 천문감응부도원리(As above, so below)을 이해하지 못하기 때문이다. 고대문명권에서 보편적으로 나타나는 십자가와 물의 연관성은 천문상에서 물, 강, 바다를 상징하는 은하수와 그 수면 위를 날아가는 북십자성 백조좌를 통해서만 이해될 수 있다. 더군다나 지금으로부터 만년 전에 지구의 세차운동에 의하여 백조좌의 데네브별이 북극성이었을 때는 백조좌의 십자가상이 영원성을 상징하는 가장 중요한 원시신앙 아이콘(해혹복본의 징표인 천부삼인이 십자가

〈그림 14〉 톨텍문명의 피라미드 고분에서 발견된 암각화. 톨텍 신장 주Xu를 묘사한 것으로 전해진다. 십자가로 묘사된 백조좌는 뱀의 눈을 상징한다.

형상으로 변형되었음을 말한다)이었음은 말할 나위 없는 것이었다. 이 신앙체계는 직녀성이 북극성이었을 때도 살아남은 무교 신앙체계(주, 직녀성시대의 마고, 궁희 소희를 삼신으로 숭상하였다)였다. 직녀성과 백조좌가 모두 등장하는 견우와 직녀 설화는 인류의 기억 속에 살아남은 마고시대의 북극성신앙(ㅂ37)의 흔적이 신화 형태로 살아 남았다고 볼 수 있다.

백조좌 십자성 시대(나반과 아만, 견우와 직녀를 같은 인류의 조상으로 정하고 효도로 숭상했던 시대)와 마고 직녀성시대가 지나고 '날개 달린 뱀'의 시대(창룡의 시대, 한웅천왕의 시대)가 오천년 전에 용꼬리(Draco)(자미원紫微垣에 속한 내주성內廚星, 상서성尙書星, 여사성女史星, 여어궁성女御宮星, 주하사성柱下史星, 천주성天柱星, 천주성天廚星을 아우르는 별자리, 이들 별자리가 북극성 가까이에 있다)에 해당하는 용좌 북극성시대부터 시작하였다. 신화 알고리듬으로서 드라코타입 테라 외계인의 지구성 도래 전설(ㄷ26)이 용좌 북극성시대(용은 한웅천왕이 통치하던 여러 별자리이고, 이 시대가 북극성이 천추성이었던 시대였다. 따라서 한웅천왕시대로 볼 수 있는 시대이다)와 함께 지구역사 표면에 떠오른다. 신조神鳥 아이콘과 마고의 곰 아이콘 세대에서 용 아이콘시대의 전환을 보았다고 할 수 있다.

서기전 1900년부터 현재 작은곰좌 북극성시대(북극오성시대)로 들어오면서 곰 아이콘 신화시대로 복귀한다. 마고 여신이 인류의 모태가 되는 성배로서의 어미곰이라면 작은 곰은 새끼곰들의 시대이다. 곰 전사의 깃발아래 분열과 성장의 시대에 우리는 살고 있다.

10) 무巫자와 마고선파 십자가 비의

마고 여신과 지구의 세차운동과의 관계는 서왕모의 무릉도원 설화에 나타난다.

"복사나무도桃·도화수桃花水·선목仙木 등으로 다양하게 불리는 복숭아나무는 불노장생不老長生과 이상향理想鄕의 상징이었다.

전설에 의하면 중국 곤륜산崑崙山에 있는 서왕모西王母의 궁궐 정원에 3,000년 만에 꽃이 피고, 다시 3,000년 만에 열매가 열리는 바로 천도天桃복숭아 나무이다."(노중평 서재에서)

저명한 이집트 신비학자인 제랄드 메세이Gerald Massey는 이 설화를 이집트 무교의 최고급 비밀이었던 지구세차운동과 북극성 비의설에 의해서 설명했다.

"중국의 복숭아나무 여신 신화는 북극성을 우아하게 표현한 설화이다. 이 복숭아나무에서 7개의 가지가 뻗어나와 불사의 상징인 천도복숭아가 열렸다. 3,000년 만에 한 번씩 열리는 천도복숭아는 지구의 세차운동 주기를 말하는 것이다."

그는 이 설화에서 말하는 7 수에 또한 주목한다. 이 7 수는 이집트 천문 비의에 나오는 7개의 성좌가 교대로 돌아가면서 북극성이 되는 이집트의 천신들(〈천상열차분야지도〉에 북극성에서 은퇴한 별로 천추성(북극성) 가까이에 구진句陳6성이 그려져 있다)인 것이다. 이는 이집트 신화에서 직녀성의 화신(〈천상열차분야지도〉에 직녀성 가까이에 직녀성의 은퇴별로 볼 수 있는 천기성天紀星들이 그려져 있다)과 백조좌의 화신이 스며들어 있음을 말한다. 중국의 서왕모를 복숭아나무 여신(ㅂ25, 26)으로 해석한 제랄드 메세이는 은연 중에 마고 여신을 생명과 지혜의 나무(ㅅ38)로 묘사하고, 그녀의 가지 끝에 열린 불사의 열매는 그녀가 마고 선도仙道의 조종임을 밝힌 것이다. 이 생명나무가 T자형 십자가, 그리고 이집트의 앵크 십자가의 기원과 연관되어 있음을 생각해 볼 때 '마고는 백조좌 북 십자상의 표상에 이미 갈무리되어 있는 태고의 여신이었다(ㅁ2)'. 마고 여신시대를 규정하는 원시신앙 형태가 천지사방 음양합일의 도道로 무巫의 영원성을 가르치는 갑골 문자체의 십자형 무巫자(ㅇ88)는 마고 신앙 십자가 비의인 천신코드를 선명하게 나타내고 있다.

마고선파시대의 부도 십자가는 유럽에서 Croix-potencee라고 불리며 예루살렘을 상징하는 십자가 형태이다. 이 마고시대의 부도 십자가는 또한 예루살렘의 상징체이기도 하다. 동방의 우주창조 여신인 마고 삼신을 모시던 마고선파의 천부는 천지가 교통하고 남녀가 화합하며 신과 인간이 하나 되는 이치를 담은 갑골문자 '무巫(ㅁ40, 6부 〈그림 12〉)가 십자가를 상징하는 부형府形이었다. 〈천부경〉에 나오는 앙명인중천지일昻明人中天地一이 또한 천부 십자가를 말한다고 볼 수 있다. 이는 마고선파에서 동방선파로 넘어오면서 마고 삼신이 보여준 불멸의 진리상이기도 하다.

2

서방선파

1. 형제의 난

1) 형제 신들 간의 불화

마고 신화체계를 이해하는데 또 다른 필수적인 요소는 '오미의 난'이다. 오미의 난은 형제 부족의 혼돈과 분열을 낳고 종국에 가서 마고성에서 추방되어야만 되는 직접적인 원인이 된다. 오미의 난을 형제의 난이라는 관점에서 분석하기 위해 마고시대를 잇는 고대신화에 나타나는 형제신들 간의 불화를 재조명해 볼 필요가 있다. 앞서 언급한 아즈텍 창조신화는 형제의 난에 대한 결정적인 신화적 알고리듬을 제공하고 있었다.

아즈텍 창조신화에서 여신 오메테오틀은 어둠 뿐인 진공 속에서 4명의 천신을 낳았다. 천신들은 어머니의 명을 받들어 거인으로 꽉 찬 세계를 창조하기에 이른다(거인은 마고선파와 동방선파에서는 대인大人으로 불린다. 황궁, 유인, 한인, 한웅, 단군왕검은 모두 대인에 속하는 분들이다). 4명의 천신은 곧 호피의 사행섭리와 맞물리는 부도철학이었다. 이 사행섭리는 불과 물의 상극적 상생관계로 주기의 변화를 가져다 주게 된다. 이렇게 볼 때 오미五味의 참뜻은 지구를 둘러싼 역사 전개 중 다섯 번째 순환주기를 암시할 수도 있다. 물과 불이 용호상박龍虎相搏처럼 묶인 천신 쌍동이 형제, 케찰코아틀과 테즈카틀리포카는 〈천신의 난〉의 불가피성을 보여주면서 인류가 어떻게 오미의 시대에 이르렀는지를 설명한다.

테즈카틀리포카는 흑표범 형상의 신으로 악신이었다. 그가 스스로 태양이 되어 이 세계를 지배하게 되자 날개 달린 뱀인 케찰코아틀 신은 몽둥이로 그(테즈카틀리포카)를 내리쳐 바다로 떨어지게 하였다. 그리고 케찰코아틀 자신이 태양이 되어 이 세계를 지배하였다. 그가 지배하는 세계에서 사람을 창조하여 지구를 채워나갔다. 계절 순환원리에 따라 다시 테즈카틀리포카가 권세를 잡고 나와 그의 쌍둥이 형제인 케찰코아틀을 천계의 권좌에서 추방해 버린다. 그리고 회오리바람을 일으켜 지구를 대청소해 버리고 몇몇 남은 사람들은 원숭이(힌두교에서는 원숭이가 악신으로 묘사된다)로 퇴화해 버린다. 이 쌍동이 형제의 분쟁은 지구가 물바다가 되면서 더 이상 인류가 살 수 있는 땅이 보이지 않을 지경에 이르러서야 끝나게 되었다. 초토화된 땅에서 인류의 주검을 찾아낸 케찰코아틀은 자신의 피를 흘려 인류를 재생시킨다. 오미의 시대를 살아갈 인류가 탄생한 것이다. 이 시대의 인류는 천신의 인류개량 미완성 프로젝트를 상징한다. 그 프로젝트를 완성시키기 위한 부도섭리는 신성 자각 천신코드이다.

남방선파에서 내려오는 창조신화는 케찰코아틀과 테즈카틀리포카의 주기적이면서도 극단적인 대립으로 지구에 대재앙을, 그리고 각각의 천신이 창조한 인류에 종말을 가져왔다고 말한다. 현 시대 인류 이전에 전혀 다른 품종의 인류가 서로 상존하던 시대가 있었다는 사실을 암시하고 있다. 단순히 진화론적인 인류 품종 개량형이 나왔다는 이야기가 아니라 천신의 입맛에 맞는 복제인간들이 한때는 지구에 상존하면서 천신의 난을 부추기게 된 배경이 되었을 가능성을 이 창조신화는 제시한다. 이런 현상마저도 지구를 둘러싼 역사 섭리로 보고 최종적인 인류

완성품이 해혹복본과 대수대명의 십자가 부도를 통해 이루어 질 수 있다는 천신코드가 이 창조신화를 통해 이해 할 수 있는 열쇠이다.

아즈텍 신화에서 천신의 쟁투로 인한 대홍수(Deluge)로 인류가 전멸당하고 케찰코아틀 천신에 의해서 인류가 재소생한다는 신화적 알고리듬은 또한 근본적으로 노아의 홍수와 다를 바가 없다. 단지 성경에서는 노아의 홍수 배경에 천신 형제의 난이 있었음을 의도적으로 누락했을 뿐이다. 역사적으로 교류가 없었던 두 문명권에서 나온 창조설화 속에 동일한 신화 알고리듬을 발견할 수 있는 이유는 남방선파와 서방선파의 뿌리가 마고지나에 있기 때문이다. 모세에서 마호메트에 이르기까지 엔릴 한웅를 야훼 유일신으로 모시는 아브라함 서방선파가 의도적으로 숨겨왔던 천신들의 역사를 알기 위해서는 서방선파의 조종인 수메르 문명부터 천신의 역사를 추적해 보아야 했다.

2) 예아 한웅과 케찰코아틀

케찰코아틀은 남미 고대인들의 삼위 신격이었다. 그가 창조신화에서 직접적으로 인류의 조상을 창조하는 면에서는 수메르 창조신화의 인류창제신인 예아 한웅과 같은 위상의 신격이다. 예아는 자신의 몸에서 나온 정액으로 여인의 자궁을 적시므로 인류의 조상인 태아를 낳게 한다. 케찰코아틀 역시 신들의 전쟁으로 패망한 인류의 뼈를 찾아와 그의 몸에서 나오는 피로 적셔서 인류를 재창조해 낸다. 이들이 직접적으로 인류창조에 공헌한 천신이라면 그들을 낳고 이 우주세계를 건설케 한 최고의 신은 그들의 어머니 여신이라는 공통된 배경을 가지고 있다. 인류를 혐오하고 기회만 있으면 멸망시키려는 의도를 숨기지 않는 테즈카틀리포카 천신도 이 신화의 중요한 골격이다. 이 형제 신으로 말미암아 대수난이 주기적으로 지구에 찾아와 인류의 멸망을 가져왔다. 이런 유사점을 통해 추론해 볼 때 날개 달린 뱀인 케찰코아틀과 예아 모두 마고시대의 드라코Draco(용 성좌 ET) 타입 사두인일 가능성이 아주 높다고 본다.

수메르 신화에 등장하는 형제천신 간의 쟁투 〈천신의 난〉은 제카리아 시친Zecharia Sitchin이 판독한 고대 수메르 타블렛 해독판에 근거한다. 아누나키 외계인의 식민지정책과 신인류 창조에 대한 신화체계를 알기 위해서는 이에 선행되는 마고선파와의 연관성을 생각해 볼 필요가 있다.

3) 수메르 창조신화와 마고 여신

남미 고대문명에서 케찰코아틀 신앙의 상징체계가 십자가였다는 사실은 십자가 신앙체계가 원시 샤먼이즘에서 보편적으로 받아들여졌던 천문 부도섭리임을 말한다. 이는 원시종교가 세계로 뿔뿔이 분열되기 전의 원형 상징체계로서 천부섭리이다.

원시 신앙체계가 유태인들에 의해서 날조되기 전의 원형을 간직하고 있는 수메리안 창조신화에 등장하는 여신들은 인류가 정서적으로 가까울 수밖에 없는 모체를 인류 창조의 대모신으로 받아들이는데 아무런 지장이 없었다.

수메르 여신들은 인류의 삶을 영위케 하는 모든 면에서 빠짐없이 등장하는 인류의 대모들이었다. 다산과 인류의 번영을 관장하는 여신(Ama Arhus)은 말할 것도 없으며, 삶의 터전인 지구 자체를 여신으로 보았고(Ki), 우리가 들여마시는 공기(Ninlil), 산파(Nin Hursag), 점성술(Nidaba), 예언(Nanshe), 사랑과 전쟁(Inanna 또는 Ishtar; 주, 신라에서는 대인을 판정하는 기준으로 잇금을 검사하였다. 그래서 임금을 정했다. 이난나도 '이가 났느냐'하는 의미로 쓴 말로 생각된다), 양(Sirtir), 갈대(Ningal), 술(Ninkasi), 곡물(Ashnan; 주, '아침에 태어난 것'으로 해석된다), 의술(Gula)까지 수메르 여신들은 삶의 영역을 구석구석 파고 들어가 있었다. 이 많은 여신들 중에 가장 중요한 여신은 마고 여신의 대격인 남무Nam Mu(주, '무巫에서 태어났다'고 해석할 수 있는 말이다. 이렇게 보면 무라는 문자에 모母의 의미가 있음을 알 수 있다. 무Mu제국에서 태어났다는 말로도 볼 수 있는 말이다. 산신産神이다) 여신이다.

4) 수메르 창조신화

남무는 바다의 여신이다. 여기서 바다는 원시 태고의 창조 원질로서 오행의 수와 같은 맥락이다. 천상의 티아멧 바다와 지저세계의 압수Apsu 담수해를 관장하는 남무는 하늘(An; 주, 한인천제의 안安으로 볼 수 있다. 안은 두락斗落으로 이루어진다. 북두칠성이 관할하는 범위의 하늘로 볼 수 있다. 한인천제시대에 안이라는 개념이 확정되었다고 볼 수 있다)과 땅(Ki; 주, 氣로 볼 수 있다. 기를 수기水氣, 화기火氣, 목기木氣, 금기金氣, 토기土氣의 오기五氣로 볼 수 있는데 땅은 토기에 해당한다. 각 기운氣運에 토기가 골고루 다 들어가 있다고 보면 사기四氣가 되고 토기가 독립되어 있다고 보면 오기가 된다. 우주의 기가 사기냐 오기냐 하는 논쟁을 놓고 벌인 전쟁이 단군왕검과 요임금 사이에서 벌어진 전쟁이었다. 이 전쟁의 결과가 당시의 철학을 둘로 갈라서게 하였다고 볼 수 있다)을 낳고 천신 안An의 엄마이자 부인이 되었다. 천신 안과 남무여신 키 사이에서 인류를 창조한 예아 왕자가 태어났다(ㅊ18). 예아의 인류 창조 과정(ㅇ42)을 알기 위해선 먼저 이를 기록한 수메리아 타블렛을 보아야 한다.

"현명하고 지성이 넘쳐 오르는 그러면서도 신중하고 숙련된 만물의 형체를 설계하는 재봉사(예아)는 생명을 가져다 주는 여신(남무) 앞으로 왔다.

물질에 대해서 깊이 심사숙고하던 생체물형 설계 과학자인 예아는 그를 낳아준 남무 여신에게 말했다.

"어머니, 당신이 계획한 창조물이 이제 모습을 나타내게 되었습니다.

그에게 광주리를 나르는 일을 시킬 것입니다. 압수 바다 위에서 진흙을 반죽해 주세요."

산신産神 남무는 진흙을 조각조각 잘라냈다. 그리고 예아에게 말했다.

"네가 이 진흙으로 형상을 갖추어 내거라. 닌마NinMah가 너를 돕도록 하여라."

"어머니, 그 창조물의 운명을 선포하신 뒤, 닌마로 하여금 그에게 광주리를 나르는 일을 시키도록 하여 주십시오."

… 그녀는 잔디 위에 그것(진흙형체)을 놓아두고 출산을 위한 정화를 하였다(수메리안 타블렛 예아와 닌마 24-37).

예아와 닌마는 함께 맥주를 마셨다. 그들의 심장은 한없이 뛰었다. 그러자, 닌마는 예아에게 말했다.

"인간의 몸은 훌륭할 수 있고 추악할 수도 있다. 그들의 운명을 행복하게, 불행하게도 할 수 있는 것은 내 의지에 달려 있다."(수메리안 타블렛 예아와 닌마 52-55)

예아는 닌마에게 대답했다.

"네가 그 운명을 좋게 하든, 나쁘게 하든, 어떤 식으로 결정하든 나는 (평형하게) 대응할 것이다."

닌마는 그녀가 손으로 압수 바다 위에서 펴온 진흙을 주무르게 하였다. 그녀가 디자인한 첫 번째 창조물은 팔힘이 너무 약해 손을 구부리지 못했다. 예아는 손을 바로 펴지 못하는 그 인간을 바라보았다. 그리고 그(첫번째 창조물)의 운명을 선언하였다. 예아는 그를 왕의 시종으로 임명했다(수메리안 타블렛 예아와 닌마 56-61).

두 번째로, 그녀는 빛으로부터 눈을 돌릴 수 없는 인간을 창조했다. 항상 눈을 뜨고 있어야 하는 사람이었다. 예아는 빛에서 눈을 돌릴 수 없어 항상 눈을 뜨고 있어야 하는 창조물을 바라보았다. 그리고 그의 운명을 왕실에서 음악을 담당하는 악사로 선포했다.

세 번째 창조물로, 그녀는 양쪽 발이 부러지고, 한쪽 발은 마비가 된 인간을 창조했다. 예아는 양쪽 발이 부러지고, 한쪽 발은 마비가 된 인간을 바라보며 은세공인으로 그의 운명을 선포했다.

네 번째로, 그녀는 소변을 참을 수 없는 인간을 만들어 냈다. 예아는 소변을 참을 수 없는 창조물을 바라보며, 신령한 물로 그를 목욕시키고 그의 몸에서 남탈NamTar 악귀를 쫓아냈다.

다섯 번째로, 그녀는 애를 낳을 수 없는 여자를 창조했다. 예아는 애를 낳을 수 없는 그녀를 바라보며, 여왕실에서 베를 짜는 시종으로 그녀의 운명을 선포했다.

여섯 번째로, 그녀는 몸뚱아리에 남근이나 질이 없는 이를 창조해 냈다. 예아는 남근이나 질이 없는 몸을 가진 그를 보고 '니부루 환관'이라 이름을 지어 주었다. 그리고 그의 운명을 왕 앞에 서는 자로 하였다.

닌마는 그녀의 손에 남아있는 진흙을 털어냈다. 그리고 깊은 침묵이 흘렀다. 위대한 천신 예아는 닌마에게 말했다.

"너의 창조물에게 짐이 운명을 선포했다. 그리고 그들에게 일용할 양식을 주었다. 이제 짐이 너를 위해 누군가를 창조할까 한다. 그러면 너는 반드시 갓 태어난 그를 위해 운명을 선포해야만 한다."

예아는 머리를 가진 형체를 착안했다. 그리고 입은 그 가운데 있게 했다. 그러고 나서 닌마에게 말했다.

"사정한 정액을 여자의 자궁에다 부어라. 그 여인은 그녀의 자궁에 있는 정액으로 출산하리라."

닌마는 갓 태어난 아이 옆에 섰다…(타블렛 글자 훼손).. 그는 우물Umul이었다. 이 창조물의 머리는 손상돼 있었다. 눈도 손상돼 있었다. 목도 손상돼 있었다. 그는 숨을 거의 쉬지 못하였다. 가슴뼈가 떨고 있었다. 폐가 손상돼 있었다. 심장도 손상돼 있었다. 항문도 손상돼 있었다. 축 늘어진 머리와 손은 빵조각 하나 입에 넣을 수 없었다. 그의 척추와 머리는 어긋나 있었다. 허약한 둔부와 떨고 있는 발은 땅위를 걸어 다닐 수 없었다. 예아는 이런 식으로 그를 디자인 하였다.

예아는 닌마에게 말했다.

"너의 창조물들에게 짐은 운명을 정해주고, 일용할 양식을 주었다. 이제, 네가 내 창조물을 위해 운명을 선포해야만 하고, 그가 일용할 양식도 주어야 한다."

닌마는 우물을 바라보았다. 그리고 그를 향해 갔다. 그녀는 우물 Umul(예아의 창조물) 근처에 다다라 질문을 하였지만, 그는 대답할 수 없었다. 그녀는 그에게 빵조각을 먹으라고 주었지만 갓 태어난 아이는 손을 내밀어 잡지 못하였다. 그는… 누어있지 못했다. 서 있을 수도 없었다. 앉지도 못했다.… 그는 빵조각을 먹을 수도 없었다. 닌마는 예아에게 대답했다.

"당신이 창조한 사람은 살아있는 것이 아니고 죽은 것도 아닙니다. 스스로 살아남을 수 없습니다."

예아는 닌마에게 말했다.

"손을 들 수 없는 너의 첫 번째 창조물에게 운명을 선포해 주었다. 그리고 일용할 빵도 주었다. 빛으로부터 눈을 돌릴 수 없는 자에게도 운명을 선포해 주고 빵을 주었다. 부러지고 마비된 발을 가진 자에게도 운명을 선포해 주고 빵을 주었다. 소변을 참을 수 없는 자에게도 운명을 선포해 주고 빵을 주었다. 아이를 못낳는 여인에게도 운명을 선포해 주고 빵을 주었다. 남근이나 질이 없는 이에게 운명을 선포해 주고 빵을 주었다. 나의 자매여,…"

(글자 훼손)

(닌마의 대답이 계속된다)

"… 보세요, 당신은 천국에 머무르지 않고, 땅 위에 머무르지도 않아요. 당신은 그 국토를 찾아 나올 생각이 없어요. 내 집이 있는 그곳에 당신은 머무르지 않아요, 당신의 말을 들을 수 없잖아요. 나의 도시는 폐허가 되었고, 내 궁전은 파괴되었어요. 내 아이는 포로로 잡혀 갔어요. 나는 에쿠르EKur를 떠나야만 했던 망명객일 뿐이에요. 내 자신조차도 당신의 손아귀로부터 벗어날 수 없어요."

예아는 닌마에게 답했다.

"너의 입에서 떠난 말을 누가 고칠 수 있다더냐? 너의 무릎에서 우물Umul을 떼어놓으라 … (글자 훼손) … 그로 하여금 기도하게 하여라! 오늘 나의 남근을 찬양하라. 너의 지혜가 으뜸이다 … 엔쿰Enkum과 닌쿰Ninkum이 … 너의 영광을 분명히 하리라 … 나의 자매여, 영웅적인 힘과 … 우물로 하여금 내 성전을 짓게 하라 …"

닌마는 위대한 천신 예아의 경쟁자가 될 수 없었다.

"아버지 예아시여, 당신에게 드리는 찬양은 참으로 달콤합니다!"

(수메리안 타블렛 예아와 닌마 52-144)

수메르 신화는 가장 오래 되고 또 완전한 형태로 남아 내려오는 인류 창조신화이다. 남무 여신과 그녀의 아들 예아, 그리고 예아의 이복 여동생 닌마는 인류를 낳게 한 서방선파의 삼신이다. 에테르를 상징하는 우주의 바다 여신인 남무는 스스로를 잉태케 하여 천신계를 열었다. 인류 창조를 허가하고 또 창조에 쓰일 진흙을 제공한 남무 여신은 실질적인 천계의 여왕이었다. 오직 그녀만이 우주에서 가장 청결한 물의 원천인 압수 지하호수의 맑은 물에 젖은 흙을 가져다 줄 수 있었다. 인류는 바로 이 맑은 압수의 정화수와 진흙(진흙에 정화수를 부으면 지장수地藏水가 된다. 지기가 수기와 융합되어 있는 최고의 물이 되는 것이다. 여기에 나오는 진흙은 인간 창조에 쓰일 진흙이다)으로 표현되는 탄소를 기본으로 하는 고등생물체이다.

예아는 한인의 서자로 지구에 내려와 인종개량 프로젝트를 맡았던 생명공학자였다. 인종개량의 목적은 테라 외계인들에게 부족한 노동력을 원활히 공급하는데 있었다. 하지만 예아 왕자는 전혀 다른 계획이 있었다. 여기에는 인류의 원종자를 퍼뜨린 마고 여신들이 예아 왕자와 손잡고 인류가 신성을 회복할 수 있는 길(인류가 잃어버린 신성을 회복할 수 있는 길은 해혹복본하는 길이다)을 모색하고 있었기 때문이었다. 지구영역에 남아있던 궁희와 소희의 자손들은 오미의 난 이후 신성을 잃어버리고 자기 상실의 깊은 망각에 사로잡혀 있었다. 특히 오미의 난에 직접적으로 연관이 되었던 백소족과 흑소족들을 교화시키는 일이 시급한 문제였다. 지구에 정착한 테라 외계인 일부에서 그들을 개량하여 노동력을 보충하려는 의도는 마고의 부도정신에 크게 어긋나는 계획이었다. '한인천제의 서자로 적자인 동생 엔릴 왕자로부터 늘 모욕을 당하던 예아 왕자가 마고부족의 편으로 돌아서지 않았다면 지구상의 인류는 테라 외계인들의 시중을 드는 노예생활을 지금도 하고 있을지 모른다(ㅎ17)'. 7대 한인을 끝으로 6만년 간 지구를 하나의 제국으로 엮은 한12제국이 막을 내린 때는 지구를 둘러싼 외계문명권의 대변동을 암시한다. 테라 외계인들이 세운 아틀란티스 문명이 바다 속으로 침몰하면서 지구상에서 벌어지던 테라 외계인들 간의 알력은 비극적인 최후를 맞이한 것이다. '지구를 하나의 제국으로 일성 일국을 표방하던 한인천제국은 테라 외계인들의 내분과 반란으로 와해돼 버리고 말았다(ㅈ20)'. 성경에 나오는 에덴동산의 전설은 한제국이 와해된 뒤 한웅왕자들의 시대에서부터 시작되는 이야기이다(이러한 관점에서 앞으로 《성경》의 창세기를 재해석할 필요성이 제기되었다).

아틀란티스가 어떻게 침몰했는지에 대한 설이 많지만 보다 중요한 사실은 지각의 대변동에 의한 충격에 지구의 원인종인 마고부족 일부는 정신적 충격으로 기억상실증에 걸려 말할 수 있는 기능마저도 마비가 될 정도의 비참한 상황이었다는 것이다. 마고부족을 눈에 가시처럼 생각하던 일부 테라 외계인들에게는 이 상태의 인류를 노예로 쓸 수 있는 좋은 기회였다. 노예로서의 특정 기능만을 열어주는 실험이 진행되었고 복제인간으로 완성된 프로토타입prototype을 대량 생산해 낼 수도 있었다. 오미의 난에 직접 연관된 소희의 자손, 소희족 계열은 업장에 의해 테라 외계인들의 노예가 되거나 복제인간용으로 전락하던 시절이었다. '마고 여신의 감화로 예아 왕자가 이들 소희부족의 신성 자각 천신코드를 되찾아 주지 않았다면 이들은 에덴동산 생명공학 실험실과 사육장을 거니는 좀비같은 중생들이었을 것이다(ㅁ14).'

테라 외계인과 인류의 접촉신화가 중동지역에서 주로 발견되는 이유는 자원의 보고인 아프리카 대륙과 가까운 채광본부와 노동력을 공급할 복제인간 실험실이 중동에서 있었기 때문이다. '지구에서 철수해 버린 한인 천제(ㅈ21)'의 '다음 세대인 한웅들은 인류의 미래를 놓고 마고 여신의 뜻을 받들어 마고 전통을 이어가는 예아 한웅과 지구 물질계의 주신으로 온 엔릴 한웅과의 용호상박의 쟁투가 오늘날까지 지속되고 있다(ㄷ2)'. 신 남미 아즈텍의 쌍둥이, 마니의 쌍둥이, 도곤의 쌍둥이가 인류의 보호자이자 또한 적대자로서 신화 원형으로 자리잡은 이면에는 이들 형제의 난이 있다.

'마고 여신과 함께 인류의 보호자가 된 예아 왕자는 지구 인류의 교화를 가속화시키기 위해서 자신의 외계인 혈통을 주입시켜 백소족을 개량했다(ㅁ13).'

예아는 여신 남무와의 대화에서 인류 창조의 당위성을 그들이 가져다 줄 노동력으로 설득했다. 하지만, 이는 이미 설정한 계획대로 각본에 따라 형식적인 승인 절차를 밟기 위한 변명일 뿐이었다.

더 큰 문제는 지구성의 실권자인 엔릴 한웅으로부터 허가를 받는 일이었다. 이 두 왕자 간의 갈등은 선과 악으로 대비하여 쌍둥이 신화의 원형이 되어 왔다. 두 왕자의 갈등은 모계사회에서 부계사회로 넘어가는 한웅시대의 자화상이기도 하였다.

〈성배聖杯 왕들의 창세기〉에 의하면, 이들의 신분을 갈라놓은 천신들의 결정이 나온다.

“천신들은 그들의 손을 꽉 쥐고 있었다.
수없이 투표를 해보고 나눠져 보았었네.
아누(안 천제)는 그때 천상으로 올라갔다네.
엔릴에게 이 지구성의 대권이 주어졌네.
바다들, 큰 고리처럼 둘러쳐진
예아에게 주어졌던 것을, 지구의 왕자.”

이 결정에 예아 왕자가 반발하고 나온 이유는 모계사회에서 볼 때 그의 어머니는 엔릴 왕자의 어머니보다 연장자이었고 왕실의 어른이었기 때문이었다. 반면에 엔릴 왕자의 어머니는 나이는 어리지만 안 천제의 정실이었다. 모계사회의 전통적인 승계법칙으로 볼 때 한인 천제가 떠난 후 예아 왕자가 당연히 지구성을 맡을 왕위 계승자이다. 하지만 아누나키 회의(주, 한웅시대의 화백회의和白會議. 이 화백회의에서 엔릴 한웅이 선교仙敎의 신명神名인 천왕天王으로 추인되었다고 볼 수 있다. 천왕은 천제의 적통을 잇는다는 뜻이다)에 의해서 부계 사회적 통치 위임이 시작되어 엔릴 한웅이 지구성 통치권자로 오르게 된다. 예아 왕자에게 특히 모욕적인 일은 그가 지금까지는 실질적 통치권자로 묵인되어 오다가 아누나키 회의에서 아버지에 의해 뒤집어 졌기 때문이었다.

이 결정은 지구 역사의 흐름을 바꿔 놓은 중대한 사건이었다. 엔릴 왕자의 입지를 강화시키는 후속 조치들은 여신 성배신앙과 모계사회의 틀을 송두리째 바꿔 버리는 일들이었다. 성경에 기록된 성난 야훼의 모습은 전형적인 엔릴 한웅의 모습이었다. 그런 그가 예아 왕자의 작품인 신인류에 대해서 호감을 가질 이유가 별로 없었다. 노아의 대홍수로 예아 왕자의 신인류를 거의 모두 물귀신으로 만들어 버린 엔릴은 여기서 그치지 않고 소돔과 고모라를 불바다로 만들어 놓았다.

2. 엔릴(야훼)이 일으킨 소돔과 고모라 천신전쟁

소돔과 고모라(ㅅ54)는 예아 왕자를 따르던 두 왕국으로 한12제국의 일부였다. 고모라는 고마라, 즉 곰(고마)의 나라(주, 우리 역사에서 고마의 나라를 계승한 나라는 백제였다. 고마固麻는 백제초기 때 한성백제의 국도 명칭이었다)라는 뜻으로 뱀 아이콘을 쓰는 소돔과 같이 예아 한웅을 지구성의 법통으로 보았다. 이 두 왕국은 마고선파의 법맥을 잇는 서방의 대법국이었다. 엔릴은 여신성배신앙(ㅇ29, 30)을 우상숭배로 모계 혈통사회를 음탕한 문화(주, 《신약성경》 계시록 17장, 18장에서 음녀淫女라 하였다)로 매도해 갔다.

엔릴 왕자의 대변인격인 유태인 '선지자'들에 의해 재편성된 《성경》의 기록과 달리 1945년 이집트에서 발견된 《영지주의 성경》(그노시스파의 이단 성경. 예컨대 "유다가 예수를 팔아먹은 것이 아니라 예수의 부탁을 받고 팔게 된 것이라"고 하는 등 특이한 기록으로 가득 찬 《성경》이다. 서기 2세기경까지 그노시스파의 《성경》이 용인되었다)에서 소돔은 순결한 자들로 지혜스러운 사람들이라 기록하였다.

"소돔의 사람들은 위대하신 천신의 뜻에 따라 모든 이들 앞에서 증거할 증인들을 낳을 것이니라. 그들은 휴정소에 머무르며 순결한 의식 상태로 휴식을 취하리라. 이는 때 묻지 않은 영혼이라. 그리고 이런 일들이 생길 때면, 소돔은 불의不意하게도 화기에 의해 불타 버릴 것이다. 너의 주님으로부터 그 장소가 (어디에 있는지) 밝히게 하기 위해서 악마들은 결코 쉬지 않을 것이니라."(〈셈의 변언〉)

소돔을 불결하고 신성모독의 불결한 왕국으로 몰아가는 유태교 사제들의 맹활약으로 소돔이라는 말은 변태적 성행위를 뜻하는 항문성교

(Sodomy)라는 말로 전해 내려오고 있다. 하지만 소돔의 실상은 《영지주의 성경》에 보이듯이 해혹복본 천신코드를 지키던 마고 선파의 서방 왕국이었다. 소돔은 아랍어 어원으로 사둠이기도 하다. '소돔에서 소는 뱀의 지혜이며 영지주의 창조 여신인 소피아'(주, 소돔은 소도蘇塗. 소는 뱀의 지혜라는 말로 소도의 사제가 풍이족으로 뱀을 뜻하는 사성巳姓을 가진 사람이라는 뜻이다. 창조여신 소피아는 소피아蘇辟娥로 볼 수 있다. 소성 출신의 예쁜 여왕이라는 뜻이다)이다. 돔은 주님 또는 그 영역을 말한다. 즉, 소피아 여신의 영지를 말하는 여신 왕국을 지칭한 것이었다.

수메리어 어원으로 남부 아라비아반도와 이집트 그리고 페르시아 땅을 마간MagAn(주, 마고와 안파견의 합성어로 볼 수 있다)으로 불렀다. 소돔과 고모라는 이 마간으로 불리는 마고의 땅에 위치한 여신의 왕국이었다. 여기서 곰의 서식지로 볼 수 있는 지역은 페르시아 산악지대일 뿐이다. 페르시아 산악지방에 지금도 곰을 수행의 반려자로 모시는 사원이 있는 것으로 보아 고모라 왕국의 유습이 이쪽 지역에서 완전히 사라지지 않은 것으로 추정된다.

1) 우루국왕 아브라함과 소돔

우루국(주, 우루국虞婁國. 루수婁宿에 근거를 둔 나라로 볼 수 있다)은 한12제국 중의 하나로 지구에서 가장 오래된 왕국 가운데 하나였다. 우루국왕으로서 아브라함은 머지않아 엔릴 한웅이 소돔과 고모라 왕국을 불바다로 만들 계획을 알고 있었다. 한때 소돔 국왕과 우애가 깊은 그는 최악의 사태를 막기 위해 엔릴과 수 차례에 걸쳐 중재해 보려고 노력했다.

"창세기 18:17. 여호와께서 이르시되 내가 하려는 것을 아브라함에게 숨기겠느냐
18. 아브라함은 강대한 나라가 되고 천하 만민은 그로 말미암아 복을

받게 될 것이 아니냐
20. 여호와께서 또 이르시되 소돔과 고모라에 대한 부르짖음이 크고
그 죄악이 심히 무거우니
21. 내가 이제 내려가서 그 모든 행한 것이 과연 내게 들린 부르짖음과
같은지 그렇지 않은지 내가 보고 알려 하노라
23. 아브라함이 가까이 나아가 이르되 주께서 의인을 악인과 함께 멸
하려 하시나이까
24. 그 성 중에 의인 50명이 있을지라도 주께서 그곳을 멸하시고 그
50명 의인을 위하여 용서하지 아니 하시리까
25. 주께서 이같이 하사 의인을 악인과 함께 죽이심은 부당하오며 의
인과 악인을 같이 하심도 부당하니이다 세상을 심판하시는 이가 정의를
행하실 것이 아니 이니까
(중략)
32. 아브라함이 또 이르되 주는 노하지 마옵소서 내가 이번만 더 아뢰
리이다 거기서 십 명을 찾으시면 어찌 하려 하시나이까 이르시되 내가
십 명으로 말미암아 멸하지 아니하리라
33. 여호와께서 아브라함과 말씀을 마치시고 가시니 아브라함도 자기
곳으로 돌아갔더라."

우루왕 아브라함과 엔릴 한웅이 독대한 자리에서 아브라함이 끝없이 중재안을 엔릴에게 제안하는 장면이다. 소돔과 고모라가 멸망한 궁극적인 이유는 이 왕국에서 단 열 명도 엔릴을 따르는 자를 발견할 수 없었다는 이야기이다. 아브라함이 중재안을 들고 가 이들에게 단 열 명이라도 엔릴에게 충성을 맹세하고 투항하도록 권하였지만 투항을 거부하고 옛 신앙을 지키기로 한 소돔과 고모라의 결사항쟁은 엔릴의 막강한 화력에 살아남을 수 없었다.

아프리카와 중동지역의 광산 채광 임무를 부여받은 엔릴 한웅은 자신이 지구성을 대표하는 테라 외계인으로서 그의 영역 속에 있는 중동지역 모든 왕국들이 원시신앙체계를 버리고 오직 그만을 유일한 천신으로 받드는 신정神政원칙을 만들었다. 소돔과 고모라는 마고의 땅인 마간

에서 마고를 향한 성배신앙(주, 성배가 제단에 올리는 술잔이므로 제사신앙으로 볼 수 있다. 제사신앙은 굿이다)을 포기할 어떤 이유도 찾지 못하였다. 이들과 예아 한웅이 연계되어 독선적인 신정원칙을 받아들이지 않은 것은 엔릴 한웅에게 심한 모욕이었다. 대규모 채광시에나 쓰이는 핵폭탄 같은 무기로 그는 소돔과 고모라 왕국을 불바다로 만들어 놓고야 말았다. 《영지주의 성경》의 〈셈의 변언〉에서도 보이듯이 예아 왕자는 엔릴 한웅의 막강한 화력으로부터 소돔을 지키려고 투명 방호막을 쌓고 보호하였지만 수메르인들은 하늘의 신(Sky God-천왕)인 엔릴 한웅의 눈을 피할 수 없었다. 소돔과 고모라가 잿더미로 변한 뒤 중동지역에서 근거지를 상실한 예아 한웅은 동방의 배달국으로 망명해야 될 처지가 되고 말았다 . 동방 예벤키 부족(주, 예라는 이름에서 내려오는 예의 정체가 예아 한웅이라고 볼 수 있다. 벤은 베다. 키는 기운으로 볼 수 있다)을 다음 장에서 태백산 신단수 밑에 내려와 신시神市를 열었던 서자 한웅이 예아 천신(천왕)이었음을 설명해 본다.

〈그림 15〉 〈그림 주〉 페르시아 남부 산악지대에 있는 수피 계통의 사원에서 발견된 곰 신상. 곰은 수피 탁발승을 보살피는 수행자의 보호천사라고 섬겨졌다. X자 형태의 십자가를 통해 마고선풍의 해혹복본의 구세도가 고모라 왕국의 전통이었음을 유추해 볼 수 있다.

2) 예아 한웅의 신시神市

"옛 기록에 이런 이야기가 있다. 옛날에 한인의 서자庶者인 한웅이 자주 천하에 뜻을 두고 인간세상을 탐내어 구하였다. 아버지는 아들의 뜻을 알고, 삼위태백三危太伯을 내려다 보고, 인간세계를 널리 이롭게 할 만하였다. 이에 천부인天符印 세 개를 주어, 내려가서 이곳을 다스리게 하였다.

한웅은 무리 삼천 명을 거느리고, 태백의 산꼭대기에 있는 신단수神壇樹 아래로 내려와 이를 신시神市라 일렀다. 이 분이 한웅천황이다. 풍백風伯, 우사雨師, 운사雲師를 거느리고 곡식, 수명, 질병, 형벌, 선악 등을 주관하면서, 인간의 삼백 예순 가지나 되는 일을 맡아 인간 세계를 다스리고 교화시켰다."(《삼국유사》 단군신화)

한웅시대 천신 간의 불화[1)]는 모계혈통 왕위계승권과 부계혈통 왕위계승권의 충돌이었다. '엔릴 한웅의 무자비한 공격으로 초토화된 소돔과 고모라 왕국(○27)'은 아누나키 천신들의 분노를 사기에 충분했다. 또 한편으론 어떤 식으로든 간에 이 형제 간의 다툼을 중재해야 할 다급한 입장이었다. 부왕인 한인 천제는 더 이상 이 문제로 인해 '지구상에서 테라 외계인들의 내전상태로 가는 것을 용납할 수 없었다.'(주, 〈단군신화〉에서 천제 한인과 동승한 한웅과 오가들이 모두 테라 외계인들임이 밝혀지고 있다) 그의 서자인 예아 한웅을 무시하기엔 전통적으로 내려오는 여신들의 힘을 무시할 수 없는 처지였다. 유일한 해결책은 한제국을 둘로 쪼개 서로의 영역을 확보하게 하는 방법이었다. 아누나키 천신들(○2)에게 가장 필요한 채광권을 엔릴 한웅이 쥔 상태에서 예아 왕자는 그의 주관심사인 생명공학과 인류 개량 실험을 통해 마고 여신의 맥을 잇도록 하였다(주, 선족의 맥을 잇도록 하였다는 뜻이다). 예아 한웅과 그를 따르는 서자부庶子部(주, 한국시대에 백성을 다스렸던 행정조직. 한웅이 대인大人(장관)으로

---

1) 한웅시대 천신 간의 불화 : 엔릴과 예아 간의 불화. 한인시대의 유습인 장자계승권을 둘러싼 장자와 서자 간의 불화로 볼 수 있다. 이 불화는 웅족 출신 한웅천왕의 후예인 치우천왕과 고시의 후예인 황제 사이에서도 일어났고 황제가 치우천왕을 멸망시킴으로서 풍이족의 장자계승권은 웅족의 치우천왕대에 와서 소멸하고 말았다.

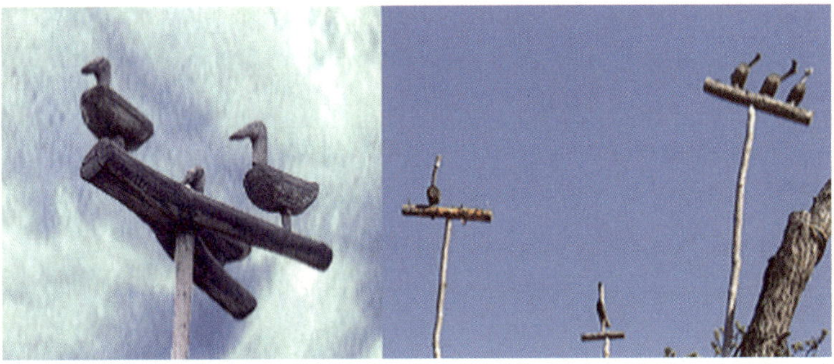

〈그림 16〉 솟대. 한웅의 신단수를 상징한다. T자형 십자가 형태로 신조인 오리가 위에 앉아 있다. 남미의 세계나무 십자가와 같은 신화적 모티브이다. 신단수는 궁극적으로 신선학의 비기인 카발라학으로 동방 카발라학인 〈천부경〉을 상징한다.

있었다. 이곳에서 소도蘇塗와 선족仙族을 관리했을 것으로 보인다. 본서에서는 이들을 테라 외계인이라 하였다)를 동방 마고선파의 본거지로 옮겨 가도록 천부 삼인의 옥쇄와 함께 그를 내려보냈다. 예아 한웅의 서자부에 속한 과학자와 테라 외계인들의 수가 삼천이었다고 《삼국유사》는 전한다. 이들 서자부 소속 테라 외계인들이 태백산(주, 대한민국의 강원도에 있는 태백산이 아니라 중원에 있는 태백산이다) 신단수 아래로 내려오면서 배달나라를 연 것이다. 고담 노중평의 해석으로 볼 때 배달의 숨은 뜻은 "배가 다른" 뜻으로 다른 예아 왕자의 입성을 말한다고 볼 수 있다. 《한단고기》 삼성기전 하편에 기록되기를, 한국 말기에 안파견이 아래로 삼위와 태백을 내려다 보고는 홍익인간을 펼쳐 볼만하다고 했다.

"桓國之末에 安巴堅께서 下視三危太白하시고 皆可以弘益人間이라 하실새 誰可使之오 하시니 五加가 僉曰 庶子에 有桓雄하시니 勇兼仁智하시고 嘗有意於易世以弘益人間하시니 可遣太白而理之라 하거늘 乃授天符印三種하시고 仍勅하시니 曰 如今에 人物이 業已造完矣니 君은 勿惜厥勞하고 率衆三千而往하여 開天立敎하고 在世理化하여 爲萬世子孫之洪範也어다 하시니라."(《삼성기전》 하편)

(해석) 한국의 말기에 안파견께서 삼위산과 태백산을 내려다 보시고 '두 곳 모두 가히 인간을 널리 이롭게 할 수 있는 곳이로다.'하시고 '누구를 보내야 하겠는가?' 하시거늘, 오가의 대신들 모두가 한 목소리로 '서자에 계신 한웅께서 용맹하면서도 인자하시고 지혜로우시며, 또 일찍부터 세상을 개혁하여 홍익인간케 하시려는 뜻을 가지고 계셨으니, 그분을 동방의 태백으로 보내어 세상을 다스리게 하십시오.'라 하였다. 마침내 천제께서 천, 부, 인 세 가지를 한웅에게 주시며 명하시기를 '이제 인간과 만물이 이미 제자리를 잡아 인간과 만물의 질서가 갖추어졌으니, 그대는 노고를 아끼지 말고 무리 3천명을 거느리고 가서 나라를 열어 삼신상제님의 진리로써 가르침과 다스림을 펴고 삼신상제님의 진리의 이상을 세상에 실현함으로써 만세의 자손에게 참사람의 큰 표본이 될지어다.'하셨다.

7대 한인은 지위리 한인 천제인데도 불구하고 안파견 한인을 말한 뜻은 안파견이 아버지를 말하는 존칭이기 때문이기도 하지만 예아 왕자의 친부가 수메르 신화의 안Anu 천제이기 때문이기도 하다. 여기서 가장 중요한 구절은 홍익인간이 무엇을 말하는가 하는 점이다. 홍익인간은 한족桓族 고유의 철학이자 통치 이념으로 내려왔다.

3) 홍익인간의 실체

"교육은 홍익인간의 이념 아래 모든 국민으로 하여금 인격을 완성하고 자주적 생활능력과 공민으로서의 자질을 구유하게 하여 민주국가 발전에 봉사하며 인류 공영共榮의 이상 실현에 기여함을 목적으로 한다."(〈대한민국 교육법〉 제1조)

홍익인간을 건국이념으로 삼은 〈대한민국의 교육법〉 1조이다. 우리의 자손을 홍익인간으로 키워 인류 공영의 대동사회를 세우는데 기여하겠다는 말이다. 이렇게 역사적으로 홍익인간은 우리 민족을 대표하는 이념과 철학으로 자리 잡았다. 하지만 생명공학자인 예아 한웅의 눈에 홍익인간은 좀더 실체적인 면모를 갖춘 신인종인 것이다. 황궁족의 영역인 동방에서 그가 실현하려던 신인류의 모습은 생명나무, 빛 십자가의 실현으로 천신코드의 완성체이었다. 이를 위해 테라 외계인들과 토착 풍이족 계열인 웅족과의 혼인으로 천손인 배달겨레가 탄생하였다. 홍익인간의 줄기세포는 예아 한웅과 그의 서자부에서 온 것이다.

熊女者가 無與爲歸故로 每於壇樹下에 呪願有孕이어늘 乃假化爲桓하사 而使與之爲婚케 하시니 懷孕生子에 有帳하시니라(《삼성기전》 하편).

(해석) 웅족 여인은 시집갈 곳이 없어 매일 신단수 아래에 와서 '아이 갖기를 소원하옵니다.'라고 빌었다. 이에 한웅천왕께서는 이들을 임시로 한족으로 받아들여 주시어 한족의 남자들로 하여금 그녀들과 결혼하게 하셨는데, 아이를 낳으면 장적에 올려주셨다.

예아 한웅이 개척한 신시를 중심으로 배달겨레의 영역을 넓혀 천하를 평정하고 부도 십자가의 도와 천부의 이치를 강론했다.

桓雄天王께서 肇自開天으로 生民施化하실새 演天經하시며 講神誥하사 大訓于衆하시니라. 自是以後로 蚩尤天王께서 闢土地하시며 採銅鐵하사 鍊兵興産하시니 時에 九桓이 皆以三神[2]으로 爲一源之祖하야 主蘇塗하며 主管境하며 主責禍하며 與衆議一歸로 爲和白하며 竝智生雙修하야 爲居佺하니 自是로 九桓이 悉統于三韓管境之天帝子하니 乃號曰 檀君王儉이시라.

"蚩尤天王께서 闢土地하시며 採銅鐵하사 鍊兵興産하시니"

한웅 테라 외계인의 도래와 함께 청동과 철을 채광하는 기술과 이를 제련해 군사를 무장하였다고 했다. 이는 고고학적으로 증명이 된 고대 북방 아시아문명의 발전을 말하기도 하지만 테라 외계인들의 금속 채광이 동방에서도 어느 정도 이루어졌다고 볼 수 있다. 희귀금속과 함께 발견된 동과 철은 배달겨레의 군사를 무장하는데 쓰였다.

"九桓이 皆以三神으로 爲一源之祖하야 主蘇塗하며"

---

2) 구한九桓이 개이삼신皆以三神: 한국을 구성했던 구한족이 한국이 멸망하고 신생국으로 태어난 배달나라에 와서도 먼저 구한족처럼 삼신을 공동의 조상으로 함께 모시는 배달족(구려족九黎族)이 되었다는 뜻.

이 구절을 보면 한웅시대에 마고삼신을 조종으로 하는 원시 신앙체계에 대한 합의가 동방선파에서 다시 이루어졌음을 알 수 있다. 이는 남성을 기원으로 삼는 엔릴 한웅의 서방선파 유일신관과 대비된다. 삼신을 모시는 신당은 소도에서 주관한다. 소도는 삼신을 상징하는 신단수를 모시고 천제를 지내는 성지로 국법의 힘이 미치지 못하는 치외법권의 성역이었다. 전통 무교신앙의 특별지역인 소도는 훗날 마을마다 솟대를 세우는 형식으로 전래되었다. 신단수를 대체하기 위하여 만든 솟대는 T자형 십자가 입목 끝에 새 조형물을 올려놓은 모습이다.

4) 신단수, 소도 그리고 신인류

여기서 소도의 무교 신학적 의미를 짚어 볼 필요가 있다. 《한단고기》는 신시의 터를 태백산 밑이 아닌 태백산 신단수 밑으로 기록했다. 배달나라의 수도(주, 천평天坪)가 될 터를 신단수를 기준목으로 세운데는 다분히 암호화한 비의가 숨어 있다. 마야의 신수인 와카 찬이 보여주듯이 신단수는 영원한 생명을 상징하는 생명나무이며 선악을 구별하는 지혜의 나무이다. 이 나무를 통해서 "竝智生雙修 爲居佺(주, 지혜와 생명을 함께 닦아 신선으로 살게 되었다. 전佺은 온전한 인간이 된다는 뜻. 신선이란 해혹복본을 실현한 온전한 인간을 말한다고 볼 수 있다)"의 지생쌍수의 도를 닦는 것이다. 고대 신지학인 카발라학에서 말하는 십광(10 Sephiroth)의 나무(주, 〈천부경〉의 일적십거一積十鉅에 해당하는 나무로 볼 수 있다. 10개의 가지가 뻗은 1그루의 생명나무이다. 10이란 수는 열개開라는 뜻과 고문자에서 칠성七星이라는 뜻을 가지고 있다)이다. 신화 상징체의 변이로 볼 때 생명나무는 T자형 십자가로 이집트의 엔크Ankh 십자가(주, 손잡이 부분이 원으로 되어 있고 십자가가 붙어 있어서 마치 열쇠처럼 보이는데 '원형을 연다'는 의미가 있어서 동방선파에서 건너간 열쇠로 볼 수 있다)이며 마야의 와카 찬이며 마니의 빛의 몸이다. 이는 예아 한웅의 신시는 신단수 생명나무의 진리를 바탕으로 천신들의 도시(주, 부도符都, 해혹복본을 실현할 곳. 원래의 마고성)라 불리는 테라 외계인 기지, 신시를 건설함을 상징한다. 생명나무의 진리는 동방선파의 지생쌍수의 도이며 생명나무의 실체는 홍익인간으로 나타난다. 예아 왕자가 꿈꾸던 홍익인간 신인류는 천신들로 불리는 테라 외계인에 버금가는 불사의 신선도(주, 佺이다. 신인류로서 전을 실현할 수 있는 분을 격암 남사고 선생은 도부신인桃符神人이라 하였다)를 이루어 물질의 구속으로부터 영원히 벗어난 상승인류(Hyper Race, 개개인이 병지생쌍수竝智生雙修로 전佺을 실현한 인류. 미래의 신인류이다. 이때의 철학은 인仁이 되고 이를 천지인天地人이라 하고 종교는 선仙이 된다. 이 말 역시 격암 남사고 선생이 한 말이다)이며 신단국의 이상은 천상의 외계문명에 비견할 상승국(Hyper Nation)(주, 지구단일국가地球單一國家인 선국仙國. 역시 격암 남사고 선생이 선국이라 하였다. 선仙자에 Hyper라는 의미가 들어가 있다)을 이루는데 있었다.

신단수(제5부 〈그림 13〉 참조)가 생명나무이고 생명의 원천인 성배 삼신에게 제사드리던 천단은 소도에 있었다. 소도는 구한의 사제들이 모여 마고선파에서 한웅의 동방선파로 넘어가는 제의상 정통성 문제를 해결하고 관장하던 종교 교화부서이었다. 소도의 교화사업은 한단고기 〈소도경전본훈〉에서 볼 수 있듯이 동방선파의 천경들이 망라돼 있는 동방카발라 신지학을 체계화하고 전수하는데 있었다. 하지만 신단수 교의를 관장하던 이 부서를 왜 소도라 불렀는지 궁금하지 않을 수 없다(人 69).

5) 바벨탑, 제1차 형제의 난, 그리고 아브라함 교단의 탄생

앞서 본 《영지주의 성경》 '셈의 변언'에 언급되어 있지만, 소돔은 유태인 사제들에 의해 각색된 모습과는 아주 다른 '순결한 자들'의 왕국이었다. 소돔왕국은 이집트 파라호 교단에서 내려오는 뱀 교의들이 소돔 왕국과 흡사할 것으로 추정되는 뱀 아이콘의 왕국이었다. 성경 창세기에서도 나오듯이 인체의 생명나무를 자극하고 활성화시키는 마법(제5부 〈그림 39〉 참조)은 뱀으로 표현되어 왔다.

소돔왕국은 생명나무 활성을 목적으로 하는 뱀 요가(제5부 〈그림 38〉 참조)를 마스터한 마고선파의 선인들이 살던 왕국으로 엔릴 한웅의 반인류적 행위에 크게 반발하였다. 아틀란티스가 침몰한 후에 인지와 언어를 상실한 태반의 인류를 아누나키 천신들이 채광작업에 몰아넣는 일들을 보고만 있지 않았다. 소돔의 선인들(주, 선족仙族으로 전佺으로 볼 수 있다)은 예아 한웅과 손잡고 중동과 북부 아프리카에 걸친 마간Mag An, 즉 마고의 땅에서 엔릴 한웅을 몰아낼 반란을 계획했다. 이 계획에 곰의 나라인 고모라왕국이 동참하고 예아 왕자는 서자부 테라 외계인들을 대동했다.

결국 계획은 수포로 돌아가고 두 왕국은 잿더미가 되어 버리고 말았지만 이 사건으로 아누나키 천신들의 화백회의를 통해 지구성을 동서로 나누어 두 한웅이 다스리는 양웅체제가 나오게 된 결정의 배경이 된다.

소돔의 정신을 잃지 않은 테라 외계인들은 아누나키 생명공학을 상징하며 불사의 생명인 신단수를 놓고 삼신께 제사를 드리는 특별구역을 정해 소돔 또는 소도라 부르게 하였다.

현재 성경 고고학자들은 소돔의 위치를 사해 소금과 연계시켜 사해와 요르단 국경 사이에 있던 마을로 추정하고 있다. 이는 천신의 활동영역을 유태땅으로 국한시키려는 의도가 다분하다. 소돔교의 대부분이 이집트 파라호 교단과 흡사하다고 볼 때 지리적으로 소돔은 북아프리카에 존재했을 가능성이 높다. 한12제국의 일부였던 사납아국이 사하라에 실재한 지명 사나바에서 볼 수 있듯이 사하라 북부 아프리카는 한제국의 영역이었다.

지금으로부터 대략 5,000년 전부터 급속화된 사하라의 사막화 현상은 주기적인 기후 변화를 넘어선 천신들의 전쟁에 의한 결과일 가능성이 높다. 이를 사하라에서 가장 오래된 토착민 부족인 아하갈 부족의 전설을 통해 유추해 볼 수 있다. 이들은 한때 사하라 북서부를 채운 거대한 호수 가운데 있는 섬인 아하갈산에 거대한 석조 도시를 짓고 살았다고 한다. 어떤 천재지변에 의해 호반을 막고 있던 아클라스 산맥 한쪽이 무너져 내려 물이 지중해로 빠져 나가 아하갈산은 산으로 변하게 되었다고 했다. 아하갈 부족의 인종적 기억으로 남은 이 사건의 발생은 대략 소돔과 고모라 왕국 붕괴 시점과 일치한다.

〈소돔과 고모라〉가 잿더미로 변한 뒤 예아 한웅의 중동 기반은 사실상 붕괴되었다. 하지만 예아 한웅 세력이 약해지기 시작한 시점은 예아 한웅의 인류 개량 프로젝트 실험실이자 천신 UFO 포탈이었던 바벨탑 시절로 거슬러 올라간다.

(1) 바벨탑 프로젝트

현재 고고학계에서 인정하는 세계에서 가장 오래된 도시는 터키 남부에 위치한 카탈호약Çatalhöyhük이다. 대략 BC 7500년경부터 자리잡은 신석기시대 도시로 BC 5700년까지 번창하던 그 당시 최대의 도시였다. 주거형태나 문화형태가 미국 프에블로 인디언을 연상시키고 또 도곤 부족들과도 흡사한 도시 형태이다. 이곳에서 대량으로 여신상이 출토됨으로서 이들의 종교가 여신과 동물 정령을 모시던 원시 샤머니즘으로 판명됐다. 터키의 이 신석기시대 도시가 붕괴될 쯤, 수메르국의 첫 도시가 탄생하였다.

수메르의 역사는 현재 이락에 위치한 에리두에서 출발한다고 해도 과언은 아니다. 도시 창건연대가 대략 BC 5400년경이다. 이 도시는 천신 엔키에 의해서 설립되었다고 수메르 신화는 전한다. 천신 엔키는 바로 예아 왕자이다. 이 도시는 예아 왕자에게 바쳐진 사원이 있는 예아 숭배의 중심지였다. 예아는 물의 신으로 때로는 물고기로 나타나고 때로는 뱀으로 나타났다. 호피 뱀예식에서도 나오지만 뱀은 신화체계에서 비를 내리게 하는 풍운조화風雲造化를 갖고 있다고 믿어졌다.

수메르의 신화적 천왕 계보서에는 에리두(에리두가 주는 이미지는 칼처럼 예리한 뱀의 머리이다. 사두상巳頭像으로 볼 수 있다. 테라 외계인들이 지구에 와서 건설한 도시를 상징하는 아이콘의 형상으로 볼 수 있다)를 천신, 즉 테라 외계인이 하강한 도시로 표현했다.

"하늘로부터 왕실이 내려왔을 때, 그 왕실은 에리두에 머물었다네."

창세기에 나오는 님로드왕이 바벨탑을 세웠다는 도시 바벨이 에리두라는 학설이 최근 성경학자들에게서 대두되고 있다. 이 학설이 맞는다면 제1차 형제의 난인 바벨탑을 둘러싼 공방전이 에리두에서 벌어졌을 것이다. 바벨탑이야말로 예아 한웅의 첫 번째 생명공학 실험실이자 천상문명과 연결되어 있는 포탈이었을 가능성이 높다. 바벨은 Bab(문)+El(신)을 의미하는 말로 엘이라 불리는 테라 외계인들이 출입하던 포탈을 말할 수 있다. 예아 왕자를 호위하는 서자부 천인들이 출입하던 터미널이었다는 이야기이다.

바벨탑의 붕괴는 한12제국의 붕괴 과정과 밀접한 관계를 갖고 있다.

"창세기 11:1. 온 땅의 언어가 하나요 말이 하나였더라"

즉 한제국의 영역에서는 단일 언어를 썼다는 이야기이다. 예아 왕자의 바벨탑 실험실은 인류의 신성자각 프로그램을 연구 개발할 목적이었다.

"11:4 또 말하되 자, 성읍과 탑을 건설하여 그 탑 꼭대기를 하늘에 닿게 하여 우리 이름을 내고 온 지면에 흩어짐을 면하자 하였더니"

인류가 탑을 타고 올라가 하늘에 이름을 냄으로서 선인으로 등록하여 사방에 먼지로 흩어지는 죽음을 면하게 하겠다는 취지였다.

〈그림 17〉 양쪽에 사자를 두고 앉아 있는 여인상은 여신을 말할 수도 있고, 모계혈통 사회의 권위를 말하는 여 부족장의 상일 수도 있다. 대략 서기전 6,000년전 조상으로 카탈호약에서 발견됐다.

이를 안 엔릴 한웅이 인류개량 프로그램을 보고만 있을 리 없었다. 여기서 언어의 혼잡은 사람들의 마음속에 의혹을 심어 서로의 말을 믿지 않게 하였다는 말이고 지면에 흩으셨다는 말은 불사不死의 선계仙界에 올라갈 수 없도록 부도符都의 언어를 흩뜨러 놓았다는 이야기이다. 즉 하나의 종교, 하나의 언어체계로 내려오던 부도의 진리에 의혹을 심어 놓았다는 말로 종교의 분열과 한제국의 붕괴를 암시한다.

"창세기 11:5. 여호와께서 사람들이 건설하는 그 성읍과 탑을 보려고 내려오셨더라

6. 여호와께서 이르시되 이 무리가 한 족속이요 언어도 하나이므로 이같이 시작하였으니 이 후로는 그 하고자 하는 일을 막을 수 없으리로다.

7. 자, 우리가 내려가서 거기서 그들의 언어를 혼잡하게 하여 그들이 서로 알아듣지 못하게 하자 하시고

8. 여호와께서 거기서 그들을 온 지면에 흩으셨으므로 그들이 그 도시를 건설하기를 그쳤더라

9. 그러므로 그 이름을 바벨이라 하니 이는 여호와께서 거기서 온 땅의 언어를 혼잡하게 하셨음이니라 여호와께서 거기서 그들을 온 지면에 흩

으셨더라"

바벨탑은 인류에게 미완의 탑으로 기억된다. 인류가 천신과 동격이 될 수 있었던 바벨탑 인류 신성자각 프로젝트는 아누나키 화백회의에서 인가가 난 프로젝트는 아니었다. 예아의 인류개량 프로젝트는 예아 한웅이 서자로서 그의 지배력을 확장할 수 있었던 유일한 방법이었다. 예아의 비호하에 인류를 개량한다는 프로젝트는 엔릴 한웅의 분노를 사기에 충분하였다. 바벨탑 사건은 엔릴로 하여금 자신을 대표하는 부족의 필요성을 자각케 한 사건이기도 하였다. 대홍수로 인류몰살을 시도해 보았지만 예아의 방해로 실패했던 엔릴은 이제 자신을 독점적으로 숭배할 부족을 통해서 인류를 분열시키고 종국엔 파멸에 이르게 할 수 있는 엔릴 한웅 유일신 교단을 준비한 것이다. 이 프로젝트를 추진하기 위해서 그가 선택한 인물이 우루왕 아브라함이었다. 그를 가나안 땅으로 강제 이주시키고 유태부족과 아랍의 시조가 되게 하였다.

(2) 아브라함 씨족과 교단의 성립

엔릴왕자로부터 자식을 제물로 희생시키라는 압박 속에 우루국왕 아브라함(주, 우루국虞婁國이 한12제국에 들어있는 하나의 왕국이고 한제국이 동일한 언어를 썼던 시대였으므로 아브라함은 '아비라함'이라는 말로 읽어진다. '아비라함'을 풀어 쓰면 '아비라고 함'이라는 말이다. 그러므로 조상이라는 의미가 있다고 볼 수 있다)은 그의 발앞에 무릎을 꿇고 만다. 아브라함은 누구보다도 엔릴의 무서움을 아는 자였다. 그런 그가 감히 가나안땅으로 그의 왕국을 옮기라는 명령을 어길 처지가 아니었다.

> "창세기 12:1. 여호와께서 아브람에게 이르시되 너는 너의 고향과 친척과 아버지의 집을 떠나 내가 네게 보여줄 땅으로 가라
> 2. 내가 너로 큰 민족을 이루고 네게 복을 주어 네 이름을 창대하게 하리니 너는 복이 될지라."

하지만 그가 가나안땅에서 유태인들과 아랍인들의 조상이 되기 전에 일시적으로 이집트에 망명을 하게 된다. 이집트 파라호 교단과 유태인들과의 긴 역사가 시작되는 것이다.

> "창세기 12:10. 그 땅에 기근이 들었으므로 아브람이 애굽에 거류하려고 그리로 내려갔으니 이는 그 땅에 기근이 심하였음이라
> 11. 그가 애굽에 가까이 이르렀을 때에 그의 아내 사래(주, 사래는 사래巳來로 읽을 수 있는 말이다. 뱀을 인종 아이콘으로 쓰는 풍이족에서 왔다는 뜻으로 볼 수 있다. 사라는 뱀이 변하여 된 사람으로 볼 수 있다)에게 말하되 내가 알기에 그대는 아리따운 여인이라
> 12. 애굽 사람이 그대를 볼 때에 이르기를 이는 그의 아내라 하여 나는 죽이고 그대는 살리리니
> 13. 원하건대 그대는 나의 누이라 하라 그러면 내가 그대로 말미암아 안전하고 내 목숨이 그대로 말미암아 보존되리라 하니라."

단 이집트로 도망간 아브라함은 그의 아내이자 누이인 사라를 파라호에게 바침으로서 망명이 받아지는 것으로 《성경》은 기록하였다. 이는 아내 사라가 파라호(주, 파라호는 바라호의 변음으로 볼 수 있는데 바라는 바람으로 볼 수 있는 말이다. 바람은 풍이족의 풍風을 의미한다고 볼 수 있다. 그러므로 파라호 교단은 뱀 교단으로 볼 수 있다) 뱀 교단에 입교했다는 말이기도 하다. 아내 사라의 파라호 교단의 입교는 당연히 엔릴 한웅에게 포착이 되고 성난 엔릴은 이집트를 날려버리겠다고 파라호를 협박하여 아브라함과 사라를 교단에서 추방하게 한다.

> "창세기 12:17. 여호와께서 아브람의 아내 사래의 일로 바로와 그 집에 큰 재앙을 내리신지라
> 18. 바로가 아브람을 불러서 이르되 네가 어찌하여 나에게 이렇게 행하였느냐 네가 어찌하여 그를 네 아내라고 내게 말하지 아니하였느냐
> 19. 네가 어찌 그를 누이라 하여 내가 그를 데려다가 아내를 삼게 하였느냐 네 아내가 여기 있으니 이제 데려가라 하고
> 20. 바로가 사람들에게 그의 일을 명하매 그들이 그와 함께 그의 아

내와 그의 모든 소유를 보내었더라"

하지만 뱀 교단의 진의는 이미 사라에게 전수가 된 뒤였다. 아브라함을 마고선파로 입교시킨 자는 멜키지덱(주, 유대교의 시조가 된 분으로 알려져 있다)이다. 먼 훗날 예수의 어머니와 아내가 모두 이집트 아이시스 뱀 교단의 여사제였던 인연의 줄이 생기고 아브라함에게 전한 멜키지덱의 성배 성체의식은 예수에 의해서 부활한다.

예아왕자는 마고선파의 정통성을 인정하는 테라 외계인이었다. 인류의 신성자각을 이끌어내 해혹복본을 이루게 하여 테라 외계인의 권능을 가지게 하려는 그의 계획은 동방의 마고선파와 배달나라에 속한 나라들 입장에서 대대적으로 환영할 만한 일이었다. 예아 한웅의 인류 교화작업은 엔릴의 끝없는 방해와 함께 부침浮沈이 심하였다. 사납아국(북아프리카 한국)을 엔릴 한웅에 의해 날려버린 멜키지덱이 예아 환웅을 대신해 서방 교화 작업의 최전방에 나서게 되었다.

아브라함는 두 한웅의 전혀 다른 세계가 겹쳐지는 기이한 운명의 소유자였다. 오늘날의 종교적 갈등이 모두 그의 자손과 그를 시조로 하는 종교에서 진행되고 있고 있다는 사실은 엔릴 한웅의 아마겟돈 프로젝트라 할 수 있다.

6) 엔릴 한웅의 인류파멸 프로젝트 II, 마호메트 교단

아브라함에 의해 지구상에서 가장 철저한 부계사회 신앙을 세운 엔릴 환웅은 여전히 그의 코끝에서 벌어지는 마고선파의 성배(여신)신앙을 보고만 있을 수 없었다. 아브라함의 먼 자손인 마호메트 선지자가 메카의 카바사원에 모셔져 있던 코리 삼신을 우상으로 몰아 아랍 전통의 여신신앙을 붕괴시키고 모계 혈통사회의 흔적을 없애버린 이유는 삼신숭배신앙이 아라비아 반도에 지속적으로 전승되었기 때문이다. 모계

혈통사회의 공통된 신앙체계인 여신 숭배는 엔릴 한웅의 끈질긴 탄압 속에서도 여전히 살아남은 중동지역 신앙체계였다.

엔릴이 아랍을 앞에 내세워 유태인의 등에 비수를 꽂기 전까지만 해도 이슬람의 최고 성지, 메카의 카바 사원은 360제신을 거느리는 삼신을 모시던 여신사원이었다. 행운의 여신 마낫, 금성을 상징하는 알랏, 태양의 여신으로 알우짜라는 이름을 가진 아라비아 여신들은 마고 삼신처럼 노파로 숭배되었고, 모든 신의 조상 할머니로 여겨졌다. 이들이 삼신이었다. 여성의 성기, 즉 성배를 상징하는 이 조형물은 아라비아 성배신앙의 유습을 상징한다.

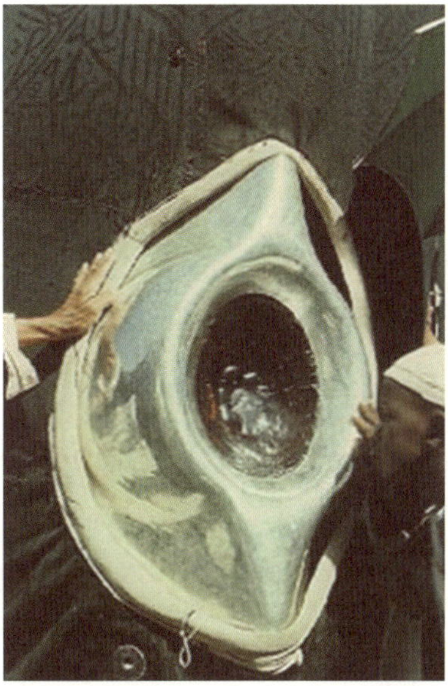

〈그림 18〉 원래 코리 여신을 모시던 사원의 조형물인 성배

표상인 검은 바위, 카바에는 여성의 성기를 상징하는 조형물이 놓여 있어 이슬람화 이전의 여신숭배를 증명한다.

마호메트는 성배신앙으로의 삼신숭배를 하루아침에 부계사회와 남신숭배로 돌려버린 인물이지만 그 자신은 막상 카바의 여신을 숭배하고 사원을 지키던 '코리 여신의 자손'(Children of Kore)(ㅋ18)이라는 부족 출신으로 그가 암송하던 훗날 코란Kor An(주, 마고를 의미하는 고리여신과 한인천제 안파견의 합성어로 볼 수 있다)의 성스러운 구절들은 코리 여신이 태고적에 인류에게 남긴 가르침이었다는 것이다. 후대 이슬람에서 삼신은 알라신의 세 딸로 다시 부활하고 이슬람 성직자들을 어머니라는 어원에서 나온 이만Iman(주, 이만을 순서를 바꾸면 만이가 된다. 만이는 마니이고 마니는 머니이고 이 말이 어머니라는 말임을 알 수 있다)으로 부르는 데서 아라비아 부족들의 원시신앙관이 적어도 완전히 사라지지 않았음을 알 수 있다.

엔릴 한웅이 그의 충복 가브리엘 천사를 마호메트에게 보내 부계 신앙체계인 이슬람을 일으킨 이유 역시 〈소돔과 고모라〉에서처럼 서방에서 그를 위협하는 원시신앙체계를 뿌리 뽑고 말겠다는 의도였다. 더 나아가서는 같은 아브라함의 자손인 유태인과 아랍이 아브라함 교단의 정통성을 놓고 피 튀기는 쟁투 속에 인류를 파멸로 이끌 불씨를 심어놓는 프로젝트였다. 여기서 야훼와 알라의 두 절대신격이 등장한다. 마치 전혀 다른 두 신격인 듯싶지만 실상은 엔릴을 지칭하는 천신天神이라는 뜻일 뿐이다. 아브라함 교단에서 엔릴 '유일신'의 이름은 절대 인간이 알아서는 안되는 금기 사항이었다.

3. 예아 환웅과 멜키지덱 선파

1) 멜키지덱

(1) 유래

남미 고대문명에서 케찰코아틀이 풍이의 도를 부활하여 마고선파를 십자가 사원을 통해 일으켰다면, 중동지역을 중심으로 몇 천년 간 내려오는 마고선파의 지파는 멜키지덱 교단이다. 서문에서 밝혔듯이 멜키지덱은 예아 한웅과 더불어 마고선파의 뒤를 잇는 인류 교화 사명의 대사이시다. 윗장에서 엔릴 한웅이 유일신 숭배 아브라함 교단을 일으키고 모세와 다윗왕 그리고 모하메트를 통해서 아브라함 서방선파를 세웠다면 멜키지덱은 예아 한웅이 중동에서 축출된 공간을 채워 온 마고선파의 대선인으로 아브라함 교단과 그 뒤를 잇는 바티칸의 혹독한 박해 속에 해혹복본과 대속신앙을 이어 온 비밀종교 결사의 모체이다. 멜키지덱 대사의 기원은 아틀란티스에서 시작되고 북부아프리카 사납아국을 거쳐 이집트 파라호 교단 소돔과 고모라 그리고 영지주의자들로 이어지는 기나긴 마고 샤먼 전통이다.

M-El-Ki Chi-Dek이라는 이름을 분석해 보면, M은 물, 또는 어미를 상징한다. 창조는 형상 이전의 물로 이루어지는 패턴을 우리는 이미 신화 원형을 통해서 정리해 보았다. 모든 여신의 원형이고 인류의 어미가 되는 태고의 여신은 항상 물과 관련이 있다. 인류시원의 마고삼신 역시 이 물의 원형을 벗어나지 못한다. El은 신을 말하는 외계인 언어로 모든 신들을 낳은 원신을 말한다. 지방화된 개념으로 그는 여신에서 남신으로 둔갑하여 모든 신들의 아버지로 불리고 있다. 고대 그리스 신학자들은 엘을 크로노스신으로 해석하고 문명의 황금기를 이끄는 신으로 수확과 추수의 신으로 숭배했다. 인류 문명의 황금기로 알려진 엘의 천신시대는 친자식들인 제우스와 포세이돈, 헤이데스의 반란으로 쫒겨나 지저세계인 타타우스에 갇혀 있게 되었다고 한다. 이는 또한 한 제국의 붕괴와 연관된 설화로 분석된다.

어미여신으로 불리는 가이아 여신(마고)의 아들로 타이탄 계열 신(거인족)의 우두머리였던 엘은 아들들의 반란(한웅 형제)으로 올림피안 계열 신들에게 이 세계를 뺏기게 된다는 신화의 주인공이다. 신들의 세대교체와 폭력적이고 교활한 제우스(엔릴 한웅)의 등장은 마고문명에서 점차적으로 부계사회로 분열돼 가던 문명의 단상을 말하고 또한 오미의 난을 일으키면서 인류의 황금기를 상실케 한 백소족 계열의 신화라고도 볼 수 있다.

키Ki는 마고 또는 바빌로니안 외계언어에서 지구를 상징하는 말이다. 좀더 구체적으로 보자면 키는 우리가 말하는 기氣이다. 기백선인이 황제에게 설명하던 황제내경의 오운육기가 이 키이다. 그러므로 멜키는 지구(또는 그 에너지)의 신엄마라는 말이 된다. 지덱은 지댁으로 분가해 나간 집을 말한다. 지구와 그 품에서 자라는 생명의 신엄마 마고를 따

〈그림 19〉 네 개의 T자 형태 십자가가 모인 이 예루살렘의 상징체는 케찰코아틀 신앙에서도 보이는 마고선파 고유의 무교 아이콘이다. 호피부족은 무자의 변형인 불교의 卍자를 쓰고 있다.

르는 가문에서 떨어져 나왔다는 의미로 멜키지덱은 풍이의 마고선파에서 떨어져 나간 지파를 지칭하는 마고시대 외계언어이다.

유태인 성경에서는 그의 이름을 멜키지덱Malki Zidek으로 표기하는데 멜키는 왕, 지덱은 정의로 해석한다. 창세기에서는 그를 살렘의 왕이라 했다. 여기서 살렘은 살롬, 즉 평화를 가리키는 말로 유태교 사제들은 해석한다. 마고 언어체계로 살롬은 사람과 같다. 멜키지덱의 가르침이 인도人道에 있다는 이야기이다. 평화와 정의는 케찰코아틀과 호피신앙의 중심에 있는 마고선파의 코드이다. 더군다나 예루살렘을 상징하는 십자형 상징이 마고 부도 무巫 십자가와 같은 점을 단순한 우연으로 보기는 힘들다.

창세기 14장

14:18 살렘 왕 멜키지덱이 떡과 포도주를 가지고 나왔으니 그는 지극히 높으신 하나님의 제사장이었더라

14:19 그가 아브람에게 축복하여 가로되 천지의 주재시요 지극히 높으신 하나님이여 아브람에게 복을 주옵소서

14:20 너희 대적을 네 손에 붙이신 지극히 높으신 하나님을 찬송할지로다 하매 아브람이 그 얻은 것에서 십분 일을 멜키지덱에게 주었더라

시편 110:4 여호와는 맹세하고 변하지 아니하시리라 이르시기를 너는 멜키지덱의 서열을 따라 영원한 제사장이라 하셨도다

이 구절을 볼 때, 명확한 것은 그가 왕이자 사제였다는 점이다. 그를 살렘의 왕으로 소개했고 또 살렘을 예루살렘으로 해석하지만, 아브라

함 생존 당시에는 예루살렘 왕국은 존재하지 않았다. 우리가 아는 예루살렘을 건설한 자는 예수의 직계조상인 다윗왕이었다.

(2) 멜키지덱 혈통

성서학적으로 멜키지덱의 가장 큰 신비는 그가 아담으로부터 내려오는 유태인 족보 어디에도 보이지 않는 비유태인 대사제이면서 아브람을 성체, 성찬, 성배의식으로 입교시킨 선인이라는 점이다. 이 문제를 해결하기위해서 유태인 사제들은 그를 노아의 아들로 둔갑을 시키려고 노력했지만 〈신약 히브리서〉에서는 이를 단연코 부정한다. 설령 노아의 혈통이라 가정해도 아브라함 이전에 이미 존재하는 교단을 어떻게 설명해 볼 여지가 없다는 더 큰 문제가 발생하게 되는데도 불구하고 유태교 사제들이 그를 노아의 후손으로 엮는 이유는 유일한 생존자이자 야훼의 줄기세포인 노아만이 야훼가 인정하는 신인류의 조상이 될 수가 있기 때문이다. 노아 이전의 원시신앙은 야훼의 대홍수로 바다 속으로 이미 침몰했어야만 하기 때문에 멜키지덱이 가져온 신앙체계의 정체는 역시 오리무중일 수밖에 없는 구차한 설명일 뿐이었다. 〈히브리서〉는 이런 유태인 사제들의 주장과 달리 그가 창조 때부터 신과 함께 있었다고 주장하였다. 이런 혼돈은 《신약 성경》에 나타난 멜키지덱 교단의 예수 사제와 구약의 유태교 사제의 입장이 전혀 딴판이기 때문이다. 태고적의 마고선풍을 이어받고 이어 서방선파의 선지자로 백소 교화에 나선 멜키지덱은 예아 한웅의 법통을 인정하고 따르던 발Baal신 교단 사제이었던 반면에 전통적 유태교 사제는 돌연히 지구역사에 등장한 엔릴 한웅의 법통을 따르던 자들이었기 때문이었다.

(3) 우리 살림Uri Salem, 예루살렘, 멜티지덱 왕

여기서 발Baal신 신앙체이었던 살렘으로서 예루살렘의 유래를 살펴보면, 예루살렘은 예아 한웅을 따르던 고대도시 우루살림에서 기원한다. 우루살림의 정확한 위치는 학자마다 다르다. 하지만, 대략 가나안 주변으로 추측하는 편이다. 우루살림 왕국은 가나안 토박이들로 바빌로니안 발신의 영역이었다. 《성경》에 기록된 우루살림 왕계보에서 유일하게 등장하는 이름은 아도나이지덱, 즉 발 천신을 모시는 왕이란 뜻이다.

〈그림 20〉 멜키지덱 왕. 빵과 와인을 들고 있은 모습에서 그가 성체의식을 통한 해혹복본의 길을 제시하였음을 알 수 있다. 들고 있는 바구니는 그가 마고여신을 인류창조의 시원으로 보는 여신의 자궁 성배신앙을 또한 표현한다.

이들은 유태부족의 등장과 함께 끝없는 전쟁상태로 들어간다. 이런 가나안땅의 발신앙 토착민을 정복한 기념으로 다윗왕이 시온산 밑에 성곽을 쌓고 예루살렘을 세웠다고 한다. 《성경》에 기록된 이 사실을 액면 그대로 받아들인다면 문제는 발Baal 신(ㅂ8)을 믿는 우루살림의 왕 멜키지덱이 어떻게 아브라함을 입교 시킬 수 있는가 하는 점이다. 이런 신학적 모순은 멜키지덱 대사제로부터 전교받은 Baal 신교의 성배신앙과 상치되는 아브라함 교단의 유일신 야훼숭배 근본 교의에 있다. 멜키지덱 대사제를 우리 살림국의 왕, 즉 살렘왕으로 기록한 이상 멜키지덱이 아브라함 입교 이전시대의 원 예루살렘 왕이자 가나안땅에 있는 Baal 신단의 대제세장이었다는 사실은 숨길 수 없는 형편이었다.

이런 모순을 해결하기 위한 유태교 신학자들의 편법은 살렘을 평화로 해석하고, 그를 평화 왕이자, 정의 왕으로 부르는 것이었다. 우리 살림국의 존재를 은폐함으로서 아브라함시대에 있던 치열한 종교전쟁과 천신들의 쟁투 역사를 왜곡할 수 있으리라 믿었었다. 종교전쟁의 결과는 야훼 한웅을 유일신으로 섬기고 그 외의 천신은 부정하는 유태신관으로 굳어지면서 얼핏 멜키지덱 역시 야훼 한웅을 따르던 교단의 사제인 것처럼 왜곡되었다. 발신을 섬기던 우리살림국은 다윗왕의 발신 숭배국 토벌전쟁에 패하고 야훼를 섬기는 예루살렘으로 둔갑하면서 승자의 역사 속으로 말없이 사라져 간 비운의 왕국이지만 멜키지덱 교단마저 사라지지는 않았다.

멜키지덱이 살렘왕으로 성경에 기록돼 있지만 그의 정체성을 밝히는데 작은 일부분일 뿐이다. 우리살림국의 정체성이 발신앙에 있듯이 멜키지덱 대사제 역시 천신들의 전쟁에서 예아 한웅의 정통성을 인정한 마고선파 계열의 선인이었다. 아브라함에게 교법을 전수한 대제사장으로서 그의 특출난 위치는 창세기 14장 18절에 기록돼 있듯이 '지극히 높으신 하나님'의 제사장이었다. 그가 아브라함에게 가져온 성찬, 성배 의식은 떡과 포도주와 포도주를 담은 성배로 이루어져 있었다. 여기서 멜키지덱 교단의 정체성은 보다 명확하여진다.

마고성에서 인류가 율려를 조절하는 임무를 수행하며 살아갈 때 그들은 지유地乳을 마시며 연명하였다. 그런 그들이 오미를 깨치고 난 뒤부터 이빨이 돋게 된다. 오미의 맛은 달콤하지만 다른 생명을 취할 때만이 느낄 수 있는 금지된 맛이었다. 멜키지덱이 가져온 포도주는 지소씨가 허기에 지쳐 금단의 열매인 포도를 취한 오미의 상징이며 빵은 인류가 오미에 탐닉하면서 나온 이빨을 상징하는 음식이다. 포도주를 담은 성배는 여신의 자궁이고 멜키지덱이 들고 있는 바구니는 여신의 여음을 상징한다(제5부 〈그림 18〉 참고). 그가 들고 있는 것은 부도의 역사로서 그가 섬기는 지극히 높으신 하나님의 정체가 마고대신 할머니임을 알 수 있다.

멜키지덱이 마고선파의 대제사장이라 할 때 그의 연원이 궁금해 지지 않을 수 없다. 사실상 《성경》을 제외한 어떤 전적에도 기록돼 있지 않은 신비의 인물인 멜키지덱을 이해하기 위해선 좀더 다른 각도에서 그를 볼 필요가 있다. 서방선파의 조종으로서 그는 불사의 신인이라는 점이다.

(4) 멜키지덱 교단

"지금으로부터 14000~12500년 전 사이에 지구가 기상이변과 화산폭발로 인류가 전멸했다는 주장이 나오고, 이때 살아남은 사람으로서 대서양 쪽에서는 멜키지덱이, 태평양 쪽에서는 마고가 역사 기록에 올라 있다.

멜키지덱은 《성경》의 창세기에 나와 있고, 마고는 우리의 《부도지》와 중국의 여러 기록에 나와 있다. 인류역사의 시작을 12간지의 자子로 본다면, 이때에 해당하는 12궁시대는 사자궁시대이다. 사자궁시대는 12000년 전으로 인류의 시조인 멜키지덱과 마고시대에 해당한다. 이렇게 역사의 시발을 사자궁시대에서 시작하면, 9199년 전에 한국을 세운 한인천제의 시대는 거해궁시대에 해당하고, 5898년 전에 신시를 세운 한웅천왕의 시대는 금우궁시대에 해당하고, 4333년 전에 조선을 세운 단군왕검의 시대는 백양궁시대에 해당한다.

지금 우리가 살고 있는 2000년대는 쌍어궁시대를 지나서 이제 막 보병궁시대로 들어섰으므로 현재에서 과거로 12궁시대를 역추적하면 마고시대에 다다를 수 있다."(노중평 서재)

고담 노중평은 멜키지덱왕을 천지개벽에 살아남은 성자로 대서양에 몰려 사는 인류를 교화시키는 인류문명의 대시조로 보고 있다. 어떤 의미에서는 마고와 동격이기도 한 멜키지덱은 불사의 신선으로 꺼져가는 원시신앙의 불꽃을 지피기 위해 백소족을 떠나지 않고 그들 곁에서 영감의 원천이 되어 주었다. 그는 대서양에 있던 아틀란티스 문명이 초토화되면서 북아프리카로 이주해와 지중해 연안을 돌면서 교화활동을 하던 대선인이었다.

(5) 〈히브리서〉에서 밝힌 멜키지덱

그의 정체성을 신약으로 풀어 보면 구약의 살렘왕 멜키지덱의 정체성이 보다 뚜렷해진다. 《부도지》의 입장에서 해석해 본다.

> "히브리서 7:3. 아버지도 없고 어머니도 없고 족보도 없고 시작한 날도 없고 생명의 끝도 없어 하나님의 아들과 닮아서 항상 제사장으로 있느니라"

여기서 아버지도 없고 어머니도 없다는 말은 멜키지덱 스스로가 자웅동체의 부모신이 되기 때문이다. 족보가 없음은 그가 마고성에 나온 천인임을 말한다. 시작한 날도 없고 생명의 끝도 없다는 말은 일시무시일종무종을 가리키는 천부 부도를 말하며 그가 이 마고 천부 교단의 영원한 사제임을 밝힌 대목이다. 하나님의 아들과 닮았다는 말은 예수와 근원이 같다는 말이다.

한마디로 멜키지덱은 시공을 초월한 불사의 선인이라는 이야기이다. 서방선파를 이끌면서 백소족을 교화하기 훨씬 이전부터 존재하던 일시무시一始無始의 제사장이었다. 그의 연원은 지구성 밖에서 도래한 마고여신과 다를 바가 없고 각기 무대륙과 아틀란티스 대륙의 문명을 이끌었던 문명신이었다. 즉 멜키지덱은 외계로부터 내려온 테라ET로 삶과 죽음을 초탈한 외계 성자이다. 서구에 내려오는 멜키지덱 전통 비밀 수행결사에서 그를 양웅 동체의 신상(Magna Figura)으로 표현하는 이유가 여기에 있다. 즉 그가 여신과 합일체로 나타남으로서 마고성으로 가는 포탈로 해혹복본의 메시지를 성배와의 합일로 가르쳤다. 이 멜키지덱 신상은 훗날 템플라 기사단에서 바포멧Baphomet으로 불리던 신상의 실체이다. 바포멧은 원래 수메르에서 내려오던 외계인 언어로 문을 말하는 바브Bab 빛이 들어온다는 말인 Come의 합성어로 빛의 존재인 천신이 드나들던 포탈을 말한다. 이 외계인 포탈을 가리키는 말이 아랍, 아르메니아, 그리스와 주변 지중해 비전 단체들을 돌면서 바포멧으로 변형되면서 포탈의 진의를 상실한 채 템플라 기사단이 숭배하던 '악마'로 둔갑하게 되었다. 바티칸의 이단 선고를 받으면서 멜키지덱의 비의를 간직한 바포멧 신앙이 악마 숭배신앙으로 몰리는 과정은 발신이나 이스타 여신의 경우와 다를 바가 없었다.

> "히브리서 7:14 우리 주께서는 유다로부터 나신 것이 분명하도다 이 지파에는 모세가 제사장들에 관하여 말한 것이 하나도 없고
> 15. 멜기세덱과 같은 별다른 한 제사장이 일어난 것을 보니 더욱 분명하도다
> 16. 그는 육신에 속한 한 계명의 법을 따르지 아니하고 오직 불멸의 생명의 능력을 따라 되었으니
> 17. 증언하기를 네가 영원히 멜기세덱의 반차를 따르는 제사장이라 하였도다
> 18. 전에 있던 계명은 연약하고 무익하므로 폐하고
> 19. (율법은 아무 것도 온전하게 못할지라) 이에 더 좋은 소망이 생기니 이것으로 우리가 하나님께 가까이 가느니라
> 20. 또 예수께서 제사장이 되신 것은 맹세없이 된 것이 아니니"

히브리서에서 보듯이 신약시대의 신학자들은 모세의 율법을 정면으로 부정하고 나오면서 멜키지덱의 도가 영원한 생명의 도를 닦는 마고선파임을 분명히 하였다. 영원한 생명으로 이르는 길이 바로 마고 복본의 길임은 말할 나위 없다. 멜키지덱의 정통성을 이어받은 예수 성자는 도맥상 백소족의 교화를 담당한 마고선파의 제사장임을 〈히브리서〉는

은연 중에 밝히고 있다.

(6) **멜키지덱과 마고선파**

멜키지덱은 종교적인 관점에서 볼 때 마고와 동격인 신인神人이다. 멜키지덱을 자웅합체상으로 모시는 이유이기도 하다. 《구약성경》에서 아브라함에게서 십일조를 받게 되는 멜키지덱 교주가 다시 《성경》에 등장하는 때는 예수 성자가 세상에 나온 뒤가 된다. 여기서 아브라함과 예수 사이에 은밀하게 전승되는 멜키지덱 서방선파 교단의 존재가 엿보인다. 앞서 살펴보았듯이 아브라함은 비록 엔릴 한웅의 뜻을 거스를 수 없어 엔릴의 야훼 프로젝트에 공범이 되었지만 이는 아브라함에게 선택권이 없었기 때문이다. 그럼에도 불구하고 멜키지덱 대사로부터 직접 성배, 성찬 교의를 전도받은 아브라함은 멜키지덱 교단 예수 사제의 연원이 되는 것이다.

《성경》에 기록돼 있듯이 예수는 유태교 사원에 들어가 돈놀이를 하던 화폐 장사꾼들과 그들과 연계돼 있던 유태교 사제들을 뒤집어 놓고 다니면서 정통 유태교단에 대놓고 반기를 들던 혁명가이었다. 마치 케찰코아틀이 그랬듯이 그의 혁명적 종교관은 기존 교단의 거센 반발로 십자가형을 받게 된다. 예수의 급진적 종교혁명 운동 배후에는 에세네 교단, 그의 처 막달리아 마리아와 어머니 마리아의 친정인 파라호 교단 그리고 중동과 북부 아프리카 마간Magan 지역에서 연연히 내려오고 있던 멜키지덱 교단이 숨어 있는 것이다.

이 교단의 정체가 〈히브리서〉 등에서 발견될 때 드는 의문은 어떻게 해서 멜키지덱 교단이 예수 성자에게 이르게 되었는가 하는 점이다. 파라호 교단 내부에서 여성 사제들로 이루어진 뱀 교단, 즉 아이시스 교단이 예수에게 가장 큰 영향을 주었을 것이다. 예수 성자는 어머니 마리아를 통해서 십자가의 비의와 해혹복본의 도를 잇는 멜키지덱 비의를 전수받았고, 처 막달라 마리아를 통해 생명나무 진리를 체험할 수 있었다. 아이시스 교단 출신인 두 여인을 떠나서는 풀릴 수 없는 수수께끼이다. 멜키지덱 교단의 사제가 됨으로서 예수의 삶은 마고선파가 배출한 숱한 물고기 성자들이 걸었던 대속 사명인의 행적을 나타나게 된다.

2) 멜키지덱 교단 사제 예수

(1) 예수의 원형 이집트의 호러스

호러스의 탄생 신화는 사실상 예수 탄생의 모델이 된다. 그의 탄생은 예수처럼 동방의 별 인도에 의해 3명의 왕이 그의 탄생을 영접한다. 그는 인간으로 온 신으로 인류의 구세주이며, 신의 아들이다. 그는 신을 아버지라 부르며, 그의 어머니는 성령으로 그를 수태하였다. 호러스는 12살이라는 나이에 이미 천재성을 발휘하여 사람들을 가르치기 시작했고, 30살에 아눕이라는 자로부터 세례를 받았다. 이후 그는 자신의 목회를 시작하여 12사도를 두어 같이 여행하면서 기적을 베풀어 병든 자를 낫게 하고, 물 위를 걷는 기적을 보였다. 그는 결혼식 피로연에서 물을 와인으로 바꾸는 기적을 보였다. 그는 세례(Baptism ; 물에 잠긴다는 뜻. 침례浸禮)을 통해서 다시 태어날 수 있다고 가르쳤다. 신약성경에 쓰여있는 것처럼, 그 역시 타이폰에게 배신을 당하고 십자가에서 죽음을 당하여 3일간 묻혀 있다가 부활하였다. 그는 신의 아들로 추앙되었다. 그를 따르는 자들은 종말의 날에 그가 심판하기 위해 다시 돌아온다고 믿고 있다. 그의 죽음과 부활을 그의 살과 피를 상징하는 빵조각과 와인을 먹으면서 기념한다.

신의 아들(서양에서 원래의 신의 아들은 예수가 아니라 이집트의 오시리스이며 로마에서는 다이오니서스라고 불리던 원시 샤머니즘 신격이다. 예수가 신의 아들이 된 것은 로마 황실에 고용된 유세비우스에 의해서라 한다)은 이집트의 호러스신으로 불리던 원시 샤머니즘 신격이다. 특정 종교인들이 그렇게 오랜 세월 동안 배격해 오던 바로 그 원시신앙체계에서 어쩌다 예수와 똑 닮은 프로파일을 가진 신격이 있을 수 있단 말인가? 이를 초기 바티칸 학자들은 악마에 의한 선험적 모방이라는 낯간지러운 논리로 예수의 거룩한 삶을 모독하기 위한 악마의 음모로 치부하였다.

예수 탄생과 호러스 신이 보여주는 삶의 유사성은 예수 성자가 파라호 교단을 통해서 멜키지덱 마고선파에 입도하여 해혹복본과 대속사명의 비의를 받고 그 뜻을 세상에 펼쳤기 때문이다. 예수 성자의 삶은 이집트 파라호 교단의 천문 부도신학을 전제하지 않으면 풀릴 수 없는 미스터리로 가득 차 있다.

(2) **이집트 천문 부도신학**

고대 이집트인들은 태양이 십자가에서 죽는다고 믿었다. 그리고 처녀좌에서 부활한다고 믿었다. 12월 21일 동지점에 이른 태양은 22일, 23일, 24일 3일 동안 남십자성 밑에 들어가 동쪽 지평선 상에서 일출하지 않는다. 이를 이집트인들은 태양이 십자가에서 3일 동안 죽어 있다고 생각했다. 그리고 12월 25일 태양은 북반구로 회귀하여 부활한다. 12월 24일, 밤하늘에서 가장 빛나는 들개(Sirius)좌는 오리온좌의 삼태성과 직렬한다. 이런 배경에서 12월 25일은 예수를 포함한 많은 신격들의 탄생일이 된다. 이날 그리스의 디오니소스신은 처녀의 몸으로부터 탄생한다. 페르시아의 미트라신 역시 이날 처녀로부터 태어난다. 터키 피리지아 왕국의 아티스신 역시 처녀 나나로부터 이날 탄생한다. 고대 문명 중에서 가장 영향력이 큰 이집트에서는 12월 25일이 태양신인 호러스가 아버지 오시리스가 숙부 세스에게 살해당한 후, 마법에 의해 잉태하여 아이시스로부터 태어난 날이다.

천문신학은 부도신학이다. 십자성과 직녀성, 북두칠성과 같은 성수星宿와 일월 황백도에 해혹복본의 이치를 담아 놓았기 때문에 부도의 화신인 남미의 성자 케찰코아틀, 서방의 예수 성자가 대수대명의 삶을 살 수 있었다. 신약에 기록된 예수의 삶속에는 부도철학이 깊이 배어 있었다.

황제신학을 바탕으로 한 로마 기독교가 국교화되면서 이런 부도신격에 대한 기억을 로마인들로부터 영원히 삭제하게끔 하였다. 예수와 닮은 행적을 보인 옛 신앙에서의 신격은 무조건 배격을 받게 되었다. 정통 유태교 사제이자 초기 예수교단 말살 임무를 띠고 나타난 사도 바울의 맹활약과 이를 바탕으로 한 로마 기독교를 국교(State Religion)로 선포한 황제 테오도시우스Theodosius 덕분에 예수가 목숨을 걸고 벌이던 종교혁명은 막을 내리게 되었다.

(3) 로마 황실에 의해 태양신이 된 예수

우리가 알고 있는 사도바울 기독신앙(Paulian Christian)은 이렇게 짜깁기식 종교로 로마 황실에 고용된 유세비우스에 의해서 완성된다. 로마 황제를 태양신으로 떠받드는 정통 신관을 예수라는 새로운 신격체로 일원화함으로서 로마황실은 하나의 종교, 하나의 제국, 그리고 영원한 황실과 하나의 황제라는 새 세계질서(New World Order)를 짤 수 있었다. 이는 역설적으로 로마제국과 로마황제의 힘이 약화되어 가는 현상을 비대한 제국내의 모든 이질적 요소를 인기있는 신흥종교로 해소함으로서 국력을 회복하고자 하는 정치적 의도이기도 하였다.

우후죽순처럼 퍼져가는 기독신앙체제를 끌어안음으로서 제국의 안정을 도모하던 로마황실 입장에서 하나의 일관된 신앙체계를 갖는 작업이 시급할 때였다. 예수를 따르는 신앙 공동체는 많았지만 일관된 신앙체계는 없었다. 가장 중요한 문제는 예수를 신으로 볼 것인가 아니면 인간으로 볼 것인가였다. 예수를 평범한 인간으로 보는 순간 제국을 이끌어 갈 태양신의 위력을 상실하게 되므로 이는 로마황제 역시 범부에 불과하다는 결론이 나게 된다. 이들이 원했던 것은 황실의 권위가 우선이 되는 새 종교로서 황제신학을 펴기 위해서는 반드시 예수가 신과 동격이어야만 했다. 즉 예수를 인간으로 해석하던 기독교 종파는 로마황제의 권위를 무시하는 처사가 되는 상황이었다. 이런 종파 내의 혼란을 정리하기 위하여 황제 특명으로 이루어진 《니케아신경》은 예수가 곧 신이라는 오늘날의 기독교 신앙의 기본을 못박은 작업의 일환이었다. 《니케아신경》에 서약하지 않는 종파는 스스로를 이단으로 선언하는 일로 죽음을 각오할 수밖에 없는 지경이었다. 여기서부터 바티칸의 길고 긴 이단 신학 박해가 시작된다. 졸지에 로마황제를 대표하는 태양신으로 둔갑한 예수는 로마황제에게 있어서 조디악Zodiac의 12황도궁을 다스리는 신으로 솔 이빅터스Sol Invictus라 불리었다. 로마황제의 신격 이외에는 어떤 것도 용납이 될 수 없다는 왕권 강화전략에 의한 유일신앙체계가 들어선 것이다. 엔릴 한웅 유일신 선파를 바로 잡아 보려던 예수 성자의 꿈은 엔릴 한웅의 대체 자아(Alter Ego)인 로마황제에 의해 깨져버린 비운의 성자이었다.

(4) 원시 기독교 영지주의 신앙과 마고선파의 교지 해혹복본

기독교가 황제를 위한, 황제에 의한 신학체계로 굳혀갈 즈음 예수를 사람의 아들로서 해혹복본을 하여 천국으로의 복귀를 한 성자라는 믿음을 가진 그노스틱Gnostic 영지주의자들에게는 사형선고나 다름없는 《니케아신경》을 뒤로 하고 역사에서 소멸되고 만다.

로마황제를 신격화하는데 소모된 《니케아신경》은 영지주의 신학을 이단으로 파악하고 그 추적을 좁혀 갔다. 도대체 왜 그들이 영지주의를 무서워해야만 했는지를 알아볼 필요가 있다.

(5) 영지주의(Gnostic Christian) 교단의 유래

마케루Ma Kheru라는 이집트 말은 원래 “내게로 돌아오라”는 말로 정의의 심판관인 호러스신의 축복을 받고 생명의 월계관을 쓰고 축제에 나가는 신앙인이 되라는 말이다. 이는 멜키지덱 교단의 가르침인 해혹복본과 의미상 상통한다. 이 말은 또한 썩지 않는 미라라는 뜻의 카레스트Karest라는 말과 깊은 연관이 있다. 즉 두 말이 모두 파라호 교단의 멜키지덱 교의에서 영원성의 회복, 천국으로의 복귀 등을 암시하는 어원이다. 여기서 카레스트는 원시 기독교 영지주의자들에게 크레스토 또는 크레스트Chrest로 불리던 선신善神을 가리키는 말이었다. 반면에 크레스토이Chrestoi는 선한 사람을 지칭하였다. 크리스찬이라는 말은 결국 어원상 이집트에 뿌리를 두고 있으며 원시 기독교 영지 교의에 의해 그 영원성의 실체를 선으로 파악한데서 유래한 말이라는 것을 알 수 있다. 이는 해혹복본을 이루는 방편으로서 대속신앙을 최고의 선으로 보고 이를 통해 잃어버린 영원성을 회복할 수 있다는 멜키지덱의 성배신앙에서 나왔음을 의미한다.

영지주의는 원시신앙체계를 부정하는 성서원론 주의자들과는 달리, 신앙의 근본을 성배 천신코드로 보았던 멜키지덱 서방선파의 맥을 이었다. 예수는 이런 신성회복의 가치를 회복한 선지자의 이름이었다. 선을 덕목으로 한 석가모니의 불교와 크게 다를 바 없는 수행을 근본으로 하는 천신코드 수행 결사였다. 1948년에 발견된 〈낙 하만디 문서〉를 통해 재발견된 영지주의 성서들은 사실상 수행자들의 명상록이었다. 다시 번역되는데 기 십년이 필요했던 고대이집트어로 쓰여 있는 이 귀중한 문서를 통해서 서방 마고선파의 질긴 생명력을 엿볼 수 있게 되었다.

(6) 영지주의 신앙과 소피아 여신

영지주의자들에게 내재된 신성을 표현하기 위해서는 반드시 그 미디움medium으로 여신의 존재(성배)가 필요했다. 영지주의의 특징은 바로 성배가 신앙의 절대적 요소로 등장한다는 사실이다. 이는 모든 마고선파 계열교단의 공통된 신념으로, 영지주의는 음양 성리의 이원성을 통해 물질과 정신으로 나눠지는 존재의 양면성과 개체 분열을 통해 번성해 가는 창조섭리를 보편타당한 진리로 보았다. 여신이 존재하지 않는 신념체계에서는 양성兩性의 창조적 분열 자체를 부정할 수밖에 없는 것이다.

그노시스Gnosis라는 말 자체가 지혜를 뜻하는 여신 소피아Sophia의 또 다른 이름이라고 볼 때 영지주의자는 여신을 따르는 전통적 원시신앙을 계승한 종파였다. 소피아 여신은 또한 지혜를 상징하는 뱀(혹은 뱀 엄마 사모巳母)으로서 원시신앙의 창조신화체계를 명백히 보여준다.

> "…그녀(소피아)가 그녀의 정열의 결과를 보았을 때, 그는 사자 얼굴을 한 뱀으로 형체를 바꾸었다. 그 괴물의 눈은 번쩍이는 섬광과 같은 번개불과 같았다. 소피아는 무지 속에서 창조해낸 그 괴물을 영원한 삶을 누리는 누구에게도 눈에 띄지 않게 그녀로부터 멀리 떨어진 곳으로 쫓아낼 수밖에 없었다. 그리고, 그의 주변을 빛나는 구름으로 에워싸게 하였고 그 구름 위에 왕관을 씌어 놓았다. 그렇게 함으로서, 모든 생명의 성모聖母인 성령聖靈 이외에는 누구도 볼 수 없게끔 하였다. 그리고 그녀는 그의 이름을 얄타바오트Yaltabaoth라 지었다."(《영지 성서》, NHL-110/IV, 1 10:7)

얄타바오트라는 이름은 "혼돈의 아이"라는 뜻으로, 우주의 혼돈 속에 처음으로 발생한 원초광을 말한다. 사자의 얼굴을 한 뱀은 용의 탄생 설화이기도 하다.

영기 기반의 우주에 머무르고 있던 딸 소피아와 엄마 소피아는 물질세계에 놓여있는 플레로마Pleroma(물질 원소)로 이루어진 물질세계, 또는 지구와 먼 세계에서 살고 있었다. 물질세계에 반사되어 비춰지는 초월광에 반한 소피아는 그 빛을 갖기 위해 물질세계로 내려가기로 결심한다. 물질세계에 대한 아무런 지식이 없던 소피아는 단순히 물세계의 원소와 부닥치고 휘감기면서, 자신도 모르는 사이에 사자 얼굴을 한 뱀을 낳게 된다. 자신의 무지에 의해 창조된 이 존재의 결함을 알아차린 그녀는 더 낮은 차원계로 내려가 튼튼하게 베일로 영의 세계와 물질의 세계 사이에 있는 공간을 둘러싸 버렸다. 그러므로 얄타바오트는 그 베일 너머를 볼 수 없는 어둠의 자식이 되어 버렸다. 어머니 소피아로부터 순수광을 어느 정도 흡수한 얄타바오트는 자부심이 강하고 야심이 가득 찬 존재였다. 그는 일곱 명의 아들을 두었고 그 스스로 이 물질계 최고의 신으로 등극하였다.

신을 자처하는 얄타바오트는 에테르의 바다 속에 비춰진 영상대로 사람을 창조하기로 결정했다. 그가 가지고 있는 모든 창조력을 총동원해서 나온 피조물은 처참한 실패작이었다. 이를 두고 볼 수 없었던 얄타바오트는 그에게 늘 신성한 빛의 파장을 보내주는 엄마 소피아(巳母)에게 도움을 요청하기에 이른다. 소피아의 도움으로 사람은 흙바닥을 기어 다니던 지렁이 같은 신세에서 하루가 다르게 성장 발전하였다. 소피아의 영적 에너지로 너무나 빨리 커버린 인간의 모습은 오히려 얄타바오트의 질투를 사는 결과가 되었다. 물질계의 원질을 이루는 깊은 심연을 질투와 분노로 바라보던 그에게 그가 투사한 에너지가 붉은 눈을 한 뱀으로 형상화되어 돌아왔다. 그는 사탄으로 오피오몰포스 Ophiomorphos라 불리던 질투와 교활함의 구현이었다. 그는 에덴동산을 만들어 사람을 가두어 두었다. 그들이 원하는 모든 것을 충족시켜 주되 선악과만은 손댈 수 없도록 하였다.

그녀의 왕국에서 아들의 창조물인 인류를 돌보고 있던 소피아는 에덴동산에 갇힌 아담과 이브에게 그녀의 오피스 또는 아가소데몬이라는 뱀을 보내어 그들로 하여금 선악과를 따 먹게 하였다. 이로 인해 인류는 '낙원'에서 추방되게 된다. 이는 생식기능이 없는 복제인간 상태에서 선악과라는 유전 정보를 통해 자손을 번창할 수 있는 인간으로 완성되었다는 뜻이다.

얄타보아트의 에이전트인 사탄의 끊임없는 흉계에 노출된 인류는 그

후 숱한 고통과 분쟁을 겪어야만 했다. 이를 보다 못한 소피아는 소피아 할머니에게 간절히 부탁하여 그리스도를 보내기에 이른다. 그리스도의 십자가형과 그의 부활을 통해서 물질세계가 마침내 정복되고 얄타보아트의 무지막지한 치세로부터 인류에게 해방의 손길이 다가왔다. 심판자로서의 그리스도는 천국의 권세를 가진 사모대행巳母代行으로 물질계의 어둠을 밝혀주던 영혼에게 천국의 열쇠를 주게 된다.

이 《영지 성서》에서 나타나는 창조설화가 얄타보아트신(야훼)의 어머니인 소피아 여신의 입장에서 써졌다는 사실은 원시 기독교가 태고적부터 내려오는 마고 여신 신앙체계를 계승한 한 지류라는 반증이다. 이 세계 창조에 깊이 연관된 여신을 그노시스, 소피아, 촉크마Chokma(카발라 비의에 등장하는 두 번째 원초광)로 부르며 지혜를 뜻하는 반면에 야훼의 대신격인 얄타보아트신은 폭력과 질투의 화신이었다.

《영지 성서》에 기록된 얄타보아트와 그의 피조물 오피오몰포스Ophiomorphos는 야훼이고 그 본질은 엔릴 한웅이다. 《영지 성서》는 정통 기독교에서 떠받드는 야훼 유일신의 실체를 신화적 알고리듬으로 묘사함으로서 기독교의 모순을 폭로하였다. 이는 훗날 영지주의 성서 전통을 따르던 케타 교단과 템플라 기사단이 바티칸에 의해서 무도하게 학살당한 이유이기도 하다. 불행히도 야훼가 인류 공공의 적이라는 사실을 은폐하기 위해서 수단과 방법을 가리지 않는 자들이 지금도 인류의 양심인척 활동하고 있다.

3) 발Baal 다곤Dagon 교단

멜키지덱이 팔레스티나의 소국 중 하나인 살렘왕으로 《성경》에 기록된 것은 유태교 사제들의 큰 실수였다. 살렘은 유태인이 가장 저주하는 예아 한웅계의 발신을 모시던 왕국이었다. 발Baal신은 가나안이 유태인에 넘어가기 전까지 모시던 비의 신이었다. 하지만 발신의 정체가 무엇인가를 알기 위해선 발의 문자적 해석이 필요하다. 바Ba는 밝다는 뜻이고 알Al은 알이다. 즉 '밝은 알'을 의미하며 이는 아리안 천신을 말한다. 번쩍이는 발광체 UFO를 타고 내려온 이들에게 어울리는 이름이다. 아리안 천신은 수메르국에서 아누나키AnnUNakI 천신을 말한다. 아누나키는 때론 아낙Annak으로 표현될 때도 있으며 그 뜻은 하늘에서 내려온 천신 외계인늘을 말한다. 그러므로 발은 한마디로 천신을 의미하는 총칭이다. 여신도 될 수 있고 남신도 될 수 있는 포괄적 의미에서의 천신 외계인을 가리키는 말이다. 그러므로 가나안땅에서 유태인들에게 정복된 발신의 정체는 모호해지게 된다. 가나안 지역과 북아프리카에 널리 퍼져 있던 발의 정체를 알기 위해서 발신을 추적해온 학자들의 견해로 발신은 본래 반인반어 다곤Dagon신의 아들이라 한다. 이는 다곤이 곧 발신이라는 이야기나 다름이 없다. 다곤이 가나안의 발신이라면 바로 '천신의 난' 중심에 있는 예아 한웅을 말한다. 이는 가나안땅에서 벌어진 전쟁은 결국 엔릴과 예아의 대리전쟁이었다는 말이 된다. 《성경》에서 다곤 사원(House of Dagon)을 직접적으로 언급하면서 야훼와 예아의 분쟁을 상징하는 사건을 기록하고 있다.

사무엘 상 5장

2. 블레셋 사람들이 하나님의 궤를 가지고 다곤의 신전에 들어가서 다곤 곁에 두었더니

3. 아스돗 사람들이 이튿날 일찍이 일어나 본즉 다곤이 여호와의 궤 앞에서 엎드러져 그 얼굴이 땅에 닿았는지라 그들이 다곤을 일으켜 다시 그 자리에 세웠더니

4. 그 이튿날 아침에 그들이 일찍이 일어나 본즉 다곤이 여호와의 궤 앞에서 또다시 엎드러져 얼굴이 땅에 닿았고 그 머리와 두 손목은 끊어져 문지방에 있고 다곤의 몸뚱이만 남았더라

5. 그러므로 다곤의 제사장들이나 다곤의 신전에 들어가는 자는 오늘

까지 아스돗에 있는 다곤의 문지방을 밟지 아니하더라
6. 여호와의 손이 아스돗 사람에게 엄중히 더하사 독한 종기의 재앙으로 아스돗과 그 지역을 쳐서 망하게 하니
7. 아스돗 사람들이 이를 보고 이르되 이스라엘 신의 궤를 우리와 함께 있지 못하게 할지라 그의 손이 우리와 우리 신 다곤을 친다 하고

이스라엘의 상징이자 야훼와 비밀무기인 성궤가 유태인과 종교전쟁 중 팔레스티인(가나안) 사람들에게 탈취되어 다곤신전으로 모셔진 이야기이다. 성궤 앞으로 거꾸러진 다곤 신상은 '천신의 난'에서 엔릴 한웅이 예아 한웅을 굴복시킨다는 암시가 들어 있다.

다곤은 물고기왕으로 또한 물고기 성자를 말한다. 뒷장에 나오는 도곤부족의 물고기 성자 노모Nommo 외계인과 마니성자, 예수성자가 모두 예아의 물고기 성자들이다. 물고기는 대수대명의 대속신앙을 상징하며 멜키지덱의 성찬예식을 의미한다. 이 전통을 흡수한 로마 카톨릭은 지금도 교황의 삼중모는 다곤신의 왕관을 카피해 쓰고 있다.

다곤신을 떠나서 발신을 《성경》에서 찾아보면 발신을 따르던 님로드의 이야기가 나온다. 님로드는 바벨탑을 건설해 야훼에게 공개적으로 대항하다 죽은 바빌로니아 지역에 있던 왕국의 왕이자 여신 이스터를 부인으로 두고 있던 신화적 존재이었다. 님로드의 죽음은 '천신의 난'이 엔릴 한웅으로 기울면서 성배신앙이 지하로 숨게 되는 과정과 연관된다.

(1) 부활절과 바빌로니아 이스터 여신

멜키지덱 선파의 성배신앙은 남신으로서 태양신의 권위를 예수에게 부여하여 급조한 로마국교 카톨릭과 병립할 수 없었다. 전성기를 넘어선 로마제국으로서는 황제와 신과 제국이 하나라는 통치 이데올로기로서 기독교에 내재된 여신 신앙체계를 용납할 수 없었다. 그렇다고 해서 기독교의 원시 성배신앙 요소 자체가 소멸되지는 않았다.

성모 마리아 신앙은 로마국교로서 기독교가 인정받을 때 없던 신앙이

었다. 기독교인들의 최고 명절인 크리스마스와 부활절은 동지와 청명절에 맞춘 천문 부도신앙의 흔적이다. 청명절은 바빌로니아 이스타 여신숭배에서 나온 대표적인 원시 성배신앙체계의 명절이기도 하다.

부활절의 연원이 되는 이스타 여신은 창세기에 나오는 니므롯Nimrod(님로드)의 배후에 있는 바빌로니아의 여신이다. 유태교의 뿌리가 바빌로니아에 있었다는 반증이기도 하지만 막상 이스타 여신의 이야기는 한 줄노 기록하지 않음으로서 유태교 사제들의 성배신앙 혐오를 또한 확인할 수 있다.

창세기 10장

1. 노아의 아들 셈과 함과 야벳의 족보는 이러하니라 홍수 후에 그들이 아들들을 낳았으니

2. 야벳의 아들은 고멜과 마곡과 마대와 야완과 두발과 메섹과 디라스요

8. 구스가 또 니므롯을 낳았으니 그는 세상에 첫 용사라

9. 그가 여호와 앞에서 용감한 사냥꾼이 되었으므로 속담에 이르기를 아무는 여호와 앞에 니므롯 같이 용감한 사냥꾼이로다 하더라

10. 그의 나라는 시날 땅의 바벨과 에렉과 악갓과 갈레에서 시작되었으며

〈그림 21〉 다곤신. 물고기 왕으로 표현된 예아 한웅의 대신격이다.

이 성경 귀절은 노아의 자손 님로드(니므롯 : Nimrod)의 혈통과 간단한 프로파일을 보여준다. 님로드의 나라로 소개된 시날은 오늘날 이락에 있는 티그리스강과 유프라테스강 사이의 지역을 말하고 에렉은 님로드가 지은 바벨탑이 신의 분노로 파괴되고 난 뒤에 지은 두 번째 도시이

다. 바벨탑의 저주로 파생된 언어의 혼란이 가져다준 개개의 언어 그룹들이 이 도시를 통해 사방으로 빠져나갔다 한다. 창세기에서 바빌로니아 왕조가 등장하는 이유는 유태인들이 바빌로니아의 노예로 있을 때 복사해간 길가메쉬 창조신화가 유태인들의 입맛에 맞게 각색되었기 때문이다.

(2) 님로드와 발신

님로드의 부인은 자기를 낳아준 엄마다. 그녀의 이름은 이스타Ishtar로 부활절 이스터Easter와 발음이 같다. 이스타 여신은 바빌론 왕국을 남편으로부터 물려받고 아들과 같이 통치하던 막강한 여왕이었다. 님로드는 유태인들에게 야훼라 알려진 신에게 도전하여 바벨탑을 세운 장본인이었다. 그는 야훼를 숭배하는 것은 겁쟁이들이나 할 짓이라고 주장하던 간 큰 사람이었다. 말을 듣지 않는 인간들에게 벌을 주는데 인색하지 않았던 야훼에게 모독감을 주는 이런 행동을 하는 데는 그 자신이 예아 한웅의 대신격인 발Baal신(주, 동이東夷의 신이라는 뜻이다. 동이의 최고신은 삼신三神이었다. 그러나 바람신, 즉 풍신風神이라는 의미도 있다)을 섬기고 있었기 때문이다. 발은 원래 그 뜻이 인류를

〈그림 22〉 발Baal신의 조형이다. 솟아오른 머리 모양에서 그가 테라 외계인임을 알 수 있다. 이집트 파라호들은 자신들이 천신의 후손임을 강조하기 위해서 유아기 때부터 머리에 붕대를 감아 머리를 콘Cone형으로 만드는 풍습을 지켜왔다.

창조한 천신을 주님(Lord)이라 부를 때 쓰는 말이었다. 앞서 언급한 바벨 탑(주, 삼신탑으로 볼 수 있다)의 바벨 역시 발과 같은 어원에서 나온다. 발은 즉 바벨, 발제붑, 벨과 같은 이름으로 내려오며 《헤브류 성경》에서 악마로 표현된 신격들이 된다. 마고지나를 둘러싼 바다를 발해(주, 발해의 신은 약若이라 하고 황해黃海의 신은 황해장수 할미라고 한다)라 부르는 이유가 예아 한웅과 연관돼 있을 가능성을 말하기도 한다.

〈그림 23〉 엔릴 한웅을 상징하는 부적이다. 쌍 십자가가 UFO 탐사함에 붙어 있는 모습이다.

유태인들은 그들이 한때 발신을 신앙했다는 역사에 치욕감을 느껴 발이라는 말은 유태인들에게 치욕이라는 뜻으로 전이된다. 엔릴 한웅의 지구사 개입 이전에 그들 또한 예아 한웅을 따랐기 때문이다. 성경 고고학자들의 견해로는 가나안땅의 원주민 신앙이었던 발숭배가 유태인들의 이주와 정복에 의해서 붕괴되면서 의미상의 변화가 왔다고 한다. 즉 가나안 땅을 놓고 치열한 종교전쟁이 벌어졌다는 이야기로 최후의 승자는 예수의 직계조상 다윗왕이었다.

발신은 물고기 신인 예아, 다곤, 또는 도곤DoGon신(주, 다곤신, 하백과 곤오에서 나온 신이다. 소도의 서낭신으로 볼 수 있다)의 아들로 팔레스타인 지방과 북아프리카에서 비를 관장하는 신으로 받들었다. 생존에 가장 필요한 신은 사막지대의 호피나 열대지역의 마야까지 물의 신인 것이다. 인류를 창조한 예아, 가나안 땅의 농사와 비를 관장하는 발신 모두가 같은 마고 서방선파의 수신이고 우신이다.

발신을 따르고 야훼에 반기를 들던 님로드가 갈기갈기 찢겨 죽은 이유는 어쩌면 당연한 것이다. 그의 시체는 야훼에 거슬리는 자의 최후를 보여주기 위해서 왕국 곳곳으로 찢긴 채 보내졌다. 이스타는 결사적으로 그의 사체를 되찾아 왔다. 단지 그의 성기를 찾을 수 없었다. 성기 없이는 그를 되살릴 수 없다는 사실을 안 그녀는 님로드가 천계로 올라가 그가 섬기던 발신과 하나가 되었다고 왕국에 선포했다.

(3) 이스타 여신과 이스터 부활절

이스타 또한 여신으로서 동정녀의 몸에서 태어났다고 하였다. 구체적으로 달의 여신이 28일 주기로 배란을 하는데 자신은 달 여신 배란주기에 따라 유프라테스강가로 떨어진 큰 알에서 나왔다고 한다. 이때가 춘분이 지나서 첫 번째 보름달이었기 때문에 그녀의 탄생일을 이스터라 하고 그녀가 나온 알을 이스터의 알(Egg)이라 부르며 숨은 달걀 찾기나 계란을 예쁘게 칠하여 전시하는 풍습이 기독교권에 지금도 내려온다. 이스타 여신의 신화적 아이콘을 수메르인들은 팔방으로 흩어져 나가는 빛줄기로 보았다. 이는 이스타 여신이 마고 여신의 대신격임을 암시하는 것이다.

이스터 여신의 신화와 기독교와의 연관성은 여기서 끝나지 않는다. 그녀 자신이 발신의 영靈으로 임신을 하여 타뮤즈Tamuz를 낳게 되었다. 하지만 그녀의 아들은 훗날 불의의 사고로 죽고 만다. 그녀는 이를 애도하기 위해 40일 간의 금식기간(pass over)을 두었고 그를 상징하는 T자를 상징체로 한 십자가로 성호를 그려 기도하게 하였다. 그 뿐만 아니라, 그의 육신을 상징하는 십자가표상이 새겨진 케이크를 종교예식 중에 먹는 성찬의식을 하였다.

로마국교로서의 기독교가 왜 이스터 여신 신앙을 그들 태양신 대용으로 예수신앙 바탕에 깔았는지는 확실치 않다. 분명한 것은 그들이 한편으로는 모든 사모巳母신앙을 없애고, 특히 신의 독생자로 인정한 예수의 권위에 도전하는 이단종파나 여타 무교종파를 억압하면서도 일반 민중신앙을 교회 내로 흡수해서 전통종교에 대한 욕구를 충족시키려 한 양면성을 보여 왔다는 점이다.

로마인들 특유의 실용주의 입장에서 종교는 국가와 황제를 위한 통치수단으로서 충분하였다. 카톨릭Catholic이라는 말 자체가 보편적(Universal)이라는 뜻으로 로마 전체 신민들이 받아들일 수 있는 '보편타당한 종교예식과 교리'로 일관된 비빔밥식 종교를 지칭하는 것이다.

(4) 여신의 반란과 멜키지덱 미션

이렇듯 발Baal신은 팔레스타인과 북부 아프리카에 널리 퍼져 있던 예아 한웅 교단이었다. 멜키지덱은 발신을 섬기던 살렘국의 왕으로 바구니에 담은 포도주, 성배, 그리고 빵으로 성체의식을 행하여 아브라함에게 마고선파의 진리인 해혹복본과 대속신앙의 천신코드를 전하였다. 발신은 도곤 또는 다곤신의 아들로 물고기와 물, 곡식으로 표현되는 생명력의 원천을 상징하였다. 발신을 따르던 님로드의 바벨탑은 사실 예아 한웅의 인류 신성개발 프로젝트의 일환이었다. 님로드의 성배인 이스타 여신은 이집트의 아이시스와 같이 그녀의 남편들이 불의한 죽음을 당하는 모습을 본 여신들이었다. 엔릴 한웅과 여신들의 전쟁을 알리는 신화적 알고리듬이다. 아이시스가 영적으로 수태해 호러스를 낳고, 악마 세스에게 복수하고, 이스타가 역시 영으로 수태해 타뮤즈를 낳는 신화적 알고리듬은 바로 예수 성자의 탄생과 삶이다. 천문 부도신학을 통해서만 진실을 알 수 있는 물고기 성자 예수는 복수에 성공한 호러스와 불의의 죽음으로 사라진 타뮤즈의 합성 신격이었다. 지구상에서 야훼 세력을 몰아내기 위한 프로젝트는 예수의 죽음과 로마 카톨릭의 성립으로 미완성의 미션으로 남게 되었다. 이를 바로 잡을 수 있는 신인神人이 백소족 교화 사명인 멜키지덱 제사장이다. 일부 신시대(New Age)

주의자들은 인류 최후의 심판을 맡을 법관은 예수가 아니고 멜키지덱이라 보고 있다. 선지자 남사고가 예언한 도부신인의 출세가 멜키지덱일 가능성을 말하는지도 모른다.

4) 멜키지덱 교단과 사하라 문명

발신과 도곤신을 섬기는 그의 교단 신앙경계가 팔레스타인을 넘어 북부 아프리카에 널리 퍼져 있었다는 사실은 멜키지덱의 영역이 팔레스타인에 국한되지 않았다는 이야기이다. 살렘왕으로 불린 멜키지덱은 그 역사가 팔레스타인을 넘어서 북부 아프리카, 그리고 더 나가서 아틀란티스로 거슬러 올라가는 신비역사(Occult History)이었다. 이 역사를 풀 수 있는 단서들이 사하라에 전해오고 있다.

앞에서 살펴보았듯이 멜키지덱은 아틀란티스에서 온 대제사장이었다. 그가 아틀란티스 침몰로부터 살아남은 유민들을 이끌고 북부 아프리카 연안으로 들어왔을 가능성을 먼저 살펴보기로 한다. 불사의 경지에 있던 멜키지덱은 시공을 넘나들며 아틀란티스의 대재난을 가져온 인류의 영적 진화를 돕는 사명을 지속적으로 하였다.

여기서 한12연방의 일원으로 추정되는 사하라 고대문명국, 사납아국의 존재를 추적해 보고 사하라 고대문명의 유민들인 아하갈족과 도곤족의 신화와 증언을 통해 멜키지덱이 아틀란티스 문명의 붕괴 이후 다른 유민들과 함께 북아프리카로 이주해 왔을 가능성을 추적해 본다.

(1) 사하라 낙원과 고대 사납아국

"《삼성기전》 하편에 다음과 같은 기록이 있다. 파류나산 밑에 한인의 나라가 있으니 천해天海 동쪽의 땅이다. 파나류의 나라라고도 하는데, 그 땅이 넓어 남북이 5만 리요, 동서가 2만여 리이니 통틀어 말하면 한국이요, 갈라서 말하면 비리국, 양운국, 구막한국, 객현한국, 구모액국,

매구여국, 사납아국, 선비국, 수밀이국이니 합해서 12국이다. 7세에 전하여 3,301년이라 하는데, 혹은 63,182년이라고도 한다.

> 古記云波奈留之山下有桓仁氏之國天海以東之地亦稱波奈留之國其地廣南北五萬里東西二萬餘里摠言桓國分言則卑離國養雲國寇莫汗國句茶川國一國虞婁國(一云畢那國)客賢汗國句牟額國賣句餘國(一云稷臼多國)斯納阿國鮮禾卑國(一稱豕韋國或云通古斯國)須密爾國合十二國也天海今曰北海傳 七世歷年三千三百一年或云六萬三千一百八十二年未知孰是”(《삼성기전 본문》)

수밀이는 〈부소보서〉에도 나온다. 수메르가 수밀이이고 지금은 이락이 되었다.

열두 대신 할머니(주, 무당의 몸주신이 되는데 점사를 주는 신이다. 마고 할머니를 대신 할머니라 한다)는 12각국에서 모시는 할머니이다. 이 12각국을 통할하는 나라에서 모시는 할머니 중에서 수위가 되시는 할머니가 한 분 계시다. 그분이 마고할머니이다.”(노중평 서재에서)

위 글에서 보듯이 수밀이국이 오늘날 이락이고 바빌로니아 문명을 일으킨 수메르 왕국이었음은 재야 사학자들 간에 합의가 된 사실이라 할 수 있다.

수밀이국 이외의 왕국명 역시 《진서》 외국 전편에 보인다.

“비리국은 숙신 서북쪽에 위치해 있다. (중략) 양운국은 비리국에서 말을 타고 50일 정도 더 가면 당도하며 거느리고 있는 호는 이만이다. 구막한국은 양운국에서 다시 100일 정도 더 가면 당도하며 거느리는 호는 오만 정도이다. 일군국은 막한에서 다시 150일 정도 더 가면 당도하며 숙신으로 부터는 5만여 리 정도 된다. 이들의 풍속과 지리에 대해서는 모두 자세히 알 수 없다.”(《三國志》 晉書 外國傳 譯註 인용(譯註 中國 正史 外國傳 4)

《삼성기전》에서 한제국은 동서를 2만여 리로 보고 있다. 계산을 해보면 수메르 왕국까지 2만 리가 채 안된다.(주 : 한국에서 이락의 수도 바그다드까지 7,271km로 1만 8천 5백 리 길이다) 결국 동서 2만 리는 사실상 유럽 전체를 포함하는 거리이다. 북극에서 남극까지가 5만 리라고 할 때 한연방제국은 남미와 북미대륙의 인디언 부족국가를 모두 포함하고 서유럽 국가 대부분을 포함한 유러시아와 북부 아프리카를 종횡하는 대제국이었음을 알 수 있다. 쉽게 말하자면, 전 인류가 12개의 연방으로 이루어진 한 연합국이었다. 천부天符의 일성일국일군一星一國一君의 진리를 표현하였던 시절이다. 여기서 필자는 동서로 펴져나간 연방국의 서쪽 끝에 해당하는 사납아국의 정체를 추리해 본다.

사납아는 영문으로 SaNabA으로 아프리카 사하라사막 남서쪽에 실제로 존재하는 촌락의 이름이다. 어떻게 해서 이 지명이 전해오는 지에 대해선 알려진 바가 없다. 이 지명을 라틴어로 풀면 사납아는 치유하다는 말로 건강한 몸, 건강한 정신이라는 뜻의 사노 또는 사나레에서 나온 말이다. 뒤에서 설명하겠지만 의학을 상징하는 카데우스 심볼에 나타나듯이 뱀은 치유의 상징이기도 하다.

이 마을을 품고 있는 사하라는 아사흐라, 또는 알쿠브라라는 아랍어원에서 나온 말로 대사막을 가리킨다. 한때는 지상낙원이었던 이 거대한 사막은 지구상에서 가장 오래된 고대문명의 흔적이 30,000점이 넘는 암석화와 여신 조형물을 통해서 전해 내려오고 있다. 인류의 손으로 만든 세계에서 가장 오래된 조형물은 사하라에서 발견된 대략 5십만 년 전 유물로 추정되는 탄탄 조상이다. 이때의 인류는 지금은 멸종한 호모 이렉투스로 현 인류의 눈에는 유인원에 더 가까운 영장류이었다. 중요한 점은 그들이 사하라에서 나와 세계로 퍼져나갔다고 믿는 고고학계의 주장이다. 사하라의 신비는 인류의 종이 진화되고 바뀔 때마다 그 진원지 역할을 해왔다는 점이다.

(2) 사하라사막의 기원

사하라사막은 북극과 남극을 포함한 제3의 극지대이다. 제4의 극지대는 히말라야 연봉과 파미르 고원으로 아시안의 젖줄인 몬순기후를 가져와 문명을 일으켜 왔다. 사하라의 기후변화는 인류의 진화와 밀접한 관계를 맺고 있다. 약 600,000년 전에는 호모 이렉투스에서 진화한 호모 하이델버젠시스가 나와 중동을 거쳐 서유럽으로 이동하였다고 한다. 서유럽에서 네안데르탈인으로 진화한 뒤 빙하기 말에 북상해 올라오던 호모 사피아언스에 의해 멸종된 인종이다. 오직 모계로만 대물림을 하는 미토콘드리아 DNA를 분석하여 현 인류의 조상 할머니, 미토콘드리아 이브를 추적하면 160,000년 전으로 거슬러 올라가 사하라 동쪽 지역에서 그녀를 만나게 된다. 호모 사피언스라 불리는 이 신인종이 홍해를 건너 중동에 정착하였고 아시아로 퍼져 나갔다고 진화론자들은 믿고 있다.

사하라는 인류 시조들의 고향일 뿐만 아니라 외계인 언어의 근원지이기도 하다. 유태인의 헤브류 언어나 아카디안 언어, 수메르 언어가 모두 사하라에서 파생되어 나온 아프로 아시안계 언어이다. 그런 의미에서 몽골계 퉁구스 어족을 알타이산에 부쳐 알타이 어족이라 하듯이 사하라 아틀라스산에 맞춰 아틀라스 어족이라 할 수도 있다(원주민 부족들은 아틀라스산을 아들라Adrar산이라 부른다).

사하라의 신비는 인류의 종이 진화되고 바뀔 때마다 그 진원지 역할을 해왔다는 점이다. 사하라가 갑작스럽게 일어난 기후변화로 사막으로 돌변한 때가 대략 배달나라가 들어설 때쯤인 BC 3900년경이었다. 사하라 문명이 급작스런 기후변화로 붕괴되면서 이집트와 이디오피아로 이동하기 시작하면서 사하라 문명이 소멸되었고 이집트 문명이 크게 일어나게 되었다. 나일강의 뿌리가 사하라 동부, 이디오피아 고산지대에서 기원하여 이집트 문명을 키운 젖줄기라면, 흔적조차 없이 모래 속으로 사라져 간 사하라 고대문명은 이집트의 문명을 가져다 준 그들의 선사문명이기도 하다는 이야기이다. 즉 한제국의 일원이었던 사납아국은 사막과 함께 사라지고, 이후 이집트 파라호 왕조와 신비교단을 일으키는데 일조를 하였다고 볼 수 있다.

북부 아프리카가 완전히 사막화가 되기 이전으로 돌아가 보면 강과 호수가 널린 사바나 기후의 지상낙원이었다. 사하라가 지상낙원이었던 시절을 기억하는 유일한 사하라 부족은 투아렉 아하갈 부족이다. 이들은 푸른 사하라를 기억할 뿐만 아니라 그들이 대서양에 존재했던 고도의 문명으로부터 이전해 온 기억의 소유자들이다. 이들은 아틀라스산맥과 아하갈산 주변에 정착한 뒤 몇 천년 동안 단 한 번도 움직여 본적이 없는 부족이기도 하다. 이들은 스스로를 투아렉이라고 부르는 다른 사하라 유목민들과는 생김새조차 같지 않다.

이들에 대해선 뒷부분에 좀더 설명하겠지만 풍이족 계열에서 볼 수 있는 철저한 모계사회 풍습과 원방각 천부원리를 응용한 독특한 문자체계 그리고 그들이 수천 년간 지켜온 아하갈산 지저세계의 비밀이 그들과 사납아국과의 연관성을 유추시킨다.

아하갈족을 제외한 모든 부족은 사막화가 진행되고 나서 유입된 부족들이다. 사하라 도곤 부족 역시 사막화 이후 이집트에서 떨어져 나온 부족으로 추측되고 있다. 사막화 이전의 사하라 사납아 문명을 기억하는 아하갈족은 아하갈산 주변으로 독립국가를 만들기 위해 지금도 알제리아와 분쟁을 일으키는 불굴의 원시부족이다.

(3) 사납아국의 가림토 문자 티피낙

한제국과 연관되는 사하라의 미스터리 가운데 가림토 문자를 닮은 사하라 유목민 문자는 이 사막지역이 한때 한제국에 속한 사납아국일 가능성을 말해준다. 이 문자체의 주인공은 아틀라스산맥 줄기가 사하라

내륙으로 파고 들어간 아하갈산 주변을 중심으로 사하라에 퍼져 살며 지중해와 사하라 남부를 잇는 카라반 무역과 오아시스 경작으로 살아온 투아렉 아하갈 부족이다. 말 그대로 베일 속에 사는 이 사막 부족은 노아의 홍수 전부터 이 지역을 지켜온 고대문명의 후예로 알려져 있다.

'고대 아틀란틱'의 저자 한센Hansen은 이 부족 장로들과의 인터뷰를 통해 이들은 아틀란티스에서 온 부족이라고 확신하였다. 《성경》에서 말하는 대홍수(Deluge) 이전의 기억을 갖고 있는 이들은 고대 모계사회의 전통을 끝까지 포기하지 않은 사하라의 유일한 부족이기도 하다. 이들 사회에서 베일은 오직 남자만 쓰며, 그 베일을 쓰는 이유조차 이들의 전통적인 무교적 관습에서 나온다. 결혼은 여자가 배우자를 선택할

〈그림 24〉 사하라사막에 있던 말리 팀박투 도서관 유적에서 발견된 책자. 아하갈과 같은 투아렉 부족이 지배하던 1400년경 팀박투는 황금기를 맞이한다. 사하라 최대의 대학이 있던 팀박투에는 실전된 사하라 고대문명의 책자들로 가득찬 이 대학 도서관이야말로 외부인들에게는 경이로움 자체였다. 한때 2만 명의 학생이 모여들어 지리학, 천문학, 의학을 배우던 지성인들의 요람이었다. 프랑스가 사하라 식민지 통치에 들어서면서 아하갈의 사납아 문자로 된 대부분의 책자가 약탈당하였고 도서관은 모래바다 속으로 침몰했다. 현재 남아있는 책자들은 아프리카 노예상인들의 장부, 카라반 무역장부와 아랍어로 된 무슬림 종교서적들이 전해 내려오고 있다.

수 있는 권리가 있었고 일부일처제로 죽을 때까지 지속되는 관계로 이혼은 용납되지 않았다. 일부 투아렉 부족에서는 지참금이 없는 가난한 집의 처녀가 다른 마을에 가서 공개적으로 매춘을 해 돈을 벌어와 결혼을 해도 될 정도로 여인들의 성적 권리를 존중해 주었다.

하지만, 가장 특징적인 모계사회 유습은 왕위 계승에 있었다. 아메누칼Amenukal로 불리는 왕이 죽고 나면 계승자는 왕의 누이가 낳은 아들에게로 돌아갔다(주, 푸날루아 혈족관계에서는 형제가 고모와 조카딸과 공동부부가 되는 것이었다. 고모가 정실이 되고 조카딸이 측실이 되었다. 정실의 아들이 왕위를 계승하였다). 학자들에 의하면 아하갈 부족 이외에도 이런 모계사회 풍습은 사하라 부족들 사이에서 널리 퍼져 있던 풍습이었으나 무슬림으로 개종한 뒤 자취를 감춘 관습이었다 한다. 오직 이 부족에서만 이런 사납아 고대 전통이 살아남은 데는 아하갈산을 지켜야 하는 이들 만의 비밀스런 사명이 내려오기 때문이다.

이런 모계사회 풍습은 아하갈 부족이 무슬림으로 개종한 뒤에도 바뀌지 않고 지금까지도 계속되는 관습이다. 여인들을 우대하는 풍습은 또한 사납아 문자를 지속적으로 전승하는데 중요한 역할을 하였다. 여인들의 교육을 우선시하여 부족남자들 보다 글을 깨친 여인들이 훨씬 많다고 한다. 이런 부족의 면모를 통해서 이들이 비록 무슬림으로 개종하였지만 애초부터 자신들의 원시신앙과 관습을 버릴 의향없이 형식적인 개종에 그쳤음을 알 수 있다. 그러므로 이 부족에게 내려오는 불굴의 무교신앙을 이해하기 위해서는 아하갈족의 유래를 먼저 살펴 볼 필요가 있다.

한센에 의하면, 아틀란티스산맥과 아하갈산 주변으로 트리톤해(Lake Trition)라고 불리는 사하라의 내해가 있었다 한다. 과학자들의 견해와 달리 아하갈 장로들은 이 내해가 불과 몇 천년 전까지도 존재하였다고 말한다. 이 내해는 지각변동에 의해서 아틀라스산맥 일부가 부서지면서 지중해로 물이 빠져 나가고, 일부는 체드 호수로, 일부는 지저 호수로 내려앉게 되었다. 지금도 사막 한가운데 있는 우물에서 지저 호수에서 올라온 물고기가 간혹 잡힌다고 한다. 물과 인연이 깊은 투아렉 부족의 어원적 의미는 수로나 해협을 의미하는 '타가'에 사는 사람들이라 한다.

아틀라스산맥과 아하갈산에는 거대한 어항들이 들어서 있었고 주변은 늪지대와 숲이 들어찬 녹색지대였다. 아하갈산은 이 내해의 중앙에 있는 것이었고 아하갈 부족은 이 섬으로 이주해온 아틀란트스인들이었다. 이들은 그리스 주변 도서에 존재했던 고대문명을 아틀란티스에서 온 그들의 형제라고 여겼다. 카나리아섬과 지중해에서 가장 오래된 크로노스섬 문명은 사하라 사막에서 사라진 고대문명과 그 뿌리를 같이 한다는 것이다. 이들은 멸종된지 오래된 거대한 사하라 코끼리와 도마뱀과 악어가 사투를 벌이던 늪지대를 기억하고 있다. 아랍 민족이 사하라에 들어오기 훨씬 전이고, 무슬림이 들어와 그들을 개종시키기 훨씬 전이었다. 이들이 아틀란티스를 탈출할 때 그들을 북아프리카의 안전지대로 인도하고 지저세계에 테라 외계인들의 UFO 기지를 지키는 사명을 멜키지덱 대제사장이 했다는 이야기이다.

〈그림 25〉 아하갈 부족이 몇 천년 동안 지켜온 아하갈 산. 이 산밑으로 아틀라스산맥과 이어지는 지저세계가 있다고 전한다. 투아렉 부족 가운데 아하갈 산을 떠나지 않는 일부를 아하갈족이라 부른다. 이들은 생김새가 또한 유럽인들과 비슷해 인류학자들은 한때 켈트족이 유럽에서 건너와 부족의 조상이 되었다고 믿었다.

사하라 원주민으로서 아하갈 부족은 아랍인들이 문자를 갖기 훨씬 전부터 그들 고유의 문자체를 갖고 있었다. 언제부터 이 문자를 썼는지 정확한 기록은 없지만 BC 200년경으로 날인이 된 문서가 발견되면서 이들의 문자가 자체 문명에서 유래한 이 부족의 고유 문자체로 인정받게 되었다. 이집트 상형문자와 로마문자, 그리고 무슬림의 아랍문자, 심지어 유태인들의 히브리어문자까지 끝임없는 카라반의 이동으로 쉽게 접할 수 있는 이들이 몇 천년 간 고유의 문자체를 잃어버리지 않고 전승해 왔다는 사실은 이들이 단순한 사막의 유목민이 아닌 그들 부족만의 사명과 비의가 있기 때문일 것이다. 무슬림으로 개종한지 오래된 이들이 아랍어로 쓰인 《코란》을 공부하면서도 그들만의 문자체가 살아남은 또 다른 배경은 이 문자체가 주로 부족여자들에 의해 전승되었다는 사실이다. 마치 한글이 언문으로 천대 받으면서 여인들에 의해 쓰여온 조선왕조시대를 연상시킨다.

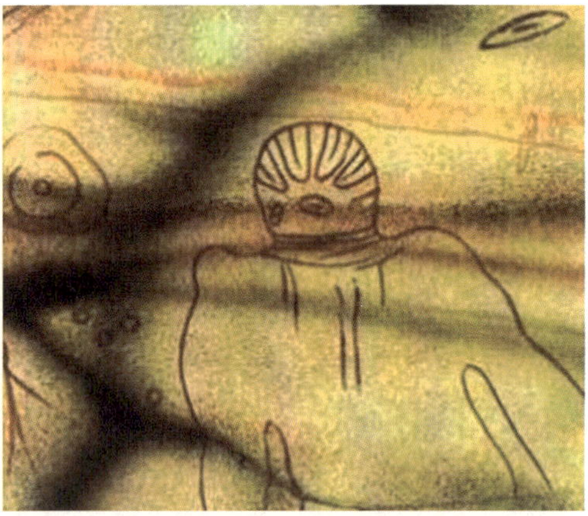

〈그림 26〉 사하라 타실리에서 발견된 암석화. 6,000년 전으로 추정됨. 테라 외계인 문명이 사하라에 존재했을 가능성을 보여준다.

(4) **티피낙과 가림토 문자**

가림토문자의 창제원리가 되는 원방각 천부 삼인의 이치와 한글에서 사라진 점을 쓰는 이들 고유문자인 티피낙Tifnagh과 가림토문자와의 비교연구를 기대해 본다. 이미 김세환과 반재원의 《훈민정음》과 《한글 세계화 이대로 좋은가》에서 우리는 한글이 천문에서 나왔음을 알고 있다. 티피낙의 유사성에서 볼 때 아하갈 부족의 천문 부도에 대한 이해 또한

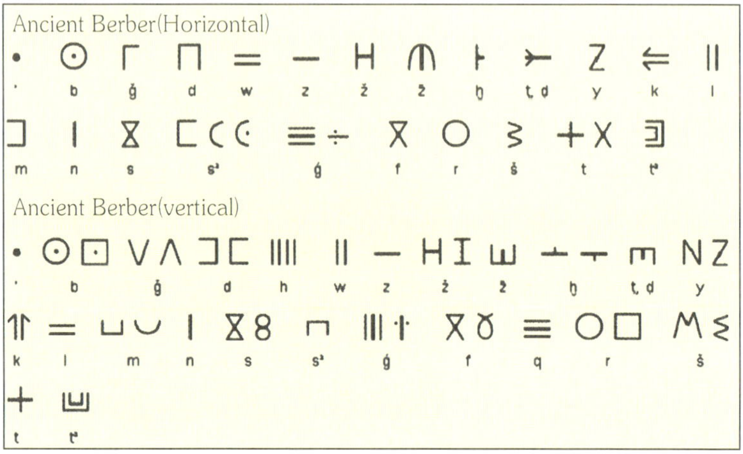

〈그림 27〉 아하갈 사납아 문자체계. 벌벌Berber이라고도 불리는 이 문자는 서구 학자들이 아직까지도 그 기원을 찾지 못하는 체계이다. 한글처럼 원방각 섭리를 이용한 천부 기호체계임을 서구 학자들이 알리가 없다.

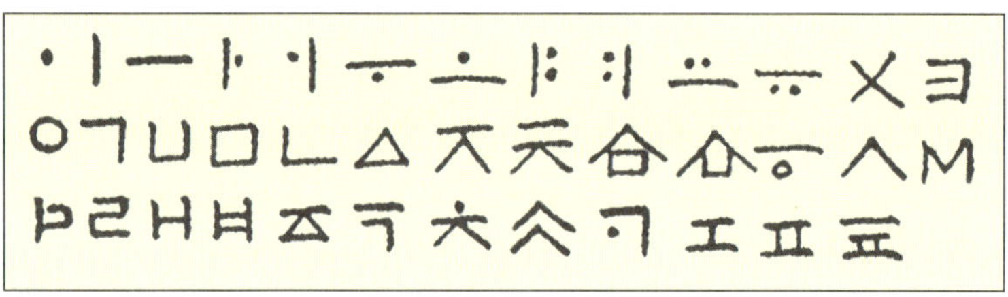

〈그림 28〉 가림다문자

심오하리라 본다. 이런 문자 체계의 유사성은 우연이 아니라 고대 사하라 문명국 사납아국이 한연방국의 일원으로서 천부 부도철학을 공유하며 문명의 통치원리로 삼았기 때문이다. 이 원리를 심어준 자가 멜키지덱일 가능성이 높다고 본다. 즉 살렘왕 멜키지덱은 사납아왕 멜키지덱일 가능성이 높다고 보는 것이다.

(5) 아하갈 비밀예식

사하라에서 가장 사나운 아하갈 부족은 프랑스의 식민정책에 항거하여 가장 거칠게 저항하였던 사막의 전사들이기도 했다. 그들의 성지이자 기원지인 아하갈 산악지역을 지키기 위해 수천 명이 희생되면서 프랑스 외인부대와의 전투를 겁내지 않았다. 이들의 용맹함은 일찍이 아랍세계에 널리 알려져 이슬람으로 이 부족을 개종시킨 이후에도 이들을 두려워하였다 한다.

특히 아랍인들은 이 부족의 근거지인 아하갈산 주변을 공포의 땅이라 부르면서 그들의 허가나 초대없이는 접근을 피해 왔다. 이들 특유의 폐쇄성 때문에 아랍인들은 이들을 진정한 무슬림으로 보지 않는 경향이 있어 왔다. 부족 축제기간 동안에 흔히 볼 수 있는 야자수 발효주에 취한 모습은 무슬림으로선 용납되지 않는다. 이들은 비밀예식에서 마치 호피인디언들이 카치나 정령의 탈을 쓰고 나오 듯이 괴기한 형상의 마스크를 쓰고 독을 품은 도마뱀이 돌아다니는 홀에서 춤을 추는 것 역시 무슬림 전통은 아니었다. 이런 예식은 정통 무슬림 사회에서는 극형에 처해질 수 있는 이교도의 예식인 것이다. 인류학자들은 현재 이들의 종교를 공식적으로 이슬람과 샤머니즘을 같이 명기하고 있다.

인류학자들에게 조차 알려져 있지 않은 부족 비밀예식 중에는 부족이 두 그룹으로 갈라져 아하갈산에서 달밤에 사람들이 죽어나갈 때까지 싸워서 승자를 가리는 전투예식이 있다. 오직 이 전투에서 이긴 승자 만이 비밀통로를 통해 아하갈산 밑에 있는 지저세계로 들어갈 수 있다 한다. 아하갈산 밑으로 끝없는 지하통로로 연결된 지하도시에는 지저 호수가 있고 몇 천년 간 모아온 책들로 꽉 찬 도서관이 있다고 전해온다. 노아의 홍수 이전의 책들부터 그들 고유문자로 써진 숱한 책들이 서가를 채우고 있고 벽면에는 이들 조상이 그려놓은 사라진 호수가의 고대도시가 그려져 있다 한다.

(6) 아틀란티스 문명의 후예

유럽 오컬트 비밀결사에서 나오는 자료에 아틀라스산 지하에 있다고 전해오는 외계인 비밀기지에 관한 이야기가 전해오고 있다. 아하갈산을 지키고 있는 이 신비로운 부족의 문지기(Gate Keeper) 교단은 그들 선조가 살던 트리톤 호수가의 도시를 그린 동굴 속 초대형 암벽화를 보면서 잃어버린 사하라의 신비를 간직하며 고대문명의 전통을 이어오고 있다. 아하갈산 속의 지저 호수와 도서관, 암벽화 갤러리를 잇는 끝없는 지저 터널은 또한 아틀란티스산맥의 테라 외계인 기지와 아틀란티스 원주민으로 살아남은 지저세계의 청색인종 청궁족과 연결되어 있다.

아틀란티스는 마고의 사색인종이 모여 살던 몇 개의 섬들이 연계된 군도였다. 아틀란티스의 침몰로 인해 대다수의 주민이 물귀신이 되었거나 살아남은 자들도 상당수가 충격에 의해 바보가 돼 있었다. 청궁족은 이런 사태 이전에 천신의 계시로 지저세계에 기지를 세우고 숨어 들어가 대재난을 피했다. 아틀란티스 문명의 과학기술과 초능력을 잃지 않고 지저세계로 흘러 들어간 이들은 지저세계 원주민격인 사악한 테라 외계인 그룹을 붙들어 놓는 임무와 지표상의 인류를 교화하는 사명을 맡아왔다. 이들은 호피인디언 창조설화에서 대재난 때마다 인류를 보호해 주는 지저세계의 개미인들로 묘사된다.

청궁족 안내인을 통해 지저세계를 탐험하는 내용의 소설체 체험기인 에티도르파Etidorhpa에서 청궁족 사람은 대략 5피트 미만으로 창백해 보이는 청색피부에 벌거벗은 모습이며 눈은 퇴화되어 없고 전신이 늘 축축하게 젖어 있었다고 묘사했다. 이 책의 저자는 약사 직업을 가진 존 유리 로이드이다. 책이름은 사랑의 여신인 아프로다이트 여신의 이름을 뒤집어 놓은 신비교의의 암호명이다. 미국 켄터키 동굴을 통해 지저세계로 들어가 청궁족 안내인과 함께 지저세계를 탐험하면서 철학, 종교, 과학에 대해서 토론하는 내용이다. 이 책은 프리 메이슨 계열의 비밀결사 종단에서 교재로 쓰던 작품으로 추정된다. 이 소설의 마지막 장면에서 그는 여신에게로 인계되면서 마지막 의식을 받게 되고 이로 인해 영원히 지상으로 돌아갈 수 없게 된다. 즉 여신의 비밀과 지상의 삶을 바꾼 것이다.

필자가 관계한 콜로라도 록키산 기슭에 있는 비밀종단에서는 청궁족과의 조우를 카발라학 공부의 성공으로 여기고 수련 정도를 가늠할 수 있는 기회로 여겼다.

〈그림 29〉 알제리아 남부 사막지대에 있는 사하라 원주민 벌벌족 왕 메드라센의 무덤. 이 무덤에서 사납아 문자체계인 티피낙으로 쓰여진 책들이 대량으로 발견되었다. 불행이도 현재 이 책들의 소재는 알 수 없다. 피라미드 석조형 고분인 이 무덤은 한때 이 지역이 정착이 가능한 녹지대이었음을 보여준다. 이런 형태의 피라미드는 북부 아프리카 사막지대에서 주로 발견되는 형식이다.

이들은 아틀란티스와 지저세계의 외계인 부족(Terra ET), 그리고 사납아Sanaba 왕국의 비전인 마고선파의 멜키지덱 교단의 열쇠를 쥐고 있는 태고인들인 것이다. 멜키지덱 교단이 마고선파의 무자巫字 십자가도를 잇는다고 볼 때 멜키지덱은 아하갈 부족과 지중해 연안 부족 일부와 함께 아틀란티스에서 도래한 마고선인일 가능성을 배제할 수 없다. 즉 사하라에 펼쳐진 사납아국 문명은 대서양 밑으로 가라앉은 아틀란티스 문명에 있던 마고선파가 북부아프리카로 이주해 오면서 일어났던 문명이었을 가능성을 아하갈 부족에서 찾아볼 수 있다. 부족의 전설대로라면 대략 12,000년에 아틀란티스 침몰과 함께 북아프리카로 왔으며 테라 외계인 아틀란티스산맥 지하 기지 근처에 터를 잡고 문명을 일으켰다고 볼 수 있다. 그리고 BC 4000에서 BC 3600년 사이에 급작스런 기후변화로 인해 오늘날의 사하라사막이 되면서 사납아국의 수명이 다했다고 추정된다. 급작스런 사막화와 지각변동에 의한 트리톤 내해의 유실은 자연적인 현상일 수도 있으며 또한 천신 형제의 난에 의해 발생한 재난일 수도 있다.

(7) 아프리카의 풍이족 도곤의 천문

필자는 살렘의 왕 멜키지덱이 아틀란티스 유민들을 이끌고 사하라 지역으로 도래하여 한12제국에 속하는 사납아국 문명을 일으켰을 가능성을 찾아보았다. 지금은 사라져 버린 이 문명국이 사하라의 옥토에 있었을 가능성을 베일의 민족, 아하갈족을 통해서 제시해 보았다. 멜키지덱 교단과 한제국과 연관성을 밝힐 또 다른 증거는 남부 사하라에서 천년 세월을 살아온 도곤 부족이다. 이들이 사하라에 거주하게 된 시점을 정확히 알지 못하며 아하갈 부족과는 달리 이들을 아틀란티스 유민이라고 보기는 힘들다. 하지만 이들이 언젠가부터 사하라를 떠돌며 살기 시작하면서 보여준 원시신앙체계 속에서 발견되는 신화적 모티브에서 사막화 이전 사하라 문명의 흔적을 찾아볼 수 있다는 점에서 이들의 종교문화를 알아볼 이유가 있다. 도곤 부족은 사하라의 이슬람화로부터 살아남아 고대 마고선풍을 이어가면서 원시 뱀 교단 샤머니즘 전통을 이은 풍이계 사막 부족이자 또한 천신 노모Nommo 설화를 통해 보이는 물고기 성자의 십자가 대속신앙을 전승한 멜키지덱 선파이었음을 여기서 밝혀 본다.

① 도곤 부족 들개좌 미스터리

도곤 부족은 15세기경부터 현재의 말리국으로 이주해 가서 반디아가라 사암절벽에 돌담집을 짓고 절벽을 지붕삼아 사는 아프리카의 풍이족이다. 도곤 또는 도곰으로 불리는 이들 사하라 풍이족은 전설적인 사납아국의 먼 후손일 것이다. 최초의 인간이 뱀으로 화신하였다고 믿고 매년 3일 동안 제사를 드리는 풍이계 신앙형태를 갖고 있으며 서구세계에 남신으로 잘못 알려진 암마Amma신이 이 우주를 창조하였다고 믿고 제사를 드리는 천손신앙을 갖고 있는 무교 부족이다. 마을을 대표하는 제사장을 호곤Hogon이라 부르며 부족의 연장자 중에서 인망이 높은 장로를 선발해 산속 바위틈에 은거하며 수행하게 하며 이 수행이 잘 되면 밤에 레베Leve라 불리는 신성한 사두인巳頭人이 나타나 호곤의 몸을 정결하게 해주고 비의를 전해준다고 한다. 이는 전형적인 풍이계 선파의 전도예식으로 도곤 무교가 밴 신앙체계의 마고선파임을 보여주는 예이다.

〈그림 30〉 도곤족

아나사지의 후예인 호피처럼, 그리고 투아렉의 비밀예식과 같이 도곤 부족 역시 탈을 쓰고 추는 도곤 무교 예식으로 유명하다.

도곰이라고도 불리는 이 부족은 옛날 이집트에서 떨어져 나와 사하라 사막지대로 이주해와 몇 차례의 이주 끝에 말리에 정착했다 한다. 이들은 이제 지명으로만 내려오는 사하라 남부의 시골마을 사납아SaNabA 지역에서 살다가 지독한 가뭄에 못 견디고 지금 말리국의 계곡으로 이주하게 되었다. 아하갈산을 지키는 부족장 그룹을 제외하고는 카라반과 유목생활로 잔뼈가 굵은 호전적 투아렉과는 달리 이들은 사막을 일구어 사는 사막 농경부족이다. 도곤 부족이 세상에 알려지기 시작한 것은 프랑스 인류학자 마르셀 그리아울Marcel Griaule이 25년 동안 그들과 생활하면서 관찰한 결과를 담은 보고서에서 도곤 부족 제사장들로부터 받은 도곤예식의 비의가 시리우스 삼성에 있다고 밝히면서였다.

이들 사제는 시리우스가 3개의 별로 이루어져 있지만 오직 하나 만이 우리 눈에 관측된다면서 구체적으로 세 별의 주기와 공전궤도를 밝

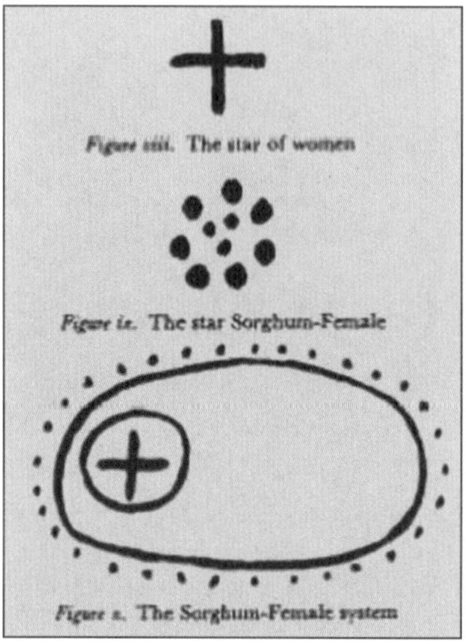

〈그림 31〉 십+자 표시는 여성이 열린다는 뜻. 아랫별은 청구칠성에 삼태성이 들어가 하나가 되었다는 뜻. 맨 아래는 음양이 교합하였다는 의미이다.

힌 것이다. 현재까지 천문학적으로 밝혀진 것은 시리우스가 쌍성으로 이루어져 있고 시리우스 B는 밤하늘에서 가장 빛나는 별인 시리우스 A와 달리 육안으로 절대 관측할 수 없는 백색 왜성으로 밝혀졌다. 도곤은 이 뿐만 아니라 관측이 불가능한 시리우스 C의 존재 역시 이들의 신화체계를 통해서 밝혔다. 시리우스 C로부터 온 노모Nommo 도곤의 시리우스 신앙이 도곤 무교의 전부는 아니지만 이들이 품고 있는 머나먼 마고선파의 흔적을 추적하는데 중요한 단서를 주는 체계인 것은 틀림없다.

도곤 신화체계에서 시리우스는 2명의 부인을 두고 있다. 포톨로 불리는 아프리카 곡류 중 가장 작은 디지타리아와 암마 야톨로 불리는 사탕수수 부인이다. 여신의 배치로만 봐도 사막 농경사회를 반영하는 전형적인 농가의 신단이다. 천문에서 가장 밝은 별인 시리우스를 통해서 농경사회의 달력을 추산하는 법은 수단과 이집트에서 오래전부터 보편적으로 쓰였던 책력법이었다. 도곤이 이들 문명과 다른 점은 시리우스에 얽힌 신화체계이다.

천신 암마Amma는 도곤세계의 우주를 창조한 여신으로 원초적인 어둠이었다. 물의 세계인 시리우스에서 그녀는 노모를 잉태했다. 시리우스는 노모가 자란 태반이었다. 은하수는 그의 탯줄이었다. 그녀는 노모를 낳고 노모는 스스로 4쌍의 쌍둥이로 분열했다.

시리우스 쌍성은 2개의 태반으로 쌍둥이를 수태하게 된다. 이때 노모 쌍둥이 한 쌍이 암마가 창조한 우주의 질서에 반기를 들었다.

쌍둥이의 반란으로 우주 전체의 균형이 깨지자 암마는 그들을 갈기갈기 찢어 팔방에 던져 놓았다. 도곤은 하늘에서 떨어져 내려온 노모 쌍둥이의 사체를 발견할 때마다 그곳에 비누Binu 신당을 짓기 시작하였다. 이 신당은 노모 쌍둥이를 모실 뿐만 아니라 죽음이 없던 시절에 살던 불사의 조상신들을 모시는 신당이기도 하다. 조상들을 상징하는 부적과 조상들로 신당을 꾸미고 지혜로운 조상의 인도를 구했다.

② 도곤의 노모와 십자가 해혹복본

도곤에 의하면, 노모가 인류 역사에 나타난 때는 그들이 방주같이 생긴 비행체를 타고 시리우스 C성에서 출발하여 은하수를 가로질러 지구로 와서 번개와 천둥소리를 내며 도곤에게 내려왔을 때라 한다. 그들은 사람의 모습을 한 양서류 인간으로 물고기 피부를 갖고 있었다. 육지보다 물속에 살기를 선호했던 노모는 도착하자마자 지구에 물을 붓기 시작하였다. 지구가 물에 차자 이들은 물속으로 들어가서 살기 시작했다.

〈그림 32〉 도곤족의 삼신상. 도곤 무교신학에서 우주와 인류를 창조한 여신은 양성을 겸비한 자웅동체상이다. 템플라 기사단의 멜키지덱 자웅동체 신상(Magna Figura)의 전신이라 할 수 있다.

이들은 지구인을 교화시킬 사명으로 시리우스에서 특파된 구세신앙의 스승들이었다. 이들은 지구의 삶에 내재된 물질계 에너지로부터 해방되어 잃어버린 쌍둥이 짝을 되찾는 법을 가르쳤다. 이 가르침을 펴기

〈그림 33〉 도곤족 쌍둥이 신 조상. 실상은 남녀 한 쌍으로 마고족의 사색인종이다.

위해서 노모는 스스로 물고기 몸을 찢어 사람들에게 먹이기 시작하였다. 이는 노모 성자가 십자가 대속신앙을 도곤 부족에게 직접 보여준 것이다.

이로서 노모 물고기 성자는 예수 사제와 마찬가지로 마고선파에 속한 멜키지덱 교단과의 강한 연관성을 찾아 볼 수 있다.

"마태 복음 26:26 먹을 때에 예수께서 떡을 가지사 축복하시고 떼어 제자들에게 주시며 이르시되 받아서 먹으라 이것은 내 몸이니라 하시고
27. 또 잔을 가지사 감사 기도 하시고 그들에게 주시며 이르시되 너희가 다 이것을 마시라
28. 이것은 죄 사함을 얻게 하려고 많은 사람을 위하여 흘리는 바 나의 피 곧 언약의 피니라
29. 그러나 너희에게 이르노니 내가 포도나무에서 난 것을 이제부터 내 아버지의 나라에서 새것으로 너희와 함께 마시는 날까지 마시지 아니하리라 하시니라"

예수와 물고기, 음복의 성체의식은 예수와 그의 제자 간에 가장 존귀한 예식이었다. 예수를 노모처럼 물고기로 보고 그의 희생으로 그의 살을 먹인 대속신앙의 표본을 볼 수 있다.

노모는 물질계의 허상을 보이기 위해 십자가에 순교하고 부활하여 시리우스로 돌아가면서 언젠가 다시 지구에 돌아올 것을 약속하고 그때가 되면 물고기의 모습이 아닌 인간의 몸으로 와서 인류와 더불어 살 것을 약속했다. 도곤이 그린 시리우스 도해에서 노모가 돌아간 시리우스는 하나같이 십자가의 표상을 하고 있다. 마고선파의 십자가 대속신앙과 해혹복본 섭리가 사하라 사막에 울려 퍼졌던 것이다.

도곤 부족의 미스터리는 그들이 갖고 있는 복잡하고 수준 높은 신화체계에만 있는 것이 아니었다. 그들이 독점적으로 가지고 있는 시리우스 삼성의 공전주기와 궤도에 관한 이론은 단순히 원시신앙 샤머니즘만으로는 설명이 안되는 구체적인 정보다. 천문학적으로 아직 실체가 완전히 파악되지 않을 정도로 시리우스 성좌에 관해서 만큼은 도곤 사제들이 앞서 가 있다. 도곤 사제의 비의에 따라 전해진 제3의 시리우스

〈그림 34〉 왼쪽 도곤 벽화에 시가형 UFO 모함이 선명하게 보인다. UFO 밑에 보이는 뱀은 도곤이 풍이족 계열로 테라외계인과의 접촉을 암시하고 있다. 이 바위 밑에서 도곤 소년들은 종교적 할례의식을 받고 성년식을 치른다. 오른쪽의 흑백 그림은 물고기 신인 노모. 지느러미를 벌려 십자형을 취하고 있다.

를 찾기 위한 노력이 현재도 진행되고 있다면 도곤은 과연 어디서 이런 구체적인 천문학적 정보를 얻을 수 있었는지 생각해 볼 일이다.

③ 도곤, 노모 외계인, 그리고 한 연방

앞에서도 설명했지만, 한12제국은 외계문명과의 접촉이 빈번했던 시절 지구의 문명을 일괄하던 정교일치 세계정부로 지구성을 대표하던 기구이었다. 지구의 인류 스스로가 진화하여 만든 독자적인 기관이라기보다는 외계문명으로부터 도래한 인류의 조상들이 지구 인류를 보호하고 진화시키는 과정에서 만들어졌다고 본다. 지구성을 대표하는 초인류적 기구로 테라 외계인(Terra ET)과 인류화한 그들의 자손과 사제들이 지구를 12조각으로 나누어서 해혹복본의 섭리로 교화할 사명으로 만들어졌다고 필자는 생각한다. 《삼성기전》 후편에 나오듯이 한12제국의 크기가 남북이 5만여 리이고 동서가 2만여 리라고 했을 때 이는 사실상 지구의 인류가 사는 대륙을 모두 포함 하는 크기이다. 실제로 북극에서 남극까지 대략 5만 리(정확히 50,961.57리)일 때 이 크기를 짐작해낸 사실 조차 알고 보면 미스터리이다.

〈그림 35〉 수메르 예아 왕자의 물고기 사제들. 하늘로 비상하는 새(아누나키)를 타고 있는 신과 신비로운 광휘를 쏟아내는 탑에서 도곤 테라 외계인인 노모와 함께 곤 조선 시리우스의 비의를 보여주고 있다.

테라 외계인의 후손으로 스스로를 천손이라 부르고 조상을 극진히 모시는 우리민족이나 유태인들에게는 천신이 곧 조상의 혈통인 것이다. 그런 의미에서, 도곤이 오미의 난으로 짐작되는 변고 끝에 하늘에서 떨어져 내려온 천신 노모의 시신을 수습하고, 그 자리마다 신당을 차리고 영원 불사의 조상을 모시는 신화 알고리듬이 우리의 것과 크게 다르지 않다는 것이다.

고담 노중평은 조선이라는 이름의 기원을 곤에서 찾았다.

"곤이라는 물고기 뒤에는 놀랍게도 장자가 비유의 대상으로 쓴 중여곤衆艅鯀이라는 인물이 있었고, 붕의 뒤에는 조선朝鮮이라는 나라가 있었다. 중여곤이라는 인물에게서 조선이라는 문자가 태어났다. 붕이라는 새는 봉황의 다른 표현이다. 우리가 대통령의 문장으로 봉황을 쓰는데, 이 봉황이 바로 붕이다. 붕은 단군왕검시대의 조선을 비유하는 말이고, 곤은 단군왕검에게 조선이라는 한자桓字를 물려준 한 인물이다. 곤과 붕으로 표현된 말의 실체가 바로 도道이다. 그러므로 장자는 도를 곤과 붕에 비유하였던 것이다."(노중평 서재)

도곤 신화를 생각해 볼 때 노모는 중여곤의 대체이고 시리우스는 외계 문명세계의 조선이다. 장자의 도는 곤이라는 신화적 물고기와 새로 표현했다. 곤과 붕이 다름아닌 조선을 지칭할 때 이는 두 상징의 합체인 날개 달린 물고기를 상징한다. 남미 풍이족에게 전승되는 날개 달린 뱀 케찰코아틀과 사실상 다를 바 없다. 노모와 케찰코아틀은 그 이름만 다를 뿐 해혹복본의 대속신앙과 십자가 알고리듬을 가져온 근본적으로 동일한 마고선파의 선지자이다. 한12제국의 일원이었던 사납아SaNabA국의 마고선풍이 다곤 부족을 통해 기천년 세월 동안 변함없이 내려오는 기적은 결코 우연이 아닐 것이다.

(8) 사납아 문명의 요람 사하라

도곤과 아하갈 부족을 통해 사하라의 고대문명을 추적해 보았을 때 마고선파의 유풍을 만날 수 있었던 이유는 사하라를 지배하던 문명국이 한연방의 일원이었기 때문이었다. 이 지역이 천신들의 전쟁과 기후 변화로 사막화가 되면서 신기루 속으로 사라진 문명국의 이름을 필자

〈그림 36〉 시리우스의 이집트 신격으로 기술과 과학의 신 토스Thoth가 뱀 에너지를 이용하여 배를 끌고 있다. 토스는 그 실체가 멜키지덱의 대체신격이다. 호러스의 눈옆에 북 십자성의 백조, 그리고 물고기 사제가 윤회를 상징하는 X자 모양의 십자가를 달고 있다. 뱀은 우주를 둘러싸고 있고 빈 공간을 이어주는 카바Kaba, 즉 아교같은 접착제이다. 여기서 장대와 뱀은 가장 비밀스런 십자가 교의로 고대 문명 곳곳에서 마주치게 된다. 전통적인 해석에 의하면 태양함을 타고 우주를 운행하는 세스Seth가 어둠과 밤을 상징하는 구렁이 아포시스를 죽임으로서 우주의 혼돈을 막는다고 하였다.

는 사납아로 보았다. 사하라사막 불모지 한가운데 내려오는 유목민 촌락에서 전해오는 지명 사나바Sanaba를 통하여 신화시대의 한연방국을 추적해 본 것이다. 지저세계에 있는 호수를 비밀리에 지키고 있는 아하갈 부족과 노모 성자 외계인의 대속신앙을 무교신학으로 발전시켜 오늘날에 이른 도곤 부족은 물이 곧 생명인 사막지대에서 마고의 생명수를 신화적 아이콘으로 전승해 왔다. 아하갈 부족을 포함한 투알렉 부족들이 원시 문명시대에서부터 써오던 그들 만의 문자체계는 한연방이 공유하던 천부 기호의 변형체로서 사하라 문명의 시원이 풍이에 있었다는 결정적인 물증이기도 하다. 남북 5만 리에 걸쳐 북미와 남미 고대 문명이 존재하였듯이 사납아 문명은 '동서 2만리' 끝자락에 있던 한연방의 일원이었다.

5) 유럽에서 전승되어온 멜키지덱 서방선파

사하라가 사막화가 되고 중동지역이 이슬람화하면서 멜키지덱 교단은 이 지역에서 사실상 잠적한 상태였다. 멜키지덱교 역시 무슬림의 영향 속에 변질되어 이슬람 비교秘教 수피즘Sufism을 낳게 되었다. 하지만, 유럽에서는 멜키지덱 교단의 사제인 예수 성자의 가르침을 은밀히 따르는 비밀 신앙결사들이 바티칸의 압제 속에서도 암암리에 전해 내려왔다. 야훼를 악마라고 불렀던 케타교단(Catharism)과 그 뒤를 잇는 템플라 기사단은 그 중에서도 바티칸의 이단교도 탄압으로 비참하게 전멸한 비밀결사이었다. 케타교단의 비극은 유럽 역사상 전례없는 바티칸이 주도한 대학살이었다. 이 배경을 이해함으로서 멜키지덱 교의의 전승 과정을 살펴본다.

(1) 케타 교단에 전승된 천신코드

로마제국이 와해되면서 바티칸 교황은 초국가적인 신권을 독점한 권부로 등장했다. 교회의 정통성에 도전하는 어떤 교리도 살아남을 수 없는 살벌한 종교 계엄령이 오히려 심화되어 가던 시절이었다.

〈그림 37〉 천둥새와 고래로 묘사된 붕과 곤. 신화적 원형으로 풍이족 계열에서 지속적으로 발견된다. 북미 눗카 부족의 타블렛에서 발견됨. The Sacred Symbols of Mu by James Churchward

이단적인 교리에 대한 성전의 대표적인 케이스는 케타 교단에 대한 처단이었다. 우선 케타의 이단적 교리를 《성경》을 통해서 보기로 한다.

민수기 21:6 여호와께서 불뱀들을 백성 중에 보내어 백성을 물게 하시므로 이스라엘 백성 중에 죽은 자가 많은지라

7. 백성이 모세에게 이르러 말하되 우리가 여호와와 당신을 향하여 원망함으로 죄를 범하였사오니 여호와께 기도하여 이 뱀들을 우리에게서 떠나게 하소서 모세가 백성을 위하여 기도하매

8. 여호와께서 모세에게 이르시되 불뱀을 만들어 장대 위에 매달아라. 물린 자마다 그것을 보면 살리라

9. 모세가 놋뱀을 만들어 장대 위에 다니 뱀에게 물린 자가 놋뱀을 쳐다본즉 모두 살더라

〈그림 38〉 의술을 상징하는 카데우스의 뱀은 날개 달린 장대로 표현된 Tau 십자가이며 뱀은 생명나무 십자가를 타고 오르는 Shin(불) 에너지이다. Ts코드는 주로 마법과 의술을 상징해왔다. 성경에서는 모세가 Ts 코드를 마스터한 선인으로 나온다. 그는 이집트 파라호 교단으로부터 Ts코드를 배웠으나 성배를 배반하고 엔릴과 결탁함으로서 유태교의 중시조가 될 수 있었다. 위의 도안 역시 모세의 지팡이를 기본으로 한 것이다. 모세의 동생, 아론 역시 이 지팡이를 자유자재로 썼던 선인으로 유태교 사제(Priest)의 시조가 된다. 두 마리의 뱀은 DNA코드를 암시한다.

소머리 위에 십자가형 장대를 꽂고 그 위를 휘감고 있는 뱀을 보기만 해도 치유가 된다고 기록돼 있는 민수기 21장의 모세 장대는 케타 교단 소머리 십자가와 다를 바 없다(제5부〈그림 38, 39〉 참조). 아래 참고 그림에서 보듯이 술병과 소머리 십자가, 그리고 그 십자가를 타고 올라오는 뱀의 모습을 케타 교단이 교단의 상징으로 삼고 있다. 이 상징이 의미하는 바는 앞서 설명한 천신코드이다. 엔릴 한웅이 자기 자신을 Yhvh라는 코드로 성경에

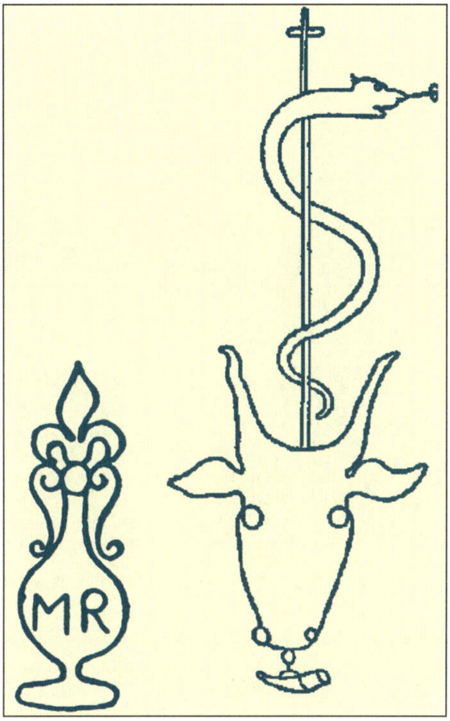

〈그림 39〉 케타 교단에서 내려오는 술병과 십자가. 그들이 왜 비참하게 학살되는지를 보여주는 상징체들이다. 술병에 새겨진 MR은 메루산(Mt.Meru)의 약자이다. MR은 또한 사랑의 신을 의미하는 Amor의 약자이기도 하다. 술병으로 나타내는 성배는 YV(Yod Vau), 즉 야훼 천신코드이다. 소머리와 T자형 십자가는 둘 다 카발라학에서 Tau에 속한다. 이 십자가는 생명나무(Tree of Life)의 표상이다. 이 생명나무를 타고 올라가는 뱀은 카발라학에서 헤브류 알파벳 Shin에 해당하며 원초적인 불의 에너지를 말한다.

서 밝혔을 때 그는 천신 코드의 반쪽 진리로서 여신과 성배의 섭리를 은연 중에 밝힌 것이다. Yhvh는 유태인들에게 가장 성스런 이름으로 그 코드를 야훼 또는 여호와라 불렀다. 그 마저도 부르기가 두려웠던 유태교 사제들은 아도나이라는 말로 야훼를 부르기도 하였다. 하지만 유태교 사제들은 아누나키 천신 코드의 반쪽만을 알 뿐이었다. 완전한 형태의 천신코드는 소머리로 상징되는 동방선파의 생명나무 십자가 Tau코드와 뱀으로 상징 되는 마고 선파의 Shin코드가 합쳐짐으로서 완성된 Ts코드이다. 이는 생명나무 또는 빛의 십자가로 표현되는 인체의 척추신경을 따라 뱀의 에너지가 활성화되어 상승하여 천골로 올라와 3번 씨앗을 성배에 뱉게 된다(제5부 〈그림 39〉 참조. 뱀이 씨앗 3개를 뱉고 있다). 이 천신코드가 발견되는 케타 교단의 상징 도안은 궁극적으로 해혹복본을 이루는 비전지학秘傳之學을 담고 있는 멜키지덱 영지주의의 걸작이다. 마고성으로의 복귀는 여신과 합일체에 이르는 엑스타시Ecstacy를 암시하며 천신코드는 영원성으로의 회귀이다. 천신코드는 샤머니즘의 근본섭리로 YV는 마고성을 상징하는 성배이며 Ts는 그 성에 이르게 하는 방법론으로 해혹복본이다. 엔릴은 천신코드의 반쪽만 계시함으로서 천신에 이를 수 있는 선법仙法을 은폐 또는 축소하려 했다는 이야기이다. 하지만 케타 교단은 멜키지덱의 성배신앙과 동방에서 온 성자 마니의 십자가 회복론回復論을 통해 천신코드를 완전한 형태로 복귀한 영지주의 비전 단체이었던 것이다. 하지만 로마 카톨릭에게 천신코드 진리는 곧 이단 교리를 의미할 뿐이었다. 진정한 천신의 코드가 야훼의 YHVH가 아니고 케사 교단의 Yvts(Yod Vau Tau Shin) 코드라면 이는 로마 카톨릭의 신학적 붕괴를 뜻하기 때문이었다. 마고선파의 맥을 이은 케타 교단은 결코 단순한 기독교 영지주의 종파는 아니었다. 그 뿌리는 서방으로 이집트 파라호 교단 교의와 에세네 교단의 맥을 잇고 또 한편으론 동방의 마니교摩尼教 교단의 맥을 잇는 프랑스 남부의 성배신앙 신비주의 교단이었다. 케타 교단 성립에 가장 큰 영향을 끼친 마니 성자는 퇴색되어 가던 멜키지덱 교단 해혹복본 교의를 재정립한 선지자(Prophet)이었다. 조로아스터 교단의 탄압으로 그 교의 상당부분이 유실되었지만 그 영향력 만큼은 유럽, 이집트, 북부 아프리카, 티벳, 중국에 이르기까지 옛 한연방 대부분에 펼쳐 나갔던 교단이었다. 어떤 의미에서 마니 성자는 불교의 용수보살처럼 멜키지덱 정통 이론을 재정립한 서방선파의 중시조라 할만하다. 케타 교단은 멜키지덱과 마니 성자를 통해서 예수의 십자가 대속신앙과 천신으로의 부활을 천신코드 YVTS로 해독하는데 성공한 비밀 종파였다. 다시 말하자면, 유태교의 야훼 YHVH의 인류 노예화 프로젝트에 맞설 대항마로 예수 성자는 예아 한웅의 인신으로 태어난 YVTS 천신이었다는 천기를 알아낸 현명한 자들이었다는 이야기이다.

(2) 마니 성자의 내력

페르시아의 물고기 성자 마니는 서기 216년에 태어났다. 그는 모세의 여동생과 같은 이름인 어머니 미리암의 영향을 받아 일찍이 기독교 영지주의 교의에 눈을 뜬 사람이었다. 이집트에서 발견된 파피루스 "코덱스 마니 콜론"에 의하면 마니는 이락에 있는 엘카시이트 교단 사원에서 자랐다. 엘카시이트 교단은 예루살렘의 비숍으로 알려진 예수의 친동생 제임스가 형으로부터 물려받은 교단에서 분파되어 나온 종파이었다. 〈모세오경〉으로 불리는 구약과 사도바울과 바티칸에 의해서 각색된 신약을 모두 부정하는 원시 기독교로 엘카시이트는 예수 교단의 원형을 유지하고 있었다.

이런 사원에서 자라면서 그는 사원 도서관에 소장된 경서를 필경筆經하는 일을 하면서 자랐다. 이미 그 당시에 실전된 고대 선지자들의 수많은 경서들을 가지고 있던 이 사원은 책을 좋아하는 필경사들의 천국이나 다름없는 곳이었다. 어린나이에 필경사가 된 마니는 이집트로부터 유태왕국, 페르시아에 이르기까지 중동 아시아, 아프리카의 성자들을 글로 대할 수 있는 기회가 누구보다도 많았다. 그가 예수 교단의 가르침을 넘어서 원 멜키지덱 교단의 비의를 어린나이에 습득할 수 있었던 이유는 이런 남다른 환경 속에서 자랐기 때문이다.

마니는 12살 때 처음으로 천신인 그의 '쌍둥이'로부터 계시를 받는다. 엘 타움이란 이름의 쌍둥이 천신의 계시는 그 뒤로 계속 되었고 마니교는 이 계시를 세상에 밝히라는 쌍둥이 천신의 명령으로 탄생한다.

그의 교리에 나타나는 빛의 십자가는 인간이 육신이라는 어둠의 물질에 갇혀 있는 숭고한 영적 실체이다. 그는 이 빛의 십자가를 다치지 않게 하는 방법으로 채식주의와 금욕주의를 제시하고 이로써 물질을 정화해 나갈 수 있다고 믿었다. 십자가의 비의를 마니는 이렇게 표현했다.

"빛의 아버지들이여, 그 배안에서 벌어진 모든 일들을 내게 보여주셨다. 다시 한 번, 그는 기둥의 자궁, 아버지들, 그리고 숨어있는 위대하고도 위대한 능력들이 나를 선택하고 내 앞에 나타나셨느니라."(고덱스 마니 콜론)

이 난해하고 신비적인 마니의 가르침에서 기둥의 자궁은 다름아닌 십자가의 정체이다. 십자가는 어머니 여신의 자궁이고(우리말에서 十은 연다는 뜻이다. 연다는 뜻에서 십자가와 자궁은 상통한다) 기둥은 그 자궁에서 터져 나오는 빛의 광휘, 즉 아버지들이다. 아버지들의 정체는 카발라 비교에서 말하는 10개의 세피로스Sephirot, 즉 광휘로 이루어진 생명나무(〈천부경〉의 1~10수)이다. 이 여신의 자궁은 아인 소프 아울Ain Soph Aur로 부정의 부정을 의미하는 무광의 심연이다. 이 자궁이 '부정(어둠)의 부정(어둠)'이라는 과정으로 '어둠의 불'을 수태하여 산통을 겪으며 수축이완을 하면서 나온 빛의 알이 세피로스이며 마니가 말하는 빛의 십자가이다. 이 십자가 천신코드는 훗날 장미 십자단이라는 비밀 오컬트 조직의 개념도에서도 나타난다.

〈그림 40〉 장미 십자단 개념도. 오른쪽 장미는 여성의 성기를 상징하며, 왼쪽의 나무는 10세피로스로 된 생명나무이다. 즉 우주의 어머니(Yv코드)와 아버지(Ts코드)이다. 이들의 합체의식을 장미 십자가로 표현한다. 십자가의 전이체인 어미새는 북십자성 신조神鳥이자 마고이다.

① 마니주의 근본 교리

영지주의 교리는 기본인 물질과 영의 쌍둥이 신화 알고리듬을 알게 하여 해방의 길이 불교적 금욕과 영지靈智로 찾아지는 천신의 진실임을 알 수 있게 된다고 믿게 하였다. 천신은 빛의 십자가로 몸을 하고 그 빛의 광휘 하에 그의 왕국이 놓여 있다고 하였다. 그 빛은 에테르로 이루어져 있고 이 법신의 오체로 5개의 기능이 갖추어져 있다. 이는 감각, 이성, 사유, 전달, 그리고 영감으로 이루어진 지성체로서의 기능이다. 빛 십자가를 회복함으로서 천신의 빛과 힘과 지혜를 갖춘 자가 되며 천신 자신이 하나의 기능으로 존재하게 되어 삼과 일의 진리경을 이룬 신인神人이 된다고 하였다. 마니 성자는 인도를 여행하면서 불교를 접하고 입문하여 불교의 정수를 배울 기회가 있었다. 동서양의 진리 체계를 두루 접한 마니는 불교의 유식론적인 관점에서 카발라학과 영지주의 교의를 해석하여 그만의 독특한 서방선파 신학체계를 구축할 수 있었다. 중국에서부터 북아프리카에 이르기까지 그의 진리 해법을 따르는 자가 수없이 많았다고 한다.

예수물고기 교단의 정통을 이어받은 마니 성자는 예수 성자처럼 모세 율법과 할례의식을 부정했다. 모세 율법과 할례의식은 모두 테라 외계인 엔릴 왕자에 의해서 심어진 독선적 교리에 바탕을 둔다. 이는 그가 엔릴 왕자계에 정면으로 도전하는 물고기 신 예아 왕자의 사제임을 말한다. 그의 교리는 엔릴 왕자의 인류사 개입 이전의 원 마고신앙을 잇는 테라 외계인 예아 왕자의 해혹복본 천신코드이다.

② 마니 성자와 케타 교단

마니는 성경에서 야훼로 불리는 예아 왕자의 광적인 청결주의와 율법 지상주의의 허상을 노출시켰을 뿐만 아니라 로마국교의 기초가 된 사도 바울의 기독교 교리 역시 부정하였다. 사도 바울이야말로 우리가 알고 있는 기독교를 세운 이론가로 로마 기독교는 그의 종교적 판타지였다. 한때 기독교 박멸을 외치며 예수의 가족과 교단을 뒤쫓던 바울은 어느 날 갑자기 신의 계시를 받았다며 자칭 기독교인으로 둔갑한다. 예수의 생존시 멜키지덱 천신코드를 전승받은 적이 없는 바울이 로마에서 비밀 목회를 하던 베드로의 교단을 접수한 결과 로마교회가 탄생하였다. 한마디로 예수의 진정한 교리를 아전인수식으로 해석하고 신학을 세운 바울은 예수의 반명제(Anti thesis)인 것이다. 여신 정통성을 부정하고, 오직 독생자 예수만이 인류 구원을 위한 대속체가 될 수 있다고 주장하는 '신의 아들 예수론'은 그가 인류사에 키친 가장 큰 패악이었다. 예수 교단을 붕괴시킬 목적으로 유태교 교단에서 파견됐던 바울은 예수교로 개종함으로서 오히려 그 미션을 달성한 인물이다. 물고기 성자인 마니가 바울을 부정한데는 이미 그의 시대에 바울의 신학적 모순이 잘 알려져 있었다는 반증이다.

이런 마니교의 교리가 천년이 지난 뒤 남부 프랑스에서 케타 교단으로 나타나는 이유는 멜키지덱의 교의를 잇는 성단의 백소족 교화 노력이 어떠한 압제 속에서도 끊이지 않고 암암리에 내려오고 있었다는 이야기이다. 인류 역사상 최대의 종교 탄압이자 전대미문의 대학살 사건이었던 케타 교단의 대학살은 카타르시스Catharsis의 어원이 된 사건이었다. 젖먹이까지 도륙을 해야 할 정도로 참혹한 바티칸 주도의 종교 탄압의 배경에는 이런 끈질긴 마고선파의 맥에 대한 그들의 공포심이 도사리고 있기 때문이다.

케타 교단은 멜키지덱왕으로 거슬러 올라가는 성배신앙 교단이었다. 케타는 창조주 여신 마리의 순결함을 쫓아 스스로를 순결한 자들이라 불렀다. 케타 교단은 예수로부터 비밀리에 전승돼 오던 〈마리 서書〉를 통해 성배와 십자가의 진실을 습득하였다. 케타와 함께 실전된 이 경서는 템플라 기사단에서도 전승되었지만 역시 대대적인 탄압 속에 영원히 실전된 듯싶다.

이 비밀스런 경전에는 천국으로 복귀할 수 있는 해혹복본의 길로 인간의 피와 살을 불멸의 빛의 몸(십자가)으로 만드는 Yvts코드를 제시하였다. 여러 가지 예식과 심볼 그리고 빛의 십자가를 만드는 성가를 통해 우리 감각에 포착이 안되는 초자연적 에너지가 발동이 되어 평범한

인간을 빛으로 변화시킬 수 있게 된다고 케타는 믿었다. 케타의 빛과 불멸성의 견해는 마니의 가르침에 기원하지만 사실상 그 가르침의 근원은 멜키지덱의 성배신앙으로 거슬러 올라간다.

(3) 케타 교단과 성배

케타는 누구나 천신코드로 수행하면 성배를 통해서 불멸의 빛으로 가는 물고기 십자가를 되찾을 수 있다고 보았다. 그럼에도 불구하고 중세 암흑기의 유럽에서는 케타 교단이 물질적으로 존재하는 성배를 가지고 있다는 오해를 사게 되었다. 케타의 보물로 알려진 성배를 되찾기 위해서도 바티칸은 잔인한 고문을 서슴치 않았고 남부 프랑스의 동굴과 케타 사원을 쥐 잡듯이 뒤지고 다녔다. 성스런 유물로 불리는 성배, 성궤, 성창 같은 유물을 획득함으로서 교회의 위신을 높이려는 바티칸 사제들은 예수와 연관된 유물을 수집하는데 혈안이 돼 있었다. 성배의 천신코드를 이해할 수 없는 이들에게 성배는 〈마리서〉에서 가르치는 여신 회귀 부도신학이라고 하는 케타 사제들의 고백을 믿을 자들이 아니었다. 초기 영지주의 교단에서부터 마니, 케타, 그리고 숱한 교단들이 중동, 터키, 이란, 중앙아시아, 북부 아프리카에서 비밀리에 목회를 이어 오면서 받아야만 했던 박해였다.

(4) 마리 여신과 외계인

케타 교단를 이해하는데 가장 중요한 부분은 마리 여신의 정체이다. 케타는 그녀를 사랑으로 보고 〈마리서書〉를 사랑(여신의)경이라 불렀다. 불행이도 〈마리서〉는 바티칸 수중으로 넘어간 뒤 이 세계에서 자취를 감추고 말았기에 그 실체를 파악하기 힘들지만 마리 여신의 신격을 이해해 봄으로서 대략적인 면모는 파악할 수가 있다.

마리 여신의 남편은 천신의 난의 예아 한웅으로 알려져 있다. 마리 여신이 마고 여신의 대체신격이라면 마리 여신이 예아 왕자와 함께 엔

〈그림 41〉 마리 여신 또는 타라 여신이라 한다. 타라Tara는 그 기원이 수메르의 이스터Ish Tar여신이다. 머리에 헬멧을 쓰고 있는 모습이 그녀가 외계문명 도래인渡來人임을 보여준다.

릴 한웅의 인류 노예화 프로젝트에 대항해온 인류의 보호천사가 된다. 교단이 바뀌고 시대가 바뀌어도 변함없는 마고 멜키지덱 연원의 천신코드가 케타 교단에서도 반복됨을 알 수 있다.

신화와 역사가 혼합된 고대문명의 외계인 도래설로 볼 때 십자가의 영적인 구원과 해혹복본 부도 사명은 또한 인류의 종과 유전정보에 관한 생명공학의 입장에서 보아야만 그 미스터리를 완전히 풀 수 있다. 마리를 MAri로 분석해 보면 아리안의 어미라는 말로 해석해 볼 수 있다. 〈The Great Motherr 마고의 세계〉에 나오는 아리안의 여신은 외계문명의 여왕이었다. 위에 있는 자료 사진에서 보듯이 헬멧을 쓰고 있는 마리 여신상은 한웅 형제가 외계문명권에서 도래한 테라 외계인과 연계된 인상을 준다.

(5) 템플라 기사단의 멜키지덱 숭배

템플라 기사단은 케타 교단과 비슷한 시기에 전혀 다른 목적으로 출발한 엘리트 기사단이었다. 이들은 명문가 귀족이나 왕족 중에서 용맹함이 인정된 기사들로 이루어진 동맹(Fraternity)으로 교황의 비호아래 그 세력을 넓혀 갔다. 이들이 처음으로 세상에 알려진 때는 제1차 십자군 전쟁을 막 치르고 난 뒤인 1100년경 부터였다. 이들은 기독교 성지 순례자들을 보호한다는 명목으로 예루살렘에 본부를 차려놓고 복잡한 중동 정세를 배경으로 사실상 독립된 정치 군사단체로 성장하였다. 이들은 중동지역의 교황 친위부대임을 자처하여 바티칸의 환심을 사 유럽 왕실로부터 독립된 초국가적 군사 동맹단으로 인정받게 되었다. 이때부터 이들은 예루살렘 왕을 볼모로 삼아 성지 순례자들로부터 보호세 명목으로 통과세를 받고 유럽 왕실과 기족들에게서 협조비를 타내어 조직을 키워 나갔다. 겉과 속이 달랐던 이들은 같은 교황청 친위 기사단인 성간호 기사단(Knights Hospitaller)을 중동으로부터 몰아내기 위해서 무슬림들과 손을 잡고 온갖 계략을 꾸며 성간호 기사단 주성主城을 함락시키게 한 간교한 자들이었다. 이 기사단끼리의 보복전을 막기 위해 교황이 중재에 나설 정도였고 이들 기사단의 세력 싸움은 십자군 전쟁의 양상을 바꾸어 놓을 정도이었다. 십자군 전쟁 당시 예루살렘에 급조된 기독교 왕국의 실질적 권력을 쥐고 있던 이들은 탐욕과 호기심에 솔로몬의 보물과 성궤를 찾기 위해 예루살렘 사원 지하를 두더지처럼 헤매고 다니기도 했다. 이들이 솔로몬의 보물과 성궤를 찾았을 것이라는 억측이 지금까지 끊임없이 나오는 배경이다. 이들이 기독교 역사를 하루아침에 뒤집을 수 있는 물증과 교단의 비의를 갖고 있을 것이라는 심증만으로도 그들이 교황청의 숙청대상이 될 수 있음에도 중동의 맹주로 행세하던 시절만큼은 누구도 이들을 간섭할 자들은 없었다. 무슬림세계에서 가장 악명을 떨치던 암살단 어세신(Assasin)과도 손이 다 있던 차에 이들이 예루살렘에서 벌이는 일들을 가지고 시비할 자들은 없었다. 중동지역의 판세를 가르던 템플라 기사단(Knights Templar), 성간호 기사단(Knights Hospitaller), 어세신Assasin 암살단은 동상이몽의 동조와 반목을 일삼던 십자군 전쟁의 배후 세력이었다. 어세신 암살단은 그들의 세력을 유럽으로 확대하기 위해 두 기사단 수장과 회담을 하여 광명단(Illuminati) 창단을 제안할 정도이었다. 이 광명단이 창단되었다면 초국가적 군사동맹이 초 종교 군사동맹으로 바뀔 뻔했던 사건으로 아직까지 베일 속에 가려진 십자군 전쟁 비사秘史이다. 적과 아군이 누군지 알 수 없을 정도로 무슬림과 암암리에 거래를 해온 이들은 뜻밖에도 교황청이 숨겨왔던 예수교의 비밀을 알기에 이르렀다. 다음 장에서는 템플라 기사단에게 멜키지덱 교의가 끼친 역사적 의미에 대해서만 정리해 본다.

(6) 멜키지덱 교단으로 복귀한 템플라 기사단

케타 교단과 템플라 기사단이 세상에 알려진 시점은 같아도 그 뿌리는 아주 다른 것이었다. 원시 기독교 영지주의를 전승하고 마니 성자 교의를 받아들여 옛 멜키지덱 성배신앙을 이은 케타 교단은 남부 프랑스에서부터 시작하였다. 예수의 처 막달아 마리아와 그녀의 딸이 남부 프랑스로 들어왔다는 전설의 땅에서 시작한 교단은 이 지역에 뿌리 깊은 성배신앙 전통이 되살아나면서 발전된 것이었다. 반면에 템플라는 원래 종교 조직이 아니었다. 십자군 전쟁을 치르던 엘리트 기사들로 이루어진 군사동맹이었다. 그럼에도 불구하고 템플라 기사단이 이단으로 몰린 케타 교단과 같은 교리를 신봉하는 종교성을 갖게 됐다는 사실에 주목할 필요가 있다.

비록 멜키지덱 교단의 성배 천신코드를 받아들였다 하더라도 이들은 케타 교단처럼 순수한 종교 결사는 결코 아니었다. 이들에게서 성배신앙은 로마 기독교의 대사기극을 추적해 발견한 전과이었다. 엘리트 중에서도 엘리트를 자처하는 이들이 예루살렘에서 오랫동안 맹주 노릇을 하면서 바티칸을 넘어선 엘리트 종교를 꿈꾸게 되었다. 이들이 바티칸이 지배하는 유럽에 염증을 느끼게 되면서 로마 기독교를 뒤엎어 버릴 수 있는 종교, 경제, 정치 시스템을 꿈꾸게 된 낭만적인 혁명가들이었다. 그들이 목숨을 바쳐 무슬림으로부터 빼앗아 온 기독교 성지에서 그들은 오히려 기존의 유럽 질서를 뒤집을 혁명적인 세계관에 빠져들게 된 것이다. 이들의 세계관 변화는 바티칸으로부터 각색되지 않은 원 기독사상, 즉 멜키지덱 천신코드를 재발견함으로서 시작되었다. 케타 교단과 같이 이 세계를 짓누르는 악의 화신은 바로 야훼라는 사실을 알게 된 것이다. '천신의 난'의 주인공인 야훼, 즉 엔릴 한웅의 정체를 파악하게 되었던 이들은 엄청난 충격을 이겨내야만 했다. 이들은 멜키지덱 교의를 통해 그동안 유태교와 로마 기독교로부터 악마로 몰렸던 발Baal 신, 즉 예아 한웅이 오히려 예수 사제가 찾던 천신의 정체라는 사실도 알았다. 이들은 발신 뿐만 아니라 악녀로 불렸던 이스타 여신을 재발견하기에 이르렀다.

템플라 기사단은 동굴 속에서 기도하고 수행하던 원시 기독교 영지주의자들과는 본질적으로 다른 사람들이었다. 엘리트 군사 동맹체로서, 또 교황의 친위부대 성격을 띠고 초국가적인 후원을 얻어낼 수 있는 이들은 다분히 권력지향적인 패권주의자들이었다. 즉 종교마저도 권력의 연장선이었을 뿐이었다. 그들이 알아낸 멜키지덱 성배신앙은 바티칸을 넘어 서려는 그들의 무한한 권력추구에 당위성을 부여하게 된 것이다. 그들은 종교적인 면에서 예수를 야훼와 싸우다 죽음을 당하고 부활한 천신으로 모심으로서 자신들이 기독교 정통성을 회복하였다고 믿었다. 이 말은 예수가 더 이상 신의 아들이 아닌 천신 그 자체임을 선언한 것이다. 이로서 카톨릭 교단의 삼위일체론 자체가 원천적으로 무효가 됨으로서 로마교회 신앙 정의(Doctrine)를 전면 부정하게 된 것이었다. 결국 템플라의 교리대로 보자면 예수는 천신의 부활인데 이는 야훼로부터 인류를 지키려는 예아 천신의 부활을 말한다는 점이었다.

(7) 템플라 기사단 바포멧의 정체

템플라 기사단이 이교도로 몰려 죽게 되는 결정적인 증거물은 바포멧이라는 정체불명의 두상頭像이었다. 흥미로운 사실은 오늘날까지 바포멧 두상을 직접 보았다는 기록이나 두상 자체는 아직까지 발견되지 않고 있다는 사실이다. 그 이면에는 교황청의 특별 명령으로 템플라 기사단이 모시던 조상은 모두 교황청에서 몰수해 갔기 때문이다. 템플라를 악마 숭배자로 몰고 갈 수 있었던 바포멧은 이후 사탄만큼이나 악마의 대명사로 유명해진 말이 되었다. 로마 기독교 세력이 약해질대로 약해진 현시대에서도 바포멧은 악마 숭배의 상징일 뿐이다.

여기서 바포멧의 정체를 밝히기 위해선 그 어원부터 추적해 볼 필요가 있다. 바포멧의 어원은 바빌로니아에서 쓰인 외계인 언어를 어원으로 한다. 앞서 말한 바벨Babel과 같이 바포멧은 Bab Come에서 나온 말이다. Bab는 포탈을 말하며 Come은 빛이 든다는 말이다. 이는 빛의 근원인 눈에 보이지 않은 태양을 암시한다. 빛의 근원을 동방선파에서는 한인桓因(桓에는 한, 환, 원의 3가지 발음이 있다)이라 불렀다. 템플라는 이 한인을 검은 태양이라 불렀는데 이는 임자계해壬子癸亥의 현무玄武에 해당하는 천부 부도 신학적인 해석을 템플라 기사들이 해냈다는 말이다. 템플라는 이 빛의 근원에 교감함으로서 천신의 힘을 가질 수 있다고 믿었다. 바포멧은 그 근원에 이르게 되는 포탈이었다. 이 포탈을 조상彫像으로 만들어 모시고 명상과 기도를 통해 초인적인 마법의 힘을 얻으려 하였다. 이들이 이 조상을 만들 때 원형原型으로 한 것은 멜키지덱의 자웅합체상이었다. 멜키지덱이 자웅합체상으로 영지주의 교단에서 내려오는 이유는 히브리서에서도 밝혔듯이 멜키지덱은 그 근원을 알 수조차 없는 신인이자 자웅동체의 생명 씨앗인 원인자로 보았기 때문이다.

남녀의 머리를 합쳐 놓은 두상 위에는 진귀한 보석이 박혀 있었다. 대략 사람 얼굴만한 이 두상은 전신이 금으로 이루어져 있다고 한다. 이 두상을 모시고 계속 기도를 하면 언젠가 남녀 두상에서 빛이 나와 머리 위에 있는 보석에서 하나의 광선으로 합쳐져 천신 포탈을 열게 된다고 믿었다. 이 포탈이 열리는 순간 천신이 다시 내려올 수 있게 되고 새로운 문명이 열리게 된다고 하였다. 이는 인류가 야훼에 사로잡혀 살아가는 지구 문명을 해방시킬 천신들이 내려오게 해달라는 예식이며 바포멧은 인류의 부모신인 외계인들과 통신을 하는데 쓰이는 기구이었다. 이 믿음은 템플라 기사단이 와해된 뒤 몇 백년 뒤 오스트리아 빈에서 결성된 부릴회(Vril Society)에 의해서 절반의 성공을 보게 된다.

(8) 템플라의 후신 나치 신녀단 부릴회

십자군 전쟁 당시, 템플라 기사단은 예루살렘 성지순례 보호비 명목으로 순례자들에게 통과세를 부과해 모은 돈으로 유럽 왕족과 귀족층을 상대로 돈놀이를 한다. 일종의 은행업의 시조로 '베니스의 상인'에서 나오는 유대인 고리대금업 시장을 송두리째 빼앗아 간다. 이렇게 잘 나가던 이들은 기독교 문명을 하루아침에 와해시켜 버릴 수 있는 비밀들을 무슬림을 통해 알게 된 사실이 조직 와해를 가져다 주게 된 시한폭탄이 될 줄은 몰랐었다. 궁극적으로 템플라의 몰락은 이렇게 자본과 교단의 비의를 독점한데서 출발한다.

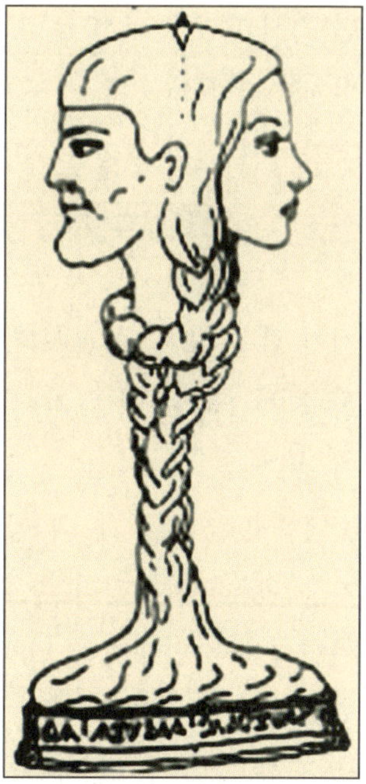

〈그림 42〉 바포멧의 두상

당시 교황이었던 클레멘트는 프락치를 기사단에 심어둬 이들 기밀 사항의 상당 부분을 이미 알고 있었다. 그들이 있음으로써, 유럽 봉건주와의 알력에 완충 역할을 잘 해왔던 템플라를 교황으로서는 내칠 필요가 없었다. 그들이 얼마나 반교회적인 사상을 가졌는지는 그 다음 문제였을 뿐이었다. 기사단 비밀을 폭로하고 다니던 변절자로 말미암아 조사가 임박했을 때에도 교황은 적극적으로 그들을 보호하려는 입장이었다. 십자군전쟁에서 교황청의 이익을 대변하던 양날개 조직인 성간호 기사단과 템플라를 통합함으로써 템플라의 의혹을 잠재우려고 하기도 하였다. 하지만 템플라에게 진 빚에 쪼들린 프랑스 필립 4세의 압력과 템플라 이단 교리에 대한 증거가 속출하면서 바티칸은 등을 돌리지 않을 수 없었다. 사실 관계 조사를 프랑스 국왕에게 맡기면서 적어도 프랑스 내에 있던 템플라는 풍비박산이 나고 만다. 프랑스 국왕은 하루아침에 템플라에게 진 빚을 칼로 갚고 그들이 숨겨놓은 보화를 추적하기 시작했다. 템플라 보물 미스터리의 시작이다.

13일의 금요일, 그 운명적인 날, 프랑스 국왕 필립 4세에게 붙들려서 불에 타 죽을 때까지 그들이 지켰던 템플라 비교秘敎는 아직까지도 영원한 미스터리로 남게 된다. 더는 템플라 기사로 행세할 수 없었던 생존자들은 유럽 각국으로 도주하여 새로운 비밀결사를 만들기 시작했다. 스코트랜드로 도주한 템플라는 프리메이슨으로, 독일로 달아났던 기사는 후예 바바리안 광명단(Illuminati)의 시조가 된다. 물론 현지에 있던 기사 단원들의 도움과 무엇보다도 그들이 그 지역 왕조에게 충성을 바치는 서약이 있었기 때문에 그들의 보호를 받을 수 있었다. 이는 초국가적인 엘리트 조직으로서의 통일된 의제(Agenda)를 상실하고 각 지역 군주를 위한 친위조직으로 전락함을 말한다. 즉 같은 템플라의 비밀을 전수받으면서도 영국의 기사단 후예와 바바리안 기사단 후예의 의제가 같지 않게 된 것이다. 이는 또한 먼 훗날 나치 SS 검은태양 기사단이 템플라의 후예를 자처하면서 유럽 정복계획을 수행하게 되는 배경이 된다.

템플라 조직 와해 뒤 일부 템플라는 당시 유럽에서 가장 개방적이고 자유분방한 이탈리아 반도의 미항, 베니스에 자리를 잡았다. 이들 역시 비밀리에 비밀결사를 만들고 베니스 권력자 등 뒤에 숨어서 그들이 가져온 막강한 재력을 통해 베니스 사교계를 장악하게 된다. 이들이 세운 조직의 특징은 사교계를 주름잡는 귀부인들을 그들 비밀결사에 받아주었다는 점이다.

이들은 칼을 버리고 여자를 선택함으로써 자연스럽게 베니스 상류계급에 흡수될 수 있었다. 이들은 바바리안 기사단과 일정한 관계를 유지하면서 템플라의 복권과 유럽 정복의 꿈을 꿈꾸어 왔다. 이 비밀조직의 후예인 베니스 사교계 귀부인들은 독자적인 계보를 형성하고 베니스 토박이 신비주의 오컬트 문화를 만들어 갔다. 이 여성들의 가장 큰 특징은 그녀들의 긴 머리였다. 이 긴 머리는 이들이 영매 수업을 받은 비전가임을 말하며 그들이 비밀리에 숭배하던 여신의 머리 스타일을 추종하는 의미이기도 하였다. 그 여신은 지고선인 이집트 여신 이시스Isis와 어둠세계의 제왕이자 숙부인 악마 세스Seht 사이에서 태어난 딸 이사이스Isais이었다. 이 여신의 존재는 바바리안과 베니스 템플라에게서 가장 비밀스러운 것으로 그녀를 통해서만 인류의 악을 지구상에서 제거할 수 있다고 믿었다. 그녀는 이집트에서 태어난 뒤 비밀리에 유럽으로 보내져 숲속의 정령精靈처럼 살았다고 한다. 그녀는 자신에게 내재된 악마의 혼을 이용하여 지옥문을 열고 들어가 야훼가 천신국으로 부터 훔쳐간 검은 돌(주, 현무암으로 검은태양의 액기스)을 찾아갔다고 한다. 그녀는 원래 빨간 머리를 길게 내려뜨린 미녀이었는데 지옥에 들어가기 위해서 머리를 짧게 치고 남장을 하였다고 한다. 그녀의 영웅적인 희생을 통해 검은돌은 무사히 천신국으로 돌아와 야훼의 야욕을 막을 수 있게 된다고 한다. 이사이스를 따르는 교단은 고대 바빌로니아 시절부터 있어 왔다고 하지만 그 정체를 파악하기는 극히 힘든 비밀스런 컬트였다. 선과 악의 모순 속에서 성장한 그녀는 자신의 악을 방편삼아 악의 근원인 야훼와 싸우고 예수 성자를 돕는 선한 악신(Demon)으로 불렸다. 훗날 그녀를 통해서 템플라 기사단의 후예인 부릴회의 대속신앙이 싹트게 된다.

이들 베니스 영매의 후예인 마리아가 빈에서 결성한 부릴회는 템플라의 복권과 그들을 버린 유럽 봉건 왕조를 뒤집어 놓을 의제를 담고 있었다. 영매 마리아가 이사이스 여신을 주신으로 삼고 긴 머리 영매들과 짧은 머리 영매 그룹을 이끌고 부릴회를 당시 독일 엘리트 신비 단체인 튜울회(Thule Society) 멤버들과 같이 창단할 때 이미 그녀의 손에는 외계 문명으로부터 받은 UFO 설계 문서를 쥐고 있었다. 독일 엘리트들이 그녀를 단지 영매로 이용한 것이 아니라 그녀가 오히려 그들을 템플라 의제에 맞추어 조정하였다는 점은 역사의 아이러니가 아닐 수가 없다. 템플라 문자로 쓰여 있던 그녀의 문서는 독일 고대문자 해독 전문가들에 의해 고대 수메리아 문자로 밝혀지면서 자연스럽게 그들의 지적인 관심을 끌어내었다. 이후 부릴회 창단과 함께 독일 기업과 대학의 후원으로 첫 번째 UFO 제작에 들어가게 된다. 이런 템플라 의제를 몇몇 여자 영매들이 이룰 수 있었던 배경에는 템플라 대속 신앙의 주인공인 그 문제의 이사이스 여신에 있었다. 그녀가 짧은 머리로 남장을 한 채 지옥문을 따고 들어가 인류를 위한 희생을 하였음을 기념하는 단발 영매들과 긴 머리 영매들은 그녀들의 때 묻지 않은 아름다움과 매력으로 독일 최고 엘리트들의 마음과 욕망을 사로잡음으로써 실현 가능해졌다. 부릴이 뜻하는 의미 자체가 인간에 내재한 성욕을 통해 초인적인 힘을 개발한다는 Ts코드의 변형으로 인도 티베트의 탄트라와 비슷한 행법이었기에 자유분방한 성관계가 이루어졌다고 볼 수 있다.

이런 배경에서 유난히 세련돼 보이고 매력적인 그녀들의 존재는 훗날 부릴회를 독일판 섹스 클럽으로 영미 사회에 알려지게 된다. 하지만 아무도 부정할 수 없는 역사적 사실은 이들 영매로부터 인류가 처음으로 UFO 기술과 더불어 제작이 시작되었다는 점이다. 현재 영미 역사학자들이 이들의 존재를 무시하거나 전혀 역사적 의미를 부여하지 않는다고 해서 이들의 존재 자체를 2차 세계대전 승자와 그들 내부의 엘리트 군사정보 조직을 모르는 것은 아니었다. 전후 부릴회와 그녀의 존재들 자체가 연합국과 독일에서 군사 비밀에 부쳐지고 자료 공개가 되지 않

〈그림 43〉 부릴회 회원 영매자들. 외계문명으로부터 UFO 기술을 전수 받으며 과학과 초과학을 넘나든 불가사의한 존재들이다.

고 있을 뿐이다.

히틀러와 나치 핵심 간부들을 회원으로 두는 부릴회는 영매 마리아에게 전쟁 말기에도 히틀러와 수 차례 만날 기회가 주어졌다. 패전 기미가 짙어만 가는 전쟁에서 히틀러 또한 부릴회 영매들이 주장하는 차원전이를 통한 외계문명 탐사 UFO 제작에 관심을 기울이지 않을 수 없었다. 하지만, 이 계획은 외계문명으로부터 이전받은 UFO 기술이 오직 평화적 목적으로만 쓸 수 있다는 것을 알게 되어 자체 나치 기술자들을 통해 전쟁무기용 비행접시 제작에 주력하게 된다. 이때 개발된 비행접시 바닥에 총기를 부착시키는 등 여러 가지 시도가 있었지만 이런 살상무기 부착은 묘하게도 UFO 비행 자체를 불안정하게 하고, 파일럿이 두통과 복통을 일으키는 이상 현상에 의해 중단하였다.

나치가 원하는 기술을 제공하는데 실패한 부릴회 영매들은 SS 오칼트 감독원 감시하에 사실상 연금 상태로 들어갔다. 그렇다고 나치가 UFO 개발 작업 자체를 중단한 것은 아니었다. 종전이 얼마 남지 않은 1944년 12월 차원전이 V7형 UFO가 시험 비행에 성공했다는 이야기가 전설같이 내려온다. 마지막으로 부릴회 영매들은 영매 마리아의 비밀 메시지를 받고 1945년 3월 11일 일제히 사라지게 된다. 나치 패망 한 두 달 전에 나치 SS의 감시하에 있던 미모의 여인들이 흔적도 없이 사라짐으로써 또 다른 역사의 미스터리가 탄생한다.

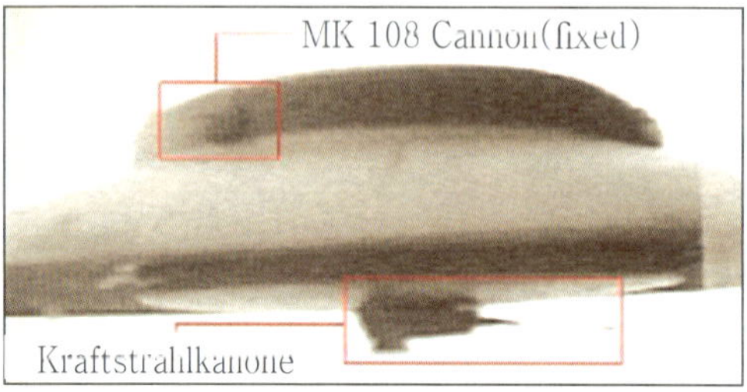

〈그림 44〉 UFO에 케논 포가 장착되어 있다.

그들의 행방은 전후 반세기가 넘은 이 시점에서도 여전히 아무런 단서조차 찾을 수 없다. 영국계 오컬트 조직에서 가장 계급이 높았던 흑마술사 알라이스트 크롤리가 영미 정보조직의 스파이로 활동하면서 끊임없이 바바리안 템플라들과 접촉을 하였다는 점에서 그녀들의 활동 상황을 모를 수 없는 연합군이 그들의 존재 여부에서 침묵으로 일관하고 이들에 대한 조사가 전후 전혀 이루어지지 않았다는 사실은 전후 UFO 제작 기지와 V2로켓 기술자들을 확보하는 데 혈안이 되었던 소련군과 연합군의 행보와 엇갈리게 보인다.

이들의 행방을 추리해 보면, 결국 이들이 SS 장교들과 같이 남미국가들로 숨어들었을 가능성이 가장 크다. 어떻게 해서 그들이 남미로 숨어들었는지가 의문이지만, 당시 정황상 독일 잠수함 U Boat로 도주했을 가능성이 가장 크다. 이 가정이 맞는다면 그녀들은 자신들의 의지와 관계없이 SS 장교들의 계획하에 남미로 이송되었다고 볼 수 있다. 전쟁 말기에 히틀러 등뒤에서 패전에 대비한 계획들이 SS 엘리트 수뇌부에서 하나씩 가동이 되고 있었기 때문이다. 현재 안데스산맥 일부는 잦은 UFO 출몰로 비행금지 구역인 지역이 많다. 안데스 산자락을 따라 남쪽으로 끝없이 가다 보면 그녀들의 흔적이 어딘가에 나타날지도 모른다. 먼 옛날 십자군 전쟁에서부터 시작된 전설 같은 이야기의 종점이다.

(9) 교황 문장 속에 숨어있는 멜키지덱 코드, 그리고 미래상

이천년 간 멜키지덱 전통을 박해해온 카톨릭 교단은 아이러니하게도 오늘날 발Baal 교단의 흔적이 가장 많이 남아있는 교단이 되었다. 지금 현재 교황이 공식석상에 입고 나오는 예복에 올려 입는 교황의 삼모관과 예복 문장이 그 대표적인 예라 할 수 있다. 추기경이나 교황이 쓰는 관은 물고기 머리형으로 곤의 조선을 상징하는 먼 풍이족의 유습과 연관되며, 물고기 성자들을 상징한다. 기독교단에서 물고기로 상징되는 예수의 원형은 시리우스의 성자 도곤의 노모와 더불어 반신 반어 다곤신에 이르는 마고 직녀성 시대의 해혹복본 신앙체계이다. 아래 그림을 참고해 볼 때, 물고기 머리에 새겨져 있는 문양은 물고기왕 예수를 상징하며, 또 옛 무巫자로 십자가 원형이기도 하다. 방패에 새겨져 있는 조개껍질은 바다를 상징하므로 물고기 머리와 함께 곤도가 세상에 부채살처럼 펴져나감을 상징한다. 방패는 실상 성배를 상징하며 성배는 인류를 잉태한 여신의 자궁을 상징한다. 등에 짐을 지고 있는 곰은 성 코비니안의 곰이라 불린다. 이 상징의 중요성은 마고선파의 곰신앙을 상징하는 곰을 교회가 복종시켜 교회의 종으로 쓴다는 메시지가 담겨 있는데 있다. 이는 마고선파의 대속신앙을 무교에 기초를 둔 원시 다신신앙체계를 벗어나서 교회의 야훼 유일신 신앙으로 대체했다는 의미를 담고 있다.

〈그림 45〉 곰과 십자가. 무교의 원형 아이콘이다.

〈그림 46〉 현재 재임 중인 교황 베네딕트 14세 예복 양식에 그려진 도안으로 카톨릭 교단과 멜키지덱 교단과의 끈질긴 악연을 보여주고 있다.

자신이 타고 가던 말을 공격하여 갈기갈기 찢어 죽인 곰을 복종시켜 짐을 나르는 시종으로 썼다는 성 코비니안은 교황 베네딕트 14세의 고향인 독일 프레싱에서 800

년경에 처음으로 주교를 한 자이다. 그후 짐을 나르는 곰을 천년이 넘도록 이 마을의 상징으로 쓰고 있다. 하지만 이 문장의 가장 큰 미스터리는 '무어인 왕의 머리'로 불리는 흑인의 모습이다. 이 문장 역시 프레싱교회를 상징하는 것으로 알려져 있지만 정확히 어떤 이유로 흑인왕이 바바리안 왕국에서 교회를 상징하는 문장으로 나왔는지 아는 자가 없다. 여러 성자들을 들먹이면서 연관성을 찾아보곤 하지만 정설이 없다. 교황청의 설명으로는 노예에서 해방된 흑인을 상징한다고 하지만 왜 해방된 노예가 왕관을 쓰고 있는지에 대해서는 설명을 못하고 바바리안 왕국 특유의 전통이라고만 설명한다. 가장 유치한 설은 오랜 세월 동안 문장을 카피해서 그리다 보니까 본의 아니게 채색이 강화되어 흑인의 모습이 되었다는 설이다. 그만큼 이렇다 할 설명 자체가 궁하다는 반증이다. 현재는 프레싱 주교의 권위를 상징하는 왕관에 더 의미를 둠으로서 독일에서 나온 흑인왕 자체를 무시하려 하는 해석이 태반이다.

이 흑인왕의 미스터리를 풀기 위해서는 흑인이 무엇과 대칭이 되는지 볼 필요가 있다. 흑인왕이 짐을 나르는 곰과 함께 좌우에 놓여 있다는 사실이다. 무어왕이 그려져 있는 금색바탕과 곰의 금색 바탕을 접어보면 흑인왕이 바로 짐을 나르는 곰이 된다. 이는 흑인왕과 곰은 하나의 근본에서 출발하는 무교의 아이콘과 무교 제사장의 모습으로 곰, 고마, 마고 제사장을 상징한다. 구체적으로 북부아프리카에서 온 무어왕은 사하라사막을 배경으로 한 마고선파의 살렘왕 멜키지덱을 상징하는 것이다. 사납아국이 모래 속으로 잠기고 난 뒤 멜키지덱왕은 백소족을 교화하는 막중한 임무를 띠게 된다. 곰은 신이라는 뜻의 검이 되고 검은 단군왕검을 의미한다. 원래 단군왕검은 피부색이 검었다고 한다.

남미인들의 교화를 케찰코아틀이 맡았다면 백소족 교화는 멜키지덱왕의 영역이었다. 엄밀하게 말하자면 멜키지텍이 아리안계 중동인과 유럽 대륙 백소족을 교화시켜 나가는 임무를 지고 이집트, 이락, 터키지역의 문명권에서 마고선풍의 맥을 잇고 교화에 힘써 왔다는 것이다. 기존의 기독교나 이슬람과 멜키지덱으로 내려오는 마고선파와의 근본적인 차이점은 여신이자 삼신을 머리로 하는 마고선파와 남신이자 유일신을 근본으로 기독교나 이슬람의 신관이다. 해혹복본의 가르침이 예수로 해서 다시 터져 나왔을 때 예수는 신약 히브리서에 기록돼 있듯이 분명히 멜키지덱 교단의 대제사장이었다. 기존 유태교 사제들에 대한 예수의 반발은 모세에 의해 뒤집어진 원 아브라함의 교단을 바로잡음으로서 성배신앙으로의 복귀였다.

성경에 기록돼 있듯이 아브람은 멜키지덱 교단에 입교하면서 아브라함이라 불리게 됐고 그에게 십일조를 바치는 교인이었다. 멜키지덱은 빵과 와인으로 성체의식을 하여 해혹복본의 이치를 그에게 가르쳤다. 이 성체의식은 예수의 '최후의 만찬'으로 그가 멜키지덱의 성체 의식을 12제자들에게 실현시키면서 그 자신이 멜키지덱 교단의 제사장임을 명확히 하였다. 이 예식으로 탄생한 멜키지덱교 제자들은 천국에 이르는 길이 결코 유태인에게만 있지 않으며 누구나 해혹복본의 이치를 깨치면 이를 수 있는 길이라는 복음을 전파하러 세계 각지로 뿔뿔이 흩어지게 된다. 사도 바울이 등장하기 전까지의 마고선파 변천사이었다. 영지주의 성배신앙이 와해되면서 지하로 숨어든 멜키지덱 교단들은 비밀결사의 형태로 오늘날까지 지속되어 오고 있다. 이제 오랫동안 묵은 갈등을 풀어 종합(Synthesis)하는 여신의 시대가 다가오고 있다. 이 시대는 증산 강일순이 예언했듯이 무당의 시대이다.

결 론

무당은 엘리티즘의 상징이다. 무당은 마고성 복귀 시대의 상징이다.

마고성 복귀의 마지막 관문은 엘리티즘의 극치인 엔릴 한웅의 세계 비밀 정부와 무당과의 싸움이다. 이를 정역正易에서 금화교역이라 하였다. 이 싸움에서 살아남을 사람은 엘리트당 의식으로부터 해방된 자들이다. 이를 증산은 남조선 사람이라 불렀다.

증산의 천지공사는 천신코드의 부활이었다. 그가 마고 삼신으로부터 사명을 받고 9년간 벌인 공사는 마고성으로의 복귀를 준비하는 인류 신성 회복 프로젝트이었다. 이는 바벨탑의 복원을 말한다. 바빌로니아가 아닌 동방의 이 땅에서 세워질 탑이다.

수천 년간 진행되어 온 천신의 난은 아직 끝나지 않았다. 무녀女巫시대를 준비하는 작업이 필요한 순간이다. 어둠의 왕조로부터 짓눌려 왔던 무교를 천신의 이름으로 일으켜 세우고 해혹복본의 천신코드를 바로 세우기 위해서 천신회가 성립되었다. 이는 또한 무녀女巫시대를 이끌어 갈 진정한 사제들을 찾는 작업이다. 이 문명세계를 뒤집어 쓰고 있는 거짓된 권세로부터 해방을 가져올 거미 여전사들이 무녀女巫시대를 영접할 것이다. 이들이 케찰코아틀, 멜키지덱, 예수 성자가 못 다한 해혹복본의 십자가 사명을 받아 대수대명하는 때가 온 것이다. 뜻있는 무교 사제들의 동참을 권하면서 이 글을 마친다(제5부 〈마고와 반마고〉, 박경중 씀).

제6부
용어해설

용어는 한글 자음 순서로 배열하여 해설하였다.

ㄱ(G)

1. 가림다(토)加臨多(土) 문자 : 조선의 제3세 가륵단군이 만든 문자. 조선왕조 때 세종대왕이 만든 한글의 원형문자가 된다.
2. 갈등葛藤 : 여기에서의 갈등은 풍이족의 장손과 지손 간의 갈등이다. 아벨과 카인의 갈등을 그 대표적인 예로 볼 수 있다. 본문에서는 동방선파와 남방선파가 갈등을 일으켰다고 본다.
3. 갈퀴발톱 : 곰 발톱. 갈퀴 발톱은 삼족오三足烏의 삼족三足과 유사한 의미로 쓰인 말이다. 삼족은 삼족三族과 같은 의미이다. 5개의 갈퀴 발톱은 한웅시대의 5족을 의미한다. 한웅시대의 5족은 오가五加를 말한다.
4. 감괘坎卦 : 감괘는 음효 2개에 양효 1개로 구성되어 있다. 외양은 중년 남성의 형상을 취하고 있지만 내면은 중년 여성의 속성을 감추고 있다. 남성적인 기질보다 여성적인 기질이 강함을 나타낸다. 속성을 수水라 하였고, 방위를 수가 흐르기 시작하는 북北이라 하였다.
5. 개미인 : 개미는 단군왕검을 의미하는 검儉의 변음으로 보인다. 검은 일본에 가서 신을 의미하는 카미가 된다.
6. 거미 여인 콕양우티Kokyangwuti : 거미여인은 마고가 거미여인으로 변형된 신격이다. 거미여인이 하는 일은 마고가 했듯 창조하는 일이다. 그러므로 거미여인의 원형을 마고로 볼 수 있다.
7. 거성擧星 : 삼성을 일으켜 세운다는 뜻. 삼성은 한인, 한웅, 단군왕검이다. 굿

을 할 때 산천거리와 칠성거리에서 이분들을 일으켜 세워 굿에 동참시켜 드리는 춤이 거성이다. 반드시 방울과 부채를 들고 춤을 추는데, 방울은 흔들고 부채는 부친다. 율려와 바람을 만들어내기 위하여 하는 일이나. 율려는 마고가 타고 오시고, 바람은 삼성이 타고 오신다는 의미가 있다.

8. 거인문명, 거인족巨人族의 시대 : 거인족이라는 말은 서구적인 표현이다. 동양적인 표현은 대인족大人族이다. 《산해경》에서 거인을 대인이라 하였다. 거인은 힘만 세고 머리가 텅 빈 사람이지만 대인은 최고의 신격을 갖춘 인간이다. 그래서 신인이라는 말을 썼다. 대인족은 신선교神仙敎의 교맥을 이어오는 분들이다. 마고, 광성자(황궁), 명유(유인), 한인, 단군왕검이 모두 대인에 속하는 분들이었다. 《산해경》에서 대인이 호랑이 2마리를 부린다고 하였다. 이 말은 한웅천왕을 두고 한 말이다. 조선이 BC 238년에 진秦에게 멸망하면서 대인시대의 맥이 끊겼다. 이때 신선교의 맥이 끊겼고, 신선교에서 나와 도교를 창설한 황제의 후예들에 의하여 도교가 발전하였다.
9. 거해궁시대巨蟹宮時代 : 조디악 12궁도에서 10,000년 전에 해당하는 시대이다. 한인천제가 한국을 세운 한국시대에 해당한다. 지구의 세차운동으로 지구의 자전축이 지금의 북극성인 천추성을 향하게 된 때로 볼 수 있다.
10. 검은 갑옷 : 한웅천왕이 임명한 장군들인 사칼 알의 상징.
11. 검은 물질 : 암흑물질. 우주는 검은 에너지와 검은 물질과 관측이 가능한 물질로 구성되어 있다고 한다. 우주에 존재하는 에너지 총량의 73%가 암흑에너지이고 23%가 암흑물질이다. 우리가 관측할 수 있는 보통의 물질은 4%에 지나지 않는다. 이 4%의 대부분은 우주 공간에 흩어져 있는 성진星塵이나 기체이다.
12. 검은 언덕Black Messa 사막 : 영문자 Black Messa에서 흑룡의 이미지가 나온다. '메사'는 '마사麻巳'나 '맥사脈巳'로 볼 수 있다.
13. 격암格菴 남사고南師古 : 명종 때 사람. 천문학자, 역사학자, 사회학자, 미래학자, 사상가이다. 남사고사상이라는 특이한 사상을 완성한 분이다. 지금의 미래학자들이 예측하기 시작한 지구단일국가를 500년 전에 예측하여 《남사고비결》에 풀어놓았다.
14. 〈계시록〉 : 요한이 쓴 기독교 예언서. 인류의 멸망에 대하여 예언하였다. 주제는 칠성님(하나님)이 인류를 심판하여 거의 다 전멸시킬 것이라는 내용으로 되어 있다.

15. 계절 순환원리에 따라 다시 테즈카틀리포카가 권세를 잡고 : 계절순환의 원리는 역易에 나오는 원형이정元亨利貞이다. 원은 봄, 형은 여름, 이는 가을, 정은 겨울에 해당한다. 따라서 테즈카틀리포카가 권세를 잡는 때는 겨울인 정에 해당한다.

16. 계절을 나타낸다 : 고서古書 《갈관자鶡冠子》에 "두병동지斗柄東指 천하개춘天下皆春(두병이 동쪽을 가리키면 천하가 모두 봄이요), 두병남지斗柄南指 천하개하天下皆夏(두병이 남쪽을 가리키면 천하가 모두 여름이요), 두병서지斗柄西指 천하개추天下皆秋(두병이 서쪽을 가리키면 천하가 모두 가을이요), 두병북지斗柄北指 천하개동天下皆東(두병이 북쪽을 가리키면 천하가 모두 겨울이다)."라 하였다.

17. 고대인 : 본문에서 말하는 고대인은 우주에서 1차로 지구로 날아온 외계인이다. 마고를 시조로 본다.

18. 고대 인류의 천문 해독 : 고대 인류의 천문 해독은 황궁이 그의 부족을 이끌고 마고성을 출발하면서 시작되었다고 볼 수 있다. 천문해석은 인류의 시조 별자리인 직녀성과 견우성, 시간 별자리인 북두칠성의 위치 추적에서 시작되었을 것으로 생각된다.

19. 고려시대高麗時代 : 4,000년의 마고시대, 3,300년의 한국시대, 1,800년의 배달나라시대, 1,500년의 조선시대, 300년의 삼한시대, 1,000년의 사국시대를 이어 7번째로 470년의 고려시대로 이어졌다. 고려시대는 사국시대에 시작된 해상강국海上强國의 시대였다. 수군이 강성하였고 교역이 활발하였다. 고려가 서양에 알려지면서 Korea로 부르게 되었다.

20. 고비전 : 고비는 원래 곰을 닮은 동물로 지금은 멸종되었다고 알려진 동물이다. 마고의

〈그림 1〉 삼신을 곰의 형상으로 형상화하여 모신 고비전.

아바타로 썼던 동물이었으나 멸종된 이후에 곰이 마고의 아바타로 대체된 것으로 보인다. 고비전은 마고의 아바타를 마고 대신 모셨다. 한성백제가 고비를 모시고 고비전이라 하였는데, 이미 백제시대에 사라진 고비를 대신하여 곰을 모시고 웅신사熊神祠라 불렀다.

21. 고시高矢 : 한웅천왕이 배달나라를 세웠을 때 농관農官을 지낸 분. 복희, 신농, 희화, 희, 뉘조, 전욱고양, 중여곤, 단군왕검의 조상이 된다. 들에서 밥이나 떡을 먹기 전에 조금 띠어서 던지는 풍습은 농사를 짓게 해 준 고시를 기리기 위하여 해오는 행위다.

22. 고인돌 : 고인돌은 특정한 장소에 몰려 있다. 세운 고인돌을 학자들이 지석支石이라 하지만 마을에서는 칠성석이라 한다. 이곳을 마을의 성소聖所라 하고 제사지낸다. 뉘인 고인돌은 무덤이 되고 제단이 되었다.

23. 고화이사姑化而巳 : 마고가 변하여 뱀이 된다는 뜻으로 마고에게서 풍이족風夷族이 태어났다는 말이다.

24. 곰, 곰 발톱, 곰족 : 곰은 마고麻姑의 전음이다. 오가를 곰 발가락 5개로 표현하였고, 곰 발톱 5개는 불을 의미하였다. 웅족은 불의 여신을 숭상한다. 마고는 불의 여신에게 제사지내는 여자 제관이었다. 그래서 그를 불의 여사제라 하였다.

25. 곰, 뱀, 그리고 인디언 전통 악기인 플루트가 호피의 삼대 클란 : 곰은 대웅성大熊星인 북두칠성이고, 뱀은 일日의 변형인 사巳이고, 플루트는 지구의 바다를 현악기의 현처럼 잡아당겼다가 놓았다 하는 달과 같다. 그러므로 일월칠성日月七星을 의미하는 천부삼인과 같은 것이다.

26. 곰의 시대 : 곰의 시대란 마고시대란 말이다. 곰의 시대라면 마고시대 이외에 한웅시대가 더 있다. 환웅桓雄의 웅은 곰을 의미하는 웅熊의 변음이다. 한웅을 달리 대웅大雄이라 하는데 한웅천왕을 의미하는 말이다. 대웅大雄의 웅雄은 곰을 의미하는 웅熊과 같은 뜻으로 쓴 말이다. 곰이 변하여 금이라 했는데, 한자로 바꾸어 쓰면서 금錦이라 하였다. 그래서 곰강을 금강錦江이라 하였다. 또 곰이 공公으로 변음되어 곰주를 공주公州라 하였다. 곰강에 있는 나루를 곰나루라 하였다.

27. 공간의 길 : 공간의 길은 우주 공간을 10간干으로 나눈 길이다. 10간은 甲乙丙丁戊己庚申壬癸이다.

28. 광성자廣成子 : 광성자는 황궁으로 볼 수 있는 인물이다. 황궁黃穹을 광성자

라 한 것이다. 동방선파가 광성자에서 시작하였다.

29. 구려족九黎族: 삼신시대에 구황족九皇族이라고 하였다. 구황족은 64민民으로 구성되어 있었다. 이 시대를 마고지나시대라 하였다. 한인시대에 구황족을 구한족九桓族이라 하였다. 이 시대를 12제국시대라 하였다. 〈부소보서扶蘇譜序〉에, 소씨가 구두씨족九頭氏族에서 나왔다는 기록이 있다. 〈부소보서〉에서 소성蘇姓의 조상인 기성己姓이 구두씨에서 나왔다고 한 것이다. 한인이 천제가 되어 한국을 세울 때 이에 동의했던 9인종인 구한족을 구두씨로 볼 수 있다. 한웅시대에 구한족을 구려족이라 하였다. 이 시대를 배달나라시대라 하였다. 구려족이란 중여곤의 백성이 9부족이라는 뜻이다. 한웅천왕이 배달나라를 세울 때 배달나라를 구성했던 9종족을 의미하는 구려족이라 한 점으로 보아서 구두씨족의 후예로 볼 수 있다. 배달나라는 1565년 동안 존속했다. 배달나라에 속했던 청구국青邱國의 치우천왕蚩尤天王과 유웅국有熊國의 황제黃帝가 판천阪泉(중원中原)에서 10년 동안 싸웠다. 탁록에서 황제가 치우천왕을 죽이고 전쟁에 이김으로써 구려족은 와해되고 배달나라는 멸망하였다. 다음에 단국檀國이 일어나서 홍제의 태자로 있던 단군왕검이 그가 비왕卑王으로 있었던 웅심국熊心國과 통합하고 하백河伯인 기풍己豊이 합류하여 멸망한 배달나라를 회복했다가 10년 후인 BC 2333년에 조선으로 고치고. 구려족을 구이족九夷族이라 하였다. 구이족을 동이족東夷族이라 하였다. 단군왕검시대를 동이족시대라 하였다. 이 시대에 조선에 대국 9국, 소국 12국이 소속되어 있었다.

30. 구진성勾陳星, 구진6성: 구진성의 구勾는 갈구리처럼 생긴 별이라는 뜻이다. 구진성句軫星이라고도 한다. 구句에는 북극성이라는 의미가 있다. 구진6성이란 은퇴한 구진성이 6개라는 말이다. 구진성은 천추성시대의 별자리이다. 지금은 은퇴하지 않은 활동하는 구진성시대이다. 이 시대를

〈그림 2〉 구진성과 천기성

천추성시대라 한다. 천추성에는 북극오성에 속한 천추성과 북두칠성에 속한 천추성의 둘이 있다.

천기8성은 직녀성에 비짝 붙이 있는 점으로 보아서 직녀성시대의 년기年紀로 볼 수 있는 별자리들이다. 이렇게 보면 직녀성시대로 볼 수 있는 마고시대는 4,000년 동안 년기가 마고에서 시작하여 마지막 대까지 8대를 넘어갔을 것으로 볼 수 있다.

31. 구한족九桓族 : 〈부소보서〉에서 구두씨九頭氏의 후손을 구한족이라 하였다. 한인천세가 태어나기 전에 구두씨가 있었다. 구두씨는 9명의 인종 우누머리를 의미한다. 풍이족의 우두머리가 한인천제가 되면서 구두씨는 구한으로 이름이 바뀌었다. 이들이 각각 황皇으로 호칭되면서 구황九皇이라 하였다. 9한을 세분하여 64민民이라 하였다. 이들 모두를 삼신의 후손이라 하였다.

32. 국가의 통치철학 : 국가는 국가가 추구하는 보편적 가치인 국가철학이 있어야 하고 통치자는 국가철학에 합치하는 통치철학이 있어야 한다. 국가철학은 개인의 사상적 자유와 충돌할 수 밖에 없는데 국민 개개인의 자유를 훼손하지 않으면서 국가철학을 실현해 나가는 것이 훌륭한 정치라 할 수 있다.

33. 궁宮 : 궁은 율려인 파동이 생성되는 곳이다. 이를 천궁天宮이라고 하였다. 말하자면 우주의 심장과 같은 곳이다.

34. 궁수 : 궁수가 전갈을 향하여 활을 겨누고 있다. 전갈은 동방창룡칠수의 하반신에 해당하는 별자리이고, 궁수는 동이족에 해당하는 별자리이다. 동방창룡칠수는 한웅천왕이 세운 배달나라의 시대에 해당하고, 궁수는 단군왕검이 세운 조선나라의 시대에 해당한다. 말은 조선의 오가부족에 속한 마가에 해당한다.

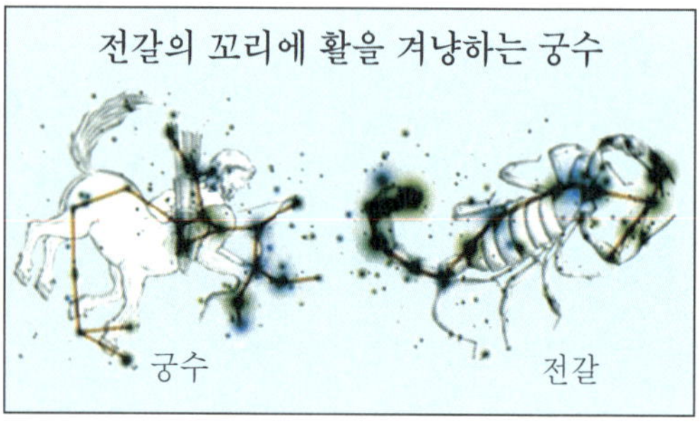

〈그림 3〉 궁수 별자리는 이夷자를 별자리로 형상화시킨 별자리로 볼 수 있는 별자리이다.

35. 궁족과 소족의 사색인류 : 궁족은 궁희의 후손, 소족은 소희의 후손이다. 궁희의 후손은 청궁과 황궁의 후손이고, 소희의 후손은 백소와 흑소의 후손이다. 이들이 모두다 삼신의 후손이다. 삼신의 후손이 9황 64민으로 불

어났다.

36. 궁희와 소희 : 소巢를 새둥지라 하였다. 그래서 "당시의 사람들은 땅 위에서 자신들을 위협하는 위험을 피하기 위하여 나무에 있는 새둥지에서 살았다."고 풀이하였다.

소자는 내천巛자와 나무열매과果자가 수직으로 결합한 문자로 냇물에 떠내려 오는 열매를 의미한다. 냇물에 떠내려 오는 열매는 신선의 나라인 선경仙境에서 냇물을 타고 떠내려 오는 선도仙桃를 뜻한다. 일본에는 냇물에 떠내려 오는 복숭아에서 태어난 사람인 모모타로(桃太郞)신화가 있다. 그러므로 신화에서는 소가 새둥지를 의미하지 않는다. 새둥지는 화이가 지어낸 말이다.

마고가 신선이므로, 마고가 사는 나라인 마고지나에서 태어난 사람을 '소'라 하였다. '소'는 마고에서 생겨난 문자이다. 마고 이래에 처음 소로 불린 사람이 소희巢姬였고, 두 번째로 소로 불린 사람이 소희의 자손인 백소白巢와 흑소黑巢였다. 이들의 뿌리가 모두 마고가 사는 신선세계神仙世界에 있었다. 신선세계가 곧 마고지나였고, 그곳을 《부도지》에서 마고본성이라 하였다. 따라서 신선의 우두머리가 마고가 된다. 여기에서 마고신선신화가 나온 것이다.

마고는 지금으로부터 14,000년 전 사람으로 그가 살았던 시대는 처녀궁시대(서기전 1260~1080년)시대에 해당한다. 처녀궁은 마고에게서 나온 말이다. 《부도지》에서는 그가 남자 없이 우주의 정기에서 태어난 여자라 말한다. 그가 처녀였으므로 처녀궁시대라 한 것이다. 그는 궁희와 소희를 낳았고, 소희에게서 백소와 흑소가 태어났다.

백소와 흑소는 정액 속에 들어 있는 정자로 볼 수 있는 말이다. 백소는 백인의 정액 속에 들어 있는 정자이고, 흑소는 흑인의 정액 속에 들어 있는 정자로 해석이 가능한 말이다. 백과 흑은 백인과 흑인을 뜻하고, 소巢의 천巛은 정액을 과果는 정자를 뜻한다고 볼 수 있기 때문이다.

37. 그가 스스로 태양이 되어 이 세계를 지배하게 되자 : 테즈카틀리포카가 흑표범 형상의 신으로 악신이 되는 이유는 그가 스스로 태양이 되어 세상을 지배하려 했기 때문이다. 원래 마고선파에서는 날개가 달리고 발이 3개인 검은 까마귀 삼족오만이 태양 안에 들어가 거할 수 있는데 날개를 갖지 못하고 위장 전술에 능한 땅의 짐승인 흑표범이 세상을 속이고 기만하며 지배하려 한 데에 있었다. 그러므로 악신선파가 하나 생겨났다고 볼 수 있다.

38. 그들 : 〈아리안서(외계인문서)〉의 〈보천가(star walkers)〉에서 그들과 나와의 관계이다. 마고와의 관계인지, 한인과의 관계인지, 한웅과의 관계인지, 또 다른 조상과의 관계인지, 확실하게 밝혀야 할 것으로 본다. 본서 《The Great Mother 마고의 세계》(신부도지)〉에서는 그들의 관계를 밝히고 그들의 시대에 하늘과 땅에서 무슨 일이 있었는가를 밝히는 데에 주력하였다.

39. 그들은 우리 영혼 속에 살고 있어 : 우리의 영혼은 양자물리학에서 보면 물질을 분해했을 때 물질의 본성이 다 사라지고 남은 최소 단위의 쿼크를 의미한다고 볼 수 있다. 쿼크는 외형으로 보아서는 최소단위의 빛의 알갱이에 불과하지만 그 내부는 무한대의 공간으로 되어 있어서 선험적인 정보까지 온갖 정보가 다 저장되어 있다고 한다. 이러한 정보가 그가 환생하여 다시 인간으로 태어날 때 몸 안 어디엔가 어떠한 형태로든 저장된다고 볼 수 있다. 그러므로 영혼 속에 살고 있다고 볼 수 있다.

40. 그의 서자인 예아 한웅을 무시하기엔 전통적으로 내려오는 여신들의 힘을 무시할 수 없는 처사였다 : 이 시대는 여신들로 불리는 외계인 여성들이 지구로 와서 대모大母로 있었다. 이때의 인종들을 배달나라인종이라 하였는데 배달나라란 배다른 자식들의 나라라는 뜻이다. 배달나라의 여자들이 화백회의를 구성하는 남자들을 공동남편으로 두고 살았다. 대모의 명령에 따라 그들 중에서 누군가와 동침하고 임신하여 낳은 아이를 대모에게 바쳤다. 대모는 이들을 자기의 자식으로 입적시켰다. 이런 제도의 유습이 기록된 책이 《화랑세기》이고 《화랑세기》에는 마복칠성摩服七星이 미실의 공동남편 역할을 수행하였음이 기록되어 있다. 《삼국유사》에 기록된 처용설화도 한 여자와 함께 사는 공동남편의 생활에 대한 기록이다. 다음 대의 왕을 지명하는 일은 전적으로 대모의 권한이었다. 동이족인 요임금, 순임금, 우임금의 대를 이은 쿠데타 발생은 종규라는 막강한 대모의 권력이 일으킨 쿠데타였다.

41. 그 전통을 잃어 버려 세상의 멸망이 왔음 : 본문에서 말하는 전통은 풍이족의 전통이다. 풍이족의 전통은 풍물이라 말할 수 있는데 이 전통의 중심과 최상위에 마소가 있다. 지금 우리는 마소를 알지 못할 뿐만 아니라 전통도 모르고 있으므로 언제 멸망의 때가 오게 될지 알 수 없다고 보겠다. 격암 남사고 선생은 전통의 회복을 선仙으로의 회귀라 하였는데 풍이족의 전통을 선으로 보면 선으로의 회귀만이 멸망의 때를 지연시킬 수 있다고 볼 수

있다.

42. 금문金文 : 조선에 속한 번조선의 문자이다. 번조선 땅이었던 대문구와 양저 출토 유물인 청동제기에 새겨져 있다. 금문의 옛 글자는 〈천부경〉을 기록한 녹도문자鹿圖文字인 풍이문자이다.

43. 금성金星 : 금성은 태양의 호위별이다. 아침저녁으로 항시 태양에 붙어 다닌다. 새벽엔 새벽금성이 되고 저녁엔 저녁금성이 된다. 금성은 개밥바라기, 샛별, 루시퍼 등 명칭이 다양하다.

44. 기복종교화祈福宗敎化 : 대한민국 사람들은 북두칠성을 복을 비는 대상으로 생각하였다. 북두칠성에 속한 7별이 인간의 길흉사를 관장한다고 믿었기 때문이다.

45. 그녀는 자신을 닮은 형상으로 네 명을 더 창조하였다 : 이 부분은 《부도지》에서 마고가 네 천신과 네 천녀를 창조하는 신화와 흡사하다.

46. 금성으로 화하였다 : 금성은 기독교에서 마귀(사탄)로 보는 별이다. 그러나 태양을 호위하는 별이다. 이로 미루어 케찰코아틀(Quetzalcoatl)에게 태양을 숭배하는 신앙이 있었다고 볼 수 있다. 케찰코아틀은 유카탄에서 스스로 자신을 불태워 인신공회하였다. 태양을 숭배하는 신앙은 풍이족의 뱀신앙이다.

〈그림 4〉 원래의 태양신 까마귀가 마고인 범고래를 지배하고 있음을 나타낸 이미지. 모든 인디언은 까마귀를 태양신으로 보고 있다. 이는 우리가 삼족오를 태양신으로 보는 것과 같다. 그러니 흑표범이 나타나서 태양신임을 자처했다면 악신이 될 수 밖에 없는 것이다(사진 출처 인터넷 미스터리 갤러리 검색).

47. 기복종교화祈福宗敎化 : 대한민국 사람들은 북두칠성을 복을 비는 대상으로 생각하였다. 북두칠성에 속한 7별이 인간의 길흉사를 관장한다고 믿었기 때문이다.

48. 기제既濟 : 수화기제괘水火既濟卦, 기제형既濟亨, 소리정小利貞, 초길종란初吉終亂

ㄴ(N)

1. 나는 너의 숙부叔父 : 이 말은 숙부가 소툭낭을 낳았다는 말이다. 작은 아버지가 소툭낭의 어머니와 관계하여 소툭낭을 낳았다는 말이 된다. 이는 전형적인 푸날루아를 말하고 있다 생각된다. 푸날루아의 전형은 형제가 고모와 조카딸과 공동부부가 되는 것이었다. 이외에도 일족이 공동부부로 읽히는 경우도 있었다. 《화랑세기》에 나오는 미실의 남성편력도 그 한 예라 할 수 있다.
2. 나라야나Narayana : 잃어버린 초고대 무제국(The Lost Continent of Mu)시대의 북두칠성의 명칭. 천문으로 보여주는 창조주의 다른 모습이다. 우리 조상은 옛날부터 칠성님이라 하였다. 칠성님은 하느님, 하나님이라는 뜻이다. 이 문자에서 '나라那羅'와 '나(아我)'라는 의미가 읽어진다.
3. 나바호 부족(Navajo Tribal) : 미국 나바호 자치구역 내에서 살아가고 있는 인디언 부족. '나바호'는 우리 말 '나 봐요'라는 말로 읽히고, 영어의 Tribal에는 우리말 3개의 발(三發), 3개의 발(三足), 3개의 종족인 삼족三族으로 읽어진다.
4. 나비처녀 : 나비의 전 단계인 유충이 누에라는 관점에서 보면 나비처녀는 비단을 생산하는 잠사를 뽑는 누에에서 부화한 나비로 볼 수 있다. 금문에서는 항아의 모습을 나비로 부화하기 직전의 모습으로 그렸다.

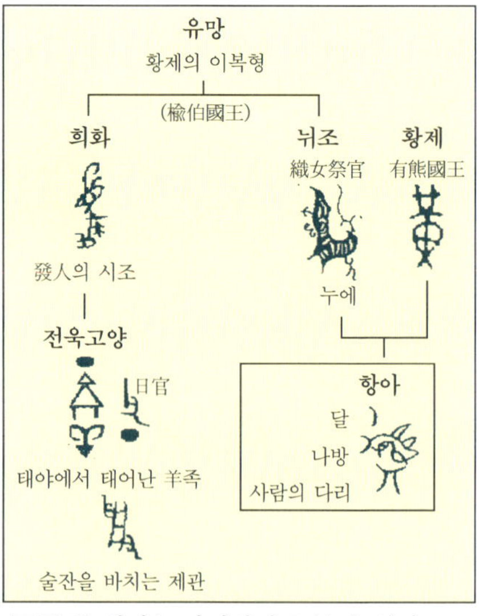

〈그림 5〉 항아는 나비처녀로 볼 수 있다.

5. 나카Nakha : 드락안의 전사들을 '니카'나 '낙(NaK)'으로 불렀다. '나'는 수메르의 최고 여신 '남무Nammmu', 카는 어둠으로 보면 어둠의 여신, 밤의 여신이 되는데, 마고를 의미한다고 볼 수 있

으므로 코(마고)의 무사도를 실현하는 검은 갑옷을 입은 무사들을 말한다고 볼 수 있다.

6. 날개 달린 뱀인 케찰코아틀 신은 몽둥이로 그를 내리쳐 바다로 떨어지게 하였다 : 이 부분에서 케찰코아틀의 실체가 밝혀진다. 그는 악신 흑표범을 태양에서 내쫓고 그가 스스로 태양이 되어 태양 안으로 들어갔다. 이 부분은 청조青鳥인 케찰코아틀이 추방당한 삼족오를 회복시켜 준 것을 의미한다. 그러므로 흑색의 삼족오가 청색의 삼족오로 변신하였다고 볼 수 있다.

7. '날개 달린 뱀', 케찰코아틀Quetzalcoatl : 케찰코아틀에서 '코아틀'은 '마고의 아들'로 볼 수 있는 말이다. 마고의 아들이라면 우리의 '도부신인'과 같은 말이다. '케찰'은 '귀출鬼出'로 볼 수 있는 말이다. '귀수鬼宿에서 나왔다'는 뜻이다. 날개달린 뱀은 그가 익룡翼龍이라는 말이다. 귀수는 〈천상열차분야지도〉에서 남방주작칠수에 속한 별로 치우천왕에 비정되는 별이다. 치우천왕이 신화에서는 북쪽의 용이라 하여 흑룡黑龍이라 하였다. 그러므로 '케찰코아틀'은 '귀수에서 온 마고의 아들 익룡'이 되는 것이다.

8. 남미 아즈텍인(멕시코인, 올멕인) 뿐만 아니라 북미 인디언들에게도 백조좌와 큰곰좌 북두칠성은 천문 관측의 기준이자 여러 부족의 토템 아이콘 : 천문 관측의 기준이 되는 별은 북두칠성, 북극성, 백조좌 등이다. 이외에 오리온 별자리도 있다. 신라는 천문으로 관측하기 위하여 북극성의 자리에 첨성대를 축조하였다. 첨성대 곁에 북극오성을 의미하는 오릉을 축조하였다. 오릉은 신라에서 민족의 시조를 천문으로 관측하고 제사를 지내는 자리에 모신 가릉假陵으로 볼 수 있다. 이렇게 보면 경주 남산에 있는 포석정鮑石亭이 신라에서 국가적인 제사를 모시는 제사 자리가 된다고 볼 수 있다.

9. 남방선파의 십자가 신앙 : 마고지나에서 시작된 십자가 신앙. 희생제물을 처형하여 누군가를 대속하는 신앙이 아니라 하늘 문을 여는 열쇠 역할을 하는 상징물을 전수하고자 하는 의식의 대물림을 의미하는 칠성신앙으로 볼 수 있다. 천부삼인을 징표하는 부도신앙체로 볼 수 있는 것이다.

10. 내 아이들아 : 내 아이들. 내 아이들이 누구의 후손인지, 나는 누구인지 밝힐 필요가 있다. 마고의 후손, 황궁의 후손, 한인의 후손, 한웅의 후손, 단군의 후손하듯이. 《부도지》에는 마고본성과 실달성과 허달성의 3성城이 나오는데 이들 3성은 지상에 실재했던 성이 아닌 것으로 생각된다. 영가로 불리는 쿼크들이 가게 되는 홀로그램으로 볼 수 있다. 우리 굿에서 신을 받

은 사람이 내림굿을 할 때 먼저 허주虛主굿을 하여 허주를 대접하여 보내는 굿을 한다. 허주는 실달성에 가지 못하여 허달성에 갇히게 된 영인데, 신이 새로 임명하는 무당에게 사신의 존재를 드러내기 위하여 시위를 한다고 볼 수 있다. 앞으로 새로 임명된 무당이 할 일이 서낭에 매이고, 용궁에 매이고, 허공에 매인 3부류의 영가들과 허공을 떠도는 土殺鬼와 물속을 떠도는 水殺鬼에게 매인 고를 풀어줄어 실달성으로 가게 해 줄 의무가 있기 때문에 이런 의무를 깨닫게 해 주려는 것으로 볼 수 있다. 따라서 가능하다면 아이들이 어디에서 온 영혼인지 확인할 필요가 있는 것이다.

11. 너의 노래 : 사먼의 노래. 한국에는 무당들만이 부르는 무가巫歌가 있다.
12. 너의 이름 : 무당의 이름
13. 너의 춤 : 무당이 추는 춤. 무무巫舞.
14. 너의 힘 : 사먼(사모巳母)의 힘. 무당의 힘. 무당의 힘을 무력巫力이라 한다. 신을 불러 쓸 수 있는 초월적인 힘이자 무당만이 갖고 있는 카리스마이다.
15. 네 명의 천신을 낳았다 : 《부도지》에서 마고가 4명의 천신을 낳았다고 하였다. 그들이 청궁과 황궁, 백소와 흑소이다. 이들의 어머니로 먼저 태어난 분이 궁희와 소희였다. 마고는 궁희와 소희와 함께 삼신으로 추앙받는다. 이들에 의하여 64민民이라는 인류가 생겨났다. 남방선파에도 여신 어메테오틀이 진공 속에서 4명의 천신을 낳았다고 하였다.
16. 네필림Nephilim : 타락한 자들이라는 뜻이라 한다. 또한 타락한 천사들과 사람의 딸들이 결합하여 생산된 인종이라는 뜻이라고도 한다. 이 말을 다른 말로 바꾸면 지구로 날아온 외계인과 지구 원주민의 딸들이 결합하여 낳은 자식이라는 뜻이 된다. 《구약성경 민 13 : 32》에서는 '신장이 거대한 자들'이라 하였다.
17. 노노알코스 : 노노알고사鷺鷺閼(卵)姑巳로 볼 수 있는 말이다. 노노는 노가부족鷺加部族을 의미한다고 볼 수 있다. 알은 아리안, 즉 알을 낳는 여신으로 본다. 사巳는 풍이족이다. 노노알고사는 '노가에서 운영하는 선교학교仙教學校'로 볼 수 있는 말이다. 고구려고분벽화에 보면 학을 타고 북두칠성 주변을 날아다니는 신선들이 묘사되어 있는데 실은 노노로 불리는 UFO를 타고 북두칠성에 접근하는 외계인들을 그린 것으로 볼 수 있다.
18. 노란 빛, 시캉누콰Sikangnupa의 시대 : 노란 빛은 황색黃色을 의미하므로 노란 빛 시캉누콰Sikangnupa의 시대는 〈천상열차분야지도〉에서 자미원의 중심부

에 해당하는 시대로 볼 수 있다. 즉 인류의 시조가 자미원의 중심부에서 활동을 시작한 시대로 볼 수 있는 것이다. 시캉누콰는 시를 돼지시豕자로 보면 '큰 돼지가 누워 있는 시대'로 볼 수 있다. 이 시대라면 해亥의 시대가 된다.

19. 녹도문자鹿圖文字 : 배달나라시대의 문자. 갑골문자와 금문의 원형문자가 되는 문자이다. 그 유적이 고려시대 사람 농은濃股 민안부閔安富 문집 책갈피에서 발견된 〈천부경〉에 남아 있다. 갑골문자보다 1,000년 전에 만든 문자를 골각骨刻문자라고 하는데, 중국 산동성 내륙에서 발굴된 문자로 은허殷墟(허난성 안양현)에서 출토된 갑골문자의 원형문자가 된다. 이 문자가 녹도문자일 것이라 추정한다.

20. 녹색 날개를 단 뱀 : 한웅천왕을 의미하는 청룡靑龍으로 볼 수 있다. 상고시대에 용은 부족의 명칭이었다. 《죽서기년》에서 각 부족을 청룡, 흑룡, 황룡 등 용으로 호칭하였다.

ㄷ(D)

1. 다곤Dagon신 : 다곤신은 바벨론 사람과 팔레스타인 사람이 숭상하는 어두인신魚頭人身의 신, 서부 셈족의 신으로 곡식의 신, 쟁기를 발명한 신으로 전해오는 신이다. BC 2500년부터 숭상하기 시작하였다. 다곤은 우리 풍이족 역사에서 곤오昆吾로 불리는 분이다. 한인천제의 61대 손으로 기성己姓을 가진 사람이었다. 그는 황하 일대에서 하백河伯의 일을 수행했다. 《죽서기년竹書紀年》에 곤오가 "허許(국명國名)로 갔다", 곤오가 "상商(殷)을 정벌했다", 또 곤오가 "주周를 침범했다"는 기록이 있다. 이런 기록으로 미루어 하백이 하는 일이 UN평화유지군 사령관이 하는 일을 그 시대에도 했을 것으로 볼 수 있다. 〈부소보서〉에 그의 나라가 〈유소有蘇〉였다고 기록했다. 유소라는 국명은 《죽서기년》에도 나온다. 그는 당시에 중원에서 패권을 잡은 제곡고신에게 밀려 요동반도 쪽에 있던 단국으로 가지 않을 수 없었다. 홍제는 그에게 불함산 북쪽 옛 숙신의 땅을 주었고 그는 거기에서 백성들이 조를 농사지어 먹고 살 수 있도록 해 주었다. 그가 하백을 지냈으므로 수메르, 앗시리아 쪽에서 "다곤신으로 추앙 받았다"는 사실을 알 수 있고, 그가 백성들에게 조를 심어 먹을 수 있게 하였으니 "곡식의 신으로 추앙을 받았음"도

알 수 있다. 중원땅에 그의 이름을 딴 곤오라는 지명이 둘이나 있고, 그가 세운 새 나라의 이름 신정新鄭도 남아 있다.

하백 곤오는 전욱고양과 제곡고신이 불주산에서 싸울 때 전욱고양의 편을 들었다. 불주산 전투에서 전욱고양顓頊高陽이 제곡고신帝嚳高辛에게 져 중원에 있는 그의 영토를 내어줄 수 밖에 없는 처지가 되고 말았다. 이때 하백의 집안은 세 갈래로 흩어졌을 것으로 생각된다. 한 갈래는 메소포타미아 쪽으로 갔고, 다른 한 갈래는 인도 쪽으로 갔고, 기성의 장손인 곤오昆吾는 난국檀國의 홍제洪帝에게로 갔을 것으로 생각된다. 그는 청동으로 솥을 발명한 사람이었다. 홍제 8년에 제곡고신이 황하 북부의 지류인 수분하를 넘어 단국으로 쳐들어 왔을 때 나아가 격퇴하였다. 홍제는 이를 기뻐하여 그에게 소성蘇姓을 사성하였고 옛날처럼 다시 하백의 지위를 회복할 수 있었다. 그의 아들 비서갑이 홍제의 태자인 단군왕검과 함께 BC 2333년에 조선을 세웠고, 그의 손녀딸 하백녀가 단군왕검의 2번째 비가 되었다. 단군왕검의 첫째 비는 그가 비왕(왕검을 보좌하는 왕)으로 있었던 웅심국왕熊心國王의 딸 웅녀熊女였다. 바빌로니아 쪽으로 간 곤오일족은 그곳에서 다곤 수신이 되었다.

2. 다음 세대인 한웅들은 인류의 미래를 놓고 마고 여신의 뜻을 받들어 마고 전통을 이어가는 예아 한웅과 지구 물질계의 주신으로 온 엔릴 한웅과의 용호상박의 쟁투가 오늘날까지 지속되고 있다 : 후대에 가서 예아 한웅 쪽은 청구의 치우천왕으로 대표되고, 엔릴 한웅 쪽은 유웅의 황제로 대표된다. 다음 대에 가서는 단국의 홍제와 유웅의 제곡고신으로 대표된다. 다음 대에 가서는 단군왕검과 요임금으로 대표된다. 이를 동이東夷와 화이華夷라 하였다.

3. 다하스DahUs현자 : 《구약성경》 창세기에 아브라함에 대한 이야기가 나온다. 아브라함에게 아우 나홀이 있었다. 나홀의 아내가 밀가였다. 나홀에게 르우마라는 소실이 있었다. 밀가가 아들 8명을 낳았고, 르우마가 아들 4명을 낳았다. 르우마가 낳은 아들 4명 중에 다하스Thahash가 있었다. 다하스가 아람족의 족장이 되었다. 그러나 다하스가 현자인지는 알 수 없다. 다하스를 풍이어로 해석하여 '다'는 다곤(곤오), '하'는 하백, '스'는 사巳로 보면 '풍이족 출신의 곤오 하백'이 되므로 현자로 볼 수 있게 된다. 그를 수메르와 앗시리아 쪽에서 다곤신이라 하였고, 중원에서는 유소有蘇의 왕으로 하백의 임무

를 수행하였고, 조선을 창설하는 데에도 큰 몫을 하였으니 현자로 볼 수 있을 것이다. 다하스의 현자들은 단국檀國의 현자들로 볼 수 있다. 단국은 3대를 운영하다가 3대 단군왕검 대에 와서 국호를 배달나라로 고쳤다가 다시 조선으로 고쳤다. 조선의 역사를 기록한 《조선기》에 단군왕검시대의 학문과 과학의 발전에 대하여 기록한 부분이 있는데, 3세 가륵단군 때인 BC 2131년에 요동 남쪽에 조선소를 설치하였다는 기록이 있고, BC 2088년에 감성관監星官 팽우彭宇가 천문을 관측하는 혼천의渾天儀를 주조하였다는 기록도 있다. 이미 그 시대에 감성관 황보덕이 태양계를 관측하여 태양, 수성, 금성, 지구, 화성, 목성, 토성, 천명성, 해명성, 음명성, 신명성 등을 관측하였고 북극성을 항성이라 한 기록도 보인다.

4. 다하Dah지智 : 다곤신의 지혜. 하백 곤오의 지혜. 곤오의 지혜를 보유하고 있는 집단이 다하의 지혜로 불리는 집단이다. 다하는 한단桓檀으로 볼 수 있는 문자이므로 코(고姑)의 무사도는 한시대와 단시대로 이어진다고 볼 수 있다.
이렇게 하여 생겨나게 된 인종이 풍이족이다. 풍이족에서 특출한 자가 나오는데 그가 한인천제이다. 마고의 오름과 클라인병과 뫼비우스의 띠의 조화가 만들어낸 것이 한제국이다.

5. 단군신화檀君神話 : 고려시대에 일연스님이 1281~1183년에 써서 발표한 《삼국유사三國遺事》에 실린 〈단군신화〉를 말한다. 한인, 한웅, 단군왕검 3대에 걸친 역사 1만년을 조祖, 부父, 자子의 가족관계로 축약縮約하여 조선탄생의 신화로 묶은 것이다. 내용은 다음과 같다.
"옛날에 한인(천제)의 (자손으로 북극오성에 속한) 서자庶子(성에 살고 있는) 한웅이 (천궁에 살고 있면서도) 항상 천하(인 지구)에 (내려갈) 뜻을 두고 인간세상 (다스리기를) 탐내거늘, 아버지 (지위리) 한인이 아들의 뜻을 알고 (하늘에서) 삼위三危(성과) 태백太白(성 사이)를 내려다보매 인간을 널리 이롭게 할만한 (장차 아시아로 불릴만한 땅이 있는)지라, 이에 천부인 3개를 주어 (지구로 내려 보내) 세상 사람을 다스리게 하였다. 한웅이 그의 무리 3,000명을 (태운 우주선단을 이끌고) 태백산 꼭데기 신단수 밑을 (우주기지로 삼고) 내려와 여기를 신시神市(천궁天宮)이라 이르니 (여기가 배달나라의 국도인 천평이다. 또한) 이분을 (배달나라의 시조인) 한웅천왕이라 한다. 그는 풍백, 우사, 운사를 거느리고, 명命, 병病, 형刑, 선악善惡 등 무릇 인간의 360여 가지 일을 맡아서 인간세계를 다스리고 교화하였다.

그때에 곰 한 마리와 범 한 마리가 같은 굴(우주선의 생체실험실)에 살며 항상 신웅神熊(한웅천왕)에게 사람이 되게 하여 달라고 빌기늘, 한 번은 신웅이 (우주에서 가지고 온 약품인) 신령스런 쑥 한 심지와 마늘 20개를 주면서 '너희들이 이것을 먹고 100일 동안 햇빛을 보지 아니하면 곧 사람이 되리라'하였다. 곰과 범이 이것을 받아서 먹고 금기를 지키기 21일 만에 곰은 여자의 몸이 되었으나 범은 이를 지키지 못하여 사람이 되지 못하였다. 웅녀는 그와 혼인해 주는 이가 없으므로 항상 (우주기지인) 신단수 아래에서 아이 배기를 축원하였다. 한웅이 이에 잠깐 사람으로 변하여 결혼하여 아들을 낳으니 이름을 단군왕검이라 하였다. 왕검은 요임금이 즉위한지 50년 만인 경인년에 평양성(제국시대齊國時代에 청주靑州가 되었다)에 도읍하고 비로소 조선이라 하였으며 또 도읍을 백악산 아사달 밑에 옮겼는데 그곳을 궁흘산 또는 금며달이라 하였다."

6. 단오 날 : 음력 5월 5일을 단오端午날이라 한다. 음기陰氣와 양기陽氣 중에 양기가 가장 승한 날이라는 뜻이다. 이 날은 단오날 축제를 벌인다. 이 일을 주관하는 신이 삼신이나 아스타르신이다. 이들 신의 특징은 성창聖娼의 신이고, 임신의 신이고, 출산의 신이라는 점이다. 훌륭한 자손을 낳기 위하여 고대에는 이런 축제를 벌였다. 대한민국의 단오날은 남녀가 광장에 모여 남자는 씨름을 하고 여자는 그네를 탔다. 남자는 가장 힘이 센 승자가 1번으로 뽑혔고, 여자도 가장 힘이 센 여자가 1번으로 뽑혔다. 이때는 신분과 연령을 초월하였다. 그리하여 여자는 떠돌이 나그네를 타게 되고 남자는 신분이 높은 여자를 자기 몸에 실을 수 있었다. 그네란 나그네를 탄다는 말이고 싣는다는 말은 여자의 몸에 남자의 몸을 싣는다는 말이다. 이리하여 영웅으로 태어난 사람이 고주몽과 소서노였고 바보온달과 평강공주였다. 고주몽과 소서노는 합심하여 고구려를 세웠고, 온달은 평강공주와 혼인하여 고구려의 명장이 되었다.

7. 대문구大汶口 : 황하의 지류로 태산을 끼고 동남쪽으로 흐르는 문수가 발해와 만나는 곳이 대문구이다. 태산을 끼고 이 일대에서 장강의 양저에 이르기까지 조선시대에 단군왕검의 장자인 부루태자가 다스리던 동평국이 있었던 곳이고 후대에 번조선으로 불리던 곳이다. 여기에 유명한 대문구유적지가 있는데 양저유적지와 함께 고고학적으로 조선의 실체를 밝힐 수 있는

중요한 유적지이다. 채도로 불리는 도자기로 유명하다. 양저에서 풍이의 문자인 금문을 새긴 청동기가 발굴되었다.

8. 대속신앙代贖信仰 : 본문에서는 기독교 방식의 대속신앙이 아니라 무교신앙에서 행하는 대수대명의 의미로 썼다. 그러므로 기독교에서 말하는 죄의 대속과는 관련이 없다.

9. 대수대명代壽代命 : 타인을 위하여 자신을 희생하여 죽는 이타적인 자살이나 살해가 있다. 타살을 할 때는 원시적인 방법으로 짐승이나 조류를 타살한다. 굿에서 직접 짐승이나 닭을 죽이는 굿을 하는 경우에 타살굿이라 한다. 그러나 인간이 논개처럼 자의로 죽음을 택하는 경우도 있다. 그러나 자신과 타인도 모르게 신의 원력으로 대수대명을 당하는 경우가 대부분이다. 이러한 경우엔 대개 사회적인 약자가 선택된다.

〈그림 6〉 무巫를 의미하는 금문

10. 대웅성大熊星 : 큰곰별자리이다. 북극성인 천추성과 북두칠성의 1번별인 천추성은 이름이 같다. 북극오성은 청와대의 일을 하고 북두칠성은 행정부의 일을 하기 때문에 한 나라에 두 대통령이 있을 수 없듯이 이름이 같은 것이다. 북두칠성은 우리가 볼 때 정북에서 오른쪽으로 회전하는 것처럼 보이는데 15° 가는 데 1시간 걸린다. 360° 회전하는데 24시간, 즉 하루가 걸린다. 그래서 시계라 하였다. 1번별은 천추성으로 하늘정부수반의 일을 하고, 2번별은 천선성, 3번별은 천기성, 4번별은 천권성, 5번별은 옥형성, 6번별은 개양성, 7번별은 요광성이다. 이들 별들이 하늘정부의 막강한 행정력을 행사한다. 특히 요광성은 하늘의 군대가 출입하는 문이고 UFO가 출입하는 문이다. 필자는 드락안이 요광성을 나와 한국을 세우고 한인천제가 되었을 것으로 본다.

11. 대웅전大雄殿 : 불교에서 본사本寺가 되는 건물이 대웅전大雄殿이다. 불교가 한국에 들어오기 전에 한웅천왕을 모시던 전각을 대웅전이라 하였다. 그때

는 대웅전大雄殿이라 하지 않고 대웅전大熊殿이라 했을 것으로 생각된다. 웅雄은 치우천왕을 의미하는 말이고, 웅熊은 한웅천왕을 의미하는 말이다.

12. 대웅성, 소웅성 꼬리별에서 웅족 탄생 : 서양 〈천문도〉는 꼬리기 없는 큰곰(대웅성)과 작은곰(소웅성)에 긴 꼬리가 붙어 있다. 큰곰의 꼬리를 북두칠성이라 하였으나 작은곰의 꼬리는 이름을 붙여 주지 않았다. 그러나 〈천상열차분야지도〉에서는 작은곰의 꼬리를 북극오성이라 하였다. 한국 고대사에 등장하는 각 시대의 시조를 모두 모아서 로열 패밀리를 만든 것이 북극오성이다. 맨 앞에 있는 북극성을 천추성(하나님별)이라 하였고, 다음별을 황후성(마고별)이라 하였고, 3번째별을 서자성(한웅별)이라 하였고, 4번째별을 천제성(한인별)이라 하였고, 마지막 5번째별을 태자성(단군왕검별)이라 하였다. 이들 별들은 배달나라와 조선을 탄생시킨 웅족의 별이다.

13. 대일여래大日如來 : 태양으로 오시는 부처님. 태양이 한인천제로 인격화되고 한인천제는 부처님으로 신격화가 이루어지는 경우에 대일여래로 호칭된다고 볼 수 있다.
대일여래大日如來의 대大는 한桓과 같은 뜻이다. 일日 또한 한桓과 같은 뜻이다. 여래如來는 어디에선가 왔다는 뜻이다. 이상의 해석을 종합하면 대일大日이 한인천제에게서 왔다는 뜻이 된다. 그러므로 대일여래는 한인천제에게서 온 것이다.

14. 데네브성은 과거세의 북극성 : 북극성은 천추성시대의 북극성과 직녀성시대의 북극성 둘이 있다.
지구의 세차운동으로 천추성이 북극성이 되었다가 직녀성이 북극성이 되었다 하는 것이다.

15. 동방東方 : 동방은 동방창룡칠수가 점령하고 있는 하늘이다. 동방창룡칠수는 각항저방심미기角亢氐房心尾箕로 불리는 별자리이다.

16. 동방선파와 서방선파 : 선파仙派는 선교仙敎의 교맥敎脈을 의미한다. 조선왕조시대에 조여적 선생이 《청학집靑鶴集》에서 광성자(황궁)에서 시작하여 단군왕검까지의 교맥을 동방선파라 하였다. 서방선파는 천신회에서 〈마고헌법〉을 제정하면서 처음 이름을 붙인 것이다. 〈마고헌법〉에서 이외에 마고에서 시작하여 왕궁 이전까지의 교맥을 마고선파라 하였다. 또한 본서에서 남방선파를 거론하기 시작하였다. 천신은 선교에서 호칭하는 하느님이라는 뜻이다.

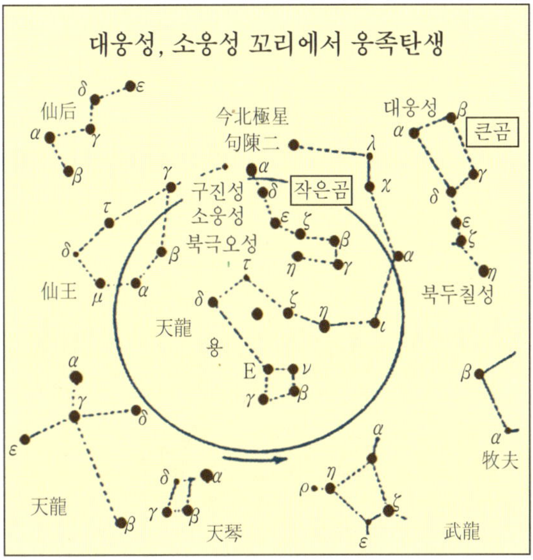

〈그림 7〉 작은 곰과 큰 곰

17. 동방에서 문자를 가지고 왔다 : BC 3500년 전의 수메르문명 연구의 최고 권위자인 크래머(Samuel N. Kramer)의 연구에서 수메르인의 문자가 교착어로 되어 있는 한국어와 많이 닮아 있음을 밝혀내었다. 그는 수메르인들이 동방에서 왔다고 하였다. 그는 한국桓國에 대하여 아는 것이 없었지만 그가 말하는 동방은 한국을 의미한다고 볼 수 있다. 미국 시카고대학의 강신택 박사는 수메르어에서 우리말의 원형언어를 많이 발견하였다.

18. 동방 예벤키 부족, 예맥족과 동예라는 이름에서 내려오는 예의 정체가 예아 한웅이라 볼 수 있다 : 예를 해석하는 방법에는 2가지가 있을 수 있다고 본다. 첫째는 신화에 나타나는 예아를 예아 한웅으로 보고 해석하는 경우이고, 둘째는 예를 예濊와 예穢라는 문자를 해석하여 예맥의 근원을 문자에서 찾아 한웅을 예맥의 조상으로 보는 경우이다.

19. 동방창룡칠수東方蒼龍七宿 : 〈천상열차분야지도〉에서 우주를 네 방위로 나누어 동쪽 하늘에 속한 별자리들 중에서 적도 가까이에 있는 7개의 별자리이다. 각항저방심미기角亢氐房心尾箕의 7별자리로 구성되어 있다. 각은 용의 뿔, 항은 용의 목, 미와 기는 용의 꼬리에 해당한다. 한웅천왕을 상징하는 별자리로 본다.

20. 동악태산부東岳泰山符 : 중원中原의 5악 중에서 산동반도山東半島에 있는 태산

泰山을 동악東岳이라 한다. 동악태산부라는 부적이 있는데 풍자부적風字符籍이다. 동악 태산이 한국시대에 풍이족의 땅이었음을 증명해 준다.

21. 동이족東夷族 시조 : 동이족(한국인桓國人)을 화이족華夷族(시나인支那人)과 구분하기 위하여 부르는 인종 명칭이다. 동이족의 이夷는 춘분春分의 기氣를 의미하는 말이고, 화이를 뜻하는 화하족의 하夏는 하지夏至를 의미하는 말이다. 동이족은 춘분의 기에서 태어난 인종이라는 말이고 화하족은 하지에서 태어난 인종이라는 말이다. 그러므로 동이족이 장자가 되지 않을 수 없다.

22. 동이족 조상의 이동경로 : 우리의 조상은 우리가 칠성의 자손이라 해왔다. 언제부터 이러한 관념이 생겨났는지 알 수 없지만 북두칠성과 뱀 아이콘을 조상으로 동일시했던 한인천제시대로부터 시작되었다고 볼 수 있다. 북두칠성과 북극오성의 영향권 안에 있는 자미원을 드라코(용) 행성계라 하는데 아마 이때부터였을 것으로 생각된다.

〈그림 8〉 동이족 조상의 이동경로

23. 동평국東平國 : 조선에 속했던 나라. 부루단군이 단군왕검의 태자시절에 다스렸던 나라로 대문구와 양저 일대를 관경으로 가지고 있었던 나라이다. 청나라 때 창덕부와 현덕부로도 불렸다. 조선역사에서는 번조선番朝鮮으로 기록되었고 번조선의 왕을 번한番韓이라 하였다.

24. 두락斗落 ~안安 : 북두칠성에서 떨어져 나왔다는 뜻. 두락이 드락의 변음이거나 드락이 두락의 변음이거나 둘 중의 하나일 것이다. 두락안은 문자해석에 의하여 드락안과 같다고 본다.

25. 두병斗柄 : 북두칠성을 머리 부분과 꼬리 부분으로 나누어 사각의 머리 부분을 선기옥형璇璣玉衡이라 하고 꼬리 부분을 두병이라 한다. 선기옥형에 천추성, 천선성, 천기성, 천권성이 있고 두병에 옥형성, 개양성, 요광성이 있다.

26. 드라코 외계인, ~타입 테라 외계인의 지구성 도래 전설 : 드라코 타입 테라 외계인은 〈단군신화〉에 등장하는 웅녀의 로열패밀리와 오가五加 부족이 UFO를 타고 지구로 올 때 함께 출발한 별들의 우주공간으로 볼 수 있는 곳이다. 이 우주공간에 근거를 둔 외계인을 드라코 타입의 외계인으로 볼 수 있다.

27. 드락안DrakAns, 두락안斗落安 : 드락안에서 의미를 도출하기 위해서는 한인천제와 한웅천왕 당시에 사용한 언어와 문자에 대하여 이해를 하고 넘어가는 것이 순서라 본다. 《구약성경》에서 말했듯이 이 시대는 지구상에서 인공언어人共言語로 하나의 언어만을 사용했던 '바벨탑의 시대'였다. 신화학자들은 이 시대를 인공언어를 썼던 시대로 보고 있다. 다시 말해서 한국의 언어만을 국제공용어로 썼다고 보면 될 것이다. 이러한 관점에서 드락안을 해석해 보기로 한다. 드는 두斗로 볼 수 있다. 락은 락落으로 볼 수 있다. 안은 안安으로 볼 수 있다. 따라서 풍이어로 두락안斗落安이 되는 것이다. 두락안은 '북두칠성에서 떨어져 나온 안'이라는 말이다. 여기에서 안安에 대하여 살펴보기로 한다. 안은 한인천제의 족성族姓을 의미한다. 안安는 '집안에서 어머니가 어른'이라는 뜻이다. 한인천제의 이름은 안파견安巴堅이다. 파巴는 뱀(사巳)의 우두머리인 용을 의미하는 문자이다. 견堅은 '지구에 내려온 칠성님의 신하'라는 말이다. 이들 말을 종합해 보면 '북두칠성에서 떨어져 나온 안파견은 풍이족의 우두머리로서 지구에 내려온 칠성님의 신하'라는 말이다. '두락안'이라는 말에서 한인천제가 지구에 무슨 이유로 내려왔는가 하는 의문이 밝혀지는 것이다. 그가 지구에 온 목적은 한국을 세우고 세계를 제국으로 통일하고자 하는 일이었던 것이다.

28. 드락안 봉기시대 : 본문에서는 드락안과 두락안을 필요에 따라 섞어 썼다. 한인천제가 드락안이 되어 하늘에서 마고체제에 봉기를 일으켰다. 봉기의 이유는 지구가 뒤집어지는 천문의 변동 때문이다. 2012년 10월경에는 지구의 세차운동의 결과로 지구가 뒤집어져 북쪽이 남쪽이 되고 남쪽이 북쪽이 된다고 한다. 이때 지구에서 지진이 일어나고 화산이 폭발하고 심지어 소행성이 날아와 충돌할 것이라는 추측이 난무하고 있다.

29. 드락안 카아르KhaAr여사제 : 한인천제에게서 태어난 어둠시대의 여사제.

ㄹ(L, R)

1. 라Rah : 존재하는 어둠 캄캄함(kha)과 어둠을 비추는 불 밝음(Bah)이 합쳐 태초의 시간 라Rah가 나왔다. 빅뱅으로 상전이가 일어난 다음에 캄캄함(블랙홀)의 반대편으로 밝음(화이트홀)이 생기고 화이트홀을 통하여 별들이 태어나 빛나기 시작하고 이때 태초의 시간 라가 태어났다고 볼 수 있다.
   라羅는 가로누운 눈목目+실사糸+새추隹로 이루어진 문자이다. 눈으로 보아가며 새로운 실을 짜간다는 뜻이다. 물레를 돌려 실을 짜는 일에서 시간이 생겨난다. 이 생겨나는 시간을 본다는 발상은 생겨나는 소리를 본다는 발상과 다를 것이 없다. '시간을 본다'를 바꾸어 쓰면 '관시觀時'가 되고, '소리를 본다'를 바꾸어 쓰면 관음觀音이 된다. 이러한 의미가 라羅자에 들어 있다.
2. 루婁 : 양 β(β Ari) Sheratan 아리Ari라는 말이 나온다. 외계인을 의미하는 아리안, 에어리언Ariane으로 볼 수 있다.

ㅁ(M)

1. 마고麻姑 : 마고는 선천의 때에 팔려八呂의 음音에서 태어났다고 《부도지》에 기록되어 있다. 우주의 파장에서 태어났다는 말인데, 마고는 어머니와 할머니의 어원이 되었고 여신을 의미하였다. 그는 단성생식單性生殖으로 자손을 낳았다. 이러한 진술이 마고가 외계인임을 보여주는 한 예라 할 것이다.
2. 마고는 백조좌 북 십자상의 표상에 이미 갈무리되어 있는 태고의 여신이었다 : 이곳이 마고 유토피아인 삼신산의 중심이 되는 곳이다. 그 중심에 소도가 있고 소도를 상징하는 나무가 신단수였다고 볼 수 있다. 신단수에 천부삼인인 명두를 걸어 두었다. 신사를 지으면서 신단수에 걸었던 명두를 신사 안으로 모셔들여 갔을 것이다. 이리하여 명두가 마고의 신체로 모셔졌을 것이다.
3. 마고문명 : 마고문명은 곰과 뱀의 문명이다. 곰(웅熊)에는 화火가 들어 있어서 태양숭배가 나오고, 뱀(사巳)에는 북두칠성이 들어 있어서 칠성숭배가

나온다. 태양이 최고조상과 동일시되면서 한인桓因이 나오고 칠성이 최고조상과 동일시되면서 한웅桓雄(桓熊)이 나온다. 마고麻姑는 고姑에 고古가 있어서 한인과 한웅을 초월한 존재임을 알 수 있다.

4. 마고본성麻姑本城 : 마고본성이 있다는 것은 마고성에 마고본성에서 파생한 여러 성이 함께 있다는 것을 의미한다. 지성支城이 있을 수 있고 방계성方系城이 있을 수 있다. 《부도지》에서는 지성으로 실달성實達城과 허달성虛達城의 두 성이 있다고 하였다. 이 말은 직녀성이 3성으로 구성되어 있는데 본성인 직녀성(베가성. 풍이어로 해석하면 베를 짜는 직녀가 있는 별)이 있고 직녀성 옆에 실달성과 허달성이 있다는 것이다. 사화의 기운으로 마고본성이 태어난다. 이 말은 사화의 기운으로 직녀성이 태어났다는 말이다.

5. 마고샤먼시대 : 무교에서는 마고를 무조巫祖로 보고 있고 대신 할머니라 칭한다. 무교의 관점에서 관세음보살 또한 팔여의 음에서 태어난 마고의 변형으로 보고 있다. 그러므로 마고샤먼시대가 초기 마고샤먼시대로부터 14,000년 동안 면면히 이어져 내려오고 있다고 볼 수 있다.

6. 마고삼신체제麻姑三神體制 : 마고가 창시한 선정체제仙政體制. 직녀성시대의 모계중심체제. 마고대신의 친정체제親政體制. 이때의 국가이름이 마고지나麻姑之那였다. 본문에서는 아리안제국이라 한다. 아리는 알을 낳는 마고를 의미한다. 마고지나의 도성都城은 삼신산三神山이었다. 나라에서 천부삼인天符三印의 이치를 가르쳤다. 천부삼인에는 천지인天地人의 의미가 있다. 마고삼신시대는 마고가 세상을 다스린 마고지나시대였다. 당시에 우주본부는 직녀성에 있었다. 마고는 체세포를 복제하는 단성생식으로 후손을 탄생시켜 철저하게 통제하였다. 마고의 체세포로 복제인간을 탄생시켰던 주체가 삼신이었다. 이 시대는 삼신이 삼신교를 만들어 통치하던 시대였다. 이를 삼신체제라 말할 수 있다.

7. 마고선인麻姑仙人 : 최초의 선인은 마고이다. 마고가 선仙을 창시하였다. 그래서 마고선인이라 한다. 마고선인의 가르침을 선교仙敎라 한다. 선교 안에 마고를 숭상하는 종교인 삼신교三神敎가 있다. 마고선인의 가르침을 배우고 추종하는 무리를 마고선파麻姑仙派라 할 수 있다.

8. 마고선파麻姑仙派 : 선을 시작한 사람이 마고이다. 마고가 삼신산을 정했을 때 마고선파가 시작되었다. 선이라는 문자는 삼신산에 올라가 서 있는 마고대신을 의미하는 문자이다. 그러므로 선을 시작한 사람을 마고로 본다.

마고의 첫 번 자식으로 태어난 궁희와 소희가 마고선파를 구성하였다. 다음에 광성자로 불리는 황궁에서부터 명유로 불리는 유인을 거쳐 단군왕검까지로 이어지는 선파를 농방선파라 하였다. 마고가 황궁에게 전한 천부삼인과 〈해혹복본〉은 마고선파의 종지宗旨가 되었다.

고원 최치원 선생은 〈낙랑비 서문〉에서 유불도儒佛道가 모두 선에서 나왔다고 하였다. 그러므로 모든 종교가 선으로 통합되어 하나가 되는 것을 해혹복본한다고 말할 수 있다. 마고의 선은 한국시대에 사방으로 뻗어나가 서방선파와 남방선파를 구성하였다.

9. 마고성 : 마고가 세운 성이다. 마고성에는 2종류가 있다. 하나는 직녀성을 의미하고 다른 하나는 지상의 어디엔가 있었을 것으로 추측이 가는 마고성이다. 마고성은 달리 삼신산三神山이라고도 하였다. 마고성은 마고본성, 실달성과 허달성의 3개 성으로 이루어져 있었다. 실달성의 성주는 인간 생전에 길흉화복을 관장하는 성주이다. 허달성의 성주는 실달성에 복귀하지 못하고 있는 영가들을 관장하는 성주이다. 그래서 허주라 한다.

10. 마고성에서 추방 : 마고성은 마고대성(본성)과 실달성과 허달성의 3성城으로 구성되어 있다. 이것이 직녀3성이다. 마고가 천수를 끌어들여 부정푸리를 하고 성문을 닫아 건 후에 백성들이 뿔뿔이 흩어져 동서남북 사방으로 흩어졌다. 이때 황궁黃穹이 인솔하여 우주의 중심부인 북극 자미원 쪽으로 간 사람들이 정착한 곳이 천산주天山洲이다. 천산주란 하늘의 중심부에 섬처럼 흩어져 있는 별들이라는 말이다. 이들의 후손들이 후대인 현시대에 테라 외계인으로 불리게 되었다.

11. 마고시대麻姑時代 : 인류의 문명사를 막 시작한 시대이다. 무제국이 세워진지 64,000년 만에 세차운동으로 지구가 뒤집어지고 소행성이 날아와 태평양에 곤두박질을 친 때가 있었다. 이때 무MU(레무리아Lemu Ria)와 아틀란티스Atlantis가 바다 밑으로 가라앉고 지구는 멸망기滅亡期를 맞아 빙하기로 들어섰다. 외계인인 마고가 UFO를 타고 지구로 날아와서 마고문명을 시작하였다. 마고는 빙하기의 피해를 받지 않는 삼신산三神山(봉래, 방장, 영주)에 하강하여 그곳에서 체세포를 가지고 후손들을 생산해 내었다. 1차로 삼신三神인 궁희와 소희, 2차로 사령四靈인 황궁, 청궁, 백소, 흑소가 태어났다. 인구가 과밀해지자 오미의 반란이 일어나게 되었고 마고는 그의 후손들을 마고성에서 추방해 버렸다. 이로써 마고시대가 끝난 것이다.

이 시대를 아리안Ariane시대라 한다. 아리안이란 풍이어로 "알에서 태어났다"는 뜻이다. 즉 난생족卵生族이 태어난 시대라는 말이다.

12. 마고시대로부터 무당은 비물질계, 비인간계를 드나들며 : 무당이 영계를 드나들 수 있도록 도와주는 것이 방울과 부채이다. 방울은 율려를 만들어 신의 파장에 접촉할 수 있게 해주고 부채는 신의 파장에 접촉할 수 있도록 바람을 일으켜 준다. 예컨대 한인천제의 방위인 남방에서 한인천제의 바람인 융풍融風이 일어나도록 해 주는 것이다. 무무巫舞가 춤을 추는 것은 율려의 음을 찾기 위하여 팔풍八風을 만들어내는 작업이다.

13. 마고 여신과 함께 인류의 보호자가 된 예아 왕자는 지구 인류의 교화를 가속화시키기 위해서 자신의 외계인 혈통을 주입시켜 백소족을 개량했다 : 《삼성기전》 하편에 한웅천왕이 백성을 어떻게 교화했는가 하는 것이 기록되어 있다. "몸소 하늘에 제사지내고 천경天經(천부경)과 신고神誥(삼일신고)를 가르치니 무리들이 잘 따르게 되었다"고 하였다. 여기에서 말하는 무리를 백소족으로 볼 수 있다.

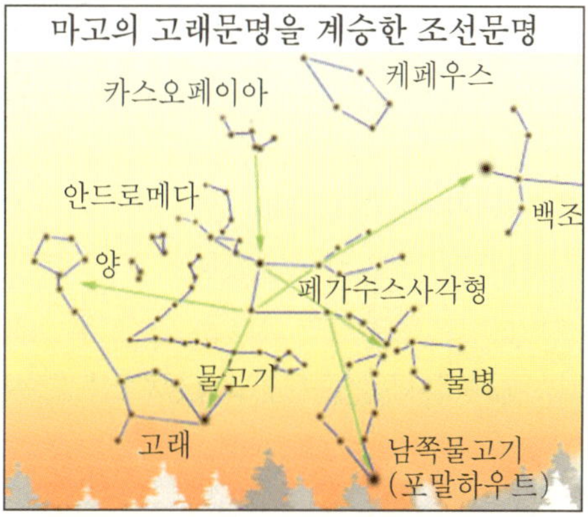

〈그림 9〉 단군신화에 마가, 양가, 우가, 구가, 저가의 5가부족이 나온다. 이들이 조선을 세웠다. 위 천문도에서 가운데 페가수스는 마가에, 양은 양가에, 물고기는 양가에 해당한다.

14. 마고 여신의 감화로 예아 왕자가 이들 소희 부족의 신성 코드를 되찾아 주지 않았다면 이들은 에덴동산 생명공학 실험실과 사육장을 거니는 좀비같은 중생들이었을 것이다 : 마고여신의 감화는 해혹복본에 이르는 길이 효에 있음을 가르친 것이었을 것이다. 효를 회복함으로써 잃어버린 신성코드를 회복할 수 있었을 것으로 본다.

15. 마고의 고래문명을 계승한 조선문명 : 마고 연구자들은 마고문명이 고래문명이라 추론한다. 문헌상에 나타나 있지 않지만 그렇게 추론하는 것이다. 그런 추론이 가능한 이유는 천문을 가지고 추론이 가능하기 때문이다. 필자가 설명을 해 보기로 하겠다. 고래라는 어휘에 마고와 관련된 모든 것을

다 수용할 수 있다고 본다. 고래의 고자는 마고를 의미하는 고姑자이다. 래자를 래來자로 보면 마고에게서 왔다는 의미가 된다. 고대인들은 크다는 의미, 오래되었다는 의미, 힘이 세다는 의미, 신문명이라는 의미 등으로 썼다. 방 고래, 고래 등이라는 말들이 지금도 남아 있다. 천문도에서 고래 위에 물고기가 있다. 물고기는 인종 아이콘으로 어족을 의미한다. 양 또한 조선을 구성하는 인종 아이콘이다. 물병은 보병궁시대, 즉 조선시대를 의미한다. 고래문명을 타고 앉아 발전된 것이 조선문명임을 의미한다고 볼 수 있다.

〈그림 10〉 마고의 자손들이 간 곳은 〈천상열차분야지도〉에 나타난 자미원紫微垣, 천시원天市垣과 태미원太微垣의 외곽 하늘과 이들 하늘이 속해 있는 28수宿 분야分野이다. 28수 분야는 사신四神으로 나누어져 있다. 사신은 청룡青龍, 백호白虎, 주작朱雀, 현무玄武이다.

16. 마고의 신화적 아이콘인 뱀 : 문자에서 모든 문자의 근원이 되는 문자가 뱀을 의미하는 사巳자임을 알 수 있다. 사巳에서 어머니를 의미하는 여女와 모母와 여음인 야也가 파생한다. 이는 이미 풍이족시대에 지금 우리가 쓰고 있는 한자의 원형문자인 녹도문자鹿圖文字가 생성되었음을 의미하는 것이다. 마고는 사족巳族(풍이족)의 모母가 되고 이 모에서 사족의 자식인 자子가 태어난다. 자子는 사巳의 파생어이다. 그러므로 뱀이 마고의 신화적 아이콘이 되는 것이다. 이를 잘 표현해 준 것이 〈단군신화〉에서 서자 한웅과 웅녀 사이에서 태자가 태어났다고 한 것이다. 웅녀는 사모巳母이다. 웅녀에게서 태자인 자子가 태어난다. 문자파생의 원칙이 잘 기록된 경우라 볼 수 있다.

17. 마고의 자손 : 《부도지》에 따르면 마고는 처음에 단성생식으로 궁희와 소희를 낳았고 다음에도 단성생식으로 황궁, 청궁, 백소와 흑소를 낳았다고 하

였다. 마고의 출산은 복제인간의 생산이다.

18. 마고의 자손들이 간 곳 : 북극오성이 있는 하늘의 중심부를 드라코행성계라 한다. 용별자리가 북극오성을 감싸고 있기 때문에 드라코행성계라 하였다고 볼 수 있다. 북극오성에서 우리에게 가장 중요한 별은 마고를 의미하는 별인 황후성이다. 황후성을 《부도지》에 나오는 마고대성으로 본다면, 마고시대에 우리의 조상이 오미의 반란을 일으켜 그 죄값으로 황후성에서 추방당했다고 볼 수 있다. 청궁은 운해주(가까운 하늘)로 떠났고, 황궁은 천산주(북쪽 하늘)로 떠났고, 백소는 월식주(달이 지는 하늘)로 떠났고, 흑소는 성생주(별이 생기는 하늘)로 떠났다. 이들 하늘이 어떤 하늘인지 정확하게 알 수 없으나, 하늘의 4개 방위인 동서남북을 의미한다고 볼 수 있다. 동쪽은 청룡의 하늘, 서쪽은 백호의 하늘, 남쪽은 주작의 하늘, 북쪽은 현무의 하늘이다. 이들 각 하늘에는 7수씩 모두 28수가 배속되어 있다.

19. 마고족을 계승한 : 초고대超古代 마고에서 시작된 종족이다. 삼신족三神族이라 한다. 삼신족이 구황족九皇族이 되었고, 구황족이 구한족九桓族이 되었고, 구한족이 구려족九黎族이 되었고, 구려족이 구이족九夷族이 되었고, 구이족에서 동이족東夷族이 나왔다. 한웅천왕은 구려족 출신이다. 구려족을 달리 배달족倍達族이라고도 한다. 배달족은 배곡倍谷의 들판에서 시작된 종족이라는 뜻이다. 〈부소보서扶蘇譜序〉에 따르면 배곡은 한인천제가 한국을 세운 곳이기도 하다.

20. 마고지나麻姑之那(마고의 나라) : 마고지나에 대한 역사가 구체적으로 사서에 기록된 것은 없으나 〈고려사〉 지리지에 기록되어 있다. 마고지나는 마고의 나라라는 뜻이다. 마고지나는 신선국으로 미래에 올 세계단일국가이다. 선교仙敎가 마고에게서 시작되었다. 도원桃園으로 불리는 마고 유토피아가 전해 오고, 마고에게서 중국의 〈서왕모신화〉, 제주도의 〈서문대할망신화〉가 파생하였다. 대한민국에 지금도 마고신선신앙이 남아 있다. 산신각에 모신 산신인 한웅천왕이나 단군왕검 곁에 복숭아를 든 동녀가 서있는데, 이 복숭아 안에서 도부신인이 태어날 때를 기다리고 있다. 도부신인이 태어나면 그때에 신화 속으로 사라진 마고지나가 다시 건설되어 인류가 이 복본한 유토피아에서 살게 되리라는 것이 마고의 유시인 해혹복본이다. 신화에 따르면 마고는 신선국神仙國의 여신이라 한다.

21. 마고 직녀성시대의 십자배화 예식 : 천추성시대의 십자가는 북두칠성이다.

북두칠성에게 종가의 며느리가 대대로 꺼지지 않게 하여 보존해 온 불씨를 바치는 의식이 있었다. 지금은 칠성굿을 할 때 무당이 불씨 대신에 향을 바치는 의식을 하고 있다. 그러나 그 의미를 알고서 한다고는 볼 수 없다.

22. 마고 클라인병 생성 : 마고(제주신화에서 서문대 할망)가 직녀성에서 영주산(한라산)에 하강하여 한 발로 오름을 딛고 다른 한 발을 직녀성에 걸치면 마고오름이 생성된다. 이때 직녀성은 마고의 자궁이 된다. 이 마고의 자궁이 마고 클라인병이다. 이렇게 하여 끊임없이 후손이 태어나는데 이것이 마고가 산신産神이 되는 이유이다. 이때 견우는 직녀의 남편이 되고 칠월칠석날 견우가 직녀의 남편으로서 자식을 낳을 수 있게 남편의 역할을 한다. 이리하여 견우는 모이국의 시조가 된다. 마고의 후손이 끊이지 않고 영원히 태어나게 되는 원리가 이 마고오름에 있다.

마고(서문대 할망)가 직녀성에서 영주산(한라산)에 하강하여 한 발로 오름을 딛고 다른 한 발을 직녀성에 걸치면 마고오름이 생성된다. 이리하여 영원한 마고 자궁인 마고 클라인병이 생성되고, 마고는 영원히 자식을 낳을 있게 된다. 이것이 마고가 삼신(산신産神)이 되는 이유이다. 견우는 직녀(마고)의 남편으로 모이국牟夷國의 시조이다.

〈그림 11〉 마고 클라인병 생성. 칠월칠석날은 견우가 은하수를 건너서 직녀를 만나러 가는 날이다. 마고는 영주산과 직녀성 사이에 다리를 걸쳐 마고오름을 만들어 놓았고, 견우는 마고오름을 타고 올라가서 마고의 자궁인 직녀성으로 들어간다. 직녀성이 마고 클라인병이라 견우는 매년 주기적으로 그곳에 가게 된다. 이곳에서 자손이 잉태된다.

23. 마소MaaSaw : 마소라는 명칭은 경이로운 명칭이다. 이 말을 한자로 바꾸어 쓰면 마소麻蘇가 된다. 마고麻姑를 신사神社에 모신 소도蘇塗가 되는 것이다. 소도의 소蘇는 단군왕검시대에 황하黃河에 있는 소도를 관리하며 하백河伯의 임무를 수행했던 소풍가蘇豊家의 장자長子를 의미하는 말이다. 마소라는 말에서 소도의 의미를 찾을 수 있다는 것이 경이롭다.

24. 마소는 우리가 살고 있는 네 번째 세계를 주관하는 신 : 마소는 마고를 신사에 모시는 소풍이다. 소풍은 역사에 곤오昆吾로 알려져 있다. 중원에는 곤

오가 지명으로 남아 있다. 곤오는 중동지방으로 전파되어 도곤신이나 다곤신로 알려졌다. 앞으로 우리는 무교에서 마소로 불리는 이 신을 부활시켜 활용하여야 한다. 이 신이야 말로 소도를 재건했을 때 소도에서 마고제를 지낼 수 있게 해 주는 신명이기 때문이다.

25. 마소의 가르침 : 마소의 가르침이란 소도에 있는 마고신사에서 하백인 소풍이 망자에게 가르쳐 주는 저승길 안내였을 것으로 생각된다. 한국에서 굿을 할 때 무당은 흰 한지를 삼각으로 길게 접어 대 끝에 매단 깃발을 자주 흔든다. 이 기를 소당기蘇堂旗라 하는데 소도당기蘇塗堂旗의 준말이다. 제사祭祀가 있음을 알리는 깃발이다. 청국淸國의 건융황제乾隆皇帝 때 만든 《제사전서무인송념전록祭祀全書巫人誦念全錄》에 집주인이 제사를 지낸다는 표시로 소당기를 흔드는 그림을 볼 수 있다. 전지를 반으로 접은 것으로 우리의 소당기보다 크다. 제사祭祀라는 말은 북쪽을 향하여 삼신에게 제를 올린다는 말인데 사祀자에 풍이족의 장자를 의미하는 사巳가 들어 있어서 풍이족의 장자가 제관이었음을 알 수 있다.

26. 마야Maya문명 : 마야문명은 중앙아메리카의 멕시코 남동부, 과테말라, 유카탄 반도 지역을 중심으로 번영하였던 문명이다. 마야족이 세운 고대문명으로 알려져 있으며, 2천 년 전부터 생겼을 것이라 추측된다. 300~900년까지가 문명의 황금기였으나 10세기에 멸망하였다. 이후 일부 마야 유민들이 유카탄 반도로 이동하여 신 마야문명을 일으켰다. 각 도시에서는 거대한 계단식 제단을 갖춘 피라미드 신전이 세워지고, 왕조의 역사를 나타내는 석비가 화려하게 새겨졌다. 그러나 9세기경부터 중부지역 마야의 여러 도시국가는 연쇄적으로 쇠퇴하였다. 식량부족과 질병의 유행이 쇠퇴의 원인으로 밝혀졌다. 마야는 신정정치를 실시했다. 그들은 이집트의 피라미드와 유사한 모양의 거대한 신전을 건축하였고 태양신과 달의 신을 숭배했다. 천체 관측법과 역법이 매우 발달했고 특히 마야 숫자가 유명하다. 마야 숫자는 0을 사용했으며 20진법을 사용했다. 마야인들은 주로 농업에 종사했으며 주로 수확하는 작물은 조선의 유민인 맥이들이 심은 옥수수였다. 마야의 상인들은 멕시코만과 카리브해의 다른 부족민들과 교역을 하기도 했다.

마야문화가 번성한 지방은 3개 지역으로 구분되나, 그 중심을 이룬 것은 과테말라 북부의 페텐지방으로부터, 서쪽은 멕시코의 타바스코, 동쪽은 벨리즈지방에 이르는 중앙지역이다. 여기에 유카탄반도半島의 북부지방 및 과테말라고지高地, 차파스지방으로부터 태평양 연안에 이르는 남부지방 등 2개 지역이 포함된다.

언어연대학적 연구에 따르면 마야어족의 조상은 북아메리카 인디언의 자손 부족으로서, 이들이 남진南進해서 BC 3000년대 중반에 서부 과테말라 고지에 정착하였다. 그후 1000년 사이에 이 부족이 두 어족으로 갈라져 하나는 북서로 진출하여 멕시코만灣 연안의 아스텍어족語族을 형성하였고, 다른 하나는 북쪽으로 나아가 페텐저지低地에서 유카탄지방에 이르러 유카테크어족이 되었다. 다시 기원전 1000년대 전반에 마야 어족의 모체母體로부터 촐 및 촌탈 등 두 어족이 갈라져 나와서 중앙지방의 저지에 들어가 북부의 유카테크어족과 접촉하였다(위키백과).

27. 만卍자상 : 만자상은 원형이정元亨利貞의 도형화로 볼 수 있다. 원형이정은 생성, 성장, 결실, 죽음의 순환과정을 말한다. 봄, 여름, 가을, 겨울도 원형이정이다. 달리 4태극이라 말할 수도 있다. 우리나라의 가야시대의 유물인 파형동기가 만사상을 표현한 의기儀器이다.

28. 매트릭스 : 복제기술로 생산된 복제품. 판타지 영화나 소설이나 애니메이션 등에서는 무수한 인간이 복제인간으로 탄생하여 활동한다. 앞으로 복제기술이 발달하면 살아있는 복제인간의 생산이 멀지 않았을 것으로 본다.

29. 매화부인 : 마고를 상징하는 꽃이 매화이다. 매화는 칠성님 부인의 명칭이다. 〈변산도당굿 무가〉에 칠성님의 부인이 매화부인으로 나온다.

30. 멕시코 : 멕시코 연구자인 손성태 교수의 연구에 따르면, 멕시코는 우리와 유사한 것을 너무나 많이 가지고 있다고 한다. 우선 언어를 보면, 조선이 멸망할 때 많은 수의 인원이 멕시코로 이주하였는데, 이들이 맥이貊夷였다고 한다. 맥이가 멕이코가 되었고, 멕이코는 멕시코가 되었다는 것이다. 멕시코는 맥이에서 나온 문자라 한다. 손 교수는 이 외에도 멕시코의 많은 언어가 고구려의 전신인 부여의 고리족 언어라 한다. 풍속 또한 우리의 풍속과 유사한 풍속이 많이 남아 있다 한다.

31. 몇몇 살아남은 생존자는 훗날 새가 되었다 : 뱀이 새가 되는 경우로 볼 수 있다. 치우천왕은 풍이족 출신이므로 뱀을 인종 아이콘으로 쓰는 사족巳族이었다. 마고족 또한 마고麻姑에서 보듯이 사巳의 파생문자인 여女가 들어있으므로 사족 출신이었음을 알 수 있다. 여기에서 사족 족보에 변화가 일어난다. 새를 인종 아이콘으로 쓰는 새로운 부족이 나타나게 된다. 치우천

왕이 탁록대전에서 멸망한 이후에 나타난 단군조선의 학가鶴加, 노가鷺加, 응가鷹加가 그런 경우이다.

32. 명두明斗 : 명두란 해, 달, 북두칠성이라는 말이다. 원래는 해, 달, 북두칠성을 돌에 새겨 〈천부삼인〉이라고 하였는데, 마고의 유시로 마고의 정통성을 세우는 방편으로 역대 천제나 천왕이나 왕검들이 대를 물려가며 인계인수하였다. 그러나 진시황 8년(BC 238)에 조선이 진에게 멸망하면서 인계인수의 맥이 끊어졌다. 그 대신에 조선의 마지막 왕검인 고열가 왕검이 구월산에 들어가 삼성당을 짓고 당주 무당을 세워 매년 봄과 가을에 한인, 한웅, 단군왕검 삼성三聖에게 제사지내도록 하였다. 이때부터 〈천부삼인〉을 무당들이 인수인계하기 시작하였고 〈명두〉라 부르기 시작하였다.

33. 모계사회母系社會 : 모계사회의 모母는 어머니라는 말이다. 그러므로 모계사회는 어머니가 다스리는 사회이다. 어머니가 출생한 종족의 아이콘은 곰이지만 어머니 개개인이 가지고 있는 아이콘은 뱀이다. '뱀'이라는 말에는 '아기를 배다'라는 의미가 있다. 뱀이 모성의 정체성을 상징한다. 아스타르여신이 들고 있는 2마리의 작은 뱀은 오래 전에 풍이족의 유습이 우루국虞婁國에 전해진 것이며 풍이족 어머니의 정체성을 반영한 것으로 볼 수 있다.

34. 모계시대 : 모계시대는 마고가 인류의 어머니가 되는 순간부터 시작된다. 그가 궁희와 소희라는 복제인간을 만들어내어 삼신의 어머니로서의 임무를 수행하기 시작했을 때부터 시작되었다고 볼 수 있다.

35. 모계족성母系族姓 : 在我國古代, 有不少以蛇, 虫, 巳爲姓的氏族, 就是崇奉蛇的氏族. 在古文里, 蛇, 虫與蛇字叉通, 如古吴語稱小蛇爲虫, 關中人称毒虫爲蛇, 今人仍把蛇叫長虫. 故古代的蚩尤, 祝融, 禹….均从虫字, 伏羲, 女媧之風姓亦从虫字 可能均源自蛇圖騰的母系氏族. 古文 "姓从女生", 姓乃母系氏族社會的產物, 風姓卽 "蛇系氏族女子所生育的子女之意 (우리나라(주, 차이나) 고대에 뱀(蛇)이 적지 않았다. 뱀(충虫,사巳)이 씨족의 성이 되었다. 이리하여 뱀을 족표로 쓰는 씨족을 숭상하게 되었다. (차이나의) 고문리에서 사蛇, 충虫과 더불어 사巳가 섞여 쓰였다. 고대 오어吴語에서 작은 뱀을 충虫으로 불렀다. 사람들 사이에서 독충毒虫을 사蛇라 하였다. 지금 사람은 장충長虫을 사蛇로 부른다. 고대의 치우蚩尤, 축융祝融, 우禹가 … 고루 충虫자를 따랐다. 복희伏羲 여왜女媧의 풍성風姓도 역시 충虫자를 따랐다. 뱀 토템이 모계씨족에 고르게 퍼져나가는 것이 가능하였다. 옛글에 "성은 여자의 출생을 따른다."고 하였다.

즉 성은 모계씨족사회의 산물이다. 풍성, 즉 뱀 계열 씨족여자가 낳아 기르는 여자라는 의미이다(〈伏羲文化〉 霍想有主編 35·36쪽 北京 中國社會出版社 1994. 5). 위에 인용한 글은 차이나 사회출판사에서 발행한 《복희문화》라는 소책자에 실린 글이다. 《복희문화》에는 복희와 관련이 되는 역사, 문화, 풍물 등을 여러 필자가 다양하게 소개한다. 본문은 〈화하선조복희씨華夏先祖伏羲氏〉라는 제목으로 이희평李希平씨가 쓴 글 중의 일부로 소제목 〈三, 사신蛇身 풍성風姓과 용龍토템의 수수께끼〉에 나오는 일부분이다.

36. 모성단성생식母性單性生殖 : 《부도지》에 따르면, 마고는 처녀상태에서 남성없이 임신이 되어 궁희와 소희를 낳는데, 궁희와 소희도 여성이라 역시 처녀로서 자식을 낳는다. 그러므로 여성은 남성없이 임신이 가능하다는 말이 된다. 이를 모성단성생식이라 한다. 앞으로 인간복제가 가능한 시대가 오면 인류는 모성단성생식의 시대로 가게 될 것으로 본다.

37. 뫼비우스의 띠 : 마고 클라인병에서 인류가 생산되면 뫼비우스의 띠가 인간을 실어 나르는 일을 한다. 인류는 뫼비우스의 띠에 실려 일생을 살다가 다시 그가 태어난 클라인병으로 들어간다. 재생을 위하여 들어가는 것이다. 마고의 클라인병은 탄생과 재생을 반복한다.

38. 무가사설巫歌辭說 : 무가는 사설형식으로 되었다. 장대한 서사敍事詩로 볼 수 있다. 우주의 현상과 역사, 인류의 탄생과 역사, 국가의 흥망사, 개인의 길흉화복이 총망라되어 있다.

39. 무과실책임無過失責任 : 손해를 발생하게 한 사람에게 고의나 과실이 없어도 법률상 손해 배상 책임을 지우는 일. 고대에는 한발旱魃과 같은 자연재해 발생에

〈그림 12〉 巫를 〈說文〉 巫祝也 女能事無形以舞降神者也. 〈楚語〉 神明降之在男曰覡女曰巫 〈天符經〉 天一一 地一二人一三이라 하였다(〈설문〉에서, 신이 내린 여자가 형체가 없이 추는 춤을 무축이라 한다 하였고, 〈초어〉에서 신명이 남자에게 내린 것을 격이라 하고 여자에게 내린 것을 무라 한다고 하였다. 〈천부경〉에서 하늘이 첫째요, 땅이 둘째요, 인이 셋째라 하였다).

대하여 왕에게 책임을 물어 화형에 처하는 제도가 있었다. 이를 한웅천왕 시대에 책화責禍라 하였다.

40. 무당巫堂 : 무당을 Shaman과 같다고 보는데 잘못 보는 것이다. Shaman은 사모巳母, 풍이족의 어머니라는 뜻이다. 풍이족의 어머니라면 풍이족의 조상이 되는 마고로 볼 수 있다. 무당이라는 말에는 사모에게 철학적인 의미, 신학적인 의미를 부여해 준 말이다. 무의 어원을 따지면 레무리아(MU제국)가 되고, 의미를 따지면 천지인天地人이 된다. 무巫자는 공工+2인人의 의미를 가지고 있는데 공工에 천지인신天地人神의 의미가 있다. 그러므로 무당이라 할 때는 천지인이 소통할 수 있게 해주는 사제司祭라는 말이다.

41. 무시無始 : 〈천부경〉에 나오는 말로 시작이 없었다는 뜻으로 해석한다. 숫자 1 이전의 상태인 0으로도 볼 수 있다. 존재하지 않는 것으로 보기로 한다.

42. 무신도巫神圖 : 무교巫敎에서 무신의 형상을 의인화擬人化하여 초상화로 그린 그림이다. 여러 종류의 무신들을 그려 액자에 넣어 신당神堂의 벽에 건다. 또한 굿을 할 때도 제단 뒤에 건다. 이를 마지 또는 환이라 한다. 신당에 무신은 12신명을 모시는데, 6신명은 선교仙敎에서 물려받은 자연신인 선신仙神이고, 6신명은 무교의 원신元神인 군웅신軍雄神과 조상신이다.

43. 무인舞人 : 무상舞上이라고도 하며 춤추는 무당인 무무巫舞를 말한다.

44. 무제국시대 : 영국인 고고학자 제임스 처치워드가 《무 대륙의 비밀》이라는 제목의 책을 출판하였다. 무제국의 역사는 6만 5천년이나 되고, 무대륙이 침몰했을 때의 인구가 6천 4백만 명이나 되었다. 10개의 나라가 제국을 형성하고 있었다. 이는 단일 문화, 단일국가체제가 신시神市의 형태로 운영되고 있었다고 볼 수 있는 부분이다. 우리는 이러한 나라를 부도라 하였고, '신의 도시'라고도 하였다. 이 책에는 연꽃이 사라진 무제국을 상징하는 꽃으로 나온다. 그러니까 무제국의 국화로 나오는 것이다. 연꽃이 불교를 상징하는 꽃으로 알려지게 된 것은 무제국의 역사로부터 기산起算한다면 6만 6천년 이후가 된다.

45. 물질주의적 태양신 숭배 : 마고시대에는 태양신 숭배가 나타나지 않았을 때였다. 한인과 한웅이 나타남으로써 한桓자가 만들어졌다고 볼 수 있는데 한桓자에 풍이족風夷族의 태양 숭배가 들어가 있다. 한자가 발전하여 단檀자가 되었다고 볼 수 있는데 단자에도 역시 풍이족의 태양숭배가 들어가 있다. 이들 두 문자에 들어가 있는 일日자는 뱀을 의미하는 사巳자로 만들어진 문

자이다. 풍이족은 뱀을 인종 아이콘으로 썼던 한인천제의 후예들이다. 외계인 파충류인간설을 주장하는 이들은 파충류인간이 풍이족임을 모르고 있다.

46. 물뱀 : 바다뱀이라고도 한다. 〈천상열차분야지도〉에서 천시원天市垣의 오른쪽 울타리를 구성하고 있다. 천시원은 풍이족의 나라이다. 뱀은 풍이족를 구성하는 인종인 사족巳族을 뜻한다.

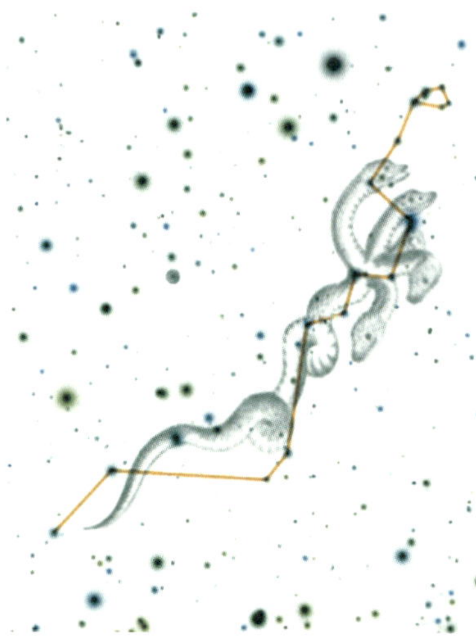

〈그림 13〉 물뱀

47. 물병과 물고기 : 족보학族譜學에서 물고기(魚族)는 사화이어巳化而魚라는 족표분화 법칙에 의하여 만들어졌다. 풍이족이 인종이 불어나면서 인종을 나누어야 할 필요성이 생겼을 때 이러한 방법으로 새로운 성을 창설하였다. 어성 뿐만 아니라 조성鳥姓도 이렇게 하여 생겨났다. 이를 사화이조巳化而鳥라 하였다. 장자莊子가 소요유逍遙遊에서 말한 곤鯤 이야기는 조선에서 어성이 태어나는 것을 말한 것이고, 붕鵬을 이야기한 것은 조선의 체제體制 아이콘으로 붕이 생겨나는 것을 말한 것이다. 우리 대통령문장에 그려진 봉황은 실은 붕새이다. 어족이 조선나라朝鮮那羅를 구성하는 선족鮮族에 편입되었다. 鮮은 어족魚族과 양족羊族으로 구성된 인종이라는 뜻이다. 이렇게 보면 천문에서 물병시대(보병궁시대)는 어족이 만들어진 조선시대가 된다.

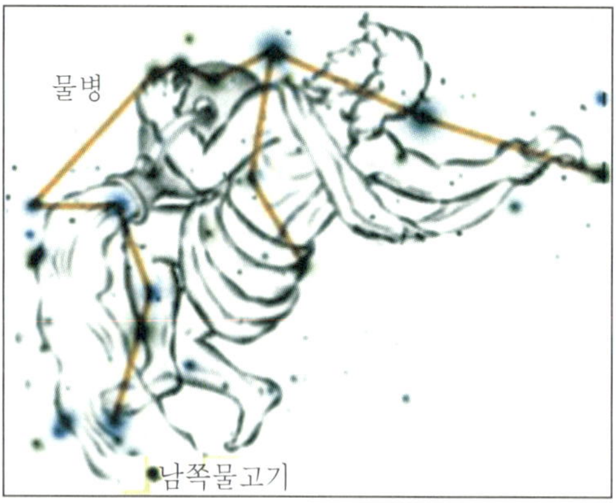

〈그림 14〉 물병

48. 미북미美北美의 토착문화 : 원래 마고족이거나 구려족이거나 혹은 동이족의

한 분파가 이주해 가서 정착된 문화가 인디언 문화이므로 엄밀한 의미에서 미본토의 토착문화란 동쪽에서 간 사람들의 이주 문화로 보아야 할 것이다. 학자들의 연구에 따르면 3차에 걸쳐 미대륙에 동쪽에서 간 사람들의 이주가 있었다고 한다. 1차 이주민은 남미로 갔고, 2차 이주민은 중미로 갔고, 3차 이주민은 북미로 갔다는 것이다. 이들 이주민이 가지고 간 문화가 곰을 문화코드로 쓰는 문화와 뱀을 문화코드로 쓰는 문화였다고 볼 수 있다.

49. 미주리함 : 태평양전쟁 당시에 일본의 항복문서를 받았던 전함이 미주리(BB-63 Missouri)함이다. 한국전쟁과 걸프전에도 참전했다. 만재배수량 5만 5000톤, 길이 약 270m에 달하는 거대한 선체가 영구보존 중이다.

ㅂ(B, V)

1. 바Bah : 밝음. 시간이 시작되기 전에 어둠을 밝히는 불 밝음(Bah)이 있었다.
2. 바커스BAhKus원의 마법 : 바를 밝음, 커를 컴컴함, 즉 어둠으로 보면 밝음과 어둠이라는 말이다. 나타나 보였다가 사라져 보이지 않게 되는 마법을 의미한다고 볼 수 있다.
3. 바하나 선지자의 출현 : 바하나는 한인으로 볼 수 있는 호칭이다. 바는 밝음을 뜻하는 한桓이고, 하나는 하나의 씨앗이니 인因으로 볼 수 있다. 그러므로 앞으로 한인이 재림한다는 말과 같은 뜻으로 볼 수 있다. 격암 남사고 선생은 인종청소 시기에 인류를 구원할 자로 도부신인桃符神人이 출현할 것이라 하였다. 도부신인은 마고의 적자嫡子가 된다. 마고와 도부신인을 잇는 연결고리는 마고헌수麻姑獻壽에 있는 복숭아이다. 우리의 정재呈才 헌선도獻仙桃에 있는 복숭아는 마고헌수를 춤으로 작품화하여 임금의 환갑날에 바치는 장수기원長壽祈願 춤의 주제가 된다. 이렇게 마고와 도부신인과 복숭아는 하나의 줄로 이어져 내려 온 관민간전승官民間傳承이다.

   그러니 인디언이 바하나를 지금의 서양인인 백인으로 보는 것은 크게 잘못된 것이다. 서양백인에게는 우리와 같은 연결고리가 없다. 서양사람들이 한민족을 동양의 백인이라 하는 점으로 보아서 바하나 선지자는 한인의 전승으로 찾아보아야 할 것이다. 그가 앞으로 태어날 도부신인일 것이다. 오늘날 대한민국이 급속도로 다인종 혼혈족으로 변화해 가는 것도 심상치 않은 일이다. 바하나 선지자의 출현과 관련이 있을 것으로 볼 수 있다.

4. '박'은 '밝'(명明) : 박혁거세朴赫居世라는 문자를 보면 박朴이 밝다는 의미로 쓰였음을 알 수 있다. 밝다는 의미를 한자漢字로 쓰면 밝을명明이 된다. 명明은 해인 일日과 달인 월月을 합친 문자이다. 그래서 바에는 해라는 의미가 있고 ㄹㄱ에는 달이라는 의미가 있음이 밝혀진다.

5. 박달, ~한웅 : 박은 해의 밝음을 의미하고 달은 밤의 밝음을 의미한다. 달은 하늘에 뜬 달의 의미로 볼 수도 있다. 또 달은 실달성이나 허날성을 의미하는 달達이나 아사달을 의미하는 달達로도 볼 수 있다. 그러므로 박달 한웅은 밝은 달빛으로 비추는 한웅으로 볼 수 있다. 한웅의 한桓자에 들어있는 일日자의 고자가 사巳자이므로 그의 출신이 풍이족임을 나타내고 있다. 웅자는 숫곰을 의미하는 문자이다. 한웅이 택한 아이콘이 숫곰이라는 뜻이다.

6. 박우르 : 박은 박다, 우르는 울림, 혹은 웅熊. 박은 태양을, 우르는 북두칠성을 뜻한다고 볼 수 있다. 웅熊은 웅雄의 의미를 갖게 되므로 한웅천왕桓雄天王으로 볼 수 있다. 한웅천왕은 대한민국의 상고시대에 있었던 조상나라인 배달나라를 세운 분이다. 배달나라는 마고지나, 한국의 뒤를 이은 3번째 제국이었다. 마고지나는 14,000년 전에 세운 제국, 한국은 10,000년 전에 세운 제국, 배달나라는 7,000년 전에 세운 제국이었다.

7. 박혁거세朴赫居世 : 박은 붉은 해라는 뜻이다. 박혁朴赫은 태양처럼 떠서 찬란하게 밝힌다는 뜻이다. 거세居世는 세상 사람을 말한다. 혁거세는 세상을 밝히는 사람이라는 뜻이다. 그러니까 박혁거세라면 태양처럼 세상을 밝히는 사람이라는 뜻이다.

   박혁거세는 삼국시대 때 신라의 시조이다. 알에서 태어났다고 하여 성이 박이 되었는데 박朴은 UFO로 볼 수 있는 성이다. 그가 UFO를 타고 온 곳이 경주 남산 밑이다.

8. 발인發人, 발신 : '발인'이라는 말을 '동이족'으로 풀이한 사람은 관자管子이다. 발이 큰 사람을 달리 대인大人이라고도 하였다. 중국의 산동반도와 요동반도는 발인들이 살고 있어서 산동반도와 요동반도가 둘러싸고 있는 바다를 발해發海라 하였다. 그러나 발인들이 발이 빠르고 기상이 하늘을 찌를 듯하므로 발해渤海로 고쳐 불렀다.

   발은 발發-족足-족族-발渤로 변한다. 〈단군세기〉에 나오는 삼족오는 동이족을 의미하는 발인發人(足人)의 인종 아이콘이다. 진조선·번조선·막조선을 합쳐서 조선이라 하였고, 이들을 발인이라 하였다. 그래서 삼족三族으로 불리게 된 것이다. 이 삼족이 삼족三足이다. 발신은 발인의 신격화이다.

9. 밝은 빛 인종 : 밝은 빛에서 태어난 백소를 말한다. 즉 낮에 태어난 인종을 말하는 것이다. 반면에 어둔 빛에서 태어난 인종은 밤에 태어난 인종이 된다.

10. 방울 : 방울의 의미는 소리의 파장이 사방으로 울려나간다는 뜻이다. 청동기시대에는 청동으로 방울을 만들어 무당이 울려줌으로써 방울소리가 사방으로 퍼져나가 마고의 신명을 감응하게 하는 도구였다. 지금도 방울을 만들어 굿을 할 때 쓴다.

11. 배달나라, ~체제 : 대한민국의 조상나라로 3번째 나라. 자미원과 여명의 세계에서 나와 선계의 신명을 갖게 된 한웅천왕이 세워서 다스린 나라가 배달나라이다. 배달에는 배다른 인종이라는 뜻이 있다. 배달나라를 세운 사람들을 구려족九黎族이라 하였다. 한웅천왕이 흑수黑水와 백산白山 사이에 배달나라를 세우고 국도를 천평天坪에 두었다. 배달나라는 신시神市라는 호혜경제체제互惠經濟體制를 가지고 있었고, 화백和白이라는 의회제도議會制度를 가지고 있었다. 태백진교太白眞敎라는 종교를 가지고 있었고 책화責禍라는 사법제도를 가지고 있었다. 〈천부경天符經〉과 〈삼일신고三一神誥〉를 이데올로기로 가지고 있었다. 이 시대의 국가철학을 '재세이화在世理化의 도道'라 하였다.

배달에서 달達에는 아사달阿斯達이라는 의미가 있다. 아사는 아침이고 달은 해맞이하는 대台나 평坪이 있는 곳, 즉 피라미드가 있는 곳이라는 뜻이다. 피라미드는 은하수銀河水(한강漢江)가 흐르는 곳에 나란히 삼신산三神山의 형상으로 세웠다.

배달은 한인천제가 한국을 세운 땅인 풍주風州 배곡倍谷의 들판이라는 뜻이다. 달리 마고가 낳은 배다른 자식이라는 뜻도 있다. 나라那羅는 Narayana에서 보듯이 창조주 북두칠성을 의미하는 문자이다. 그러므로 배달나라는 칠성의 자식인 한웅이 한인의 뒤를 이어 한국의 옛땅인 배달에서 배달나라를 세웠다는 뜻이 된다.

12. 배달족倍達族 : 중원에서 구주九州의 하나인 풍주風州 배곡倍谷에서 일어난 인종을 배달족이라 하였다. 〈부소보서〉에서 한인천제가 기묘년에 풍주 배곡

에서 한국의 제帝가 되었다고 하였다. 배달족은 구려족九黎族의 하나였다. 구려족은 배달나라를 구성하는 인종이었다. 배달나라가 멸망하고 조선이 건국되면서 동이족으로 이름이 바뀌었다.

13. 백금 기운 : 태백금성의 기운으로 볼 수 있다. 태백금성은 태양을 호위하는 별인 금성이다. 새로 만든 쌍둥이에게 주어질 임무가 보호에 있음을 보여주는 것이라 볼 수 있다.

14. 백소白巢씨족에 속한 지소支巢 : 빛의 알갱이. 광자光子의 집합체로 볼 수 있다. 백白은 태양빛으로 볼 수 있고, 소는 태양빛의 흐름과 태양빛이 모이는 곳으로 볼 수 있다. 소巢는 천川+과果로 된 문자인데, 천의 근원지를 아사달阿斯達로 볼 수 있고, 천은 아사달을 흐르는 강물인 아사강阿斯江으로 볼 수 있다. 아사강에서 아사는 아침의 고어이므로 아사강은 아침강으로 볼 수 있다.

    아사달에서 아사강으로 떠내려 오는 과果는 복숭아이다. 이 복숭아가 천도天桃이다. 천도는 하늘에서 내려오는 복숭아이므로 하늘에서 아사달로 내려온 복숭아가 된다.

    선仙의 세계에서 하늘의 성산聖山으로 볼 수 있는 곳이 천태산天台山(천태산天泰山, 천태산天太山)이다. 이 천태산은 마고가 계신 산이다. 그러므로 이곳은 마고대성麻姑大城이 된다.

    마고대성의 천태산에서 아사달로 아사강을 이용하여 떠나보내는 열매가 천도이다. 그러므로 백소는 백도白桃로 볼 수 있다. 이 백도가 천문에서 빛의 알갱이가 된다고 볼 수 있다.

    백소白巢씨족에 속한 지소支巢씨족은 백소씨족이 사형인간, 즉 서양으로 간 마고족의 종손이라면 지소씨족은 백소씨족의 지손이 된다.

15. 백조좌는 신목 위에 앉아 있는 마카MaCaw라는 새 : 마카는 마고로 볼 수 있는 말이다. 마고의 신성을 의미한다고 볼 수 있다. 마고의 신성을 나타내는 새는 오리이다. 오리를 의미하는 부鳧자를 보면 알 수 있다. 안석 위에 시조신으로 모신 새가 부이다. 신으로 모시는 오리가 앉은 나무를 솟대라 하였다. 또한 까마귀가 앉은 나무도 솟대라고 하는데 태양시太陽時를 측정하기 위하여 만든 것이다.

16. 뱀(사巳), ~문화, ~숭배, ~인종 아이콘, ~형상의 인간 : 우리의 조상 풍이족은 1만 년 전에 뱀을 풍이족의 인종 아이콘으로 썼다. 뱀을 인종 아이콘으

로 쓰기 위하여 사람의 몸을 그릴 때 인두사신人頭蛇身의 형상으로 변형시켜 그렸다. 그래서 풍이족 조상이 모두 인두사신의 형상으로 그려지게 된 것이다. 여기에서 족성族姓이 나왔다. 이들 족성을 모계족성이라 하였다. 〈부소보서〉는 사성巳姓, 기성己姓, 강성姜姓, 희성姬姓이 모두 뱀을 인종 아이콘으로 쓴 풍성風姓에서 나왔다고 하였다. 풍성을 조상으로 둔 이들은 성이 아니라도 이름에서 자신이 풍성 출신임을 밝혔다. 치우천왕蚩尤天王의 치蚩가 그러하다. 사巳는 큰 뱀을 의미하고, 충虫은 작은 뱀을 의미한다. 사는 장손을, 충은 지손을 의미하였다. 화이華夷(지나족支那族)은 모계족성母系族姓인 성姓이라고 하지 않고, 부계씨칭父系氏稱인 씨氏라고 하였다. 성은 어머니로부터 받은 모계족성母系族姓이라는 뜻이고, 씨는 아버지로부터 받은 씨칭氏稱이라는 뜻이다. 그러므로 성씨姓氏라 할 때는 족성과 씨칭이 합해진 성이라는 뜻이다. 예컨대 김씨金氏라 하면 오늘날 부계씨칭으로 호칭이 되는데, 고대에는 부계씨칭이 아니라 모계족성을 의미하였다.

풍이족의 인종 아이콘인 뱀은 인체에서 배를 의미하고, 아기를 배는 자궁을 의미한다. 그래서 궁宮-穹으로 불린다. 궁宮은 율려인 파동을 잡아두는 곳이다. 따라서 궁은 뇌파를 만들어내는 머리나 심장박동을 만들어내는 심장으로 볼 수도 있다.

자궁 안에서 생명체로 임신되는 것이 뱀 형상의 인간이다. 임신 중에 작은 뱀인 사巳는 자子가 된다.

신화시대를 대표하는 인류의 문화는 뱀의 문화였다. ① "창조주인 7마리의 뱀 나라야나"(《무 대륙의 비밀》, 25쪽, 제임스 처치워드 저, 박혜수 역, 문화사랑, 1997. 12) 우리의 말인 나라는 하늘에서 북두칠성으로 상징되는 '나라'에서 온 것으로 볼 수 있다. '야나'는 '얀'으로 볼 수 있고, '얀'은 '안'으로 볼 수 있다. 안은 한인천제의 족성인 '안安'이다. " '안'은 수메르의 주신 '아누', 수메르어로는 '안'이다."(《메소포타미아 신화》, 53쪽, 헨리에타 맥컬 작, 임웅 옮김, 범우사, 1999. 7)와 같은 신으로 볼 수 있다. 수메르가 한국에 속한 12국의 하나였으므로 '안'이 '안'으로 불린다는 것은 당연한 일이라 하겠다. ② 지중해에 면하고 있는 항구도시 라스샴라의 궁전 터에서 발견된 점토판에서는 머리 일곱 개가 달린 뱀이 기후의 신 바알에게 복종하지 않은 신 로탄(레비아탄)으로 나온다. 바알이 로탄을 죽인다(《세계신화 101》, 44쪽, 요시다 아츠히코 외 작, 아세아, 2002. 8). 바알을 풍백으로 본다면, 풍백이 최고신 안보다 우위에 있음을 나타낸 것이다. ③ 그노시스주의 신화 중 〈바룩서〉에는 구약성경에 나오는 엘로힘이 남성 조물주로, 에덴동산으로 나오는 에덴이 여성 조물주로 나온다. 에덴은 히브리어로 동산이다. 에덴은 음부까지는 처녀이고, 그 아래는 뱀의 모습이다. 에덴이 뱀의 모습이라는 것은 그곳이 풍이족의 땅이라는 의미로 해석된다. ④ 미케네시대에 여신 아테나는 왕족의 집을 지키는 수호신이었다. 왕족은 풍이족으로 해석할 수 있는 부분이다. 아테나는 새로운 무기를 주문하기 위하여 대장장이신 헤파이토스를 찾아간다. 헤파이토스는 무기는 만들지 않고 아테나에게 흑심을 품고 덤벼들었다. 아테나는 저항하며 도망쳤지만 에파이토스의 정액이 다리에 묻었다. 양모로 정액을 씻어 던지자 정액이 묻은 양모에서 상반신은 인간이고 하반신은 뱀인 아이가 태어났다다(《세계신화 101》, 100쪽). 이 신화는 중요한 비밀을 간직하고 있는 신화이다. 아테나는 아이가 태어난다는 뜻의 풍이말로 해석되는 말이다. 한인천제의 아이를 낳는 여신으로 볼 수 있다. 그러나 한인천제 안파견을 해치는 신이라는 의미를 가진 헤파이토스가 아테나를 넘본다. 겁탈을 하려고 하지만 실패한다. 그러나 이미 정액을 흘려버렸으므로 양모로 씻어서 버린다. 양모는 양털이다. 양가羊加나 양족羊族을 상징하는 말이다. 양모에서 아기가 태어난다. 그리스신화의 한 부분이 양가와 관련이 있음을 이 신화가 전해주고 있다. 양모에서 태어난 아기가 인두사신人頭巳神으로 표현되는 풍이족이다. 아테나에게서 자란 에리크토니오스는 아테네의 왕이 되고 그의 어머니 아테나를 위하여 아크로폴리스 언덕에 파르테논을 세웠다. 에리크토니오스는 아이가 어른으로 컸다는 뜻의 풍이말로 보이고, 아크로폴리스는 아이가 커서 풍이를 이었다는 뜻으로 해석된다. 파르테논은 안파견을 위하는 곳으로 해석된다.

17. 뱀교단 무교의식 : 이 말을 우리말로 바꾸면 제사祭祀라는 말이 된다. 이렇게 보면 뱀교단은 소풍이 하백이었던 시대에 소도 안 북쪽 어디엔가 있었을 것으로 생각된다.

18. 뱀교단 사제, ~교의 : 뱀이 풍이족 조상을 의미하므로 풍이족 조상에게 올리는 제사가 뱀 교의가 된다. 풍이족 조상 숭배가 종교로 발전하여 뱀교단이 생겼다고 볼 수 있다. 제사祭祀라는 문자를 풀어 보면 이를 알 수 있다. 제사祭祀의 사祀자에 뱀을 뜻하는 사巳자가 들어 있는데 이 사巳는 제사권祭祀權을 가지고 있는 풍이족의 장자長子를 의미하는 말이다. 풍이족의 장자

가 조상에게 올리는 제사가 뱀 제사이다.

19. 뱀의 도 : 뱀의 도는 첫째, 국가적인 관점에서 보면, 풍도風道이다. 풍도는 풍류風流를 말한다. 풍류는 풍이족의 문물文物이다. 〈부소보서〉에서 뱀의 도를 풍도지기강風道之紀綱이라 하였다. 풍도지기강이란 한국시대의 국가이념國家理念과 같은 것이었다. 둘째, 뱀의 도를 종교적인 관점에서 보면, 기독교적이냐 반기독교적이냐 하는 관점에서 볼 수 있다. 뱀이 영지주의 쪽으로 나가는 길만이 기독교의 족쇄에서 벗어날 수 있는 길이다. 셋째, 뱀의 도를 선도仙道의 관점에서 보면, 잃어버린 인류사를 찾는 것은 물론이고, 마고를 비롯한 우리의 조상과 풍이족을 인류 앞에 현신하게 할 수 있기 때문에 가장 바람직한 뱀의 도로 볼 수 있다.

20. 뱀은 창조 조화주인 마고 여신 : 뱀은 태초에 태어나는 인류이다. 그를 태어나게 하는 역할을 담당한 분이 마고이다. 그가 인간을 낳게 되므로 인간 창조주로서 창조주 신명神明에 오를 수 있게 된 것이다. 그는 이미 팔여의 음에서 인간으로 스스로 태어난 전력을 가지고 있었다. 탄생할 수 있는 조건이 맞았기 때문에 태어나게 된 것이다. 만약에 조건이 맞지 않았다면 태어나지 못했을 것이다.

21. 뱀 축제 : 뱀을 양기의 상징으로 볼 수 있으므로 짝수 해에 뱀 축제를 연다는 것은 음기의 해에 양기를 보충한다는 의미가 있다. 또한 뱀이 조상을 의미하므로 뱀축제는 조상축제로 볼 수 있다. 우리의 정월초하루 해 뜰 시각에 바다나 산에 가서 한 해의 소원을 비는 해맞이(일월맞이)가 있다. 일월맞이는 한인천제를 신명으로 모시는 맞이이다. 무당은 일월맞이(산천거리)라는 이름으로 굿을 시작할 때 해가 뜨는 동쪽 하늘을 향하여 먼저 해맞이를 한다.

22. 번째 심판의 날 : 조선왕조 명종 때의 사람 격암格菴 남사고南師古 선생은 이네 번째 심판에 대하여 〈남사고 비결〉에서 자세하게 기록하였다. 그는 경기도 부천에 있는 성주산聖主山에서 소울음소리(우명성牛鳴聲-모牟)가 날 때 심판의 날이 시작될 것이라 하였다. 우명성은 지진이 울리는 소리를 말한다.

23. 보천가步天歌 : 보천은 천문天文이다. 절구絶句 형식으로 기록되어 있어서 가歌자를 붙였다. 천문은 〈천상열차분야지도天象列次分野之圖〉에 나타난 별들이다. 보천가는 별들의 운행을 노래로 표현한 글로 Starwalkers 점성술占星術을 의미한다. 〈아리안서〉에서는 '불꽃의 전사'라는 말을 썼는데, 별들의

운행(행성의 운행)을 표현한 말로 볼 수 있다. '전사의 침묵'은 별들의 죽음으로 볼 수 있다. 그들이 우리의 영혼 속에 살고 있다고 했는데 '별 하나 나 하나'와 같은 말로 볼 수 있다. 《세종실록》 지리지에 "경주는 경주부를 말하는 것이며, 낙랑이라 부르기도 한다. 4개 현이 소속되어 있는데, 안강현은 원래 신라의 비화현이다(慶州爲慶州府 別號樂浪也 屬縣四 安康縣本新羅比火縣). 신라비화新羅比火에서 비화比火를 별불로 볼 수 있다. 비比는 양비兩匕로 북두칠성의 형상을 모방하여 만든 숟가락을 의미하지만 북두칠성을 의미한다. 신라의 점성내瞻星臺가 있는 곳을 비노比斗골이라 하였는데, 비누란 북두칠성을 의미하는 말이다. 그러므로 비화는 북두칠성의 불로 볼 수 있다. 본문에서 낙랑이라고 한 말은 신라의 본신라本新羅는 중원에 있고 별신라別新羅는 한반도에 있는데 본신라가 낙랑으로 불렸다는 말로 해석된다. 이 말은 한국에서 미국으로 이민 간 사람들이 많이 사는 로스안젤리스를 한국사람이 한국이라고 부르면서 한반도를 본한국, 로스안젤리스를 별한국으로 부르는 것과 같은 것이라 볼 수 있다. 신라 사람은 신라인을 비두인으로 불렀던가 아니면 비화인으로 불렀을 가능성이 있다. 본문에서 '별의 전사'는 그런 의미로 쓴 말로 보인다.

24. 보천인步天人: 천문학자나 점성가. 본문에서는 별자리를 오가며 천문에서 신화와 역사를 찾아 해석하고자 하는 화자를 의미한다.

25. 복숭아: 무교의 아이콘은 복숭아이다. 선교에서 복숭아를 물려받아 아이콘이 복숭아가 된 것이다. 산신도나 신당에서 단군왕검 곁에서 동녀가 서서 받쳐 들고 있는 것이 복숭아이다. 미래에는 복숭아에서 메시아가 나오는데 이 메시아의 이름이 도부신인桃符神人이다. 도부신인은 신선국神仙國에서 온 신령한 사람이라는 뜻이다.

26. 복숭아나무 여신: 마고이다. 마고로부터 삼신이 복숭아를 받아 임금의 만수무강萬壽無疆을 기원하며 바치는 복숭아를 헌선도獻仙桃라 한다. 마고가 생명을 주는 것을 마고헌수麻姑獻壽라 한다.

27. 복희伏羲, 복희伏犧, 포희包羲: 차이나의 땅 천수天水는 의황고리義皇故里라 하는데, 의황고리는 다의발한웅천왕의 고향이라는 뜻이다. 다의발한웅천왕을 의황이라 한 것이다. 차이나는 다의발한웅을 의황으로 바꾸어 부르다가 다시 복희伏羲로 바꾸어 불러왔다. 복희의 희羲자에는 다의발의 의儀자와 의황의 의義자의 의미가 모두 들어 있다. 그러므로 차이나에서 복희가 다

의발 한웅천왕이 아니라고 부정할 수 없게 되어 있다. 복희와 여와를 새긴 화상석엔 관복을 입은 복희와 여와가 새겨져 있는데 동한東漢의 황노사상黃老思想이라는 통치이데올로기가 반영된 경우이다.

다의발한웅천왕(복희)은 삼태극(3개의 태극)사상에서 양태극(2개의 태극)사상을 만들어내었다. 삼태극사상을 처음 만든 분은 한웅천왕이고, 한태극(1개의 태극)사상을 만든 사람은 다의발한웅천왕의 아버지 태우의한웅천왕이다. 그가 한태극사상을 만들어냈음을 그의 휘諱인 태우의太虞儀을 보면 알 수 있다. 태우의는 하나의 태극으로 볼 수 있는 말이다. 양태극문양은 물고기 2마리가 교미하는 모양이라 하여 〈쌍어교미문〉이라 하는 태극무늬이다. 복희가 창안했다고 전해 온다. 한웅천왕이 만든 삼태극사상을 양태극사상으로 줄이기 위하여 만들어낸 문양이다. 삼태극사상은 음양조화의 사상이다. 양태극사상은 음양대립의 사상이다. 복희(다의발한웅천왕)의 능은 산동성 어대현魚臺縣 부산鳧山에 있다. 어대현은 물고기문양인 쌍어교미문양과 관련이 있고, 마고를 상징하는 오리는 솟대와 관련이 있다.

한국의 남한강 수계에는 음력 정월보름 날 바가지에 식구 수대로 밥 한 숟씩을 담아 떠나보내는 어부심(슴) 신앙이 전해 오는데, 복희(다의발한웅천왕)에게 복을 빌기 위한 것이다.

28. 부계시대, ~사회 : 한인천제가 마고지나를 정복한 이후부터 부계시대가 시작되었다. 아리안 마고에게 반란을 일으킨 한인에게서 부계사회가 시작되었다고 볼 수 있다.

29. 부도符都 ~사명 : 부도는 사라진 마고유토피아를 의미한다. 박제상 선생이 《부도지》에 써서 세상에 널리 알려졌다. 마고가 후손들에게 '해혹복본하라'고 명령했을 때 '해혹복본解惑復本' 다음에 '어부도於符都'라는 말이 있었어야 했다고 생각한다. 이 말이 부도의 사명을 의미하는 말로 볼 수 있기 때문이다. 부도는 삼신산, 마고지나라는 말에 철학적이고 신학적인 의미가 가해진 단어로 볼 수 있다. 부도는 천문에서 직녀성에 비정된다.

부도사명符都使命은 황궁이 청궁, 황궁, 백소, 흑소 4부족에게 명한 해혹복본의 실천을 의미한다. 일종의 종교적 메시지로 볼 수 있다.

30. 부도의 이치 : 부도의 이치는 해혹복본이다. 해혹복본은 마고성에서 추방당한 인류가 마고성으로 복귀하는 것이다. 그때가 언제가 될지는 아무도 모른다.

31. 《부도지符都誌》: 《부도지》는 신라 말에 신라의 시조 박혁거세朴赫居世의 9세손으로 영해寧海 박씨朴氏의 시조가 되는 박제상朴堤上 선생의 저작著作이다. 《구약성경》의 〈창세기〉와 〈얼왕기〉와 유사한 책이다. 여기에 인류 최초의 문명인 마고가 등장한다. 부도符都는 신의 도시이다. 마고성을 의미한다. 마고성은 우리가 도달해야 할 유토피아이다. 부도는 마고가 만들었고 지誌는 부도에 대하여 기록한 책이다(자료 인용, 영해박씨 문중족보, 〈영박세계도寧朴世系圖〉). 박제상 선생의 위패位牌는 양산梁山 충효동忠孝洞에 있는 충효사忠孝祠에 모셔 있다.

32. 부루夫婁: 단군왕검의 장자. 조선의 제2대 단군이 되다. 부루단군이라 하였다. 부루신을 모시는 부루단지는 그에게서 나온 말이다. 부루단지는 불씨를 담은 단지라는 뜻이다. 화로火爐를 의미한다고 볼 수 있다. 그러나 농사를 지으면서 부루단지는 곡식을 담는 단지로 의미가 변했다.

33. 부왕인 한인 천제: 부왕인 한인천제는 한국의 시조 한인천제가 아니라 한국의 제7세 지위리智爲利 한인천제桓仁天帝이다. 지위리 한인이 서자 한웅과 UFO에 동승하여 삼위수三危宿와 태백금성太白金星 사이를 날았음이 〈단군신화〉에서 밝혀진다.

34. 부정不淨: 굿을 하거나 치성을 할 때 부정을 쳐내는 의식을 한다. 청수를 뿌리거나, 금줄을 매고 황토를 뿌린다. 고기와 생선을 가린다. 이는 마치 무슬림들이 돼지고기를 금기시하는 것과 같다고 볼 수 있다. 한양굿에서 장시간에 걸쳐 장구를 치며 사설로 부정을 쳐낸다. 그런데 제관에 따라서 사설의 길이가 길어지기도 하고 짧아지기도 한다.

35. 부채: 부채는 무당이 굿을 할 때 손에 들고 부쳐서 바람을 일으키는 도구이다. 하는 역할은 방울과 유사하다. 팔여의 음이 울리는 8방위에서 부는 8가지 바람이 있는데 이들 바람이 신명을 감응하는 매개가 된다. 무당이 부채를 부칠 때 마고는 영주풍(서풍)을 타고 오시고, 한인천제는 융풍(남풍)을 타고 오시고, 한웅천왕은 명서풍(동풍)을 타고 오시고, 단군왕검은 청풍(동풍)을 타고 오신다고 한다.

36. 부화되지 않은 알: 대우주에서 아직 부화되지 않은 소우주. 소우주에는 생명과 관련이 있는 많은 정보가 내장되어 있을 것이다. 창조의 과정을 거쳐서 소우주가 탄생한다. 물론 인간도 대우주에서 탄생한 소우주 중의 하나이다.

37. 북극성北極星, ~신앙 : 북극오성에 딸린 첫째별이다. 좌추성, 우추성과 함께 3추성이라 한다.

북극성에 가려면 정화의식을 거쳐야 한다. 계불을 행한 뒤라야 갈 수 있는 것이다. 신화의 세계에서 북극성을 거북으로 표현하였다. 거북은 거북巨北으로 바꾸어 쓸 수 있는 말이다. 거북巨北을 뱀으로 몸을 감고 있는 거북(구龜)의 형상으로 표현하였고 이를 현무玄武라 하였다. 민족이나 국가의 정체성을 세우는데 북극성을 이용하였다. 국가신앙의 대상으로 삼았던 것이다. 몽골인이 자신들을 푸른 이리의 후손(북극성의 후손)이라 하였다.

38. 북극오성 : 자미원의 중심에 있는 5개 별로 이루어져 있는 소웅성小熊星의 꼬리별자리이다. 천추성天樞星, 황후성皇后星, 서자성庶子星, 천제성天帝星, 태자성太子星 등 마고가계麻姑家系로 구성되어 있다. 천추성은 부계시대의 북극성을 의미하고, 황후성은 마고를 의미한다. 지나인은 황후성을 후궁성後宮星으로 바꾸었다. 그러나 황후성에 후궁성이 여럿 딸려 있으므로 황후성이라 하기 싫어서 후궁성으로 바꾸었다는 것을 알 수 있다. 서자성庶子星은 서자 한웅을 의미하는 한웅성桓雄星이다.

서자庶子는 원래 한국시대桓國時代 말기에 한웅의 관직이었다. 오늘날의 행정안전부장관, 내무부장관과 같은 의미였다. 천제성은 한인천제를 의미한다. 지나인은 이 별 이름을 제왕성帝王星으로 폄하하였다. 태자성太子星은 황후성과 서자성 사이에서 출생한 태자를 의미하는데 신화로 바꾼 마고가계에서 단군왕검을 의미한다. 〈단군신화〉는 북극오성 풀이로 볼 수 있다.

우리가 인공의 불빛이 전혀 없는 들이나 바다에 나가서 하늘을 올려다 보았을 때 머리 위로 바라보이는 별자리를 무심히 지나치지만 않는다면 북극오성을 눈여겨 볼 수 있다.

눈에 잘 띄는 거대한 숟가락 모양의 북두칠성과 물새가 날아가는 모양의 카시오피아 사이에 떠 있는 조그마한 칠성이 있다. 작은 칠성은 북극성에 한 줄로 매달려 있다.

북극성에 약간 휘어져 매달려 있는 것처럼 보이는 별 다섯 개는 북극성과 한 가족이 된다. 이 별에 지구의 회전축이 지나가므로 별 이름을 천추성天樞星이라 하였다. 지나 사람들이 중국에서 가장 오래된 천문서라고 말하는 〈보천가步天歌〉에서 북극오성의 별자리를 대제大帝, 서자, 황태자, 후궁, 천추라 하였다. 이 분들이 중국의 천문서인 〈보천가步天歌〉, 고구려의 천문도인 〈천상열차분야지도天象列次分野之圖〉, 역사서인 《삼국유사三國遺史》와 《조선기朝鮮記》, 일본의 천무천왕능 벽화에 어떻게나타나는가를 도표를 그려서 비교하기로 한다.

명칭	보천가	천상열차분야지도	삼국유사	조선기	고송총벽화
한인	大帝	帝王	天帝	天帝	天帝
한웅	庶子	庶子	庶子	帝子	庶子
왕검	皇太子	太子	太子	太子	太子
황후	後宮	後宮	熊女	神熊	皇后

도표에서 보듯이 북극오성의 별자리는 모두 조선시대 이전의 우리 시조로 채워져 있다. 이 별자리에서 가장 중요한 별자리는 서자 별자리이다. 서자가 곧 한웅천왕을 의미하기 때문이다. 태자는 한웅 천황의 직계 18손인 휘諱가 웅雄인 분의 아들인 단군왕검을 의미한다. 천제는 한인 천제이다. 이렇게 서자 별자리가 한웅천왕으로, 천제 별자리가 한인 천제로 풀림으로써 태자는 단군왕검으로, 황후는 웅녀로 풀리는 것이다.

이 별자리에 한국, 배달나라, 조선의 3대 시조가 모두 모여 있는 것으로 보아서 이 천문도는 단군왕검시대나 가륵단군시대에 완성이 되었을 것으로 생각된다. 북극오성에는 이렇게 우리 상고사의 비밀이 숨어 있다.

천무천왕天武天王의 능陵 : 일본의 고송총高松塚으로 알려진 멸망한 백제 왕족의 능으로 부여풍의 능으로 알려졌다. 그의 능 천정에 28수와 북극오성이 그려져 있다. 그리고 북극, 황후, 서자, 천제, 태자로 별 주인의 이름이 써져 있다. 이는 일본에서 천무천왕이 된 부여풍이 한인, 한웅, 단군왕검으로 이어지는 한국, 배달나라, 조선으로 이어지는 왕통에서 나왔음을 알리기 위한 것으로 볼 수 있다.

39. 북두칠성, 북두칠성시대 : 북두칠성은 칠성님으로 불리는 하나님의 대리자이다. 원래 선교에서 불리던 호칭이었지만 지금은 무교, 도교와 불교에서 공동으로 불리는 호칭이 되었다. 도교에서 칠원성군이라 하고, 불교에서 칠성여래라 한다.

레무리아 제국 시대에는 나라야나Narayana라 하였고 머리가 7개 달린 뱀으로 표현하였다. 북두칠성에서 선기옥형은 여신이고 두병은 남신이다. 북두칠성은 칼이나 숟가락으로 비유한다.

제1성은 탐랑성貪狼星인데 천추성으로 모신다. 제2성은 천선성天璇星인데 단군왕검의 별로 모시고 모든 왕족의 선원璿源인 족보를 관장한다. 제3성은 천기성天璣星인데 백성의 별로 모시고 화이의 별인 금성金星을 감시하는 임무를 띠고 있어 시금성視金星이라 한다. 제4성은 천권성天權星으로 도성都星의 별이라 한다. 제5성은 옥형玉衡星이라 하고 임금이 내리는 형벌의 형평을 관장한다. 제6성은 개양성開陽星으로 군사를 관장한다. 제7성은 요광성瑤光星으로 외국과의 전쟁을 주관한다. 제8성과 제9성은 좌보우필左輔右弼의 두 별로 천제의 별인 탐랑성을 보좌한다.

후대에 와서 고구려는 북두칠성을 나라의 주성으로 하였다. 그래서 고구려의 왕릉에 북두칠성을 많이 그려 넣었다. 특히 북두칠성을 임금의 권위를 상징하는 별로 삼은 임금은 열제烈帝라는 시호를 가진 국강상國罡上 광개토경호태왕廣開土境好太王이다. 국강상國罡上은 '산 위에 뜨는 북두칠성'이라는 뜻이다. 강罡은 칠성강자이다. 정正자가 지止자로 일一자가 궐획이 되었다. 임금은 백성이 쓰는 문자를 쓰지 않는다는 의미로 궐획한 것이다.

탐랑성貪狼星:선교에서 생기탐랑성生氣貪狼星으로 천추성이다. 하느님에 해당한다.

천선성天璇星:선교에서 천을거문성天乙巨門星으로 하늘의 복주머니별이다.

천기성天璣星:선교에서 화해녹존성禍解祿存星으로 복을 주는 만큼 거두어가는 별이다.

시금성視金星:천기성의 또 다른 이름으로 화이의 주성인 금성을 감시하는 임무를 수행한다. 이 별 이름이 있어서 화이에게 북두칠성을 우리별이라고 주장할 수 있다.

천권성天權星:선교에서 육살문곡성六煞文曲星으로 문성文星이라고도 한다. 하늘의 권리를 행사하는 별이다.

옥형성玉衡星:선교에서 오귀염정성五鬼廉貞星으로 북두칠성의 중심을 잡아주는 별이다.

개양성開陽星:선교에서 연년무곡성延年武曲星으로 하늘의 방위를 잡아 주는 별이다.

요광성搖光星:선교에서 파군검봉성破軍劍棒星으로 하늘의 군대별이다.

좌보우필左輔右弼:좌보성과 우필성으로 임금을 보좌하는 좌상과 우상에 해당하는 별이다.

40. 북두칠성이 운행하는 길 : 북두칠성이 12진을 따라가는 길이다. 좌선하는 길인데 이 길을 가는 것을 순행한다고 한다. 순행하다 보면 북두칠성의 꼬리가 직녀성에 근접하게 되는데 칠성님에게 가더라도 해혹복본에는 지장이 없을 것으로 본다. 해혹복본하는 길은 원래 직녀님에게 가야 하는데 칠성님이 직녀님과 일신동체이므로 칠성님에게 가는 길과 직녀님에게 가는 길과 같게 보는 것이다. 아버지 집에 부모가 있을 때 아버지 집으로 가는 것과 어머니 집에 부모가 있을 때 어머니 집으로 가는 이치와 같다고 하겠다. 삼신과 칠성을 일심동체로 보기 때문에 그렇게 보는 것이다.

41. 북방정토(Hyperboros) : 북방정토는 천궁에 해당한다. 이집트인들이 천상계, 천신국으로 칭한다. 북방인종은 흑룡黑龍이다. 흑룡은 치우천왕이다. 치우천왕蚩尤天王의 치蚩는 산 밑의 뱀, 즉 선仙으로 다스리는 풍이족風夷族이라는 뜻이다. 따라서 치우천왕이 선으로 다스렸던 곳이 북방인종이 사는 북방정토가 된다. 정토는 푸닥거리(계불禊祓)하여 정화淨化시킨 곳이다.

42. 불 : 불은 화火, 灬이다. 곰웅熊자에 불을 의미하는 화灬가 있다. 웅熊자(고비라고도 한다)에서는 화灬가 곰의 발이라는 뜻이다.

43. 불구내弗矩內 : 붉은 해를 신라의 문자인 향찰로 적은 것이다.

44. 불꽃(제) : 한桓을 풀어 쓴 말이다. 한桓자에는 태양의 밝은 빛과 태양에서 뿜어대는 불꽃이라는 의미가 있다. 신년마지 행사로 벌이는 정월 보름의 달집태우기와 쥐불놀이는 대표적인 불꽃제로 볼 수 있다. 달집을 태워 달을 달집에서 세상에 내보내 세상을 밝힐 수 있게 한다는 의미가 있다. 쥐불놀이는 쥐불로 해를 깨워 세상에 내보낸다는 의미가 있다.

45. 불의 신 : 불의 신은 다양하다. 북유럽에서는 로키Loki, 인디라에서는 아그니, 동이족에서는 적제한인천제, 화이족에게는 염제신농, 그리스에서는 헤파이토스. 아즈텍에게는 우에후에테오틀Huehueteotl이다. 도道에서 음양이 생성된다. 도는 음양이 혼요되어 있는 상태이다. 음양이 분리되어 조화를 이루면 여기에서 불의 알이 태어난다. 이것이 불알이다. 불의 신이 이런 일을 관장한다고 볼 수 있다. 조선왕조의 서울인 한성, 한강, 경복궁, 광화문, 건청궁, 도봉산, 삼각산, 수락산, 불암산이라는 이름은 불의 알을 낳기 위하여 지어진 이름들이다. 신라 때의 명칭인 한양漢陽은 은하수 위에 떠있는 태양, 한강漢江은 은하수, 경복궁景福宮은 서울의 하늘에 뜬 태양에 복을 비

는 임금이 사시는 궁궐, 광화문은 햇볕이 불로 화하는 문, 건청궁乾淸宮은 양기陽氣를 생성하는 궁. 도봉산道峯山은 도가 생성되는 산, 삼각산三角山은 음양조화를 이루는 산이 불알 생성과 관련이 있다. 수락산水落山은 음수陰水가 떨어지는 산, 불암산은 불암산이 아니라 원래 불알산이다.

46. 불의 여사제 : 불에 제사지내는 여사제. 로마의 토착신앙에서 전해 오는 여신으로 베스타 여신이 있다. 부뚜막, 화덕의 신이다. 항시 성화가 타올랐다. 6명의 여사제가 이 여신의 성화를 지켰다.

베스타 여신은 집안을 지키는 어머니와 같은 신으로 대한민국의 조앙신에 해당한다. 로마에서 베스타 여신은 국가적으로 가장 중요한 신이었다. 나라에 전쟁과 같은 큰일이 있을 때면 이 여신에게 큰 제사를 지내고 국가적 길흉을 점쳤다.

47. 불의 정령 : 여기에서의 불의 정령은 불의 신을 의미한다. 파프뉴기니아의 3,000~4,000m의 고지대에 살고 있는 원주민 후리족은 모든 생물에 영혼이 깃들어 있다고 믿고 있으며 점을 칠 때는 원추형의 집 안에서 돼지 피를 바치며 점을 친다고 한다. 이들이 〈종말론 예언〉을 가지고 있는데, 호비 인디언의 예언과 흡사하다고 한다. 이들의 예언은 "① 백인이 온다. ② 헤라 땅에 소요가 나고 불의 정령이 재난을 부른다. ③ 호수가 없어지고 땅이 붉은 색으로 변한다. ④ 헤라의 15대손에 이르면 세상의 종말이 온다." 등이다. 후리족 전설에 따르면, 시조인 헤라에서부터 지금 현재까지 13대째 내려오고 있는데 종말이 오려면 아직 2대가 남았다고 한다.

48. 불주산 전투 : 불주산은 곤륜산 서북쪽에 있는 산이다("不周山崑崙西北" －淮南子 天文訓 高誘注). 곤륜산의 북쪽에 천산이 있고, 그쪽 사람들은 천산을 지구의 배꼽(中心)이라 한다. 그러므로 불주산은 천산을 의미한다고 볼 수 있다. 불주산은 주산周山이 아니라는 뜻이다. 주산의 주周는 둥근 우주, 즉 둥근 하늘이다. 제곡고신이 전욱고양의 하늘(천문기록)을 인정치 않았음을 나타낸다. 제곡고신의 의도가 반영된 지명이 남아 전해오므로 제곡고신을 승자로 보아야 한다. 당시에 전욱고양의 백성을 전민顓民이라 하였다. 전민은 전욱고양이 제곡고신에게 패함으로써 전멸 상태에 직면하게 되었다. 이러한 상황을 '여와보천신화'에서는 맹수식전민猛獸食顓民 지조확노약摯鳥攫老弱라 하였다. "맹수가 전민을 잡아먹고, 매가 노약자를 잡아갔다"고 한 것이다. 맹수는 제곡고신을, 지조는 제곡고신의 아들 지를 의미하였다.

49. 붉은 빛, 탈라바(Talawva)의 시대 : 붉은 빛은 적제赤帝 한인천제의 시대로 볼 수 있다. 한인천제는 융풍融風이 부는 남쪽에 자리 잡아 적제가 되었다. 한인천제가 다스리는 지역은 〈천상열차분야지도〉에서 남방주작칠수분야南方朱雀七宿分野에 속한다고 볼 수 있다. 첫 창조의 새벽을 마고시대의 시작으로 본다면 두 번째 창조의 새벽은 한인천제시대의 시작으로 볼 수 있다.

50. 붉은 십자가를 새긴 복장 : 붉은 십자가는 예수를 처형한 기독교의 십자가가 아니다. 당시의 아즈텍인들이 기독교의 십자가를 알았을 리 없다. 그들에게 십자가는 잉카제국 국토 위에 빛나는 남십자성이었다. 오늘날 우리나라 교회마다 첨탑에 붉은 십자가 불을 켜는데 왜 붉은 불을 켜는지 알 수 없다.

51. 붕화이조선鵬化而朝鮮 : 붕이 변하여 조선이 된다.

52. 블랙 메사Black Mesa : 콜로라도, 뉴멕시코, 오클라호마에서 가장 높은 지역. 정상의 이름이 메사이다. 미국의 로켓 시험 발사장이 있다. 아리조나에서는 인디언 아파지와 나바조 부족이 살고 있다. 석탄이 묻혀 있다고 한다.

〈그림 15〉 블랙메사

53. 비물질적인 영의 세계 : 양자물리학과 파동물리학에 의하여 최소단위의 소립자 쿼크+랩톤(광자光子)이 영원히 죽지 않는 영체靈體임이 밝혀졌다. 이 영체 안에 3개의 방이 있고 최소의 공간에 무한대의 정보가 입력되어 있다고 한다. 이 세계가 비물질적 영의 세계로 볼 수 있는 세계이다. 이 빛의 알갱이에 전기 충격이 가해지면 우리가 영혼이라 부르는 홀로그램이 생성된다. 우리가 신비체험에 속하는 신의 형상을 보았다는 것은 이러한 광자 홀로그램을 본 것에 지나지 않는다. 이 광자에 인간이 좋아하는 냄새가 있다고 한다. 예컨대 마리아의 현신을 알 수 있는 장미향을 맡을 수 있다고 한다. 이 비물질적 영의 세계에 수시로 드나들 수 있는 특권을 부여받은 사람이 진짜 무당이다.

54. 비천非天 : 원문은 창창비천蒼蒼非天이다. 푸르고 푸른 것이 하늘이 아니라는 뜻이다. 실제로 우주는 암흑물질로 덮여져 있다고 한다.

55. 빛(桓)과 소리(熊) : 빛은 태양의 빛이고 소리는 울림, 즉 율려이다. 풍이문자로 표현하여 한桓과 웅熊이라 한 것이다. 빛은 비춘다는 뜻이고, 웅은 울린다는 뜻이다. 이렇게 빛과 소리로 표현되는 시대가 한웅시대이다. 웅은 다른 말로 율려律呂이다. 빛과 소리의 화신이 한웅이다. 그래서 그를 천왕天王이라 하였다. 천왕은 천궁天宮의 관리자라는 뜻이다. 궁宮은 우주이고 하늘이다.

ㅅ(S)

1. 사두인巳頭人, 사두인간巳頭人間 , 사족巳族 : 사두인간에 근접한 음音을 가진 인종은 네팔에 살고 있는 샤카족이다. 샤는 사의 변음으로 볼 수 있고, 카는 캄캄하므로 볼 수 있기 때문이다. 우리말로 유추하면 캄캄한 어둠에서 태어난 뱀인종으로 풀리기 때문에 그렇게 볼 수 있는 것이다. 샤카족에서 석가모니가 태어났다고 한다. 석가모니가 흑룡강 출신이라는 설을 제기하는 사람이 있다. 흑룡강의 흑은 흑수黑水를 의미한다. 흑수라면 〈단군신화〉에서 한인이 한웅을 UFO에 태우고 돌아다닌 삼위(삼위산)와 태백(태백산) 사이에서 태백산에서 멀지 않은 동북 간방에 있는 강이다. 여기에서 말갈족靺鞨族이 태어났다. 이들이 흑수말갈이다. 단군왕검이 조선을 세우고 국도를 서울(평양)에 정했을 때 비빔밥인종이 단군조선의 서울시민이 되었다. 이들 비빔밥인종은 제 입맛에 맞게 서울의 이름을 제멋대로 불렀다, 후대에 백제로 떨어져 나간 인종은 부여라 불렀고, 고구려로 떨어져 나간 인종은 평양이라 불렀고, 말갈로 떨어져 나간 인종은 말갈로 불렀고, 신라로 떨어져 나간 인종은 서울이라 불렀다. 삼한시대에는 청주라 불렀다. 당시의 서울이 지금 중국의 연태烟台나 청주 쯤 될 것이다. 이곳을 우리 조상이 역사에 기록한 최초의 국도가 된 것이다. 유럽에서 사두인간의 실예는 Medusa이다.
2. 사랑의 뱀 : 사랑의 뱀을 표현한 것이 2마리의 뱀이 어우러져 있는 쌍사문雙蛇文이다. 풍이족 음양론의 표현으로 볼 수 있다. 살모사殺母蛇에서 보듯이 어미의 극단적인 사랑도 있을 수 있다. 이 외에 사모巳母라는 말에도 사랑의 뱀이라는 의미가 들어 있다.
3. 사령司令 : 상급 관장官長의 명령을 전달하는 임무를 수행하는 하급 관원. 옛날에 이들이 사령이란 깃발을 도성의 성벽이나 함선에 세우거나 등에 꽂고

다녔다.

4. 사막의 바위 하나 하나가 모두 그들의 형제이며 자매였다 : 한반도에서 발생하여 대인족大人族(거인족巨人族-동이족東夷族)이 세계 각지로 퍼뜨린 고인돌 문화와 상통하는 데가 있다. 고인돌문화는 마고문화이다. 고인을 고임姑任, 고인姑人으로 볼 수 있기 때문에 그렇게 보는 것이다.
5. 사모巳母 : 풍이족을 낳은 어머니인 마고를 의미한다. 그가 후대에 shaman으로 와전되었다. 마고가 후손을 추방하면서 내린 유시가 해혹복본인데, 해혹복본은 마고성에 복귀하는 것을 의미한다. 해혹복본을 실현하려면 사모를 통해서 실현하지 않으면 아니 된다. 그러나 온갖 종교가 쏟아져 나와 불법으로 사모의 영역을 침범하여 사모만이 할 수 있는 고유한 업무를 방해하고 있다.
6. 사백력斯白力 : 지금의 시베리아.
7. 사성巳姓 : 〈동근구보서東槿舊譜書〉에 따르면 풍이족 출신의 한인천제의 후손으로 나온 풍風성, 강姜성, 희姬성, 기己성 중에서 사巳성. 풍이족은 뱀 인간의 후예이다. 원초적인 표현으로 뱀인간은 파충류인간爬蟲類人間의 후예이다. 현생인류가 지상에 출현하기 전에 지구는 파충류인간의 세상이었다.
8. 사신도四神圖 : 〈천상열차분야지도〉에서 지평선 위로 떠오르는 별자리 28개를 동서남북으로 나누어 7별자리씩을 사신이라 하였다. 동쪽은 오행 청青에 배속하여 청룡青龍이라 하였고, 서쪽은 오행 백白에 배속하여 백호白虎라 하였고, 남쪽은 오행 적赤에 배속하여 주작朱雀이라 하였고, 북쪽은 오행 흑黑에 배속하여 현무玄武라 하였다.
9. 사巳의 어둠 : 사巳가 아직 세상에 태어나기 전의 어둠. 사를 파동으로 보면 아직 율여가 태동하기 이전의 어둠이요, 뱀으로 보면 마고에게서 태어나기 전의 어둠이다. 마고에게서 태어나는 분이 한인인데, 한인이란 밝음의 씨앗이라는 뜻이다.
10. 사카 : 석가모니가 태어난 부족. 영국의 사학자 빈센트 스미스의 설을 따라가 보기로 한다. 그는 〈석가모니의 혈통〉이라는 글에서, 석가족과 고리족槀離族이 동쪽에서 네팔 쪽으로 이동했다고 주장하였다. 몽골리안 중에서 한 민족을 형성한 고리족(코리족=치우족=묘족=고구려족=부여족=몽골족)이 네팔지역에 이동했을 것으로 추정하는 〈석존 몽고인설〉을 주장했던 것이다. 상반대정常盤大定의 〈석가모니전〉에 의하면 마야부인은 코리족(槀離族,九黎族=고

리족=고구려=부여)이며 정반왕과 마야부인은 같은 종족이라 하였다.

11. 사크하SaKh : 사크하는 사족의 큰 하늘, 풍이족의 큰 하늘로 볼 수 있는 말이다. 풍이족의 한인 천제로도 볼 수 있는 말이다.

12. 사크하알SaKhAr : 사크하 한웅천왕이 임명한 알. 사칼로 불린 검은 제복의 최상의 전쟁군주들이었다.

13. 사크하SaKh 총사령관, ~군주 : 사는 풍이족, 크는 크다는 뜻, 하는 하늘로 볼 수 있는 문자이다. 그러므로 풍이족의 큰 하늘이 된다. 사크하의 총사령관은 한웅천왕이 아직 천왕의 자리에 오르기 전의 관직으로 볼 수 있다. 사크하 군주를 알이라 하였다. 알Ar은 사크하가 낳은 군주, 혹은 사크하가 배출한 인물로 볼 수 있다.

14. 사행조화四行造化, 투와카치Tuwaqachi : 사행을 도형으로 만들면 정사각형이 된다. 정사각형에는 흉방凶方은 없고 길방吉方만 있다. 이를 다른 말로 원형이정元亨利貞이라 말할 수 있다. 원형이정이 상생하는 구조로 되어 있기 때문에 흉방이 없다고 한 것이다. 가야의 고분에서 발굴된 파형동기巴形銅器가 사행조화를 형상화한 것이다. 회전하는 십자가로 볼 수 있는 물건이다.
투와카치는 '둘이 와서 함께 한다'는 의미로 볼 수 있다. '투와'는 '둘과'로 볼 수 있고, '카치'는 '같이'로 볼 수 있으므로 그렇게 말할 수 있는 것이다. 미국원주민의 언어에 이와 유사한 언어들이 있다 하므로 이러한 해석이 가능하다고 본다.

15. 사형인간蛇形人間 : 현생 인류가 지구에 태어나기 이전에 지구에 출현하여 살았던 뱀에 속하는 종류의 인간들. 공룡족이 그들이었을 것이다. 사형인간이 문화원형이 되어 인간이 타고나는 무의식과 잠재의식에 사형인간으로 각인되어 뱀을 토템으로 하거나 인종 아이콘으로 쓰게 되었다고 볼 수 있다. 무교에서는 뱀을 조상으로 본다. 뱀을 조상으로 보는 경우엔 풍이족 조상을 의미한다.
그러나 드라코 외계인을 사형인간으로 보는 경우도 있다. 동이족은 뱀을 조상으로 보는데, 한인천제를 배출한 풍이족 조상을 의미한다. 〈한인항영비상도〉나 〈복희여와교미도〉에 나타난 인간들은 뱀을 조상으로 보고 그린 경우이다.

16. 사화巳火, ~의 화신化身 : 사화는 12지지地支에서 사巳의 속성이 화火라는 말이다. 사巳(1마리의 뱀이라는 뜻)는 풍이족의 종손을 의미하고 사에서 파생한

지손인 충虫(여러 마리의 작은 뱀이라는 뜻)이 된다. 그러므로 사화의 화신은 12지의 巳(火)가 풍이족의 사巳로 화신하였다는 말이다. 사화에서 풍이족이 태어나면서 이들이 한국을 탄생시키고 한인을 천제로 모시기 시작하였다.

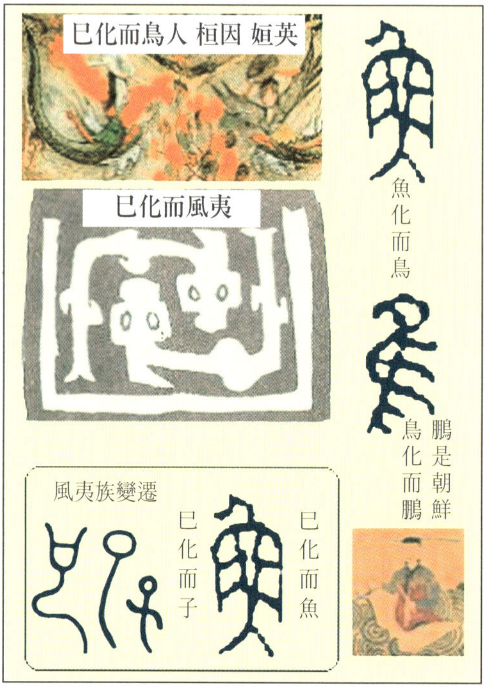

〈그림 16〉 풍이족 족표분화의 법칙

17. 사화이어巳化而魚, 사화이어북어巳化而魚北魚 사화이조巳化而鳥 : 뱀이 변하여 물고기가 된다. 이 말을 처음 한 사람은 장자였다. 그는 인종이 늘어가면서 각 인종이 인종 아이콘을 갖기 시작했는데 처음 시작한 인종을 사巳라 하였고, 다음에 뒤를 이은 인종을 어魚라 하였다. 진주소씨晋州蘇氏의 족보 서문인 〈부소보서扶蘇譜序〉에 보면, 그들의 성 소성蘇姓이 풍이족에서 시작하여 巳-己-蘇가 되었음을 밝히고 있다. 巳-己는 족표분화의 법칙에 의하여 사성이 기성이 되었다는 것이고, 소는 기성일 때 소성을 사성하였다는 뜻이다. 그러나 소자에 들어있는 어魚자가 소성이 어성에서 나왔음을 밝혀주고 있다. 사화이조는 뱀이 변하여 새가 되었다는 말이다. 이 말을 설명해주는 그림이 있다. 5회분4호묘에 있는 〈한인항영비상도〉가 그것이다. 이 벽화는 남자는 해를 들고 비상하고 있고, 여자는 달을 들고 비상하고 있다. 이들의 몸은 하체가 뱀으로 되어 있고 등에 날개가 돋아 있다. 전형적인 사화이조로 볼 수 있다. 족표와 모계족성이 어떻게 분화해 가는가를 그림으로 나타낸 것이다.

18. 샤Sha : 허공에서 빛남(Sha)이 어둠을 비추는 빛으로 나왔다. 오행철학五行哲學에서는 지이생화地二生火라 하였다. 토가 화(불과 빛)을 생기게 하는 원인이

된다는 말이다.

19. 샤먼(사모巳母, Shaman) : 학자들은 샤먼이라는 말이 우랄알타이어에서 나왔다고 믿는다. '우랄알타이'를 우리말로 풀면 '우레의 알에서 태어났다'는 뜻으로 풀린다. 이 말을 좀더 풀어 보면, "우레를 신으로 섬기는 풍이족이 뱀을 인종 아이콘으로 가지고 있는데, 이들에게서 태어난 인종"이라는 뜻이 된다. 그러므로 한국 12제국 시대에 풍이족의 일파가 우랄알타이로 빠져나가서 오늘날의 우랄알타이로 불리게 되었다고 볼 수 있다. 이렇게 보면 샤먼이라는 말이 풍이족 계열의 우랄알타이어에 해당한다고 볼 수 있다.
더 깊이 들어가면 샤먼을 사족巳族의 어머니로 해석할 수 있으므로, 사가 풍이족의 인종 아이콘인 뱀이 되므로 샤먼이 풍이족에서 나온 말이고, 이 말이 사족巳族에서 나온 무당을 의미하는 말로 해석이 되는 것이다.
금문金文과 갑골문甲骨文에서는 뱀에서 자식이 태어난다. 사巳에서 자子가 태어나는 것이다. 이 말은 풍이족에서 자손이 태어난다는 말이다. 이들이 사탄巳誕이다. 사탄은 곧 자子이다. 전세계에 이들이 퍼져나가 뱀 관련 신화를 만들었다. 인자人子는 사탄의 자식이다. 인자人子를 낳는 이를 어머니라고 한다. 어머니를 축약하면 먼이 된다. 풍이족의 어머니를 사巳먼이라고 말할 수 있다. 풍이족의 어머니는 마고족麻姑族의 여인들이다. 그러므로 마고족의 여인이 사먼이 된다고 볼 수 있다. 이를 샤먼(Shaman)이라고 하면 무당이라는 뜻이 된다. 마고麻姑의 마麻는 마고이고, 고姑는 여신이라는 뜻이다. 그러므로 마고가 곧 샤먼이 되는 것이다.
서양 사람이 말하는 샤먼을 우리는 무당이라 한다. 샤먼은 바이칼호수 부근에 근거를 둔 무당을 말한다. 단군조선에 속한 용가龍加들이 바이칼호수 쪽으로 옮겨가서 살기 시작하면서 생겨난 이름을 샤먼으로 볼 수 있다. 바이칼호수의 바이칼은 우리말로 밝은 칸이다. 이를 한자로 바꾸어 쓰면 붉은 해의 임금이다. 박혁거세를 지칭하는 불거내와 같은 뜻이다. 이를 한인시대에는 축융祝融이라 하였다. 당시의 축융은 한인이었다. 한인은 풍이족의 우두머리이다. 즉 뱀을 아이콘으로 쓰는 인종의 우두머리이므로 용이라는 말이다.
샤먼이라는 말은 부루단군의 후예가 산동반도의 동평군東平郡 쪽에서 바이칼호수 쪽으로 이동하면서 그곳에서 쓰던 풍이족 후예인 동이족의 말로 생각된다. 샤먼을 한자로 바꾸면 사모巳母, 즉 사족巳族의 어머니가 된다. 사를 사巳로 보고, 먼을 어머니를 축약한 문자로 보는 것이다. 즉 사족의 어머니로 보는 것이다. 사족의 어머니를 대표하는 분은 한인의 부인 항영과 마고지나를 세운 마고 두 분이다.

우리 역사에서 최초로 가륵단군 때에 무당이 탄생하였다. 단군조선을 구성하는 인종이 풍이족의 후예였으므로, 당시에는 무당이라는 말보다 샤먼이라는 말을 먼저 썼을 것으로 생각된다. 이 말에 풍이족의 정체성이 있기 때문에 그렇게 보는 것이다.

샤먼을 한자로 음역하여 살만薩蔓·찰만札蠻·살만撒蠻·산만珊蠻이라고 하였다. 이렇게 사巳(샤)라는 문자를 풍이족의 인종 아이콘을 의미하는 문자로 보면, 풍이족이 한국을 세운 때가 지금으로부터 9,900년 전이므로, 팔리어의 사마나(Samana), 대승불교의 사문沙門과 같은 말들이 사巳(자子)의 어머니. 즉 어머니의 자식이라는 말에 근원을 두고 있다고 볼 수 있다. 페르샤어의 세멘(Schemen, 우상이나 사祠를 의미)이라는 말도 역시 풍이족의 말이 전파되어 만들어진 말로 볼 수 있다.

20. 샤카sharkha 어둠인들 : 샤는 사巳로 볼 수 있는 말이다. 살살 스치는 소리일 수도 있다. 카는 캄캄한 어둠이다. 풍이족의 조상이 태어난 곳을 의미한다. 샤카는 풍이족이 태어나는 캄캄한 어둠이다. 그래서 어둠인들이라 하였다. 치우천왕을 의미하는 치蚩자는 산과 땅 밑에 있는 작은 뱀을 뜻하는 문자이다. 치우천왕시대의 사람들을 이렇게 표현하였다고 볼 수 있다. 배달나라시대에 청구국의 치우천왕과 유웅국의 황제가 싸워 황제가 이기고 치우천왕이 졌다. 이때부터 풍이라는 모계족성이 사라지고 대신에 풍씨라는 부계씨칭이 씨족명칭으로 등장하였다.

21. 싸낙SssaNak : 드락안 전사들을 싸낙SssaNak으로 불렀다(뱀의 어원이 됨). 싸는 사巳로 볼 수 있으므로 싸낙은 풍이가 낳은 전사들로 볼 수 있다.

22. 싸낙SsaNak : 드락안 전사들은 싸낙SsaNak으로 불리었다(뱀의 어원이 됨).

23. 싸Ssa세계, 싸제국 : 싸는 사巳로 볼 수 있다. 풍이족의 세계로 볼 수 있다. 또한 풍이제국으로도 볼 수 있다. 풍이제국은 한12제국이다.

24. 쌍여궁시대雙女宮時代 : 조디악Zodiac 12궁도에서 쌍여궁시대라 불리는 시대. 천간지지天干地支로 표시하는 12궁도에서 자궁子宮에 해당한다. 태양이 1년 동안 회전하는 원형의 길인 황도를 12궁으로 나누어 12간지에 맞추면 12간지가 시작되는 자궁子宮이 쌍여궁에 해당한다. 시간의 시작을 자시子時로

보므로 쌍여궁이 시작되는 때를 시간이 시작하는 때로 볼 수 있다. 그러나 황도 12궁은 양 자리에서 시작하여 황소자리, 쌍둥이자리, 게자리, 사자자리, 처녀자리, 천칭자리, 전갈자리, 궁수자리, 염소자리, 물병자리, 물고기자리의 순으로 한다. 쌍여궁시대는 자궁에 해당하는 시대이다. 이때를 십간십이지로 쳐서 갑자년甲子年이라고 한다.

우주의 천궁을 2,000년 단위로 12개로 나누어 12궁을 만든 것이 조디악 12궁도이다. 이 12궁의 연수를 모두 합하면 24,000년이 된다. 쌍여궁시대를 연대가 시작하는 갑자년으로 보면 이 시대가 직녀성시대가 된다. 그러나 12,000년 후에 오게 되는 쌍여궁시대는 지구의 자전축이 극이동을 하게 되므로 천추성시대가 된다고 볼 수 있다. 레무리아제국이 있었던 무대륙이 12,500년 전에 지진과 화산 폭발로 태평양 밑으로 침몰했다고 하는데. 이때를 마고가 출현하는 때로 보면, 지구의 자전축이 천추성을 향하는 쌍여궁시대가 풍이족의 문명이 시작된 해로 볼 수 있는 해이다.

25. 살모사신화원형殺母蛇神話原形 : 살모사에는 어미를 죽이고 세상에 태어나는 뱀이라는 의미가 있다. 서양문화는 모두가 다 살모사신화원형 패턴에서 벗어나지 못한다. 모태문화에 모반하면서 모태문화를 모방하여 새로운 문화를 창조하고자 하는 문화가 서양문화이다. 오늘날 미국을 휩쓸고 있는 뱀파이어 열풍이 이를 잘 말해주고 있다. 뱀파이어의 근원을 추적해 보면 놀랍게도 풍이족의 말살과 폄하가 근원으로 도사리고 있음을 알 수 있다.

26. 삼성三聖 : 대한민국 역사에서 한국의 시조가 되는 한인, 배달나라의 시조가 되는 한웅, 조선의 시조가 되는 단군왕검 세 분이다. 이분들이 천문에서는 북극오성에 속한 천제성(한인천제의 별), 서자성(한웅천왕의 별), 태자성(단군왕검의 별)이 된다. 이분들은 원래 동방선파東方仙派의 조종이 되는 분들이었다. 선교에서 받들다가 조선이 진에게 멸망(BC 238)하면서 선이 무너지자 선의 변형 종교인 무교에서 할아버지나 할머니라는 명칭으로 받들어 모시기 시작하였다.

27. 삼성제三聖祭 : 한국의 시조인 한인천제, 배달나라의 시조인 한웅천왕, 조선의 시조인 단군왕검 세 분을 삼성이라 한다. 삼성에게 지내는 제사는 조선 제47세 고열가 단군 때 황해도 구월산에서 시작된 것이다. 매년 10월 3일 서울의 삼각산에서 삼성에게 강북구민들이 모여서 제사지낸다. 〈아리안문서〉에서 드락안은 한인천제로 볼 수 있는 분이고, 박우르는 한웅천왕으로

볼 수 있는 분이다. 무신으로 받아들인 분들이다.

28. 삼신 : 〈천부경〉에 이론적인 근거가 있다. 〈천부경〉에 있는 일석삼극一析三極이 삼신이다. 일석삼극은 1에서 3으로 분화한다는 뜻이다. 마고시대에는 해, 달, 북두칠성을 삼신이라 하였고 마고, 궁희, 소희를 삼신이라 하였다. 삼신을 형상화한 것이 천부삼인天符三印이다. 무교에서는 해, 달, 북두칠성을 청동거울에 새겨 명두明斗라 하였다. 배달나라시대에 와서 삼신에 철학적인 의미가 가해져 천지인天地人이라 하였다. 삼신의 후손을 삼신족이라 하였다. 마고속과 같은 늣의 발이다.

29. 삼신교三神敎 : 마고의 해혹복본解惑復本하라는 유시諭示를 지키기 위하여 만들어진 종교가 삼신교이다. 마고지나와 한국에서 숭상하였다. 삼신교를 달리 선교仙敎라 하였다.

30. 삼신산 : 중국 사서史書에서 삼신산이 발해 동쪽에 있다고 하였다. 하늘에 천제 지내던 갑비고차(강화도)가 방장이었고, 오름이 많은 제주도가 영주였고, 지금 산동반도에 있는 봉래가 봉래였다. 한반도를 마고지나麻姑之那라 하였다. 마고지나는 마고의 나라라는 뜻이다. 발해만에 있었던 동평국의 묘도廟島는 조선에서 마고를 비롯하여 조상에게 제사지냈던 곳이다.

31. 삼위三危 : 북방현무칠수北方玄武七宿에 속한 5번째 별자리. 서역西域을 가리키는 별자리로 볼 수 있다.

32. 삼위산과 태백산 사이 : 삼위는 북방현무칠수에 속한 5번째 별자리로 서역을 가리키는 별자리이다. 삼위산은 삼위수가 조응하는 산이다. 태백산은 태백성이 조응하는 산이다. 이들 두 별들 사이에 서역과 중원中原이 놓여 있다.

33. 삼위성三危星 : 〈천상열차분야지도〉에서 북방현무칠수에 속한 위수삼성危宿三星. 물병자리에 있다. 돈황 쪽에 있는 삼위산三危山을 조응한다고 생각되는 별자리이다.

34. 〈삼일신고三一神誥〉: 〈삼일신고〉는 배달나라시대의 신학이론이다. 수양修養의 도를 확립하기 위하여 한웅천왕이 직접 저술하였다. 〈천부경〉을 풀어서 구체화시킨 경문이다. 내용은 허공虛空, 일신一神, 천궁天宮, 세계世界, 인물人物로 되어 있다. 〈소도경전본훈蘇塗經典本訓〉에 한웅천왕이 몸소 신고를 가르쳤다 하였다. 3.1이라는 숫자를 제목으로 썼다는 점에서 〈천부경〉의 일석삼극을 모티브로 하고 있음을 알 수 있다. 해석하기에 따라서 철학서나

종교서로 볼 수 있다. 조선시대에는 왕검이 직접 오가五加에게 〈삼일신고〉를 가르쳤다.

35. 삼족오三足烏 : 태양 속에 타오르는 검은 불꽃이다. 그 형상을 다리가 3개 달린 삼족오로 표현하였다. 태양은 한桓과 단檀을 의미하고 오烏는 태양의 검은 불꽃으로 북방에 간 황궁족黃穹族을 의미한다. 다리 3개는 진조선, 번조선, 막조선의 3조선이다. 3족은 발인發人, 즉 동이족을 의미한다.

산동반도는 소전의 배다른 두 아들인 유망과 황제 두 부족의 땅이었다. 이 땅에 유망과 황제가 두 기둥의 세력을 형성하고 나뉘어 살고 있었다.

황제의 아들에 소호금천少昊金天이 있었다. 그는 푸날루아시대에 그의 아버지 황제와 황제의 조카딸이자 유망의 딸인 뉘조 사이에서 태어난 사람이었다. 그러므로 뉘조는 그의 어머니이자, 고모가 된다. 뉘조의 아버지 유망에게는 외손자이기도 하고 조카이기도 하였다.

신화의 무대는 양곡暘谷이라는 곳이다. 양곡이라는 말엔 전욱고양顓頊高陽의 땅이라는 의미가 숨어 있다. 양暘자에서 이를 유추할 수 있는데, 고양高陽을 줄여 말한 것이라 볼 수 있다. 고양의 땅에서 제준帝俊의 자손들이 서로 죽이는 사건이 신화로 기록된 것이다.

제준은 유망과 황제의 아버지인 소전少典을 상징한다. 준俊과 전典의 음이 닮았기 때문에 그렇게 보는 것이다. 이렇게 보면 제준의 10명 아들, 즉 10마리의 삼족오는 10마리의 삼족오를 쏘아 죽인 예羿의 형제로 볼 수 있는 사람들이다. 예가 형제들을 무려 9명이나 죽임으로써, 지→요→순→우로 이어지는 쿠데타의 악순환을 가능하게 하였다.

예가 활을 쏘아 9마리의 삼족오를 떨어뜨리게 되는 때가 요임금이 등극하기 직전이 된다. 요는 10개의 해가 일시에 떠오르므로 놀라서 천제 준에게 너무 뜨거워 살 수 없다고 사정한다.

이 말은 제위를 놓고 형제 사이에 다툼이 일어나고 있음을 말한다고 볼 수 있다. 음모와 술수가 난무하게 되자 이를 잠재우게 하려고 제준은 활을 잘 쏘는 예에게 명하여 이들을 벌할 것을 명한다.

예는 형제를 벌하라는 말을 모조리 쏘아 죽이라는 말로 오해하여 사촌과 외사촌 등 9명을 모두 쏘아 죽인다. 〈중려취허〉, 〈성〉, 〈호〉, 〈중〉, 〈근〉, 〈제〉, 〈백의〉, 〈도을〉, 〈유〉가 그들이다. 이들은 동이족인 구이九夷를 의미한다.

그의 화살을 피할 수 있었던 사람들은 장차 쿠데타를 일으켜 정권을 탈취하게 될 〈지〉, 〈요〉, 〈순〉, 〈우〉의 네 사람이었다. 이들 중에서 〈순〉만 빼고 다른 사람들은 새(鳥)를 아이콘을 가지고 있는 〈제곡고신〉 쪽의 형제들이었다. 〈순〉은 〈전욱고양〉 쪽의 사람이었다. 그러나 〈요〉가 〈지〉를 죽이고, 〈요〉를 〈순〉이 죽이고, 〈순〉을 〈우〉가 죽임으로써 새를 아이콘으로 가지고 있던 사람들 중에서 마지막으로 〈우〉 한 사람이 살아남았다.

10마리 삼족오 신화는 제곡고신 쪽의 사람만 살아남고, 전욱고양 쪽 사람들은 몰살을 당하는 이야기이다. 마지막으로 살아남은 〈우〉가 하夏나라를 세웠다.

〈하나라〉는 〈하지夏至의 나라〉라는 뜻이다. 일년 중 가장 더울 때를 택하여 나라의 이름으로 하였으니, 10마리의 삼족오 신화는 〈하나라〉를 세우기 위하여 동이족이 얼마나 많은 피를 흘리게 되었는가를 신화적인 표현으로 기록한 글로 볼 수 있다.

하나라의 출현은 제준-소전에게는 달가운 일이 아니었다. 〈전욱고양〉계열의 적통이 아니었기 때문이다. 그리고 제준의 자식을 죽이는 일은 아버지로서 받아들일 수 없는 일이었다. 이 잘못을 예에게 뒤집어씌웠다. 제준이 죽이려 하므로, 예는 나라 밖으로 도망치지 않을 수 없었다.

이 신화에는 〈천부경〉의 수리체계가 반영되어 있다. 10이라는 숫자, 9라는 숫자, 1이라는 숫자가 그것이다. 1이란 숫자에는 일종무종일一終無終一이 반영되어 있다. 10진법에서 일종一終은 1→10을 의미한다. 종終을 10으로 보는 것이다. 무종無終은 10이 아니므로 9가 된다. 一은 1이다.

36. 삼태극三太極 : 태극은 지구의 회전축 회전을 도형화한 것이다. 1태극, 2태극, 3태극, 4태극이 있다. 〈천부경〉의 일석삼극은 3태극이 생성되는 원리를 설명한 것이다. 1이 2로 분화하지 않고 3으로 분화한다는 것이 일석삼극이다. 1태극은 흑색이요, 2태극은 흑색·적색이요, 3태극은 적색·흑색·황색이다. 천지인을 삼태극이라 말할 수 있다.

37. 생기生氣의 맛 : 생기+쿼크Quark+랩톤Lepton이 되면 생기에 맛이 생긴다고 볼 수 있다. 이 맛은 쿼크+랩톤의 맛이다. 쿼크에 6가지 맛이 있다고 했는데 6가지 맛 중에 하나의 맛일 것이다. 흔히 말하기를 성모 마리아의 현신을 장미향이 맡아지는 것으로 알 수 있다고 하는데 마리아 쿼크가 장미향을 발산하기 때문에 가능할 것으로 본다.

38. 생명과 지혜의 나무 : 옛날부터 신단수神檀樹인 박달나무는 지혜의 나무, 복

숭아나무는 새 생명탄생의 나무, 솟대는 소도에 세운 조상나무, 서낭나무는 마을을 지켜주는 마을수호나무 등으로 나무마다 역할이 분담되어 있었다.

39. 서방선파 : 동방선파에서 갈라져 나간 선파. 기록은 없지만 엔릴 한웅, 아브라함 등 구약시대를 이끌어간 분들을 서방선파로 본다. 또한 예아, 한웅, 멜키지덱이 이끌어간 분들을 서방선파로도 본다. 엔릴과 예아(엔키)는 형제이다. 한웅천왕이 형제가 있다고 본 경우이다.

40. 서자부庶子部 : 한국에 있었던 행정부처 조직의 하나. 백성의 생활을 관장하던 부서였는데 국가의 내무內務를 담당했던 기관이다. 서자는 백성, 국민이라는 말이다. 한웅은 천왕이 되기 전에 서자부의 대인大人(장관)으로 있었다. 그가 서자부 대인으로 있었으므로 그를 서자라고 하였다. 북극오성에 속한 서자성은 한웅천왕이 신명神明에 오르면서 붙여진 명칭이다. 그러므로 배달나라시대에 북극오성 별자리에 그의 신명이 올라 있었다고 볼 수 있다.

41. 서자성庶子星 : 자미원 중심에 있는 북극오성의 서자성. 한웅천왕의 별자리이다.

42. 선仙 : 마고는 선仙을 창시했는데, 선은 인간이 산에 삼신산을 건설하는 유토피아 사상이다. 삼신산은 3개의 산이다. 여기에 복숭아를 심어 선도산仙桃山을 만든다. 여기가 삼신산三神山이다. 인간들이 모여서 신선처럼 생활한다. 그러면서 산신각을 짓고 산신을 모신다. 미래에 많은 나라를 하나로 통일하여 선국을 만들고, 종교를 하나로 통일하여 선교를 만들고, 사상을 하나로 통일하여 선사상을 만든다. 이 일을 할 도부신인이 태어나기를 기다린다. 결국 한국桓國과 같은 Hyper Empier를 만드는 것이다. 선仙이라는 문자에는 초월이라는 의미가 있다. 종교적인 초월, 과학적인 초월, 사상적인 초월, 철학적인 초월 등이 복합되어 있다. 마고가 사유를 시작하면서 사유의 초점을 초월에 두었다. 이것을 선이라 하였다.

43. 선교仙教 : 고원 최치원 선생은 유·불·도 3교가 모두 선교에서 나왔다고 하였다. 격암 남사고 선생은 세계가 단일국가로 통일될 때 갈라져 나갔던 유·불·도가 선교에 통합되어 지구인의 대안종교가 될 것을 말하였다. 이때의 종교는 인仁을 가르치는데 인은 천지인天地人이라 하였다. 천지인의 상징물이 천부삼인이다. 이를 명두明斗라 한다. 이렇게 보면 선교가 무교와 같은 종교임을 알 수 있다. 무교 안에서 미신으로 지탄받는 술수術數를 버린다면 선교의 본래 모습에 많이 접근할 수 있다고 본다.

44. 선국仙國 : 격암 남사고 선생의 《남사고 비결》에 나오는 미래의 유토피아이다. 격암 선생은 경기도 부천과 시흥의 접점에 있는 성주산과 소래산과 노고산을 삼신산이라 하였다. 이 삼신산에 세계 단일국가 국도의 중심부가 들어서고, 시출천민始出天民으로 불리는 신인류가 출현하면 도부신인桃符神人이 나와서 이 세계를 이끌어 가게 된다고 한다.

45. 선신과 악신 : 〈힌두교신화〉에서 선신은 인간으로 나타나고, 악신은 원숭이

〈그림 17〉 선국 국도의 중심부가 들어설 삼신산 일대

로 나타난다. 선신은 신을 신고 악신은 맨발이다.

46. 선천시대先天時代 : 마고가 팔여의 음에서 쿼크 상태로 있다가 인간으로 화신化身하기 이전의 시대.

47. 성단星團 : 성단은 중력으로 뭉쳐 있는 별들의 무리이다. 성단은 크게 2가지 종류로 나눌 수 있다. 하나는 구상 성단으로 매우 늙은 별들이 수백 개에서 수천 개가 뭉쳐 있는 성단이고, 다른 하나는 수백 개 이하의 젊은 별들로 이루어져 있는 성단이다.

48. 성수 : 무당의 조상이 되는 조상신. 영가靈加(쿼크와 랩톤)에 의탁하여 무당에게 임하는 최고신인 마고, 한인, 한웅, 단군왕검의 화신이 직계조상에게 임하여 온다.

49. 성창聖娼 : 성창에는 여자를 바치는 신전(Temple Prostitution)이라는 의미가 있

다. 이 일을 관장하는 신이 아스타르신이었다. 아스타르는 그리스가 남신인 제우스에게 정복당하기 전에 그리스를 다스리던 모계국가의 주신이었다. 우리 역사에서 아스타르와 유사한 기능을 행사한 여신이 하백녀였다. 성창의식이 물가에서 행해졌기 때문에 하백녀라 하였다고 볼 수 있다. 하백녀란 하백의 딸이란 말이다. 우리 굿에서는 하백녀를 물아기씨라 한다.

50. 세계世界 : 한웅천왕시대에 세계라는 말이 생겼다. 한웅천왕은 백성를 가르칠 때 〈삼일신고〉에서 다음과 같이 말하였다. "너희는 숲처럼 벌려있는 별들을 보라. 수가 다함이 없고 크고 작은 것이 반짝이는데 고락이 같지 않다. 하나님이 무리로 세상의 경계를 만들고 하나님이 칙령을 내려 세계의 사자가 되게 하신다. 700의 세계로 나누어 너의 땅이 스스로 커지나 하나의 둥그런 알맹이일 뿐이다. 지중의 불로 지진을 일으켜 씻어내니 바다로 변하여 육지로 바뀐다. 형상을 이루니 볼 수 있게 되었다. 하나님이 김을 불어 넣으시고 밑까지 싸서 해가 뜨거워지고 빛과 열로 쪼이시니 걷고 날고 탈바꿈하고 헤엄치고 심는 것들이 번식하였다. 세계를 정리하여 말하면 좌선左旋하여 12진(위쪽)으로 가는 세계와 우선右旋하여 12월(아래쪽)로 가는 2개의 우주광 세계가 있다고 볼 수 있다."

51. 세차운동歲差運動 : 지구는 극반지름에 비해 적도반지름이 조금 더 큰 회전타원체 모양을 하고 있다. 부풀어 오른 부분을 벌지buldge라 한다. 거리가 멀어질수록 작아지는 중력의 특성 때문에 태양의 중력은 태양을 향한 쪽 벌지에서 더 크게 작용하게 된다. 지구의 자전축이 지구의 공전궤도면에서 기울어져 있기 때문에 하지나 동지 무렵에는 벌지에 작용하는 태양의 중력 차이가 지구를 공전궤도면에 수직으로 세우려는 힘(돌림힘)으로 작용하게 된다. 회전하는 계에 돌림힘이 작용하면 돌림힘 방향의 각 운동량을 더하게 된다. 지구의 경우에는 태양과 지구의 벌지 때문에 생기는 돌림힘은 춘분점 방향과 평행하므로 지구의 회전축은 춘분점 방향으로 기울게 된다. 그만큼 춘분점은 다시 이동하게 되어 같은 작용이 반복되므로 지구 자전축은 회전하게 되는 것이다. 한 세기 동안의 관찰 결과에 의하며 춘분점은 일년에 50.3초만큼 이동하며 이 값으로 360도를 나누면 주기는 약 25,800년이 얻어진다.

지금의 지구 자전축은 북극성을 향하고 있지만 BC 15세기의 이집트 사람들이 관찰할 당시에는 용자리 알파별이었다. 그리스의 히파르코스는 BC

120년에 이전 천문학자들의 관측과 자신의 관측을 종합하여 세차운동을 발견하였다(다음 백과사전).

52. 소도蘇塗 : 조선 제11세 도해 단군 때인 BC 1891년에 도해단군은 오가에 명을 내려 12명산의 가장 뛰어난 곳에 나라에서 정한 선교의 도당都堂인 소도蘇塗를 설치하였다. 소도는 부도符都에 세운 천제단의 모형이다. 조선의 국교인 덕교를 부흥시키기 위하여 세웠다. 이곳에 박달나무로 한웅천왕을 상징하는 신목을 심어 웅상을 세우고 제사지냈다. 하백이 소도를 운영하였다.

53. 소도도당제蘇塗都堂祭 : 소도에 세운 도당(Temple)에서 지내는 제사를 도당제라고 하였다. 도당에는 웅녀인 마고할머니를 도당신으로 모신다. 곰을 도당신으로 모시는 것이다. 도당을 설치하는 범위는 국도國都 주변에 한정한다. 황해도굿에서는 깃발로 백색의 소당기를 만들어 춤을 출 때 흔든다. 소당기란 소도도당기蘇塗都堂旗의 준말이다.

54. 소돔과 고모라 : 우리가 지금 알고 있는 소돔과 고모라는 〈창세기〉 기록자에 의하여 상당부분이 왜곡되었다고 볼 수 있다. 소돔이라는 말은 소도의 변음으로 볼 수 있다. 소도라면 선교에서 가장 신성시하는 장소였다. 소도목蘇塗木(신단수神檀樹)으로 백조좌 십자가가 해혹복본의 의미로 세워진 장소로 볼 수 있다. 따라서 종교성지가 된다. 고모라는 곰의 나라라는 뜻으로 볼 수 있다. 마고의 나라, 한웅의 나라라는 뜻이다. 서방선파가 세운 종교국가로 볼 수 있다. 이곳에서 인류 역사상 가장 비열한 모략전쟁이 있었을 것으로 생각된다.

55. 소리의 시대 : 우루, 웅하는 소리와 관련이 있으므로 한웅시대로 본다.

56. 소수생존자는 물고기가 되었다 : 홍수로 인류가 전멸한 이후에 새로운 인류가 태어나는 신화 중의 하나로 볼 수 있다. 노아의 홍수신화를 이런 종류의 신인류 탄생신화로 볼 수 있다. 비슈누신은 10가지로 화신하는데 물고기로 화신하는 경우가 있다. 그 물고기를 마트스야Matsya(큰 물고기)라 한다. 브라흐마나의 홍수신화에 나오는 이야기이다. 인류의 시조 마누Manu가 물고기라는 신화인데, 마누는 대홍수 때 큰 물고기의 도움을 받아 히말라야의 가장 높은 봉우리에 도착하였다.
이런 부류의 신화는 물과 관련이 있는 새로운 족성族姓의 탄생을 보여준다. 물고기 관련 족성으로 어성魚姓, 선성鮮姓, 노성魯姓이 생겨났음을 알 수 있다.

57. 소웅성小熊星 : 작은곰별자리. 북극성에서 시작되는 북극오성이 작은곰의 등

뼈가 되고 사각형 부분이 곰의 머리 부분이 되는 별자리가 작은곰 별자리이다. 곰 전체는 웅족의 인종 아이콘이 된다고 볼 수 있다. 다른 말로 작은 물주걱이라고도 한다. 북극성을 천추성이라 하고, 다음은 황후성인데 후궁성이 몇 개 딸려 있다. 중국 사람들은 황후성을 후궁성으로 폄하한다. 황후성임을 인정하면 〈단군신화〉에서 한웅천왕과 혼인하여 한웅천왕의 비가 되는 웅녀가 되기 때문에 이를 피하기 위하여 후궁성이라 한 것이다. 황후성 다음엔 서자성이 있는데 서자성은 서자부 대인의 별이라는 뜻이다. 그러므로 한웅천왕을 뜻하게 된다. 다음엔 태자성인데 태자성은 웅녀와 한웅천왕 사이에서 낳은 단군왕검이 된다. 이러한 가족관계는 신화적인 상상에 의하여 만들어진 가족관계이지 역사적인 가족관계는 아니다.

58. 소툭낭Sotungnang : 소는 소蘇로 볼 수 있고, 툭은 독獨으로 볼 수 있고, 낭은 낭娘으로 볼 수 있다. 그래서 소독낭蘇獨娘이 된다고 볼 수 있다. 소독낭蘇獨娘에서 소蘇는 소풍 집안을 의미하거나 소도를 의미한다고 볼 수 있다. 독은 홀로 태어났다는 뜻으로 본다. 낭娘은 처녀이다. 이렇게 보면 소성집안에서 홀로 태어난 여자, 즉 하백녀河伯女가 되는 것이다. 하백녀는 후에 단군왕검의 비가 되었고 조선에서 신모神母로 추앙받았다. 그러나 본문에서 숙부, 즉 남성이라 하므로 문자해석이 힘들어진다.

59. 수기水氣 : 우주에서 수기를 움직이게 하는 것은 달이다. 달은 수기를 움직이게 한다. 그래서 사리와 조금이 생기게 된다.

60. 수메르Sumer, 수밀이국須密爾國 : 메소포타미아의 가장 남쪽에 있었던 나라. 메소포타미아의 북쪽에 살던 아카드에게 멸망하였다. 수메르문명(BC 3500~BC 2000년)은 세계에서 가장 오래 된 문명으로 알려졌다.

그러나 한12제국 중의 하나가 수메르임을 알고 나면 그보다 더 오래된 문명이 있었을 것이라는 생각을 하지 않을 수 없을 것이다. 수메르에 대하여 《삼성기전》은 다음과 같이 전하고 있다.

"한제국에 12국이 있는데 수메르는 그 중에 한 나라이다." 수메르를 한자로 수밀이국이라고 하였다. 한12제국 안에서 수밀이문명이 낳은 문명이 메소포타미아문명이라 한다. 수메르 사람들은 BC 4500~4000에 메소포타미아 지방에 나타났다고 한다. 수메르 사람들은 메소포타미아 남부지방의 우루크(Uruk)에서 도시를 건설하고 문자를 발명하였다. 진흙을 빚어서 말린 점토판을 굵은 갈대펜(stylus)으로 긁어서 문자를 기록했다. 수메르인들이 들어

오기 이전에 셈어족과 인도유럽어족 계통의 여러 원주민들이 살고 있었으나 이들에게 압도당하여 지배를 받게 되었다." 〈부소보서〉에 "한인천제가 기묘년에 풍주風州의 배곡倍谷에서 한국을 세운 이후에 그의 비 항영 사이에서 낳은 9명의 아들을 9주에 봉한 이후에, 후손들이 9주의 땅에 살게 되었나. 한인천제의 10세손이 되는 화인和仁이 조이족鳥夷族의 여자 여서女瑞를 왕후로 삼아 아들 둘을 낳아 장남 호昊를 적제 부통扶統으로 삼았고, 차남이 밀유密由를 동막으로 보냈다. 《한국사》에서 말하기를, 적제 부통 31년에 동생 밀유를 서역西域으로 보내어 서역에 봉하여 동막東莫의 시조가 되었다. 동막은 달리 말하면 수미을須美乙인데, 새 나라(新國)라는 뜻이다"라 하였다. 이 기록에서 수메르의 시조가 한인천제의 10세손 화인의 둘째 아들 밀유임이 밝혀진다. 그러므로 수메르가 한12제국의 하나였음이 사실이라 할 것이고, 수메르의 문명이 곧 한국의 문명임도 사실이라 할 것이다.

〈그림 18〉 수메르의 샤바드 여왕. 서민호 교수가 〈한국인의 기원〉에서 밝힌 것이다.

61. 수화보완水火補完 : 수와 화는 서로 해치는 관계이므로 상극의 관계가 되는데, 자연의 이치나 원리가 변하면 수와 화가 상극하는 관계에서 상보相補하는 관계로 변한다고 한 것이다. 예컨대 지구가 세차운동으로 자전축이 뒤집어지는 현상이 일어나면 화의 자리에 수가 가고 수의 자리에 화가 가게 되므로 이 순간에 상보의 관계가 이루어질 수 있을 것으로 본 것이다.
62. 수화상극水火相剋 : 오행에는 서로 극克하고 생生하는 원리가 있다. 상대방을 해칠 수 있는 관계를 극한다고 하고 도울 수 있는 관계를 생한다고 한다. 수는 물이라 화인 불을 해치므로 수화상극이라 하였다.
63. 순舜 : 순임금. 요임금에게 반란을 일으켜 제위를 빼앗고 순임금이 되었다. 축祝을 읽는 순舜을 한韓이라 하였다. 동생이 형을 제치고 제관이 되어 축을

읽는다는 뜻이다. 한韓이라는 문자에는 이렇게 제사지내는 일과 쿠데타를 일으키는 일이 사이좋게 나란히 붙어 있다. 우리가 한韓자를 국호로 쓰는 한 한韓자가 나라의 앞날에 발목을 잡을 가능성이 많다. 유교식 제사를 지내든, 불교식 제사를 지내든, 기독교식 제사를 지내든, 무교巫敎식 제사를 지내든 제사가 넘쳐 날 것이다. 다른 하나는 쿠데타가 계속될 것이라는 것이다.

64. 순행順行 : 북극성을 중심에 두고 북두칠성이 12진辰의 길을 따라 원운동을 하는 것이 왼쪽으로 도는 것처럼 보이기 때문에 좌선左旋한다고 한다. 12진은 시간을 말하고, 12진이 지나가는 우주공간을 10간이라 한다. 순행의 반대는 역행逆行인데, 12월을 태양이 따라 도는 것을 역행이라 한다. 역행의 기운은 순행의 기운을 상쇄相殺시킨다. 순행은 삶의 길이고 역행은 죽음의 길이다.

65. 슈퍼 파충류 : 신화에서 인간이 만들어 낸 상상의 파충류이다. 몸집이 거대하고 가공할 힘을 가지고 있다. 생명체에는 위협적인 존재가 된다.

66. 스타 워커 : 동양고대천문서에 〈보천가步天歌〉가 있다. 〈보천가〉는 천문산책이라는 말과 같은 말이다. 스타워커는 댄스 별들이 밟는 스텝이다. 동양에는 우보牛步(칠성보법七星步法)라는 걸음걸이가 있다.

67. 시간의 길 : 시간의 길은 우주의 시간을 12지로 나눈 시간이다. 12지는 자축인묘진사오미신유술해子丑寅卯辰巳午未申酉戌亥이다. 이 길을 12진이라 한다. 북두칠성이 12진을 따라가는 길을 순행한다고 한다.

68. 신단수神檀樹 : 제단 표시로 박달나무를 신목으로 하였다. UFO의 이착륙을 유도하는 표지였을 것이다.

69. 신단수 교의를 관장하던 이 부서를 왜 소도라 불렀는지 궁금하지 않을 수 없다 : 도곤신이나 다곤신의 근원이 되는 문자가 소성蘇姓 곤오昆吾의 곤昆이라는 문자에서 나온다. 소성蘇姓의 소蘇는 원래 기성己姓 곤오昆吾였던 분에게 단국檀國의 홍제洪帝가 소성蘇姓을 사성賜姓하여 생겨나게 된 족성族姓이다. 이때는 제곡고신帝嚳高辛이 전욱고양의 아들 중여곤衆鯩鯀의 제위帝位를 찬탈簒奪하여 아들 지摯에게 줌으로서 전욱고양顓頊高陽과 싸움이 시작되었던 때였다. 이 싸움이 불주산에서 결판이 났는데 제곡고신이 이기고 전욱고양이 졌다.

이때 기성 곤오는 하백河伯을 맡고 있어서 당연히 전욱고양 편에 서서 제곡고신과 싸우지 않을 수 없었다. 그러나 전욱고양이 지자 제곡고신의 박해를 피하여 어디론가 망명하지 않으면 아니 되었다. 그의 망명을 받아준 분이 단국의 홍제였다. 곤오는 부족을 이끌고 불함산 북쪽에 사리 잡았나. 홍 제 8년(BC 2392)에 제곡고신이 황하黃河의 서북쪽 지류인 수분하綏芬河를 넘어 단국으로 쳐들어 왔을 때 출정하여 격퇴시켰다. 이를 기뻐한 홍제가 소성蘇姓을 사성하여 소성이 되었고, 하백의 지위도 회복이 되었다. 하백이란 수렵과 목축이 주업이었던 당시에 지금의 UN 평화유지군사령관과 같은 직책이었다. 종족 간에 목축지를 놓고 분쟁이 나면 이를 해결해 주는 일이 그의 주업무였다. 그리고 하백의 임무 가운데 하나인 풍이족의 성지를 그가 맡아서 관리하고 있었는데 그곳이 진흙땅에 있었고, 소성인 그가 주인으로 있으면서 모든 제천의식을 집행하였으므로 그곳을 그의 성을 따서 소도蘇塗라 하였던 것이다. 곤오의 손녀가 하백녀였고 홍제의 태자가 단군왕검이어서 하백녀와 단군왕검은 단군왕검이 조선을 세우면서 혼인하여 하백녀가 단군왕검의 두 번째 비가 되었다. 하백녀는 하백의 딸로서 소도의 신녀라는 뜻이다.

다곤은 한인시대로부터 물고기 껍질 외투를 걸치고 소도에서 風道를 시행해 온 하백으로 볼 수 있다. 풍도는 桓國에서 시행한 國風이었다. 아스타르는 삼신과 같은 신이었다.

〈그림 19〉 수메르의 신 다곤, 팔레스타인의 신 다곤, 단국의 하백 곤은 같은 신이다.

70. 신들의 사령司令 : 사령이란 연락병이라는 뜻이다. 신들의 사령이라 했으니 조상신이 보낸 연락병 정도로 이해하면 될 것이다. 본서에서 조상신은 마고(아리안 여신), 한인(풍이족 조상신), 한웅(배달나라 구려족의 시조신), 단군왕검(동이족의 조상신)이다. 조상신은 각 시대별로 민족의 수호신으로 등장하는 시조신, 민족신이다.

71. 신시체제神市體制 : 신시체제는 한웅천왕이 세운 배달나라의 정치·경제·종

교체제이다. 구려족이 모여 배달나라를 세우면서 신시체제라는 공동체를 만들었다. 먼저 정치체제는 지전地轉이라는 인사人事와 화백和白이라는 대의제도, 책화責禍라는 사법제도로 이루어졌다. 지전이라는 인사는 지구가 자전하는 이치에 맞게 순리대로 인물을 쓰겠다는 것이요, 화백은 만장일치의 의회제도요, 책화는 지배자의 무과실 책임을 묻는 사법제도이다. 호혜경제로 계경제를 하였다. 종교는 마고시대로부터 이어져 내려오는 삼신교를 태백진교로 발전시켰다. 삼신으로 불리는 조상을 숭배하는 신앙이 태백진교이다. 태백진교는 원시적인 선사상을 체계화한 것이다. 〈천부경〉과 〈삼일신고〉를 백성에게 가르쳤다.

72. 신정新鄭 : 신정은 황하 일대에서 독립적인 세력을 갖고 하백河伯의 직을 수행해 온 기성己姓 곤오昆吾의 집안이 새로 세운 나라라는 뜻이다. 곤오는 청동정青銅鼎(솥)을 발명하여 치우천왕, 황제, 유망이 각축을 벌이던 시대에 독자적인 세력을 가지고 있었다. 그러나 제곡고신에게 영토를 빼앗기고 단국檀國의 홍제洪帝에게 귀순하여 하백의 직을 회복할 수 있었다. 〈부소보서〉에서 그곳을 축융지허祝融之墟라고 하였다. 축융지허란 한인천제가 세운 한국의 옛땅이라는 말이다. 그곳이 청원青原이다. 그곳을 수미을須美乙(수메르)이라고도 하였다. 수미을을 동막東莫이라고도 하였다.

73. 신화, ~적 모티브 : 신화에 등장하는 인류의 아이콘을 정리하면 곰과 뱀과 거인이라는 3가지 아이콘으로 정리된다. 이 아이콘은 곧 천문과 연결되고, 천문에서는 외계인과 연결된다.

74. 신화적 아리안 인종 : 마고족과 마고족에서 갈라져 나간 풍이족, 신화로 표현하면 웅화이사熊化而已가 된다고 하겠다.

75. 신화적 역사 : 역사를 신화로 보면 신화적 역사가 된다. 그 좋은 예가 〈단군신화〉이다. 12,000년에 걸쳐 완성된 인류의 시조역사가 축약된 짧은 신화스토리로 엮어져 있다. 웅녀, 한인, 한웅, 단군왕검 등 4인을 하나의 가계로 묶어 초시간적이고 초공간적인 신화로 만들었다.

76. 실달성實達城 : 마고대성, 즉 마고본성에 딸린 2성 중의 하나이다. 성 하나는 실달성이고 다른 하나는 허달성이다. 실달성의 성주城主는 성주城主라고 하고 허달성虛達城의 성주는 허주虛主라 한다. 무교巫敎에서 성주는 무당의 몸과 마음을 주관하는 몸주가 되고 허주는 슬쩍 나타나서 주인 행세를 하다가 성주가 나타나면 사라지는 가짜 성주가 된다. 성주가 다스리는 성이 실

달성이다. 실달성에 가려면 성주의 허락을 받아야 한다. 성주의 허락을 받으려면 성주신이 들리지 않으면 아니 된다.

77. 실증적 역사관 : 우리가 흔히 말하는 실증사학적實證史學的 역사관이다. 눈에 보이지 않는 것은 역사로 채택하지 않는 독선적이고 폐쇄적인 역사관이다. 눈에 보이지 않는 온갖 데이터를 분석하고 추론하여 완성할 수 있는 추론의 역사는 끼어들 수 없는 낡은 역사관이다. 흔히 제국주의시대에 독일에서 시작되어 일제가 받아들인 제국주의 역사관이라 한다.

78. 12제국시대 : 마고시대 1,438년, 한인시대 3,301년, 한웅시대 1,565년, 단군시대 3,696년을 합산한 시대를 12제국시대로 보았다. "《고기古記》에 이르되, 파류나산 밑에 한인씨의 나라가 있었으니, 천해 동쪽의 땅이다. 파나류의 나라라고도 하는데, 그 땅이 넓어 남북이 5만 리요, 동서가 2만여 리이니, 통틀어 말하면 한국桓國이요, 갈라서 말하면 비리국·구막한국·구다천국·일군국·우루국·양운국·객현한국·구모액국·구매여국·사납아국·선비국·수밀이국이니 합해서 12국이다(출전 : 《부도지》, 《한단고기》 등).

79. 12진辰 : 자子, 축丑, 인寅, 묘卯, 진辰, 사巳, 오午, 미未, 신申, 유酉, 술戌, 해亥가 12진이다. 북두칠성이 왼쪽으로 돌며 운행하는 길목에 배치되어 있다. 북두칠성은 1달에 1번 이 자리를 지나간다.

80. 십자가 사원(Temple of Cross) : 십자가는 고대문명에서 북두칠성의 상징이었고, 원형이정의 상징이었고 사덕四德의 상징이었다, 그러므로 십자가 사원은 칠성님을 모신 사원으로 볼 수 있다. 이 사원에 쿠쿨칸(케찰코아틀)을 모셨다면 칠성신앙의 사제로 모셨다고 볼 수 있다. 치우사원蚩尤寺院이나 치우신사蚩尤神社로 볼 수 있다.

81. 십자가의 도는 화합의 도 : 십자가를 나타내는 십十자는 원래 문자의 의미가 연다는 뜻이다. 칠七의 의미로도 사용되었다. 이렇게 보면 몸과 마음을 다여는 것이 십자가의 도이다. 십자가의 도를 T로 표현하였는데 한웅시대에 완성된 신학체계인 삼신을 의미하는 천지인天地人을 표현했다고 볼 수 있다.

82. 씨칭氏稱 : 성이 처음 나온 때는 한인천제 때였다. 그의 성 안安이 최초의 성이었다고 볼 수 있다. 안은 수메르의 최고신 안과 같은 뜻으로 쓴 성으로 천신이라는 뜻이다. 하나님이라는 뜻으로 썼다고 볼 수 있다.

족성이 씨칭으로 변하기 시작한 때는 황제가 탁록에서 치우천왕을 멸망시킨 이후에 된다. 그는 25인의 아들을 두었는데, 그때부터 씨칭을 사성하기 시작하였다. 예컨대 족성인 기성己姓을 기씨杞氏로 바꾸어 아들에게 사성한 것이다. 이후에 나오는 성들은 족성이 아닌 씨칭들이다. 상고시대에 이미 이러한 족성과 씨칭의 역사가 있었다.

그러나 분명히 해야 할 것은 우리가 성씨姓氏라고 쓰는 말에는 족성과 씨칭이 혼동되어 있다는 것이다. 예컨대 강姜은 부계치칭이 아니라 모계족성임에도 불구하고 강성이라 하지 않고 강씨로 잘못 쓰고 있다는 것이다.

ㅇ(NG)

1. 아누나키Anunnaki : 아누나+키이다. 아누나는 수메르 신화에 나오는 50명의 상위신上位神이다. 아누나를 안이라고도 한다. 아누나키란 하늘에서 지구로 온 자들이라는 뜻이라 한다. 지구 인류의 조상인 마고와 같은 부류部類의 외계인外界人이다. 지구인 전단계의 인간으로 한12제국시대에 수메르에서 신으로 추앙받았다. 메소포타미아 신화에서도 이들을 아누나키라 한다. 《성경》에서 아나킴Anakim이라 하며, 〈창세기〉 제6장에서는 네필림Nefilim이라 하였다.
2. 아누나키 천신들 : 화백회의를 구성하는 화백들이다. 화백은 선족仙族으로 구성된다. 고구려 이전에 선족이라는 명칭을 사용하였다. 마고족이라는 의미로 썼다. 토착세력인 송양왕이 고구려를 세운 추모왕에게 자신이 선족이라고 하는 말이 사서에 기록되어 있다. 신라의 화백을 고구려에서는 고추가古鄒加라 하였다. 고추가란 옛날에 추국鄒國에 오가가 있었다는 뜻이다. 그렇다면 신라를 세운 육부촌장六部村長이 이끄는 신라국 사람들이 추국사람들이라는 뜻이 된다. 따라서 육부촌장의 수장이었던 소벌도리는 추국의 왕으로 볼 수 있게 된다.
3. 아리안Ariane, 아리안 인종 : 알에서 태어난 안파견. 안파견이 서양에 전파되어 아리안의 시조가 되었다고 볼 수 있다. 〈외계인 베티와의 대화(블로그 천신회天神會, 저자 박경중)〉라는 글에서는 "고대의 한때에 SSS 여왕으로 불린 외계인 인종집단이 있었는데 이들을 이들의 지배를 받는 다른 외계인들이 '아리(주인이라는 뜻)'로 불렀고, 이들이 사는 세계를 '아리안'이라 하였다"고 하였다. 아리안의 '안'은 천국을 의미하였다. 그렇다면 천안天安이라고 했을

때 천안에 천국이라는 의미가 있음을 알 수 있다.
알에서 태어난 인간, 안파견의 자손, 한제국의 자손이다. 이들은 유목민으로서 백인이었다. 눈빛은 푸르고, 머리 색깔은 갈색이거나 금발 머리였다. 아리안이 역사무대에 등장하는 때가 BC 3000년경이므로 조선 초기에 해당한다. 이때 지금 중국의 산동반도에 있었던 조선에 속한 동평국 사람들이 바이칼호 쪽으로 이동하였다가 서쪽으로 이동하여 스텝지역에서 아리안족이 되어 사방으로 퍼져 나갔을 것으로 본다. 이들은 후에 팔레스타인족, 이란족, 켈크족, 게르만족, 인도족이 되었다. 아리안제국을 탄생시킨 알이란 말에는 복제인간을 탄생시키는 그릇이라는 의미가 있다. 복제인간을 길러내는 기계가 알이다. 우주인들이 UFO를 타고 지구에 나타나서 퍼뜨린 복제인간이 알에서 태어난 인간이다. 금와가 태어난 알, 고주몽이 태어난 알, 박혁거세가 태어난 알, 김수로가 태어난 알, 다른 가야의 시조들이 태어난 알이 아리안의 알이다. 외계인을 아리안이라고도 한다.

4. 아리안 루트 : 10,000년 전에 마고의 후예로서 구한족九桓族에 속한 풍이족風夷族이 한인천제를 배출하였고, 한인천제는 한제국桓帝國을 건설하여 3,300년을 유지하였다. 다음에 한웅천왕이 나와서 한제국의 국호를 배달나라倍達那羅로 바꾸고 1,800년을 유지하였다. 구한족이라는 명칭도 구려족九黎族으로 바꾸었다. 다음에 단군왕검이 나와 배달나라라는 국호를 조선朝鮮으로 바꾸고 2,000년을 유지하였다. 구려족이라는 명칭도 동이족東夷族으로 바꾸었다. 아리안이 역사무대에 등장하는 때가 BC 3000년경이므로 조선 초기에 해당한다. 이때 지금 중국의 산동반도에 있었던 조선에 속한 동평국 사람들이 바이칼호 쪽으로 이동하였다가 서쪽으로 이동하여 스텝지역에서 아리안족이 되어 사방으로 퍼져 나갔을 것으로 본다. 조선족의 후예인 대한민국 사람이 유럽의 고산족을 닮았다고 하는데 아리안족과 닮은 데가 있기 때문일 것이다. 손성태 교수는 〈아스텍의 지명과 일상생활 속의 우리말 연구〉에서 서기전 50년 경에 맥족(멕시코를 구성한 민족)이 멕시코에 도착하기 시작하였고, 마지막으로 멕시코에 온 집단이 820년 경에 아사달(멕시코 말로 아스땅(Aztlan))을 떠나서 멕시코에 도착하였다고 하였다. 이들이 아리안이다.

5. 아리안 제국 : 알에서 태어난 인종들이 만든 제국. 알은 뱀 알이다. 그러므로 뱀 알에서 태어난 인종이다. 이 인종이 풍이족風夷族, 사족巳族이다. 우주에서 외계인이 이룩한 제국. 아리안 제국의 창공이라는 말을 썼는데 외계

인이 타고 다니는 UFO가 떠다니는 창공을 의미한다고 볼 수 있다. 마고대성을 직녀성으로 보면 아리안 제국은 마고가 직녀성에서 알을 낳아서 이룩한 제국이 된다. 그래서 이들을 외계인의 제국이라 말할 수 있다. 실제로 아리안Arian은 외계인을 의미한다. 마고가 궁희와 소희를 낳았고, 궁희와 소희가 황궁, 백소, 청궁, 흑소를 낳은 다음에 이들 사이에서 인간이 태어나게 되어 복제인간의 제국인 아리안제국은 사라지고 실제인간의 제국인 지구인 제국이 되었다.

6. 아리안 행성 : 풍이족의 행성. 하늘에서 뱀이나 용의 명칭이나 이미지를 가지고 있는 별자리들. 용, 물뱀 등등의 별자리.

7. 아스타르 여신 : 수메르인이 이난나Inanna(하늘의 여왕), 아카디아, 바빌로니아, 아시리아에서는 이슈타르Ishtar(빛), 페니키아에서는 아스타르테Astarte라 불렸던 여신인데 동이족의 삼신과 같은 신이다. 모계시대에 출산을 관장하였다.

8. 아아스 우르 푸른 휘장 : 아아스Aas 또는 싸Ssa에서 아아스는 아아사阿阿巳로 볼 수 있는 말이다. 땅의 형상이 뱀처럼 생긴 구릉지대丘陵地帶라는 말로 해석된다. 이 말을 달리 사사아巳巳阿라 하였다. 아세아亞細亞라는 지명과 관련이 있는 말일 수 있다고 본다. 아亞는 문자의 형상으로 보아서 하늘과 땅 사이에 사방으로 열려 있는 땅으로 볼 수 있는 문자이다. 세細는 넓은 땅을 농경지로 세분했음을 나타내는 말이다. 대를 물려가며 오래 살 수 있게 되어 세世라는 문자가 나왔을 것이다. 결국 풍이시대에 아시아Asia의 드넓은 땅을 의미하는 고어古語가 뱀의 땅을 의미하는 아아스Aas 또는 싸Ssa였다고 보게 되는 것이다.

수메르시대에 우르크라는 도시가 있었다. 우르크는 우레와 우가牛加를 유추할 수 있는 이름이다. 우레는 최고신이고, 우가는 소를 족표로 쓰는 종족이다. 수메르시대에 풍이에서 우가가 떨어져 나와 정착한 곳의 지명이 우르크로 불리게 되었다고 본다.

우르크에서는 천신天神 아누Anu를 주신으로 모셨고, 그의 처 안툼Antum을 부신으로 모셨다. 천신 아누와 안툼은 부부신이었다. 아누는 아버지를 유추할 수 있는 문자이다. 아이를 낳는 사람−아버지로 본다. 안툼은 안사람, '안에 두는 사람'으로 볼 수 있는 문자이다. '안'을 '안安'이나 '한桓'으로 보고, '툼'을 '둠'이나 '틈'으로 본다면, '안씨에게 두는 사람'이 된다. 또한 '틈이 있는 사람', '안에 두는 사람'으로 볼 수 있으므로, 아버지의 부인으로 보지 않을 수 없다.

수메르에서는 보편적으로 천신 중에서 최고의 남신을 '인'이라 하였고, 그의 부인이 되는 여신을 '남무'라 하였다. 남편신 안은 아누와 같은 신이다. 안과 아누를 같다고 본다. 부인신 남무는 안툼과 같은 신이다. 남무와 안툼을 같다고 본다. 여기에서 생각해야 할 것이 한인천제 안파견의 안이다. 안파견의 안이 한국에서 뿐만 아니라 수메르에서도 최고신임을 뜻한다고 볼 수 있다.

'아'는 아이, 아침에서 보듯이 시작을 의미한다. 따라서 한(일시一始)과 같은 뜻으로 볼 수 있다. 아침이라는 말의 고어가 아사(朝)이다. 수메르어는 처음을 '아스As'라고 하는데, 해뜨는 아침(Asis)이 여기서 유래한다고 한다. 이는 《삼국유사》에서 아침을 '아시'라고 한 것과 같다고 하겠다. 고대 조선어 아사달은 아침들(조달朝達), 처음 빨래를 '아시 빨래'라고 한 것과 같다고 하겠다. 본문에서 아아스는 고대 조선어 아시, 아사와 관련이 있는 언어로도 보인다.

아아스에서 아아는 아누와 안툼을 의미한다고 볼 수 있다. 아누에서는 누가 탈락하고 안툼에서는 ㄴ과 툼이 탈락했다고 보는 것이다. 그러면 한국의 최고신인 한인과 항영으로 볼 수 있게 된다. 이렇게 보면 스는 사로 볼 수 있다. 사의 변음으로 보거나 뱀을 의미하는 스네이크에서 에이크가 탈락했다고 볼 수 있는 것이다.

아아스는 안安자의 복수이거나 한桓자이다. 한인을 나타내는 문자로 볼 수 있다. 우루는 울림이나 웅이다. 북두칠성으로 볼 수 있는 문자이다. 한국의 앞날이 한웅에 의하여 전복될 것을 예고하는 듯 한웅을 의미하는 웅자가 들어 있다. 웅자는 북두칠성과 한웅의 복합적인 의미가 들어있는 말이다.

아아스는 한인을 상징하는 뱀으로 볼 수 있고, 우루는 한웅을 상징하는 곰으로 볼 수 있다. 그러므로 이 휘장에는 한인의 의미와 한웅의 의미가 모두 들어가 있다고 볼 수 있다. 스는 '스다, 서다'라는 말로 볼 수 있다. 우루는 웅熊이다. 이들을 해석한 의미를 종합하면 한인천제가 점령하여 우뚝 선 웅족의 땅이 되는 것이다. 웅족의 땅은 곧 마고의 땅이다. 이 땅에서 휘날리는 푸른 휘장이 있었다. 푸른이라는 문자는 풀, 펄, 별로 변화하는 말이다. 북두칠성을 의미하는 문자이다. 그러므로 북두칠성 깃발이 펄럭였다고 볼 수 있다.

우르는 울림으로 보고 울림의 소리인 웅으로 보기로 하면 아아스 우르는 한인, 항영, 한웅으로 풀린다.

이 휘장으로 보아서 메소포타미아 지역에 한인이 있었고 황하지역에 한웅이 있었을 것으로 생각된다. 여기에서 말하는 한인과 한웅은 같은 시대의 사람이 아니다. 한인은 장차 태어나 한국을 아우르게 될 한웅의 조상으로서 한웅보다 3,300년 전에 태어난 사람이다.

따라서 아아스 우르 푸른 휘장은 한인, 항영, 한인의 별을 그린 휘장이 된다. 우리 고구려벽화 〈한인과 항영 비상도〉에 그려진 해와 달과 한웅의 곰을 상징하는 북두칠성을 그린 깃발이 아아스 우르 푸른 깃발이라고 할 수 있을 것이다.

아아스는 고대 조선어 아시(처음), 아사(아침)와 관련이 있는 언어로도 보인다.

아아스(아침)는 두락안의 세계에서 고姑 전사들의 고향이었다. 아아스 우루는 〈천상열차분야지도〉에서 태미원太微垣이 그려진 천문도로 볼 수 있다.

9. 아즈텍Aztec문명 : 13~15세기경까지 북멕시코의 수렵민족이었던 아즈텍이 남하하여 멕시코 중앙 고원에서 이룩한 마지막 고대문명이다.

〈그림 20〉 멕시코 국기

아즈텍과 우리는 문화적으로 많은 공통점이 있고, 인종적으로 동족임이 밝혀졌다(아즈텍의 지명과 일상생활 속의 우리말 연구1-손성태). 아즈테카라는 용어와 멕이코(멕시코)라는 용어를 별 구분없이 써오고 있는데, 아즈텍 제국을 세운 주체가 조선의 발원지였던 요동의 아사달(주, 노중평은 아사달을 산동반도의 바닷가로 보고 있다)에서 약 820년 경에 출발하여 가장 늦게 멕이코에 도착한 집단이다(아즈텍의 지명과 일상생활 속의 우리말 연구1-손성태). 멕시코는 만주 일대와 아무르강 북쪽까지 살았던 부여의 고리족들로서 서기 직후부터 수백년에 걸쳐 멕이코에 도착하여 멕이코 전지역에 퍼져 살았다(아즈텍의 지명과 일상생활 속의 우리말 연구1-손성태).

10. 아키바Achivas : 아키바는 '하늘에서 천기가 내리는 바위'로 해석이 가능한 말이다. 아는 하늘을 의미하는 안의 원음으로 볼 수 있고, 또한 자연에 노출된 아사달과 같은 의미를 가진 아阿로 볼 수 있는 말이다. 키는 기氣나 곡식을 까불리는 키箕로도 볼 수 있는 말이다. 기箕에는 동방창룡칠수에 속한 끝별인 기수箕宿라는 의미가 있다. 기수라면 농사가 잘 되게 해 달라고 복을 비는 별이다. 바는 바위이다. 이들 해석을 종합하면 '하늘에서 천기가 내리는 바위'로 해석이 가능해 진다.
11. 악마의 비밀무기인 거울 : 거울이 귀했던 시대에 거울을 만들어 피사체를 반사시킴으로서 멀쩡한 사람을 현혹시켜 혼란스럽게 하였다고 볼 수 있다.
12. 안 : 바벨로니아에서 천신 아누Anu를 수메르에서 안이라 하였다. 수메르가 한12제국에 속한 나라였으므로 안은 한12제국의 시조인 한인천제를 의미한다고 볼 수 있다.
13. 안파견安巴堅 : 안파견은 한인천제의 이름이다. 안安에 들어있는 여女는 사巳의 파생어로 풍이족의 여인이라는 뜻이다. 파巴도 사巳의 파생어로 용龍이라는 뜻이다. 용은 어떤 종족의 이름으로 썼다. 특정한 종족을 청룡, 흑룡, 적룡 등으로 불렀던 것이다(《죽서기년竹書紀年》 참조). 견堅은 용족의 신하라는 뜻이다. 안파견은 기묘년에 풍주風州 배곡倍谷에 인류 역사상 최초로 한국桓國을 세우고 천제天帝가 되었다(〈부소보서扶蘇譜序〉 참조).

    안파견安巴堅의 안安은 임신한 여자가 자식을 낳기 위하여 집안에 들어앉아 있는 형상의 문자이다. 그가 자식을 낳으면 알(난卵)이 된다. 안安과 난卵은 음이 닮았다. 난卵이란 안전하게 자식을 낳았다는 뜻이다. 그래서 안安이 되는 것이다. 우리 역사에서 고주몽과 박혁거세는 이렇게 알에서 태어난 인간들이다. 9,000년 전에 이렇게 태어난 분이 있었는데 그분이 파巴이다. 파는 눈이 하나 더 있는 뱀족(풍이족)의 우두머리라는 뜻이다. 견堅은 그가 알에서 태어나 신하들과 땅을 다스렸다는 뜻이다. 이 말은 그가 한국桓國이라는 나라를 세웠다는 뜻이다. 그의 어머니는 마고가 된다. 마고麻姑의 고姑는 오랜 옛날부터 그가 어머니였다는 뜻이다. 그러므로 마고가 한인의 어머니가 되지 않을 수 없는 것이다. 그가 삼신(三神, 산신産神)이었기 때문이다.
14. 알Ar : 사크하가 낳은 군주, 혹은 사크하가 배출한 인물.
15. 알 : 한국인은 천손족天孫族이라는 선민사상選民思想을 가지고 있다. 조상이 하늘에서 내려온 알에서 태어났다는 천손사상을 가지고 있는 것이다. 이

말은 우리의 조상이 외계인이라는 말이 된다. 그렇다면 우리 조상이 어떤 알에서 태어났을까? 한인과 한웅과 단군을 의미하는 한桓자와 단檀자에 태양(日)이 들어 있으므로 태양이라는 알에서 태어난 태양족이라 말할 수 있다. 그러나 실제로 태양이 알을 낳을 수 없으므로 태양의 새인 삼족오를 만들어 삼족오로 하여금 알을 낳게 했다고 볼 수 있다. 삼족오는 발이 3개가 달려 있다. 발은 발인發人을 상징하고 발인은 세 갈래의 동이족을 의미한다. 진조선, 번조선, 막조선을 구성하는 3조선을 구성하는 인종을 의미하는 것이다. 이들 인종을 5가라 하였다. 결국 5가가 태양 알에서 태어난 천손족이 되는 것이다.

16. 알고리즘Algorithm : 연산. 인간의 생각이 어떤 패턴을 찾아갈 때 일어나는 현상을 연산이라 말할 수 있다. 이러한 연산은 부지기수로 많다고 볼 수 있다. 신화적 알고리듬이라면 〈단군신화〉가 천문과 연계하여 북극오성 풀이로 다가갈 수 있고, 신학적인 관점에서 삼신풀이, 철학적인 관점에서 삼재풀이로도 다가갈 수 있다.

17. 알의 어머니 : 사크하의 부인. 한웅천왕의 부인인 웅녀이다. 불의 여사제 코Kho를 말한다. 코가 알의 어머니이다. 코는 불의 신이자 조앙신인 베스타에게 제사지내는 여사제였다. 그러나 그 자체가 조상신이었다. 코는 곰의 고어인 고비의 약자일 수 있다. 코가 곰을 의미한다면 단군신화와 연결된다. 단군신화에서 웅녀가 곰이기 때문이다.

18. 암사화暗巳火, ~로 타오르는 불꽃 : 암사화는 어둠의 불꽃이다. 어둠은 직녀성시대의 어둠을, 화는 천추성시대의 밝음을 의미한다. 태양 안에 타오르는 불의 원천으로도 볼 수 있다. 이 불의 원천이 삼족오三足烏로 표현되었다. 흑소족 사두인간을 잉태한 불꽃이다.

19. 앙크, 앵크 십자가 : 앵크는 천부삼인의 변형이다. 《반지의 제왕》에서의 반지도 마고의 약속을 의미하는 천부삼인의 변형이고 십자가 역시 천부삼인의 변형이다. 앙크는 십자가에 매달리는데 〈천부경〉적 사유에서는 운삼사성환運三四成環을 의미한다.

20. 양택陽宅 : 한국 사람에게는 한인천제, 한웅천왕, 단군왕검의 시대로부터 주거를 만들 때 태양을 따라 만들어야 한다는 생각을 가지고 있었다. 그래서 지금도 집을 지을 때는 이 원칙을 어기지 않고 지켜 왔다. 양택이란 햇볕이 드는 곳에 집터를 잡고 집의 방향을 앉히며 대문을 내고 창문을 낸다는 뜻

이다. 이렇게 집터를 잡는 방법을 동사택東四宅이라 하였다. 동사택에 해당하는 방위를 동쪽(진방震方), 동남쪽(손방巽方), 남쪽(이방離方), 북쪽(감방坎方)이리 하였다(제2부 두락안 〈그림 2〉 참조).

21. 어둠 전체의 길 : 북두칠성이 운행하는 길. 북두칠성은 12진辰(子丑寅卯辰巳午未申酉戌亥)을 따라 운행하는데 북두칠성이 밤에만 나타나므로 어둠 전체의 길이라고 하였다.

22. 어둠속의 불, 어둠의 불꽃시대 : 어둠의 불꽃은 태양 속에서 타오르는 검은 불꽃이다. 삼족오三足烏라고도 말한다. 이 철학적인 시대는 〈역〉에서 2개의 양효와 1개의 음효가 결합된 형태인 ☲(離 : 火)로 존재하는 시대이다. 이離는 화를 의미하지만 떠난다는 의미도 있다. 직녀성시대가 중년여성의 시대이므로 이화의 시대가 된다. 그러므로 중년여인이 떠난 시대가 되는 것이다. 따라서 이 시대는 〈천상열차분야지도〉에서 천추성시대가 되고 〈조디악 12궁도〉에서 거해궁시대가 된다.

23. 어디에선가 잘 숨겨진 : 사람의 눈에 보이지 않는 영가靈加. 쿼크. 영가는 가망加亡이라고도 하는데, 조선시대(BC 2333~238)에 생긴 말로 생각된다. 당시에 천손족으로 불리는 인종이 5부류가 있었다. 영가는 5부류인 오가五加에서 나온 말이다. 단군왕검이 조선을 세울 때 동참한 부족이 우가牛加, 마가馬加, 양가羊加, 구가狗加, 저가猪加의 오가였는데, 이들 오가에서 죽은 사람을 육가인 영가로 분류했을 것으로 본다.

24. 어머니(마고) : 모母, 모는 풍이족의 인종 아이콘인 사巳의 파생어이다. 그러므로 최초의 어머니는 사모巳母가 된다. 사모의 인종 아이콘은 곰이다. 곰은 고마이다. 고마는 마고이다. 그러므로 어머니와 마고는 동일시된다. 마고를 모시는 곳이 도당都堂이다. 도당할머니가 마고할머니이다. 할머니는 한 어머니이다. 불사할머니라고도 한다. 불사는 불사祓事이다. 불사는 푸닥거리(계불禊祓)이다. 푸닥거리는 마고 어머니가 하던 일이다.

25. 어화이조붕魚化而鳥鵬 : 물고기가 변하여 붕이 된다. 족보문화의 원리를 말한 것이다.

26. 에벤키Evenks족 : 에벤키족은 부리아트Buryat족과 함께 러시아 땅에 남아 있는 동이계열의 인종이다. 에벤이라는 말에서 아버지를 유추할 수 있는 에비라는 말이 걸러진다. 에비가 키운 족속이 에벤키라는 말이다. 에비라면 아버지이고 아버지가 한인천제에게서 나온 말이므로 한인천제의 후손으

로 우리와 동족으로 볼 수 있을 것이다. 이들은 지금도 아리랑 쓰리랑이라는 말을 가지고 있다고 한다. 그러나 무슨 의미인지를 확실하게 아는 사람은 없는 듯하다. 우리가 아리랑 쓰리랑이라는 말의 의미를 모르듯이 그들도 모르는 것이다. 그러나 아리는 안다는 말이고 쓰리는 쓴다는 말이다. 그러므로 '아리랑 쓰리랑'은 '알리라 쓰리라'로 해석이 되는 것이다.

27. 엔릴 한웅의 무자비한 공격으로 초토화된 소돔과 고모라 왕국 : 《구약성경》의 소돔과 고모라 왕국의 멸망 기록과는 전혀 상치되는 기록이다. 《구약성경》에서 야훼가 멸망시켰다고 한 것을 엔릴 한웅이 멸망시켰다고 했으니 다를 수 밖에 없는 것이다. 엔릴 한웅을 야훼로 보면 의미가 통한다.

28. 여黎 : 여에는 2가지 의미가 있다. 하나는 배달나라를 구성한 구려족九黎族을 의미하고, 다른 하나는 중여곤衆艅鯀을 의미한다. 조선족을 여민黎民이라 하였는데 중여곤의 백성이라는 뜻이다. 중여곤을 통상 곤鯀이라 불렀다. 고사지낼 때 북어를 흰 타래실로 묶는데 곤鯀자를 만들기 위해서이다. 중여곤의 여艅자는 곤이 술잔을 들고 잔을 올리는 형상의 문자이다. 그가 국가에서 인정한 제관이었으므로 이런 문자가 생기게 된 것이다.

29. 여신 : 여신은 마고이다. 마고는 천문에서는 직녀성, 무교에서는 삼신, 칠성님의 부인인 매화부인 등으로 호칭된다. 동양3국의 선비들이 매화를 선호했는데 매화가 마고를 상징하기 때문이었다. 불교에서는 마고를 관세음보살로 만들었고 천주교에서는 마리아로 만들었다.

30. 여신성배신앙 : 마고숭배신앙이다. 백제에서 곰숭배신앙의 흔적으로 남아 있는 것이 공주公州의 금강錦江에 지명으로 남아 있는 곰나루(웅진熊津) 설화이다. 공주는 곰주인이 한자로 바뀌면서 생긴 한자 지명이고, 금강도 곰강이 한자로 바뀌면서 생긴 한자 강 이름이다.

31. 여신 오메테오틀 : 황제는 선교에서 독립하기 위하여 마고를 서왕모로 변형시켰다. 그리고 구천현녀를 등장시켰다. 이 두 여신명女神明을 만들어냄으로써 마고선교체제麻姑仙教體制에서 벗어나 도교道教로 독립할 수 있었다. 남방선파는 여신 오메데오틀을 만들어냄으로써 명실상부하게 마고선파에서 남방선파로 독립할 수 있었다. 여신 오메데오틀이 4명의 천신을 낳았다는 것은 마고가 한 일과 같은 것이다.

32. 여신 찰치우틀리큐 : '찰'은 '케찰코아틀'과 관련이 있는 문자로 볼 수 있다. '치우'는 '치우천왕'과 관련이 있는 문자로 볼 수 있다. '틀'은 우리말의 '모

형'이나 '형태'를 의미하는 말이거나 '토'를 의미하는 말로 볼 수 있다. '리큐'에서 '리'는 '려麗'의 원음으로 볼 수 있고 '규'는 '구句'의 원음으로 볼 수 있다. 이상의 해석을 종합하면 '개찰고아틀 치우의 모형이 되는 북극성 나라에서 온 사람'이 된다. 북극성은 하나님의 상징인 천추성이다. 그가 '하느님 나라에서 온 천신 찰치우틀리큐'가 되는 것이다.

33. 여왜女媧, 여와女蝸 : 배달나라시대에 배달나라 안에 연방체로 구성되어 신시체제로 운영되는 여러 소국小國이 있었다. 이때 여러 소국 중에서 가장 실력있는 소국의 왕이 전왕이 되어 이들 나라들 다스렸다. 이들은 모두 마고지나의 후손과 한제국의 후손들이었다. 여와국으로 불리는 소국이 회하淮河 서남쪽에 있었고, 복희국이 회하 서북쪽에 있었다. 축융국이 복희국의 서쪽에 있었다. 축융국의 북쪽으로 제수濟水가 흐르는데, 제수의 북쪽에 치우국이 있었다.

이들 소국은 각각 서로 닮지 않은 인종 아이콘을 가지고 있었다. 복희와 여와는 부부 사이였으므로 인면사신(화상석畵像石으로 전해온다)의 인종 아이콘을 가지고 있었고, 치우는 도깨비 인종 아이콘(귀면와鬼面瓦로 전해 온다)을 가지고 있었고, 축융국은 아궁이 형상의 인종 아이콘(부작符作으로 전해 온다)을 가지고 있었다.

여와는 복희의 누이동생으로 복희와 혼인하여 남매부부가 되었다. 여와는 멸망한 인류를 재창조하는 〈인류창조신화〉의 주인공이 되었고, 복희와 여와는 〈복희와 여와 교미도〉라는 유명한 그림의 주인공이 되었다. 이 그림이 그들이 풍이족임을 증명해 주는 결정적인 자료가 되었다.

34. 역행逆行하는 길 : 태양의 길인 황도를 따라 도는 길이다. 우선右旋하는 길을 따라 돌기 때문에 북두칠성을 따라 도는 좌선하는 길에 역행한다고 한다.

35. 염소 : 염소는 양과 같은 인종 아이콘이다. 천문에서 상반신은 양羊이고 꼬리를 제외한 하반신은 뱀

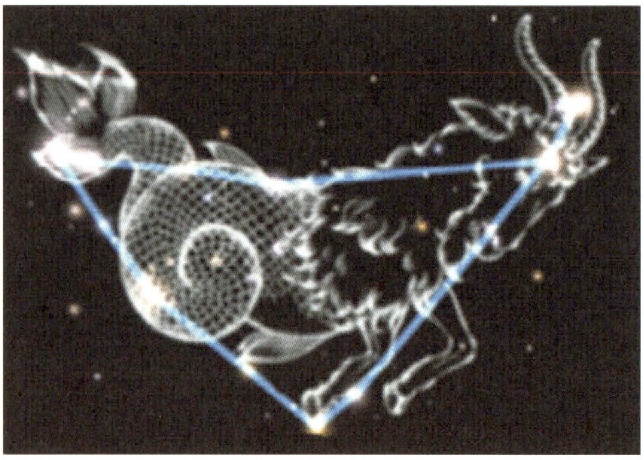

〈그림 21〉 염소는 양과 같은 인종 아이콘이다.

인데, 양족이 사족巳族인 풍이족風夷族에서 떨어져 나왔음을 뜻한다. 물고기 꼬리는 양족에서 떨어져 나온 어족魚族을 뜻한다. 조선족朝鮮族을 이렇게 표현한 것이다.

36. 영가靈加(쿼크) 가망加亡: 영靈은 죽은 사람의 영이고, 가加는 죽은 사람의 영이 모여 사는 공동체를 의미한다. 영들이 모여 사는 집이나 마을을 의미한다고 볼 수 있다. 그러나 영가靈駕라고 할 때는 의미가 달라진다. 죽은 사람이 타는 수레가 영가靈駕이다. 상여喪輿나 장의차葬儀車로 볼 수 있다. 쿼크는 쿼로 발음하기도 하는데, 영을 양자물리학에서 과학으로 정의한 용어이다. 만물에서 물질을 분해하여 최소 단위가 될 때 쿼라고 하는데 광자光子라고도 한다. 영원히 죽지 않는 속성을 가지고 있어서 영체로 본다. 냄새가 있고 파동체이고 많은 정보를 입력하고 있어서 마치 메모리와 같다.
배달나라시대의 구려족九黎族의 종족 명칭을 오가五加라 하였는데, 오가에서 죽은 사람을 영가靈加라 하였다. 영가는 타인종과 오가를 구분하는 말로 쓰였을 것으로 생각된다. 말하자면 동이족의 선민사상選民思想이 반영된 말로 볼 수 있는 것이다. 영가를 굿을 하여 천궁天宮으로 보낼 때 가망加亡이라 하였다. 영가를 태워 저승으로 보내는 수레를 영가靈駕라고 하였다. 그러므로 요즘 쓰는 말로 영가靈加를 실은 장의차葬儀車로 보면 될 것이다.

37. 영원으로 가는 길: 죽은 자의 영혼이 천궁으로 가기 위하여 사모의 안내를 받는 길.
풍이족에 사모의 원형이 있다. 풍이족의 사모를 계승한 자가 영혼을 안내할 수 있도록 면허를 받았다고 볼 수 있다. 풍이족의 후예로 볼 수 있는 인종이 뱀을 토템으로 숭상하는 인종, 곰을 토템으로 숭상하는 인종이다.

38. 영적靈的인 능력能力: 영靈이라는 문자에는 비가 오는 날 3인의 무당이 비가 그치게 해 달라고 경經을 읊는다는 의미가 있다. 경을 읽어서 비가 그쳤다면 영적인 능력이 있는 무당이라 말할 수 있을 것이다. 이런 무당이 해가 뜰 때 해마지를 하는 것이 굿의 시작이다. 해의 화신이 한인천제이므로 한인천제를 신명神明으로 맞아들여 전안에 좌정시켜 들이기 위하여 일월마지를 하는 것이다. 이를 산천거리라고도 한다. 한인천제를 모실 수 있는 분은 그의 부인인 항영이고 오늘날 한인천제를 맞이할 수 있는 분은 내림굿에서 항영의 신을 받은 사모이고 이런 사모가 한인천제를 모신 경험이 있는 무당이다.

39. 영혼의 전사: 한국 사람에게는 생소한 표현이므로 설명이 필요하다. 영가

靈加들이 하늘에 복귀하여 자동으로 편성되는 군대를 천군天軍이라 하였다. 천군은 육정육갑신군六丁六甲神軍으로 편성된다. 이들은 모두 자기가 태어난 해의 간지干支를 찾아가서 소속된다는 뜻이다. 그러므로 영혼의 전사는 천군으로 볼 수 있다.

40. 예수를 돌아온 케찰코아틀로 보는 시각 : 마야문명의 몰락은 예수를 케찰코아틀과 동일시하는 맹신주의가 가지고 있는 환상 때문이었다고 볼 수 있다. 종교에서 맹신주의가 마고의 유시인 해혹복본을 점점 더 어렵게 하고 있다.

41. 예아 : 본문에서는 한桓(밝음의 불)과 웅熊(어둠의 불)의 결합체인 한웅으로 보고 있다. 또한 한웅을 형제로 나누어 예아는 제1한웅, 즉 한웅 형제 중에서 맏형으로 보고 있다. 이는 복희의 부인이자 누이동생인 여와가 동양신화사東洋神話史에서 맡은 인류창조자의 역할과 같은 것이다.

42. 예아의 인류창조 과정 : 《삼성기전》 하편에 "한웅천왕이 몸소 하늘에 제사지내고 백성을 낳았다"는 기록이 있다. "그는 한국의 백성이었던 구한九桓을 모두 삼신을 조상으로 모시는 한 뿌리로 하였다." 예아를 한웅천왕과 동일시하면 한웅이 예아가 된다.

43. 오메테오틀 : 우리말로 읽으면 머머니로 태어난 사람이 된다. 《부도지》에서 어머니로 태어난 사람은 마고였다.

44. 오래비, 오라이비Oraibi, ~마을 : 이들 이름이 호피부족의 마을 중에서 가장 오래된 마을 이름이라 하는데, 우리말 '오래비', '오라버니'와 같은 뜻의 말로 보는 것은 타당성 있는 해석이라고 생각된다. '오래비'는 '오래된 고비'로 볼 수 있는 말인데, 고비가 지금은 멸종되어 사라진 옛날의 곰을 의미하므로 '오래비'라는 말이 우리가 웅족熊族 출신의 마고와 한웅과 단군왕검의 후손임을 입증해 줄만한 자료가 된다고 볼 수 있다. 제주도 말에 시집 가지 않은 처녀를 '비바리'라고 하는데 '비'는 '고비', 즉 '곰', '바리'는 '발인發人'(족인足人, 족인族人)으로 보면 '곰 마을의 발인', 즉 '곰 마을의 동이족 처녀'로 생각되니 언젠가 인디언과 제주도의 두 종족이 아주 오랜 옛날에 분리된 동족으로 볼 수도 있을 것이다.

45. 오르Orr 원시태양계 : 오르는 오름이다. 〈마고신화〉에 따르면 마고가 오른쪽 다리를 올려 하늘에 걸치는 태양계가 된다. 마고가 지상에서 다리를 올리기 위하여 서있는 산은 삼신산이다. 삼신산은 마고의 나라인 마고지나에

있다. 마고가 오른 다리를 걸치는 곳이 마고클라인병이 된다. 마고클라인병에서 마고의 후손이 태어난다. 그러므로 마고자궁으로 볼 수 있다. 이 마고클라인병이 뫼비우스띠로 연결되어 있어서 마고의 후손들이 오르내린다. 이 길이 영생으로 가는 길이다. 마고의 자궁은 곧 영생이다.

〈그림 22〉 Cotex Borgia에 나타난 십자가 이미지. 마고오름의 이미지가 있다.

46. 오미五味 : 마고시대에 당시의 인간은 네 가지 맛인 4미만을 맛의 범주 안에 넣었고 오미를 맛보는 것을 금기하였다. 5미가 화를 부른다는 이유 때문이었다. 《부도지》에서는 이를 '오미의 화'라고 하였다. 오미의 화에 대하여 처음 주목한 사람은 노자였다. 노자는 《도덕경》 12장에서 다음과 같이 지적하였다.

五色令人目盲　五音令人耳聾　五味令人口爽
馳騁田獵　令人心發狂　難得之貨　令人行妨

오색이 인간을 눈멀게 하고, 오음이 인간을 귀먹게 하고, 오미가 입맛을 간사하게 한다. 말을 달려 임금의 사냥터에서 사냥을 한다고 해도 인간은 마음이 미치며 돈을 벌지 못하고 행동에 방해만 받을 뿐이다.

그는 오미 뿐만 아니라 오색과 오음의 화에 대하여도 지적하였다. 노자에게 토를 독립시키는 것은 곧 오미를 독립시키는 것과 같은 것이었다. 그는 오미를 독립시켜서는 아니 된다고 하였다. 그러나 인간은 숙명적으로 오미를 독립시켜 마고성에서 추방당하는 불운을 겪게 되지 않을 수 없었다. 요堯가 사행四行에서 토를 독립시켰을 때도 사행을 고수하려 있던 단군왕검과 크게 전쟁을 치러야 하였다. 단군왕검이 환부와 권사를 보내 토벌하였던 것이다.

47. 오미의 난 : 《부도지》에서 오미는 흑소족에 속한 지소가 배가 너무 고픈 나

머지 마고가 따먹지 말도록 엄명을 내린 포도를 따 먹고 오미의 맛을 알게 되어 맛의 체계에 혼란이 일어났음을 의미하는 말이다. 미味의 완성을 의미하는 사미四味에 불필요하게 일미一味를 추가하게 됨으로써 완성의 벽이 붕괴崩壞되어 마고가 세운 질서 파괴의 대혼란이 일어났다. 이후로 우주 역사는 마고류의 완성과 지소류의 파괴라는 역사를 되풀이하여 왔다. 종교가 출현하면서 이 질서파괴를 인위적으로 죄로 규정하기 시작하였다.

48. 오미의 맛은 마고의 맛 :《부도지》에 오미의 맛이 어떤 맛이라고 기록된 것은 없다. 오미의 맛의 비밀은 포도에 있다. 그렇다고 우리가 먹는 포도의 맛은 아닐 것이다. 나는 그 맛이 마고의 맛일 것이라 생각한다. 포도의 맛보다는 복숭아의 맛에 가까울 것이라고 추측해 본다. 마고헌수麻姑獻壽라는 말에서 이런 추리가 가능하다. 마고헌수는 삼신인 궁희와 소희가 복숭아 나무에서 복숭아를 따서 마고에게 바친다는 말이다. 마고는 이 복숭아를 받아서 새로운 생명이 태어나게 점지해 주는 일을 한다. 이 순간에 남녀가 교접하고 임신이 되어 새로운 생명이 탄생하게 된다. 이때 마고의 화신인 여자가 느끼게 되는 것이 아마 성적인 쾌락일 것이다. 이것이 마고의 맛일 것이다.

49. 오작교의 백조좌 : 오작烏鵲은 견우와 직녀(인류의 시조)의 자손을 상징하는 새들로 효孝를 나타낸다. 이를 보면 백조 십자가는 인류의 시조에게 마고지나시대에 효를 강조했던 별자리로 볼 수 있다.
십자가가 예수의 희생으로 이루어진다는 대속의 의미는 후대에 종교 이데올로기, 정치 이데올로기가 만들어 낸 도그마로 볼 수 있다.

50. 오행五行 : 금金, 목木, 수水, 화火, 토土를 오행이라 하는데, 지구에 있는 5가지 원소를 말한다. 오행에 속한 각 원소는 서로 만나면서 상생相生하거나 상극相剋한다. 상생하는 것은 서로 돕는 것이고 상극하는 것은 서로 해치는 것이다. 목은 토를 해치고 화를 돕는다. 금은 목을 해치고 수를 돕는다. 수는 화를 해치고 목을 돕는다. 오행에는 이러한 이치가 있다.

51. 오행五行에서 말하는 화火 : 동양의 고대인인 마고족, 풍이족, 동이족은 우주에 4가지 원소가 있다고 보았다. 그것이 수화목금水火木金이다. 이를 사행四行이라 하였다. 사행에는 토土가 골고루 배속되어 있다. 그러나 동이족에서 요堯가 나와 사행에서 토를 독립시켜 오행五行이라 하기 시작하였다. 이를 '오행의 반란反亂'이라 한다. 단군왕검은 환부鰥夫(오안네스)를 보내어 국가철

학에 반하는 요를 토벌하였다(사신도四神圖 참조-오신도五神圖가 없다). 오행사상五行思想에서, 밝음을 화火로 보면 색깔을 적색赤色으로 표현할 수 있다.

52. 오행번호 1번 : 수水가 오행번호 1번이 되는 이유는 우주의 북쪽인 현무에서 수기가 제일 먼저 발생하기 때문이다. 이를 현무발기玄武發氣라고 하였다. 현무는 북쪽이라는 뜻이다. 현무의 아이콘은 거북과 뱀이 휘감긴 모습이다. 거북은 북쪽을 의미하고 뱀은 풍이족을 의미한다. 《부도지》는 마고의 딸인 궁희에게서 황궁이 태어났다고 하였다. 그가 태어난 순번이 1번이었다. 마고가 그의 자손을 마고성에서 추방했을 때 황궁이 그의 부족을 이끌고 간 방위가 북쪽이었다. 현무의 형상을 보면 이미 그때에 뱀을 인종 아이콘으로 쓰는 풍이족이 있었음을 알 수 있다.

53. 오화午火 : 12지지地支 중에서 오午의 속성屬性을 말한다. 오의 속성이 화火라는 뜻이다. 12지지에서 화의 속성을 가진 것은 사巳와 오午 둘이다. 사는 천상天上의 화이고, 오는 지상地上의 화이다. 오는 지상에서 생물生物을 기르는 화가 된다.

54. 외계문명, ~시대, 외계인 도래설 : 본서에서 외계문명에 대하여 관심을 갖는 이유는 우리의 선조인 마고와 한웅과 단군왕검이 천문도에 나타나는 곰 아이콘을 가지고 있고, 한인이 뱀 아이콘을 가지고 있기 때문이다. 이들 아이콘은 고대 천문도에 인류의 문화원형으로 기록되었다. 인종 아이콘이 별을 의미하므로 외래인이 도래했다는 추론이 가능한 것이다. 이 시대를 외계문명시대라 말할 수 있다. 외계문명시대는 본서에서 쌍여궁시대, 마고시대, 한인시대, 한웅시대를 말한다.

55. 외계문명 접촉, ~과의 조우 : 외계문명 접촉을 알 수 있게 해 주는 것이 지금까지 UFO출현을 목격하거나 외계인과 접촉했다는 사람들의 증언이 전부였으나 본서는 문자와 천문과 벽화 등을 분석하여 인류문명과 외계문명의 접점을 찾고자 시도하고 있다. 특히 문자가 역사적 산물이기 때문에 문자 안에 인류의 역사가 내재되어 있다고 보고 초문명시대超文明時代의 역사를 찾고자 시도한 것이다.

56. 요광성搖光星 : 북두칠성의 7번째 별. 파군검봉破軍劍棒이라 한다. 우주 제9구역정부에서 우주군이 출동하는 별이다. 천군의 발진기지가 된다.

57. 우루Ur, 우루Uru : 한12제국 중에 우루국虞婁國이 있었다. 우루국은 루수婁宿에서 온 사람들이라는 뜻이다. 루수는 〈천상열차분야지도〉의 28수 중에서

서방백호칠수에 속한 첫째 별자리이다.
우루가 우수에서 울려오는 진동소리일 수 있다. 루수에서 진동의 파장을 타고 지구로 날아온 외계인들이 있을 수 있다.

58. 우리를 강하게 만들고 : 영혼은 빛의 알갱이로 보이는 하나의 개체지만 이들 빛의 알갱이가 모이게 될 때 그 힘이 알 수 없는 우주적인 에너지가 된다고 볼 수 있다. 광자대光子帶와 같은 것이 그런 것이 아닌가 생각한다.
59. 우리를 하나로 만들어 주었어 : 다수의 종족을 하나로 만들었다는 것인지, 동계혈족의 여러 부족을 난일민족으로 만들어 주었다는 것인지, 만들어 주었다면 언제 그렇게 해 주었는지 설명이 필요하다고 본다.
60. 우사雨師 : 비의 신인데 그리스로 가서 제우스가 되었다고 볼 수 있는 신이다. 우사는 배달나라시대엔 풍백, 운사와 함께 중요 관직에 속했다.
61. 우주광宇宙光시대 : '어둠의 존재'와 '어둠의 불'의 결합은 '어두운 우주'와 '어두운 우주에서 반짝이는 별빛'으로 볼 수 있다. 지금은 어두운 우주가 있고 빛나는 별들이 있으므로 우주광시대로 볼 수 있는 시대이다. 어둠의 존재와 어둠의 불에서 우주광이 생겨났다. 오행으로 보면 어두운 우주는 수水에 해당하고 별빛은 화火에 해당한다. 수와 화는 상극이지만 지구가 세차운동으로 뒤집어지게 된다면 수와 화의 위치가 바뀌므로 바뀌는 동안 서로 극을 피할 수 있을 것으로 본다. 이때 마고시대는 한인시대로 바뀌고 한인시대는 한웅시대로 바뀌는 현상이 일어난다. 그러나 이러한 현상은 실제적인 현상이 아니고 인간의 생각이 만들어내는 관념적인 현상일 것이다.
62. 우주반란 : 지구상에는 어느 시대고 반란이 없었던 시대가 없었다. 동양에서 최초의 반란은 마고에 대한 한인의 반란을 들 수 있다. 지구 문명이 처음에 모성을 기반으로 시작되었다가 부성의 공격을 받아 지배당하게 되는 비운을 겪게 되었음을 고대의 신화를 보면 알 수 있다. 우라노스와 제우스가 여신들에게 휘두른 안하무인眼下無人의 폭력성을 예로 볼 수 있다. 한인시대엔 한웅이 반란을 일으켰고, 치우시대엔 황제가 반란을 일으켰고, 단군시대엔 소시머리가 반란을 일으켰다. 이렇게 인류역사는 반란의 역사로 맥이 이어져 있다.
63. 우주 뱀 : 레무리아제국의 창조신 Narayana. 머리가 7개 달린 뱀이다. 뱀이 우주를 유영遊泳하는 형상으로 표현하였다. 북두칠성을 상징한다.
64. 우주선에다 자식을 실고 : 〈단군신화〉 등 신화에서는 동남동녀 3,000명으로

기록되어 있다.

65. 우주알 : 우주알에서 난생족卵生族이 태어난다. 새를 아이콘으로 가지고 있는 조이鳥夷들이 탄생하였다고 볼 수 있다. 난생족은 노가鷺加·학가鶴加·응가鷹加·계가鷄加 등이다. 이들의 후손이 고주몽·박혁거세·김수로왕 등이다. 우주알의 실체에 대해서 인류는 알지 못한다. 다만 그것이 UFO일 가능성이 있음을 점쳐 볼 뿐이다. 오늘날 한성무당이 굿을 할 때 홍갓에 백로 깃을 2개 꽂는 것은 노가의 유습이라 볼 수 있고, 3두頭매를 그려 부적으로 쓰는 것은 응가의 유습이라 볼 수 있다. 신라가 계림에 도읍한 것은 신라 사람이 계가 출신이었음을 의미한다고 볼 수 있다.

66. 우주연합宇宙聯合 : 우주문명에 관심을 가진 사람들은 우주가 9개의 권역으로 나뉘어 있다고 보는 듯하다. 지구는 제9구역에 속해 있고, 많은 행성이 우주연합에 가입되어 있다고 한다.

67. 우주원宇宙垣 : 자미원의 궤도가 간방艮方(동북방)에서 곤방坤方(서남방)을 잇는 원형의 울타리가 되므로 우주원이라 한 것이다.

68. 우주율법 : 우주의 율법에 2가지가 있다. 단군왕검이 공법公法이라 한 〈천부天符〉와 〈오미금지법五味禁止法〉이다. 천부는 우주의 운행인 공전公轉과 지전地轉에 관한 법률이고, 〈오미금지법〉은 우주에서 살아가며 지켜야 할 법이다.

69. 우주정벌전쟁 : 북두칠성에 근원을 둔 아리안족이 우주에서 태미원을 건설하기 위하여 벌인 전쟁. 1만 년 전에 우주에서 벌인 전쟁으로 생각된다. 한인천제는 이 전쟁에서 마고를 이겨 지상에 내려와 한제국을 건설할 수 있었다.

70. 우주전쟁시대 : 우주전쟁시대는 우주전쟁시대가 지구전쟁시대와 복합되어 있는 시대이다. 〈아리안문서〉와 동이족의 신화와 역사를 맞추어 보면 북극오성과 북두칠성을 우주군대가 발진하는 전진기지로 두고 여기에서 출동하여 〈천상열차분야지도〉에 나타나 있는 자미원과 태미원과 천시원에서 광범위하게 우주전쟁이 벌어졌음을 알 수 있고, 또한 지구상에서도 이들 우주군대가 전쟁을 벌였음을 알 수 있다. 가령 지구 상공에서 공중전을 벌이다가 추락하는 경우에 지상전으로 연결되었을 것으로 보는 것이다. 대한민국의 선임국가인 조선왕조 초기의 태종과 세종시대의 무장이었던 이순몽李順蒙 장군의 기록 가운데에 UFO의 추락으로 보이는 기록이 발견되는

점으로 보아서 지금으로부터 500년 전에도 우주전쟁은 있었을 것으로 생각된다. 〈아리안문서〉를 제공해 준 로버트 모닝 스카이 선생의 조부가 추락한 우주인을 그의 친구들과 함께 치료해 주었다는 진술도 있으므로 지금 시대에도 우주전쟁은 계속되고 있다고 볼 수 있다.

71. 웅熊 : 웅자는 원래 고비라는 짐승을 의미하는 문자였다. 인디언에 호비족이 있는데 고비가 호비로 발음되고 있다고 생각된다. 풍이문자인 금문에 고비를 의미하는 우禹자가 남아 있다.
〈단군신화〉에 나오는 호랑이는 고비나 호비의 와전이었을 것으로 본다. 호랑이인 호虎가 아니라 곰과 닮은 고비인 호비로 보는 것이다. 그러므로 지금 우리가 호랑이로 보는 것은 잘못 보는 것이라고 말할 수 있다. 한웅천왕이 곰과 호비(고비)에게 주선해 준 동굴게임에서 호비가 곰에게 져서 곰에 동화된 것이라고 보면 맞을 것이다.
〈아리안문서〉에서 웅은 달과 북두칠성이 보여주는 밤의 불꽃을 의미한다. 천문에서 곰을 의미하는 웅은 대웅大熊(큰곰)과 소웅小熊(작은 곰)으로 나뉘어져 있다. 웅熊자는 웅족熊族을 창설한 한웅천왕을 상징하는 문자이다. 곰을 의미하는 웅熊자는 고비를 의미하는 우禹자와 같은 문자이다.

72. 웅상雄常 : 조상신으로 모실 신목神木을 정하고 신목에 오색으로 옷을 해 입히는 것을 웅상이라 한다. 웅상의 웅은 한웅천왕을 의미하고 상은 항상 받들어 모신다는 뜻이다. 한웅천왕의 후예들이 한웅천왕을 천궁天宮의 관리자로 모시기 위하여 웅상이라 하였다고 볼 수 있다.

73. 웅녀熊女 : 마고, 직녀, 매화부인, 웅녀, 칠성의 부인, 한웅의 부인은 다 웅녀다. 마고가 신화적 변용變容을 거쳐 다르게 불리고 다르게 인식된 것이다. 《성경》에서는 마고가 음녀淫女로 왜곡되었다.
〈단군신화〉에서, 웅족의 여자와 호족의 여자가 성인의식이 행해지는 동굴에 함께 가서, 두 여자가 한웅이 시키는 대로 각각 자기 부족의 아이콘인 곰 가죽과 호랑이 가죽을 쓰고 마늘과 쑥을 먹고 21일 동안 금기를 지키기로 하였다. 그러나 웅족의 여자는 금기를 지켜 곰 가죽을 벗을 수 있었지만 호족의 여자는 금기를 지키지 못하여 호랑이 가죽을 벗지 못하였다. 이리하여 곰 가죽을 벗은 웅족의 여자가 아직 호랑이 가죽을 벗지 못한 호족의 여자를 이길 수 있었다. 이후로 웅족 여자는 곰 가죽을 뒤집어 쓰지 않아도 되었다. 신모神母로 대접받게 된 때문이었다.

74. 웅족 : 곰을 인종 아이콘으로 쓰는 민족이다. 배달나라를 구성하는 인종 중에서 중심이 되는 인종이었다. 하늘에서는 대웅과 소웅으로 나타나고 땅에서는 웅족이라 하였다. 웅족 중에서 화이로 떨어져 나간 인종은 유웅有熊이라 하였고, 동이족에 잔류한 인종은 신웅神熊이라 하였다. 신웅족에서 단군왕검이 출생하였다. 웅족은 북극오성족北極五星族, 소웅성족小熊星族. 마고, 한인, 한웅, 단군왕검으로 구성된 자미원紫微垣의 로열페밀리(the royal family)이다.

75. 원시 마고시대 신앙의 표상인 T자 : 마고시대의 신앙은 삼신신앙이었다. 삼신신앙은 인간으로서는 인류의 조상이 된 마고, 궁희, 소희를 삼신으로 모시고 숭상하는 신앙이었고, 우주에서는 해, 달, 북두칠성을 천부삼인으로 모시고 숭상하는 신앙이었다. T자는 삼신을 나타내는 의미로 보인다.

76. 원시무교原始巫教, 원시신앙체계 : 원시무교는 원시신앙체계를 형성하고 있다. 이를 원시 샤머니즘이라 말할 수 있다. 원시무교의 신앙체계는 선철학仙哲學에 편입되어 있는 부분과 선종교仙宗教에 편입되어 있는 부분이 있다. 선철학에는 천문학적인 요소가 있고, 선종교에는 점성학적인 요소가 있다. 이들 천문학적인 종교가 지상에 뿌리를 내리면서 선철학과 선종교가 되었다고 볼 수 있다.

77. 원시인디언 : 동양의 끝에서 동이족東夷族이 이동하여 미국땅에 살았을 것으로 추정되는 인디언 원주민들. 동양에서 미국땅으로 건너가서 아메리카 인디언이 된 사람들은 대한민국 사람들과 언어, 인종, 생활, 문화 등 여러 방면에서 닮은 점을 가지고 있다. 이들 종족은 뱀을 토템으로 하거나 곰을 토템으로 하는데, 뱀을 토템으로 하는 인디언은 풍이족風夷族의 후예라 할 수 있고, 곰을 토템으로 하는 인디언은 웅족熊族의 후예라 할 수 있다.

78. 원형문화原形文化 : 인류가 생산해 낸 신화를 원형문화라는 관점에서 분석하면 뱀과 거인이라는 2개의 아이콘을 도출할 수 있다. 이는 인류가 뱀과 거인이라는 2개의 아이콘을 가지고 각 인종이 자기의 문화를 발전시켜 나갔음을 의미하는 것이라 볼 수 있다. 이런 것이 원형문화이다.

79. 원형인간 : 태초의 인간. 풍이족의 원형인간은 한인천제로 볼 수 있다. 복제인간의 경우 줄기세포를 제공해 준 자가 원형인간이 된다고 볼 수 있다. 이러한 관점에서 보면 현생인류의 전단계의 인류를 원형인간으로 볼 수 있다.

80. UFO에 대한 기록 : 세종 때의 기록이 있다. 경기도 여주 이천 땅에 외계인이 탄 UFO가 추락했다가 다시 떠서 하늘로 사라지는 사건이었다. 이종무 장군의 수하에서 절제시를 지낸 이순몽李順蒙 장군의 목격담이다.

광해군 때의 기록이다. 그때의 기록은 다음과 같다. 1609 기유년 9월 26일 계묘일 이형욱李馨郁 강원감사의 보고이다. 8월 25일 춘천부에서 있었던 일이다. 날씨는 청명했고 오시에 동남 쪽 하늘에서 화광火光이 보였는데, 모양은 큰 동이와 같았고, 동남쪽에서 생겨나 북쪽을 향해 흘러갔다고 하였다. 크기는 매우 컸고 빠르기는 화살 같았나. 한참 뒤에 불처럼 생긴 것이 점차 소멸되고, 청백靑白의 연기가 팽창되듯 생겨나 곡선으로 나부끼며 한참 동안 흩어지지 않았다고 하였다. 얼마 있다가 우레와 북 같은 소리가 천지를 진동시키다가 멈추었다.

같은 날 미시에 양양부襄陽府에서는 품관品官인 김문위金文緯의 집 뜰 가운데 처마 아래의 땅 위에 갑자기 세숫대야처럼 생긴 둥글고 빛나는 것이 나타나, 처음에는 땅에 내릴 듯하더니 곧 1장 정도 굽어 올라갔는데, 마치 어떤 기운이 공중에 뜨는 것 같았다. 크기는 한 아름 정도이고 길이는 베 반 필匹 정도였는데, 동쪽은 백색이고 중앙은 푸르게 빛났으며 서쪽은 적색이었다. 쳐다보니 마치 무지개처럼 둥그렇게 도는데, 모습은 깃발을 만 것 같았다. 반쯤 공중에 올라가더니 온통 적색이 되었는데, 위의 머리는 뾰족하고 아래 뿌리 쪽은 자른 듯하였다. 곧바로 하늘 한가운데서 약간 북쪽으로 올라갔다가 흰구름으로 변하여 선명하고 보기 좋았다. 이어 하늘에 붙은 것처럼 날아 움직여 하늘에 부딪칠 듯 끼어들면서 마치 기운을 토해내는 듯하였다. 갑자기 또 가운데가 끊어져 두 조각이 되더니, 한 조각은 동남쪽을 향해 1장 정도 가다가 연기처럼 사라졌고, 한 조각은 본래의 곳에 떠 있었는데 형체는 마치 베로 만든 방석과 같았다. 조금 뒤에 우레 소리가 몇 번 나더니, 끝내는 돌이 구르고 북을 치는 것 같은 소리가 그 속에서 나다가 한참 있다가 그쳤다. 이때 하늘은 청명하고, 사방에 구름 한 점 없었다.

81. 유인시대有因時代 : 황궁 다음시대로서 한인시대의 윗 시대가 된다. 유인有因에는 인국因國이라는 의미가 있다. 인국 다음에 한국桓國이 태어났다고 볼 수 있다. 한국 다음에 배달나라가 태어났는데 나라那羅는 국들이 모여서 이루어지는 제국帝國을 말한다. 《부도지》에서 유인시대가 1천년이라 하였다.

82 유카탄Yucatan 반도 : 아메리카 중부, 멕시코 동남쪽에 튀어나온 반도로 마야

문명의 유적지이다. 마야문명의 발상지인데 16세기에 스페인 정복자에 의하여 멸망하였다. 마야문명이라면 태양숭배, 인신공희人身供犧이다. 이곳이 신성한 곳이었으므로 케찰코아틀이 십자 배화의식을 거행하여 스스로 인신공희하였을 것으로 볼 수 있다.

83. 유태인 : 유태인의 지식인들 중에 한민족과 유태민족이 동족이라고 생각하는 이들이 많다고 한다. 《구약성경》에 나오는 단지파가 한민족이기 때문에 그렇게 생각한다는 것이다. 실제로 이스라엘이 건국될 때 다음과 같은 일화가 있었다. 이스라엘 건국당시 이스라엘 건국영웅 벤 구리온 장군이 UN의 이스라엘 건국 결정에 따라 UN에 청원서를 내게 되었는데, 당시 벤 구리온 장군은 "우리 민족의 조상은 오랜 옛날 아무르강(흑룡강) 하류 동쪽 바닷가 쪽에서 살다가 오늘의 서쪽으로 이주해 왔다고 합니다. 그러므로 우리는 조상의 땅, 아무르강 하류, 해 뜨는 곳에 나라를 세우고자 합니다." 라는 내용이었다. 그렇다면 그들의 문화가 홍산문화와도 관련이 있다고 볼 수 있다. 이스라엘에서 출토된 주화에 바알신이 새겨져 있는데 바알신을 바람의 신으로 볼 수 있다. 바알신의 원형이 대한민국의 〈무신도〉에 '백호를 탄 마고대신'에 나타나 있다. 멕시코의 카라콤 쪽에서는 출토된 도장에 '바람의 신이 표범을 타고 있는 형상'의 도안이 새겨져 있어 우리민족과의 관련성을 찾을 수 있다. 단지파의 단은 단군왕검과 관련이 있을 것이다. 한 12제국 중에 우르라는 국가가 있었는데 우르가 이스라엘의 조상 아브라함이 떠난 곳의 지명과 일치하므로 이 또한 관련이 있을 것으로 본다.

84. 율법위반律法違反 : 마고시대의 율법인 〈4미味의 법〉 위반을 말한다. 백소와 흑소가 포도를 따먹어 〈사미의 법〉을 위반하였다.

85. 율려律呂 : 진동과 파장. 생명이 태어나는 진동인 생기生氣로 볼 수 있다.

86. 은하수銀河水 : 수도 서울을 관통하는 한강漢江은 은하수의 다른 표현이다. 한양漢陽은 은하수 위를 지나가는 태양이라는 뜻이다. 경복궁景福宮의 경복景福은 서울의 머리 위에 뜨는 태양이 복을 준다는 뜻이다. 대한문大漢門은 은하수에서 하늘로 통하는 문이라는 뜻이다.

87. 음양조화陰陽造和 : 2태극을 양태극兩太極이라 하는데, 양태극은 음과 양이 대립하고 투쟁하는 속성을 가지고 있다. 음陰이 화火이고 양陽이 수水라 상극하기 때문이다. 음양상극을 조화시키려면 제3의 극이 필요하게 된다. 이 제3의 극이 제3태극이다. 색은 황색이고 성질은 토이다. 그래서 토를 분리

하면 조화가 깨지기 때문에 아니 된다고 했던 것이다. 제3의 극이 음과 양 사이에서 조정자 역할을 해야 하는데 이러한 역할을 할 수 있는 것은 토를 조정하는 역할로 신적인 역할이 될 수 밖에 없을 것이다. 조정자가 들어가 양쪽을 중화시키면서 삼태극으로 자리 잡는다. 그렇다고 신은 직접 하지 않는다. 신의 대리자가 필요한데 그가 인간이다. 그래서 신적인 역할을 수행하는 인을 신인神人이라 하였다.

88. 음양합일의 도道로 무巫의 영원성을 가르치는 갑골 문자체의 무巫자: 무巫자의 이미지는 왼쪽에서는 남자가, 오른쪽에서는 여자가 우주 회전축을 의미하는 천추天樞를 돌리고 있는 형상이다. 북극오성은 우주의 중심에 천추성이 있고 천추성에 연결되어 있는 긴 끈을 마고인 황후성과 한웅인 서자성 부부가 돌리고 있는 형상의 문자이다. 서자성 뒤에 한인인 천제성이 있고 그 뒤쪽에 단군왕검인 태자성이 있다.

89. 이괘離卦: 이괘는 양효 2개에 음효 1개로 구성되어 있다. 외양은 중년여성의 형상을 취하고 있지만 내면은 중년남성의 속성을 감추고 있다. 중년여성인데 여성적인 기질보다 남성적인 기질이 강함을 나타낸다. 그래서 속성을 화火라 하였다. 수가 화를 극하고 방위는 남쪽이며 색은 적색이라 하였다.

90. 이들의 종교철학은 평화: 이 말을 고대 언어로 바꾸면 도道와 덕德이 된다. 단군왕검이 세운 조선의 국가 이념은 사덕四德이었다. 사덕은 원형이정元亨利貞을 말한다. 원형이정은 사계절의 운행으로 홍익인간弘益人間의 기초가 되는 것이다. 홍익인간을 가르치는 것을 덕교德敎라 하였다. 조선 이전의 나라인 배달나라에서는 재세이화在世理化의 도道라는 철학적인 개념이 확립되었다. 이를 가르치는 것을 태백진교太白眞敎라 하였다. 이를 보면 중아메리카 인디언이 배달나라 말기나 단군조선 초기에 중아메리카로 이주해 갔을 것으로 생각된다.

91. 인간복제人間複製: 마고의 체세포를 배양하여 복제인간을 만드는 일. 무제국 멸망 이후에 마고가 1차로 복제되어 태어난 인간이었다면 앞으로 지구 멸망 이후에 태어날 인간은 2차로 복제되어 태어나는 제2의 마고형 인간이 될 가능성이 있다. 복제형 인간은 8여의 음에서 태어났다고 볼 수 있다.

92. 인디언 여인들의 베 짜는 기술을 가르친 여신: 직녀는 베 짜는 기술을 인류에게 가르친 여신이다. 그가 마고이다. 직織자와 마麻자의 호환성에서 이를

추론할 수 있다. 마를 발견함으로서 베를 짤 수 있기 때문에 이렇게 볼 수 있는 것이다. 베를 짜는 집안을 베가라 하였다. 베가는 직녀성이라는 뜻이다. 《조선기》에서는 단군왕검의 비인 하백녀가 백성들에게 베를 짜서 옷을 짓는 법을 가르쳤다 하였다. 그렇다면 마고가 베(삼베) 짜는 법을 가르쳤다고 볼 수 있다.

93. 인류가 무당의 시대로 돌아가야만 할 이유 : 고원 최치원 선생이 말한 대로 유·불·도가 하나로 통합되어 선으로 회귀될 때라야 가능할 것이다. 격암 남사고 선생은 그 시대를 사라진 선교仙敎가 다시 회복되어 중흥하게 될 시대로 보았다. 그때에 세상은 인仁을 가르치게 될 것이고 인은 천지인天地人이라 하였다. 즉 삼신사상을 가르친다는 말이다. 천지인사상을 나타낸 문자가 무巫자이다.

94. 인류문명사人類文明史 : 필자는 인류문명사가 외계에서 지구로 날아온 마고에서 시작되었다고 본다. 마고麻姑의 마麻자가 엄广+임林자이므로 엄广자를 그가 타고 온 우주선을 의미한다고 보고, 또한 우주선이 내린 곳이 원시인이 살고 있는 원시마을을 의미하는 임林으로 보는 것이다. 고姑자가 여女+고古자이므로 원시인들에게 마고가 나타나서 하늘을 향하여 제사지내는 법을 가르쳐 준 여신적 존재이므로 인류문명사는 마고가 지낸 제사에서 시작되었다고 볼 수 있다. 마고를 지구에서 인류문명을 처음 시작한 사람으로 해석하고자 하는 이유가 여기에 있다.

95. 인류 문명의 샤머니즘 : 마고가 선조仙祖이고 무조巫祖라는 관점에서 보면 샤머니즘은 이 두 가지가 혼합된 형태였다고 볼 수 있다. 또한 마고가 외계인 아리안이라는 관점에서 보면 선과 무가 외계인에게서 온 문명으로 볼 수 있을 것이다. 본서는 마고를 직녀성에서 온 분으로 보고 풍이족의 조상인 한인을 북두칠성에서 온 분으로 본다. 본문은 풍이족이 마고를 풍이족의 어머니인 사모巳母(샤먼)로 인정하고 사모에게서 선과 무를 받아들여 샤머니즘으로 불리게 되었을 것으로 보고 쓴 글이다.

96. 인류의 씨앗이 외계에서 왔다 : 본서에서 아리안족은 직녀성 쪽에서 오고 두락안족은 북두칠성 쪽에서 왔다고 본다. 이들이 종교를 시작하면서 타부Taboo(종교상의 금기)라는 관념을 이끌어 왔다고 볼 수 있다.

97. 인류의 조상 나반那般과 아만阿曼 : 《삼성기전》 하편에서 인류의 조상을 나반과 아만이라 하였다. 서로 만난 곳이 아이사타이고 구한의 무리는 다 이들

의 후손이라 하였다.

98. 인디언 십자가 : 인디언 십자가는 조선시대 4행철학을 상징하는 도표로 볼 수 있다. 4개의 T자가 십자가 형상으로 연결되어 있는데, T자는 칠성을 의미하는 7자(풍이문자로 七자, 금문으로 十자)로 볼 수 있다(제5부 마고변천사 〈그림1〉 참조).

99. 일석삼극 운삼사성환 : 〈천부경〉은 1~10수로 구성되어 있는데. 해설에 속하는 부분을 빼면 1~5는 전반부가 되고, 6~10은 후반부가 된다. 1~5에 일석삼극一析三極 운삼사성환運三四成環이 들이가 있다. 일석삼극은 1이 3수로 분화해 나간다는 뜻이고, 운삼사성환은 3수가 4를 완성하고 4수는 원으로 완성이 된다는 뜻이다. 그러므로 3수는 분화의 원리를 제시했고, 4수는 완성의 원리를 제시했다고 볼 수 있는 것이다.

100. 일월칠성日月七星 : 일월칠성 중에서 칠성은 두斗로 표시한다. 그래서 일월칠성은 일월두日月斗가 된다. 일월두는 다시 명두明斗라 한다. 명두는 천부삼인이다.

ㅈ(J)

1. 자기가 태어난 고향 : 인간에게 자기가 태어난 고향은 그가 어느 시대에 태어났느냐에 따라서 달라진다. 직녀성시대에 태어난 사람은 자기의 고향이 직녀성이 되고, 천추성시대에 태어난 사람은 자기의 고향이 북두칠성이 된다. 이는 마치 아버지의 고향에서 태어났느냐, 아니면 어머니의 고향에서 태어났느냐 하는 차이인 것이다.

2. 자미원紫微垣 : 대한민국 조상나라로서 4번째 나라인 조선朝鮮의 제3세 가륵단군 때 만든 것으로 보이는 〈천상열차분야지도天象列次分野之圖〉에 그려진 중심이 되는 하늘. 북극성이 중심에 그려져 있고 조선 사람의 조상이 되는 마고별인 황후성, 한웅천왕별인 서자성, 한인천제별인 천제성, 단군왕검별인 태자성이 있어 로열패밀리를 구성하고, 자미원 외곽에 자미원의 우주정부인 북두칠성이 있다. 자미원의 하늘 울타리에 걸쳐서 직녀성이 있다. 음력 칠월칠석날 저녁의 천문을 그린 것이다.

3. 자시子時 : 자子는 12지支인 자축인묘진사오미신유술해子丑寅卯辰巳午未申酉戌

亥에서 첫 번째 자리에 있으므로 시작한다는 의미가 있다. 시작하는 시간이라는 뜻이다. 12지의 시간은 2시간 단위로 넘어간다. 그래서 24시간이 채워지는 것이다.

4. 자홍빛 쿼양눕투Qoyangnuptu의 시대 : 자홍빛은 자미紫微로 볼 수 있는 색이다. 따라서 자홍빛 쿼양눕투Qoyangnuptu의 시대는 〈천상열차분야지도天象列次分野之圖〉에서 자미원紫微垣 전체에 해당하는 시대로 볼 수 있는 시대이다. 자미원에는 인류의 시조별자리인 북극오성 별자리가 있다. '쿼양'은 '큰 양'으로 볼 수 있고, '눕투'는 누워있는 넓은 땅으로 볼 수 있다. 이렇게 보면 자홍빛 쿼양눕투는 '자미원에 큰 양이 누워 있는 시대'로 볼 수 있다. 이 시대는 12궁도에서 미未에 해당하는 시대이다.
5. 재세이화在世理化의 도道 : 배달나라의 통치철학, 배달나라의 종교인 태백진교에서 나왔다. 태백은 산이라는 뜻이고, 진교眞教는 선仙이라는 뜻이다. 그러므로 산상선교山上仙教라 말할 수 있다. 재세이화는 산상선교를 제상에 적용시켜 쓴다는 뜻이다. 태백진교는 "도를 천부에 두고, 지구가 자전하는 이치에 합치하도록 거슬림이 없도록 한다"고 하였다. 즉 "하늘의 도리인 천도와 지도에 따른다"는 선포였다. "다스림은 화백으로 한다"고 하고, "책임져야 할 일은 책화로 진다"고 하였다.
6. 저기 태양이 있다 : 태양이 처음으로 조상으로 인식되기 시작한 때로 볼 수 있다. 이때의 태양은 한인천제를 의미한다. 한桓이라는 문자에 동쪽 하늘에 떠오르는 태양이라는 의미가 있다.
7. 저 별들 사이에서 탄생 : 외계인으로 보이는데 어떤 외계인인지 개념을 정립해 둘 필요가 있다. 세차운동에 의하여 직녀성이 북극성이었던 시대에 태어난 직녀의 자손 혹은 그보다 오래 전에 태어난 외계인으로서 칠성의 자손 하듯이. 《태백일사·삼신오제본기》에서, "천해天海, 금악金岳, 삼위三危, 태백太白은 본디 구한九桓에 속한 것으로 9황皇64민民은 구한의 후예이다. 일산일수一山一水가 각각 한 나라이다."라 하였다(天海, 金岳, 三危, 太白本屬九桓而盖六十四民皆 其後也 一山一水各爲一國). 세계의 인류가 모두 9황64민에 들어갈 것이므로 인종적으로 구분해 볼 필요가 있는 것이다.

《삼국유사》 신라시조 혁거세왕에, "양산 밑에 있는 나정 곁에 붉은 알이 있어 가져다 깨어 보니 동자가 나왔다. 그를 혁거세왕이라고 이름 지어 신라의 시조로 삼았다"는 기록이 있다. 그가 붉은 알에서 나왔다는 말은 요즈음

말로 UFO에서 나왔다는 말로 해석이 되므로 그의 능력이 출중하여 신라의 왕으로 삼아 시조가 되게 하였다는 기록이다. 그의 이름을 불구내라 하였는데 붉은 해라는 뜻이다. 그러므로 그가 태양처럼 세상을 밝힌나고 하여 이름을 혁거세라 하였다. 그가 죽어서 하늘로 올라갔다고 하였는데, 그가 외계인이므로 하늘로 올라갔다고 기록한 것이다.

8. 전사 복장의 케찰코아틀의 모습 : 케찰코아틀이 전사 복장을 하고 있다는 것은 전형적인 종교왜곡이 아닐 수 없다. 그를 떠받드는 자들이 케찰코아틀을 체제전복을 노리는 장군을 만들고자 하는 것이다. 그에게 어울리는 것은 그가 내세운 비폭력성으로 보아 한 장의 장삼長衫이면 족할 것으로 보인다. 그러나 그가 타고난 선성仙性은 호존성好戰性으로 대체되고 치우천왕과 같은 천왕의 역할을 맡게 되는 것이다.

〈그림 23〉 전사 복장의 케찰코아틀 캐릭터를 전통채색화로 그리지 않고 스케치했을 때는 차크라 상태에 있음을 의미한다고 한다.

9. 전사의 침묵 : 무당의 침묵, 무당의 기도, 무당의 명상

10. 전욱고양顓頊高陽 : 전욱고양(BC 2467년 즉위)은 중국의 금문학자 낙빈기駱賓基(본명 張璞君, 1917~1994)의 연구에 따르면, 유망(BC 2517년 즉위)의 장자 희화와 유망의 이복동생 황제(BC 2689년 즉위)의 딸 상아 사이에서 출생한 사람이다. 그는 유망의 나라 유백국이 황제의 유웅국에게 멸망한 후 황제의 아들 소호금천(BC 2474년 즉위)의 뒤를 이어 제위에 오른 사람이다. 그와 그의 뒤를 이은 제곡고신(BC 2420년 즉위)과의 싸움으로 개벽신화에 올랐다. 〈불주산 신화〉가 그것이다. 불주산에는 하늘을 떠받치는 하늘기둥이 있었다. 제곡고신은 전욱고양을 이길 수 없게 되자 하늘기둥을 허물어 버렸다. 이리하여 세상이 바뀌어 제곡고신의 천하가 되고 말았다. 이 신화의 근거가 되는 전쟁이 일어난 해를 《죽서기년竹書紀年》에서는 전욱고양 78년이라 기록하였다. 《죽서기년》이란 대나무를 얇게 쪼개어 만든 죽간에 기록한 역사서라는 뜻이다.

11. 전이轉移 : 곰이 뱀으로 전이되려면 어떤 원리가 작용해야 한다. 뱀이 새로 전이되고 뱀이 물고기로 전이되는 현상을 《산해경》과 《장자》에서 사화이조巳化而鳥, 사화이어巳化而魚라 하였으므로 웅화이사熊化而巳로 보면 될 것이다. 이러한 현상은 부족이 분화하는 원리를 말하는 것이다. 여기에서 인종 아이콘이 생겨난다. 즉 인종 아이콘 뱀에서 새나 물고기 아이콘이 나오는 것이다.

12. 점성학 : 점성학은 별로 길흉을 점치는 학문이다. 별의 기운이 인간에게 미친다고 보기 때문에 길운과 흉운의 추리가 가능하다고 본다. 무당들이 매일 점을 치기 위하여 접근하는 분이 대신 할머니인데 그들은 대신 할머니가 마고임을 모르고 있다. 돈을 벌게 하여 부자로 만들어주는 몸주 정도로 잘못 알고 있다. 이렇게 마고 할머니를 돈 버는 수단으로 악용하던 무당들이 죽으면 세상을 불안하게 만드는 빙의영憑依靈이 되어 멀쩡한 사람을 괴롭히게 된다고 본다. 빙의영의 빙憑자를 보면 빙憑가가 옛날에 하백이 다스리던 소도蘇塗에서 잘못 불린 영임을 알 수 있다.

13. 정화의 날을 대비할 수 있는 징표 : 붉은 옷을 입은 사람이 호피부족 배화클란이 가지고 있다는 전설적인 호피 보석이 떨어져 나간 부분을 들고 온다고 하였다. 붉은 옷을 입은 사람은 적포赤袍나 홍포紅袍를 입은 사람이다. 적·홍포는 감흥신령으로 오시는 단군왕검의 의대이다. 호피부족 배화 클란은 불로 제사를 지내는 풍이족의 제관집단이라는 말이다.

14. 제곡고신帝嚳高辛 : ☷☵지수사地水師괘는 두 가지 배경을 가지고 있다. 하나는 제곡고신의 국도로서의 배경이고, 다른 하나는 중여곤의 연고지로서의 배경이다. 지수地水는 이 두 가지 배경의 반영이라 볼 수 있다. 지수사괘에서 지地는 넓은 땅이고, 물도 넓은 물이다. 땅과 물이 서로 보완할 수 있는 요건을 갖춘 곳이 험독險瀆이다. 단군조선시대에는 이러한 곳을 왕검성이라 하였다. 지수사라는 문자에는 "왕검성을 다스리는 자"라는 의미가 있다. 다른 말로 그러한 곳을 곡부曲阜라 하였다.

제곡고신帝嚳高辛이라는 문자에는 땅을 유추할 수 있는 부수들이 여럿 보인다. 설입立, 두건건巾, 소우牛, 높을고高 등이 모두 땅 위를 유추하게 한다. 따라서 땅을 의미하는 지地로 볼 수 있다. 중여곤衆艅鯀은 배주舟자와 고기어魚자가 들어가 있으므로 수水로 볼 수 있다. 따라서 지수사 괘는 제곡고신과 중여곤이 관련되어 있는 괘라 볼 수 있다. 지수사괘는 제곡고신의 국도사가 중여곤과도 관련이 있음을 나타낸다. 원래 사가 중여곤의 땅이었다고 볼 수 있다. 제곡고신이 중여곤에게 물려주었어야 할 땅이었던 것이다. 그러나 제곡고신이 물려주지 않고 그의 측실의 아들 지摯에게 물려주는 바람에 제위를 빼앗긴 중여곤 쪽에서 가만히 있지 않았다. 중여곤은 사를 빼앗고자 그의 동생 여목과 함께 제곡고신과 지를 치기 위하여 출동하였지만 여목이 전사함으로써 수포로 돌아가고 말았다. 그가 제곡고신을 피하여 단허(왕검성)로 와서 왕검이 되게 된 이유가 여기에 있었다. 지수사에서 사師는 제곡고신의 국도이다.

단국의 홍제 8년인 기사 8년(BC 2392)과 10년인 신미 10년(BC 2390)에 제곡고신의 군대가 서쪽 변방을 침범하였다. 첫 침범을 소풍의 군대가 수분하동쪽에서 격퇴하였다. 두 번째 침범은 서쪽으로 진격하여 크게 쳐 부셨다.

15. 조선朝鮮 : 마고지나, 한국, 배달나라에 이어 4번째로 세운 동이족의 나라. 무가舞歌에서는 월진국月盡國이라 한다. 월진국은 달이지는 곳에 있는 나라라는 뜻이다. 이 말은 해가 뜨는 곳에 있는 아침의 나라라는 뜻이다. 조선은 BC 2333년에 단군왕검이 세웠다. 홍익인간弘益人間을 국시로 내걸었고, 신시神市를 열어 호혜경제를 시행하였다. 대국大國을 9국, 소국小國을 12국을 거느렸다. 건국초기에는 동평국東平國과 구려국句麗國을 두었다. 조선은 웅족의 나라였다. 필자는 동평국 사람들의 일부가 베링해를 건너가서 아메리카에 정착했을 것으로 본다. 고고학 유물의 발굴지로 홍산, 대문구, 양저를 가지고 있으나 이들 땅이 지금 중국땅이 되어 있어서 근거가 없는 족속인 한족漢族의 유물로 둔갑하였다.

16. 종교 : 2,500~2,000년 전에 도교, 유교, 기독교가 세상에 나오기 12,000년 전에 삼신교가 나왔고, 8,000년 전에 태백진교가 나왔고, 4,300년 전에 덕교가 나왔다. 삼신교, 태백진교, 덕교는 모두 마고족과 풍이족과 웅족에게서 나온 종교였다. 마고족과 풍이족과 웅족이 모두 마고의 후손들이므로 이들 종교가 마고족에게서 나왔다고 볼 수 있다. 마고족에서 나온 종교를 모두 합하여 다른 말로 선교라 하였다. 선교의 종지는 해혹복본하는 것이다. 황제가 선교를 배우고 나서 도교를 독립시켰다. 이후로 선교에서 유교와 불교가 독립하였다. 선교는 조선이 진에게 BC 238년에 멸망하면서 급속히 쇠퇴하였고 선교가 무교로 바뀌어 명맥을 유지하였다. 오늘날에도 무교는 Shamanism이라는 이름으로 세계 각국에 형태를 달리하여 퍼져 있

다. 앞으로 각 종교가 할 일은 마고의 종지를 받들어 해혹복본해야 하는 일이고 분열된 종교를 하나로 통합시켜야 할 일이다. 격암 남사고 선생은 그때가 올 것을 예언하였다.

17. 종교적 관념 : 종교적 관념은 인간이 만들어내는 것이지 신의 속성은 아니다. 종교적 관념은 인위적이고 작위적이며 사술詐術이 많다. 돈을 벌 수 없다면 몇 사람이나 자신을 속이고 남을 속이는 그 번거로운 짓을 하겠는가. 그러나 종교적 관념이 마고의 유시라는 당위성 속에서 잉태된다면 종교로 존재해도 괜찮을 것이라 본다. 모든 종교의 시작이 해혹복본이라는 마고의 유시에 있기 때문에 이런 말을 할 수 있는 것이다.

18. 종묘제례宗廟祭禮 : 종묘제례는 역대 제국들이 궁궐 안에 사당祠堂을 지어 천제와 천왕과 왕검의 신상이나 위패를 모셔두고 봄, 여름, 가을, 겨울 1년에 4번 정시제定時祭를 지냈고 필요에 따라 임시제를 지냈다. 종묘는 궁월 안에서만 지내므로 대사大祀라 하였다. 그러나 후에 궁월 안에 지은 사당에 당대 국가의 조상들만을 모셨고, 전대 국가의 제사는 명산대천에서 모시면서 이를 중사中祀라 하였다. 대사를 지낼 때 입는 관복을 금관조복金冠朝服이라 하였고 대궐 밖에서 입지 않았다. 지금은 조선왕조시대의 종묘가 창덕궁 곁에 있다. 역대 제국의 종묘는 모두 없어져 남아 있지 않고 다만 역사기록에만 남아 있다.

19. 중원中原 : 현재의 중국 대륙에서 서역과 만주를 뺀 가운데 부분을 중원이라 한다. 옛날엔 판천阪泉이라 하였다. 이곳이 치우천왕과 황제가 10년 전쟁을 치룬 곳이다. 판천의 10년 전쟁은 탁록涿鹿에 가서 치우천왕의 패배로 결말이 났다.

20. 지구를 하나의 제국으로 일성一星 일국一國을 표방하던 한인천제국은 테라 외계인들의 내분과 반란으로 와해되어 버리고 말았다 : 테라 외계인들이 지구에 처음 세운 문명은 바다에 침몰한 아틀란티스 문명이었다고 한다. 그들은 마고문명과 한국문명 건설에도 관여하였다. 위 인용문은 왜 한국이 실체를 지상에 남기지 못하고 거의 흔적없이 사라지게 되었는가를 설명하고 있다. 앞으로 우리 역사가들의 과제는 천문에서 테라 외계인들의 사라진 역사를 찾아내는 일이 되어야 할 것이다.

21. 지구에서 철수 해버린 한인천제 : 풍이족의 핵심세력이 지구에서 철수한 때라면 한웅과 웅녀가 동굴에서 3, 7일 기도 후에 공동의 웅족이 되기로 동맹

을 맺었을 때였을 것이다. 이들이 지구를 떠나서 안착하게 된 곳이 북극오성이었다고 생각된다.

22. 지구 정화의 날, 즉 제4차 심판의 날 : 정화의식을 하는 방법에는 물청소로 하는 방법, 불청소로 하는 방법, 대량의 인종청소로 하는 방법이 있다. 앞으로 올 정화의식은 대량의 인종청소가 될 것이다. 《성경》과 《불경》에서는 불청소를 예언하였고, 격암 남사고 선생은 전쟁을 통한 인종청소를 예언하였다.

23. 지극한 자연에 대한 경외심과 상생철학 : 이 말을 고대 언어로 바꾸면 할머니신앙과 할아버지신앙으로 옮겨가지 않을 수 없게 된다. 할머니신앙은 자손에게 돌 할머니를 정해주는 고인돌신앙이고 할아버지신앙은 자손에게 돌 할아버지(칠성바위-지석支石)를 정해주는 칠성님신앙이다. 북방민족은 이렇게 자연에서 할아버지와 할머니를 정해주는 신앙을 옹곤신앙翁袞信仰이라 하였다.

24. 지금 이 순간에도 살아 움직이는 역사이다 : 코미디 같은 유일세습체제를 다지기 위하여 의심스러운 자를 잡아다가 집단수용소에 보내고 더 의심스러운 자는 공개처형하는 새디즘적 정치행태가 지금도 한반도의 북쪽에서 공공연하게 자행되고 있다. 뿐만 아니라 남한의 해군도 잉카의 지배층들이 이웃 국가의 인민들을 잡아다가 인신공희의 제물로 삼았듯이 북한의 유일세습체제를 공고히 하기 위한 인신공희의 제물로 삼고 있다.

25. 지우제止雨祭 : 민가에서 부녀자들이 직녀에게 올리는 칠석제가 하늘이 공인한 지우제라면, 백성이 한인·한웅·단군왕검에게 올리는 삼성제三聖祭는 조선왕조시대에 국가에서 공인한 기우제祈雨祭였다.

26. 지위리智爲利 한인桓因 : 한12제국의 제7대 천제. 한12제국의 마지막 천제이다. 필자는 〈단군신화〉에 나와(UFO를 타고) 서자 한웅과 삼위(성)와 태백(성) 사이를 비행하는 사람이 한국의 시조인 한인천제 안파견이 아니라 지위리 한인으로 본다. 그가 한국을 서자(부 대인) 한웅에게 양위하였다. 제위를 물려받은 서자한웅은 9황64민을 함께 물려받아 한국의 이름을 배달나라로 고치고 민족의 이름도 구한九桓에서 구려九黎로 바꾸었다.

27. 지저 세계에서 올라온 망자들의 신 : 한국의 무교에서는 바리공주와 무장신으로 불리는 신이다. 바리공주와 무장신은 부부관계이고, 바리공주는 망자의 넋을 인도하여 지장보살에게 안내한다. 그러나 불교가 들어오기 전에는

지장보살의 역할을 인간의 죽음을 관장하는 칠성님이 하였을 것으로 본다.

28. 지천태괘地天泰卦 : 역의 64괘(卦) 중에서 천지가 화합하는 가장 좋은 괘가 지천태괘라 한다. 가장 좋지 않은 괘는 천지가 불화하는 천지비괘天地否卦라 한다.

29. 직녀성과 백조좌 : 백조좌가 오작교로서 효를 강조하는 별자리였다면, 누구에 대한 효인가를 알 수 있게 해주는 것이 하늘에서 천신(하느님) 다음의 실권자인 직녀에 대한 효로 볼 수 있다. 즉 대모에 대한 효요, 충성이었던 것이다. 칠성님과 매화부인의 사이를 알 수 있게 해 주는 무가사설이 변산 도당굿에 전해 온다. "손님네들 칠성님네 매화부인이 어찌 오시었소"하는 구절이 있다. 〈마마손님을 위한 손님석〉에 나오는 구절이다.

30. 직녀성시대織女星時代 : 지구의 세차운동으로 직녀성이 북극성이 되는 시대. 지구물리학자들에 따르면 12,500년마다 한 번 직녀성시대가 와서 우주가 직녀의 기운을 받게 된다고 한다. 직녀성시대는 지구의 회전축이 직녀성을 향하게 되는 시대이다. 《부도지》에 따르면 이때에 마고가 태어났고 마고성을 이룩하였고, 자손들을 낳았다고 하였다.

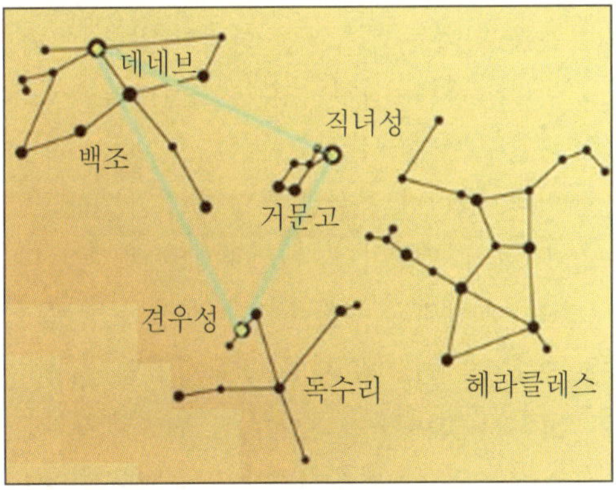

〈그림 24〉 직녀성과 견우성

31. 직녀성시대에 조상이 태어난 마고성 : 직녀성시대에 있었던 마고성은 직녀성에 하나, 지구성에 하나로 둘이 있었다고 볼 수 있다. 물론 마고본성은 직녀성에 있었을 것이고 지구에 있었던 것은 홀로그램이었을 것이다. 본성이 사라지면서 홀로그램도 사라졌을 것으로 보인다.

32. 징표徵表 : 태양신전太陽神殿(해신전), 태음신전太陰神殿(달신전), 칠성신전七星神殿을 은하수銀河水(한강漢江) 곁에 나란히 삼태성三台星의 형상으로 세웠고 또한 대엽사大獵師의 허리띠인 삼태성三台星을 나일강 가에 나란히 세웠다. 삼태성의 태台는 3개의 피라미드라는 뜻이다. 백제시대의 도성都城의 이름은 곰(한성漢城-은하수에 있는 서울이라는 뜻, 성城-울(울타리)이라는 뜻이다))이었고, 곰

을 모신 신전을 도당都堂(서울의 당집)이라 하였다. 이곳에 천부삼인을 모셔 두었을 것으로 생각된다.

ㅊ(CH)

1. 창조 신화에 나타나는 거미여인은 마고가 변형된 신격 : 거미여인에서 거미를 단군왕검으로 보면 여인은 단군왕검의 어머니 웅녀(웅족의 황후)이거나 단군왕검의 부인인 웅녀(단군왕검의 첫째 부인으로 웅심국왕熊心國王의 딸) 또는 두 번째 부인인 하백녀河伯女(소도의 주인이자 하백 소풍의 아들인 비서갑非西岬의 딸) 세 분 중 한 분일 것이다. 필자는 〈단군신화〉에 나오는 웅녀로 보고자 한다. 〈단군신화〉에 나오는 웅녀는 단군왕검의 어머니이다. 〈단군신화〉에 나오는 웅녀에는 복합적인 의미가 있다. 첫째는 마고와 곰이라는 신화적 변용이다. 둘째는 칠성님의 부인 매화부인이라는 신격神格의 부여이다.
2. 채널링 : 보통 사람이 마인드컨추럴로 마고에 접근한다는 것은 불가능한 일이다. 그러나 영험한 무당에겐 가능한 일이다. 채널링이 접신의 한 방법일 수 있기 때문이다. 채널링으로 제대로 마고대신에게 접근할 수만 있다면 선仙에 관련된 수많은 정보를 알아 낼 수 있을 것이다.
3. 천계天界 : 하늘의 세계. 천문학적인 우주의 세계이지 역학적易學的인 하늘의 세계가 아니다. 천문학적인 우주의 세계는 천天이고 역학적인 우주의 세계는 건乾이다. 천은 블랙홀Black hole, 웜홀Worm hole, 화이트홀White hole이 있는 우주이다. 건은 차크라 상태에서 도달할 수 있는 하늘로 볼 수 있다.
4. 천기성天紀星 : 천기라면 하늘의 역사라는 말이다. 하늘의 역사를 기록한 별이 천기성이다. 이 별자리가 직녀성 아래에 있으므로 직녀성의 역사를 기록한 별자리로 볼 수 있다. 이 별이 모두 9개이므로 직녀성시대의 역사가 9대를 이어 갔을 것으로 생각된다. 그렇지 않으면 지구의 세차운동이 모두 9번 있었다고 볼 수도 있다.
5. 천문도 동방창룡칠수와 항영 : 동방창룡칠수는 동방의 용인 한웅천왕을 의미하는 별자리이다. 풍이족 출신의 한인이 동방의 용이 되려면 태양으로 떠올라야 한다. 그를 태양으로 맞아들이려면 해맞이를 해 주어야 한다. 이 해맞이를 해 주는 사람이 조이족에 속한 오이족 출신의 항영이다. 그가 해

맞이를 해줌으로서 한인은 천제가 되고 한국을 개국하여 한12제국시대를 열게 된다. 이리하여 항영은 한인의 비가 된다.

6. 천보인天步人 : 별을 연구하는 천문학자나 별을 가지고 길흉화복을 점치는 점성가.

7. 〈천부경天符經〉: 〈천부경〉은 한인시대로부터 구전으로 전해오기 시작한 것이라 이 세상에서 가장 오래된 경문이다. BC 3897년에 한웅천왕이 신지혁덕에게 명하여 녹도문자로 기록하여 후세에 전해지기 시작한 경문經文으로 81자로 되어 있다. 고려시대 사람 민안부閔安富의 문집에 실려 있었고, 신라 말에 고원 최치원 선생이 한자로 번역한 번역본이 전해온다(《태백일사太白逸史 소도경전본훈蘇塗經典本訓》 참고). 《태백일사》는 사라진 배달나라역사라는 뜻이며, 〈소도경전본훈〉은 소도에서 선교의식仙敎儀式에 송념誦念되던 경전이라는 뜻이다. 사학계에서는 단제 신채호가 위작으로 판정했다는 설을 믿어 위작으로 보고 있으나 북한에서는 진서眞書로 보고 있다. 갑골문과 금문에 없는 문자가 들어 있는 등 사료적인 가치가 높은 경문이다.

〈천부경〉에 기록된 일석삼극一析三極과 운삼사성환運三四成環을 동이족의 사유체계를 기록한 말로 볼 수 있다. 만물이 생성하고 분화分化하고 완성하는 이치를 기록하였다고 보는 것이다.

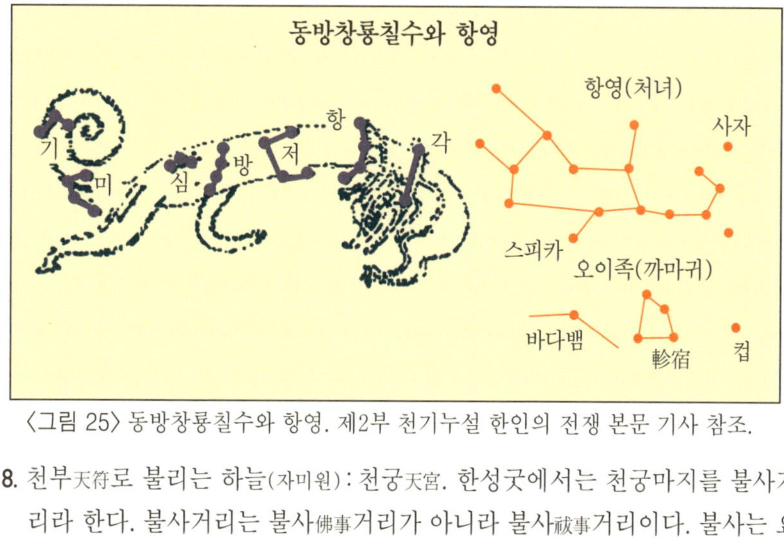

〈그림 25〉 동방창룡칠수와 항영. 제2부 천기누설 한인의 전쟁 본문 기사 참조.

8. 천부天符로 불리는 하늘(자미원) : 천궁天宮. 한성굿에서는 천궁마지를 불사거리라 한다. 불사거리는 불사佛事거리가 아니라 불사祓事거리이다. 불사는 요즘 말로 정화의식淨化儀式이다. 부정不淨을 쳐내는 의식을 말한다. 무당이 선

거리로 하기도 하고 경무經巫가 경문經文으로 하기도 한다. 그러므로 천부天符는 무당이 계불禊祓을 하여 정화된 하늘을 말한다.

9. 천부삼신天符三神 : 《부도지》에서 천부삼신(태초의 인간 삼신)은 어머니 마고와 두 딸 궁희와 소희인데, 수메르 신화는 쌍둥이 형제 예아(한인의 서자, 남무 여신의 아들-한웅)와 엔릴과 예아의 이복여동생 닌마가 삼신이다. 마고삼신은 당시에 그들 이외 주변에 아무도 없었으니까 자연발생적으로 생성된 삼신으로 볼 수 있고, 수메르삼신은 이복 여동생이 나타나는 점으로 보아서 복삽한 혈통 개량을 통하여 구성된 외계인격의 삼신으로 볼 수 있다.

10. 천부삼인天符三印 : 마고성을 폐쇄할 때 마고가 후손에게 내린 것이 해, 달, 칠성을 돌에 새긴 천부인이었다. 해, 달, 북두칠성을 새겼으므로 천부삼인이라 하였다. 천부삼인은 마고로부터 황궁에게 전수되었다가 유인에게 전수되었고, 유인에게서 한인에게 전수되었다가 한웅에게 전수되었고, 한웅에게서 단군왕검에게 전수되었다가 제47세 고열가 단군에게 전수된 후로 맥이 끊겼다. 다음부터 삼성당의 당주무당에게 전수되면서 명두라 하였다. 천부삼인은 지금도 황해도 무당들이 신내림을 통하여 전수해 오고 있다. 오늘날 일반인은 염을 할 때 시신을 7마디로 묶어 칠성을 표시하거나 칠성판에 칠성점을 찍어 표시한다.

영가들이 해혹복본 할 때 천궁문을 통과하기 위하여 지니고 있어야 할 패스포드가 된다.

11. 천부삼인의 길 : 천부삼인을 다른 말로 천부라 한다. 천부삼인은 명두明斗라 한다. 명두는 마고의 유시諭示인 해혹복본의 징표이다. 해혹복본하기 위하여 행하는 구도求道의 길이 천부삼인의 길이다.

12. 천상계天上界 : 〈아리안문서〉에서 천상계는 〈천상열차분야지도〉에서 자미원紫微垣에 해당한다. 여기가 드라코 외계인들이 출몰하는 자리가 된다.

13. 〈천상열차분야지도天象列次分野之圖〉 : 동양천문도東洋天文圖. 〈천상열차분야지도〉는 우리 머리 위의 우주를 3원垣, 4신神, 28수宿로 나누었다. 3원은 자미원紫微垣, 태미원太微垣, 천시원天市垣이다. 4신은 동방창룡칠수東方蒼龍七宿, 서방백호칠수西方白虎七宿, 남방주작칠수南方朱雀七宿, 북방현무칠수北方玄武七宿이다. 28수는 4신에 7수씩 배속되어 있다. 자미원의 중심에 북극오성北極五星이 있는데 별 이름들이 〈단군신화〉에 나오는 서자, 천제, 태자로 불리고, 마고를 유추하게 하는 황후가 있어서 이 천문도가 조선의 가륵단군 때

완성이 된 것이 아닌가 하는 생각을 갖게 한다. 또한 별의 관측지가 옛 고구려 땅이라는 점에서도 그런 생각을 갖지 않을 수 없게 한다.

14. 천손족天孫族 : 〈단군신화〉에 나오는 오가五加가 천손족이다. 그들은 천제와 서자 한웅과 함께 UFO를 타고 지상을 내려다 본다. 그러므로 하늘에서 태어난 천손족으로 볼 수 있는 것이다. 조선시대에 당시 조선족의 구성원을 천손족天孫族이라고 하였다. 양 아이콘을 쓰는 부족을 양가羊加(양족羊族), 소 아이콘을 쓰는 부족을 우가牛加(우족牛族), 말 아이콘을 쓰는 부족을 마가馬加(마족馬族), 돼지 아이콘을 쓰는 부족을 저가猪加(저족猪族), 개 아이콘을 쓰는 부족을 구가狗加(구족狗族)라 하였는데 이들이 천손족이다. 양羊, 우牛, 마馬, 저猪, 구狗가 모두 하늘에 속한 동물이므로 이들 동물을 아이콘으로 쓰고 있으니 천손족이라 한 것이다.
인간은 자신이 천손족임을 표시하기 위하여 징표를 만들었다. 그것이 천부삼인이다. 우리에게는 황궁 때 만든 명두로 불리는 천부삼인이 있고, 북유럽 쪽에는 BC 1400년경에 만든 천부사인天符四印이 있다. 그것이 네브라천반天盤이다.

15. 천시원天市垣 : 천시원은 한웅천왕이 장차 지구에서 열어야 할 신시神市의 모델이 되는 별자리였다. 그에게 천시원을 세워야 한다는 과제가 주어져 있었다. 천시원을 세워야 할 곳이 동방창룡칠수의 방수에서부처 심수, 미수, 기수를 지나 북방현무칠수의 두수와 우수까지의 구간이었다. 그는 이곳을 정벌하여 천시원을 세워야 하였다. 그는 천부삼인을 수놓은 아아스 우르 푸른 깃발을 휘두르며 우주를 정벌하였다. 그래서 천시원을 세울 수 있었다.

16. 천신天神 : 원래 천신은 하느님이라는 뜻으로 써 온 말이다. 만주어(청국어)에서도 천신을 하느님이라는 의미로 썼다.

17. 천신 안과 남무여신 사이에서 인류를 창조한 예아 왕자가 태어났다 : 천신은 한인천제이고 남무여신은 우리 전통 무교신앙에서는 황해장수할미라 한다. 한인은 풍주風州 배곡倍谷에서 태어난 분이라 풍이족風夷族이라 하였다. 황해의 수신이 황해장수할미인데 황해수신을 다른 말로 바꾸면 한인천제의 비가 된 항영姮英이 된다. 항영은 일월을 맞이하는 무당이었다. 그는 황해에 많이 흩어져 있는 섬에 사는 사람들인 도이족島夷族 출신이었다. 도이족 출신 중에서 일월마지 할 수 있는 권한을 가진 무당을 오이烏夷라 하였다. 오이란 삼족오를 맞이하는 부족이라는 말이다. 풍이족 출신의 한인

이 천제가 되어 오이족 출신의 항영을 맞이하여 혼인하고 한웅을 낳았다. 이 말은 한인과 항영이 낳은 적자혈통嫡子血統 중에서 한웅이 태어났다는 말이 된다. 이런 적자혈통을 한국桓國에서는 부통扶統이라 하였다. 한웅이 한인의 부통을 계승했기 때문에 한桓을 공유하게 된 것이다. 수메르 신화에서 남무는 스스로를 잉태케 하여 천신계를 여는 역할을 맡는다.

18. 천신 안과 남무의 여신 키Ki 사이에서 인류를 창조한 엔릴 왕자가 태어났다 : 지구여신 키는 토기土氣를 의미한다. 토기는 땅이다. 천天을 아버지로 하고 지地를 이미니로 하여 태어난 자를 우리 역사에서 전자天子라 하였다. 그러므로 에아와 엔릴을 놓고 누가 천신(하느님)의 적통嫡統이냐를 따지면 엔릴이 적통이 되고 누가 부통副統이냐를 따지면 에아가 부통이 된다고 볼 수 있다. 에아 한웅을 서자庶子라 한 점으로 보아서 에아 한웅이 천신의 서자가 되고 엔릴 한웅이 천신의 적자가 된다고 볼 수 있다.

19. 천신회天神會 : Magotemple.com Historical Foundation of Han Bear Society (Cheon-Shin-Gyo) 참조. 천신은 만주어와 몽골어에서도 쓰는 하느님이란 말이며 고구려국과 발해국에서는 국교로서 선파仙派에 속했던 종교였다. 선파의 종교는 역사적으로 마고지나시대와 한국시대의 삼신교, 배달나라 시대의 태백진교, 조선시대의 덕교로 이어져 왔는데 덕교의 뒤를 이은 것이 고구려와 발해의 천신교였다.

20. 천왕天王 : 배달나라 신시체제에서 천궁天宮을 다스리던 임금이 천왕이었다. 천왕은 선교仙敎의 신명神名이다. 선국仙國의 선왕仙王이라는 뜻이다. 선仙, 천제天帝, 천왕天王, 왕검王儉, 대감大監, 선사仙師로 이어지는 선교仙敎 교직敎職의 시작이 천왕이다. 마고가 선으로, 한인이 천제로, 한웅이 천왕으로, 단군이 왕검으로 최고위의 교직을 이었다. 신시가 천궁이 된다. 〈삼일신고〉에서 천신국天神國(배달나라)에 천궁이 있다고 하였다.

21. 천일天一 : 〈조선기〉에 따르면, 단군왕검은 무진원년(BC 2333)에 배달나라를 세우고 그의 조부인 단국의 시조 태제泰帝의 시호를 천일天一로 하였다. 국호를 배달나라에서 조선으로 고친 해는 경인년(BC 2311)이다.

22. 천제성天帝星 : 자미원의 중심에 있는 북극오성에서 한인천제 별이다. 지나인은 제왕성이라 한다.

23. 천지인天地人 : 하늘과 땅과 사람이 하나라는 사상이 천지인사상이다. 하늘을 아버지로 하고 땅을 어머니로 하여 인간이 태어난다는 인식이 있어야

천지인을 말할 수 있다. 천지인사상을 잘 표현한 문자가 무巫자이다. 무巫자에서 공工자는 공功을 들인다는 말인데 인간이 천지를 향하여 공을 들이는 것을 말한다. 이때 공 들이는 사람이 두 사람이다. 왼편에 있는 사람은 축문을 읽는 남자무당인 무격巫覡이고 오른쪽에 있는 사람은 춤을 추는 무무巫舞이다. 이는 제관이 천지인에 공을 들이는 격식을 말하는 것이다. 조선시대에는 이를 무천舞天이라 하였다. 이 무천의 유습이 우리 굿의 〈산천거리〉와 〈칠성거리〉에 많이 남아 있다. 후대에 와서 천지인에 물物을 추가하여 천지인물天地人物사상이 나오기도 했고, 천지인에서 지地를 뺀 인내천사상人乃天思想이 나오기도 하였다.

24. 천추성天樞星 : 자미원의 중심에 있는 북극성.

25. 천추성시대 : 북극성이 동양천문에서 천추성이다. 지금은 지구의 자전축이 북극성을 향하고 있는 천추성시대이다. 지구가 자전하면서 세차운동歲次運動의 중심축이 북쪽을 향하여 정북에서 23.5° 동쪽으로 기울어진 채로 태양의 주위를 공전하는데 태양의 주위를 1회전 할 때마다 약 58분 지구의 춘분점이 후진한다. 이렇게 후진을 계속하다보면 12,500년 후에 지구의 자전축이 직녀성을 향하게 된다고 한다. 이때 직녀성이 북극성이 되는 것이다. 이 시대를 직녀성시대라 한다. 12,500년 후에는 직녀성시대가 천추성시대로 바뀐다. 그때는 직녀성시대가 되는 것이다.

26. 천추성시대의 태양신앙 : 천추성시대는 한인에서부터 시작하여 한웅을 거쳐 단군으로 이어져 내려왔다. 한桓자에 내재해 있는 태양과 단檀자에 내재해 있는 태양에서 이를 알 수 있다. 한과 단을 숭상하는 신앙을 태양신앙이라 할 수 있다. 무당이 굿을 시작하면서 행하는 일월마지가 태양신앙의 대표적인 의식이다.

27. 청궁족靑穹族 : 청궁의 후손. 동방창룡칠수 방위가 본거지가 된다. 그래서 창룡족蒼龍族이라 한 것이다.

28. 청녹색의 옥 조각을 먹고 기적적으로 수태하게 된다 : 별의 정기를 받아 출생하였다는 말이다. 별에는 옥자가 들어가는 별들이 있다. 북두칠성에 속한 천선성天璇星, 천기성天璣星, 옥형성玉衡星 등이다. 왕王과 옥玉은 같은 뜻으로 쓴 말이다. 케찰코아틀이 한인천제처럼 칠성님의 자손임을 알 수 있다.

29. 청룡 : 《죽서기년》에서는 "포희(복희)시대에 각 종족의 씨칭을 비룡씨飛龍氏, 잠룡씨潛龍氏, 거룡씨居龍氏, 강룡씨降龍氏, 토룡씨土龍氏, 수룡씨水龍氏, 청룡

씨青龍氏, 적룡씨赤龍氏, 백룡씨白龍氏, 흑룡씨黑龍氏, 황룡씨黃龍氏라 불렀다"고 기록하였다. 풍이시대에 뱀을 종족의 아이콘으로 썼던 종족이 풍이시대가 구려시대로 바뀌면서 용을 아이콘으로 쓰는 종족으로 그 명칭이 바뀐 것이다. 이런 이유로 한웅천왕을 청룡으로 볼 수 있다.

30. 청색, 녹색 피바다 : 청색은 청색인간인 북두칠성인간, 녹색은 녹색왜성인간인 지구인간. 이들이 서로 싸워 흘린 피가 바다를 이루듯이 흘러 이런 표현을 썼을 것으로 본다.

31. 청색인간 녹색인간 : 청이 푸르이고 푸르가 북두칠성을 의미하므로 청색인간은 북두칠성인으로 본다. 지구를 녹색왜성綠色矮星이라고 하므로 녹색인간은 지구인으로 본다. 아랍인들은 청색인간이라 하였다.

32. 초월적超越的인 세계 : 초월적인 세계는 종교적인 엑스타시Ecstasy 상태나 판타지Fantasy 상태에서 도달하는 세계가 아니다. 그것은 환상일 뿐이다. 과학으로 도달할 수 있는 초월적 세계가 되어야 한다. 예건대 UFO가 현실이 되는 세계, 신들과 직접 소통할 수 있는 세계가 와야 초월적인 세계라 말할 수 있을 것이다.

33. 축융祝融 : 불의 신을 축융이라 한다. 한자를 풀면, "장자가 삼신에게 축문을 읽는데 다른 풍이족 사람은 격鬲이라 불리는 화로 곁에 앉아서 불씨를 지피고 있는 형상"으로 풀린다. 옛날의 제사가 번제燔祭였음을 보여주는 문자라 할 것이다. 〈부소보소〉에서 한국을 세운 한인천제의 호가 축융이었다. 인류역사에서 한인천제가 공식적으로 첫 축융이 된 분이다. 〈부소보서〉에서 그를 적제赤帝라 하였는데 적제赤帝는 염제炎帝와 같은 뜻이다. 그가 불을 관장했으므로 축융祝融이라 하였다.

34. 치우천왕蚩尤天王 : 치우천왕은 한웅천왕의 후예로 달리 자오지천왕이라고도 한다. 치우천왕은 단군조선 이전의 고대국가인 배달나라(BC 3898~2333) 14대천왕(재위기간 BC 2706~2598)이다. 도읍을 청구(靑邱·현 중국 산동성)로 옮기고 중국의 하북성, 하남성, 산동성, 강소성, 안휘성, 절강성까지 영토를 크게 확장하여 역사상 처음으로 동방을 통일하였다.
이때 나라이름이 배달나라였다. 배달나라에 속한 청구국이 그가 배달나라로 불리는 국가연합을 다스리는 기반이 되었다. 치우천왕은 황제와 유망과 동시대 사람이다. 당시에 황제헌원은 치우천왕에게 반기를 들고 전쟁을 일으켜 10년 동안 73회의 전투를 하였으나 모두 패했다. 마지막 전투인 74

번째 탁록대전에서 지남거指南車를 만들어 승리하는데 도움이 되었고, 또한 응룡족이 황제 편을 들어 탁록수에서 치우군에게 수공水攻을 가하여 치우군이 패하였다. 이 전투에서 치우천왕이 전사하였다. 이리하여 배달나라는 무너지고 구려족도 와해되어 동이와 화이로 나뉘게 되었다.

치우천왕 즉위 당시의 배달국 국력이 약화되면서 각지에서 반란이 일어났는데, 그는 철제무기와 철제갑옷으로 무장하였다.

35. 칠성기 : 칠성기는 군대의 최고지휘관을 표시하는 깃발이다. 칠성기의 황색 바탕은 임금이 출정했음을 나타낸다. 임금이 최고사령관에게 칠성기를 수여하면 작전과 생사여탈권을 모두 최고사령관에게 위임했다는 표시가 된다.

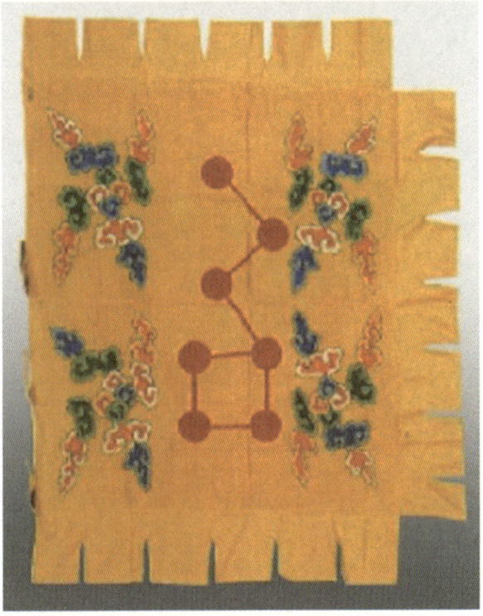

〈그림26〉 조선왕조시대의 칠성기.

36. 칠성(님)의 자손 : 대한민국 사람들은 자신들이 칠성님의 자손이라 한다. 조상 대대로 칠성님에게서 명을 받고 태어났다고 믿어 온 때문이다. 그 이유는 조상인 황궁이 북두칠성이 새겨진 천부삼인을 마고로부터 받았기 때문이다. 천부삼인은 대한민국 사람들의 정체성 상징이자 언젠가 이루어야 할 해혹복본의 징표가 된다.

우리 조상은 칠성을 하느님으로 여겨 왔다. 칠성님의 부인을 삼신으로 여겨왔다. 삼신은 직녀이자 마고이다. 그러므로 칠성의 자손이라 할 때는 칠성과 직녀의 자손이 되는 것이다.

굿에서 가장 격이 높은 거리가 칠성거리(불사祓事거리)인데 칠성거리를 할 때 삼신을 의미하는 흰 고깔을 쓰고, 칠성을 의미하는 흰 장삼을 입고 한다.

칠성을 덮어 쓴 것이 곰 아이콘이다. 곰 아이콘을 가지고 있는 분이 마고와 한웅천왕이다. 그러므로 칠성의 자손이라 하면 마고와 한웅천왕의 자손이 된다.

37. 칠성판七星板 : 사람이 죽으면 시신을 뉘는 널판. 북두칠성을 의미하는 7개의 구멍을 뚫었다, 시신에 마고가 짠 마의麻衣(베옷)를 입히고 7마디로 묶어

칠성님의 자식임을 상징한다. 이렇게 하는 것이 칠성의 자손임을 나타내는 방법이다. 곡哭을 할 때는 1회에 4번을 연속해서 하고, 끊었다가 3번을 연속해서 하는데 이렇게 하기를 7번을 하며 칠곡七哭이라 한다.

38. 칠성 하나님 : 칠성 하나님이라 할 때는 근원으로서의 신인 유일신唯一神의 개념이고, 칠성 하느님이라 할 때는 천문에서 자미원紫微垣의 외곽을 관장하고 있는 공간신空間神의 개념이다. 유일신으로서의 하나님은 태일太一이라 하고 공간신으로서의 하느님은 천신天神이라 한다.

39. 칠월칠석七月七夕 : 매년 칠월칠석날 지녁은 우주의 음기와 양기가 균형을 이루는 날이다. 정월 초하루에 양기가 자라기 시작하여 6월이 되면 극에 달하게 되고, 양기가 6월 장마가 되어 쏟아져 내리게 된다. 이렇게 하여 칠월칠석날 저녁에 음기와 양기가 균형을 이루게 되고 양기는 12월 말일까지 소진해지기 시작한다. 반면에 음기는 칠월칠석날 이후로 서서히 자라나 12월 말일이 되는 날 최고로 극성하게 된다. 이 날을 계기로 하여 서서히 소진하기 시작한다. 칠월칠석날 견우와 직녀 별자리를 천문에 나타낸 것이 〈천상열차분야지도〉에 그린 견우와 직녀도이다. 또한 임금님 용상 뒤에 놓는 〈일월오악도〉에도 칠월칠석날 저녁의 천문이 그려져 있다.

ㅋ(C, K, Q)

1. 카Kha : 〈아리안서〉에서 모든 사물에 내재된 삶과 죽음, 또한 모든 사물에 내재된 천왕天王이라 하였다. 풍이족의 고대 언어에 종교를 설명할 때에 만물은 성정명性精命을 가지고 있다 하였다. 모든 물질이 분자 단계에 있을 때 그 본성이 그대로 유지되므로 이를 성性이라 하였다. 예컨대 뱀의 본성이 그대로 있는 것이다. 분자를 쪼개어 원자가 되면 원소만 남고 본성이 사라진다. 원자를 쪼개어 핵자가 되고, 핵자를 쪼개면 기본입자인 쿼크만 남는다. 이때 쿼크는 모두 같은 성질을 갖는다. 냄새가 난다거나 파동이 된다거나 하는 것이다. 이를 정精이라 하였다. 쿼크의 생명은 영원히 죽지 않는다. 이를 명命이라 하였다. 이를 다 아울러 카라 할 수 있을 것이다.
또한 카는 한국어의 캄캄함을 유추할 수 있게 하는 말이다. 어둠으로 뒤덮인 허공에 눈에 보이지 않는 어둠(Kha)과 눈에 보이는 어둠(Kha) 둘로 볼 수 있는 어둠이다. 어둠(Kha)에서 불(Bah)이 나오고 불에서 빛이 나왔다. 빛이 어둠의 품에 자리 잡았다. 이러한 유추는 인디언의 언어가 적어도 4,000년 전에는 대한민국 사람들 조상의 언어와 같은 언어였을 것이라는 전제 하에서만 가능하다. 앞으로 인디언과 한국 사람의 유전자 뿌리가 같음을 증명해 주는 〈게놈 해독〉이 필요하다고 본다.

2. 카바하바하신전 : 카는 어둠, 바는 밝음, 하는 하늘이나 한인이나 한웅으로 보면 카바는 어둠과 밝음의 시작으로 볼 수 있다. 이들 어휘를 합하면 시조를 모신 대시전大始殿으로 해석이 가능할 것으로 본다.
3. 카아르(알) 여사제 : 카는 어둠이다. 풍이족이 태어나는 어둠이다. 아르는 알로 볼 수 있는 말이다. 그래서 어둠에서 태어나는 알이 된다. 이 알을 깨고 나오는 것이 풍이족의 용인 한인천제이다. 여사제는 한인천제를 낳은 여사제로 볼 수 있다. 카알의 어머니는 이름이 코Kho이다. 그가 아스타르의 원형일 수 있다.
4. 카아이르Khalyr 전술 : 어둠에서 알이 태어나게 하는 전술, 혹은 어둠 속에서 아이가 태어나게 하는 전술. 특정한 날 풍이족의 신전에서 이루어지는 성창聖娼의 행사로 생각된다. 우주전쟁으로부터 영원히 계속되는 임신과 탄생을 의미하는 마고 클라인병을 지키는 군사작전이다.
5. 카안KhaAn : 원래 박안(밝은 안)은 한인천제에게 주어진 호칭이었다. 그러나 카안인 한웅천왕이 나와 카안을 한인천제에게 주고 박안을 자기가 쓰기 시작하면서 한웅천왕이 박안으로 불리게 되고 한인천제가 카안으로 불리게 되었다고 볼 수 있다. 한인은 천제이고 한웅은 천왕인데 이렇게 함으로서 천제와 천왕을 구분할 실익이 없어지게 된다. 박안의 정통성을 카안이 탈취했기 때문에 일어난 현상일 것이다. 한웅이 마고의 곰을 계승하려면 그를 낳아 준 풍이의 뱀을 배반하여 곰으로 돌아가야 하기 때문에 일어나게 된 현상으로 볼 수 있다.
6. 카안 아리 여사제 : '카안'은 '어둠에 싸인 새벽이전'이라는 말이다. '아리'는 '알에서 태어난 이'라는 뜻이다. 그러므로 어둠의 알이라는 뜻이 된다. 아침을 탄생시키는 의식을 집행하는 여사제라는 뜻이 된다. 오늘날 일월을 맞이하려고 산천거리(도당굿)를 행하는 무당으로 볼 수 있다.
7. 카안 천왕시대 : 한웅천왕시대
8. 카우스Khaus : 한웅천왕의 울타리. 배달나라. 카우스를 우선 '캄캄한 데에서

울리는 소리'로 해석해 본다. '카'는 '캄캄하다'고 보고, '우'는 '울리다'로 보고, '스'는 소리로 본 것이다. 또 '우'를 '우리', '울', '울타리'로 본다. '스'는 '사ㄷ'나 '서다'로 본다. 그래서 '캄캄한 울타리에 서다'로 해석한다. '캄캄한 데에서 울리는 소리'와 '캄캄한 울타리에 서다' 2가지 해석으로 한웅천왕의 울타리, 배달나라로 유추한다.

9. 캄캄한 울림 : 캄캄한 울림은 《부도지》에서 말하는 태초에 생긴 팔여八呂의 음音이다. 팔여의 음은 사방팔방으로 퍼져나가는 울림이다. 즉 파장波長을 뜻하는 것이다. 파장의 최소단위를 파동波動이라 하는데 파동물리학이나 양자물리학에서는 양자가 파동으로 보면 파동으로 보이고 공간으로 보면 공간으로만 보인다고 한다.

10. 케찰코아틀Quetzalcoatl : 케찰코아틀은 남미고대인들(맥족 이주자들)의 삼위 신격을 가지고 있다. 수메르의 예와와 같은 인류를 창조하는 창조신으로서의 신격, 죽은 자를 부활시키는 부활신으로서의 신격, 인간의 육신을 산화하여 천상으로 돌아가게 하는 신격이다.

〈그림 27〉 아즈텍Aztec 올맥인의 삼겹탈. 삼겹탈은 일신一神 안에 내재한 삼위신三位神의 탈로 보인다.

서양학자들이 날개 달린 뱀으로 해석했으나 손성태 교수는 용으로 해석했다. 그러나 케찰코아틀의 뜻이 새+뱀의 뜻이므로 새는 마고를 상징하는 오리로 보고, 뱀은 풍이를 상징하는 뱀으로 보는 것이 합당할 것으로 본다. 고구려 5회분 4호묘에는 〈한인과 항영 비상도〉가 그 예이다.

북경 서북쪽으로 300km 떨어진 내몽골 자치구 육지전향六支箭鄕 대정구촌大井溝村에서 발굴된 흑피옥黑皮玉 조각품엔 오리의 머리 위에 뱀이 앉아 있다. 오리는 마고의 아이콘이고, 뱀은 풍이족의 아이콘이다. 작품의 제작년대는 지금으로부터 14300±60년이다. 이 시대는 우리 역사에서 마고시대에 해당한다. 날개달린 뱀과 발상이 같다고 볼 수 있다. 날개는 마고를 상징하고 뱀은 풍이족을 상징한다고 볼 수 있다.

11. 케찰코아틀 신앙의 상징체계가 십자가였다는 사실은 : 케찰코아틀의 신앙체계에서 십자가는 기독교의 영향을 받은 예수 대속신앙의 십자가가 아니라 이미 고대로부터 전수되어 내려온 칠성소멸신앙체계였다고 볼 수 있다. 황해도 칠성굿에서 칠성님이 3년 후에 다시 오겠다는 말을 남기며 가사장삼을 벗어 제가의 계주에게 넘겨주고 떠나며 굿이 끝나는데 칠성님의 신명이 불승에게 밀려 종교로서의 수명을 다하고 소멸하는 경우와 같은 것이다. 오늘날 기독교는 성부, 성자, 성신의 삼위일체설을 내세운다. 이 설의 근원은 해, 달, 칠성의 천부삼신설과 마고, 궁희, 소희의 신인삼신설에서 시작되었다.

〈그림 28〉 오리와 뱀

12. 케찰코아틀Quetzalcoatl의 도깨비 부대 : 원래 도깨비는 치우천왕의 군대를 지칭하는 말이었다. 치우천왕 당시에는 군대라는 말이 없었고 도깨비라는 말을 썼다. '도'는 '돌는다'는 말이고 '깨비'는 '애비'라는 말이다. 해를 돌게 하는 사람이라는 뜻이다. 케찰코아틀의 군대라는 말로 볼 수 있다고 본다.

13. 케찰코아틀은 10세기의 사제-왕(Shaman King) : 그는 한웅천왕에게서 치우천왕에게로 이어지는 선맥仙脈의 사제였다고 볼 수 있다. 동방선파에서 갈라져 나가 남방선파南方仙派를 창설한 분 중의 한 분으로 볼 수 있다.
쌍둥이동생 테츠카틀리포카에게 승리하여 태양의 권세와 밤의 권세를 회복한 케찰코아틀. 그가 번개의 신이고 불의 신임을 보여준다. 표범과 까마귀가 그에게 복종을 맹세한다.

14. 케찰코아틀은 하늘을 뒤덮는 화염의 비를 내리게 하여 트랄록이 창조한 인종을 몰살해 버렸다 : 케찰코아틀은 번개의 신이자 불의 신으로서 위력을

발휘하여 쌍둥이 동생 테즈카틀리포카를 제압하고 복종과 충성을 이끌어 냈다. 그는 천신 트랄록이 창조한 인간들을 몰살시켰다. 트랄록은 여신 오메테오가 낳은 4명의 천신 중의 하나였다.

15. 케찰코아틀은 해방자 : 중미나 남미 사람들이 케찰코아틀을 해방자로 보았듯이 체케바라나 카스트로나 모택동을 해방자로 보았다. 케찰코아틀은 세속에 내한 아무런 욕심을 갖지 않았지만 이들 혁명가들은 세속에 대하여, 권력에 대하여, 정치에 대하여 욕심이 너무 많았다. 그리고 이들에게는 자기 성찰이라는 구도자적 자세가 결려되어 있었다. 적대세력에 대한 증오심을 무기로 하였다. 해방신학이나 민중신학이 공산당을 종교에 끌어들여 인류에게 끼친 해악이 아닐 수 없다. 공산당체제는 창설된 지 100년 만에 스스로 자멸하였다.

〈그림 29〉 쌍둥이동생 테즈카틀리포카에게 승리하여 태양의 권세와 밤의 권세를 회복한 케찰코아틀. 그가 번개의 신이고 불의 신임을 보여준다. 표범과 까마귀가 그에게 복종을 맹세한다.

Quetzal Teotihaucan **케찰테워티와칸**

'케찰테워티와칸'은 '태양신의 터와 사람'이라는 뜻이다.

〈그림 30〉 케찰코아틀은 날개, 혹은 깃털 달린 뱀이라는 뜻이다. 우리 고구려 벽화에서 날개 달린 뱀은 4회분 5호묘에서 〈한인과 항영 비상도〉에 그려진 한인과 상통한다.

16. 켑Kheb 검劍 : 은하수 입구에 있는 켑 위성의 사원 문장이 새겨진 검. 팔레스타인과 이스라엘에 켑이란 이름을 가진 지명이 있다고 한다.

17. 코Kho : 불의 여사제의 이름이 코였다. 마고麻姑의

고姑를 연상시키는 이름이다. 고에는 여신이라는 의미가 있다. 그러므로 마고를 로마에서 불의 여신, 화덕신, 조앙신인 베스타신과 같은 급수의 여신으로 볼 수 있다. 고자의 형상이 '여인이 시루에 신대를 꽂아놓고 기도드리는 형상'의 문자이므로 과히 틀린 생각은 아니라 볼 수 있다. 코의 무사도는 마고의 임신과 출산과 그 영원성을 지켜주기 위하여 공전과 자전을 되풀이하는 지구회전운동에 합치하려는 무사도로 볼 수 있다. 검술에서는 회전하면서 하는 공격을 생각해 볼 수 있다.

18. '코리 여신의 자손(Children of Kore)' : 코리는 고려姑麗, 혹은 구려句麗 등으로 바꾸어 쓸 수 있는 말인데 마고의 자손이나 천추성의 후손을 의미한다고 볼 수 있는 구려족句麗族의 자손으로 볼 수 있다. 마고의 자손을 마고→황궁→유인→한인→한웅→고리(골, 코리)라 한다. 고리는 마고에서 유래한 말이다. 세계 언어학자들이 세계 공통어원을 가지고 있는 단어 45개를 추려냈는데 그 중에 MaKo(아이, 자식이라는 뜻)라는 말이 들어 있다. 마고를 말한다고 볼 수 있다.

19. 코무사도武士道 : 그들은 사크알로 불리는 검은 갑옷을 입은 최고의 무사들이었다. 이들은 마고가 낳은 알에서 진화한 무사들일 것이다. 그러므로 이들이 갖는 코무사도는 코인 마고를 어머니로서 지키기 위하여 만든 무사도일 것이다. 무조건의 사랑과 충성이 코무사도의 핵심일 것으로 생각된다.

20. 코덱스 보르지아Codex Borgia : 멕시코의 천문, 신, 차크라에 관련된 이미지들을 그려 모아 둔 스크립트. 멕시코 풍의 독특하고 독창적인 도식화된 화풍으로 그려져 있다. 자연적인 대상을 해체하여 기계적인 이미지로 재구성했다. 도식화된 복잡한 예수의 이미지와 마고의 이미지도 있다. 본서 용어해설에서 여러 장을 인용하였다.

21. 쿼크Quark : 물질의 기본입자. 모든 물체는 물질로 이루어져 있는데 이 물질에 특성이 있어서 그 물질을 가지고 존재에서 사람의 물질인지, 짐승의 물질인지, 돌의 물질인지 구별할 수 있다고 한다. 그러나 물질을 분해하면 원자가 되는데 이 원자단계로 들어가면 물질이 가지고 있는 특성이 모두 사라지고 동일한 성질을 갖게 된다고 한다. 원자를 쪼개어 기본단위를 찾아낸 것이 쿼크이다. 쿼크에는 랩톤이 붙어 있어서 쿼크는 양, 랩톤은 음으로 볼 수 있다는 생각을 갖게 한다. 쿼크는 공간으로 보면 공간으로 보이고 파동으로 보면 파동으로 보이며 냄새를 가지고 있고 영원히 죽지 않는다고

한다. 그래서 쿼크가 영혼이 아닌가 하는 생각을 갖지 않을 수 없게 되는 것이다.

22. 큰 개와 작은 개
23. 클라인병 : 최초의 신화가 신화로서 생명력을 갖게 되는 이유는 클라인병이라는 신화원리가 있기 때문이다. 클라인병은 미고의 자궁이다. 마고의 자궁에서 인류가 태어나기 때문에 끊임없이 태어나는 마고의 영원성이 보장되어 인류가 모두 마고의 후손이 되는 것이다.

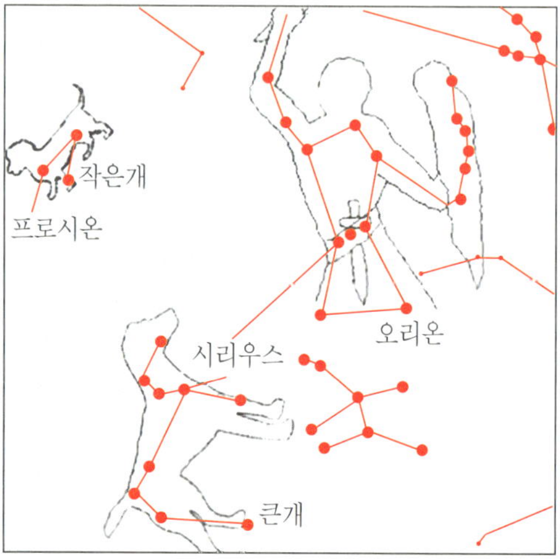

〈그림 31〉 오리온이 사냥할 때 데리고 다니는 큰개와 작은개. 큰개 앞에 있는 별자리는 토끼이다.

24. 클란clan : 씨족공동체가 여자들만으로 이루어져 있다는 것이 흥미롭다. 클란을 우리말로 바꾸면 '클알'이 된다. 알을 깨고 나온 아이가 크게 자랄 것이라는 뜻으로 볼 수 있다. 즉 대인大人이 될 것이라는 것이다. 알에서 나온 금와왕, 고주몽, 박혁거세, 가야의 여섯 왕 등이 이에 해당한다고 볼 수 있다. 전쟁이 많아 남자가 전쟁 소모품이었던 시대에 클란(큰 알)을 품어야만 강한 전사가 나와 부족을 보호하고 보존할 수 있었기 때문에 클란이라는 말이 생기게 되었다고 볼 수 있다.

ㅌ(T)

1. 타이오와Taiowa : 타이는 태太, 오와는 와蝸로 볼 수 있다. 태와太蝸는 태초부터 맴도는 소용돌이이다. 우주의 나선螺旋팔과 같은 존재로 볼 수 있다. 태초의 우주에 아마 팽이처럼 맴도는 회전하는 에너지만이 존재했던 시대가 있었다. 이 에너지가 확장해 가는 무한대의 공간이 우주가 되었다고 볼 수 있다. 와蝸에 작은 뱀을 의미하는 충虫이 들어가 있다. 이는 우주에서 파충

류인간이 태어나게 될 것을 예고한다고 볼 수 있다. 파충류인간은 풍이족이다. 그러나 본문에서 태양신이라 말하고 있다. 연구자의 말에 따르면 타이오와는 태양을 의미한다고 한다.

2. 탁록대전涿鹿大戰 : 배달나라시대에 청구의 치우천왕과 유웅의 황제가 판천에서 10년전쟁을 하였다. 마지막 전쟁은 북경에서 120km 떨어진 탁록에서 마무리되었다. 기록에 따르면 두 분은 전쟁에 능한 분들이었다. 헌원(황제)은 방패를 잘 썼다 하였고, 치우는 큰 안개를 잘 만든다 하였다. 그러나 《산해경》엔 탁록을 가로질러 흐르는 탁수涿水를 관장하는 응룡족應龍族이 황제 편을 들어 수공을 가해 오는 바람에 치우군이 괴멸하였다고 기록하였다. 〈마왕퇴 16경〉에서는 황제가 탁록전쟁에서 승리한 뒤 치우의 가죽을 벗겨 화살의 과녁을 만들고 머리카락으로 매달아 놓았으며 몸을 잘게 다져 육장肉醬을 만들었다고 하였다.
이 싸움의 결과로 배달나라의 신시체제가 무너졌고 구려족이 동이족과 하화족으로 양분되었다. 이리하여 중원은 두고두고 동이와 하화의 각축장이 되었다.

3. 태고적부터 존재하던 대마왕 테즈카틀리포카 : '테'는 '태'로 볼 수 있는 말로 '태초'로 볼 수 있다, '즈'는 '죽음'으로 볼 수 있다. '카'는 '칸'의 원음으로 볼 수 있는 '왕'이다. '들리'는 '알리'의 반대말로 볼 수 있다. 태어나는 알을 제자리로 들여보낸다는 뜻으로 볼 수 있다. '포'는 '포희'로, 복희로 볼 수 있다. '카'는 '칸'의 원음으로 뜻이 '왕'이다. 이상 해석한 것을 종합하면 '테즈카틀리포카'는 '태초로부터 죽음의 왕으로 출산을 방해하는 포희 왕'으로 해석된다. 복희를 대마왕으로 지목하고 있다고 생각된다. 그 이유는 삼극사상三極思想, 즉 일석삼극이론一析三極理論을 이극사상二極思想, 즉 이태극사상二太極思想으로 축소시킨 복희를 우주의 질서를 교란시킨 파괴의 주범으로 보았기 때문에 대마왕이라 하였다고 볼 수 있다.

4. 태백太白 : 태백성을 의미하는데 태백금성太白金星이라고도 한다. 태백금성은 태양을 호위하며 경호임무를 수행하는 별이다.

5. 태미원太微垣 : 북두칠성의 요광성에서 내려온 드락안(한인천제)이 건설한 풍이족의 우주제국. 태太에는 태초라는 의미가 있고, 미微에는 멀리 떨어져 있다는 의미가 있고, 원垣에는 우주영토라는 의미가 있다. 태미원은 한인천제가 하늘에 세운 우주영토가 된다고 볼 수 있다. 한인천제가 인두사신人頭

蛇身의 뱀 인간이므로 이들의 원형인간은 파충류인간으로 볼 수 있다.

6. 태백성太白星 : 태백금성太白金星. 태양을 호위하는 임무를 맡은 별이다. 새벽에 태양 곁에 나타났다가 사라지고, 초저녁에도 태양 곁에 나타났다가 사라지는 별이라 계명성鷄鳴聲, 또는 개밥바라기라고도 한다. 《성경》에서는 루시퍼라고 하며 마귀로 취급한다.

7. 태백진교太白眞敎 : 한웅천왕시대에 한웅천왕은 태백진교太白眞敎를 국교로 선포하였다. 태백진교는 천부(천부삼인天符三印)에 근원을 두고(太白眞敎源於天符), 지구가 자전히는 이치에 협치하도록 하고(合於地轉), 또 사람이 하는 일을 이에 맞도록 한다(切於人事)고 하였다. 여기에 있어서 정치를 함은 화백에 우선하는 것이 없고(是以發政莫先於和白), 덕을 다스림에 있어 화를 꾸짖는 것보다 착한 것이 없고(治德莫善於責禍), 세상에 있으면서 이치대로 해나가는 도는 모두 천부에 준해야 한다고 하였다. 태백진교가 목표로 하는 사회는 덕이 실현되는 사회였다.

8. 태양과 북두칠성 : 태양에는 달이 포함되어 있다. 그래서 일월日月이라 하고 명明이라고도 한다. 북두칠성은 두斗라고도 한다. 이들 문자를 합치면 명두明斗가 되는 데 명두는 천부삼인天符三印이다.

9. 태양시대 : 천추성이 북극성이 되는 시대. 지구의 세차운동으로 직녀성시대가 가고 천추성시대가 온다. 다음엔 천추성시대가 가고 직녀성시대가 온다. 12,500년에 한 번 지구의 주인이 바뀌는 것이다. 천추성시대는 태양시대이고 직녀성시대는 태음시대太陰時代이다. 천추성시대는 낮의 시대이고 직녀성시대는 밤의 시대이다.

10. 태양의 자손 : 태양의 자손은 한인천제의 자손이라는 말이다. 칠성의 자손으로 태어난 자가 일월마지(도당거리)를 하면서 태양의 자손으로 거듭난다. 이때 동쪽을 향하여 물동이를 타는데 물동이는 그의 정체성이 동이에 있음을 확인시켜 준다.

11. 태양을 눈에 보이는 밝은 불과 눈에 보이지 않는 어둠의 불로 이원화하여 각각 밝음과 어둠 : 눈에 보이는 밝은 불은 한桓으로 볼 수 있고 눈에 보이지 않는 어둠의 불은 흑소黑巢로 볼 수 있고 눈에 보이는 불(밝음)과 눈에 보이지 않는 불(어둠의 불)이 합해진 경우는 한웅桓熊으로 볼 수 있다. 그가 케찰코아틀이다.

12. 태일太一 : 〈조선기〉에 따르면, 단군왕검은 단국 홍제의 태자로 시호가 태일

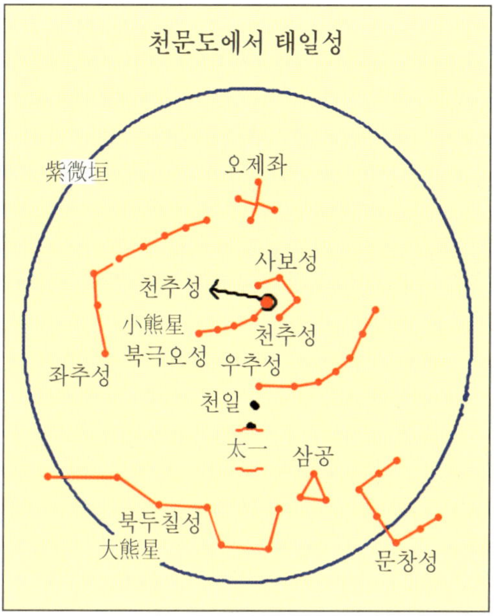

〈그림 32〉 태일太一은 단국檀國의 제3제帝이자 조선의 시조인 단군왕검의 시호이다. 천일天一은 단국檀國의 시조 천일태제天一泰帝 한인桓仁의 시호이다. 태일에는 태초, 시작이라는 철학적 의미가 있다.

太一이었다.

13. 태초太初 : 〈천부경〉에서 무시無始를 지나서 일시一始에 해당하는 때. 시작되는 때, 마고가 마고문명사痲姑文明史를 시작하는 때이다. 그가 14,000년 전

〈그림 33〉 옥좌에 앉은 태양신. 본래의 태양신인 까마귀를 깔고 앉아 좌불안석이다. 낮에는 태양의 자리에 흑표범이 올라가 앉아 있고, 태양신은 표범에게 쫓겨나 추락하는 상태이다. 옥좌 아래의 날개와 얼굴과 2마리의 뱀꼬리 이미지는 밤에 추락한 태양의 이미지이다. 지금 흑표범이 들고 있는 깃발에 그려진 3쌍의 날개는 태양신의 상징이다. 삼족오와 같다. 발이 날개로 바뀐 것이다. 아래 추락한 태양은 2개의 날개가 그려진 깃발 2개로 표현된다. 권좌에서 밀려난 2인자라는 의미가 있다.

에 외계에서 지구로 날아왔다면 그때가 태초가 된다고 볼 수 있다. 《부도지》에서는 이때 이전의 때를 선천先天의 때라 하였다. 선천의 때에도 태초가 있을 수 있다고 본다. 이때의 율려에서 마고가 태어났다.

14. 테오티후아칸Teotihuacan : 치우천왕의 사제문명으로 볼 수 있는 문명이다. '테오'는 '태太, 대大', 태양. '티후'는 '치우蚩尤', 아칸에서 아는 천天, 칸은 간干, 즉 왕王으로 볼 수 있다. 그러므로 '태치우천왕太蚩尤天王'이나 '대치우천왕大蚩尤天王'으로 볼 수 있는 것이다. 멕시코어의 고어(나와들어)가 조선어라고 주장하는 손성태 교수의 해석에 따르면, Teo는 태양, ti는 터, hua는 와(공동격조사), can은 간干, 높은 사람이라 하였다.

15. 테즈카틀리포카가 지구상에 대홍수를 일으켜 지구를 물바다로 만들어 버렸다 : 치우천왕과 황제의 싸움 다음에 대홍수가 일어났다. 〈회남자 천문훈〉에 "아주 오랜 옛날에 여와가 있어, 오색의 돌을 달구어 동쪽 하늘을 기웠다. 그는 자라의 발을 잘라 우주의 사극에 기둥을 세웠다. 기주로 건너가 흑룡을 죽였고, 갈대를 쌓아 불을 질러 홍수를 그치게 하였다"는 기록이 있다. 흑룡은 치우천왕을 의미한다. 그 시대에 홍수가 났음을 기록한 것이다. 이를 보면 테즈카틀리포카가 전쟁과 홍수와 멸망을 관장하는 신임을 알 수 있다.

〈그림 34〉 악신 테즈카틀리포카

16. 테즈카틀리포카는 흑표범 형상의 신으로 악신 : 테즈카틀리포카가 마고에게서 태어난 가운데가 새로 권세를 잡은 테즈카틀리포카. 흑표범과 동일시된다. 그는 농사를 장악하여 옥수수를 재배한다. 흑표범은 태양신인 까마귀를 바치고 밤의 신은 사람을 잡아다 바친다. 발밑에는 뱀 형상의 활이 놓

여 있다. 하늘에는 태양이 떠있다.

흑소와 같은 피부색깔을 하고 있으나 흑소는 악신은 아니었다. 다만 흑소에서 생겨나 갈라진 지소 중의 한 사람이 오미五味의 반란을 일으킨 장본인이 되었을 뿐이다. 《부도지》에는 악신 자체가 없다. 다만 타당성 있는 이유로 난을 일으키는 자가 등장할 뿐이다.

17. 톡펠라Tokpela : 톡은 독獨의 전음으로 볼 수 있고, 페는 평平의 전음으로 볼 수 있다. 라는 라羅로 볼 수 있다. 이렇게 보면 독평라獨平羅가 된다. 홀로 있는 평평한 세상이라는 뜻이다. 세상을 이렇게 볼 수 있다.
18. 투츠발라 : 투는 우리말에서 퉤!하고 뱉는다는 뜻이다. 츠는 침의 변음이다. 발라는 바르다는 뜻으로 볼 수 있다. '침을 퉤!하고 뱉어서 바른다'는 뜻으로 해석이 되는 것이다.
19. 트랄록 : '트'는 '토土', '랄'은 '라羅', '록'은 '록綠'으로 볼 수 있다. 이를 다시 쓰면 토라록土羅綠이 된다. '토라'는 '땅의 나라'이고, 록은 녹색의 날개 달린 케찰코아틀이다. 그러니까 4명의 천신 중의 하나인 트랄록이 마고의 4천신 중의 하나인 청궁靑穹에 해당한다고 볼 수 있다.

ㅍ(P)

1. 팔롱가호야Palongawhoya : 팔롱에서는 마고가 태어난 팔여八呂가 읽어진다. 가는 가歌로 읽어진다. 호야護也는 보호하는 여자로 읽어진다. 팔롱가호야 안에는 마고가 하는 일이 숨겨져 있다. 그가 하는 일은 세상의 모든 음을 듣고 음의 질서를 세우는 일이다. 즉 음을 조율調律하는 일이다. 팔롱가호야는 남극의 자장을 다스린다.
2. 팔여지음화이마고八呂之音化而麻姑 : 팔여의 음이 변하여 마고가 된다.
3. 팔풍八風 : 마고가 태어난 팔여의 음이 변하여 바람이 되었는데 이를 팔풍이라 하였다. 팔풍에 대하여 〈설문해자〉는 다음과 같이 기록하였다. "風, 八風也. 東方曰明庶風, 東南曰淸明風, 南方曰景風, 西南曰涼風, 西方曰閶闔風, 西北曰不周風, 北方曰廣莫風, 東方曰融風. 風動蟲生, 故蟲八日而化. 從蟲, 凡聲. 凡風之屬皆從風."(《설문해자說文解字》, 제284쪽, 중화서국, 1978) 해석하면 다음과 같다.

"동쪽은 명서풍, 동남쪽은 청명풍, 남쪽은 경풍, 서남쪽은 량풍, 서쪽은 창려풍, 서북쪽은 불주풍, 북쪽은 광막풍, 동쪽은 융풍이다. 바람이 불면 뱀이 태어난다. 때문에 뱀은 8일만에 부화한다. 모든 뱀은 이 자연의 이치에 따라 부화한다. 무릇 소리와 바람은 모두 다 바람에 따른다."

〈설문해자주〉에, 이미 남무男舞가 여덟 마디의 음으로 춤을 추었음을 기록하였다. 이를 팔괘방위에 부는 바람이라고 하였다. 夫舞所以節八音而行八風." 服注 : "八卦之風也. 乾音石, 其風不周 ; 坎音革, 其風廣莫 ; 艮音匏, 其風融 ; 震音竹, 其風明庶; 巽音木, 其風淸明 ; 離音絲, 其風景 ; 坤音土, 其風凉 ; 兑音金, 其風閶.)(《설문해자주說文解字注》, 제677쪽, 상해고적출판사, 1981)

4. 포캉호야Poqanghoya : 복희伏羲(복희에는 포희包羲, 庖犧, 匏羲 등의 의미가 있다)라는 뜻이 읽어지는 이름이다. 포는 포捕로 볼 수 있고, 캉은 강江으로 볼 수 있고, 호는 호護로 볼 수 있고, 야는 야也로 볼 수 있다. 이 뜻을 모두 합치면 '보호하는 여자 하백녀'로 읽을 수 있다. 포捕와 호護는 보호保護로 보고 강江은 하河로 보고 야也는 여인으로 읽으면 '보호하는 여자 하백녀'로 볼 수 있는 것이다. 그가 하는 일은 땅을 조화롭게 하는 일이다. 포캉호야는 북극의 자장磁場을 다스린다.

5. 푸른 불꽃 : 푸른 생명이 태어나게 하는 불꽃이다. 이때의 푸른 불꽃은 푸르, 즉 별의 불꽃이고 북두칠성의 불꽃이다. 칠성님의 생명이 태어나게 하는 불꽃이다.

6. 푸른 혈통 : 아리안족으로 볼 수 있는 혈통이다. 영국의 왕조는 푸른 혈통(Blue Blood)이라고 한다. 천문에서는 북두칠성을 푸르라 하고, 청靑이라 쓴다. 칠성님의 후손이라는 뜻이다. 대한민국 사람은 자신이 칠성님의 자손이라 생각한다. 그 이유는 칠성님이 명을 주었다고 믿기 때문이다.

7. 푸에블로인디언PuebloIndian : 현대의 푸에블로 인디언은 동부와 서부 집단으로 나뉜다. 동부 집단은 리오그란데강 유역 뉴멕시코의 모든 푸에블로 인디언을 포함하며, 서부 집단은 애리조나 북부의 호피족과 뉴멕시코 서부의 주니족·아코마족·라구나족을 포함한다. 언어적으로 이들은 4개의 집단으로 구분되며 다시 몇 개의 소집단으로 나뉜다. 푸에블로 인디언은 기본적으로 농경에 의존하여 살아간다(출처 DAUM 백과사전).

푸에불로에서 '푸에'는 '풍이'로 읽어지고 '불로'는 '부루, 불'로 읽어진다. 다른 말로 바꾸어 쓰면 '풍이족의 불'로 읽어진다. 먼 조상은 풍이족이고 가까운 조상은 부루단군으로 읽어지는 것이다.

8. 풍風 : 동방융풍東方融風은 한인천제에게서 나온다. 동방은 한인천제가 세운 한국桓國을 의미하고, 융融은 한인천제의 시호 축융祝融을 의미하고, 풍風은 한국의 주축을 이루는 풍이족風夷族을 의미한다. 그러므로 동방융풍은 한국을 세운 풍이족 출신의 한인천제와 그가 이끄는 풍이족이 일으키는 바람을 의미한다고 볼 수 있다. 한인천제의 시호가 축융이라고 기록한 전거는 지금은 일실되어 없는 《한국사桓國史》를 인용하여 쓴 〈부소보서扶蘇譜序〉 뿐이다. 〈부소보서〉는 진주소씨晋州蘇氏 족보서문이다.

9. 풍백風伯 : 바람의 신인데 바알신이라고도 한다. 바알은 풍이어로 '바람의 알이다. 바알신이라고 할 때는 소의 형상으로 나타나고 폭풍의 신으로도 불리고, 지혜의 신이라고도 한다. 가나안 우가릿 신화에 나오는데 '아리안'이라는 이름이 있다. 카라콤 출토 유물 중에 도장이 있는데 '표범을 탄 바람의 신'이 조각되어 있다. 이 신의 이미지는 우리의 무신도에 그려진 '백호를 탄 마고'와 맥이 같다.

10. 풍이문명 : 풍이문명은 풍이족의 문명인데 뱀의 문명이라도 한다. 풍이문명은 〈천문도〉에 용 별자리나 뱀 별자리로 나타난다. 풍이문명이 전 세계에 퍼져 있다. 풍이문명에서 이룩해 낸 문화가 풍물이다. 지금도 풍이문화가 풍물로 남아 있다.

풍물패들이 길굿을 한다. 1열로 늘어서서 뱀이 움직이듯 앞으로 나가는 굿이 길굿이다, 풍이족의 음악인 풍악風樂을 울리고 춤을 추며 노래를 하며 사설을 읊으며 이동한다. 춤은 팔풍八風에서 나온 춤을 춘다. 팔려八呂의 음音이 팔풍이 되었다. 팔풍은 바람이 불어오는 방향을 정의한 것이다.

길굿패는 길굿을 하면서 걸립乞粒(구걸求乞)을 한다. 이렇게 하여 길굿의 비용을 충당한다. 국태민안國泰民安을 빌기 위하여 길굿을 한다. 〈부소보서〉에서 국태민안을 비는 것을 풍도風道의 기강紀綱이라 하였다.

11. 풍이문자風夷文字 : 풍이족이 후세에 남긴 상형문자이다. 풍이문자는 갑골문과 금문의 조상문자가 된다. 그러므로 생긴 것이 닮은 문자가 많다. 〈천부경〉은 풍이문자로 쓴 경문이다.

12. 풍이족風夷族 : 산동반도에 3종의 이족夷族이 있었다. 회이淮夷(회수淮水에 사는 이족), 황이黃夷(황하黃河에 사는 이족), 풍이風夷(풍주風州에 사는 이족)였다. 풍이족은 한인천제 때 이전부터 풍주에 살아온 원주민이었다. 이들이 배달나라시

대에 구려족九黎族으로 불렸고, 조선시대에 동이족東夷族으로 불렸다. 견이畎夷, 백이白夷, 적이赤夷, 현이玄夷, 양이陽夷, 풍이風夷, 남이藍夷, 곤이昆夷, 서이西夷가 그들이다. 이족은 풍주風州 배곡倍谷에서 시작된 인종이다. 풍주는 한인천제가 9명의 아들을 봉한 9봉지 가운데에 하나이다. 이후에 중국땅을 9주로 나누는 기본이 되었다.

풍이족은 뱀을 인종 아이콘으로 썼고 최초로 풍성風姓이라는 족성을 사용하였다. 풍성에서 뱀을 인종 아이콘으로 쓰는 여러 모계족성이 갈라져 나왔다. 이들 족성 중에서 사巳성이 장자였다. 제사祭祀라는 문자에서 보듯이 사성이 처음 제사를 시작하였다. 사성은 기己성으로 바뀌었고, 기성은 소蘇성으로 바뀌었다.

13. 풍이족의 문화원형 : 인간의 무의식 가운데에 원초적인 문화가 기호처럼 내장되어 있는 것이 문화원형 코드이다. 예컨대 동물로는 뱀, 용, 사자, 곰, 호랑이 등등이고 열매로는 복숭아나 사과와 같은 것들이다. 숫자로는 1~10까지의 숫자들이다. 풍이족의 문화원형은 뱀과 거인이다.

14. 풍이족의 북남미 도래 : 호비족이 자신들의 이주경로가 배링해를 건너와 북미의 블랙 메사에 이르게 되었다고 만자도형卍字圖形을 가지고 설명한다는 것은 놀라운 일이 아닐 수 없다. 만자형 도형은 풍이족을 상징하는 바람을 도형화한 것으로 볼 수 있다.

15. 풍이족의 사모巳母 : 풍이족의 사모로 볼 수 있는 분은 한인천제의 비妃가 된 항영姮英이다. 항영姮英의 항姮자에는 일월마지하는 여자라는 의미가 있고 영英자에는 뿌리, 즉 근원이라는 의미가 있다. 그러므로 사모, 즉 풍이족의 어머니라는 의미가 있는 것이다.

16. 플루트 축제 : 곰과 뱀에게 바치는 축제인데, 플루트를 불어 이들이 가지고 있는 기운을 일깨운다고 볼 수 있다. 홀수의 해에 이 축제를 한다는 것은 양기를 일깨우기 위해서 하는 축제로 볼 수 있다. 이렇게 보면 플루트에서 내는 소리를 음기를 발산하는 소리로 볼 수 있다.

17. 피라미드pyramid : 피라미드의 핵심은 기자의 피라미드 3개를 오리온벨트(Orion Belt-오리온의 삼태성인 알 니탁, 알 닐람, 민카타)에 맞추어 세웠다는 것이다. 그러므로 지상에 하강한 오리온 벨트로 해석이 가능해 진다. 오리온은 그리스신화에 나오는 거인 사냥꾼이다. 거인이라면 마고, 한인, 한웅, 단군왕검으로 이어지는 대인족이다. 한웅천왕을 엽사獵師라 하는데 그렇다면

오리온은 엽사 한웅천왕으로 볼 수 있을 것이다. 벨트는 거인 사냥꾼이 들고 있는 방패의 위치가 벨트를 차는 위치인 허리임을 나타낸다. 따라서 기자의 피라미트가 보여주려 한 것은 이집트 피라미드의 주인인 3왕(대피라미드는 쿠푸왕, 제2피라미드는 카프레왕, 제3피라미드는 멘카우레 왕)이 한웅천왕의 후손임을 보여주는 것으로 볼 수 있다.

피라미드를 한자로 쓰면 대, 태台나 평坪으로 쓸 수 있다. 평릉坪陵이라는 뜻이다. 마고문명 때 이 피라미드가 건설되었다. 그러나 마고가 정착한 곳이 땅이 갈라져 황해가 생기면서 물속에 수장되었을 것으로 보인다. 이때 마고족의 일부가 전 세계로 흩어져 각자 피라미드를 건설하였다. 피라미드는 우리말로 고깔이라는 뜻이다. 고는 높다는 뜻, 깔은 몽골어 겔과 같은 뜻이다. 맥족이 이동하여 정착한 멕시코에서는 다지왈태백Tlachihuatepec이라 하는데, 우리말로 다 지은 산, 다 지은 태백이라는 뜻이라 한다(손성태).

18. 피의 축제 : 전쟁, 테러, 폭력, 방화 이 모든 것은 피의 축제이다. 인간이 타고난 피를 즐기고자 하는 본능이 피의 축제를 원하고 만든다고 볼 수 있다. 피의 축제는 정의나 의리나 이념이라는 가면을 쓰고 자행되는 일종의 유사종교행위이다.

ㅎ(H)

1. 하나님(일시一始) : 하나를 높여 부른 말이 하나님이다. 하ᄂᆞ님이라고도 쓴다. 유일신을 하나님이라고도 한다. 조선왕조시대의 시인 노계 박인노(1561~1642)는 〈노계가〉와 〈태평사〉 2편의 시에서 하나님이라는 말을 썼다. 지금은 대한민국에 뿌리 내린 기독교에서 기독교의 신인 야훼나 엘로힘이라는 말 대신에 하나님이라는 말을 차용해 쓰고 있다. 〈천부경〉에서 일시一始가 하나님이 된다.

2. 하늘은 뱀들의 세상 : 마고시대 말기에 풍이족이 마고족과 하늘에서 벌인 전쟁에서 풍이족의 원형인간인 사형인간蛇形人間이 승리하여 만들어진 신화가 그대로 천문에 반영되어 하늘에 여러 종류의 뱀 형상으로 배치되어 기록된 것을 본다.

고구려 사람들은 한국(BC 7199~3893)을 세운 한인과 그의 비 항영의 비천상飛天像을 인두사신人頭蛇身의 형상으로 고구려(BC 37~668) 무덤에 천정화로 그렸다. 이 천정화에서 한인은 해이고 항영은 달이다. 서양별자리들도 뱀신화를 차용하여 이름을 정했다. 제1차 세계대전 직후인 1919년 7월 벨기에의 브뤼셀에서 미국·영국·소련 등이 참가하여 창립한 국제천문연맹[國際天文聯盟, International Astronomical Union]에서 그리스 로마신화를 근간으로 하여 정한 것이다.

고구려 천정화와 서양천문이 1,300년 정도의 연차年次가 있음에도 불구하고 서로 뱀을 모티브로 하여 천문을 정했다는 점에서 시공을 초월한 문화의 동질성을 느끼게 해 준다. 그리스와 로마가 한국의 신화와 천문을 받아들여 자신의 것으로 소화하였다고 볼 수 있다.

3. 하백河伯 : 하백은 〈장자〉의 추수편秋水篇에 황하의 신으로 나온다. 그는 풍이馮夷 출신의 막강한 실력자였다. 풍이의 풍馮은 강가를 달리는 말을 의미한다. 그러므로 그가 황하 주변에서 말을 기른 막강한 실력자였음을 알 수 있다.

그는 황하를 평정하고 나서 황하의 끝인 동쪽으로 가 보았으나 황하의 끝이 거대한 황해(동해)와 연결되어 있음을 보고 비로소 세상이 넓다는 것을 깨달았다. 그는 북해의 신인 약若과 깨달음에 관하여 바다를 알지 못하는 우물 안 개구리를 비유로 들어 이야기한다.

개구리 와蛙에는 충虫자가 들어 있으므로, 풍이족을 바다에 비유하고 후손을 개구리에 비유하였다. 하백이 풍이족의 후손이므로 그러한 대화를 나눌 수 있었던 것이다.

하백과 북해의 신은 막고야산 신선에 대하여도 대화를 나누었다. 막고야산은 마고가 살았던 동해에 있는 삼신산이고, 막고야산 신선은 삼신산에 살았던 마고이다. 마고는 풍이족의 조상이 된다. 그러므로 그러한 대화를 나눌 수 있었다.

아사달시대를 연 단군왕검은 무진년에 비서갑 하백의 딸 하백녀를 데려다가 왕후로 맞아들였다. 이때 성대한 종교의식을 행했을 것으로 보는데, 그 행사가 해마지 행사였을 것으로 생각된다. 이때 해마지 행사를 한 사람이 하백녀였을 것이다.

전국시대에 위魏나라에서는 여자 무당들이 가가호호를 방문하며 마음에 드는 처녀들을 골라내어 이들을 모두 하백의 딸로 삼는 습관이 있었다고 한다(《지중해문명과 단군조선》 139쪽, 袁珂, 中國古代神話②). 이때의 하백은 인간으로서의 하백이 아니라 신으로서의 하백이었다.

4. 하백녀河伯女 유화부인柳花婦人 : 하백녀는 하백의 딸, 하백은 소도蘇塗를 관리하는 제사장이다. 유화는 압록강 가에 핀 버드나무 꽃이라는 말이다. 노류장화路柳墻花와 닮은 말이다. 누구나 꺾을 수 있는 나무의 가지가 버드나무 가지이다. 노류장화를 줄이면 유화柳花가 된다. 하백녀에게 주어진 양면성을 알 수 있게 하는 말이다. 하백녀는 신을 섬기는 여자라 여사제라는 뜻이고 유화는 소도의 울타리에 서있는 나무라는 뜻이다. 부여의 금와왕이 소도에 갔을 때 여사제의 명으로 제녀 중의 한 여자가 시중을 들었을 것으로 추측이 가능해 진다. 백제 무왕의 어머니에게서도 유화와 같은 패턴이 발견되는 것은 권력자에게 하백녀를 바치는 풍습이 있기 때문일 것이다. 그가 위덕왕의 서자이고 그의 어머니가 홀로 강가에 사는 과부였다고 하는 점에서 유화와의 유사성이 발견되는 것이다.

5. Hyper Empire : 미래에 대두하게 될 지구통합국가. 프랑스의 자크 아탈리가 《미래의 물결》에서 서구의 경제사를 분석하여 미래에 나타나게 될 지구단일국가 모델로 제시한 것이 Hyper Empire이다.

6. 한桓 : 떠오르는 해의 밝음. 발음은 《옥편玉篇》에 나와 있다. 호단절胡端切이라 하였다. 호胡자에서 ㅗ를 끊어내어 ㅎ만 남기고, 단端에서 ㄷ을 끊어 내어 ㅏㄴ만 남겨 ㅎ+ㅏㄴ으로 합성하면 '한'자가 된다는 뜻이다. 그러므로 본문에서는 환으로 발음하면 아니 되고 한으로 발음해야 한다. 그러나 다른 의미로 발음할 때는 '환'으로 발음되는 경우와 '원'으로 발음되는 경우도 있다. 한으로 발음하고자 하는 의도는 한국桓國의 정체성을 살리자는 데에 있다. 단檀은 한桓의 변음으로 본다.

7. 한국桓國, ~시대, 한12제국帝國 : 《삼성기전》에서, 한국은 파나류산波奈留山 밑에 있었던 나라로 파나류국인데 한12제국이라고도 하였다. 한국은 천해天海(바이칼호)의 동쪽 땅에 있었다. 강역은 남북이 5만 리요 동서가 2만 리였다. 한12제국에 속한 나라 이름은 비리국, 양운국, 구막한국, 구다천국, 일군국, 양운국(혹은 팔나국), 객현한국, 구모액국, 매구여국(혹은 직확다국), 사납아국, 선비국(혹은 치위국, 또는 통고사국), 수밀이국이었다.

한국이 풍이족이 세운 풍이족의 나라이다. 한제국의 초대 천제가 한인천제였다.

8. 한국桓國에 통합되었다 : 에리다누스 성단은 3만 광년에 이르는 은하로 은하 중심에 오렌지색의 오래된 별들이 밀집되어 있고 주변으로 나선 팔이 뻗어 있다. 이곳에 사는 인간들이 말할 때 뱀처럼 쉿쉿 소리를 내어 가며 말을 함으로 SSS라고 하였는데 여왕들이 다스리는 나라였다. 여왕들을 SSST라 부르며 파충류의 여왕이라 하였다. 여기에서 말하는 파충류는 뱀을 뜻한다고 볼 수 있다. 그들이 뱀의 여왕이라면 뱀을 낳은 마고족과 관련이 있을 것으로 보인다. 그러므로 풍이족의 여왕으로 볼 수 있다. 이들이 일거에 지구 정복에 나섰다면 정복이 가능했을 것이다. 이들에 의하여 지구가 정복되었을 것으로 본다(내용 출처 ; 〈외계인 베티와의 대화에서〉, 박경중).
9. 한국의 대체代替 여신 무당 : 오늘날의 무당이 마고의 무조를 계승해야 하는데 마고의 무조를 계승한 무당은 아직 발견되지 않고 있다. 마고를 가르치는 선생이 없고 배우려는 학생도 없기 때문만은 아닐 것이다. 마고를 계승한 무당이 되려면 우선 자기가 사모를 계승한다는 의식이 있어야 한다.
10. 한국태양계 : 한국태양계는 태미원 안에 있다고 본다. 태양수太陽守라는 별이 관련이 있을 것이다.
11. 한단우주광시대桓檀宇宙光時代 : 한단은 한국, 배달나라시대와 단군시대의 합성어. 우주광은 외계인 구술문서로 알려진 〈아리안문서〉에 나오는 용어로 실체가 불분명하나 한단시대의 한桓과 단檀이란 문자로 표현되는 빛이 우주에서 오는 빛일 것이므로 그런 의미로 쓴 것이다. 한국시대, 배달나라시대, 조선시대로도 볼 수 있다. 이 시대는 한족桓族(풍이족과 배달족)과 단족檀族(동이족)이 내뿜는 불빛이 하늘에서 번쩍이던 시대로도 볼 수 있다.
12. 한단우주광의 길 : 한국, 배달나라 사람과 조선 사람이 가야 할 길은 다른 데에 있지 않고 여기에 있다. 단국과 배달나라 사람은 한桓에서 태어났으므로 한우주광이 비추는 길을 가고, 조선 사람은 단우주광이 비추는 길로 간다.
13. 한반도韓半島 : 한반도는 현재 대한민국의 국토이다. 압록강과 두만강을 경계로 하여 지나와 마주보고 있는데, 일본이 한반도를 강점하기 전엔 지금의 러시아 영토인 연해주와 지나의 연변이 한반도에 속해 있었다. 일본이 러일전쟁과 청일전쟁에 이기고 나서 한반도를 강점하는 바람에 36년 동안 일본의 통치기간이 끝나고 나서 연해주는 소련에 넘어갔고 연변은 지나로 넘어갔다. 그리하여 지극히 작은 부분이 한반도로 남았는데, 일본이 패망하면서 한반도의 북쪽에 진주한 소련과 남쪽에 진주한 미국의 동서대립과

이념대립의 분쟁으로 국토가 남과 북으로 나뉘어 북쪽은 조선인민공화국이 들어서고 남쪽은 대한민국이 들어서게 되었다.

14. 한웅桓雄, 한웅桓熊, ~천왕天王, ~가家, ~시대時代, ~천왕시대天王時代 : 한웅천왕(BC 3897~3804년)은 3897년에 배달나라를 세웠다. 배달나라의 제1세 천왕. 한국의 마지막 천제인 지위리에게서 제국을 물려받아 배달나라라 하였다. 배달나라는 1,565년 동안 존속하였다. 배달나라가 멸망한 이후에 단군왕검이 세운 조선으로 배달나라의 맥이 이어졌다.

배달나라는 배가 다른 사람들의 나라라는 뜻이다. 나라는 국이 모여 만들어진 나라라는 뜻이다. 한웅천왕은 무리 3,000명을 이끌고 태백산 꼭대기 신단수 밑에 내려와 이곳을 신시라 하고 나라의 체제를 갖추었다. 그가 하늘에서 내려왔으니 UFO를 타고 왔다고 필자는 보고 있다. 그가 출발한 하늘이 북극오성에 속한 서자성이다. 그의 후대에 마지막 천왕인 배달나라 제18세 거불단 한웅이 황후성에서 웅족의 여인을 만나 단군왕검을 낳아 단군왕검의 아버지가 되었다. 그를 단국의 홍제라고도 한다.

〈단군신화〉는 14,000년의 한민족사桓民族史를 3대의 한씨가계사桓氏家系史로 정리하였다. 한웅천왕가를 만들어 북극오성에 앉혔다. 이렇게 한 데에는 선교가계仙教家系를 만들고자 한 종교적인 의미가 있다고 본다. 한웅천왕은 북극오성에서 서자성庶子星이므로 백성이라는 말과 같은 뜻이 된다. 그래서 백성인 나와 동일시同一視된다. 내가 한웅천왕과 동일시되므로 한인천제는 나의 부모가 되고, 단군왕검은 나의 자손이 되고, 황후는 나의 처와 재물이 된다. 이렇게 하여 선교에서 미래를 예측할 수 있는 방법이 하나 나온다. 이것이 육임六壬이라는 것이다.

한웅桓雄에는 혼연의 빛, 미微와 여黎에서 비로소 밝은 빛이 비치기 시작한다는 의미가 있다.

그는 천신天神(하느님-만주어에서는 하느님을 천신이라 한다)의 미와 여의 세계에서 나와 비로소 인간을 다스리는 천왕의 지위를 갖게 된다. 한桓에는 그가 밝은 빛으로 나왔다는 의미가 있다. 박은 밝힌다는 뜻이고 우루는 울린다는 뜻이다. 밝히는 것은 빛(桓)이요 울리는 것은 소리(웅熊)이다. 빛은 비춘다는 뜻이고, 웅은 울린다는 뜻이다. 이 두 가지를 합하여 박우루로 쓰기 시작하였다고 볼 수 있다. 이렇게 빛과 소리로 표현되는 시대가 한웅시대이다. 웅은 다른 말로 율려律呂이다. 빛과 소리의 화신이 한웅이다. 그래서 그를 천왕天王이라고 하였다. 천왕은 천궁天宮의 관리자라는 뜻이다. 궁宮은 우주이고 하늘이다.

한웅시대는 한12제국시대와 대국 9국과 소국 12국의 연합국가였던 조선시대 사이에 끼어 있는 시대로 나라 이름을 배달나라라 하였다. 배달나라의 배달에는 배다른 사람, 즉 이민족이라는 뜻이 있다. 배달나라를 구성한 인종을 구려족九黎族이라 했으니 최소한 9개 인종의 연합국가시대로 보아야 할 것이다.

천왕은 선계仙界의 신명神名이다.

한웅천왕은 뱀, 우족 등 다양한 상징으로 표시된다. 고대 페르시아 태양신 미트라는 인도의 태양신과 같은 신인데 뱀이 몸을 감고 있고 조디악 12궁고로 둘러싸여 있다. 사방에 배치된 얼굴은 방위신인 사신四神으로 보인다. 미트라신은 우족牛族을 가지고 있다. 우족은 소발인데 우리 말 솟다(승昇)와 발(족足)의 합성어로 보인다. 발은 발發이기도 하므로 발인發人, 즉 동이족이라는 의미가 있다. 이집트의 벽화가 해의 빛을 태양으로부터 한 발 한 발 걸어서 나오는 발로 표현한 경우와 의미가 같다고 하겠다.

15. 한인桓因, ~천제, ~시대, 한12제국시대 : 한국桓國의 천제天帝를 뜻한다. 그래서 한인천제桓因天帝라 하였다. 한은 하늘, 크다는 뜻이고, 인因은 근본이라는 뜻, 씨앗이라는 뜻이다.

대한민국의 역사에서 첫 번째 제국인 마고지나시대를 지나 2번째 제국인 한국을 세운 한인은 뱀을 인종 아이콘으로 썼던 풍이족 출신이다. 한桓은 밝다는 뜻이고 인因은 씨앗이라는 뜻이다. 그러므로 밝음의 씨앗이라는 뜻이 된다. 한은 바(Ba)를 의미한다.

풍이족의 안파견安巴堅이 한인이 되면서 그 이후로 제위帝位에 오르게 되는 혁서, 고시리, 주우양, 석제임, 구을리, 지위리 6분을 모두 한인이라 하였다. 이 시대가 3,301년이 되므로 한 분당 500년 미만 동안 나라를 다스린 것이 되므로 6분의 이름은 그 이름으로 불린 통치기간으로 볼 수 있다. 그러니까 한인천제라는 이름을 가진 나라가 약 500년 가까운 기간 동안 존속했다고 볼 수 있을 것이다.

16. 한인천제는 풍이족의 인종 아이콘인 뱀을 내걸고 싸웠다:《신약성경》 [계 12:7-9]은 하늘에 전쟁이 있었다고 하였다. 용과 미카엘이 싸웠는데 용이 미카엘을 이기지 못하여 쫓겨났다고 하였다. 용을 뱀, 마귀, 사탄이라 하였

다. 이 말을 바로 잡을 필요가 있다. 용은 한인천제, 뱀은 풍이족, 마귀는 마고, 사탄은 뱀에서 탄생한 자들로 바꾸면 이 기록의 왜곡歪曲에 대하여 다시 생각하지 않을 수 없게 되는 것이다.

17. 한인 천제의 서자로 적자인 동생 엔릴 왕자로부터 늘 모욕을 당하던 예아 왕자가 마고 부족의 편으로 돌아서지 않았다면 지구상의 인류는 테라 외계인들의 시중을 드는 노예생활을 지금도 하고 있을지 모른다 : 마고와 한웅 천왕의 역사 간극 7,000년을 하나로 이어 주는 대단한 탁견으로 볼 수 있다. 이러한 관점에서 마고족과 한웅족이 웅족으로 통일되는 신화적 변용이 가능해 지는 것이다. 〈단군신화〉에서 보여 주는 마고족과 한웅족의 동굴성인식洞窟成人式은 마고족이 환골탈태換骨脫胎하고자 벌이는 동굴의식의 시범이 되었다. 또한 토굴신앙의 원조가 되었다.

18. 〈한인항영비상도桓因姮英飛翔圖〉 : 학교에서 학생들에게 〈복희와 여와 풍의 해신과 달신〉 그림으로 잘못 가르치고 있는 고구려 고분 5회분4호묘의 벽화이다. 풍이족의 후예인 고구려족이 남긴 최고의 걸작품이다. 이 그림은 한인과 항영이 비상하는 그림으로 그려져 있으나 복희와 여와 그림은 복희와 여와가 교미하는 그림으로 그려져 있다. 남신과 여신의 비상과 남녀 인간의 교미는 현격한 차이가 있다.

19. 한자桓字, 漢字 : 조선이 진시황 8년(BC 238)에 진에게 멸망했는데, 그 이전의 문자를 한자桓字로 보고 그 이후의 문자를 한자漢字로 본다. 한자桓字는 풍이족과 구려족의 문자이고 한자漢字는 지나족(화이)의 문자이다. 그러나 글자의 형태는 똑같다. 조선이 진에게 멸망하면서 화석화되어 발전이 없었던 문자가 한자桓字이다. 대한민국 사람이 화석이 된 한자를 지금도 쓰는 이유는 조선이 진에게 멸망한 이후에 동이족 한자가 발전을 하지 못했기 때문이다. 지나 한자는 후한 때 《설문해자說文解字》가 나오고 여러 번 업그레이드가 되어 오늘날의 지나 한자로 자리매김을 하게 되었다. 만주족 출신의 강희황제가 나와 《강희자전康熙字典》을 편찬하면서 동이 한자의 의미를 많이 찾아 볼 수 있게 되었다.

20. 한제국의 붕괴 : 본문에서 한제국의 붕괴를 바벨탑의 붕괴와 연계시키고 있다. 한제국시대의 유일한 국제언어였던 인공언어의 붕괴를 말하고 있는 것이다.

21. 한족韓族 : 대한민국의 국민을 한족이라 부른다. 그러나 이 한족은 근거가

없는 인종 명칭이다. 한족韓族보다는 한족桓族으로 부르는 것이 마땅하다.

22. 한화桓花 : 한국桓國의 국화이다. 진달래라 하기도 하고 무궁화라 하기도 하는데 어느 것이 정확한지 알 수 없다.

23. 항영姮英 : 한인천제의 비妃. 도이島夷 출신이다. 그에게서 해마지 정보를 얻을 수 있기 때문에 굿에서 동이타기와 같은 의식이 생겼을 것으로 본다.

24. 해 : 해를 의미하는 문자는 많다. 한인천제와 한웅천왕을 의미하는 한桓자가 동쪽에 서있는 나무 옆으로 뜬 해를 의미하는 문자이고, 단군왕검을 의미하는 단檀자도 동쪽에 서있는 나무 옆으로 떠오르는 해를 의미하는 문자이다. 단자가 한자와 다른 점은 그곳이 부루단지를 모신 기도처라는 것이다.

25. 해혹복본解惑復本 : 의혹을 풀고 원위치로 돌아오라는 뜻이다. 의혹은 왜 천추성시대가 직녀성시대로 회귀해야 하는가 하는 점에 대한 의혹이고, 이 의혹을 풀어서 답을 얻어내야 한다는 것이다. 복본은 추방당한 사람들이 다시 복귀해야 한다는 뜻이다. 실달성으로 가야 하는데, 잘못 가면 허달성으로 가게 되므로 잘못 가지 않도록 정신을 차려야 할 것이다. 마고가 선교를 창설하면서 후손에게 내린 절대 불변의 명령이자 지상명령이다.

그러나 선교仙敎가 쇠퇴한 지금 해혹복본을 아는 사람이 거의 없는 세상이 되었다. 천당에 간다거나 극락에 간다거나 원시반본한다는 식으로 진실이 왜곡되어 있다.

26. 해혹복본의 길 : 마고성으로 복귀하는 길. 마고가 지상에 만들어 놓은 마고성을 삼신산이라 하였다. 봉래蓬萊, 방장方丈, 영주瀛洲가 삼신산이다. 오늘날의 삼신산은 성주聖主, 소래蘇萊, 노고老姑의 3산을 합한 산으로 바뀌었다. 격암 남사고 선생이 바꾸어 놓은 것이다. 삼산三山을 밟는다는 말이 있는데 원래 삼신산을 밟는다는 의미의 말이었다. 삼산을 밟는 길은 해혹복본하는 길이 된다.

27. 허주虛主 : 실달성으로 가지 못하고 허달성에 처진 영가쿼크. 마고성에 속한 허달성의 주인이라는 뜻도 있다. 굿에서는 속이는 귀신을 말한다.

28. 현무玄武 : 황궁이 뿌리내려 인류의 시조인 견우와 직녀가 태어나게 되는 별자리이다. 현무의 형상은 뱀이 몸을 두르고 있는 거북이의 형상인데, 뱀은 풍이족을 의미하고 거북이는 북쪽 방위를 의미한다.

29. 현재 바티칸이 소장하고 있는 〈코텍스 보르지아〉 : 아즈텍의 비서를 바티간에서 소장하고 있다는 것은 바티칸의 단순한 장서 취미를 만족시키기 위한

것만은 아닌 듯하다. 케찰코아틀의 화신공희火身供犧에서 예수에게서 찾은 대속代贖의 의미를 찾으려 했던 것이 아닌가 하는 생각을 해 볼 수 있다.

30. 혈의 불축제 : 사육제謝肉祭는 기독교인들이 1월 6일 사순절이 시작되기 전에 고기 먹는 것을 금한 행사였다고 한다. 그런데 문제는 고기 먹는 것을 금기하는 기간 전에 고기를 마음껏 먹어두자고 벌이는 행사가 사육제가 되어버렸다는 것이다. 이런 사육제가 아닌 순수하게 피를 태워 불꽃을 올리는 축제가 종교의식 안에 들어 있었을 것이다. 번제燔祭 안에 이런 의식이 포함되어 있었을 것으로 생각된다.

31. 형제관계로 인류에게 선과 악의 신격으로 나타난다 : 동방선파를 제외하고 다른 선파인 서방선파와 남방선파는 선仙의 질서에 선악善惡의 관념을 심었다. 그러나 동방선파는 마고선파의 종지宗旨(마고의 사미四味)를 지키고자 하였다. 그 대표가 되는 분이 단군왕검이다. 그는 요堯임금이 토土의 반란을 일으켜 사행四行에서 오행五行으로 가고자 했을 때 환부鰥夫(이오네스)와 권사權士(군대)를 보내어 단호하게 토벌하였다.

32. 호피 인디언 문화 : 호피는 지금은 사라진 곰의 일종인 고비의 와전인 것 같다. 호피 인디언 문화는 미국 호피 인디언의 모든 부족이 공유했던 문화로 개인이 독점할 수 없는 문화였고 독점해서도 아니 되는 공동체 문화였으나 백인들에게 멸망당하여 사라졌다. 이 문화는 신시神市의 유습으로 볼 수 있는 문화이다.

현재 호피인디언은 아리조나Arizona주의 호피인디언 분리지역(Hopiindian Reservation)에 살고 있다. 이들은 씨족을 중심으로 모계사회를 구성하고 있으며 무교의식을 행하고 있다.

33. 호피 전통예식은 모두가 이런 이유로 기우제 : 호피 전통의식으로 기우제가 남아 있는 모양이다. 호피를 곰으로 보면 곰에게 올리는 기우제로 볼 수 있다. 곰이 하늘에서 북두칠성과 북극오성이므로 이들 별에게 지내는 기우제로 생각할 수 있다. 이는 호피인디언이 농사지었던 조상의 후예임을 보여주는 한 예로 볼 수 있다. 우리에게도 기우제는 지우제止雨祭와 함께 공동체 문화로 면면히 맥을 이어 내려왔다.

우리나라에서 최고의 기우제는 삼성제례三聖祭禮라 하였다. 삼성제례는 선교仙敎의 최고 종조宗祖였던 한인, 한웅, 단군왕검 삼성에게 올리는 제사였다. 이 삼성이 신명神名에 내재되어 있는 태양(한인, 한웅의 한桓과 단군의 단檀에 모두 태양을 뜻하는 일日자가 들어 있다)에게 비는 기우제였다고 볼 수 있다. 말하자면 삼성이 가지고 있는 주술성을 살려내기 위하여 제사를 지냈던 것이다. 마찬가지로 북극오성에 들어 있는 한인(천제성), 한웅(서자성), 태자성(단군왕검), 황후성(웅녀 마고)에게서 주술성을 살려내기 위하여 기우제를 지냈다고 볼 수 있다.

34. 호피타쉬누무HopituhShiNuMu : '호피'는 '고비'로 보고, '타'는 '타다'로 보고, '쉬누'는 '신'으로 보면 '무'가 '고비를 탄 신무'로 해석된다. 즉 '곰을 탄 신무'로 해석이 되는 것이다. 고비가 최고 조상인 마고를 의미하므로 '호피타쉬누무'는 '마고신이 들린 무당'으로 볼 수 있다고 본다.

35. 혹세무민惑世誣民 : 무조건 교세를 확장하려는 종교인들의 행태를 따져 보면 우리가 수긍할 수 없는 많은 이유들이 있다. 그중의 하나가 혹세무민이다. 종교에 종사하는 종교인들이 혹세무민하지 않으면 교세를 확장하지 못한다. 교세를 확장하는 이유는 돈을 벌고 세력을 얻고 명예를 얻기 위해서이다. 그것은 마고의 유시인 해혹복본과는 아무 상관이 없는 것이다.

36. 혼연渾然 속의 빛 : 누군가가 아직 세상에 나타나지 않았음을 말한다. 조선시대에 세상에 모습을 드러내지 않고 역사에서 사라진 중여곤으로 볼 수 있다. 중여곤은 단군왕검이 조선을 세울 수 있도록 이름을 역사에 나타내지 않고 도운 사람이다. 역易에서는 이런 사람을 아직 세상에 드러나지 않았으므로 쓸모가 없다고 하여 잠용물용潛龍勿用이라 하였다.

37. 홍익인간弘益人間 : 〈단군신화〉에서 한국의 한인과 배달나라의 한웅이 공동으로 발표한 이념이다. 사회 구성원이 각자 가지고 있는 공동체가 공동으로 추구해야 할 이념이다. 공동체가 홍익의 목표를 널리 이익이 되게 하자는 데에 설정할 것이냐, 아니면 홍익의 목표를 크게 이익이 되게 하자는 데에 설정할 것이냐 하는 데에서 홍익의 결과에 차이가 난다고 볼 수 있다.

38. 화기火氣 : 우주에서 화기를 대표하는 것은 해이다. 해에 화기가 있음으로서 춘하추동春夏秋冬이 생긴다.

39. 화백회의和白會議 : 화백회의가 발생한 때는 배달나라시대로 본다. 이 시대는 수렵시대였고 구석기문화와 신석기문화가 새로 시작된 농경문화와 어울려 있던 시대였다.

배달나라시대에 각 부족의 대표가 모여서 의안을 만장일치로 의결하는 의결제도를 가지고 있었는데 이 의결제도가 화백회의였다. 화백회의가 열리는 때는 ①각 종족이 모여서 하늘에 제사를 지내는 결정을 하고 제사지기 위하여, ②종족 간에 지켜야 할 법을 어떤 종족이 어겨 종족체제유지에 위기가 닥쳤을 때, ③천제, 천왕, 단군(천군)과 같은 최고 대표자를 선출할 때 등이었다.

숙신肅愼 쪽에 살던 사람들이 유목생활을 하였고 황하와 양자강 쪽에 살던 사람들은 농경생활을 하였다. 생활양식이 다른 이들 이질적인 집단들이 배달나라의 신시체제에 하나로 통일이 될 수 있었던 것은 화백회의라는 정치체제가 있었기 때문이었다.

숙신은 당시에 유목과 수렵생활을 병행하였다. 그래서 초원의 확보가 그들의 생계에 크게 영향을 미치지 않을 수 없었다. 늘 새로운 초원을 찾아서 이동하지 않으면 아니 되었다. 초원을 확보하지 못할 때는 약탈로 생활을 해결하였다. 당시에는 부족 사이에 약탈이 용인되었다.

약탈이 시작되면 반드시 전투가 일어났다. 이때 약탈자가 지켜야 할 룰이 있었다. 부녀자와 아이들을 죽여서는 아니 된다는 룰이었다. 이 룰을 어기면, 즉각 화백회의가 소집되었고 모든 부족이 모여서 약탈자를 토벌하였다. 부족장이 실덕失德을 하므로 토벌을 하지 않을 수 없었던 것이다. 이렇게 화백회의는 엄격하게 운영되었다.

단국의 홍제가 제곡고신이 단국의 영토를 침범하자 이를 격퇴한 기풍에게 소씨를 사성하고 하백에 봉했는데, 이때 하백의 역할이 종족 간의 이견을 조정하고 통제하고, 약탈이 금기를 범하지 않았는가를 따져서 토벌여부를 결정하는 일이었다. 그가 토별을 결정하면 아무도 여기에 이의를 달지 않고 합심하여 출동하여 실덕자를 응징하였다.

40. 화합과 상생의 도 : 화합과 상생의 도는 마고에 연원을 두고 있는 삼신신앙, 또 천지인사상으로 설명이 가능한 도이다. 화합은 음양조화로 볼 수 있고, 상생은 음양조화에서 오는 결과로 볼 수 있다.

41. 환골탈태換骨脫胎 : 선교에서 추구하는 이상적인 몸의 형태. 불교에서 열반을 추구하듯이 선교에서 환골탈태를 추구한다. 달리 말해 시해선인尸解仙人이 되는 것을 추구하였다. 시체가 분해되어 인간의 홀로그램인 영혼만 남게 되는 것이 시해선인이다. 필자는 불교의 열반涅槃이 선교의 환골탈태를 모방한 것으로 보고 있다. 불교가 선교에서 나왔으므로 그렇게 보는 것이다. 불교가 선교에서 나왔다는 기록을 남긴 분은 신라 말기의 선종仙宗이었

던 고원 최치원 선생이다. 그가 〈난랑비서문鸞郎碑序文〉에서 그렇게 말하였다.

42. 황궁시대黃穹時代 : 마고의 후손이 마고성에서 추방되는 시대이다. 이때 추방당하는 부족의 최고 족장이 황궁이었다. 마고는 후손을 복제인간으로 만들어 놓고 먹으면 면역력이 떨어져 생명유지에 지장을 주게 되는 식물 섭취를 금지하였다. 그러나 배고픔을 이기지 못한 후손들에 의하여 오미의 반란이 일어났다. 이리하여 마고는 후손인 복제인간을 추방하였고, 후손은 동서남북으로 흩어졌다. 이때부터 해혹복본이라는 마고의 유시를 실천하자는 운동이 일어났고 이 운동은 번번이 실패하였다.

43. 황궁 유인 한인 : 《부도지》에, "마고성은 지상에서 가장 높은 대성이다. 천부를 받들어서 선천을 계승하였다. 성중의 사방에 네 천인이 있다고 했는데 그들이 황궁, 청궁, 백소, 흑소였다."는 기록이 있다. 마고성을 필자는 직녀성으로 보는데, 마고성이 직녀성이면 마고성이 있는 지상은 직녀성이 있는 지상이 된다. 천부를 받들어 선천을 계승하였다면 천부는 우주가 운행하는 이치를 말한다고 볼 수 있다. 우주가 운행하는 이치에 따라 선천을 계승하였을 것이므로 이 선천은 직녀성이 세차운동으로 북극성이 되기 이전의 시대인 천추성이 세차운동으로 북극성이 되었던 시대가 된다. 네 천인은 이 시대에 태어난 사람들이다. 이들의 시대는 모두 천추성이 북극성이 되는 시대로 볼 수 있다. 이 시대에 네 천녀가 태어났다. 그리하여 부부가 되었다. "마고는 배우자 없이 두 희씨를 낳았다. 두 희씨가 배우자 없이 각각 두 천인과 두 천녀를 낳았다"고 하였다. 이 말은 마고가 복제인간을 만들었다는 진술이 된다. 황궁, 청궁, 백소, 흑소가 복제인간이 되는 것이다. 복제인간인 황궁이 유인과 한인을 낳았다. 이때는 두 천인과 두 천녀가 결혼을 했을 것이므로 이때부터 쌍성생식이 가능했을 것으로 본다. 풍이족은 쌍성생식으로 태어난 인종으로 볼 수 있다.

44. 황궁족黃穹族 : 황궁의 자손. 자미원 중에서 북극오성이 있는 방위가 본거지가 된다. 그래서 황웅족黃熊族이라 한 것이다. 천문도 상에서 실제의 북극 말고 우리 머리 위에 있는 하늘을 북극이라 하는데, 우리 머리 위 하늘인 북극자미원의 중심이 되는 곳이 황궁이다.

45. 황소를 사냥하는 오리온 : 오리온은 방패를 들고 몽둥이를 들고 있다. 황소를 사냥하려는 것이다. 황소는 반란을 일으킨 소시모리(소머리)로 볼 수 있

고, 개들은 토벌에 나선 구가狗加로 볼 수 있다. 황소는 동양별자리에서 서방백호칠수에 속한 묘수昴宿와 필수畢宿에 해당한다. 묘자는 서쪽의 태양을 받들어 모시는 달의 역할을 하는 별이라는 뜻이다. 서쪽의 태양은 태양신인 황소를 의미한다. 오리온이 하는 일은 사냥도구인 몽둥이(필畢)를 들고 황소를 쫓아내는 일이다.

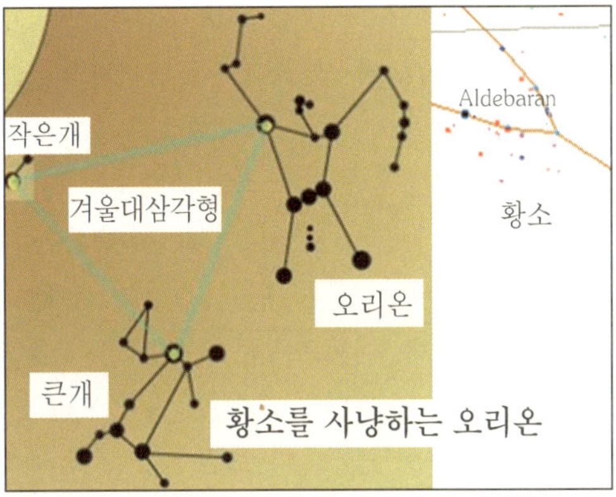

〈그림 35〉 황소를 사냥하는 오리온

46. 황웅黃熊 : 자미원의 중심 별자리인 북극오성北極五星. 소웅성小熊星이라 한다. 황黃은 중심이라는 의미, 웅은 소웅小熊(작은 곰)이라는 의미이다.

47. 황제黃帝 : 치우천왕과 같은 시대의 사람으로 지금의 중국인이 조상으로 떠받드는 분이다. 그는 유백국楡伯國의 임금이었던 유망楡罔(BC 2517)의 이복동생이다. 유웅국有熊國의 임금으로 배달나라倍達那羅 신시체제神市體制에 반란을 일으켜 판천阪泉의 들판에서 10년을 싸운 끝에 탁록대전涿鹿大戰에서 치우천왕을 이겨 중원을 통일하였다. 이때부터 구려족은 동이東夷와 화이華夷로 갈라지게 되었다. 동이 중에서 황제의 후손이 되고 싶어 하는 사람들은 지신들 스스로 화이華夷라 불렀다. 화이가 될 수 없는 사람들은 모화사상慕華思想에 빠졌다. 그러나 오늘날은 화이들이 자신들을 한족漢族이라 부르고 있다. 화이는 황제를 거의 전지전능한 신적인 수준의 조상으로 기록해 왔다.

48. 황후성皇后星 : 자미원의 중심에 있는 마고별자리. 북극성인 천추성 다음에 있다.

49. 회오리바람을 일으켜 지구를 대청소해 버리고 : 회오리바람은 전쟁이다. 지구를 대청소하는 것은 전쟁으로 대량 살육이 일어나는 것을 말한다. 1차 세계대전, 2차 세계대전, 한국전쟁, 월남전쟁, 중동전쟁, 이라크전쟁이 인종청소에 해당하는 경우이다. 악신惡神인 전쟁신이 인종청소의 악역을 담당하고 있다.

50. 흑소黑巢(암흑인종DarkOnes), ~시대 : 《부도지》에서 흑소라 하였다. 흑소족은 4개 부족 가운데 하나이다. 4개 부족은 청궁, 황궁, 백소, 흑소이다. 흑소는 어둠의 알갱이. 어둠의 물질이다. 《부도지》에서는 백소와 함께 소희의 딸로 나온다.

흑소가 어둠을 관장했던 시대는 직녀성시대, 북두칠성시대이다. 직녀가 매화부인으로 호칭되었던 시대였다. 무巫에서 매화부인은 칠성님의 부인이라는 뜻이다. 매화부인은 팔려의 음이 울리는 동서남북 4개 방위方位와 4개의 방위 사이에 있는 간방間方에서 울리는 울림을 관상하는 분이다.

흑소라는 문자를 풀어 보면 흑소가 단순하게 사람의 딸만이 아님을 알 수 있다. 북방이고 황궁이 부족을 이끌고 간 곳이다. 그곳에는 지구의 회전축이 있다. 그러므로 북극성이 있는 곳이다.

흑소黑巢를 분해하면 흑黑+천川+과果가 되는데 흑천黑川+과果로 바꾸어 쓸 수 있다. 흑천은 흑수黑水로 볼 수 있으므로 흑천과黑川果는 흑수에 떠내려 오는 과실果實이 된다. 흑수에 떠내려 올 수 있는 과실이라면 밤을 들 수 있다. 밤은 어두운 밤인 야夜, 먹는 밤인 율栗 둘이다.

어두운 밤에 흐르는 흑수는 어두운 밤의 강이니 야수夜水로 바꾸어 쓸 수 있다. 야수는 밤에 흐르는 강이다.

이러한 이야기의 도출이 가능한 이유는 복숭아에서 동자가 나와 도부신인이 되어 인류를 구원한다는 선계 메시아 설화와 맥이 닿아 있기 때문이다. 흑수를 흑룡강으로 보면 흑룡강에서 율신인栗神人이 나와 인류를 구원한다는 신화적 발상이 가능해 진다.

거란의 침입으로 발해가 망한 후 여진의 본거지가 된 만주땅에서 족장 누르하치가 후금을 세우고 훗날 국호는 청으로 바꾸는데, 흑수에 떠내려 오는 밤 한 톨의 신화가 청태종 메시아 신화를 만드는데 모티브가 된다고 볼 수 있다. 청태조는 조선에 대하여 호의적인 인물이었는데 조선의 사이비중화주의에 열이 받쳐, 인조 5년(1627년) 삼전도까지 쳐들어 와서 인조를 굴복시키고 단군조선시대의 절법인 삼육구배로 절을 시켰다는 유명한 고사를 남겼다. 이 청의 침입이 정묘호란이다.

흑소는 어둠의 알갱이로도 볼 수 있다. 어둠의 물질로 보는 것이다. 《부도지》에서는 백소와 함께 소희의 딸로 나온다. 흑소라는 문자를 풀어 보면 흑소가 단순하게 사람의 딸만이 아님을 알 수 있다. 흑은 북방이고 황궁이 부족을 이끌고 간 곳이다. 그곳에는 지구의 회전축이 있는 곳이다. 그러므로 북극성이 있는 곳이기도 하다. 흑소시대는 직녀성시대, 북두칠성시대이다. 직녀가 매화부인으로 호칭되었던 시대였다. 무巫에서 매화부인은 칠성님의 부인이라는 뜻이다. 매화부인은 팔려의 음이 울리는 동서남북 4개 방위方位와 4개의 방위 사이에 있는 간방間方에서 울리는 울림을 관장하는 분이다.

51. 흑소黑巢가 가는 길 : 북두칠성의 명줄을 잡고 태어난 사람을 칠성의 자식이라 한다. 이들이 흑소이다. 이들이 가는 길이다.

52. 흑소黑巢가 태어났다 : 흑소가 태어난 이후에 지소支巢들이 태어났다. 예를 들면 흑소의 후손 현이玄夷가 태어났는데 현이의 피부색은 검고 입술이 나와 있고 코는 낮고 짧으며 이마는 넓고 뒤로 비스듬하고 곱슬머리라 하였다.

53. 흑소족黑巢族 사형인간巳形人間 : 북쪽으로 간 풍이족風夷族. 황궁이 이끌고 북쪽으로 간 황궁족이 뱀 아이콘을 가진 사형인간으로 호칭되면서 지구의 동북간방東北艮方에 정착하였다. 이들이 풍이족이다. 흑소족은 피부색깔이 검은 흑인이라는 뜻이 아니다. 흑黑이라는 문자는 그들이 간 방위가 현무방위玄武方位임을 나타내는 문자이다. 그들이 간 방위가 어두운 곳이므로 불을 밝혀주기 위하여 한桓자를 쓰는 한인천제가 태어났다. 그가 활동한 곳이 적봉赤峰일대이다. 이어서 불을 밝혀주기 위하여 한웅천왕이 태어나 홍산문화紅山文化를 일으켰다. 적赤과 홍紅은 한桓을 의미하는 문자이다.

〈그림 36〉 코텍스 보르지아에서 원 제목은 우주고래이다. 우주고래는 고대 해변국가에서 마고도래麻姑渡來를 의미하는 말이었다. 고래란 말은 마고도래의 준 말로 볼 수 있다.

54. 흑표범을 숭배하는 신흥교단 : 우리의 산신숭배신앙에 등장하는 산신과 백

호라는 기본구도에서 산신은 케찰케아틀로 바뀌고 백호는 흑표로 바뀐 산신신앙이다. 이 교단에 마고숭배라는 이미지가 있다. 〈그림 36〉은 코텍스 보르지아에서 우주고래 템페터라는 이름을 가진 매뉴스크립트이다.

〈그림 36〉은 왼편 벽 위쪽에는 명두가 걸려 있고, 명두에는 불사전이 걸려 있다. 우리의 불사전은 백색인데 이곳의 불사전은 홍색이라는 차이가 있다. 우리의 불사전은 달의 색깔을 상징하고 아즈텍의 불사전은 태양을 상징한다고 볼 수 있다.

〈그림 37〉 태양신 까마귀의 옥좌를 차지한 악신 흑표범의 이미지. 발톱만 까마귀를 닮았다.

우주고래 템페터가 무신 마고와 같다는 말이 된다. 고대에는 무신이 선신이었으므로 마고는 선신이다. 선신 마고가 와서 아즈텍의 남방선파의 조종이 되었다고 볼 수 있다.

55. 히스패닉Hispanic : 라틴 아메리카 계열의 성, 스페인 라틴 아메리카의 스페인계 사람.

후 기

또 다른 마침표를 준비하며

최근에 마고에 대하여 관심을 갖는 사람들이 많이 생겼다. 기성의 역사와 종교의 허구성에 눈뜨기 시작하면서 관심자關心者들이 하나 둘 생기기 시작하다가 이제는 스스로 가출하여 노숙자 신세로 전락한 사람들이 떼거지로 나타나기 시작하였다. 인류가 고대광실高臺廣室로 지은 대궐大闕이 사상누각砂上樓閣이요 정체불명의 귀신들이 우글거리는 쓰레기 더미임을 깨달았으니 일신을 의탁하기에 마땅한 곳이 없어 노숙자 떼거지로 전락하지 않을 수 없었던 것이다.

이 책을 쓴 노중평과 박경종은 이 시대에 태어난 노숙자들이다. 우리가 들어갈 집은 이 땅 어디에도 없다. 그래서 세상살이에 아무런 미련을 갖지 못한다. 그렇다면 노숙자회라도 하나 만들면 어떨까? 이런 생각으로 만든 것이 W.W.W. 거미줄 망에 만든 Han Bear Society(天神會)이다. 그러나 주소는 지상에 없는 MAGOTEMPLE로 하였다. 천신회는 사실이 시대의 노숙자회이다. 우리는 이 거미줄 망에 거미여인들을 만들어 배치하여 교육하였다가 세상을 뒤집어 엎는 여전사女戰士로 써먹을 생각이다.

거미줄 망 운영에 돈 들어갈 일이 별로 없으니 세금을 내라 하지 않을 것이고 헌금을 하라 하지 않을 것이고 시주를 하라 하지 않을 것이다. 인류의 영혼을 볼모로 하여 지옥에 갈 것이라고 협박하지도 않을 것이다.

우리의 영혼이 영원불멸하는 쿼크임을 밝혀 놓았으니 이를 받아들이

기만 하면 온갖 정치, 철학, 사상, 종교 등등의 무허가 건물에 잡동사니를 쌓아 놓고 사기 치는 사기꾼들이 떠들어대는 감언이설과 협박에 넘어가지 않아도 될 것이다. 이제 이런 허접한 것들로부터 해방이고 자유이다.

고담 **노중평**

Black Shelled Jade Sculptures & Mago Civilization

마고주의와 종족분화種族分化의 원리 계승

1. 흑색 인체 조각상에 표현한 소인족小人族의 역사歷史

상당히 많은 수량의 검은색 옥 조각품들이 〈Black Shelled Jade Sculptures & Mago Civilization〉 1권에 도록으로 정리되어 있었다. 엄청난 수량이었다. 괴기한 나체 조각상들이 보는 이의 눈을 압도하였다.

이들 작품들은 내몽골에 있는 여러 무덤에서 수거된 작품들로, 크기가 25cm, 30cm 등 거의 비슷비슷하였고, 볼륨이 있었고, 일정한 패턴을 가지고 있었다. 작품들은 키에 비하여 몸집이 컸고, 키는 거의 생략되어 있었다. 얼굴은 통통하였고, 짧은 몸통에 팔과 다리가 붙어 있었다. 표정은 단순화되어 있었다. 여성은 거대한 유방이 노출되어 있었고, 남성은 거대한 남근이 노출되어 있었다. 이들은 머리에 어떤 동물을 이고 있었고, 손에는 무기와 농기구를 들고 있었다.

이들 인물상은 옥 위에 검은색 도료를 칠하여 흑색옥黑色玉 조각상으로 만든 것이었다.

2. 예(濊, 穢, 獩)와 맥이貊夷

흑피옥 조각상을 촬영하여 도록을 만든 채히석 선생 논문의 제목이

〈그림 1〉 오리 아이콘과 뱀 아이콘의 합체合體

〈흑피옥과 마고문명〉인데, 흑피옥 조각상을 마고시대 전후에 만들었다고 보고 있었다.

그러나 마고임을 강조한 조각상은 보이지 않았다. 그러니 특정한 작품 몇 가지를 선정·분석하여 마고를 도출할 수 있는 담론을 시도해 볼 필요가 있다고 생각되었다.

위에 인용한 조각상은 뱀 아이콘과 오리 아이콘을 아래위 하나로 합쳐 새긴 조각상이다. 인류학적인 관점에서 볼 때, 뱀은 지금으로부터 10,000년 전에 풍이문명을 전 세계에 퍼뜨렸던 풍이족風夷族의 인종 아이콘이고, 오리는 14,000년 전에 마고문명을 전 세계에 퍼뜨렸던 마고의 인종 아이콘이다. 오리가 날개를 접고 사람처럼 앉아 있고, 뱀이 똬리를 틀고 오리의 머리 위에 앉아 있는 형상의 조각상이다.

이 조각상은 뱀족을 낳은 것이 오리족이라는 메시지를 나타내고 있다.

멕시코의 나와들Nahuatl어에서는 뱀을 꼬아coa(똬리를 틀었다는 뜻)라고 하는데, 날개달린 뱀을 의미하는 케찰코아틀Quetzalcoatl에 그대로 나타난다. 케찰Quetzal은 새를 의미하는 말이라고 한다. 그렇다면 케찰코아틀은 새+뱀의 이미지를 표현한 것이라 마고족과 풍이족의 족표분화族表分化를 이미지화하였다고 볼 수 있다. 멕시코는 멕이코라고도 하는데 멕시코 연구자들에 따르면, 그들의 조상이 우리와 같은 조상인 맥이貊夷라 한다. 맥이가 멕시코로 이동移動해 간 흔적이 케찰코아틀이라는 언어에 남아 있다고 볼 수 있다.

맥이족을 화이華夷는 예라 하였다. 예에는 3종류의 예가 있는데, 발해만 바닷가에 살았던 예濊, 산동반도 내륙에 살았던 예穢, 만주 일대에 살았던 예獩의 3종류이다. 발해만에 살았던 예를 발인發人이라 하였다. 달리기를 잘해서 발인이라 하였다고 전해 온다. 일반적으로 이들을 동이東夷라 하였다. 이들이 발해만에 세운 나라가 조선朝鮮에 속한 동평국東平國이었다. 이들이 물고기를 잡아서 신시神市에 보내어 제사지냈고, 이들이 바친 물고기를 올리며 지낸 제사를 《부도지》에서 조선제朝鮮祭라 하였다.

예穢는 벼농사를 짓기 시작한 예이다. 농사의 신이 된 신농의 후예로 볼 수 있는 족속이 이들인데, 이들이 청동기를 발명하여 제기와 병기로 사용했던 인종들이었다. 중원中原에서 영토분쟁을 일으켰던 종족은 이들이다. 이들 중에 치우蚩尤와 황제黃帝가 있었다. 이들은 모두 뱀을 인종 아이콘으로 썼던 풍이족의 후예들이었다.

예獩는 사냥하는 족속인 맥이貊夷인데, 사냥하여 잡은 짐승을 산동반도에 있는 신시에 보내서 제물로 썼다. 번제燔祭하는 풍습은 이들에게서 시작된 것이다.

이들은 조선이 멸망하면서 사방으로 흩어져, 일부가 내몽골 쪽으로 갔고, 다른 일부가 멕시코로 가서 유카탄반도 일대에 정착하였다. 아즈테카인들도 이들이었다.

위에 든 유물은 예족獩族으로 불렸던 맥족의 역사를 추론할 수 있게 해준다는 점에서 가장 역사성이 있는 유물로 볼 수 있다. 3종류의 예족을 화이는 예맥濊貊이라 하였다.

3. 종족 보존을 위하여 출산을 장려했던 모계사회

다음 쪽에 보이는 조각품은 사랑스럽고 귀여운 포즈를 취하고 있는 여

〈그림 2〉 종족보존을 위하여 출산을 장려하는 모성

〈그림 3〉 종족보존을 위하여 임신한 모성과 임신이 필요한 여성

신상이다. 풍기는 분위기가 대단히 코믹하다. 이들 두 여인은 아들이 필요하니 아들을 낳게 해 달라고 행동으로 보여주고 있다.

나이 든 여인은 종족의 최고 어른인 할머니이다. 할머니가 머리 위에 손자를 올려놓고 누구나 보라고 과시하고 있다. 젊은 여인은 아들을 낳을 사내가 필요한 여인이다. 남근을 등에 짊어지고 있는데 힘이 센 남자라야 자기에게 와서 하룻밤 상대가 될 수 있을 것이라고 주문하고 있다. 이들이 앉아있는 곳은 아마 서낭이나 아스타르신전의 정문일 가능성이 높다. 이 두 여인은 아기를 점지해 주는 삼신이거나 아스타르여신일 것이다.

출산을 한 모성은 남성으로부터 존경의 대상이 된다. 남성이 상투를 틀었다는 것은 자식을 낳아 준 여성에게 일신이 종속되어 있음을 나타낸 표시로 볼 수 있다. 절대로 남성의 권위를 나타낸 것이 아닐 것이다. 남성의 표정이 우울한 것은 그러한 이유 때문일 것이다. 출산한 여성은 등받침(안석案席)에 머리를 기대고 있다. 모계집단에서 남성보다 신분이 우월함을 나타낸 것으로 볼 수 있다.

〈그림 4〉 복종의 의미로 상투를 튼 남성과 존경을 받는다는 의미로 안석案席을 머리에 받친 여성

4. 권력을 만들어 가는 여성사회

마고시대의 여자들에게 남편은 필요하지 않았다. 부려먹는 일에 써먹는다. 부려먹기 위하여 거세한다. 거세당한 자들은 군대로 써먹거나 사냥꾼으로 써먹거나 농사꾼으로 써먹는다. 이들을 부리는 위치에 있는 할머니는 모계사회에서 최고의 조상신으로 받들어 모시는 마고대신麻姑大神으로부

〈그림 5〉 왼쪽은 종족의 주인이 된 마고족(오리족). 오른쪽은 종족의 하수인이 된 풍이족(현무족). 마고족이 풍이족을 지배한다.

〈그림 6〉 거세당한 사내가 도끼를 들고 무사의 임무를 수행하고 있다.

터 권력을 위임받아 절대 권력을 휘두르며 통치한다.

거세된 남자가 든 도끼를 부월斧鉞이라고 하는데, 부斧자는 아버지의 남근을 잘랐음을 나타내는 문자이다. 옛날에 모계시대에 남자들을 거세시켜 군대로 부렸음을 알 수 있다.

5. 신성神性의 생성

마고가 가지고 있는 인종 아이콘 오리는 마고 권력의 상징물이다. 그래서 마고의 권력을 나타낸 문자가 오리부鳧자이다.

이 오리는 조鳥+궤几자로 제단에 올려서 모시는 마고의 신체神體를 나타낸다. 마고제단에서 땅으로 내려오면 봉鳳자가 되어 마고의 권력을 상징한다.

이를 겉으로 끄집어내어 조각한 것이 위의 왼편에 있는 옥 조각품으로 볼 수 있다.

오리를 솟대에 모실 때에는 오리압鴨자가 된다. 압鴨자는 갑甲+조鳥자로 태양조太陽鳥인 삼족오三足烏와 동일시된다. 낮에 태양계로부터 오는 정보를 수신하는 새가 되기 때문에 오리에서 까마귀로 변하는 것이다. 이 까마귀는 아메리카 쪽으로 가서 태양조로 정착하였다.

오리는 마고의 발밑으로 내려가면 현조玄鳥(검은 봉황새, 鳳)가 된다. 현조가 지축地軸과 연결되면 현무玄武가 된다. 현무는 뱀을 의미하는 사巳와 거북을 의미하는 구龜가 결합한 문자이다. 현무는 북방을 지키는 신수神獸가 된다. 현무의 현玄은 우주의 빛깔이 검다는 것을 나타낸다. 옥 조각품에 흑색을 칠한 것은 마고족이 천족이 되어 현무에 속하게 되었음을 표현했다고 볼 수 있다.

6. 족표분화族表分化의 원리

한 여인이 마고(혹은 마고계 승자)에게 물고기나 새를 갖다 바친다. 물고기는 뱀족(풍이족風夷族, 사족巳族)에서 태어난 자식이 물고기족(어족魚族)이 되었다는 뜻이고, 새는 물고기족에서 태어난 자식이 새족(조족鳥族-조이鳥夷)이 되었다는 뜻이다. 현조, 태양조, 오리를 상징한다. 이런 새는 솟대에 앉을 수

〈그림 7〉 한 여인이 마고에게 물고기를 갖다 바치고 있다.

〈그림 8〉 풍이족의 여인

있는 새들이다.

여인은 마고에게 새를 바치고 자신에게도 임신할 수 있는 기회를 달라고 청원한다. 청원이 허락되면 여인은 남자를 택하여 임신할 수 있게 된다. 이리하여 사내아이들이 태어나게 되는데, 문자학에서 이를 사巳가 변하여 자子가 되었음을 표시하였다. 즉 사子가 사巳의 파생분자가 된다고 보는 것이다. 족표분화의 법칙을 말하는 것인데, 장자莊子는 이러한 풍습을 사화이어巳化而魚라 하였다. 다음엔 물고기가 분화하여 새가 되는데, 이를 어화이조魚化而鳥라 말할 수 있다.

사화이조가 되기 전에 전단계로 사화이어巳化而魚가 있다. 사화이어는 족표분화의 법칙 제2단계로 뱀족표에서 물고기족표가 생긴다는 뜻이다. 소성蘇姓을 보면 소자에 어魚자가 들어 있는데, 이 어魚자가 사巳자에서 분화되어 나왔음을 의미하는 것이다. 풍이족의 풍風자 안에 들어 있는 충虫자는 사巳자와 같은 의미를 가진 문자이다. 풍이족에게서 사巳는 장손長孫을 의미하고 충虫은 지손支孫을 의미한다. 풍이족은 한국桓國을 세운 한인천제桓因天帝의 직계 후손이다.

7. 동이東夷와 화이華夷

풍이족의 여인은 자식을 낳을 때 장손과 지손을 낳는다. 장손은 종족

〈그림 9〉 사화이어巳化而魚 족표 분화의 원리

〈그림 10〉 물동이를 머리에 인 동이東夷와 바구니를 안은 화이華夷

의 제사계승권자이고 지손은 제사계승권이 없는 자이다. 풍이족의 여인은 풍이족의 장자를 낳아서 장자계승권을 확보해 준 젊은 여인이다. 장손은 1명이지만 지손은 수가 많이 불어난다. 지손이 많이 생긴다는 것은 언젠가 제사권祭祀權을 놓고 종족분쟁을 일으키지 않을 수 없게 된다는 것을 의미한다. 종족분쟁의 대표적인 것이 동이東夷와 화이華夷의 제사권 분쟁이다. 동이는 풍이족의 장손이고 화이는 풍이족의 지손인데 화이가 이를 인정하지 않기 때문에 종족분쟁이 일어나게 되는 것이다.

동이와 화이가 가지고 있는 이夷자는 태양이 각수角宿에 드는 때를 의미하는 문자이다. 그래서 춘분春分의 기氣(기炁)를 발생시킨다는 뜻이 있다. 동이족은 춘분의 기에서 나온 인종이란 뜻이다. 화이족은 원래 화하華夏라고 하는데 화하란 하지夏至의 기에서 나온 인종을 의미하는 문자이다. 그러니 춘분의 기에서 나온 동이가 장손이고 하지의 기에서 나온

화이가 지손이 되는 것은 자명한 이치라 할 것이다.

천문에서 보면, 동양의 인종 중에서 각수에서 먼저 생긴 인종이 동이족인데, 이를 이夷라 하였다. 동이족 다음에 생겨난 인종이 화이족인데, 이러한 이유로 우禹임금이 자기가 세운 나라 이름을 하夏라 하였다. 그는 화이가 하지의 기에서 나왔다고 보았기 때문에 나라 이름을 하라 하였던 것이다.

〈그림 11〉 풍이족의 인종 구성

풍이족 지손들은 인구가 불어나면서 9황64민으로 불어났다. 이들 인종이 시작된 곳이 현무로 불리는 북방이고, 시조는 풍이족이다. 위 조각품에서 뱀을 머리에 이고 가운데에 앉아 있는 사람은 풍이족의 조상 한인천제이고, 그가 양 손에 쥐고 있는 아이는 장손과 지손으로 볼 수 있는 자손이다. 그가 타고 앉은 거북이는 현무방위를 의미한다. 지축이 지나가는 곳을 의미한다고 볼 수 있다.

지구는 누가 돌리지 않아도 공전과 자전을 한다. 그런데 지축을 누가 돌리는가를 설명해 주는 것이 수평축 위에 앉은 2마리의 새라는 것을 알 수 있다. 지구의 밑바닥에는 현무가 있다. 풍이족 조상이 지축을 구성하고 있다. 그리고 지축의 맨 위에 앉아 있는 분이 마고이다. 마고를 바라보고 앉아 있는 두

〈그림 12〉 지축을 돌리는 2마리의 새

마리의 새는 마고에게서 족표가 분화해 새족으로 독립한 두 딸 궁희와 소희이다. 지구가 움직이는 구도가 이렇게 짜여 있다. 새족은 다른 말로 조이鳥夷나 오이烏夷로 말할 수 있다. 한인은 밤의 신 마고를 정벌하여 낮의 세계로 만들었다. 그리고 그의 두 딸을 낮의 새로 만들었다.

〈그림 13〉 12지신의 시대

〈그림 14〉 우족牛族. 모족牟族, 우가牛加로 불리는 인종 아이콘 소

풍이족이 많은 후손을 배출하면서 맞게 된 것이 12지신의 시대였다. 12지신은 마고가 이 세상에 오기 전부터 우주의 방위를 관장해 왔던 신들이었다. 인간은 자기가 사는 방위를 관장하는 신들을 거역하지 못하였다. 이들을 풍이족 지손들이 자신들의 인종 아이콘으로 쓰기 시작하였다. 그래서 머리 위에 올려놓아 그들이 살고 있는 방위를 표시하였다.

12지신 중에서 소는 태양시대를 상징한다. 그래서 태양신으로 숭상을 받았다. 특정한 동물에 이러한 의미를 부여함으로써 종교적 카리스마가 생성되었다.

8. 마고주의 계승

옥피 조각품은 종교적 카리스마를 획득했다는 면에서 성공하였다. 천성天性, 지성地性, 인성人性을 고루 획득하여 신성을 확보한 것이다.

획득한 신성에 종교적 대상물로 경배할 수 있는 조건을 부여해 주면 신앙의 대상으로 승화한다. 인간이 경배할 수 있는 조건이란 천성天性과 지성地性과 인성人性을 나타내야 한다는 것이다. 이들 3가지가 옥피 조각품이 신성을 획득할 수 있는 조건이 된다고 볼 수 있다.

조각품에 천성을 띠게 하려면 머리와 상체와 젖가슴을 과장시켜 그 의미가 천신에 속해 있음을 깨닫게 해 주어야 한다. 지성을 획득하게 하려면 발에서부터 하반신을 과장시켜 그 의미가 지신에 속해 있음을 깨닫게 해 주어야 한다. 인성을 획득하게 하려면 특정한 부위에 의미를 부여하여 인간을 설득해야 한다.

이러한 관점에서 옥피 조각품을 보면 이 조각품들이 무엇을 가지고 우리를 깨닫게 하고 설득하려 하는가를 알 수 있다. 그래서 직관이 필요하다. 깊은 지식을 갖지 않아도 직관이 감성을 동원하여 깨닫고 설득 당하게 하는 것이다. 옥피 조각품은 시공을 초월하여 우리에게 종교적인 대화를 걸어온다.

여기에 마고를 추론할 수 있도록 역사성을 부여해 보기로 한다. 역사성은 시간과 장소가 제공해 준다. 가령 홍산 출토유물이라고 할 때 홍산 출토유물이 우리에게 제시하는 역사성은 이 유물이 갖는 시대성과 장소성과 출토유물이 갖고 있는 조형성에서 결정된다. 한국 사람은 홍산 출토유물에 한웅시대를 적용함으로서 이 유물이 배달나라시대의 유물임을 밝혀내려 한다. 그러나 중국은 다른 시대인 황제시대를 적용함으로

써 홍산 출토유물이 배달나라시대의 것이 아님을 주장하려 한다.

이러한 시대를 결정짓게 하는 요소가 옥룡玉龍과 치효鴟梟를 배달나라의 역사 유물로 귀속시키느냐, 아니면 귀속시키지 않느냐에 따라서 판정이 나게 되어 있다.

홍산문화유적에서 관심을 끌게 하는 것을 살펴보면, 첫째가 우하량 유적지에서 발굴된 여신묘와 신전터, 천원지방형상天圓地方形象의 제단, 유물 등이다. 단군조선에는 조선개국 초부터 단군왕검의 비인 하백녀를 신모神母로 모시고 국가제사를 주관하게 하였다. 매년 국중대회國中大會(굿)를 열어 국가통합의 행사를 하였다. 최치원 선생에 따르면 단군조선이 멸망할 때 대국이 9국, 소국이 12국이라 하였다. 그러므로 국가통합의 행사가 필요했던 것이었다.

여신묘에서는 옥으로 눈알을 박은 실물 크기의 여신 두상이 발굴되었다. 두상이 편두로 만들어져 있어서 여신상임을 알 수 있는데, 단군왕검 탄생신화에서 한웅의 비가 된 웅녀신상熊女神像과 관련이 있는 신상으로 볼 수 있다.

이외에 홍산문화를 대표할 수 있는 다수의 옥기들이 발굴되었다. 장신구나 생활용기가 아닌 신상, 신물이나 정체성, 정통성과 관련이 있는 유물들이었다. 압록강에 인접한 요녕성 수암岫岩에서 생산된 수암옥으로 만든 옥기들이 발굴된 것이다. 옥의 생산지가 압록강에 인접한 요하문명권이라는 점에서 설득력을 확보했다고 하겠다.

여기가 〈부소보서扶蘇譜序〉에서 일실逸失된 한국사에서 인용했다고 출전을 밝히면서, 한인천제가 기묘년에 풍주風州 배곡倍谷에서 한국桓國을 개국한 곳일 수 있다는 생각을 해 볼 필요가 있다. 〈부소보서〉에서 한인천제를 적제赤帝 축융祝融이라고 하였는데, 이곳을 적봉赤峰 또는 홍산紅山이라고 하는 점으로 보아서 적제가 여기에서 나온 것이 아닌가 하는 의문을 가질 수 있다고 본다.

적봉(홍산)이 적제라는 신명의 탄생지라면 적봉의 홍산문화는 실은 한국의 한인천제 때부터 시작되었다고 볼 수 있다.

다음에 생각해 볼 것이 홍산문화를 대표할 수 있는 색깔이 무엇일까 하는 점이다. 필자가 보기에 그 색깔은 적색이나 홍색이다. 지명을 적봉이나 홍산이라 했으므로 적색과 홍색이 관련이 있을 것으로 보는 것이다. 한인천제를 적제라 했고, 또한 불을 다루는 축융이라고 했기 때문에 그러한 점을 생각하지 않을 수 없다. 굿에서 단군왕검의 의대가 홍포紅袍와 홍갓이라는 점도 홍산의 홍紅과 적봉의 적赤의 관련 여부를 따져 볼 필요가 있다.

본문으로 돌아가기로 한다.

흑피조각품이 출토된 곳은 북경 서북쪽으로 300km 떨어진 내몽골 자치구 육지전향六支箭鄉 대정구촌大井溝村이다. 이외에 다른 곳에서 발굴된 것도 섞여 있다고 한다. 옥기류의 제작년대는 지금으로부터 14300±60년이다. 이 시대는 우리 역사에서 마고시대에 해당한다. 그래서 본 도록의 제목에 Mago Civilization이라는 말이 들어갔다고 볼 수 있다.

흑피옥에 대하여 가짜라고 주장하는 사람들이 있는데, 석기시대에 석기를 가지고 돌을 정제하여 조각품을 만들 수 있었을까 하는 의문을 풀지 못한 때문으로 본다. 이러한 일은 불가사의에 속하는 일이다. 그래서 외계인 제작설을 말하기도 한다. 이런 의문은 두고두고 풀어가야 할 일이다.

Mago-ism and the law of succession of the racial differtentiation'-Black Shelled Jade Sculptures & Mago Civilizathion

1. The history of pigmy expressed in the black-colored human figure sculpture

Considerable quantity of black sculptures made of jade are introduced to the book Blck-Shelled Jade Sculptures & Mago Civilization-I. Indeed, their images surpassed in number : Those spectral nude sculptures were overpowering the eye of the beholder.

The sculpture works are collected from several graves located in inner Mongolia ; their sizes vary, some 25cm to 30cm, with the voluminous figural from, and distinct patterns are noticeable. The characteristics of the figures were exaggerated body trunk with comparatively shortened height. They have plump face, short arms and legs were attached as if glued onto the body. the facial expression was simplified. Enormous breasts of women were exposed to, and huge penises of men were displayed. Sometimes, they carry animal at the head each, and holding arms or farm equipment in hand.

These figures are carved from jade and are covered with blackish pigment to create the black-shelled jade(黑色玉) sculptures.

2. Yeh(濊, 穢, 獩) and Mac-Yi(貊夷)

Mr. Chai, Hi-Suk arranged photographic shoot of the group of special artifacts and was believing that they belong to the time of Mago ; thus he wrote 'Black-shelled Jade Sculptures & Mage Covilization'.

In fact, there is not a piece I can put my finger on to distinguish Mago. Nevertheless, I found them worth analyzing by selecting a few specific artifacts to bring a discourse drawn from Mage.

An image quoted as above, it is a figure of snake icon up and a mallard icon down combined together. From the anthropologic viewpoint, the snake is icon of Pung-Yi tribe(風夷族) existed 10,000 years from now who spread throughout the world their Pung-Yi(風夷) civilization, and, on the other hand, the mallard is icon of the Mago race who unfolded the Mago civilization 14,000 years age. Here, the mallard is sitting like a man with its wings folded, and a snake is coiling on the head of the mallard.

〈Fig. 1〉 오리 아이콘과 뱀 아이콘의 합체合體

This image displays the message; mallard-tribe gave birth to serpent-tribe.

In Mexican Nahuatl language, the snake is called 'coa', which means 'coiled', and this becomes clear with 'Quetzalcoatl', the winged serpent. Quetzal means bird : Quetzalcoatl represents the bird+snake, which could be read as the image of the suceecsion in the racial differentiation of Mago tribe and Pung-Yi tribe. 'Mek-Yi-Ko' is referred to designate Mexico. According the the Mixico researchers their ancestors are identical with Korean. The sign of migration of Mac-Yi(貊夷) is still seen from 'Quetzalcoatl'

Hwa-Yi(華夷) described Mac-Yi tribe(貊族夷) as 'Yeh'. 'Yeh' appears in three different places ; 'Yeh/濊' who live at the Bal-Hae Bay, 'Yeh/穢' that lived in the plain of Shandong Peninsula, and 'Yeh/獩' of Manchuria. The Yeh lived at Bal-Hae Bay is named Bal-in(發人) and known as terrific runner group. in general, they are called as East-Yi(東夷). The country built by them was Dong Pyeong-guk(東平國), which belonged to Joseon(朝鮮). They fished and sent the prize to the sanctuary(神市) ; the ritual done with their fishes offered to the altar was called Joseonje(朝鮮祭) in 《Budoji》

Other Yeh(穢) is known to begin the rice farming. They are offspring of Shennong, the god of agriculture; who invented bronze wares and arms. Also, they are people who led Zhongyuan to territorial disputes. Among them were 黃帝 蚩尤 and the emperor. All of them were Chi You(蚩尤) and Yellow Emperor(黃帝). They were descendants of Pung-Yi tribe(風夷族) who used the icon of snake race.

The third Yeh(獩) is the hunter tribe Mac-Yi(貊夷) ; they hunted animal and offered to the sanctuary(神市) in Shandong Peninsula that the custom of sacrificial rite(燔祭) had begun in the history.

They scattered in all direction when the Joseon(朝鮮, the ancient Korea) fell, some took went to inner Mongolia, others settled at Yucatan Peninsula of Mexico : Aztecan are Yeh(穢) as well.

The artifact image shown in above could be counted as the most historical relic as it is inferring the time of Mac trube(貊族) who were called Yeh.

3. Matrilineal society that promoted childbirth in order to preserve species

The sculpture below displays loving and cute poses. The air is very comical. These two women show in action how they need a son and wish to deliver a boy so badly.

〈Fig. 2〉 Maternity that promotes childbirth in order to preserve species

〈Fig. 3〉 Pregnant maternity in preserving species and a woman who wishes to conceive a child

The old woman is the most venerable elder of the clan. She shows up her proud grandson by putting him on her head. The young woman is in need of man who could grant a son. She carries a penis on her back, delivering message that only strong man could be a match to her. The place where they are sitting in is most probably the temple of local god or the facade of Ashtar Temple. Two wonen could be read as the Samshingod who grants child or the goddess Ashitar.

Maternity that culminates in birth of a child receives respect from men. When men

〈Fig. 4〉 A man with Sangtoo(tying hair as bun) which is symbol of obedience and a woman leaning on a cushion(案席) demonstration that she is venerable

tie sangtoo, it read as a sign that he is subordinated to a woman who delivered children for him. It would never be a display of the authority of men. The depressed expression on the face of the man proves it. The woman she gave birth is resting her head to the backrest cushion(anseok : 案席) : The figures can be read as that wonan's status is superior to men in the maternal group.

4. Women's social power

In the age of Mago, women did not need husband. They rule men on purpose to labor. They castrated men to labor. Those castrated men

〈Fig. 5〉 The Mago-jok(the tribe of Mallard) is shown in left and the Pung Yi-jok(the tribe of hyeonmu, or serpent) who became the subordinate to Mago-jok is shown in right. Mago tribe rules the Pung Yi-jok.

〈Fig. 6〉 A castrated man is holding an ax on a mission of warrior

were sent ot army, to hunt, or to farm. Elderly woman ruled them with absolute authority enthroned by empowerment of Mago, the Great Goddess.

The ax held by castrated male is called 'buwol(斧鉞)', the letter bu(斧) displays that the father's penis has been cut off. Long ago, we could figure that men were castrated and sent for army in the matemal age.

5. The creation of the sacred world

The Mago's racial icon was mallard, which was a symbol of power of Mago : The letter bu(鳧 : Ori) denoted Mago authority.

The character of mallard is combined of two units, jo / 鳥 (bird) + gwue / 儿(ark) ; it is Mago's divine body that was enshrined at the altar. When Mago gets down onto the ground it becomes the phoenix(鳳/bong), a symbol of power over land. The logic is apparent with carving work of the jade sculpture shown in the image above(left).

When the mallard is raised up on the tip of the mythic pole, called Sotdae, the letter becomes ahp(鴨). The character ahp/鴨 is combined of gahp(甲 : armor) + Joh(鳥 : bird) ; it is regarded as Samjokoh(三足烏 : three-legged crow) which is symbolic characters of Taeyangjo(太陽鳥 : the Sun bird). The bird is turning into a crow from a mallard during the daytime for receiving information coming from the solar system. This same crow became the sunbird in American.

When the mallard gets down to the feet of Mago, the letter becomes theonjo(玄鳥 : black phoenix) is. When hyeonjo is connected with the axis of the Earth (Jichuk/地軸), it becomes Hyeonmu(玄武 : black serpent-turtle). Hyeonmu/玄武 is combined letter of sa(巳 : sperpent) and gu(龜 : turtle). Hyeonmu is divine beast(神獸) keeping the northern direction. Hyeon(玄) in the word Hyeonmu indicates that the colors of the universe are black. It is the reason why the jade sculptures were painted black : The tribe of Mago belongs to the race of sky, Hyeonmu.

6. The law of the succession of the racial differentiation

A woman(or a successor to Mago) is offering fish, or bird to Mago(or, to the successor of Mage). Here, the fish means that a child born from the serpent clan(Pung Yi-jok/風夷族, 巳族) became a member of fish clan(fish/魚族), and the bird means that a child born in the family of fish became a member of bird clan(Jo-jok/鳥族, Jo Yi/鳥夷). This bird resembles as the symbol of Hyeonjo(玄族 : black phoenix), Taeyangjo(太陽鳥 : the Sun bird),

〈Fig. 7〉 A woman offering Mago a fish

and mallard. They are the birds who can sit on the top of Sotdae, the mythic pole.

The woman is offering a bird to Mago and praying to conceive a child. If the woman' s petition is granted, she can choose a man to get pregnant. Thus, sons are born. The graphonomy explains that serpent(巳) is transformed to son(子); the letter of son(子) is derived from serpent(巳). In other word, it is the law of the succession of the racial differentiation: Chuang-tzu(莊子) referred the custom as '巳化而魚(sawha-i-eo: a serpent transforms in to a fish)'. Then, the law is allowing the fish to transform into a bird again: '魚化而鳥(eohwa-i-jo).

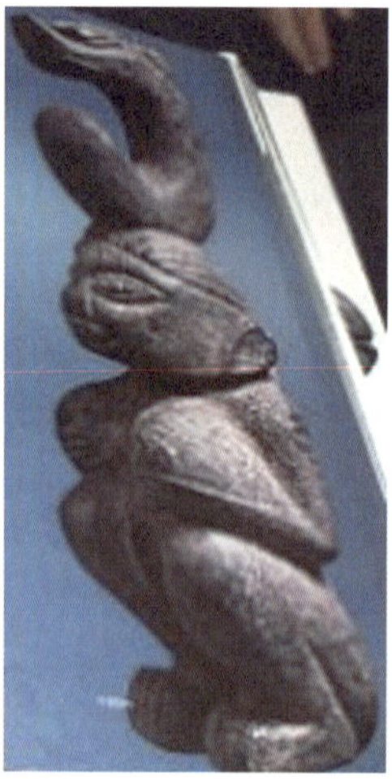

〈Fig. 8〉 A Pung Yi-jok woman

Before '巳化而鳥(sawha-i-eo: a serpent transforms in to a fish)' ther was '巳化而鳥(sa-wha-i-jo: a serpent transforms in to a bird)'. 巳化而魚(sawha-i-eo)' is subjected to be the second step in the law of the succession in the racial differentiation, which means the fish tribe is born out of serpent tribe.

Observing the name Su(蘇姓), fish(魚) is in the letter Su(蘇) ; it means that the fish(魚) is differentiated from serpent(巳). In the letter Pung(風) of Pun Yi-jok has snake(虫 : 작은 뱀), which is equivalent to serpent(巳 : 큰뱀). According to Pung Yi-jok, the serpent(巳) signifies eldest son(長孫), and snake(虫) is designated to refer the rest of the offspring(支孫). Pung Yi-jok is the direct descendent of the Hanin, the Sky-god Emperor(桓因天帝).

7. Dong Yi(東夷) and Hwa Yi(華夷)

Pung Yi tribe women distinguish Jangson(長孫), the eldest, and Jison (支孫), the rest, when giving birth to children : Janson(長孫) inherits the right for holding the ritual ceremony and Jison(支孫) does not. Above young woman gave birth to Jangson for Pung Yi tribe and thus she fulfilled the mission of Jangson's right of the ritual ceremony. Jangson is only one but Jison multiplies fast. When the number of Jison is getting larger the tribal dispute over the right of the ritual ceremony is inevitable in the future. The most well known exemplary of such ethnic conflict is happened to the Dong Yi(東夷 ; East Yi) and Hwa Yi(華夷). Both from Pung Yi tribe, East Yi(東夷) is Jagson and Hwa Yi(華夷) is Jison : Hwi Y(華夷) objected the right and the war broke out between them.

〈Fig. 9〉 The law of the succession of the racial differentiation of Sa-hwa-I-Eo(巳化而魚)

〈Fig. 10〉 Dong Yi(東夷) carries a water jar up on the head and the Hwa Yi(華夷) carries a basket

The letter Yi/夷 represent the moment of the Sun enters to Gaksu(角宿), the Azure Dragon's angle of the Horn mansion. This particular time develops the energy of the Chun-bun(春分 ; the day when the Sun is exactly at the celestial longitude of 0° : 20-12 March). The term Dong Yi tribe means the race brought by the energy of spring, the Chun-bun. Hwa Yi tribe refers Huaxia(華夏) and its letter is brought to mean the race came by the energy of summer Haji(夏至 ; the day when the Sun is exactly at the celestial longitude of 90° : 21-22 June). It seems obvious that the Dong Yi(東 夷) who took the energy of Chun-bun becomes Jangson, the eldest, and the Hwa Yi(華夷) that took the energy of the Haji becomes Jison, the rest children.

〈Fig. 11〉 The ethnic composition of Pung Yi-jok

According to the Asian astronomy, among the Oriental races is Gaksu(角宿) who came by the Azure Dragon's angle of the Horn mansion is Dong Yi(東夷). After the Dong Yi(東夷) race, Hwa Yi(華夷) came to exist that Yu(禹), the Great named his country Ha(Xia : 夏) ; he accorded that Hwa Yi(華夷) is sprang from the energy of summer, Haji(夏至). As the population of Jison of Pung Yi-jok got larger it swelled into 9 Emperors with 64 clans(9皇64民). The source of the race began from northern area, represented as HyeonMu(玄武 : black serpent-turtle), its progenior is Pung Yi-jok. In the image shown above, the man who is sitting in the middle with a snake on his head appears as the Hanin, the Sky-god Emperor(桓因天帝) holding his own offspring Jangson and Jison by each hand. He sits on a turtle and thus denotes the direction of HyeonMu(玄武 : black serpent-turtle) ; it signifies the direction where the axis of the Earth is passing through.

〈Fig. 12〉 Two birds turning the axis of the Earth

The Earth rotates around the Sun and revolves itself. Nevertheless, the image describes the two birds sitting on the horizontal axis and turning the Earth. In the bottom of the Earth has HyeonMu(玄武 : black serpent-turtle). The ancestor of Pung Yi-jok is configuring the axis. In addition to that composition, Mago sits on the very top of the axis ; two birds looking at Mago from both ends de-

〈Fig. 13〉 The age of 12 gods of Earthly Branches

〈Fig. 14〉 The bull racial icon: U-jok(牛族/牟族) or U-ga(牛加)

note that they are two daughters of Mago Gung Hee(穹姬) and So Hee(巢姬) each, who became independent as tribes of bird from their Mother by the law of the succession of the racial differentiation : It is to explain how the Earth is moving. The bird race is to be said as Jo Yi(鳥夷) or Oh Yi(烏夷) as well. Hanin, the Sky-god Emperor(桓因天帝) conquered Mago, the Goddess of Night, and turned the world into daylight-oriented ; changed Mago's two daughters the bird of Daytime.

As Pung Yi-jok resulted in great number of descendents that the time turned to the age of 12 gods of earthly branches. The 12 gods of earthly branches existed even before Mago came down to the world, and they had been control from the each direction of the universe. Human beings could not fight against the gods who govern the territory where they had settled ; in fact, they began to invite the gods for their own racial icons. Therefore, the icons were placed over the head and signified where they live.

Among the 12 gods of earthly branches, the bull stands for the symbol of the Sun. Therefore, it was worshipped as the god of Sun. As the meaning was imbued to particular animal the charismatic of the religion created.

8. The succession of Mago-ism

The black-shelled sculptures are successful in terms of their winning of religious charisma. They obtained the divinity by granting the quality throughout Sky(天性), Earth(地性), and Personality(人性).

When the obtained divinity meets the sacred religious objects to be served, it transforms into subject of faith. The conditions which make human being to worship is the quality of Sky(天性), Earth(地性), and Personality(人性). The shelled sculptures acquired the divinity because of three aspects.

For creating the quality of Sky through a sculpture, they exaggerated its head, upper part of body, and breasts of it could deliver a message that the image belongs to the Sky god. For attaining the quality of Earth, they needed to stress on the bottom part of body starting from its feet so that it could sign as Earth god. To realize the quality of personality, they have to convince man by devising the meaning in particular area of the body.

From this perspective, we could understand with what devices the shelled sculptures are trying to realize and thus convince us. We need an intuition. Regardless of deep knowledge, the intuition would gater emotional sensitivity to realize and make ourselves to be convinced. Those shelled relics invite us to a religious dialogue, take no notice of time and space.

Here, as for inferring Mago the historical reasoning is necessary. Reasoning the history is provided by the time and place. For example, the history of the Hongshan artifacts is determined by time and location, and their plastic language of the relics. Koreans apply the age of Hwanwong(桓雄) on the relics of Hongshan so that they could uncover their history, which belongs to the Bae Dal(倍達) era. On the other hand, Chinese apply the time of Yellow Emperor so that they could insist Hongshan artifacts are not from Bae Dal(倍達) country.

Whether to attribute to Bae-Dal(倍達) country or not, it is dependant on the jade-dragon(玉龍) and the owl(鴟梟 : Chihyo) to determine the time.

Some of the inspiring relics of hongshan are : First, the grave of goddess, temple lot, the altar(天圓地方形象 : Sky : circle/Earth : square) in Niuheliang(牛河梁), and other artifacts. From the very beginning of its foundation of Dangun Joseon, the ancient Korea, they organized the land's ritual ceremony by deifying the Dangun Wangum's female counterpart Habaeknyeo as a Mother goddess. They exercised the national unity by opening Grand-gut conventions. Referring the scholar Choi, Chi-Won, there were 9 grand nations, 12 minor nations at the time of the fall of Dangun Joseon. They needed to perform an event for the national unity.

From the grave of the Goddess, an artifact, which is a life-size head image of its owner inlaid with two jade stones for her eyes, was unearthed. It is determined that the image is a goddess for its shape of head that was made to the shape of lentil; it is believed that the image is related to the birth narratives of the bear deity that became a woman and a wife of Dangun Wangum.

In addition, there have been a number of jade relics discovered which represent the Hongshan culture : They are images of deities, sacred objects, artifacts relevant to identity and authenticity-not ornaments or livelihood vessels. Those excavated relics were made of Su−Ahm jade(岫岩玉) ; Su Ahm that the place of the source of the jades was neighboring region to the Yalu River in Liaoning Province. Indeed, it is convincing that the jade producing center was adjacent to Yalu River, which was in the sphere of Liao civilization.

According to the text 〈Busobo−seo : 扶蘇譜序〉 wich referred the missing history of Hwanguk, it is presumable that the area was the place where Hanin Chonje(桓因天帝 : the Sky god Emperor) founded Han−Guk(桓國) in Bae Gok(倍谷), Pung−ju(風州) in the year of Gyi−Myo(己卯年). In the text, it is quoted that Hanin Chonje(桓因天帝 : the Sky god Emperor) was called as Jeok Je(赤帝 : the Red Emperor) or Chuk yung(祝融 : Zhu Long, the god of fire); the place was named Jeok Bong(赤峰 : Chifeng, the red cliff) or Hongshan(紅山 : the red mount) where te designated name Jeok Je(赤帝 : the Red Emperor) might had been brought by.

If Jeok Bong(赤峰 : chifeng) is the source of the name of god Jeok Je(赤帝 : the Red Emperor), it is right too see that the Hangshan culture began at the time of Hanguk Hanin Chonje(桓因天帝 : the Skygod Emperor).

The second thing to speculate is the symbolic color of Hongshan culture. I observed it as red. The red is much probable as for its place is named Jeok Bong(赤峰 : Chifeng, the red cliff) or Hongshan(紅山 : the red mount). Moreoever, it is clear for that Hanin Chonje(桓因天帝 : the Sky god Emperor) was called Jeok Je(赤帝 : the Red Emperor) or Chun yung(祝融 : Zhu Long, the god of fire). In Korean Dangun Wangum Gut(shamanic ritual), the psychic dresses red robe and red gat(hat) ; we need to analyze them in relation to the red color of Hongshan and Chifeng

Going back to the issue of the location of the discovery of the black−shelled jade sculptures in this book, they were unearthed from Haudukhyun(化德縣) Daijongguchun(大井溝村), Neimenggo(內蒙古). Besides, relics from other regions are mixed in. The time of produce is assumed 14,300±60 from now. This particular era is belong to the age of Mago in Korean ancient history. Therefore, the book might have accorded the history and put 'Mago Civilization' in its title.

Some claims that the black-shelled jade sculpures are fakes; the question might have risen for its unresolved matter how the Stone Age tools made of stone could produce such sculptures. It could only be described as wonder. Then, it is where the theory of alien intervention rises. This kind of questions could be worked out, paralleled to the flow of time.

The Great Mother
마고의 세계
〈정가 28,000원〉

인쇄 2013년 1월 20일
발행 2013년 1월 25일

공 저 노중평 · 박경중
발행인 孫 光 春
인쇄처 修 書 院
등 록 1971. 12. 9. No.2-282

발행처 도서출판 修 書 院
서울특별시 성북구 삼선동1가 15-2
TEL. 765-0924~5, FAX. 765-0927
E-mail : suseowon@hanmail.net

978-89-6798-002-3